U0000859

百衲本二十四史

金史

上海涵芬樓借北平圖
書館藏元至正刊本景
印闕卷以涵芬樓藏元
覆本配補原書板高營
造尺七寸寬五寸一分

開府儀同三司監修國史上柱國錄軍國重事中書右丞相臣脱脱等奉　　勅修

后妃上

始祖明懿皇后　　德帝思皇后
安帝節皇后
昭祖威順皇后　　獻祖恭靖皇后
世祖簡翼皇后　　景祖昭肅皇后
穆宗貞惠皇后　　肅宗靖宣皇后
康宗敬僖皇后
太祖聖穆皇后　　太祖光懿皇后
太祖欽憲皇后　　太祖宣獻皇后
太宗欽仁皇后
太祖崇妃蕭氏
熙宗悼平皇后　　海陵嫡母徒單氏
海陵母大氏　　后徒單氏諸嬖附

三十一　　金史六十三　　一

古者天子娶后三國來媵皆有姪娣凡十二女諸侯一娶
九女所以正嫡妾廣繼嗣息妨淫匿塞禍亂也后亡
則媵為繼室各以其叔無三媵則姪娣繼室亦各以其
繼室者治其內政不敢正其位號禮廟無兩祔不並尊也
象成風始兩祔宋國三媵齊管氏三歸春秋皆譏之周禮
內宰其屬則內小臣閹人寺人次之九嬪世婦女御女祝

女史典婦功典絲典枲内司服又次之昏義攝后立六宮
三夫人九嬪二十七世婦八十一御妻不與春秋周禮合
家有周姬齊姜之義國初諸妃皆無位號熙宗始有貴妃
後世因仍其說海陵淫嬖後宮寖多元妃姝妃惠妃貴妃
賢妃宸妃麗妃淑妃德妃昭妃溫妃柔妃凡十二位大定
後宮簡少明昌以後大備內官制度諸妃視一品
夫人昭儀昭容昭媛修儀修容修媛充儀充容充媛視正
二品
　　九嬪婕妤九人視正三品美人九人視正四品才
人九人視正五品　二十七世婦寶林二十七人視正六
品御女二十七人視正七品采女二十七人視正八品比
八十一御妻又有尚宮尚儀尚服尚食尚寢尚功皆內官
也太祖嫡后聖穆生景宣光懿欽憲生宗幹有定策功欽
保佑之功故自熙宗時聖穆光懿欽憲皆祔兩后惟太宗
大定祔焉故太祖廟祔四后睿宗顯聖皇后生庸宗
景宣熙宗章宗室祔一后貞懿光獻昭聖雖庶姓皆以子
貴宣宗冊溫敦氏乃賜姓蒙古甚矣故自初起至于國亡
列其世次著其族里可考鑒焉其無與於世道者置不錄
始祖明懿皇后完顏部人年六十餘嫁始祖天會十五年
追諡
昭祖明懿皇后

德帝思皇后不知何部人　天會十五年追諡

安帝節皇后不知何部人　天會十五年追諡

獻祖恭靖皇后不知何部人　天會十五年追諡

昭祖威順皇后其父拔都葛剌渾水敵魯鄉人

徒單部人諱烏古論都葛剌渾水敵魯鄉論剋溫水敵魯鄉性剛毅人莫敢以為室獻

祖將為昭祖娶婦曰此子勇斷異常柔弱之女不可以為

祖乃為昭祖娶焉　天會十五年追諡

景祖昭肅皇后唐括氏師水隈鴉村唐括部人譚多保真

父石批德撒骨只巫者也后有識慮在父母家好待賓客

父母出則多置酒饌享隣里迻子行旅景祖飲食過人時

人名之活羅解在景祖紀昭祖曰儂齋之女客惜酒食不

可以配烏古迺閏后性度如是乃要焉遂使同幹來伐五

國蒲嘉部景祖使后與劾孫為質慭拔乙門而與同幹襲

取之遼主以景祖為節度使后雖喜賓客而自不飲酒景

祖與客飲后專聽之翌日枚數其人所為無一不中其察

肯有醉而喧呶者輒自歌以釋其忿爭中有被笞責者

每以酒食慰諭之景祖役世祖兄弟用兵皆取稟於后而後行

者勉之娶出蛋休者訓勵之后往邑屯村世祖肅宗皆從

會桓赧散達偕來是時已有隙被散酒語相侵不能平遂舉

刃相向后赧兩執其手謂桓赧散達曰汝等皆吾時舊

人奈何一旦遽忘吾夫之恩與小兒子豐懃爭乎因蕭

歌祖赧散達怒乃解其後桓赧兄弟起兵與桓赧戰于北隘甸

宗先巳再失利矣世祖巳退烏春兵敗桓赧散達皆降后方憂患會

部人失東寬逃歸祖甲而至告后曰軍敗矣后乃喜既而桓赧散達皆降后不妒忌闊略

康宗來報捷后以為有丈夫之慮云天會十五年

女工能輯睦宗族當時以為有丈夫之慮云天會十五年

追諡

世祖簡翼皇后拏懶氏大安元年癸酉歲卒天會十五年

追諡

肅宗靖宣皇后蒲察氏太祖將舉兵入告于后后曰汝邦

家之長見可則行吾老矣無貽我憂汝亦必不至是太祖

奉觴為壽即奉后出門酹酒禱天后命太祖正坐號令諸

將自是太祖每出師遵率諸將上謁獻所得獲天會十

穆宗貞惠皇后唐括氏天會十五年追諡

康宗敬僖皇后烏古論氏天會十五年追諡

五年追諡

太祖聖穆皇后唐括氏天會十三年追諡仍贈后父留速

太尉榮國公祖送胡本司徒英國公曾祖勅迺司空溫國

太祖光懿皇后裴滿氏天會十三年追諡

太祖欽憲皇后紇石烈氏天會十三年尊為大皇太后宮
號慶元十四年正月巳巳朔熙宗朝于慶元宮然後御乾
元殿受羣臣賀是月丁丑朔熙宗朝于慶元宮二月癸卯祔葬睿
陵

太祖宣獻皇后僕散氏睿宗母也天會十三年追策曰德
妃大定元年追諡

太后居求寧宮每南宴集太妃坐上坐大氏執婦禮海陵
崇妃蕭氏熙宗時封貴妃天德二年正月封元妃是月尊
封太妃海陵母大氏事蕭氏甚謹海陵纂立尊大氏為皇

金史六三　五　余弱壽

任王假喝大定十九年詔改葬太宗正丞宗安監葬事
遣使致祭上欲復太妃舊號下禮官議前代稱太妃者時
以子貴古者入欲復稱后繫夫在朝稱太縣子與今蕭妃者
同恐不得稱太止當追封妃號詔從之乃封崇妃云

太宗欽仁皇后唐括氏熙宗即位與太祖欽憲皇后俱尊
為太皇太后號明德宮贈后父阿魯曾祖瑣司空溫國公
匹司徒英國公曾祖阿魯瑣司空溫國公二十四年正月巳
巳朔上朝兩宮太后然後御乾元殿受賀自後歲以為常

皇統元年上自燕京還京師朝謁于明德宮明年上如天
開殿皇子生使使馳報太后至天開殿上與皇后親
迎之二年崩于明德宮諡曰欽仁皇后祔葬恭陵

熙宗悼平皇后裴滿氏熙宗即位封貴妃天眷元年立為
皇后父忽達拜太尉贈曾祖鵬沙司空祖鶻懶皇后二年太子濟

元年熙宗受尊號冊為慈明恭孝順德皇后二年太子濟
安生是歲熙宗年二十四喜甚乃肆赦告天地宗廟彌
冊為皇太子未一歲薨熙宗在位宗翰宗幹宗弼相繼秉
政帝臨朝端默雖初年國家多軍而廟算制勝齊國就殿
宋人請臣吏清政簡百姓樂業宗弼既沒舊臣亦多物故

列傳第一　金史六三　六　余弱壽

后干預政事無所忌憚朝官性性因之以取宰相濟安薨
後數年繼嗣不立頗懟懟熙宗內不能平因無聊
縱酒酗怒手刃殺人左丞相兒生日遺大興國以
光畫像王吐鶻廡馬賜之后亦附賜生日禮物熙宗聞之
怒遂杖殺與國而奪田所賜海陵本懷觀覦因之疑畏愈甚
蕭牆之變從此萌矣近待高壽星隨例還屯燕南入訴
后后激怒熙宗殺左司郎中三合杖平章政事秉德而壽
星竟得不還秉德唐括辯之姦謀起焉海陵乘之以成逆
亂之計父之熙宗積怒遂殺后而納胙王常勝妃撒卯入
宮繼之又殺德妃烏古論氏夾谷氏張氏裴滿氏明日

熙宗遇弑海陵已弑熙宗欲收人心以后死無罪降熙宗
為東昏王追諡后為悼皇后封父達為王大定間復
熙宗帝號加諡后為悼平皇后祔葬思陵
海陵嫡母徒單氏宗幹之正室也徒單無子次室李氏生
長子鄭王充次室大氏生三子長即海陵庶人也徒單氏
已子充與海陵俱為熙宗宰相充嗜酒徒單常責之太
愛海陵自以其冊大氏與徒單嫡妾之分心常不安
及弑熙宗徒單與太祖妃蕭氏聞之相顧愕然曰帝雖失
道人臣豈可至此徒單入宮見海陵不曾賀海陵銜之天

德二年正月徒單與大氏俱尊為皇太后徒單居東宮號
永壽宮大氏居西宮號永寧宮天德二年太后父蒲帶與
大氏父俱贈太尉封王徒單太后生日酒酣大氏起為壽
徒單方與坐客語大氏蹴者父之海陵怒而出明日召諸
公主宗婦與太后語者皆杖之大氏以為不可海陵曰今
日之事豈能尚如前日邪自是嫌隙愈深天德四年海陵
還中都獨留徒單於上京徒單太后謂海陵曰汝今
以俟命大氏在中都常思念徒單太后謂海陵曰永壽宮
待吾母子甚厚慎母相忘也十二月十四日徒單氏生日
海陵使秘書監納合椿年往上京為太后上壽貞元元年

大氏病篤恨不得一見臨終謂海陵曰汝以我之故不令
求壽宮偕來中都我死必迎致之事求壽宮當如我事我三
年右丞相僕散師恭大宗正丞胡挍魯使平章政事蕭王迎禮
海陵因命求壽宮太后與俱來徒行章政事蕭王迎
祖宗梓宮於廣寧及海陵調玉曰醫巫閭山多佳致沙流河海陵迎調梓
畢可奏太后於山水佳處遊覽及至沙流河海陵迎調梓
宮遂調見太后海陵命左右約杖一束不然且不安太
謝罪曰亮不孝父闕溫清願太后命今庶民有克家子立
后親扶起之叱約杖者使去太后曰今庶民有克家子立
百金之產尚且愛之不忍笞我有子如此寧忍笞乎十月
太后至中都海陵帥百官郊迎入居壽康宮是日海陵及
後宮宰臣以下奉觴上壽極歡而罷海陵侍太后于宮中
外極恭順太后坐起自挾腋之常從與輦徒行太后所御
物或自執之見者以為至孝太后亦以為誠然及謀伐宋
太后諫止之以及至汴京太后居寧德宮動止事
知其所以及至汴京太后心中益不悅每謂太后還必忿怒人不
閞海陵起居海陵宰之因使伺太后動靜凡太后使侍婢高福娘
無大小福娘夫特末哥教福娘增飾其言以告海陵及把
密使僕散師恭征契冊撒八辭謁太后太后與師恭語父
之大課言國家世居上京既徒中都又自中都至汴今又

興兵涉江淮伐宋疲弊中國我嘗諫止之不見聽契丹冊事
復如此奈何福娘以告海陵海陵意謂太后以死為子充
四子皆成立恐師尚在外太后或有異圖乃召點檢
大懷忠翰林待制幹論尚衣局使虎特末武庫直長冒失
使殺太后于寧德宮命護衛高福辭勒蒲速幹以兵士四
十人從且戒之汝等見太后愕然方下跪虎特末拷蒲大懷忠
死及指名太后左右數人皆令殺之太后跪受即
等至令太后跪受詔再高福等繼殺之年五十三并殺安特及郡
擊殺之勿令艱苦太后同乳妹安特多口必妄言當令速
小而復起者再高福等繼殺之

列傳

金史六十三　九　廢朱

君白散阿魯尤義察孔母南撒侍女阿斯幹里保寧德宮
護衛溫迪罕查剌直長王家奴撒八小底忽沙等海陵命
燓太后于宮中棄其胃於水弁殺充之子檉奴阿里白元
奴郎補兒逃匿歸于世宗自軍中名師恭郎國夫人及殺阿
斯子孫撒八二子忽沙二子封高福娘為郎國夫人以特
末哥為澤州刺史海陵許福娘殿福娘征南田以為妃賜銀二千
兩勅戒特末哥無酗酒殿福娘必殺汝大定間
徒單氏曰哀皇后自澤州械特末福娘至中都誅之其
後貶海陵為庶人宗幹去帝號復封遼王徒單氏降封遼
王妃云

海陵母大氏天德二年正月與徒單氏俱尊為皇太后大
氏居永寧宮曾祖堅嗣贈司空祖臣寶贈司徒父昊天賜
太尉國公兄興國奴贈開府儀同三司衛國公十一月昊
天進封為王三年正月十六日海陵生日宴宗室百官於
武德殿大氏懷甚飲盡醉明日海陵使中使奏曰太后春
秋高常日飲酒不和則數杯昨見飲酒沉醉以為天子固可
此及遷中都求壽宮獨留上京大氏常以為言貞元元年
藥若聖體不和詔以錢十萬貫求方藥及病篤遺言海陵
當善事求壽宮戊寅崩詔尚書省應朝官至五月一日

列傳一

金史六十三　十　廢朱

方治事中都自四月十九日為始禁樂一月外路自詔書
到日後官司三日不治事禁樂一月聲鐘七晝夜貞元三
年大祥海陵率後宮真哭于薊宮海陵將遷山陵于大房
山故大氏猶在薊宮也九月太祖太宗德宗祔宮至中都
尊謚曰慈憲皇后海陵親行冊禮與德宗合葬于大房山
升祔太廟大定七年降封海陵太妃削去皇后謚號及宗
幹降帝號封遼王詔以徒單氏為妃而大氏與順妃李氏
寧妃蕭氏文妃徒單氏並追降為遼王夫人
慶帝海陵后徒單氏太師斜也之女初為歧國妃天德二
年封為惠妃九月立為皇后三年十一月二十一日后生

（上欄）

日百僚稱賀於武德殿父之海陵後宮嬪多后寵頗衰希
得進見沈璋妻張氏曾為光英徐母耶律徽本名神涅在北京與海
陵游從海陵使璋妻及徽妻侯氏入宮侍后徽本名神涅
京官錢二千六百餘萬海陵皆免之正隆六年海陵幸南
京六月癸亥左丞相張浩率百官迎謁海陵備法駕來王
詔與后及太子光英共載而入海陵伐宋后至中都居守
海陵遇害陀蒲項之世宗憐其無依詔歸父母家于上京藏
母大氏故宮項之世也殺光英子汴至中都居于海陵
海陵為人善飾詐初為宰相妻姝媵不過三數人及踐大位
聘錢二千貫奴婢皆給官畫初為宰相妻姝媵不過三數人

金史六十三　十一　典朱

遂欲無厭後宮諸妃十二位又有昭儀至充媛九位媵妤
美人才人三位殿直最下其他不可舉數初即位封岐國
妃徒單氏為惠妃後為皇后第一娘子大氏封貴妃第三
娘子蕭氏封昭容耶律氏封修容其後貴妃進封惠
妃貞元元年封淑妃貞元二年進封宸妃修容耶律氏天德
德二年特封淑妃貞元元年進封麗妃即位之初
四年進昭媛貞元元年之敘等威之辨若有可觀者及其後
後宮止此三人尊卑之敘等威之辨若有可觀者及其後
心既萌淫肆蠱惑不可復振矣
昭妃阿里虎姓蒲察氏尉馬都尉沒里野女初嫁宗盤子

（下欄）

阿虎迭阿虎迭詠再嫁宗室南家南家死是睼兩家父突
昏遺為元帥都臨在南京海陵亦從梁王宗弼在南京欲
取阿里虎突葛速不從遂止及慕位方三日認遣遺阿里虎
歸父母家閒兩月以婚禮納之數月特封寶妃初再封阿里虎
阿里虎嘗酒海陵與重節亂阿里虎怒重節批其頰頗有
送生女重節海陵與重節亂阿里虎怒重節批其頰頗有
話訕曰言海陵閒之愈不悅阿里虎以衣服遺前夫之子
海陵將殺之徒單諸妃嬪求哀乃得免凡諸妃位皆
以侍女服男子衣冠號假廝兒有勝哥者阿里虎與之同
卧起如夫婦厨婢三娘以善海陵海陵不以為過惟戒阿

金史六十三　十二　鬼朱

里虎勿笞笞三娘阿里虎榜殺之海陵閒昭妃閒有死者
竟慶是三娘曰若寒蘭吾必殺阿里虎閒之果然是月光
英生月棱香檐祝罪脫死逾月阿里虎已委頓不知所為海
食日棱香檐祝罪脫死逾月阿里虎已委頓不知所為海
奴奴葛魯高溫詣闕上壽定哥亦使貴哥傳語定哥曰自古天子亦有兩
家太后妃居海陵因貴哥傳語定哥曰自古天子亦有兩
家嘗有私侍婢貴哥與知之烏帶在鎮每遇元會生辰使
貴妃定哥姓唐括氏有容色崇義節度使烏帶之妻海陵
陵使人縊殺之併殺侍婢擊三娘者
后嘗能殺汝夫以從我乎貴哥歸具以海陵言告定哥定

哥曰少時覷惡事已可恥今兒女已成立豈可為此海陵

聞之使謂定哥汝不忍殺汝夫我將族滅汝家定哥大恐

乃以子烏答補為辭曰彼常侍其父不可止矣因烏帶醉酒令召烏

合補為符寶袛候定哥曰事不可止矣

溫葛嘗繼殺烏帶天德四年七月也海陵聞烏帶死詐為

裹傷已葬烏帶即納定哥宮中為娘子貞元元年封為貴

妃大變幸許以每同輦遊瑤池諸妃步從之海陵嬖

寵愈多定哥希得見一日獨居樓上海陵與他如同輦而

樓下過定哥望見呼求去詛罵海陵陽為不聞而

去定哥自其夫時與家奴閣乞兒通當以衣服遺乞兒及

《金史六十三》 十三 列傳第一 寬朱

為貴妃乞兒以妃家舊人給事本位定哥既怨海陵踈已

欲慎與乞兒過有比丘尼三人出入宮中定哥使比丘尼

向乞兒索舊遺衣服以調之乞兒識其意笑曰妃今日富

貴忘我耶定哥欲以計納乞兒宮中恐閣者索之乃令侍

兒以大篋盛褻衣其中遣人載之入宮閣者索之見篋中

皆褻衣囙已悔懼定哥使人詰責閣者曰我天子妃親體

亡衣爾故親視何也我且奏之閣者惶恐曰死罪請復不

敢定哥乃使人以篋盛乞兒戴入宮中閣者果不敢復索

乞兒入宮十餘日使衣婦人衣雜諸宮婢挾暮遺出貴哥

以告海陵定哥繼死乞兒及比丘尼三人皆伏誅封貴哥

華國夫人初海陵既使定哥殺其夫烏帶使小底藥師奴

傳旨定哥告以納之之意藥師奴知定哥與烏帶事定哥

定哥以奴婢十八口賂藥師奴使無言與乞兒私事定哥

姦事被杖去及遷中都復召為小底及藥師奴盜王帶嘗覘海陵

其罪遂去及遷中都復召為小底相李瞻等執奏謂近臣曰藥師奴二百

敗杖藥師奴百五十先是藥師奴嘗盜王帶嘗覘海陵

陳名藥師奴當斬海陵欲杖之謂近臣曰藥師奴於朕有

功雖杖之即死矣丞相李瞻等執奏謂近臣曰藥師奴二百

遂伏誅海陵以蒔溫葛會為護衛蒔溫果官常寶縣令蒿

寶惠官襄城縣令大定初皆除名

《金史六十七》 十四 列傳 古 寬朱

麗妃石哥者定哥之妹松書監文之妻也海陵私之欲納

宮中乃使文庶母按都氏主文家海陵諷按都氏曰必出

而婦不然我將別有所行按都氏以語文文難之按都氏

日上謂別有所行是欲殺汝也豈以一妻殺其身乎文不

得已與石哥相持慟哭而訣是時海陵還都至中京遣石

哥至中都俱納之海陵召文至便殿使石哥穢談戲文以

為笑定哥死遣石哥出宮不數日復召入封為修容員元

三年進昭儀正隆元年進封柔妃二年進麗妃

柔妃彌勒姓耶律氏天德二年使禮部侍郎蕭拱取之子

汴遇燕京拱父仲恭為燕京留守見彌勒身形非若處女

者嘆曰上必以疑殺拱矣及入宮畢非處女明日遣出宮

海陵心疑蕭拱竟致之死彌勒出宮數月復召入封為充

媛封其母張氏為華國夫人伯母蘭陵郡君蕭氏為鄴國夫

人蕭拱妻擇特懶彌勒女兄也海陵既奪文妻石哥却以

擇特懶妻文既而諉以彌勒之召召擇特懶入宮亂之兵

後彌勒進封柔妃云

昭妃阿懶海陵叔曹國王宗敏妻也海陵殺宗敏而納阿

懶宮中貞元元年封為昭妃大臣奏宗敏近臣專行不可

乃令出宮脩儀高氏乘懷弟幼里妻也海陵殺諸宗室釋

其婦女宗本子莎魯剌妻宗固子胡里剌妻胡失來妻及

《金史六十三》〔十五〕

幼里妻皆欲納之宮中諷宰相奏請行之使徒單貞諷蕭

裕曰朕嗣續未廣此貴人婦女有朕中外親納之宮中何

如裕曰近殺宗室中外異議紛紜奈何復為此邪海陵曰

晉固知裕不肯從乃使貞必欲公等白之裕必欲

事貞謂裕曰上意已有所屬公固止之將成貞疾矣乃

不肯已唯上裁為貞曰必欲公等白之裕不得已乃具奏

遂納之未幾封高氏為脩儀加其父高耶魯庵輔國上將

軍母宛顏氏封密國夫人高氏以家事訴於海陵自熙宗

時見悼后干政心惡之故自即位不使母后得預政事於

是遂禁高氏還父母家詔尚書省凡后妃有請于宰相者收

其使以聞

昭媛察八姓耶律氏嘗許嫁奚人蕭堂古帶海陵納之封

為昭媛堂古帶為護衛察八使侍女習撚以軟金鵓鴿袋

數枚遺之事覺是時堂古帶謁告在河間驛召問之堂古

帶以實對海陵釋其罪弁誅侍女習撚登寶昌門樓以察

八徇諸后

妃手刃擊之墮門下死弁誅侍女習撚

壽寧縣主什古宋王宗望女也靜樂縣主蒲剌及習撚梁

王宗彌女也師姑兒宗雋女也皆從姊妹混同郡君莎里

古真及其妹餘都太傅宗本女也再從姊妹廊國夫人重

節宗盤女之女及母大氏表兄張定安妻奈剌

《金史六十三》〔十六〕

忽麗妃妹蒲魯胡只皆有夫唯什古喪夫海陵無所忌恥

便高師姑內哥阿古等傳達言語與之私凡妃主宗婦

嘗私之者皆分屬諸妃出入位下奈剌忽出入元妃位蒲

魯胡只出入昭妃位麗妃位莎里古真餘都出入貴妃位什古重

節出入昭妃位小殿置琴阮其中然後召之什古已色衰

常讒其衰老以為笑唯習撚莎里古真最寵特勑管其

夫海陵使習撚夫稍喝押護衛直宿莎里古真最寵特勑管其

侍局直宿謂習撚速曰爾妻年少遍兩直宿不可令宿於家

常令宿於妃位每召入必親伺候廊下立久則坐於高師

姑膝上高師姑曰天子何勞苦如此海陵曰我固以天子

為易得耳此等期會難得乃可貴也每於卧內遍設地衣

偓逐以為戲謂莎里古真在外為溢洙海陵聞之大怒謂莎

里古真曰爾愛官有貴如天子者乎爾愛人才有才兼

文武真曰爾愛娛樂有豐富偉者於我者乎怒甚

氣咽不能言少頃乃撫慰之曰無謂我聞知便爾慚惡過

燕會當行立自如無為飢所測度之曰無謂非笑後亦易召

入焉餘都牌印鬆古刺妻也海陵嘗曰餘都貌雖不揚而

肌膚潔白可愛蒲刺進封壽康公主進封什古進封昭寧公主

莎里古真進封壽陽縣主重節進封昭寧

妃蒲察氏所生蒲察怒重節與海陵溢批其煩海陵怒蒲

察氏終殺之者也

凡夫人在外有夫者皆分番出入海陵欲率意幸之盡遣

其夫往上京婦人皆不聽出外常令教坊番直禁中每幸

婦人必使奏樂撤其幃帳或使人說謠讖語於其前普幸

室女不得遂使元妃以手左在右之或妃嬪列坐輒率意

亂使共觀或令人效其形狀以為笑凡坐中有嬪御海陵

必自擲一物於地使近侍環視之他視者殺誠宮中給使

男子於妃嬪位舉首者刑其目出入不得擅行便旋湏四

人偕往所司執刀監護不由路者斬之日入後下階砌行

者死告言者賞錢二百萬男女倉卒誤相觸先聲言者賞三

品官後言者死齊言者皆釋之女使闥懶有夫在外海陵

封以縣君欲幸之惡其有娠欲以藥水躬自探捺其腹

欲墮其胎闥懶乞哀欲全性命苟得乳免當不舉海陵不

顧竟墮其胎蒲察阿虎迭女義察海陵姊慶宜女所生

嫁秉德之弟特里秉德諜當連坐太后曰是兒始生先帝

親抱至吾家養之至于成人帝雖獨父也不可其後嫁

由是得免海陵白太后欲納義察太后曰是兒因

宗室安達海之子乙刺補海陵數使人諷乙刺補出之因

而納之義察與完顏守誠有姦守誠本名乙里來事覺海

陵殺守誠太后為義察求哀乃釋之義察家奴告義察語

溢不道海陵自臨問責義察曰汝以守誠死署我耶速殺

之一剗大宗正阿虎里妻蒲速碗自是不復入宮世宗為

海陵遍溢之蒲速碗元妃之妹因入見元妃

召夫人烏林荅氏夫人謂世宗曰我不行上必殺王我當

自殺不以相累也夫人行至良鄉自殺是以世宗在位二

十九年不復立后焉

列傳上第二

勒修

后妃下

睿宗欽慈皇后　睿宗貞懿皇后

世宗昭德皇后

世宗元妃李氏

顯宗昭聖皇后　顯宗孝懿皇后

章宗元妃李氏　章宗欽懷皇后

宣宗皇后王氏　衛紹王后徒單氏

宣宗明惠皇后

哀宗徒單皇后

睿宗欽慈皇后蒲察氏，睿宗元配，后之母太祖之妹也。睿宗為左副元帥，莫圖王妃，天會十三年薨，追封漆王，后封漆王妃。世宗即位，睿宗升祔，后謚正隆例，親王止封一字王。睿宗封許王，后封許王妃。世宗即位，睿宗升祔，追謚欽慈皇后，贈后曾祖襚補司空韓國公，祖蒲刺司徒鄭國公，按補太尉曾國公。大定二年祔葬景陵，世宗嘗曰，今之女直不比前，雖親戚世叙亦不能知也。世叙亦不能知其詳也。母太祖之女直，不比前，雙親戚世叙亦不能知也，謂宗叙亦不能知其詳也。母太祖之妹，知之乎，宗叙曰臣不能知也。上曰父之妹且不知其為，妹知之乎，宗叙曰臣不能知也。上曰父之妹且不知其

蹄逺何十九年，后族人勸農使沙魯窩請致仕，宰相以沙魯窩未嘗歴外，請除一外官以均勞佚。上曰沙魯窩不閑政事，不可使治民，雖太后戚屬，富貴之可也，不聽。觀察使，天輔間選東京士族女子有姿德者赴上京入睿宗郎，七年世宗生，天會十三年睿宗薨，世宗時年十三。貞懿皇后李氏，世宗母，遼陽人，父雛訛仕遼，官至桂州后教之有義方，嘗蚤諭所親曰，吾兒有奇相，貴不可言。居上京內治謹嚴，藏獲皆守規矩，衣服飲食器皿無不精潔。敦睦親族，周給貧乏，宗室中甚敬之。性明敏剛正有決，容貌端整，言不妄發，婚俗婦女多居宗族接續之，后乃視

缺為比丘尼，號通慧圓明大師，賜紫衣，歸遼陽營建清安禪寺別為尼院居之。貞元三年世宗改葬睿宗曰，鄉土之念年五月后卒，世宗京官未幾起復為留守。正隆六是歲十月后弟李石定策，世宗即位于東京，尊謚為貞懿皇后，其寢園曰孝寧宮。大定二年改葬睿宗於景陵，初后自建浮圖于遼陽，是為垂慶寺。臨終謂世宗曰我死，母人情所同，吾已用浮屠法置塔干此，不必合葬也，我之忘此言。世宗深念遺命，乃即東京清安寺建神御殿，詔有司增大舊塔，起奉慈殿於塔前，勑禮部尚書王競為塔銘，以叙其意。贈后曾祖參君司空潞國公，祖波司徒衛國公

金史卷六四

三

父雛訛只太尉隋國公四年封后妹為邢國夫人賜銀千
兩錦綺二十端絹五百四九年神御殿名曰報德殿詔翰
林學士張景仁作清安寺碑其文不稱盲詔左丞石琚詔共
修之十三年東京垂慶寺起神御殿寺地褊狹詔廣之
民地優與其直不願為者以官地易之二十四年世宗至
東京幸清安垂慶寺
世宗昭德皇后烏林荅氏其先居海羅伊河世為烏林荅
部長率部族來歸居上京與本朝為婚姻家曾祖勝管康
宗特累使高麗父石土黑騎射絕倫從太祖伐遼領行軍
猛安雛在行伍間不嘗親人以功揆世襄謀克為泰京留
守后聰敏孝慈容儀整蕭在父母家宗族皆敬重之旣歸
世宗事舅姑甚謹治家有叙甚得婦道唐宗伐宋得白王
帶蓋帝王之服御也屬御年頗酒酣獨於世宗賁畀之后
此非王郎所宜有也當獻之天子世宗寶畀之后謂世宗曰
於是悼后大喜熙宗晚年頗酒酣獨於世宗無間然海陵
簒立深忌宗室為帶謀秉德以為意在葛王秉德佩刀吐鷇良
勸世宗多獻珍異以說其心如故遼骨賭犀佩刀吐鷇良
王茶罌之類皆奇寶也海陵以世宗恭順畏已由是忌刻
之心頗解后不妒已為世宗擇後方廣繼嗣雖顯宗生後
而此心不挍后嘗有疾世宗為視醫藥數日不離去后曰

金史六十四

四

皇天后土明監我心名家人謂之曰我自初年為婦以至
今日未嘗見王有違道之事今宗室往往被疑者皆奴僕
不良傲恨其主以誣陷之耳汝等皆先國王時舊人當念
舊恩無或妄圖也我死後於宴中觀汝所為照
言諭之曰汝王之腹心也為我轉諸東嶽我不負王使
免謂世宗曰我當自勉不可累諸王也召王府臣僕張請謹
身死濟南海陵必殺世宗惟奉詔去濟南而死世宗可以
所為惟欲已厚也世宗在濟南召后來中都世宗不以
又曰婦道以正家為大第恐德薄無補內治安能劾嬪妾
大王視妾過厚其知者以為視疾不知者必有專妒之嫌
皆泣下后旣離濟南從行者知后必不肯兒海陵將自為
之所防護甚謹行至良鄉擒去中都七十里從行者防之
緩后得間即自殺海陵猶疑世宗之使然世宗自濟南
改西京留守過良鄉使曾國公主葬后于宛平縣士魯原
太定二年追冊為昭德皇后立別廟贈三代曾祖勝管司
空徐國公曾祖毋完顏氏徐國夫人祖术思黑司徒代國
公祖毋完顏氏代國夫人父石土黑太尉潘國公毋完顏
氏濟國夫人勅後改葬以后兄暉子天
錫為太尉石土黑後授皇太子致真以后兄暉子天
時與皇后定婚乃祖太尉置朕于膝上曰吾壻七人此

景幼後必大吾門今上葬有期醫昔之言驗矣六年利

滅軍節慶副使烏林答剎兀捕逃軍受賕當死有司奏鈔

元后大功親嘗議為詔論如法八年七月章宗生世宗喜甚

謂顯宗曰得社稷家嗣朕樂何極此皇后貽爾以陰德也

十年十月將改葬太尉石土黑有司奏禮儀後唐葬太尉

李良器司徒馬𨑯故事百官便服送至都門外五里上曰

前改葬詔命皇太子臨莫真十一年皇太子生日世宗實於

飄𬨨皆送詔命豫國公主起舞上流涕曰此女之母皇后之惟

遺至矣朕所以不立中宮者念皇后之德今無其比故也

十二年四月立皇后別廟于太廟東北隅是歲五月車駕

華土魯原駿莫十九年改卜于大房山十一月甲寅皇后

梓宮至近郊百官奉迎乙卯車駕如楊村致祭丙辰上登

車送哭之慟戊午奉安于盤寧宮庚申葬于坤厚陵諸妃

祔焉二十九年祔葬興陵章宗時有司奏太祖諡有昭德

字改諡明德皇后

元妃張氏父玄徵母高氏與世宗母貞懿皇后陵苹親世

宗納為次室生趙王永中而張氏卒大定二年追封元妃

是歲十月進惠妃十九年追進元妃大定二十五年追封

太子襄永中於諸子最長而世宗與徒單克寧議立章宗

為太孫世宗嘗曰克寧與永中有親而建議立太孫其社

稷身也尚書左丞汝猶者玄徵子永中毋舅汝猶徽福及抉

幹厲以邪言怵永中妃像朝夕事之覬望徽福及永中汝猶以死

左道明昌二年高陪幹誅死軍連汝猶及永中累年不釋讒官

後事覺得不追削官爵而章宗心疑永中汝猶以死

賈守謙議解上疏欲寬解之禍惟張氏云

顏守貞持其事不肯決章宗怒愈不悅平章政事完

皆斥外賜死中死金代死章宗諸諫官

王兀德豫王兀成母昭儀梁氏早卒上命兀成為妃養子

元妃李氏南陽郡王李石女生鄭王兀蹈衛紹王兀濟潞

大定元年封賢妃二年進封貴妃七年進封元妃世宗即

位感念昭德皇后不復立后嘗曰朕所以不復立后者今

後宮無皇后故也九妃下皇后一等在諸妃上石有

定策功世宗厚賞而深制之寵以尚書令之位而責成左

右丞相以下妃雖貴不得預政宮壺無事詔大定二十一

二月上如春水次長春宮戊子妃以疾薨兀蹈從臣僚奉慰子

薌明殿辛卯留守官平章政事唐括安禮曹王兀功等上

濟兀德皆服衰經居喪巳丑皇太子及尾從禮曹王兀

表奉慰御史中丞張九思提控殯事少府監左光慶大興

少尹王倩典領函簿儀仗官籍監別治殯所還殯京師乙

未入自崇智門百官郊迎親戚迎奠道路殯于興德宮西
位別室庚子上至京師幸興德宮致奠比葬三致奠焉詔
平章政事烏古論元忠監護葬事癸未啟攢上輟朝皇太
子親王宗戚百官送葬甲申葬於海王莊丙戌上如海王
莊燒飯二十八年九月與賢妃石抹氏德妃徒單氏柔妃
大氏俱陪葬于坤厚陵衛紹王即位追諡光獻皇后贈妃
弟獻可特進貞祐三年九月削皇后號

顯宗孝懿皇后徒單氏其先悉里闊剌人也曾祖抄從太
祖取遼有功命以所部為猛安世襲之祖婆盧火以戰功

多累官開府儀同三司贈司徒齊國公父貞尚遼王宗幹
女樂國公主加駙馬都尉贈太師廣平郡王后以皇統七
年生於遼陽毋夢神人挾以寶珠光焰滿室既寤而生紅
光燭于庭后性莊重寡言父毋嘗令總家事細大畢諸
男不及也世宗初即位員為御史大夫自南京馳見世宗
喜謂之曰卿雖廢主腹心臣然未嘗助彼為厚況卿家法
可尚其以卿女為朕子妃及顯宗為皇太子大定四年九
月備禮親迎於貞第世宗臨宴盡歡而罷是年十一月顯
宗生辰初封為皇太子妃八年七月上遣宣徽使移剌神
獨幹以名馬寶刀御鞍賜太子及妃仍諭之曰妃今臨蓐
願平安得雄有慶之後宜以此刀實左右既而皇孫生是

為章宗時上幸金蓮川次冰井翌日上臨幸撫視宴甚歡
又賜御服佩刀等物謂顯宗曰祖宗積慶且皇后陰德至
厚而有今日社稷之洪福也又謂李石紀石列志寧曰朕
諸子雖多皇后止有太子一人而已今幸得嫡孫觀其骨
相不凡又生麻達葛山山勢衍氣清朕甚嘉之因以山名
為章宗小字后素謹謹每畏家世宗寵見父毋流涕而
言曰高明之家古人所忌願善自保持其後家果以海陵
事敗蓋其遠應如此世宗常謂諸王妃公主曰皇太子妃

容止合度服飾得中爾等當法效之章宗即位尊為皇太
后更所居仁壽宮名曰隆慶宮詔有司歲奉金千兩銀五
千兩重幣五百端絹二千疋綿二萬兩布五百疋錢五萬
貫他所應用內庫奉之毋拘其數上月或五朝六朝而后
愈加敬愉見諸大長公主之母禮如平時悖睦九族恩紀皆洽
尤惡聞人過諛佞之言無所得物未嘗見喜慍
然御下公平雖至親無所阿徇嘗誡諸姪曰皇帝以我故
乃推恩外家當盡忠圖報勿謂小善為無益而弗為小惡
為無傷而弗去毋藉吾之貴輒肆侈因諭之曰爾家常一
日妹并國夫人娈涇國夫人等侍側因諭之曰爾家常一
重且非豐厚宜節約財用勿以吾為可恃吾受天下之養
宣有所私積哉況財用者天下之財用也吾終不能多取

以富爾之私室家人有以玉盂進者卻之具曰貴異物而
彈財用非我所欲也況我之賜予有度今爾以此為獻何
以自給徒費汝財我實無用後勿復爾明昌元年禮官議
以五月奉上冊寶后弟許以慶為之僕爾明昌行之上諭有司
終遺衣錦繡佩珠玉於禮何安當復服關未
日太后執意慈堅其待來年明昌二年正月崩於隆慶宮
年四十五謚曰孝懿慈惠慈葬裕陵后好詩書尤喜老莊學純
視之如已所生慈訓無間上時閒安見事有未嘗著者
溺清懿造次必於禮遽頓后生性聰慧凡字過目
之徽諡云

昭聖皇后劉氏遼陽人天眷二年九月己亥夜后家若見
有黃衣女子入其母室中者俄頃后生后性聰慧凡字過目
不忘初讀孝經旬日終卷最喜佛書世宗為東京留守因
擊毬見而奇之使見貞懿皇后于府中進退閒雅無怨睢
之色大定九年選入東宮時年二十三年三月十三日
宣宗生是日大雨震電后驚悸得疾尋卒承安五年贈
陵昭華宣宗即位進尊為皇太后升祔顯宗廟追謚昭聖
皇后
章宗欽懷皇后蒲察氏上京路曷速河人也曾祖太神國
初有功累階光祿大夫贈同空應國公祖阿胡迭官至特

進贈司徒誰國公父鼎壽尚熙宗鄭國公主授駙馬都尉
中都路慇得渾山猛安曷速木單世襲謀克累官至金吾
衛上將軍贈太尉越國公后之始生如事所生大定二十三
退就養於姨冀國公主既長孝世宗遺近侍局使徒單懷
年章宗為金源郡王行約采禮世宗遺近侍局使徒單懷
忠就賜金百兩銀千兩鹿馬六匹重綵三十端拜命閒慶
雲見于日側觀者異之是年十一月備禮親迎詔遂加冊仍
執三品已上官及命婦會禮封金源郡王夫人後進封妃
崩后性淑明風儀粹穆知讀書為文帝致祭大安初
詔告中外奉安神主于坤寧宮歲時致奠初袝葬于
道陵

元妃李氏師兒其家有罪沒入宮籍監父湘坦王聘兒官
徵賤大定末以監戶女子入宮是時宮教張建教宮中師
兒與諸宮女皆從之學故事宮教以青紗隔障內外師
兒自障內映紗指字請問宮教居障外諸宮女故自障內
教居障外諸宮女不得面見有不識字又問
閒達章宗教中女子誰可教者建對曰就中聲音清亮者
惟師兒易為領解建不知其誰但識其音聲清亮者最
可教章宗以建言求得之官是時宮教張建教宮中
納之章宗好文辭妃性慧黠能作字知文義尤善伺候顏

色迎合旨意逡大愛幸明昌四年封為昭容明年進封淑
妃父湘追贈金紫光祿大夫上柱國隴西郡公祖父曾祖
父皆追贈兄弟竟等為監與弟鐵哥皆擢顯近勢傾朝
廷風采動四方射利競進之徒爭趨走其門南京李炳中
山李著與通譜系趨取顯黃冑持握國附依以致宰相怙財
圍位上下紛然不法章宗知其跋扈而屢斥焉起
石烈執中貪慢不敢擊之雖屢擊之莫能去也紀天
下自欽惟皇后沒世中官虛位久章宗意屬李氏而國朝
故事皆徒單唐括蒲察等懽僕散紇石烈為
諸部部長之家世為婚姻要后尚主而李氏微甚至是章

宗景欲立之大臣固執不從臺諫以為言帝不得已進封
為无妃而勢位益隆與皇后侔矣一日章宗宴宮中優人
瑇珝頭著戲于前或問上有何符瑞優曰汝不聞鳳皇
見乎其人曰知之而未聞其詳優曰其飛有四所應亦異
若獨上飛則鳳飛則五穀登獨外飛則四
國來朝嚮裏飛則加官進祿上笑而罷欽懷后及妃姬嘗
无子或二三歲或數月報大安五年帝以繼嗣未立擢
祀太廟山陵少府監張汝猷因對養皇嗣未立擢
親行祀事之後遣近臣詣諸岳瀆廟祈禱詔司空襄柱亳
州摶太清官既而止之遣刑部員外郎完顏佺佺為泰和

二年八月丁酉元妃生皇子忒鄰群臣上表稱賀宴五品
以上于神龍殿六品以下宴于東廡下詔平章政事徒單
鎰報謝太廟告丞完顏匡報謝山陵使使亳州報謝太清
官既彌月詔賜名封為壽王王世宗初封大定後不以
封臣下由是三等國號從之十二月癸酉忒鄰生滿三月勑放僧道度牒凡
子詔百官用元旦禮儀進酒撰賀五品以上進禮物生凡
三千道設醮于玄真觀祈福丁丑御覃氏及殿浴皇
國號上從之十二月癸酉忒鄰生滿三月
二歲而薨兄喜兒為尚書省奏請於瀛王下附為
官近侍局使少府監至大定八年承御覃氏及范氏皆有

嬪未及乳月章宗於父兄已得嗽疾是時衛王永濟自武定
軍來朝章宗中最愛衛王欲使繼體立之語在衛
紹王紀衛王朝辭是日章宗力疾與之擊毬謂衛王曰叔
王不欲作主人遽欲去邪元妃在傍謂帝曰此非輕言者
王曰乙卯章宗大漸衛王永濟元妃與黃門李新喜議
立衛王使內侍潘守恆召之守恆顏知識大體謂九妃
曰此大事當與六臣議適使守恆召平章政事完顏匡
顯宗侍讀最為舊臣有征伐功故獨召之匡至遂與定策
立衛王丙辰章宗崩遺詔皇叔衛王即皇帝位詔曰朕之
內人見有娠者兩位如其中有男當立為儲貳如皆是男

子擇可立者立之衛紹王即位大安元年二月詔曰章宗
皇帝以天下重器昇于眇躬遺旨謂掖庭內人有娠者兩
位如得男則立為儲貳申諭多方欲如天日朕雖涼菲遺
受付託克盡為之慮意每曲為之盡以擇靜舍以俾居遺
夜不離牀視欽懷皇后毋用軫憂而弗寧爰命大臣專
為調護全者平章政事僕散端左丞孫即康壽言承御賈
氏當以十一月免乳今則已出三月來事未可慶知范氏
產期合在正月而太醫副使儀師顏言自年前十一月診
得范氏胎氣有損調治今脈息雖和胎形已失及范氏

自願於神御前削髮為尼重念先皇帝重屬大事豈期聞
此深用怛然令范氏既已有損而賈氏猶或可護告於先
帝願降靈禧默賜保全全早生聖嗣尚恐衆麻未究端由要
不匿於播敷使咸明於吾意四月正章宗曾違諱李氏與新
氏潛計貧恩自泰和七年正月因賈承御病嘔吐腹中若有積
喜編議為儲嗣未立欲令宮人詐作有身計取他兒詐稱有娠
皇嗣遂於是年前閏月十日因賈承御詐令賈氏詐稱有娠侯
坯李氏與其毋王盼兒及李新喜謀令賈氏詐稱有孕以為皇嗣
將臨月於於李家取兒以八月日不偶則規別取以為皇嗣
章宗崩謀不及行當先帝彌留之際命平章政事完顏匡

都提點中外事務明有勑旨我有兩宮人有娠更令召平
章左右君並聞斯語李氏并新喜乃敢不依勑旨發喜兒
鐵哥事既不克竊呼提點近侍局副使徒單張僧遺人召平章
藥諸王議復不克竊不近侍局入內一遵遺旨以定大事
已到宣華門外始發勘同平章人不到及索衣服李氏嫉妬令亦
方先帝疾危數名李氏李平昔或有幸御李氏承名亦
不即來猶與其毋私誠先皇欲免其死
女巫李定奴作紙木人鴦焉符以事魘魅致絕聖嗣所為
不軌莫可殫陳事既發露遣大臣披問俱已款聖命宰臣
往審亦如之有司讞法當極刑以其父侍先帝欲免其死
賈氏亦賜自盡蓋章宗不稱范氏胎氣有損完顏匡

追除復係監籍於遠地安置諸連坐並依律令施行承御
典刑李氏兄安國軍節慶使喜兒弟必府監鐵哥如律仍
王公百僚執奏堅確令賜李氏自盡王盼兒及
疾彌留亦無完顏匡都提點中外事務勑旨或謂完顏匡
欲專定策功搆致如此自後天下謂李氏與其毋王
師兒及胡沙虎弒衛王立宣宗請焉隆衛王降為東海郡
侯其詔曰大安之初領諭天下謂李氏與其毋王盼兒及
李新喜同謀令賈氏虛稱有身各正罪法朕惟章宗皇帝及
聖德聰明豈容有此欺紿近因集議武衛軍副使蕭提點

近侍局完顏達虁王傅大政德皆言賁氏事內有寃此時
達職在近侍政德護賁氏所以知之朕親臨問左證其事
胺昧據當時被鞔與責者可俱令放免還家由是李氏家
族皆得還

衛紹王后徒單氏大安元年立為皇后至寧元年胡沙虎
亂與衛王俱遷于衛即帝過弒宣宗即位詔凡衛紹王為東海
郡侯徒單氏削皇后號貞祐二年遷都汴詔凡衛紹王及
鄙屬王家人皆徙鄭州仍禁錮不得出入男女不得婚嫁
者十九年天興元年詔釋禁錮是時河南已不能守子孫
不知所終

宣宗皇后王氏中都人明惠皇后妹也其父微時嘗夢二
王梳化為月巳而生二后及沒有芝生于樞初宣宗封翼
王章宗詔諸王求民家子以廣繼嗣是時后與龐氏偕入
王邸及見后姊有姿色又納之貞祐元年九月封后為元
妃姊為淑妃龐氏為真妃淑妃生哀宗真妃生純后無
子養哀宗為巳子貞祐二年七月賜姓溫敦氏立為皇后
追封后曾祖得壽司徒益國公祖壽司空蔡國公曾祖母劉氏薊國夫人祖
璞司徒益國公祖母楊氏益國夫人父彥昌太尉汴國公
母馬氏汴國夫人三年莊獻太子薨哀宗為皇太子宣宗
崩哀宗即位正大元年尊后為皇太后號其宮曰仁聖進

封后父曰南陽郡王或曰宣宗為諸王時莊獻太子母為
正妃及即位尊為皇后貞祐元年九月詔曰元妃某氏久
奉侍於潛藩已賜封於國號可立為皇后尋為尼王氏遂
芳也或又曰王氏姊妹入宮而后寵衰尋訴其後心甚惡
立為后皆后姊明惠之謀也初王氏姊妹受封之日大風
昏霾黃氣亢塞天地巳而后夢丐者數萬踵謂諸后皆目
之占者曰后為天下之母也百姓貧窶將誰訴焉后遂勅
有司京城設粥與冰藥及壬辰癸巳歲旱河南饑饉
大元兵圍汴加以大疫汴城之民死者百餘萬后皆目觀
焉哀宗釋服將禰饗太廟先期有司奏旱服成上請仁聖

慈聖兩后太后御內殿因試衣之以見兩宮大悅上更便
服奉觴為兩宮壽仁聖太后論上曰祖宗初取天下甚不
易何時使四方承平百姓安樂天子服此法服於中都祖
廟行祔饗乎上曰阿婆有此意臣亦何嘗忘慈聖太后亦
曰恒有此心則見此當有期笑遂酌酒為上壽歡然而罷
天興元年冬哀宗遷歸德二年正月遣近侍徒單阿里出
甲苫失不奉迎兩宮及柔妃裴滿氏等乘馬出宮行
賜從行忠孝軍是夜火起疑有兵不敢進后亟命還宮行
至陳留城左右火起董迎入宮方謀再行京城破后及諸妃
京鼠四喜家少頃輦迎入宮方謀再行京城破后及諸妃

嬪比還不知所終惟寶符李氏從至宣德州居摩訶院李
氏自入院止藏佛殿中作幡旛會當同后此行將發
佛像前自縊死且自賣門紙曰寶符御侍此處身故
宣宗明惠皇后王氏后之姊也生哀宗即位尊為淑
妃及妹立為后進封元妃哀宗即位詔尊為皇太后號其
宮曰慈聖后性端嚴頗達古今哀宗立為皇太子有過
尚切責之及即位始免攬楚一日宮中就食尚食有玉鑑
器進食后見之怒召主者責曰誰令汝妄生分別荊王毋
裸三二奉太后二奉帝及中宮荊王毋真妃龐氏以瑪瑙

豈甲我兒婦耶非飲食細故已令有司杖殺汝矣是後宮
中奉真妃有加或告荊王謀不軌者下獄議已決帝言于
后后曰汝止一兄柰何以讒言之章宗殺伯與叔享
年不永皇嗣又絶何為欲效之耶趣敕出使來見我移時
不至吾不見汝矣帝起后立待王至涕泣慰撫之哀宗甚
寵一宮人欲立為后后惡其微賤固命出之上不得已命
放之出宮語使者曰爾出此東華門不計人首遇者即賜
之於是過一販繒者遂賜為妻縣撤合董教上騎鞠后
傳旨戒之云汝比為人臣當輔主以正顧乃數之戲耶乃有
聞必大杖汝矣比年少捷國勢頗振文士有羨賦頌以聖
德中興為言者后聞不悅曰帝年少氣鋭無懼心則驕怠

生全幸一勝何等中興而若輩諂之如是正大八年九月
丙申后崩遺命園陵制度務從儉約十二月巳未葬汴城
迎朔門外五里莊獻太子墓之西謚明惠皇后
哀宗皇后徒單氏宣宗及后有疾后嘗割膚以進哀宗以
而嘉定四年后父鎮南軍節度使頒僧有罪宣宗以
后純孝因曲赦之聽其致仕正大元年詔立為皇后哀宗
遷歸德遺后弟四喜等詣汴奉迎夜至陳留不敢進復歸
于汴未幾城破后遷不知所終
贊曰周禮九嬪掌婦學之法婦德婦言婦容婦功班昭氏
論之曰婦德不必才明絶異也婦言不必便口利辭也婦
容不必顏色美麗也婦功不必功巧過人也清閑貞靜守
節整齊行已有耻動靜有法是謂婦德擇辭而說不道惡
語時然後言不厭於人是謂婦言盥浣塵穢服飾鮮潔沐
浴以時身不垢辱是謂婦容專心紡績不好戲笑潔齊酒
食以奉賓客是謂婦功後世婦學不修悍平翦頻皇統
以相傾軋能以市恩逢迎以固寵是故悼平翦頻皇統以
隋其身海陵蠱惑章檓幾亡其國道陵李氏擅寵蠱政年
償其宗嗚呼可不戒哉

開府儀同三司□莊國靖肅公蒙古綱書夫祖翰□圉顧經筵讀樂徒戰黑脫　奉
勑修

始祖以下諸子

幹普　　董普　　　謝里德 孫拔達
謝夷保 子盆納　　謝里忽
烏古出　跋黑　　　崇成本名僕灰
劾孫 子蒲家奴　　麻頗 子謾都
謾都訶　幹帶　　　幹賽 子宗永
幹者 孫㻞　　昂本名吳都補 子酈家

始祖明慧皇后生德帝為烏魯曰幹魯女曰注思版皆褔
壽之語也以六十俊生子異之故皆以嘉名名之為
德帝思皇后生安帝曰董魯與獻祖俱從海姑水
置屋宇焉葷魯之孫胡率劾者與景祖長子韓
國公劾者同名韓國公前死所謂蕭宗納劾者之妻加古
氏者是也世穆宗四年伐阿踈阿踈走遼遼使使來止伐阿
踈軍稽宗陽受遼帝約束先歸國留劾者守阿踈城凡三
年卒攻破之天會十五年贈特進
安帝節皇后生獻祖次曰信德次曰謝庫德次曰謝夷保
次曰謝里忽

謝庫德之孫拔達與謝夷保之子盆納皆佐世祖有功盆納
勇毅善射當時與同名者嘗有貳志目之曰惡盆納天
會十五年拔達贈儀同三司盆納贈開府儀同三司在世
祖時歡都冶訶及劾者拔達盆納五人者不離左右親若
手足元勳之最著者也明昌五年皆配饗世祖廟廷准德
束里保者皆都人阿庫德白達紉水完顏部人申乃因醜阿皆馹滿部人富者粘
泥宰完顏部人阿庫德白達紉水完顏部人勃董
七人者當撝離之際能一心竭力輔戴者也達紀胡蘇皆
術甲部勃董勝昆主保皆術虎部人阿庫德溫迪痕部人
此五人者又其次者也世祖初年跋黑為偎喝盆強使

人召阿庫德白達阿庫德曰吾不知其他死生與太師共
之太師謂世祖也白達大喜曰我心正如此耳為二兵束
堅壁自守勿與戰可也達紀胡蘇居琵里郭水烏春兵出
其間不為礮祈而以兵圍勝昆烏春胡不干村其兄澤不
乃勝昆請無斅戰世祖從之以兵圍勝昆烏春解去世
勃董烏春止其家而以兵圍勝昆破極被散達主保死焉
天會十五年准德申乃因阿庫德白達皆贈金紫光祿大
夫束里保覘阿富者粘浸宰達紀胡蘇勝昆主保溫迪痕
阿庫德皆贈銀青光祿大夫皆天會十五年追贈又有胡
論加古部勝昆勃董蟬春水烏延部富者郭祓裊烏春彊

請世祖兵出其間以為重也世祖使斜列躍盤將別軍過之郭赦裁斜列取先在烏春軍中二十二人烏春覺之殺二人得二十人郭赦又以土人益斜列軍穆宗他日嘉此功不能忘以斜列之女守寧妻郭赦子胡里窣馬娑多吐水裳㴱部幹於世祖桓被焚之幹不卒世祖厚撫其家因併綠之以見立國之艱難云

謝里忽者昭祖將定法制諸父國人不悅已執昭祖將殺之謝里忽亟往謦弓注矢射於眾中眾乃散去烏薩扎部國俗有被殺者必使巫覡祝殺之者徃纏雙于杖端與眾至其家歌而詛之曰取爾一角指天一角指地之牛

列傳 金史六十五 三 此編

無名之馬向之則白尾橫視之則有左右翼者其聲豪切懷婉若萬里之音既而以刃畫地却取畜產財物而還其家一經詛祝家道輙敗及來流水烏薩扎部殺宛顏部人昭祖徃烏薩扎部以國俗治之大有所獲頒之於諸父昆弟而不及謝里忽謝里忽曰前日我何邪昭祖於是早起自齎閒金列韈徃餽之時謝里忽猶未起韈祖於問曰爾為誰昭祖曰石魯先擇此實而後頒及也人敢私布之謝里忽既揚言初不自安至是乃大喜列韈者腰佩也

獻祖恭靖皇后生昭祖次曰朴都次曰阿保寨次曰敵酷次曰敵古廼次曰撒里韓次曰撒葛周昭祖威順皇后次曰景祖次曰烏骨出次室達胡末烏薩扎部人生跋黑僕里黑幹里安次室髙顯人生胡失荅烏古廼曰男子之兔至吳此子厚有福德子孫昌盛可拜巫良久曰初昭祖父無子有巫者能道神語甚驗乃往禱焉而受之若生則名之曰男子之兆復見然則昭祖方念後嗣未之兔至吳可名曰五鴉忍又良久曰女子之兆復見可名曰幹都拔汝又之兆曰男子之兆復見然則殘忍無親親之恩必行非義不可受也昭祖性不馴良長則

列傳 金史六十五 四 此編

立乃曰雖不良亦頗受之巫者曰烏古出既而生二男二女其次弟先後皆如巫所命名之景祖初立烏骨出酗酒屢停威順皇后后曰巫言驗矣悖亂之人終不可留送與景祖謀而殺之部人怒曰此子性如此在國俗當主父母之業奈何殺之欲將焉用之乃匿景祖出謂報曰為子而悖其母非孝汝重寧殺我乎眾乃罷去吾割愛而殺之為子而不知愛是而行將焉用之烏黑及同母弟二人自幼時每单攘飲食昭祖見而惡之曰吾娶此妾而生子如此後必為子孫之患世祖初立跋

黑果有異志誘桓赧殽達烏春窩謀平離間部屬使貳於
世祖世祖忠之乃加意事之使爲勃董而不令典兵跋黑
既陰與桓赧烏春謀計國人皆知之而童謠有欲生則附
然跋黑欲死則附於勃里鉢桓赧相次以兵來攻世祖外禦強
兵而內畏跋黑之變將行聞跋黑食於其愛妾之父家肉
張咽而死且喜且悲乃迎尸而哭之
崇成本名僕灰泰州司屬司人昭祖玄孫也大定十八年
收充奉職改東宮入殿小底轉護衛二十五年章宗爲原
王充本府祗候郎君上爲皇太孫復爲護衛上即位
授河間府判官以憂去職起復爲宿直將軍累遷武衛軍
都指揮使泰和三年卒贈有加崇成護餉有守宿衛二
十餘年未嘗有過故父侍密近云
景祖昭肅皇后生韓國公勃次世祖次近國公勃真孫次
蕭宗次穆宗室注思灰契丹人生代國公勃真保次室
溫迪痕氏名敵本生眞國公阿離合懣頗陌國公
公謾都訶勃者阿離合懣別有傳
勃孫天會十四年大封宗室勃孫追封王爵正隆例降封
鄭國公子蒲家奴又名昱審從太祖伐留可塌塔太祖使
蒲家奴招詐都詐都即降康宗八年僚遼籍女直紇石烈

部阿里保太彎阻兵招納亡歸之蒲家奴以
偏師夜行盡止抵石勒水襲擊破之盡俘其孥而還邊氓
自此無復亡者後與宗雄規泰州地土太祖因徙萬家也
田于其地天輔五年蒲家奴爲都統使襲
遼帝而以兩濬不果行既而忽魯勃極烈都統杲使諸
軍以取中京蒲家奴等皆爲之副遼帝西走都統杲使蒲
家奴以兵一千助撻懶擊遼都統馬哥與撻懶不相及蒲
家奴興賽里斜野率兵襲之至鐵呂川遇敵八千遂力戰兵
毗室部亦叛遂率兵襲其西北居延之衆而降民稍復逃散
敗察剌以兵來會追及敵兵于黃水獲畜產甚衆是役也
之曰彼若深溝高壘未可與戰即偵伺遷逶勿令遁去以
里亦以兵會太祖自草樂追遼帝蒲家奴宗望爲前鋒戒
與敵按打海被十一創竟敗敵兵而還軍于旺國崖西賽
至小魚濼夜潛入遼主營執新羅奴以還遂知遼帝所在
侯大軍若其無備便可擊也次胡剌昭川吳十馬和尚
人遼兵圍之餘睹指遼帝麾蓋騎兵馳之遼帝避去兵遂
潰所殺其衆宗翰爲西北西南兩路都統蒲家奴
之副烏虎部叛蒲家奴討平之天會間爲司空
蒲家奴招詐都詐都即降康宗八年僚遼籍女直紇石烈
二年宗磐等誅斜野及蒲家奴詔奪司空是年薨天德初配

享太祖廟廷王正隆二年例封豫國公

麻頗天會十五年封王正隆例封虞國公長子謨都本孝
友恭謹多謀而善戰年十五隸軍中從攻窩盧歌及係遼
女直胡失荅等為謀遂從攻寧江州取黃龍府破高永昌取春泰
州皆有功多受賞賚遂為謀都本自為質遂從胡失荅歸
以計殺守者而還攻寧江州取黃龍府破高永昌郡過土河
東山敗賊三千人奚契丹冠土河西與猛安家葛麻吉舉
之護都本對敵之中推鋒力戰破其狼九萬人奚眾萬餘
保阿隣甸復擊敗之降之居人復以五百騎破遼兵
一千生擒其將以歸興闍母攻興中府中流矢卒年三十

列傳四百十五　　金史六十五〔七〕

七天春中贈金紫光祿大夫謚英毅

謨都訶屢從征伐天會二年為阿捨勃極烈參議國政明
年撒合輦卒本名汝烈字子鑄驍勇多力

年薨天會十五年大封宗室追封王正隆例封鄭國公明
喜周急人至穿初守掦文關有功無都統護清運員祐二
年佩金牌護親軍家屬運汴遷授同知祁州軍州事充提
控貞祐三年破紅襖賊於大淥堌惟鑄入自北門諸軍
進生擒劉二祖功最遷泰安軍節度副使改遂王府尉都
昌五年謚定濟

水少監東平府治中坐事誤以刃傷同知府事紇石烈牙吾
塔當削降駿年仍從軍自劾從討花帽賊于曹濟間行省蒙
古紇泰其功復前職遷邳州經略使卒子從傑襲猛安累
功遷授領南軍節度副使

世祖翼蘭皇右生康宗次室術虎氏生魯王闍母次室術虎氏
氏生漢王烏魯次室衛王斡賽次室魯王闍母次室術虎氏
生沂王查剌次室烏古論太祖次室魏王斡魯次室魯王闍母
斡帶年二十餘撒改伐可斡帶與習不失阿里合懣等
俱為裨將諸將議攻取斡帶主攻城便太祖將至軍斡帶

釋議乃決斡帶急起治攻具其夜進兵攻城遲明破之及
迎之謂太祖曰留可城且下惑他議太祖從之至軍中
二涅襄路二蓋出路寇盜斡帶盡平之康宗二年甲申
蘇濱水諸部不聽命康宗使斡帶等往治其事行次活羅
海川撒阿村召諸部諸部皆至惟舍國部斡谿勃董不至
斡准部狄庫德勃董德部斷故速勃董亦哷邀去遇烏
塔於馬紀嶺烏塔遂執二人以降於是使斡帶將兵代斡
谿募軍千蘇濱水斡谿完聚固守攻而拔之進師北琴海
關登路攻拔泓忒城取畔者以歸太祖於母弟中最愛斡
帶斡帶歸自泓忒城太祖以事如寧江州欲與斡帶偕行

列傳四百十八　　金史六十五〔八〕

幹帶曰兵役父勞未及息也遂不果行太祖還盡殲千來
流水傍夢幹帶之場圍火未盡焚不可撲滅覺而深念之
以為憂是時幹帶已寢疾太祖至聞之過家門不下馬徑
至幹帶所問疾未幾薨年三十四太祖每哭之慟謂人曰
予強與之偕行未必死也幹帶剛毅果斷服用整飭臨戰
決策有世祖風世祖之世軍旅之事多專任之太祖平遼
歎曰恨幹帶之不及見也天會十五年追封儀同三司贈
王諡曰定肅

別傳
四百州一
《金史六十五》九

穆宗使幹賽初幹准部族相鈔略進納粮涅亭董以其兵往
治納根涅撻懶蘇濱水人為兵不聽報攻略之其人來告
幹賽穆宗又治詞往問狀納根涅雖伏而不肯償所取
因邀去治詞等皆不欲追幹賽督軍而進至把忽嶺西毛
密水又之大破其眾納根涅死為幹賽撫定蘇濱水民部
執納根涅之母及其妻子而歸穆宗曰幹賽年尚幼已能
集事可嘉也康宗二年甲申幹帶治蘇濱水諸部幹賽幹
魯佐之定諸部而還父之高麗殺行人阿聒勝昆而築九
城於曷懶甸幹賽將内外兵勦古活你葤蒲察狄古延佐
之高麗兵數萬來拒幹賽分兵為十隊更出送入遂大破
之幹賽毋和你限疾篤名還以幹曾代之未幾幹賽復至
軍再破高麗軍進圍其城七月高麗請和盡歸前後云命

及所侵故地退九城之戍與之和皇統五年追封衡國
王

宗永本名撻懶幹賽子長身義軒忠毅勇毅天眷初以宗
室子預誅宗望懼宁遠大將軍皇統初充牌印祗候五年
出為趙州刺史興平軍節度使遠大將軍皇統初充牌印祗候五年
元三年徙為興平軍即度使應略德軍臨洮鳳翔尹大定
二年入為工部尚書與蘇保衡完顏余里也遷加伐宗士
官實宗永性滯不習事凡與土賊戰者一瞰加之世宗久
乃知之謂宰相曰若一瞰遺必生怨望矣因循之不問則
留貫濫矣其與土賊戰者有能以寡敵報一人敵三十人

八傳
四百三十七
《金史六十五》十

以上者依已選為定同簽大宗正事豪武軍節度使
幹者天會十五年大封宗室追封魯王正隆例改封公子
神土懣騎儕上將軍子瑋本名胡麻愈多勇略通安直
契丹漢宇年十八左副元帥撤離喝引在麾下以事如京
師見楚王宗磐與語宗磐悅之皇統六年父神土懣卒宗
磐奏瑋可襲謀克詔從之天德三年充牌印祗候以罪免
奪其中都克寧居中都海左右衞將軍蒲察沙離只同
知中都留守佩金牌掌留府軍世宗即位于遼陽瑋勦沙
離只歸世宗沙離只不從瑋與守城軍官為林荅石家奴
烏林荅忽徒單三勝蒲察蒲查等以兵晨入留守府遂殺

沙离只及判官漫撚商喝推宗猛子阿璅為留守璋行
同知留守事遣石家奴佩沙离只金牌與愿蒲查中都轉
運使左淵子貽慶大興少尹李天吉子鶚奉表如東京賀
即位世宗嘉之以原恋蒲查為武義將軍充護衞貽慶賜及
第授從仕郎閤門祗候就以璋出散關擾寶雞以西詔璋
殺沙离只自攝同知留守世宗謁山陵作亂大定二年上謁
與兵部尚書可喜謀因世宗謁山陵而搜之心常不自安遂
山陵璋等九人會干可喜共執幹論諧有司陳上誅可喜李惟忠等以
璋為彰化軍節度使宋将吳璘出散關擾寶雞以西詔璋

金史六十五　十一

輔兵多諸将皆不敢與戰及璋至軍會平涼涇州潘原長
武等咸兵合二萬人璋使押軍猛安石抹許里阿補以兵
二千軍於城北合喜軍前任使於是宋人擾原州寧州
原皆攘高阜為陣璋以本部兵陣於城西姚良輔出自北
刺史顏盞門都統以兵四千攻之不克宋将姚良輔以兵十
萬至原州權副統完顏習尼列以三千軍於城西北十里麥子
嶺先遣高人攻許里阿補自以軍九萬陣於城西姚良輔出自北
翎盾行馬外列騎士步卒居其中戟宛士頜是行馬閒持
大刀為拒分為八陣而別以騎二千襲璋軍璋方出迎戰

習尼列來報曰宋之重兵皆在麥子原吳璋遣萬戶特里
失烏也以押軍猛安吳慶喜照撒兵二千援許里阿補遣
撒屋出崔尹以兵二千益習尼列許里阿補與移剌里阿補與戰
良久敗之宋兵在麥子原者敵堅習尼列與宋人接戰
撒屋出崔尹僕根撒屈出以兵五千沿壞為伏餘兵皆捨
馬步戰擊其前行騎士走之於是行馬以前衝以長槍行
馬以後射以勁弓良輔復整兵出習尼列少却而璋已破城下
宋兵與習尼列會使僕根以伏兵擊良輔軍斬首萬餘級隆壞者不可勝
與戰舊擊之大破良輔軍斬首萬餘級隆壞者不可勝

金史六十五　十二

毅鎮足行馬者盡礰之後甲二萬餘器仗輜重是良輔中
兩創脫去遂圍原州宂其西城城地宋人宵遯璋等入原
州宋戍軍在寶雞以西聞之皆自散關遯去京兆尹烏延
蒲离黑寧州刺史赤盞胡速魯改已去德順州宋吳璘復
擾之都監合喜以璋權都統與習尼列將兵二萬救德順
璋率騎兵前行與璘騎兵二萬戰于璘義僅遂沙山下敗
之追北四十餘里璘軍遇隘不得前斬首數十級璋至德
順璘擾城北險要為營璋與璘相望可三里許兩
軍遇於城東凡五接戰璘軍敗走璋追至城下璘軍巳擾
城北岡阜與其城上兵相應以弩夾射璋軍璋軍陽却城

中出兵来追璋及狮興戰大敗之合喜遣統軍都監泥河
以兵七千来會與璘軍復戰敗之璘道兵擾東山堡欲樹
柵璋與習尼列泥河議曰敵若擾東山堡此城亦不可拔
宜急擊之於是璋先擾要地習尼列以兵逼東山堡璘兵
攻東山堡亟興將士来赴引善射者先登率劉安漢軍三
百人擊敗之璘軍皆走險璘以軍三萬擾險作三陣皆環

焚璋軍攻城具璋率移剌補猛安兵踰北岡擊之璘遂
可六千人登北岡来戰習尼列望見北原火發乃止
隨小整射璋軍移剌補少卻習尼列以兵逼東山堡璘兵
陷壕塹者甚衆璋軍廢澗追之斬馘千級而還璘軍雖敗
猶持其衆都監合喜使武威軍副總管夾古查剌来問襲
諸將皆可圖也璋曰吳辯險不喜野戰我退軍平凉彼必
平地然後可圖也璋曰不然彼持險非特特險也昔人
有言寧棄千軍不棄寸地故退兵不如濟師我退軍平凉
彼軍深入吾地固壘以拒我則如之何查剌遶報合喜於
是親率四萬人赴之其璋語旦乘陰霧晦冥分兵四道来
襲戰于城東離而復合者數四漢軍十戶李展卒麾下兵
失焉也移剌補以二千人當其前以強弓射之璘軍大敗
以劍盾行馬璋遺萬戶石抹迭勒由別路自後擊之特里

先登齋眾擊之璘軍陣動璋乘勝踵擊璘軍復敗追至北岡
璘走險璋急擊之殺略殆盡璘復分半軍守秦州合喜駐軍
水洛城東自六盤山至石山頭分兵守之斷其餉道璘乃
引歸宋經略使荊皐以步騎三萬自德順西去璋以兵八
千習尼列以兵五千追擊之習尼列兵亦至赤
嘗遇其前鋒敗之千高赤崖下復興其中軍戰自日具至
暮乃罷荊皐乘夜来襲管爲退軍八十里明日習尼列
之璋兵至上八節宋兵動璋乘之追至甘谷城習尼列兵不得
接相拒至曙宋兵宵遁璋遂班師列至伏羌城不及而還上使

御史中丞達吉視諸軍功狀達吉皆與璋有隙故損其功
詔璋將士切賞比諸軍半之璋蕪陝西路都統進官一階及
元帥府上切賞達吉削官兩階杖八十解職上復
賞璋及將士如諸軍以璋居多詔達吉削官兩階杖八十
都監璋如故宋人棄海州遷去爽官民盧合璋至海州
都監無安化軍節度使賜以弓矢衣帶佩刀改益都尹左
得所棄糧三萬六千餘石安集其人復其屯戍五年宋人
約和罷三路都統復置陝西路統軍司璋爲統軍使上曰
監軍合喜年老故授卿比鎮邊境無事且名卿矣以本官
燕京兆尹名爲御史大夫璋奏觀文武百官有相爲朋

黨者今在臺省目外無女直人乞不限資考量材奏擬上

曰朋黨當為誰即訊治之朕選女直人未得其人豈以資考

為限論其人材而已頃之瑋奏曰太祖武元皇帝受天明

命太宗皇帝奄定朱土自古帝王之興必藉使命當懋大

金使命之寶以明示焉世上曰卿言正合朕意乃遣使直

國币五十八年受命寶成姦告天地宗廟社稷上御正殿

改大興尹為賀宋正旦使十三年瑋為將上遣上遣

左丞相良弼奏曰瑋為大破宋軍宋人讎之久矣將因

此陋之死地未可知也全若殺瑋或者隨其計中耳上以

為然乃杖瑋百五十除名瑋有征伐功起為景州刺史還其

所受禮物後歲餘上念瑋有罪召使客省使高頌杖百渡入其

金史六十五 十五

書遷興之且赴宴多受禮物有司以聞上怒欲真之極刑

忠軍節度使授山東西路蕭底山辜元魯河謀克改臨洮

尹十九年卒

鄆王昂本名吾都補世祖最幼子也常從太祖征伐天輔

六年昂興稍喝以兵四千監護都部降人慶之嶺東就以

兵守臨潢府昂不能撫御降人苦之多叛亡者上聞之使

出里底戒諭昂已過上京詔都詐報去惟董應宮小室葦

二部達內地詔諸版勃烈兵乞買曰比遣昂徙諸部多

致怨稍喝極刑贮兵不興計聚致使降人復歸亭遼主遠命失

水郡王二年制詔昂罪衔帶皇叔祖字封鄆王是歲竟

添水郡王二年制詔昂罪衔帶皇叔祖字封鄆王是歲竟

杖昂七十拘之泰州而殺稍喝天會六年權元帥左都監

君守辭不失副之辭不失勤太宗因國慶可蒲其罰於是

眾貴童法若有所疑則藥鋼之侯還定議是時太宗

致怨稍喝兵乞買曰比遣昂徙遼主遠命失

二鄆家鶴壽鶴壽果眾官耶當尾群牧使死于契丹撒八之

難語在忠義傳

金史六十五 十六

鄆家皇統初以宗室子授定遠大將軍除磁州刺史天德

閒為右諫議大夫累遷會寧尹安化軍節度使改益都尹

海陵伐宋為浙東道副統制與工部尚書蘇保衡以舟師

自海道趨臨安至松林島阻風泊島閒諸旦舟人望見敵

舟請為備鄆家閒去比幾何舟人曰以水路測之且三百

里鳳迅行即至矣鄆家不曉海路舟樉不之信有頃敵果

至見舟軍無備即以火砲擲之鄆家顧見左右舟中皆火

發竟不得脫腕赴水死時年四十一

列傳第三

開府儀同三司權國史總裁官國書判書右丞相脩

團領　經筵官都總裁臣　脫脫奉

勑修

始祖以下諸子

勖字勉道本名烏野穆宗第五子好學問國人呼為秀才

列傳六十四　三百　　金史六十六　（一）　孫友仁

勖子宗秀　　隈可　　　宗室胡十門
合住于布輝　　撾保　　襄本名漢
齊本名楠合　　術魯　　胡石改
宗賢本名阿　　撻懶　　卞吾母
賣里剌　　　宗寶本名阿喜
弈三寶　　阿喜

年十六從太祖攻寧江州從宗望襲遼主于石輦鐸太宗
嗣位自軍中召還與謀政事宗翰宗望定汴州受宋帝降
太宗使勖就軍中慰勞之宗翰等問其所欲曰惟好書耳
載數車而還女直初無文字及破遼獲契丹漢人始通契
丹漢字於是諸子皆學之宗雄能以兩月盡通契丹大小
字而完顏希尹乃依倣契丹字製女直字女直既未有文
宇亦未嘗有記錄故祖宗事皆不載宗翰好訪問女直老
人多得祖宗遺事太宗初即位復進士舉而韓昉輩皆在
朝廷文學之士稍拔擢用之天會六年詔書求訪祖宗遺
事以備國史命勖與耶律迪越掌之勖等採摭遺言舊事

自始祖以下十帝綜為三卷凡部族紀曰某又曰某水
之某又曰某鄉某村以別識之凡與契丹往來及征伐諸
部其間詐謀詭計一無所隱事有詳有略咸得其實自太
祖與高麗議和凡女直入高麗者皆索之至十餘年索之
不已勖上書諫曰聞德莫大於樂天仁莫先於惠下所
索戶口皆前世姦宄叛亡烏蠶詭謀罕阿海阿合東之緒
裔先世綏懷四境尚未賓服自先君與高麗通聞我將大
因謂本自同出稍稍款附高麗既不聽遂生邊釁因致
交兵方遘和蓋三十年當時壯者今皆物故子孫安於
土俗婚姻膠固徵索不已彼固不敢稽留骨肉申離誠非

列傳六十四　　　　金史六十六　（二）　孫友仁

毅顥人情怨甚可惡者而必欲求為已有特彼我之蔽非
一視同仁之大也國家民物繁夥幅員萬里不知此果
何益耶今索之不還我以強兵勁卒取之無難然兵凶器
戰危事不得已而後用高麗稱藩職貢不關國且臣屬民
亦非外聖人行義不責人過理之所在彼不謂已以
為宜施惠下之仁弘樂天之德聽免徵索則彼不謂已有
如自我得之矣從之十五年為尚書左丞加鎮東軍節度
使同中書門下平章事預平宗盤之難賜與甚多加儀同
三司以皇叔祖字冠其銜勗皆力辭不受皇統元年撰定
熙宗尊號冊文上召勖欲於便殿以玉帶賜之所撰祖宗

實錄成凡三卷進入上焚香立受之賞賚有差制詔左丞
勖平章政事奕職俸外別給二品親王俸舊制皇兄弟
皇子為親王給二品俸宗室封一字王者給三品俸勖等
別給親王俸皆異數也宴群臣于五雲樓勖進（酒稱謝帝
起立宰臣進曰至尊為臣下屢起於禮未安上曰朕屈己
待臣下亦何害是日上及群臣盡歡俄同監修國史進拜
平章政事光膺皇后忌辰熙宗將出獵勖諫而止熙宗獵
于海島三日之間親射五虎獲之勖獻東狩射虎賦上悅
賜以佩刀玉帶良馬能以契丹字為詩文凡游宴有可言
者輒作詩以見意時上日與近臣酣飲或繼以夜莫能諫
之勖上疏諫乃為止酒進拜左丞相兼侍中監修如故八
年奏上太祖實錄二十卷賜黃金八十兩銀百兩重絹五
十端絹百四通犀玉鈎帶各一出領行臺尚書省事召拜
太保領三省領行臺如故封魯國王勖剛正家言海陵方
用事朝臣多附之者一日大臣會議海陵後至勖面責之
謝九年進拜太師進封漢國王海陵慇立加恩大臣以收
望封秦漢國王領三省監修如故及宗本無罪誅勖罷
人上表請老海陵不許賜以玉帶優詔謝之有大
勳頓白因上表請老就第商議入朝不拜勖遂稱疾篤不言表請愈

陳義

切海陵不懌從之以本官致仕進封周宋國王正隆元年
與宗室俱還中都二年例降封金源郡王薨年五十九撰
定女直郡望姓氏譜及他文甚衆大定二十年詔曰太師
勖諫表詩文甚有典則朕自即位所未嘗見其諫表可入
實錄其射虎賦詩文等篇什可鏤版行之子宗秀
宗秀字實甫本名斷里忽涉獵經史通契丹大小字善騎
射與平宗彀復取河南宗秀與海陵俱赴軍前任使宋將岳
飛軍于亳宿之間宗秀率步騎三千扼其衝要遂與諸軍
逆擊敗之師還為太原尹政婆速路統軍使不受高麗遣
使以土產獻却之入為刑部尚書改御史中丞授翰林學
士天德初轉承旨封宿國公賜玉帶歷平陽尹昭義軍節
度使封廣平郡王正隆二年卒官年四十二是歲例降二
品以上封爵改贈金紫光祿大夫
康宗敬億皇后生楚王謀良虎次室溫都氏生昭武大將
軍同刮茁次室僕散氏坐事早死生龍虎衛上將軍限可
限可亦作俀唱美驕驍勇健有材略從太祖伐遼取寧江
州戰出河店天眷二年授驃騎上將軍除迭魯猛安詳
穩遷忠順軍節度使興平軍節度使天德二年入為大宗
正丞四年出為昭德軍節度使以兄謀良虎子喚端合扎

陳天義刋

謀克餘戸授恨喝上京路扎里瓜猛安所屬世襲謀克改德昌軍節度使封廣平郡王正隆二年例奪王爵改昌速館節度使再改忠順軍節度使大定元年封宗國公為勸農使卒官年六十五

始祖兄第三人保活里之後為神土慈迪古乃別有傳胡十門者昌蘇館人也父捷不野事遠為太尉胡十門善漢語通契丹大小字勇而善戰高永昌據東京招昌蘇館人眾長高永昌兵彊且欲歸之胡十門不肯從召其族人謀曰吾遠祖自高麗歸于遠吾與皇帝皆三祖之後皇帝受命即大位遠之敗亡有徵吾豈能為永昌之臣哉始祖兄阿古廼留高麗中胡十門自言如此蓋自謂阿古廼之後云於是卒其族屬部眾詣撒降管于馳回山之下永昌改之胡十門力戰不能敵奔于撒改及攻開州胡十門以糧餉給軍後攻保州遠將以舟師邀胡十門邀擊敗之降其士卒賞賜甚厚以為昌蘇館七部勃堇給銀牌一木牌三天輔二年卒贈驃騎衛上將軍再贈驃騎衛上將軍子鉤空賞從攻顯州領四謀克軍破魚梁務攻最以其父所管七部為昌蘇館都勃堇有合住者亦稱始祖兄苗裔但不知與胡十門相去幾從耳

合住昌速館廸里海水人也仕遠領辰復二州漢人渤海子蒲速越襲父職再遷靜江中正軍節度使佩金牌為昌速館女直部長子余里也與胡十門同時歸朝慶以糧餉助伐高永昌及高麗新羅後從宗望伐宋以功遷真定府路安撫使兼曹州防禦使佩金牌授莒里海水世襲猛安長子布輝識女直契丹漢字善于明射年十八宗弼選為扎也從阿里蒲盧渾追宋康王于明州慮宗聞其才名置麾下從經略山東河北陝西襲其父猛安昭勇大將軍等俱亡歸誦世宗于遠陽世宗即位除同知昌蘇館節度使事

刑部侍郎斜哥為都統布輝副之坐擅署置官吏私用官中財物削兩階解職未決旬世宗獻其山陵兵部尚書可喜昭殺大將軍幹論與可喜璋執幹論中同知完顏璋等事不可成乃與可喜璋幹論等上變可喜不肯以始謀盡首遂并誅之而賞布輝璋除布輝遼州防禦使累遷順天軍節度使致仕卒年六十七

昭祖族人摑保者從昭祖耀武于青嶺白山還至姑里甸昭祖得疾寢于村舍洞無門扉乃以車輪富門為蔽摑保卧輪下為扞禦已而賊至刃交於輪輻間摑保洞腹見膏

恐昭祖知之乃然薪取青以爲炎間之以他肉對昭祖心

知之遂中夜啓行

蓋本名覩漢中都司屬司人世祖曾孫祖霸合布里封鄂

王父悟烈官至特進大定中收充閤門祗候授代州宣銳

軍都指揮使葳旱州委禱兩于五臺靈渾步致其水兩隨

下人爲刻石紀之四邊引進使兼典客署令改尚輦局使

陞辭賜金幣特寵異之移鎭鎭西泰和六年致仕年褒孝

使歷寧海蓟州刺史入爲大睦親府丞除順義軍節度使

尾從比幸賜麂馬二以旌其勤壽爲夏國王李仁孝封册

悟貞謹深悉本朝婚禮皇族婚嫁每令褒相之治復有能

贈輔國上將軍

稱其在寧海蓟州平賊役無擾民立石頌遺愛大安初追

〈金史六十六　一　七〉楊清之

列傳　四十七

齊本名掃合稔宗曾孫父胡八世寧州刺史大定中以族

次充司屬司將軍授同知復州軍州事累選刑部員外郎

上謝日本朝以來未嘗有內族爲六部郎官者以卿歷職

廉能故授之先是復州合斷寧關地方七百餘里因圍獲

葉民燋捕齊言其地肥衍令賊民開種則公私有益上然

之爲弛禁即牧民以居田收甚利因名其地曰合厭寧猛

安章宗立改戶部貟外郎出爲磁州刺史治以寬簡未嘗

留獄屬邑武安有道士視觀宇不謹吏民爲請鄭郡王師

者代主之道士念奪其利告王私置蔡銅器法當徒縣令

惡其爲人反坐之具上蔡以王有德不忍坐

之間同寮無以對齊曰道士同居即首俱釋

其罪其寬明有聲如劉徽柔程輝高德裕皆不及也河北提

人以前政有聲如此類也磁名郡剌史皆朝廷邊選釋

悦服王府家奴爲不法輒發還本猛安終之更無敢犯者明

王國藩輔安皆戎職於王何利焉也遠嫌也王

舜傅冤王王將至住郡猛安迎接齊峻却之王怪問故曰以

刑司以治狀閒明昌三年始議置諸王傅頗難其選乃以

年授山東東西路副統軍兼同知益都府事有惠愛郡人

〈金史六十六　八〉楊清之

列傳　四十九

爲之立碑轉彰化軍節度慶使六年穋利涉軍召見勞慰有

加詔留守上京承安二年致仕卒舜明法識治體所至有

聲內族宗室子從郎王幹業陷高麗于烏懶取亞懶步菩囥

江州取黃龍府出河店之役達魯古城之役護步答岡之

術魯宗室子從鄆王幹業敗高麗于烏懶城克寧

役皆力戰有功東京降爲本路招安副使謀克速兵破同刮

營蘇州漢民叛走術魯追復之以功爲鎭國上將軍

胡石改宗室子也從太祖攻寧江敗速兵於達魯古城破

年四十一皇統中贈鎭國上將軍

速主親兵皆有功遼軍來搜潡州胡石改與其兄實古乃

22-650

以兵迎擊敗之還攻滌州中流矢戰益力克其城軍中稱

其易攻春泰州降之并降境內諸部其不降者皆攻

拔之遂走西走胡石改追至中京獲其宮人輜重凡八百

兩有恩泥古者復以本部叛去胡石改以兵五百追及之

復其親屬部人以還德州復叛胡石改以兵五千克其城

從襲窒襲敗敵兵二萬於歸化之南并降諸部既降復叛去胡石

關井燕之屬縣及其山谷諸屯潭州失部既降復叛去居庸

改引兵追及戰敗之俘獲甚衆潭州諸部有逃者皆追復

之又敗叛人於臨潢誅其首領而安撫其人民天眷二年

還求定軍節度使改武定軍徙汴京留守天德三年授世

宗賢本名阿魯太祖代遼從攻寧江州臨潢府太宗監國

還侍左右甚親信臨潢叛從宗望復取之為內庫都

提點再遷歸德軍節度政寬簡境內大治秩滿士民持金

與鏡前拜言曰使君廉明清直類此民實賴之秉德曰吾

取十里避之而去改求定軍秉德廉訪官吏士民數

闔郡僚廉能如一汝等以為如何衆對曰公勤清儉皆法

則於使君耳因謂宗賢曰人謂君善治富在甲乙果然賢

使君也用是超遷兩階天德初授世襲謀克馳驛召之雄

| 金史六十六 | 九 |

鐵哥狂安卒年六十八

州父老相率張青縜懸明鏡於公署老幼填門三日乃得

去封定國公再除忠順軍節度使賜以玉帶捕盜司執數

人至府宗賢問曰吾察此輩必寬不數曰賊果得人服其明改昌

謂僚佐曰吾察此輩罪狀明白否對曰獄得人服其明改昌

頴路兵馬都總管歷廣寧尹封廣平郡王改崇義軍節度

使兼領北京宗室事正隆例奪王爵加金紫光祿大夫改

臨海軍大定初遷使召之宗賢率諸宗室見於遼陽除同

簽大宗正事封景國公致仕起為婆速路兵馬都總管復

致仕卒

特進捷懶宗室子年十六事太祖未嘗去左右出河店之

役太祖欲親戰捷懶控其馬而止之曰主君何為輕敵臣

請效力即挺槍前手殺七人已而槍折騎士曳而下者九

人太祖壯之曰誠得此輩數十雖萬衆不能當也及戰于

達魯古城遼兵大敗其衆攻臨潢遼遣捷懶往擊之捷懶

銜出獻陣大敗其衆一千陣于營外太祖遣捷懶往擊之有功

天輔六年授謀克天會四年從伐宋屢以功受賞明年再

舉至汴宗望闕宋人會諸路援兵于唯陽道捷懶往擊之

刮將兵二千往拒之敗其前鋒軍三萬于杞縣又破三寨

搶宋京東路都總管胡直孺南路都統制隋師元及其三

將并直孺二子遂取拱州降寧陵復破二萬于唯陽進取

| 金史六十六 | 十 |

惠州閱宋兵十萬且至會宗望益
卒二十陣而馳之不動即壓軍去馬擊之盡殱摧其將
石琪而還帥府嘉其功賞兼優渥陪宗駐兵熙州分遣諸
將略地捷懶以軍五百入六盤山十六寨降其官八十餘
民戶四千獲馬二千尋以軍五百入六盤山中都加銀青光祿大夫天德
初加特進授世襲猛安年六十五海陵邊諸陵於大房
山以捷懶晉給事太祖命作石像置慶陵前

阿虎迭 〔金史六十六〕 十一 〔林茂〕

下本名吾母上京司屬司人大定二年收充護衛積勞授
彰化軍節度副使入爲都水監丞累遷中都西京路提刑
使徙知歸德府河平軍節度使王汝嘉奏下前在都水監
導河有勞除北京留守未幾改知大興府事時有言尚書
左丞夾谷衡在軍不法詔刑部問狀下大興府輙令
追攜上以爲失體杖四十父之乞致仕不許拜御史大夫
先是左司諫赤盞高門上言御史大夫關憲紀不振宜
選剛正疾惡之人廟清庶務上由是用卜前時孫鐸賈鉉
俱爲尚書鉉拜參知政事而鐸再任對賀容誦唐張在詩
有欝欝意卜劾奏之鐸坐降黜既而復申前請遂以金吾
衛上將軍致仕薨
鐸本名阿里剌隸上京司屬司大定十年以皇家近親收
充東宮護衛轉十人長授御院通進從世宗幸上京會皇

太子守國甍世宗以甍親密可委特命與勝王府長史臺
馳驛往護喪時章宗爲金源郡王亦留中都且命甍等保
護諭之曰郡王遭此家難當以禮節之飲食尤宜謹
視世宗還都遷符寶郎除吏部郎中章宗即位坐與御史
大夫唐括貢壽犯夜禁奪官一階罷明昌元年起爲同
知棣州防禦使事上書歷詆宰執以小臣敢議詞宰輔
徵使承安二年拜尚書右丞出爲泰定軍節度使移知澄
南府卒
章召授武衛軍副都指揮使四遷知大興府事轉左右宣
杖八十削一官罷之發還本猛安明年降授同知宣德州

列傳 〔金史六十六〕 十二 〔林茂州〕

弈本名三寶隸梅堅塞吾司屬司大定七年以近親充東
宮護衛十人長轉爲尚廄局使章宗即位遷左衛副將軍
累遷右副都點檢兼提點尚廄局使論旨曰汝非有過人
才第以父次遷授當謹乃職勿復有非遠事使開之未
幾坐廄馬瘦決三十承安二年改左司都點檢兼職如舊
俄授同簽大睦親府事卒來爲人貪黷以贓敗帝愛其
能治圉塲故進而委信之
阿喜宗室子好學問襲父北京路節度副使改上京留守判
官提刑司奏彰國軍治狀遷同知速頻路節度事改歸德

軍座海邳二州刺史皆兼總押軍馬宋統領劉文謙以兵
犯宿邊阿喜追擊破之復破戚春夏興國舟兵駑餘人斬
夏興國于陳連鎮國上將軍再賜銀幣為元帥左監軍紀
石列執中前歸渡淮破實應天長二縣師還遷同知歸德
府事改泗州防禦使丁毋憂起復大安二年改華州防禦
使遷鎮南軍節度使貞祐二年改知大名府充馬軍都提
控歷橫海安化軍節度使充宣差山東路左翼都提控尋
知濟南府事徙沁南軍節度使遷河南統軍使兼昌武軍
節度使卒

贊曰金諸宗室自始祖至康宗凡八世獻祖徙居海姑水
納蕪里村再徙安出虎水世祖稱海姑兄弟蓋指其所居
也完顏千二部皆以部為氏宣宗詔宗室皆書姓氏然亦
有部人以部為氏非宗室同姓者遂不可辨矣

開府儀同三司在國錄軍國重事□□總裁□史臣□□□□□□　脫脫奉

勅修

　石顯
　桓赧〔弟散達〕
　臕酷產〔單青〕　　鈍恩
　阿踈　　　　　　烏春〔溫敦蒲刺附〕
　吳王回离保　　　留可

　石顯懶水烏林荅部人昭祖以條教約東諸部石顯陸
梁不可制及昭祖沒于逼刺紀村部人以樞歸至孩懶水
石顯與完顏部窩忽窩出邀於路攻而奪之笑昭祖之樞揚言曰汝
尊以石尊為能而推尊之吾今得之矣昭祖之徒告于蒲
烏太彎與馬紀嶺勃保村完顏部蒙葛巴土等募軍連及
之與戰復得樞眾推景祖為諸部長自山耶通人石懶懶
土骨論五國皆從服及遼使烏魯林牙來索遼帝使其
拒阻不聽命景祖攻之不能克景祖阻絕海東路請於遼遠
以詭計取之乃以石顯阻絕鷹路賣無他意遣大國之命遼
之曰汝何敢阻遼人石顯皆
長子婆刊曰汝父信無他宜身自入朝石顯曰罪惟在汝不在子乃
於春兔婆諸刊從遼主謂石顯信之明年入見
命婆諸刊還而流石顯於邊地蓋景祖以詭計除石顯而欲

　　　　　　　　　金史六十七　一　　龍藏小字

　攄有其子與部人也婆諸刊蓄怨未發會活刺渾水統石
烈部臕酷麻產起兵婆諸刊往從之及敗於箸彖水麻產
先避去婆諸刊與臕酷就擒及其黨與皆獻之遼主义之
世祖復使人言曰婆諸刊不還則其部人自知罪重因此
恐懼不肯歸服遼主以為然遂遣婆諸刊及前後所獻罪
人皆還之
　桓赧散達兄弟者國相雅達之子也居完顏部邑屯村雅
達稱國相不知其所從來景祖皆以幣與馬求國相於雅
達雅達許之景祖得之以命肅宗其後撒改亦居是官馬
桓赧兄弟當事景祖世祖初季父跋黑有異志陰誘桓赧
散達兄弟
欲與為亂昭肅皇后往邑屯村世祖蕭宗皆從行遇桓赧
散達以其眾涉活論水流二水世祖畏其合勢也實之
解之乃止自是謀益甚是時烏春窩謀平亦與跋黑相結
詭以烏春不屯賚甲為兵端世祖不得已而與之和數年
遂起兵桓宗以偏師拒桓赧散達列蕭宗使金
烏春以其眾涉活論水既出水水既陣成列蕭宗使金
日可和則和否則戰至斡鲁紺出水既陣成列蕭宗使金
德勤重謀和桓赧亦恃烏春之在北也無和意金德報蕭
宗曰敵欲戰或且戰地迫近村壁雖勝不能盡敵宜退軍
誘之寬地蕭宗感之乃令軍少却未能成列桓赧散達桑

　　　　　　　　　金史六十七　二　　龍藏小字

之蕭宗敗烏桓被乘勝大肆鈔略是役也烏春以父雨不
能前乃罷兵桓被聞蕭宗敗乃自將經舍很貼割兩水取
桓被散達之家桓被散達不知也世祖贊其所居殺略百
許人而還未至軍蕭宗之軍又敗世祖至責謙蕭宗和桓
之狀使歡都冶訶以本部七謀克助之復遣人議和桓被
散達欲得盈歌之大赤馬辭不失之紫騮馬世祖不許遂
與不术曾部卜灰蒲察部撒骨出及混同江左右四古利
水北諸部兵皆會厚集為陣嗚鼓作氣馳騁桓被恃其衆
有必勝之心下令曰今天門開奚悉以爾車自隨凡烏古敢
廷夫婦賞貨財産恣爾取之有不從者俘畧之而去於是
婆多吐水裝滿部幹不勃菫附於世祖桓被等從火焚之
斡不死世祖厚撫其家既定桓被以舊地還之桓被軍復
來蒲察部沙秖勃菫胡補答勃菫使阿喜間道來告且問
也桓被至比臨旬世祖將出兵聞跋黑食于臨滿村死矣
阿喜穿林潛來報世祖令以旗幟自別耳每有兵至則輒遣
以衆從之自救可也惟以旗幟自別耳世祖復命曰事至此不及謀矣
曰冠將至吾屬何以待之世祖復命曰事至此不及謀矣
戰殞者來報曰敵至夫世祖兵戒辭不失整軍速道使待於
乃沿安术虎水行且欲并取海故术烈速勃菫之衆而後
也桓被至比臨旬世祖將出兵聞跋黑食于臨滿村死矣
腕豁跳原當是時桓被兵衆世祖兵少衆寡不敵比世祖

至軍士氣劑甚世祖心知之而不敢言但令觧甲少憩以
水洗面飲麨水頃之士氣稍蘇息是時蕭宗求救於遼不
在軍中將戰世祖屏人獨與穆宗私語兵敗則就與蕭宗
乞師以報讎仍令穆宗勿預戰事介馬以觀勝負先圖去
就乃祖袖頖弓服矢以縕袍下幅護前後心三揚旗三楬
鼓皋提劍身為軍鋒盡銳搏戰桓被散達軍以干盾進世
祖之衆以長槍擊之步軍以干盾進世祖止
之騎兵亦敗所乘車甲馬牛軍實以戰水水為之桓被散達俱以其屬來降
軍勿追兵盡獲所棄車甲馬牛軍實以戰勝告于天地須所
獲於將士各以功為差未幾桓被散達俱以其屬來降
復得是以不敢從命遂縱兵俘畧鄰近村墅有人從道傍
射之中口死卜灰之屬曰石魯石魯之母嫁于臨滿部達
達人與之議和撒骨出攔阿曶紺出村世祖
巴的懡不肯和泣而謂我曰若果與和則羮衣肥羊不可
灰猶保撒阿辣村招之不出撒骨出攔阿曶紺出村世祖
曹平勃菫而為之妾達曹平與族兄袜肥引勃菫俱事
世祖勃菫間石魯於卜灰謂達曹平曰汝之事我不如
抹肥引之堅固也蓋謂石魯通於卜灰之妻常懼
石魯石魯聞之遂殺卜灰而降石魯通於卜灰之妻常懼
得罪及聞世祖言感之使告于達曹平曰將殺卜灰而來

汝待我于江側卜灰雕熱剝刃於胃而殺之追者急白日
露鼻顫水中速夜至江方游以濟達賚罕使人待之乃得
免父之醉酒而與達賚罕很半達賚罕殺之
烏春阿跋斯水溫都部人以鍛鐵為業因歲歉策枚負糴
與其族屬來歸景祖與之慶以本業自給既而盆德送歸
善斷命為本部長仍遣族人盆德送歸烏春之
人讓之曰吾父僖住汝以汝為部長令人告汝有實狀殺
由是頗貳於世祖而虐用其部人烏春曰吾與汝父
達見弟及烏春以跋黑陰謀覬覦間諜桓赧散
甥也世祖初嗣節度使叔父跋黑居肘腋為釁信之
無罪人聽訟不平自今不得復兩為也烏春曰吾與汝父
等嘗舊人汝為長能為吾日干汝何事世祖內畏跋黑恐事
朋為變故曲意懷撫而欲以婚姻結其歡心使與女直舊
可為親也烏春欲教兵而世祖待之如初無以為端加古
春不屯也鐵工也以被甲九十來流水以南四古歙水以比皆吾土也何
部烏不屯也鐵工也以流水以南四古歙水以比皆吾土也何
讓曰甲吾甲也來流我世祖曰彼以甲來市吾與直而
故輒取吾甲其丞以歸我世祖曰彼以甲來市吾與直而
讓之烏春曰汝不肯與我甲而為和解則使汝叔之子斜
萬及厥勒來斜萬蓋跋黑之子也世祖度其意非真肯議

達一戰而遂敗之斡勒部人盂乃乃舊事景祖至是亦有他
是桓赧散達亦舉兵烏春不能進古吐
月中大兩晝夜不止冰漸覆地烏春死故世祖得併力於桓赧散
論來流水舍於木虎部阿里矮村渾布乃勒董家是時十
春自此益無所憚後數年烏春舉兵來戰道斜寸嶺浹活
厥勒曰得甲則生否則殺汝世祖與其甲厥勒乃得歸烏
同行者強之使行既見烏春亦不能獨往犬
既行厥勒曰斜萬無害彼且執萬曰吾亦半途辭疾勿往
已遣之謂厥勒曰斜萬無害彼且執萬曰吾亦半途辭疾勿往
和者將以有為也不欲遣然固請曰不遣則必用兵不得

而烏春遇兩歸叔父跋黑亦死故世祖得併力於桓赧散
志徒于南畢懿忿都歡村遂以縱火誣歡都除去之語
在歡都傳中世祖養盂乃釋其罪盂乃終不自安徒居木
窟村與烏春窩謀斜罕結約烏春舉兵度嶺世祖不親戰蕭
村以待之進至蘇素海甸兩皆陣將戰世祖駐軍屋閣
宗以左軍戰斜列辭不失助之徵異夢也蕭宗東緼縱火
達一戰而遂敗之斡勒部人盂乃乃舊事景祖至是亦有他

大風從後起火燼烈時八月野草尚青火盡燼烟焰張天
鳥春軍在下風擊之鳥春大敗復盪盂乃獻
于遼而城蘇素海甸以擄之訖石烈胼醅麻產與世祖戰
於野鶴水世祖中四劍軍敗胼醅使萬賊禿罕等過青嶺

見烏春略諸部與之交結臘麻產求助於烏春烏春以
姑里旬兵百十七人助之世祖擒臘醋既獻于遼主并言烏
春助兵之狀仍以不偹鷹道罪之遼主使人至烏春問狀
烏春懼乃爲謟音以告曰未嘗與臘醋爲助也德隣石之
此姑里旬之民所管不及此臘醋既敗世祖盡得烏春姑
里旬助兵一百十七人而使其卒長幹善幹脫往招其衆
纈遺斜鉢勃董撫定之斜鉢不能訓齊其人蒲察部故石
跋石等誘三百餘人入城盡陷之世祖治鷹道還斜列來
告世祖使歡都爲都統破烏春窩謀罕海村胡論加古部
皆就擒世祖自將過烏紀嶺至窩謀罕海村胡論加古部勝

昆勃董居烏延部富者郭藏請分一軍由所部伐烏春盡
以所部與烏春近欲以自藏故也乃使斜列躍盤以支軍
道其所居世祖自將大軍與歡都合至阿不塞水積衆諸
部皆會石土門亦以所部兵來是時烏春前死窩謀罕聞
知世祖來伐訴於遼人乞與和解使者已至其家世祖使軍
至窩謀罕請緩師盡以前所納亡人歸之世祖使烏林荅
故德黑勃董往受所遺亡者窩謀罕以三百騎乘懶來攻
世祖敗之遠使惡其無信不復爲主和乃進軍圍之太
衣短甲行圍號令諸軍窩謀罕使太岭潛出城攻之太岭
馳馬橫槍將及太祖活臘胡擊斷其槍太祖乃得免斜列

至斜寸水用郭藏計取先在烏春軍者二十二人烏春軍
覺之殺二人餘二十人皆得之益以土軍來助窩謀罕自
知不敵乃道去遂克其城盡以貲產分賚軍中以功爲次
諸部皆安輯焉秺宗常嘉郭藏功後以斜列之女守寧妻
其子胡里罕烏春之後爲溫敦氏裔孫曰蒲剌
溫敦蒲剌始居長白山阿不辛河徙隆州移里閩河蒲剌
與衆謹衛射遠皆莫能及海陵以王鞍衛賞之徙局懶路
選可充護衛者使還稱旨遷耶廬挽群牧使改遠州刺史
初從希尹征伐攝猛安謀克事河突出力擊敗之手殺
二十餘人用是權偹武校尉天德初充護衛遷宿直將軍
正隆伐宋召爲武翼軍副都總管將兵二千至汝州南遇
宋兵二萬餘刺蒲剌擊敗之手殺士十餘人是時嵩汝兩州
百姓多逃去蒲剌招集之復其業政莫州刺史徵爲太
子左衛率府率再遷隴州防禦使歷鎮西胡里改顯德軍
節度使致仕卒

臘醋麻產兄弟者活剌渾水訶隣鄉紇石烈部人兄弟
人素有名聲人推服之及烏春窩謀罕等爲難故臘醋兄
弟乘此際結陶溫水之民浸不可制其中有避之者
從於茲罕村野居女直中臘醋恐將攻之乃約烏古論部
醫臘勃董富者撻懶胡什滿勃董海羅勃董幹苗火勃董

海羅幹葢火間使人告野居女直野居女直有備臘醅等
敗歸臘醅乃由南路復覷野居女直屬熱海羅
幹葢火胡什湯畏臘醅求援于世祖斜列以輕兵邀擊臘
醅等于屯睦吐村㲉之盡得所俘臘醅麻產驅掠來流水
牧馬世祖至混同江與穆宗分軍世祖自姤骨曾津倍道
熟行馬多乏皆留之路傍從五六十騎世祖自庵吐渾
死者十數世祖兵少歡都屢戰出入數四馬中創
日已曠臘醅兵衆問之路傍從五六十騎世祖自庵吐渾
津度江過敵于蒲蘆買水敵問爲誰應之曰歡都問者射
穆宗矢著于弓箙是歲臘醅麻產使其徒舊賊禿乎及鶻

金史六十七　九

朶剝取戶曾不禦牧馬四百及冨者粘罕之馬合七百餘
四遇青領東與烏春窩謀罕交結世祖自將伐之臘醅等
僞降還軍臘醅復求助於烏春窩謀罕以姑里旬
兵百衍十七人助之世祖率兵圍之克其軍麻產遯去遂擒臘
諸剝亦往從之世祖率兵圍之克其軍麻產遯去遂擒臘
酷及婆諸剝刊皆獻之遼盖藏其兵使其卒長幹善幹脫招
撫其衆使斜鉢撫定之復使阿崗合懲察養稜水人情幷
募兵與斜鉢合語在烏春傳世祖既没蕭宗懲度使麻
產擄直屋鎧水繕完誓壁招納亡命社絶往來者恃陶溫
水民爲之助招之不聽使康宗伐之是歲白山混同江大

溢水與岸齊康宗自阿徒罔乘舟至於帥水舍舟沿帥水
而進使太祖從東路取麻產家屬盡獲之康宗圍麻產急
祖曰麻產來會軍於是麻產先亡在外其人乘夜突圍遊去太
求已也與三騎來伺軍彼走者二人麻產與其
人曰我隨麻產來伺軍中二人墮馬下麻產識之不知太
人分道走枚太祖命勁兵追之得道申於路迹而往前至大
屋鎧水失麻產棄馬入崔草太祖亦棄馬追之與之挑戰
渾海渾麻產弃馬來問曰此何人也太祖初不識
烏古論壯士活臘胡乘馬來問曰此何人也太祖初不識
麻產佯應曰麻產也活臘胡曰今亦追及此人邪遂下馬
援槍進戰麻產連射活臘胡活臘胡中二矢不能戰有頃
軍至圍之歡都射中麻產首遂擒之無有識之者活臘胡
乃前扶其首而視之見其齒豁曰真麻產也麻產張目曰
公等軍定矣遂殺之太祖獻識於遼

鈍恩阿里民咸石水統石烈部人祖曰勃堇曾古父納根涅
世爲其部勃堇勃堇幹准部人冶剝勃堇海蕃安勃堇暴其族
人幹活里勃堇家侵及諸弟里黑屋里門抄略其家及抄略
阿活里勃堇家侵及阿根涅所部穆宗使納根涅以本部
人幹性治治剌等行至蘇濱水輒募人爲兵主者拒之輒抄
兵性治治剌等行至蘇濱水輒募人爲兵主者拒之輒抄

金史六十七　十

略其人遂攻烏古論部敵庫德入米里迷石罕城及斡賽
泊詞來問狀止蘇濱水西納木汗村納根涅邏止蘇濱水東
屢遷村納根涅邏款伏而不肯徵償時甲戌歲十月也明
年八月納根涅邏去斡賽追而殺之執其母及其妻子以
歸而使鈍恩復其所

留可統門渾蠢水安春之忽沙渾之子也間訪奧純搞塔兩
子詐都渾蠢水合流之地烏古論部人忽沙渾勃菫之
部之民作亂敵庫德鈍恩皆叛而與留可詐都合兩當揚
一蒲察部之黨七部為一鈍恩皆叛而與留可詐都合兩當揚
言曰徒單部之黨十四部為一烏古論部之黨十四部為

以三十五部戰十二部三人戰一人也勝之必矣世祖降
附諸部亦皆有離心當是時惟烏延部斜勒勃菫及統門
水溫痕部阿里保勃菫撒葛周勃菫等皆使人來告難
斜勒達紀保之子也先使其兄保骨膿來既而以其甲來
歸阿里保等曰吾要必不從亂但乞兵為援耳穆宗使撒

改伐留可使護都詞伐敵庫德既而太祖以七十甲請護撒
改軍中道以四十甲與護都詞石土門之軍與護都詞會
于米里迷石罕城下而鈍恩將接護留可聞護都詞之兵襲
以為無備而來知石土門之來會也欲先攻護都詞護都
詞石土門迎擊大破鈍恩米里迷石罕城遂降獲鈍恩敵

庫德皆釋弗誅太祖至撒攺改軍明日遂攻破留可城城中
灤帥皆詐誅之取其孥累貲產而還搞塔城亦撒守備而降
留可先在遠搞塔已脫身在外由是皆未覆詐都亦詣蒲
家奴降太祖釋之於是諸部皆安業如故久之留可搞塔
皆來降

阿跌星顯水紇石列部人父阿海勃菫事景祖世祖世祖
破烏春還阿海率官屬士民迎調于雙宜大濼獻黃金五
斗世祖喻之曰烏春本徵戰吾父撫青之使為部長而志
大恩乃結怨於我遂成大亂自取滅亡吾與波等三十部
之人自今可以保安休息吾大數亦將終我死波等當念

我竭力以輔我子弟若亂心一生則滅亡如烏春矣阿海
與眾踧而泣曰太師若有不諱眾人賴誰以生勿為此言
未幾世祖殁阿海繼之阿跌自其父時常以事
大昭蕭皇后甚憐愛之每至留月餘乃遣歸阿跌既為
勃菫嘗與徒單部詐都勃菫爭長蕭宗治之乃長阿跌得

宗嗣節度開阿跌有異志乃召阿跌賜以鞍馬課加撫諭
陰察其意趣阿跌歸謀益甚乃斥其事復召之阿跌不來
迷與同部毛睹祿勃菫等起兵穆宗自馬紀嶺出兵攻之
改改自胡論嶺往略定濊春星顯兩路攻下鈍恩城穆宗
略阿茶檜水益募軍至阿跌城是日辰巳間忽暴雨晦暝

（上半葉）

雷霆下阿踈所居旣又有大光燿如雷墜阿踈城中識者
以謂破亡之徵阿踈聞耶宗來與其弟狀故保往訴干遼
遼人來止勿攻耶宗不得已留勅省物童守阿踈城而歸
金初亦有兩勅者其一撒改父贈韓國公其一守阿踈城
者後贈毛睹祿乃進云勅者以兵守阿踈城者二年美阿踈城
不敢歸毛睹濟師且戒勅者令易衣服旗幟與阿踈城聞之使烏林
苔石嘗濟師與易衣服旗幟與阿踈城中同色　　　〔金史六十七〕
遼使累不能辨勅者而遼使至勅省部已易衣服復爲阿踈城中如一
與俱至勅省部已易衣服遼使復爲阿踈城遼勅省
使遼使累不能辨勅者自吾等自相攻干波何事誰識波〔十三〕　阿自宾
之太師乃刺殺胡覩遣遁所乘馬遼使驚怖走去遂破其
城狀故保先歸殺之阿踈聞耶宗以計却遼使破其城殺
狀故保後訴於遼遼使實訴廢使乙烈來聞狀且使佯情
阿踈耶宗復便主隈禿苔氷人僞阻絕鷹路者而傳意故
阿踈耶宗復使言於遼平鷹路非已不可遼人不爲切使
德部節度使於土溫水謂遼人曰吾平鷹路也遼人以爲切使
穆宗呶於土溫水盡以其物與主隈禿苔之人而不復間情
阿踈呶所穆宗在遼無所歸後二年使其徒遼愬
使來覺之穆宗在遼無所歸後二年使其徒遼
紀至生女直界上曷懶甸人畏穆宗執而送之阿踈遂執
于遼及太祖伐遼底遼之罪告于天地而以阿踈亡命遠

（下半葉）

人不與爲言乢與遼往復責命必及之天輔六年閒母要
室略定天德雲內寧邊東勝等州獲阿踈軍士問之曰聞
爲誰曰金之興也我破遼覘也
賛曰金之興也有自來矣世祖擒胍酷婆諸刑旣獻之遼人不
以爲切則又曰若不遣還其部人疑懼且爲亂階後遼人不
察盡以前後所獻罪人歸之景祖止曷林牙止同幹穆
宗馬遼使阿踈城始終以鷹路求之而遼人終不悟蚩典
未息也遼使不可以與人遂割其兩耳馬遼貴人曰難
黄馬服遼如意景祖沒遼貴人爭欲得之而遼人曰有
乃弗取其削平諸部則惜遼以爲已重旣獻而求之則市　〔金史六十七〕
亡以爲已重戰陣一良馬終弗與遼人而遼人終不悟豈典〔十四〕　阿州
亡有數蓋天奪其魄歟
奚與契丹俱起在元魏時號庫莫奚歷宇文周隋唐皆號
兵強其後契丹破走奚衆西保冷陘其留者臣服于契丹
號東西奚顗後遼太祖稱帝諸部皆内屬奚有五王
族之號東西奚爲昏因附姓述律氏中事具遼史今不載奚
族世與遼人爲昏因附姓述律氏又書作鐵驪州奚有五王
有十三部二十八落一百一帳三百六十二族甲午歲太
祖破耶律謝十諸將連戰皆捷奚鐵驪王四離保以所部
降未幾遽歸干遼及遼主使使請和太祖曰歸我叛人阿

跺降人回离保迪里等餘事徐議之父之遣主
都統杲罶之亡走天德回离保與遠大臣立秦晉國王耶
律揑里于燕京揑里死蕭妃權國事太祖入居庸關蕭妃
自古北口出奔回离保至廬龍鎮遂留不行會諸杲吏民
爲軍太祖詔回离保曰聞汝脅誘吏民惜籍渤海杲吏丁壯
于越里部偕稱帝改元天復改罝官屬藉渤海杲吏民
在草莽大福不再汝之先世臣服于遠今來臣屬與昔何
興汝與余睹有隙故難其來余睹設有睚眦朕豈從之憁
能速降盡釋汝罪仍俘主六部族緫山前杲衆還遠官屬
財產若尚執迷遣兵致討必不汝赦回离保不聽天輔七
年五月囬离保南冠燕地敗於景薊間其衆奔潰耶律奥
古哲及甥八斤家奴白底哥等殺之其妻阿古聞之自剄
而死先是速古部人摼劾山奚路都花辇惕招之不服往
討之鐵浞部衆拒險拒戰殺之死盡至是速古嚙里鐵泥
三部所摼十三巖皆討平之達曾古部篩廆使乙列巳降
復叛奚馬和尚討達曾古并五院司等諸部諸部皆降遂
執乙列秋之一百其父及其家人先被獲者皆還之初太
祖破遼兵于達曾古城九百杲嘗來降至是囬离保死杲
人以次附屬亦各置猛安謀克領之
贊曰庫莫奚契丹起於漢末盛於隋唐之間俱疆爲降國

合并爲君臣歷八百餘年相爲終始杲有五大定間顏族
著姓有過里氏伯德氏奥里氏梅知氏揣氏

列傳第五

開府儀同三司上柱國錄軍國重事監修國史臣脫脫等奉敕撰

勅傳

歡都　子謀演

訛古乃　冶訶　子阿魯補　骨撒

　　　　滿套

歡都完顏部人祖石魯與昭祖同時同部同名交相得善
曰生則同川居死則同谷葬士人呼昭祖為勇石魯呼石
魯為賢石魯物鳥扎撒部有美女名罷敵悔青嶺東水渾同
江蜀東水人掠而去生二女長曰達回幼曰渾賽昭祖與
石魯誅眾之逆偕至懼其烓火於箭端而射蜀東水人怪
之皆走險阻久之無所復見却遷所居昭祖及石魯以眾
至攻取其貲產虜二女子以歸昭祖納其一賢石魯納其
一皆以為妾是時諸部不肯用條教昭祖耀武于青嶺白
山入于蘇濱耶懶之地賢石魯佐之也其後別去至景祖
時石魯之子劾孫舉部來歸居於安出虎水源胡凱山南
胡凱山者所謂和陵之地是也歡都劾孫子世祖初襲節
度使而跋黑以屬尊爭長甚謀不可制諸部不肯受約束相
繼為寇攘歡都入與謀議出臨戰陣未嘗去左右幹勅部人
廢使而跋黑以屬尊爭長甚謀諸部不肯受約束諸
盃乃將與春合間誘斡魯紺出水居人與之相結欲
難盃乃將與春合間誘斡魯紺出水居人與之相結欲

　　　　　　　　　　　　　　　　　　金史卷六十八　　二

先除去歡都會其家被火險約隸人不歌東詭稱放火乃
歡都胡土二人使注都來謂世祖曰不歌東來告曰前日
之火歡都縱火之好其執縱火之人以來世祖
疑之石盧幹勒勃菫曰盃乃兄弟也豈以一二之故而
與兄弟構怨乎彼自取之人也若必用戰當盡力致死稱
甲執戈而起我輩我輩乃往見盃乃陽觀劎水而與之
曰壯哉我所見正如此盃乃隔覽劎水而與之言曰亦
乎今取戈决不可往若贈歡都以馬曰戰則乘
此眾皆稱善世祖乃往見盃乃等謹當如約當先遣不歌東來不
歌東既告縱火由歡都等歌如約當先遣不歌束來不
歌東至世祖於馬前殺之使盃乃見之既而聞之放火者
盃乃家人阿出胡山也盃乃欲開此云歡都云歡都
酷麻產與世祖遇于野鵲水日已暝惟從五六十騎歡都
入敵陣麾擊之左右出入者數四世祖中創乃止春窩
謀罕擾剌渾水世祖既許之降遂軍於是騷臘勃菫
富者撻懶觀勝貝不助軍遠而騷臘捷懶先曾與臘酷產
合世祖撻懶因軍遠而遂滅之馳馬前進撻懶者貝惠皐后
之弟也歡都下馬執轡而諫曰獨不念愛幼弟之世祖母與
婦子世祖感其言遂止蒲陽溫者漢語云然撻宗德歡
弟中穉宗最少故云然撻宗德歡都言後以撻懶女曷羅

唖妻其子谷神太祖追麻產都歡都射中其首遂獲之遼人
命稤宗太祖辭不失歡都俱為詳穩斡魯以姑里甸
兵來歸使斜体勃董撫定之蒲察部故石拨石等誘其衆
入城陷三百餘人歡都為統往治斜体失軍之狀盖解
斜体納喝達弁獲石拨初耶
斜体所將軍大破烏春窩謀空於斜堆擒石拨耶
悔水納喝部撒八之弟曰阿注阿與人爭部族官不得直
來歸稤宗阿達之妻曰三濱曰撒遘辭不失以為次室撒遘
謀军城獲弁獲其母以為次室撒遘辭不失其二子撒遘
告阿注阿果為蒙肉穆宗晨出獵斜率七八人操兵入
至是阿注阿果為蒙所殺之不信而殺之

宅奄獲蒙門詗貞惠皇后及家人等歡都入見阿注阿曰
汝董所謀之事奈何閤門普屬臣足劫質徒使之驚恐耳
汝回識我盍以我烏質也再三言之阿注阿從之貞惠皇
后乃得解而質歡都而撒改辭不失使人告急于獵所稤
宗亦心動罷獵中途逢告者日午至阿注阿謂穆宗曰可
謀军親屬相結送我兄弟親屬由咸州路入
使係業女直知名官僚相結歡都亦當送我至遼境然後還
遼國庫金既馬與我勿惜歡都及阿魯太彎乃釋歡
而要穆宗盟稤宗皆從之遂執之遂執歡都及阿注阿蒙屬惟
太彎等七人以衣褫相結與阿注阿俱行使人馳驛要遮阿注阿蒙屬惟
都歡都至潦州實黃龍府使人馳驛要遮

縱其親人使去遂殺三濱弁其母具報於遼乞還阿
遼人流之昌董城其後阿注阿懷思鄉土亡歸附于係業
女直因亂其官僚之室捕之不伏乃見殺穆宗襲位之初
諸父之子習烈斜体及諸兄有異言曰君雖出入四十年
諸父歡都曰汝董若紛爭則吾必不默然但已疲間
有歡都則何事不成蕭宗時委任大議多用其謀世祖嘗曰吾
征伐之際遇敵則先戰廣延於近僚穆宗嗣位凡
之遼雖然自是不復有異者歡都出入四十年
圖遼事皆委之康宗以為父叔舊人無加敓禮多所補

益康宗十一年癸巳二月得疾避疹於朮里每水薨年六
十二戔歸康宗親迎於路送至其家親視斂葬天會十五
年追贈儀同三司國公明昌五年贈開府儀同三司益
曰忠敏子谷神謀演谷神別有傳謀演當阿注阿之難彼
歡都代為賢後與宗峻俱侍太祖稤宗坐上上怒命
坐其下辛董老辛論後合汝辟接速三人爭平戶上曰汝
董能如歡都董父子有勞於國者乎乃命謀演為平戶三人
葢嘗隸焉其眷顧如此天輔五年十二月卒天會十五年

贈太子少傅
治訶系出景祖居神隱水完顏部為其部勃董都化勃董廝都勃董泰神威
把里勃董斡泍水涌緊部胡都化勃董廝都勃董泰神威

保水完顏部安團勃董純八門水溫迪痕部活里蓋勃董俱來歸金之為國自此益大爾宗拒桓被已冊失人利世祖命歡都治詞以本部謀克之兵助之治詞與歡都常在世祖左右居則與謀議共則滋行陣未嘗不在其間天會十五年贈銀青光祿大夫明昌五年贈特進謚忠濟與代國公歡都特進劭開府儀同三司盆納儀同三司拔達俱配享世祖廟廷治詞子阿魯補骨秖訛古乃散養散養字

蒲查

阿魯補治詞之子為人剽悍多智略勇於戰未冠從軍下咸州東京遼人來取海州從勃董麻吉往援道遇重敵力戰斬首千級從斡魯古攻家懿州以十餘騎破敵七百進襲遼主阿魯補徇北地招降管帳二十四民戶數千時已下西京關每攻應州未下退蒲於州北夜遣阿魯補卒兵四百伺敵城中果出兵三千來襲阿魯補道與之過斬首百餘獲馬六十後遂兵三萬出馬邑之境以千兵擊之斬其將於陣天會初宋王宗望討張覺寬於平州關應州有兵萬餘來援遇阿魯補與阿里帶迎擊之斬識數千而還復從其兄降其虜剬翠兵三千攻戴州及管帳三千領其興至乾州降其軍及管帥師戰于白河宗望命阿魯補以二義州宗里代宋興郭藥師

誅克先登奮戰賞發特異至沛破淮南援兵斬其二將大軍退次孟陽姚平仲夜以重兵來襲阿魯補適當其中力戰敗之既還聞大名開德含兵十餘萬來爭河至河上知去敵尚遠乃以輕兵夜發詰旦至德縣遇敵斬首數千級餘皆潰去師次邢州濘沱橋已焚阿魯補先少偏師營於水上比軍至而橋成宗望嘉其功出其後反擊敗勝軍千戶及冊代宋宗里破敵於阱陘遂下藁城師自大名濟河阿魯補於洺州之境府康王留相州大名府以兵來攻我管阿魯補乘夜以騎二百游出其後反擊敗之居數日敵復來蘇統制以兵二萬先至阿魯補乘其未集以三百騎出戰大敗其衆生擒蘇統制殺之大軍既克汴京攻洺州敗大名救兵遂下洺州徙居攻恩州還洺人復叛阿魯補屯信德軍深入城下城中出兵來戰敗之執其守佐逐與蒲魯懽取開德軍阿魯補以步兵五千赴之大名境內多盜命阿魯補留屯其地賊犯莘縣聞阿魯補至即潰去追襲一晝夜至館陶及之皆俘以歸從宗弼襲康王既渡淮阿魯補以兵四千留其城淮闕戌將以討未附郡縣遂攻下太平州麻其城廬州叛以偏師討之敗其騎六千擒三校明日復破敵二萬於慎縣斬首五百張來合步騎數萬來戰阿魯補兵止二十敵

團之阿魯補潰圍力戰竟敗之追殺四十里獲馬三百而
還再攻廬州與迪古不敗敵萬眾於拓皋至廬州騎兵五
百出戰敗之斬其二校師還宗弼趨陝西道間大名復版
遣阿魯補經畧之獨與譯者至城下招之大名果降翌日
下令民間兵器悉上送官於是叛民按堵如故為大名開
德路都統齊劉麟阿魯補此兵於汴城外天會十五年詔
德路都統劉麟阿魯補先入為燕京內省使宗弼復河南阿魯補先
割河南地奥宋人為歸德尹河南路都統宋兵來取河南
澶河撫定諸都再為歸德尹河南路明年除歸德尹
地宗弼召阿魯補與許州韓常潁州大臭陳州赤盞暉皆
會於汴阿魯補以敵在近猶不赴而宋將岳飛劉光世等
果乘間襲取許潁陳三州旁郡皆響應其兵犯歸德者阿
魯補運擊敗之復取亳宿等州河南平阿魯補功最畢統
五年為行臺參知政事授世襲猛安合扎謀克改元帥
右監軍婆速路統軍節度使累附儀同三司其在
汴時嘗取官舍材木構私第於是阿魯補詣恩州至是事覺法當議
議親海陵嘗往軍中惡阿魯補詔曰若論勳勞更有過於
此者況至一品足以酬之國家立法貴賤一也當以親
貴而有異也遂論死年五十五阿魯補以將家子從征伐
屢立一功歷官有惠愛得民心及死人皆惜之大定三年贈

儀同三司詔以其子為右榇軍猛安及親管謀克賜
銀五百兩重線二十端絹三百四
骨被冶訶子善騎射有材幹從討桓散遷為春闔謀克
可之叛皆有功從太祖伐遼骨被襄其父謀克領次嵐
千戶攻下中西兩京宗翰圍太原未下宗翰引兵復取之并
店破遼主親軍左右翼軍皆以力戰賞骨被引
骨被以右翼軍佐銀朮可守太原是時汾州圍柏榆次宗翰
萬戶軍屢敗其援兵宗翰復叛骨被引兵復取之弈
憲路皆有兵來援宗瀘等州復破骨被幾四戰皆破之大軍圍汴骨被引
拔撫保德火山而還後領軍鎮夏邊在職十二年天會八
年授世襲猛安天春初為天德軍節度使致仕景選開府
儀同三司卒年八十五子晉哥襲猛安如宣武將軍
訥古乃冶訶子姿質魁偉年十四隸秦王宗翰軍中常領
兵行前為偵候及大軍襲遼主訥古乃以甲騎六十追遼
抉討徒山獲之又以七騎追獲遼公主牙不里以獻有軍
來為遠援方臨陣中有還馬而出者軍帥謂之曰爾能為
我取此乎訥古乃曰諾果生擒而還聞其名曰同瓜蓋此
郡中之勇者也訥古乃善馳驛日能千里及伐宋屢遷將
命以行天會八年從秦王在燕闋余賭反於西北秦王令
訥古乃馳驛以往訥古乃夙興走天德及至日未曛也皇

統元年以功授寧遠大將軍豪剌唐古部節度使五年授
千戶六年還西北路招討使再遷天德尹西南路招
討使天德二年召見四年還臨洮尹加金紫光祿大夫卒
官年五十三

蒲查自上京梅堅河徙屯天德初為元帥府札也使於四
方稱職按事能得其實領猛安皇統間除同知開遠軍節
度使斥候嚴整整頓邊境無事正隆初為中都路兵馬判官是
時京畿多盜蒲查捕得大盜四十餘人百姓稍安段安化
軍節度副使大定二年領行軍萬戶充邳州刺史知軍事
領本州萬戶管所屯九猛安軍昌武軍節度使山東副都
統撒改南征元帥府以蒲查行副統事入為太子少詹事
再遷開遠軍節度使襲伯父骨赧猛安歷上婆速路兵馬都
總管西北路招討使卒蒲查性廉潔忠直臨事能斷凡被
任使無不稱云

贊曰賢石魯與昭祖為友歡都事景祖世祖為之臣蓋金
自景祖始大諸部君臣之分始定故傳異姓之臣以歡都
為首治訶雖宗室與歡都同功故列叙焉

銀青光祿大夫史館總裁兼禮部尚書臣張瑑等　國史　經筵講官起居注臣脫脫　奉

勅修

太祖諸子

宗雋本名訛魯觀
宗傑里野
宗強本名阿

爽本名阿鄰
可喜
阿瓚

宗敏本名阿
可喜
元

宣獻皇后生膝王訛魯古論氏生梁王宗

列傳七

太祖聖穆皇后生景宣帝豐王烏烈趙王宗傑光懿皇后
生遼王宗幹欽憲皇后生宋王宗望陳王宗儁潘王訛魯
宣獻皇后生膝王訛魯古論氏生梁王宗
吉喜王燕孫娘子獨奴可生斡　　忽宗幹宗望宗弱自
弱衛王宗強蜀王宗敏崇妃蕭氏生紀王習泥烈息王寧
有傳

宗儁本名訛魯觀天會十四年為東京留守天眷元年入
朝與左副元帥撻懶建議以河南陝西地與宋俄為尚書
左丞相加開府儀同三司兼侍中封陳王三年集太保領
三省事進封兗國王既而以謀反誅

宗傑本名訛里野天會五年為慶天會十三年諡孝悼天眷
元年追封越王以其長子韓為慶留牧封鄧王後為上京
留守再改燕京西京皇統三年薨子阿楞捷楞海陵為相

金史六十九
一

將謀栽立構而殺之海陵篡立并殺宗傑妻大定間贈宗
傑太師進封趙王

宗強本名阿魯皇統元年封紀王三年代宗固為燕京留
守封衛王太師皇統二年十月薨輟朝七日喪至上京上
親臨哭之慟仍親視喪事子阿鄰可喜阿瓚

爽本名阿鄰天德三年授世襲猛安正隆二年除橫海軍
節度使改安武軍留京師奉朝請海陵渡淮分遣
使者鴆滅宗室爽憂懼不知所出會世宗即位東京宗室
坐與其弟阿瓚及從父兄京徒單貞欽被杖下遷歸化
州刺史奪猛安未幾復除安武軍節度使海陵渡淮分遣
弟忻州刺史可喜偃至中都東迎車駕至梁魚務入見世
宗大悅即除嚴前馬步軍都指揮使封溫王改秘書監冊
瑋推起復遷太子太保進封壽王頌之世宗第五女蜀國
公主下嫁唐括鼎賜宴神龍殿謂爽曰朕與卿兄弟在正
隆時朝夕常懼不保豈意今日賴爾兄弟之福可以享安
樂矣爽泣下頓首謝未幾判大宗正事太子太保如故爽
有疾詔除其子符寶祗候以便思列為忠順軍節度副使入
謝上曰朕以卿疾使卿子遷官其興喜而愈也思列年
少未閒政事卿訓以義方使有善可稱別加升擢爽疾少

列傳

金史六十九
二

聞將從上如涼陘賜錢千萬進封英王轉太子太傅復世
襲猛安進封榮王改太子太師顯宗長女鄭國公主下嫁
烏吉論誼賜宴慶和殿奭坐西向迎夕照面發赤似醉上
問曰卿醉邪對曰未也臣面迎日色非酒紅也上悅顧舉
臣曰此弟弟出言未嘗不實自小如此因謂顯宗兄弟曰汝
等可以為法以爽賞用有關特賜錢一萬貫二十三年奭
疾久不愈有司曰榮王淄百日當給以王俸既薨上
悼痛輟朝遣官致祭賻錢千兩軍絹四十端絹四百四陵
薨山陵親王百官送葬他日謂大臣曰榮王之葬朕以不
果親送為恨其見友愛如此

可喜以宗室子累官唐括郡族節度使降忻州刺史海陵
遺使阿鄰會于中都是時弟阿璵權中都留守事可喜謂
剌史阿鄰會于中都是時弟阿璵權中都留守事可喜謂
阿鄰曰阿璵愚懦恐不能撫治欲少留以助之阿鄰乃行
可喜留中都聞世宗發東京乃迎見于麻吉鋪除兵部尚
書佩金牌將兵往南京行至中都聞南京已定遂止可喜
村武過人狠戾好亂自以太祖孫頗有異志世宗初至中
都徙懷多事厄從諸軍未暇行賞或有怨言昭武大將軍
幹論正隆末被詔佩金牌取河南兵四百人監完顏殼英
軍子歸化次彰德會獨吉和尚持大定赦文至和尚使人

招之幹論不聽率牛來迎和尚亦以所將蒲鮮兵列陣待
之幹論兵皆不肯戰遂請降和尚邀之入相州收其甲兵
置酒相勞幹論託腰疾不肯飲至夜巳張燈時出門與
其心腹密謀欲就魏和尚稍具弓矢和尚覺之偉為不知
使其從者迫而間之幹論不得護上至中都近郊幹論上
謁上亦撫慰之幹論自慚初無降志及幹論至河南統軍
熙宗弑逆構殺韓王璋世宗踐祚之同知中都留守璋初
自領其職因而授之完顏布輝為副統以矯發内藏居京師
訛里也幹里朶與我俱來不自安同知延安尹李惟忠嘗
幹里朶為人狡險意圖事幹論耿兵于河南統軍使陀滿
調上亦撫慰之幹論自慚初無降志及沃窟剌布輝謀欲
怨望作亂幹論曰押軍猛安沃窟剌必不違我惟忠曰惟
忠嘗為神翼軍總管有兩銀牌尚在可以矯發内藏賞士
萬戶高松與我舊必見聽衆曰君得此軍舉事無難矣幹
論往約沃窟剌沃窟剌從之惟忠往說高松高松中道稱疾而
在松傳大定二年正月甲戌上謂山陵可喜其家沃窟剌
歸乙亥夜召幹論惟忠幹里朶璋布輝會其家沃窟剌以
兵赴之璋曰今不得高松軍事不可成矣可喜幹里朶布輝乃
擒幹論惟忠幹里朶沃窟剌詣有司自首既下詔獄可喜
不肯自言其始謀及與幹論面質然後款伏上念兄弟少

太祖孫惟數人在惻然傷之詔罪止可喜一身其兄弟子
孫皆不緣坐遂誅幹論惟忠幹里朵沃竊刺等其沃竊刺
下謀克卒皆釋之除瑋斡化軍節度使布輝瀋州防禦
使辛巳詔天下是日賜屍從萬戶銀百兩猛安五十兩謀
克絹十四甲士絹五四錢六貫阿里喜以上賜各有差

阿瑣宗強之幼子也長身多力天德二年以宗室子授奉
國上將軍累加金吾衛上將軍居栁中都留守軍佩金牌守管籍世
衛將軍蒲察沙離只同知中都留守事
宗即位東京阿瑣與瑋翠守城軍官烏林荅石家奴等入
留守府殺沙離只府判抹撚鹘喝狼以阿瑣行留守事
瑋自署同知留守事即遣謀克石家奴烏林荅應蒲察蒲
查大興少尹李天吉子磐等奉表東京大定二年授橫海
軍節度使賜以名鷹詔曰卿方年少宜自戒慎留心政事
改武定軍以母憂去官起復與平軍節度使賜以襲衣廐
馬還廣寧尹坐贓一萬四千餘貫詔杖八十削兩階解職
入見于常武殿上曰朕謂汝有才力使之臨民今汝在法
當死朕以親親之故曲為全宥當思自今戒懼勿復使惡
聲達于朕聽改平涼濟南尹卒官年三十七上命有回致
祭賻銀千兩重綵四十端絹四百匹

宗敏本名阿魯補天眷元年封邢王皇統三年為東京留

守拜左副元帥兼會寧牧進拜都元帥兼判大宗正事再
進太保領三省事兼左副元帥領行臺尚書省事封曹國
王海陵謀弒立長宗尊貴材勇欲構誣以除之時熙
宗屢殺大臣宗敏愛之謂海陵曰主上喜殘殺而國家事
重奈何宗敏言時適左右無人海陵葛王召宗敏曰叔父
者世宗初封也宗敏聞海陵名藝懼不敢往宮海陵欲殺之
之自念無辜不可幾乃止及弒熙宗使葛王召宗敏曰
今不即性至明日如何與之相見宗敏必有
尚猶豫以問左右烏帶曰彼太祖之親人必有
異議不如除之乃使僕散忽土殺之忽土刃擊宗敏宗敏
左右走避唇吻盂肉狼藉遍地葛王見殺宗敏開於眾曰
國王何罪而殛烏帶曰天許大事尚已行之此蟻虱耳何
足道者天德三年海陵追封宗敏為大師進封爵妃蒲察
民進國號封子撻合權荅國公賜名褒進封王阿里罕封
密國公正隆六年超卅封撒八反海陵遣使殺諸宗室阿里
罕遂見殺大定間詔復官爵

乍王元景宣皇帝宗峻子也本名常勝為北京留守弟查
剌為安武軍節度使皇統七年四月戊午左右副點檢蒲察
阿虎特子尚主進禮物賜宴便殿熙宗被酒酌酒賜元元
不能飲上怒使網過之元逃去命左丞宗憲召元宗憲與

元俱去上益怒是時戶部尚書宗憩在側使之跪手殺之
海陵與唐括辯廢立海陵曰若舉大事誰當立者海陵
意謂已乃太祖長房之孫當立而辯與秉德初意不在海
陵常勝乃熙宗之弟辯咎曰無胙王常勝平海陵復問其
次辯曰鄧王子阿楞海陵曰阿楞屬踈由是海陵謂胙有
人望不除之將不得立故具常勝也忌常勝之悼后者海陵知熙宗
為奉國上將軍河南軍士孫進自稱皇弟按察大王熙宗
疑皇弟二字或在常勝也使特思鞠之無狀特思乃宗
海陵與唐括辯時時竊議告之悼后者海陵知熙宗有嬖
常勝心因此可以除之謂熙宗曰孫進反有端不稱他人
乃稱皇弟大王陛下弟止有常勝查剌特思鞠不以實故
出之矣熙宗以為然使唐括辯梵繡鞫建問特思特思自誣
服故此常勝於是乃殺常勝及其弟查剌弁殺特思海
陵珠此弁既已伏誅其弟阿楞殺之阿楞撻懶熙宗本無意殺之海
陵曰其兄既已伏誅阿楞獨存又殺之熙宗以海陵
為忠愈益任之而不知其詐也海陵篡立追封常勝查剌阿
楞官爵親臨葬所致祭大定十三年六月丁巳世宗召皇
太子諸王侍食于清輝殿曰或稱海陵复能何也海陵論
詐誰肝殺人空盧天下三分之二太祖諸孫中惟胙王元
天性賢者也元子育本名合住大定二十七年自南京副

留守遷大宗正丞兼勸農副使上問宰臣曰合住為人如
何平章政事襄奏政宗浩對曰為人清廉幹泊上曰乃父
亦然又曰蒲陽溫胙王元外者思訥臨軍明敏過人朕於
兄弟閒於元尤欵密
贊曰太祖躬擐甲胄以定國家舉無遺策而諸子勇畧材
識足以遂父之志傳及太宗而諸孫享其成矣

列傳第七

金史卷六十九 ∧八∨

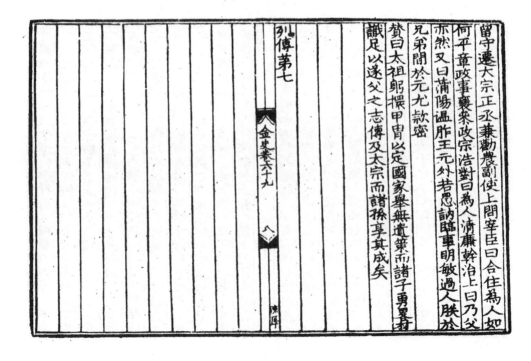

闍母傳三司徒圖里劉鴻奮吾者娘偉相攜　聞領　經室盂利水費　脫脫　奉

勃堇

撒改〔宗憲附〕本名阿習不失
宗賢　本名賽石土門〔宗賢里〕
忠　本名迪古習室
思敬　本名撒改

撒改者景祖孫韓國公勃者之長子世祖之兄子也勃者於次最長景祖稱韓國公勃者之長子世祖之兄子也勃者國俗當異官居而命勃者與世祖同邸勃者專治家務及諸子長祖生外事世祖襲節度使越勃孫而傳蕭宗穆宗皆景祖

志也穆宗初襲位念勃者長兄不得立遂命撒改為國相穆宗復藉父兄趾業鋤除強梗不服已者使撒改取馬紀嶺道攻阿疎穆宗自將期阿疎城下會軍撒改行次阿不塞水烏延部斜勤董來謂撒改曰聞國相將與太師會軍阿疎城下此為深入必取之策宜先撫定滓蠡顧之路落其黨附奪其民然後也撒改遂攻下鈍恩城與鈍恩城請洲師穆宗與之撒改在此穆宗初遣撒改分道來會阿疎城下鈍恩在南阿疎城初議不合顧即會改阿疎聞其用斜勤計先取鈍然後深以先取鈍恩城為不然之及遂使來止勿攻阿疎

勃者終及以國相統討留都塢塔等軍而阿疎亡入千遼終不敢歸留可詐都塢塔鈍恩皆降康宗沒太祖統之來流都勃者烈烈與撒改分治諸部匹脫水以北太祖之明年甲午嗣節度至遼主荒于遊政政事急廢太祖知遼可伐遂起兵九月與遼人戰于東上稜謝十太祖使告于撒改賜以所獲謝十乘馬撒改及將士皆驩呼曰義兵始至遼界一戰而勝滅遼必自此始矣遣子宗翰及完顏希尹來頒捷因勸進太祖未之從也十月師克寧江州破遼師十萬于鴨子河師還十二月太宗及撒改辭不失率諸將復勸進收國元年正月朔太祖即位撒改行國相如故伐遼之計決於迪古廼贊成大計實且撒改擊之撒改自以宗室近屬長房繼蕭宗為國相既貴且重故身任大計贊成如此諸人莫之或先也太祖即位後羣臣奏軍撒改等前跪上起泣止之曰今日成功皆諸君協輔之力吾雖厥大位未易改舊俗也撒改等感激再拜謝凡臣下宴集太祖為諸版勃撒拜天輔後始正君臣之禮馬七月太宗為諸版勃撒改國論勃極烈辭不失阿買勃極烈果國論昊勃極烈極烈女直之尊官也太祖自正位號凡半歲未聞有封拜太宗介弟優僎禮絕等景毋弟之最幼者撒改辭不失必宗

室同封拜九月加國論胡魯勃極烈天輔五年薨太祖往
弔乘白馬務額哭之慟及葬復親臨之賜以所御馬撒改
為人敦厚多智長于用人家居純儉好稼穡自始為國相
能馴服諸部訟獄得其情當時有言不見國相事何從決
及舉兵代遼撒改每以宗臣為內外倚重不以戰多為其
功也天會十五年追封燕國王正隆降封陳國公大定三
年改贈金源郡王配饗太祖廟廷諡忠亮十五年詔圖像
于行慶宮子宗翰宗憲宗翰別有傳

宗憲本名阿懶頗頒行女直字書年十六選入學太宗幸學
宗憲與諸生俱謁宗憲進止恂雅太宗命至前令誦所習

語音清亮善應對侍臣奏曰此左副元帥宗翰弟也上嗟
賞父之兼通契丹漢字未冠從宗翰伐宋汴京破眾人爭
趨府庫取財物宗憲獨載圖書以歸朝廷議制度禮樂往
往因仍遼舊宗憲曰方今奄有遼宋當遠引前古因時制
宜成一代之法何乃近取遼人制度哉希尹曰而意甚與
我合由是器重之捷懶宗憲從宋人議以齊地與宋宗憲爭
折之當時不用其後宗弼復取河南陝西地如宗憲
丞以捕宗磐宗儁功校昭武大將軍修國史累官尚書左
丞熙宗從容謂之曰繼以河南陝西地與宋人卿以為不
當與今復取之是猶用卿言也卿識慮深遠自今以往其

盡言無隱宗憲拜謝遼攝門下侍郎初熙宗以疑似裁左
丞相希尹父之察其無罪深閔惜之謂宗憲曰希尹有大
功于國無罪而死朕將錄用其孫如之何宗憲對曰陛下
深念希尹錄用其孫幸甚若不先明死者無罪生者何由
得仕上曰卿言是也即日後希尹官爵用其孫守道為河
奉翰林文字皇統五年將肆赦議事忠止及女直人宗憲
奏曰莫非王臣慶幸豈可有間邪遼例奪王爵再還震
行臺平章政事天德初為中京留守安武軍節度使封河
內郡王改太原尹進封鉅鹿郡王正隆例奪王爵若能來宜
武定軍節度使世宗即位遣使召名之詔曰叔若能來宜

速至此若為統石烈志寧自彥敬所過亦不煩叔變宗憲
聞世宗即位先已棄官來歸與使者遇於中都遂見上于
小遼口除中都留守即遣赴任詔與元帥完顏鼓英同議
軍事明年改西京留守八月政南京僕散忠義自行臺朝
京師宗憲攝行臺尚書省事召為太子太師上謂宗憲曰
卿年老舊人更事多矣皇太子年尚少謹訓導之俄拜平
章政事太子太師如故詔以太祖實錄賜宗憲及平章政
事完顏元宜左丞紇石烈良弼判秘書監溫王爽各一本
移剌高山如前為寧州刺史以貪污免世宗以功臣子孫
宗族中無顯仕者以為秘書少監是時母喪未除有司奏

其事宗憲曰高山奴傲狠貪墨不可致之左右世宗曰朕
以其父祖有功耳旣爲人如此豈可玷職位哉追還制命
因顧右丞蘇保衡參政石琚曰此朕之過與不可不改卿
等當盡心以輔撕朕也有司言諸路猛安謀克怙其世襲多
擾民請同流官以三十月爲考詔下尚書省議宗憲乃上
議曰昔太祖皇帝撫定天下嘗封功臣龍虎猛安謀克
退不肖有不職者其弟姪凡更安謀克當明核善惡進賢
政爲遷調非太祖約臣謂凡猛安謀克當明核善惡進賢
拜右丞相大定六年薨年五十九上輟朝悼惜者久之命
百官致奠賻銀一千五百兩重緣五十端絹五百四

習不失本作辭不失後定爲習不失昭祖之孫烏骨出之
次子也初昭祖父無繼嗣與昭順皇后徙單氏禱於巫而
生景祖及烏骨出長酗酒彊悍其毋昭祖泼徒
單氏與景祖謀而殺之部人怒欲害景祖徒單氏自以爲
事而烏祖乃得免習不失健捷能左右射世祖襲節度薨
宗與拒桓跋逹戰於斡魯紺出水已再失刺世祖至軍
吏士無人色習使習不失先陣於脫豁叹原而身出搏
戰敗其步軍習不失自陣後奮擊之敗其騎軍所兼馬中
九失不能馳遂步趨而出方戰其外兄烏蕚名善射居敵
騎中將射習不失熟視識之呼曰此小兒是汝一人之事

改爲留可城下之太祖伐遼便領兵千人夾侍左右出河
祖歡都習不失皆爲詳穩焉後與阿里合溼幹帶俱佐撒
春執盃習以歸太祖獲麻產獻于遂遼人賞功穪宗太
肅宗前戰斜列習不失佐之東縕縱火煙焰蔽天大敗烏
蒫趨如此乃約烏春與兵世祖至蘇素海華薰而歸其
昵昵若將執己者一躍下樓傍出滿離之外葉薰與烏春
往觀宇里篤與忽嘗置酒樓上以飲之習不失聞其私語
乎何爲推鋒君前如此乃以弓弰繫馬首而去是役也習不
失之功君多桓被散逹旣敗習不失馬棄陣中者亦自歸

店之役惟習不失之策與太祖合卒破十萬之師挫其軍
鋒遂與太宗撒改等勸進收國元年七月與太宗微改桑
俱爲勃極烈習不失爲阿買勃極烈云天輔七年太宗與
習不失居守鄴王昂遠紀律失衆法當死於是遼人以燕
京降宋人約歲幣三月世生習不失謂太宗曰兄弟以燕
肉以恩捧義寧忍決以全之令國家逄有大慶可戚昂以
無死若主上有責言以我爲說太宗然之遂杖昂以聞太
祖每伐遼輒比伴矣是歲七月薨會太祖班師道病太宗奉迎
返撒改比伴矣是歲七月薨會太祖班師道病太宗奉迎
詔見恐太祖感動而疾轉其不敢以薨告太祖輒間曰阿

顴勳槌烈安在太宗給對曰今即至矣正隆二年贈開府
儀同三司追封曹國公大定三年進封金源郡王配饗太
祖廟姓謚曰忠毅子鵜沙虎國初有功天會間為貢定留
守子撻不也

宗亨本名旋不也性忠謹天輔初以宗室子克護衛撻宗
磐宗偽有功加忠勇校尉選昭信校尉尚廄局直長三年
性本島副使丁父憂時宗正官屬例以材選宗亨在選中
逐起復為淑溫特宗室將軍改會寧府少尹歷登州刺史
改歐州刺史澤州為特蒲聲收使同知北京路轉運使
改澤州定國軍節度使海陵廄人南伐以本職領武陽軍

列傳

金史七十　七

都總管過淮世宗即位以手詔賜宗亨宗亨得詔即入朝
大定二年授右宣徽使未幾為西北路兵馬都統以討契
丹賊右副元帥僕散忠義與窩幹遇于花道宗亨與左翼
萬戶蒲察世傑等以七謀克軍與之戰失利及窩幹敗其
黨括里扎八率報南奔宗亨追及之扎八詐降宗亨信之
扎八諉曰括里遁願往邀宗亨聽其去大縱軍士取賊所
棄贏橐業人富多自有之括里扎八七入于宋是降為寧
州刺史
宗賢本名賽里習不失之孫也從都統果取中京襲遼帝
于駕為灤宗翰使撻懶襲耶律馬哥都統使蒲家奴及賽

里等以兵助之蒲家奴使賽里斜野裴滿胡撻逵魯古廝
列偉吳十等各率兵分行招諭獲逸遷留守迪越家人輟
元帥賽里巫一會欲其家舊實爵未幾復官未幾撤合戰
重升降華牧官木盧瓦得馬甚多使逸水草牧之賽皇等
趣業送逸以偏師深入敵邀擊一撤合戰没而蒲家奴至旺
國畫西賽里兵會之累官至左副點檢天春二年方補宗
傳賽里巫會欽其家奮實爵未幾復官統四年授世龍中
謀克轉都點檢封幽國公拜平章政事進拜右丞相兼中
書令進拜太保左丞相監修國史罷為左副元帥無何復
為太保左丞相元帥如故進太師領三省事後兼都元
帥監修國史出為南京留守領行臺尚書省事後為左副

列傳

金史七十　八

元帥兼西京留守再為太保領三省事後為左丞相都
元帥賽里自護衛未十年位兼將相常感激思自効以報
朝廷雖於悼后為毋喪官專政大臣或因之以取進用賽
里未嘗附之皇太子源安甍魏王道濟死熙宗未有嗣子
之與海陵同在相位未嘗少肯假借海陵知熙專師心憚賽
里外以為宗亨加禮敬而內常忌之海陵弒熙宗詭以熙宗
賽里勳熙宗選後宮必廣邀嗣不必頷忌於后以此怨
之與后共力排出之賽里亦不以是少變膵王常勝妻死后未
納其妻宮中項之殺悼后及妃數人將少常勝妻為后召諸王
果也及海陵弒熙宗將議立后召諸王大臣賽

22-674

里闔召以為信然納入宮謂人曰上必欲立常勝妻為后
我當力爭之及被執猶以為熙宗將立常勝妻而先殺之
也曰誰能為成言者我死固不足惜獨念主上左右無助
耳遂遇害

石土門漢字一作神徒門耶懶路完顏部人世為其部長
父直离海始祖弟保活里四世孫難同宗勳不相通閔父
矣景祖時直离海使部人邀孫來請偯通宗系景祖留遂
孫歲餘久之耶懶歲饑景祖與之及邐以幣數匹為贈結
其厚意父之耶懶飲食善遇之及還以幣助糴貸使世祖
往致之會世祖有疾石土門日夕不離左右世祖疾愈辭

歸與搤手為別約它曰無相忘石土門體貌魁偉勇敢善
戰貸直孝友彊記辯捷臨事果斷世祖襲位交好益深鄰
部不悦遂含兵攻之石土門使弟阿斯涌率二百人兩下
拒敵敵兵千人已出其東攏高泉石土門將五千人迎擊
之敵將婁室本勇士也出其不意挑戰石土門射中其馬斡里
本反射射中石土門腹石土門拔前戰愈力阿斯涌與勇
士七人步戰殺斡里本諸部兵遂敗石土門因招謝諸部
使附於世祖世祖嘉之後伐烏春窩謀罕及鈍恩狄庫德
等皆以所部從戰有切弟阿斯涌卒及終喪大會其族
太祖率官屬往馬就以伐遼之議訪之方會祭有飛鳥自

東西太祖射之矢貫左脅而墜石土門持至上前辭慶
曰烏為人所甚惡今射護之此吉兆也即以金版獻之後
以本部兵從擊高樣又伐遼勳尤多王師攻下西京賜以
金牌其子蟬蠢從行上語之曰吾妳之妹白散者在衆侯
其獲當汉為汝婦竟如其言上之西征諸將皆從石土門
乃遂善射者三百人來衛京師時太宗居守喜其至親出
迎勞閒黃龍府叛與睿宗討平之睿宗賜以奴婢五百
人師還賞賚費良渥至是卒年六十一正隆二年封金源郡
王子習失思敬

完顏忠本名迪古乃字阿思魁石土門之弟太祖器重之

將畧弃伐遼而未决也欲與迪古乃計事於是宗翰宗幹
完顏希尹皆從数日小閒太祖與迪古乃馬省而語曰
我此來豈徒然也有謀於汝汝為我决之遼名為大國其
實空虛主驕而士怯戰陣無勇可取也吾欲與兵扶義而
西君以為如何迪古乃曰以王公英武士衆樂為用資帝
荒子敗獲政令無常易與也太祖然之明年太祖伐遼使
遼主兵次父刺迪古乃與銀术哥守達嚳古路二年與幹
曾滿察會幹曾古討萬求昌破其兵東京降遂與幹曾古
等撀耶律捏里敗之于蒺蔾山拔顯州乾惠等州降天輔

二年與妻室俱入見上曰遼主近在中京而敢輙來各杖
之三十太祖駐軍草濼迪古乃取奉聖州破其兵五千于
雞鳴山奉聖州降太祖入燕京迪古乃出德勝口以代石
土門為耶懶路都勃菫二年以耶懶地薄斥鹵遷其部於
蘇濱水仍以木質勒之田益之熙宗即位加太子太師十
迪古乃配饗太祖廟廷大定二年追封金源郡王
四年加保大軍節度使同中書門下平章事薨天德二年
習室康宗時高麗築九城于曷懶甸習室從斜也與妻室俱獲遼帝
政寧江州習室推鋒力戰敗夏將李良輔兵授猛安後從斜也克中京龍蒙帝
主于餘睹谷宗翰伐宋與銀术可圍守太原明年改襄垣下

【金史卷七十】 十一 先宋

敏世宗思太祖太宗剗纂艱難次當羣臣勳業最著者
圖像于衍慶宮遼王斜也
潞城降西京至汴元帥府以懷孟北阻太行南瀕河控制
險要使習室統十二猛安軍鎮撫之於是珍平冠盜招集
流亡四境以安天會五年薨熙宗時贈特進大定間謚威
宗翰宋王宗堅梁王宗弼金源郡王習不失遼王宗幹秦王
象金源郡王希尹金源郡王婁室辣王宗雄魯王闍母金
源郡王銀术可隋國公阿隣合懣金源郡王撒离喝兗國
公蒲家奴金源郡王撒离喝兗國公劉彥宗特進斡魯古

薺國公韓企先幷習室凡二十一人初海陵罷諸路萬戶
置蘇濱路節度使世宗時近臣姜請改蘇濱為耶懶節度
使不忘舊切上曰蘇濱耶懶二水相距千里節度使治蘇
濱不必改石土門親管猛安子孫襲封者可改為耶懶猛
安以示不忘其初
思敬本名撒改押懶河人金源郡王神土懣之子辭不失
弟也初名思恭避顯宗諱改為體貌雄偉美鬚髯純直有
材幹年十一從其父謁見太祖太祖自太原伐宋從其
兄習室攻太原宗敬從完顏活女涉渡河下
從獵射黃羊獲之太祖賜以從馬宗翰取河南思敬在納鄰淀方獵困詔

【金史七十】 十二 辭不失

洛陽圍祚皆有功師還隸遼王宗幹麾下太宗幸東京溫
湯思敬權護衛押衛卒百人從行領謀克從征木虎麟有
功遂充護衛天眷二年以補宗磐宗雋遷顯武將軍熙
宗命敬出熙宗稱嘆賞賚甚厚權右衛將軍襲
押懶路萬戶授世襲謀克是年入為工部尚書改敬前都點
檢無何為吏部尚書天德初為報諭宋國使宋人以舊例
請觀錢塘江潮思敬不觀曰我國東有巨海而江水有大
貫及歸復遣使賜弓劍是年召見賜以襲衣廐馬錢萬
縶捕魚混同江綱索絕曹國王宗敏乘醉鞭馬入江手引
敬躍入水引宗敬出熙宗呼左右救之君卒莫有應者思

於錢塘者竟不住使還拜尚書右丞罷為真定尹用廉封
河內郡王徙封鉅鹿丁母憂起復本官改益都尹正隆二
年例奪王爵改慶陽尹大定二年授西南路招討使封瀋
國公兼天德軍節度使儧為北路都統佩金牌及銀牌二
西北路招討使唐括孛古底副之將本路兵二千會守古
遮遠斥候至則戰或于狗濼屯駐之契丹賊出沒之地置守
底視地形衝要或限詔李古底曰爾兵少
思敬未至不得先戰僕散忠義敗窩斡於陷泉詔思敬選
新馬三千備追襲窩斡入于奚中思敬為元帥右都監以
舊領軍入奚地張哥宅會大軍討之敗偽節度特末也獲
二百餘人賊降將稍合住與其黨神獨斡執窩斡并其母
徐輦妻子弟姪家屬及金銀牌印詣思敬獻俘于
京師賜金百兩銀千兩重綵四十端王帶廄馬名鷹拜右
副元帥經略南邊駐山東罷為北京留守復拜右副元帥
仍經略山東初猛安克屯田山東各隨所受地土散處
州縣世宗不欲猛安與民戶雜處欲使相聚居之遣
戶部郎中完顏讓往元帥府議之思敬與山東路總管徒
單克寧議曰大軍方進伐宋宜以家屬權寓州縣量留軍
衆以為備禦俟逸事寧息猛安謀克各使聚居則軍民俱
便還奏上從之其後遂以猛安謀克自為保聚其田土與

民田犬牙相入者互易之也互易之三年四月召還京師以為北京
留守賜金鞍勒馬及海陵時無功授猛克者皆罷之失職者甚衆思敬請
量才用之上從其請思敬前為平章政事先是省併猛安謀
妾至是其兄乞離異其妻畏思敬在相位不敢去詔還其
家九年拜樞密使上疏論五事其一女直人可依漢人以
文理選試其二契丹人可分隸女直猛安其三鹽濼官可
罷去其四與猛安同勾當副千戶官亦可罷其五親王府
官屬以文資官擬注教以女直語言文字上皆從之其後
女直人試進士夾谷衡尼厖古鑑徒單鎰完顏匡董皆由
此致宰相實思敬啓之也久之上謂思敬曰朕欲修熙宗
實錄卿嘗為侍從必能記其事跡對曰熙宗時內外皆得
人風雨時年穀豐盜賊息百姓安此其大㮣也何必餘事
上大悅世宗喜立實章故其微諫如此大定十三年薨上輟
朝親臨喪哭之慟曰舊臣也贈贈加厚葬禮恕從官給孫
吾儂木特大定二十四年除明威將軍授速頻路賓鄰山
猛安
贊曰勷者護國世祖以開帝業撒改治國家定社稷專立
太祖深謀遠略為一代宗臣賢弟哉習不失蓋前人之德
著熙五世易曰有子考無咎其此之謂乎始祖與季弟異

部而處子孫俱裁強宗而取遼之策交定于迪古乃豈天道陰有以相之邪

金史第七十

十五

勑修

開府儀同三司上柱國錄軍國重事監修國史……脫脫　奉

幹睹
幹睹古勃董　婆盧火
吾扎忽　闍母
宗叙 本名德壽

傳九　〈金七十一〉　一

幹睹韓國公勳臣第三子康宗初以蘇濱水舍國部幹睹勃董及幹睹淮職德二部有異志幹睹帶治之幹賽幹睹為之佐遂代幹睹被其城以歸高麗築九城於曷懶甸幹賽母疾病幹睹代將其兵者數月幹睹亦對築九城與高麗抗出則戰入則守幹賽用之卒城高麗牧國二年四月詔出統諸軍與闍母蒲察迪古等伐高永昌詔曰永昌誘殺咸州謀據一方直搗其隙而取之軍此非有遠大計其亡可立而待也東京渤海人與吾易為招懷如其不從即議進討無事多殺高永昌渤海人在邊為押刺以兵三千屯東京八廒口永昌見遼政日敗太祖起兵遼人不能支遂觀釁非常是時東京漢人與渤海人有怨而多殺渤海人永昌乃誘諸渤海并其成入據東京旬月之間遠近響應有兵八十人遂僭稱帝改元隆基遠人討之父不能克永昌使捷不野杓合以幣求救於太祖且曰願倂力以取遼太祖使使胡沙補往諭之曰

傳九　〈金七十一〉　二

同力取遼固可東京近地汝輒據之以借大號可乎若能歸欵當處以王爵仍遣係遼籍女直胡突古來高永昌使捷不野與胡沙補胡突古偕來而永昌表辭不遜且請遣所俘渤海之幹睹方趨東京遼兵六萬來攻肥散城阿徒罕往招諭之幹睹古不道遣大藥師奴與捷不野軍遇於瀋州敗之進攻瀋州取之永昌開取瀋州大懼使勃董烏論石準與戰於益褪之地大破之五月幹睹與遼家奴鐸剌以金印一銀牌五十來號稱藩幹睹命胡沙補撒八往報之會渤海高楨降言永昌非真降有特以緩師耳幹睹進兵永昌遂殺胡沙補等率眾來拒遇沃里活水我軍既濟永昌之軍不戰而卻遂北至東京城下明日永昌盡率其衆來戰復大敗之遂以五千騎奔長松島初太祖下寧江州攻東京渤海人皆釋之往中道亡去諸將請殺之太祖曰既以克敵下城何為多殺昔先太師嘗破敵獲百餘人釋之皆亡去既而往往招其部人來降今此筆亡後日當有効用者至是東京人恩勝奴仙哥等執永昌妻子以城降即寧江州所釋東京渤海人也先太師蓋謂世祖云未幾捷不野執永昌及鐸剌以獻皆殺之於是遠之南路係籍女直及東京州縣盡降以幹睹為南路都統送勅極烈留為春知東京事詔除遼法省賦

税置猛安謀克一如本朝之制九月斡魯嘗上謁于婆盧火

水上慰勞之辛亥斡魯嘉宴官屬皆預賜賚有差燭

慢水部實古達救燭斡魯分胡剌古烏蕃之

兵討之燭斡魯宗室斡魯子魁偉善戰年十五隸軍中多見任用

以兵五百敗室斡獲其民救及招降燭燭水部領行軍千

克破黃龍府戰斡魯古城皆有功其破寧江州渤海乙

戶從破黃龍府戰達嘗古城皆有功其破寧江州渤海乙

塞補叛去僕忽得初軍撒改從討蕭海里降燭慢水部領行軍千

里罕河實里古達迻討平叛亂不勞師衆朕甚嘉之燭

撫定餘衆詔曰汝討平叛亂不勞師衆朕甚嘉之斡魯等

傳 金六十 三

死於國軍聞其尸衾于河俠冰釋必求必葬其民可三百

戶為一謀克必衆所推服者領之仍以其子弟等為質斡

魯乃還天眷中斡魯贈本國上將軍僕忽得復昭叛義大將

軍斡魯嘗從都統斡魯迻主遂西走西京巳降復叛敵襲城

西浮圖下射攻城者斡魯與鶻巴魯攻浮圖奪之復以精

銳兼乘浮圖下射城中迻破西京夏國王使李仁輔將兵三

萬來救遠次于天德之境斡魯室與斡魯合軍擊敗之追至

野谷殺數千人夏人渡澗水水暴至漂溺者不可勝計遂

主在陰山青冢之間斡魯為西南路都統往襲之遂刺

淑撒馬瀝以兵二百襲迻權六院同喝哥賢於白水泺獲

之迻主留斡魯重於青冢領兵一萬往應州遣照里背脊各

率兵邀之宗望至遠主營嘉偉其妻子宗族得其傳國

璽斡魯使使表捷曰穎隆下威靈夏敗敵兵遠主無歸勢

必來降巳戮戒鄰國母納宋人合饋軍糧令銀朮可往代

州受之詔徧諭鄰境士俟朕至彼當次第推賞遠主趙王

屬功去其興帳薈撫存之遠主伶傳去國懷悲勇恥恐隨

其命章雖自作而嘗居大位深所不忍如招之肯來以其

宗族付之巳遣楊璞徵糧於宋銀朮可不須往矣太祖還京師宗翰

為西北西南兩路都統遠及蒲家奴副之宗翰京師

傳 金七十 四

詔以夏人言宋侵略新割地以便宜決之斡魯表曰夏人

不盡歸戶口資幣又以宋人侵賜地求援兵宋之邊臣將

取所賜與夏人疆土蓋有異圖詔曰夏人屢求援兵自取疆土于

欲歸我戶口沮吾追襲遠主事也宋人敢言自取疆土于

夏誠有異圖宜謹守備亲盡在夏戶口通開兩國軍事審處

之斡魯後請弗割山西與宋則遠主不能與宋鄭藥師交

通復詔曰宗翰請毋與宋山西地鄉復西南西北兩路都統

慎母忽及宗翰等伐宋斡魯行西南天德二年配享太祖廟

曾五年薨皇統五年追封鄭國王天德二年配享太祖廟

姓子撒八銀青光祿大夫子賽里

22-680

斡魯古勃董宗室子也太祖伐遼使斡魯古阿魯撫諭斡
忽急賽兩路係遼女直與遼節度使撻不也戰敗之斬撻
不也酷輦阿魯臺至軍十四太賽皆降斡忽急賽兩路
亦降與遼都統賽裏戰于咸州西敗之斬賽裏妻千陣與妻
室帥遂與遼將喝補戰破其軍數萬人太祖嘉之以咸
來歸咸州陷滿忽吐以所部降于斡魯古鄰部戶七千亦
州軍帥斡魯古代高求昌于東京斡魯古嘗叛入干遼居千東
京高求昌撲東京太祖索之以歸斡魯古伐永昌以便宜
鞍合斡魯古咸州兵往擊之胡突古嘗叛入干遼居千東
秦普國王耶律捏裏來伐迪古乃賽室婆盧火等居千東

署胡突古為千戶散都督詭補皆無功亦以便宜除官
律捏裏佛頂遺斡魯古書請和斡魯古以捏裏書井所答
斡魯古軍中往往闕馬而官馬多匯於私家遂檢括之耶
太祖聞之盡復斡等謀克胡突古等皆罷去太祖聞
及以便宜解權謀克斛斛接魯黃哥達及保等職皆非其罪
和汝當以阿踈等叛亡索而不獲至於交兵我行人賽刺
亦不遺還若歸賽刺及送阿踈等則和好之議方敢奏聞
仍恐議和非實無失備御耶律捏裏軍蒹黎山斡魯古以
兵一萬戍東京太祖使迪古乃襲復以兵一萬益之詔

曰遼主失道轉命徂征惟爾將士當體朕意拒命者討之
服者撫安之毋貪俘掠毋肆殺戮所賜捏裏詔書可傳致
也詔捏裏曰汝等誠欲請和當盡誅爾國其賢圖之捏
弔伐之意然後可議和約不然當盡井爾審臣議
疆場事斡魯古等攻顯州知東京事完顏斡論以兵來會
里復書斡魯古云阿踈去人乘李見平日則當送阿踈等上
痕孛等乃交兵之後來降阿踈則平日以罪亡去其事特
興復詔捏裏令此月十三日送阿踈至顯州各遵重臣議
即以兵三千先渡遼水得降戶千餘遂與捏裏遂與捏裏
夜來讓斡論聲走之斡魯古等遂與捏裏等戰于蒹黎山

大敗遼兵追此至阿里真彼獲佛頂家屬遂圍顯州攻其
城西南軍士神篤踰城先入燒其佛寺煙焰撲人守陣者
不能立諸軍乘之遂接顯州於是乾慜彙徽成川惠等州
皆降乾州後為間陽縣遼諸陵多在此禁無所犯徙成川
州人于同銀二州居之捏裏再以書來請和斡魯古等為
詔以阿踈為言喜之駐軍顯州以聽命賜斡魯古等為十
四詔曰汝等力摧大敵攻下諸城脤甚嘉之遼主未獲人
魯古以便宜命復其職仍令世襲遼賽州節度使張崇降斡
心易撼不可恃戰勝而失備御遼賽州節度使張崇降斡
功亦多自恣劾里保雙古等善斡魯古火在咸州多立

嘗司追襲而不追襲咸州

州復集口財畜多自取但幸剌束等亦言半童蒲為麻

言窩論赤罔阿剌本乙剌等多取生口財畜遂以罔哥代

為咸州都統攻顯州亦宗室子也既代翰魯古治咸州初

迪古之妻窒奏攻顯州新降州之民可還其舊者于咸州

謀克其妻右誠心歸內地於是詔使罔哥撣擇其才可幹事者授之

之民賦給之而使罔母縮其副統去久之遠通祖考夏資

四州之民八百餘家詣咸州都統降上曰遼人賦斂無度

民不堪命相率求生不可使失登分置諸部擇善地以處

之太祖召翰嘗古自罔之翰曾古引伏罔哥鞠窩論等詔

降轍嘗古為謀克取去之詔部論等天輔六年討賊于牛心

山道病卒天春中贈特進天德二年配享太祖廟廷大定

十五年諡莊異

婆盧火安帝五代孫太祖伐遼使婆盧火微迪古乃兵失

期狀之後與渾黜以四千人往助妻室銀朮哥攻黃龍府

辭勒罕轍學得兄弟欄里部人嘗冠降略馬畜三百而去

盧火討之至阿里門河辭勒罕偽降遂略馬畜三百而去

復兀勒部掠二十五寨太祖復使婆盧火討之婆盧火渡

蘇轍河招降旁近諸部因籍丁壯為軍至特勝吳水轍學

得偽降叛走執而殺之婆盧火至特鄰城圍之辭勒罕

遽去婆盧火破其城執其妻子辭勒罕遂降曰我之辭勒罕

財貨盡失何以為生婆盧火與之馬十匹直欄里部庭良

馬太祖使紀石烈阿晉罕掌其畜牧婆盧火及子婆速俱

為謀克天輔五年摘取諸路猛安中萬餘家屯田于泰州

火為泰州而遷拾得查端阿里徒歡婁室楚罕等俱徙為唯

婆盧火為都統賜耕牛五十婆盧火舊居按出虎水創是

挑居泰州而遷拾得查端阿里徒歡婁室等俱徙為唯

族之右翼兵出居庸關大敗遼兵遂取庇廬蕭妃避去都

火為右翼兵出居庸關大敗遼兵遂取庇廬蕭妃避去都

監高六等來送款乞降留查端阿里婆子獨得不從太祖取燕京婆盧

二卯十有一及送剌數婆盧火石古乃討平之其聲官家

過三日不及而還上令婆盧火胡實養卒輕騎追之蕭妃

已遠去獲其帑帑官統軍家剌宣徹香剌并其家族及銀牌

二印十有一及送剌數婆盧火繩果監戰後為平陽

時有婆盧火者妻室平陝西婆盧火守邊屢有功

尹西南路招討使終於慶陽毋泰州婆盧火以空色宣頭及銀牌給之同

太宗賜衣一襲并賜其子剖叔八年以甲冑賜所部諸謀

克天會十三年加同中書門下平章事天春元年駐烏骨

迪烈地覺開府儀同三司諡剛敖子剖叔雙猛安天春元年駐烏骨

二年為泰州贈開府儀同三司諡剛敖子剖叔雙猛安天

二年為泰州副都統子翰帶廣威將軍婆速官特進子吾

吾扎忽善騎射年二十以本班祗候郎君都管從征伐有
功授修武校尉皇統二年權領泰州軍平陝西至涇州大
破宋兵於馬西鎮起還置遠大將軍護猛安復以本部軍
從宗弼權都統正隆末從海陵伐宋契丹反與德昌軍節
度使移軍源同討契丹許以便宜從事大定初除咸平尹
駐軍泰州俄陞臨潢尹權元帥左都監與廣寧尹僕散渾
坦軍從元帥右都監神土蔥解臨潢之圍契丹引眾東行
吾扎忽追及于窊歷山押軍猛安契丹忽剌权以所部助
敵攻官軍官軍失利泰州節度使烏里雅來救未至臨潢

【金史一　九】　陳厚

與敵遇烏里雅敗僅以數騎脫歸敵攻泰州其裨大振城
中震駭將士不敢出戰敵四面薄城押軍猛安烏古孫阿
里柚翠軍士數人持鏑刀循城應敵力戰斫刈甚眾乃
退泰州得完吾扎忽遞使謀克蒲盧渾徙百姓旁邑及險
阨之地以俟大軍明年聚甲三千於濟州會元帥謀
行敗寓斡於長樂戰寓獲河戰陷泉皆有功政節
度使卒吾扎忽性聰敏有才智善用軍常出敵之不意故
能以寡敵眾而所往無不克號為鶻軍云
闍母世祖第十一子太祖異母弟也高永昌據東京斡魯
往伐之闍母等為之佐巴克濟州城中出奔者闍母邀擊

始盡與永昌隔沃里沿水眾遇淖不敢進闍母以所部先
濟諸軍乘濟軍東京城下城中人出城來戰闍母破之千
首山殲其眾獲馬五百匹及輜重古以罪去咸州進兵詔
之於是闍母為咸州路副統遼諷和父不成太祖進兵詔
咸州路都統司令倂葛留兵一千鎮守闍母以餘兵會于
上親臨陣闍母以報先登克其外城單守捷不野遼人出
渾河太祖攻上京實臨潢府謂之不下遼以進城中兵尚
降都統杲兵至中京闍母自城西沿土河以進隍城中出
餘三千皆不能守遂克之宗翰等攻西京闍母要室等於
城東為木洞以捍蔽矢石於冊隅以鍥葵塞其隍城中出

【金史七十　十】　陳厚

兵萬餘將燒之溫迪罕眾力戰執旗者被劉蒲匿
自執旗奮擊卻之又為四輪革車高出於堞闍母與麾下
乘車先登諸軍繼之遂克西京與遂步騎五千戰于朔州
之境斬首三百級復敗遼騎三百于河隍遼兵五千屯于
馬邑縣南復擊破之隙其營盡得其車馬器械遼兵三
萬列營千西京之西闍母以三千擊之闍母使士卒皆去
馬陣於蕭墻之間曰以一擊十不致之死地不可使戰也
調裝曰若不勝敵不可以求生於是人皆殊死戰遼兵遂
敗追至其營而止明日復敗其兵七百餘人與中府宜州
復叛闍母討之并下詔招諭詔闍母曰遼之土地皆為我

有彼雖復叛終皆善民可縱其耕稼毋得侵掠勃輦蒙哥
斜鉢吾獲等獲勢冊九斤與中平闍母為南路都統討回
離保詔曰回離保以烏合之眾攘據險阻其勢必將自斃
若彼不出掠遷張覺攙平州叛入于宋闍母殺回離保于景薊
之間其眾遂遺張覺攙四州之民闍母至潤州聲走張
茶革遂北至榆關道傳持青招之復敗竟女於樓峯口復與荒戰
欲乘勝進取南京時方暑雨退屯海橋逐水草休息使僕
旭家刮兩猛進取潤州制未降州縣不得與寬交通九月
闍母破寬將王孝古於新安敗竟軍於樓峯口復與荒戰

於免耳山闍母大敗太宗使宗望問闍母敗軍之狀宗望
遂以闍母軍討寬又宗望破張竟破竟圍遂克南京乃赦闍母召宗望
起闍關母連破僞都統張敗圍遂克南京執敗回殺之上
遣使迎勞之詔曰聞下南京撫定兵民甚善諸軍之賞娲
差等少給之又詔曰南京疆場如舊屯兵以鎮之命有司
運宋五萬石于廣寧給南京潤州戍卒遂下宜州接義
山殺其節度使韓慶民得糧五千石因詔以南路歲饑許田
飄其後宋童貫勃藥師治兵闍母輒因降人知之即具奏
語在宋事中而宗翰宗望詣香請伐宋於是闍母副宗望伐
宋宗望以闍母為先皇帝任使有功請以為都統已監

戰事於是闍母為都統播喝鳴副之敗郭藥師兵于白河遂
降燕山以先鋒渡河圍汴宋人諸盟將士分屯于安肅雄
霸廣信之境宗望還山西闍母與劉彥宗留燕京節制諸
軍八月復伐宋大軍克氷州上城中諸軍宗輔為
而西出者十三萬人闍母摝懶分警大敗之師還闍母為
元帥左都監攻河間下之大破敵兵萬餘於莫州迪古為
右副元帥攻河間下淄州青闍母克濰州迪古浦木烈
速連破趙子昉等兵至于河上烏林荅欲破敵于靈城
成兵圍淄州青闍母克濰州迪古浦木烈
鎮又議伐康王闍母欲先定河北然後進討太宗乃酌珧
朝議之中使賈並取陝西宗翰宗輔南伐天會六年薨年
四十興宗時追封其國王天德二年配享太祖廟廷正隆
改封譚王大定二年徙封曹王諡莊襄子宗叙
宗叙本名德壽闍母第四子也奇偉有志兼習文武之事議兵叙
制授武義將軍明年授世襲謀克權御院通進遷翰林待
衛尉起居注轉國子司業兼左補闕正隆幼遷補待實郎
在宮職凡五年皆帶御押領宿衛遷太都指揮使改左驍
官以本官起復明年海陵幸南京宗叙至汴莫丹撒八反宗
騎都指揮使明年遷侍衛親軍馬軍都指揮使改為
叙為咸平尹兼本路兵馬都總管以甲杖四千付之許以

便宜宗叙出松亭關取牛道千廣寧世宗即位將歸之
廣寧尹按荅海弟燕京勸宗叙乃還與中自彥敬統石烈
志寧使宗叙奉表降宗叙見世宗乃於渠魚務授寧昌軍節
度使明年二月契丹攻寧昌軍宗叙身有女直渤海兵三
十漢兵百二十人自將擊之遇賊千餘騎漢兵皆散走宗
叙與女直渤海三十騎盡銳力戰身被二創所乘馬中箭
而仆遂為賊所執居百餘日會賊中有臨潢民移剌阿塔等
盜馬授之得脫歸顏元宜謂之曰賊衆烏合無紀律破之
謀衍平章政事完顏元宜賊陷宗叙見謀衍貪鹵掠失事幾欲
易耳於是帥府欲授軍職宗叙

窘窩取驛馬馳至京師而帥府先事以聞上遣中使詰之
曰汝為節度不度報賽戰敗獲幸得脫歸乃拒帥命
輒自乘傳赴都朕姑置汝罪可速還軍併力破賊宗叙附
奏曰臣非辭難畏事須面奏不得不來遂召上乃條奏為
中虛實及諸軍進退不合事機狀部大臣議皆以其言為
然是時已詔僕散忠義代宗叙衍為元帥進討於是拜宗叙
為兵部尚書以本職領左翼都統率宗叙烏延查剌烏林
荅剌撒兵各千人號三萬佐忠義軍至花道遇賊與戰右
翼都統宗可先敗走忠義亦引却宗叙勒本部邀擊之麾

帳下十三百撍馬步戰賊不得是大軍整列復至合勢擊
之賊遂敗去而元帥右監軍紇石烈志寧率軍至七渡河復
幹於陷泉大破之復與志寧及徒單克寧追至七渡河復
大敗之元帥忠義遂留宗叙自從戰入詔以宗叙為右宣微使宗
叙據海州將謀深入詔以宗叙為元帥右監軍往禦之宗
叙駐軍山東分兵揀守壽陽鄧州比至襄陽屢戰
紇石烈志寧奏諸軍事四年宗叙出唐鄧
兵邊陲飛輓頻難乞俟秋涼進發上從其請及還軍授以
成筭賜號矢九月渡淮宗叙出朝奏曰暑月在近頃
皆捷明年宋人請和軍還除河南路統軍使河決李固渡

分流曹單之間詔遣都水監梁肅視河決宗叙言河道填
淤不受水故有決溢之患今欲河復故道卒難成功幸而
可塞宅日不免決溢山東非曹單比也沿河數州縣與大
役人心動搖恐宋人乘間扇誘構為邊患洪蘭亦請聽兩
河分流以殺水勢止不塞十年召至京師拜衆知政事
上曰卿奏黃河利害甚合朕意朕念百姓姜調官吏為姦
率斂星火所費倍蓰事積經年嫡朽不可復用若此等類
百孔千瘡百姓何以堪之卿參朝政擇利而行以副朕心
及與上論南邊事宗叙曰卿南人遺諜來多得我事情我道
謀人多不得其實焉彼以厚賞故也上曰彼以厚利資謀

入徒費其財何能爲也十一年奉詔戍邊六月至軍中將

戰有疾詔以右丞相紇石烈志寧代宗叙還七月病甚遺

表朝政得失及邊防利害力疾使其子上之薨年四十六

上見其遺表傷悼不已輟朝宣微使敬嗣暉致祭賻銀

千兩綵四十端絹四百匹上謂寧臣曰宗叙勤勞國家他

人不能及也初宗叙嘗請募貧民戍邊屯田給以廩栗旣

貧者無糇食之患而富家免更代之勞得專農業上善其

言而未行也十七年上謂寧臣曰戍邊歲貪寒暑往

來番休以馬牛往戍皆死且奪其農時敗其生業朕

其閒之朕欲使百姓安于田里而邊圉固卿等何術可

以致此左丞相良弼曰邊地不堪耕種不能久戍所以番

代耳上曰卿等以此急務爲末軍耶往歲条政宗叙嘗爲

朕言此事若宗叙可謂盡心於國者矣今以兩路討司

烏古里石壘部族臨潢泰州等路分置保戍詳定以聞朕

將親覽上追念宗叙聞其子孫家用不給詔賜錢三千貫

明昌五年配享世宗廟廷

金史七十一　十五　庶傳

列傳第九

妻室

仲　本名石古乃

活女

海里　謀衍

穀英　本名樣懶

麻吉　于沃側

銀朮可

拔里速

習古廼

婁室字斡里衍完顏部人年二十一代父白荅為七水諸
部長太祖克寧江州使婁室招諭係遼籍女直遼降移懶
益海路太彎照等敗遼兵于婆剌趕山復敗遼兵擒兩
十餘萬眾來成遼太祖趍蒼古城次寧江州西召婁室以二
婁室見上于軍中上見婁室馬多疲乏以三百給之使錄
左翼宗翰軍與銀朮可縱兵衝其中堅凡九陷陣皆力戰
而出復與銀朮可成遼及九百奚營吞部來降則與銀朮
可攻黃龍府上使完顏渾黜婆廬火石古乃以兵四千助
之敗遼兵萬餘于白馬濼雄宗輔等下金山蒲聚山幹魯古
二千招沿山逃散之人耶律捏里軍蒲聚山幹魯古婁室分兵
等破之遼取顯州太祖取黃龍府婁室請曰黃龍一都會

將軍既而益歐抹末懶兩路皆降進兵咸州克之諸部相
繼來降獲遼北女直係籍之戶遼都統耶律訛里朶以二

〔金史七十二　一〕

且僻遠苟有變則鄰郡相扇而赴請以所部屯守太祖然
之仍合諸路謀克命婁室為萬戶守黃龍府進都統從果
取中京與希尹等襲走迪六和尚雅里斯等敗奚王霫末
降奚部西京節度訛里剌走遼主自駕薔樂西走婁室等追至
白水濼獲其內庫寶物婁室遂與闍母攻破西京復與闍
母至天德雲內守遼東勝軍皆降獲阿踈夏人救遼
兵次天德婁室使突撚撚擷以騎二百為候兵入敗之
贊盡阿土罕復以二百騎往伏兵獨阿土罕脫歸時父
兩諸將欲且休息婁室曰彼再破吾騎我若不復往彼
將以我怯即來攻我美乃選千騎與習失拔離速往斡魯會
際守之獲生口問之其師李良輔也將至野谷高望之夏
人持眾而不整方濟水為陣乃使人報斡魯婁室為
三送出送入進轉戰三十里過宜水斡魯軍亦至合擊
敗之遼都統大石犯奉聖州壁龍門東二十五里婁室照
里馬和尚等以兵取之婁室運明出陵野嶺留拔離速以兵二百擣
奉聖州葉城遶去後與宗望追遼帝婁室蒲察以二十騎
侯獻敗其軍三千人于三山有千人將趨奉聖州蒲察復
敗之擒其主帥而還夏人屯兵於可敦館宗翰道婁室戌
朔州築城於霸德山西南二十里遶破朔州西山兵二萬

〔金史七十二　二〕

攦其帥趙公直其後復襲遼帝于余都谷獲之賜鐵券惟
死罪乃笞之餘罪不問銀朮可圍太原宋統制劉韎救太
原率眾十萬出壽陽婁室擊破之繼敗宋兵數千於榆次
宋張灝軍出汾州援婁室擊破之灝復營文水婁室與突
萬速拔离速與戰灝大敗宗翰定太原婁室取汾石二州
及其屬縣溫泉方山離石蒲察降壽陽取平定軍及樂平
復招社遼山和順諸縣宗翰趨汾州使婁室
等自平陽道先趨河南曰若至澤州與賽里婆盧火習失
遇當與俱進習失之前軍三謀合敗宋兵三千于襄垣遇
伏兵二千又敗之撒剌荅破天井關後破步兵於孔子廟

南遼降辧河陽婁室軍至既渡河遂薄西京城中兵來拒戰
習失逆擊敗之西京降婁室取偃師永安軍鞏縣降撒剌
荅敗宋兵於氾水於是滎陽滎澤鄭州中牟相次皆降宗
翰已與宗望會軍于汴使婁室率師趨陝攻河東郡縣
之未下者阿离土罕敗敵于河上撒按敗敵于陝城下髑
沙虎降魏州守聐卒三百人遂克陝府聐古乃桑棗破陝
之散卒于平陸西北活女別破敵於平陸婁室破陝
軍二萬盡覆之安邑解州皆降宋將范致虛軍下同
等州宗翰往洛陽使婁室取陝西敗宋制置使傅亮遂克鳳翔阿隣等破
華二州克京兆府獲宋制置使傅亮遂克鳳翔阿隣等破

宋大兵於河中幹魯破宋劉光烈軍於馮翊訛特剌桑袞
敗敵於渭水遂取下邽宗翰會宗輔代康王命婁室蒲察
婁室陝西以婆盧火繩果監戰繩果遇敵於蒲城及同
州皆破之婁室蒲察克丹州臨真進克延安府遂降綏折
德軍及靜遠懷速克城寨十六復破青澗城宋安撫使折
可求以麟府豐三州及慳寨九降于婁室
皆降而晉寧軍父不下婁室欲去之賽里曰此與夏
鄰且生地愛城中無井日取河水以為飲乃決渠于東泄
其水城中遂困李位石乙啟郭門降諸將率兵入城守將
徐徽言懷子城戰三日縋潰徽言出巷搏之使之拜不聽
臨之以兵不為動縶之軍中使先降者諭之使降徽言大
罵與統制孫昂皆不屈乃并殺之遂降安堡渭平寨婁
廊坊二州於是婁室破殘盧火守延安折可求屯綏德蒲察
遠守蒲州延安廊坊皆殘破人民存者無幾婁室置官
府輔安之別將幹論降建昌軍京兆府叛婁室復討平之
逐與阿盧補謀里也至三原訛哥金阿骨欲擊淳化兵敗
之婁室攻乾州已築甫道列礮具而州降遂進兵克邠州
軍于京兆陝西城邑已降安者輒復叛於是廓宗以右副
元帥總陝西征伐時婁室已有疾廓宗與張浚戰于富平
宗弼左翼軍已却婁室以右翼力戰軍勢復振張浚軍遂

敗睿宗曰力屈麾戰以徇王事遂破巨敵雖古名將何以

加也以所用犀玉金銀器及甲冑并馬七匹與之天會八

年薨十三年贈泰寧軍節度使兼侍中加太子太師皇統

元年贈開府儀同三司追封莘王以正隆例改贈金源郡

王配享太宗廟庭諡義子活女謀衍石古乃

活女年十七從攻寧江州力戰創甚扶出陣間太祖憑高

望見聞之知是婁室子親撫慰賜藥歡曰此兒他日必為

名將其攻濟州敗敵八千與敵遇于信州移剌本陣干陣

以兵襲英王霞末活女以兵三百敗敵二千從攻乙室部

敗之破其二營送剌部族叛率二謀克突入大破之活女

常從婁室圍太原宋將种師中以兵十萬來援活女敗

之大軍至河無船不得渡婁室遣活女循水上下活女率

軍三百自孟津而下度其可渡遂引軍以濟大軍於是皆

濟之宋將郭京出兵數萬翼婁室營活女從虜奮擊敵敗

遂破原時也留大平翼城皆有重敵活女先登脅宗室宗

西濟州降留活女鎮之攻涇州敗其兵王開山以兵拒歸路邀戰再

女為都統進攻涇州敗其兵王鳳翔諸縣婁室薨寬合扎猛安代為

擊再敗之遂降京兆鳳翔諸縣婁室薨寬合扎猛安代為

黃龍府路萬戶天眷三年為元帥右都監遷左監軍元帥

府罷改安化軍節度使歷京兆尹封廣平郡王以正隆例

改封代國公進封隋國公薨員濟卒年六十一

謀衍勇力過人善用長矛突戰天眷間充牌印祗候授顧

武將軍權待寶郎皇統四年其兄活女襲濟州路萬戶以

謀衍攝速路兵馬都總管撒八反謀衍往討之是時世

宗為東京留守自將討括里還遇謀衍于常安縣盡以甲

士付之世宗還東京完顏福壽高忠建率所部南征軍亡

歸東京謀衍亦率其軍來附即以臣禮上謁遂殺高存福

李彥隆等謀衍福壽忠建及諸將吏民勸進世宗即位拜

右副元帥都統紇石烈志寧在北京拒不受

命謀衍伐之遇其眾干建州之境皆不肯戰彥敬志寧遂

降二年正月謀衍率諸軍討窩斡會兵於濟州合甲士萬

三千人過泰州至末虎崖乃捨輜重持數日糧輕騎追之

是時窩斡新敗于泰州將走濟州謀衍兵至長濼南獲其

諜者知敵將由別路邀糧運遠分軍往迎之敵吏紇石者來

降謀衍用其計因夜往邀敵輜重忽大風不能縱火路

暗莫相辨比曉繞行三十餘里將至敵營將士少憩謀衍

軍善射者數十騎往覘之而都統志寧克寧等已敗斂衆

二萬餘於長淵追擊甚衆敵遁西道志寧克軍先追及於霸

塞河急擊敗之而謀衍食國椋不後追縱去遂

涉慈州界鶻靈山同昌惠和等縣頻取北京西攻三韓縣

惟克寧軍追躡謀衍託馬羸引還慈州上閤之下詔切責

謀衍以僕散忠義為右副元帥代之紇石烈志寧為右監

衍至京師以為同判大宗正事世宗責之曰朕以汝為將

汝不追賊當正汝罪以汝父暑室有大功特免汝死汝難

詐宗室而授此職汝其勉之來幾速頻路軍士术古告

謀衍嘗與謀衍謀反及有司弁上其事世宗察其誣詔鞫

告者术古歡伏遂誅之謀衍謂之曰人有告卿子為

反謀着朕知卿必不為此今告者果自服罪宜悉此意初

高幹方戰上使溫迪罕阿魯帶守古北口及高幹敗于陷

泉入千衷中幸諸矣攻古北口阿魯帶因其妻生日報謝

軍六十里賊衆聞之來襲殺傷士卒甚衆阿魯帶坐除名

詔謀衍蒲察烏里雅蒲察通以兵三千會舊屯兵擊之擒

賊薰猛安合住未幾富平乃還七年出為北京留守上

御便殿賜食及御服衣帶佩刀謂之曰以卿故老欲以均

勞逸故授此職卿其勉之改東京留守封榮國公大定十

一年薨年六十四謀衍性忠厚善擊毬射獵時論以為雖

智略不及其父而勇敢肖之云

仲本名石古乃體貌魁偉通女真漢字其兄幹魯為

統軍克寧天德元年福其兄活女濟州萬戶統初充護衛治除滄

德對如響幹魯嘆曰此子必為令器皇統初充護衛授世

謀克如響幹魯嘆曰此子必為令器皇統初充護衛授世

隆六年代宋慶去官趙聲起知積石軍事轉同知河南尹正

興謀克天德二千益遷化屯軍儲與大軍北還除同知大

州刺史以母憂去官內知河南尹正

襄謀克天德元年福其活女濟州萬戶統西南路招討使薫

天德軍節度使政尚忠信決獄公平番部不敢寇邊召為

左副都點檢衛嚴謹每事有規矩後來者守其法漢能

易也世宗常謂侍臣曰石古乃入真朕寢益安五年宋人

請和為妲國不稱臣仲為報聞使仲請與宋主相見禮儀

世宗曰宋主親起立攬書則授之及至宋一一如禮正隆

用兵宋人歡高州刺史完顏守能以歸來與

俱還上嘉之轉都點檢兼侍衛親軍都指揮使遷河南路

統軍使宋人歡高州親近小心長慎河南控制江淮為國重

地鄉蓋勉之賜廐馬金帶玉吐鶻復有罪解職久之起為

西北路招討使改北京留守卒

海里蔓塞族子體貌豐偉善用貂蔓塞為賀龍府萬戶海

重從徙於執吉訛毋從妻室追及遼
主從數十騎逸去妻室遼海里及術得徃見遼主諭之使
降遼主已窮蹙威待於阿敦山之東妻室因獲之賞海里金
五十兩銀五百兩幣帛二百四綿三百兩庸宗經略陝西
海里戰却其珎軍於涇邠之南尋遣修棧道宋人恐樞道
成以兵來拒破其兵賞銀百五十兩奴婢十人天眷元年
擅宿直將軍與空宗磐宗儁之亂再遷廣威將軍除都水
使者改西北路招討都監歷復州潹州刺史耶盧椀群牧
改武寧軍節度使廣寧尹卒年六十二　中都路兵馬都總管

銀术可宗室子太祖嗣位使蒲家奴如遼取阿疎事久不
決乃使習古迺銀术可繼徃當是時遼主荒于政上下解
體銀术可等還具以遼政事人情告太祖且言遼國之狀
太祖決意伐遼蓋自銀术可等發之太祖與耶律訛里朵
戰于達魯古城遼兵二十餘萬銀术可妻室率衆衝其中
堅凡九陷陣輒戰而出大敗遼軍銀术可為謀克與妻
室戍邊後與妻室渾黷婆盧火石古乃等攻黄龍府敗遼
兵萬餘于白馬濼太祖拒遼兵銀术可守達魯古城收國
二年分鵶懶阿懶所還謀克二千戶以銀术可為謀克屯
寧江州遼大冊使習泥烈遁回約以七月半至而盡九月

習泥烈未来上使諸軍過江屯駐遼虫刺麻答十三人兵
士八人繼火於渾河以絕芻牧銀术可獲之乃知遼過吏
乙薛使之太祖命釋之從都統杲克中京銀术可與習古
迺蒲察胡巴魯率兵三千擊㧞至霞末于京西七十里霞
未棄兵遁遼主西奔天德銀术可以兵絕其後遼主遂見
獲後從宗翰伐宋圍太原銀术可留兵討都監馬五破宋
京太原未下皆命銀术可招討都監馬五所殺
兵於水節度使耿守忠等敗宋兵於西都谷所殺
不可勝計宋樊變施詵高豐等軍来救太原分據近部銀
术可與習失盃魯完速大破之索里乙室破宋兵於太谷

於殺熊嶺進攻宋制置使姚古軍于隆川谷大敗之撒里
土敗宋軍於回馬口郭企忠殘宋軍於五臺及宗翰之太
原與宗望會兵于汴銀术可等攻汴城克之師還銀术可
攻慰寧化等軍攻嵐州攻石嶺關拔離速復取西
擾愉次救太原銀术可使斡論擊之破其軍活女斬師中
降哥嵐寧化等軍攻嵐州拔離速招降火山軍與希尹同賜
鐵券宗翰趨洛陽賽里取汝州銀术可取鄧州殺其將李
操等陸謀魯入襄陽拔離速入均州馬五取房州檎轉運
使劉吉鄧州通判王彬拔離速破唐蔡陳三州克潁昌府
沙古質別克舊穎昌宗翰會伐康王銀术可守太原天會

十年爲燕京留守天會十三年致仕加保大軍節度使同
中書門下平章事遷中書令封蜀王天眷三年薨年六十
八以正隆例贈金源郡王配饗太宗廟庭六定十五年諡
武襄改配享太祖廟庭子斡朮

斡朮本名撻懶狷警敏有志膽初州角太祖見而奇之年
十六父銀朮可挾以甲使從伐遼常爲先鋒授世襲謀克
宗翰自太原遷西京銀朮可圍守之斡朮在行間屢有功
宋兵數萬救太原至南關銀朮可與弟撻懶斡朮爲先
鋒警之當臨巷間一卒揮刀向撻懶斡朮以刀斷其腕至
一卒後從旁以槍刺之斡朮斷其槍追報之拔太原下河

東諸州攻汴京皆有功與都統馬五徇地溪上至上蔡以
先鋒破孔家軍睿宗攻開州斡朮先登流矢中其口斷宗
親視之創未愈強起之攻大名府第功宗弼第一斡朮次
之攻東平斡朮居冢從援斡速襲宋康王于揚州斡朮爲先
鋒援斡速追趨宋孟后於江南斡朮觀其周旋嘆賞之其後
常武斡朮以五百騎敗之獲馬二百四逐攻常武大兵在
選兵薄其城敗千餘人明日城中出兵來戰
軍爲大陣宋軍亂逐大敗之拔斡速以諸
駈宋軍宋軍居其後斡朮以五百騎爲小陣當前行即麾兵
河東郡縣多叛斡朮以先鋒攻絳州克之後攻沁州飛砲

擊其右脅異歸營中諸軍攻沁州三日不能下別將骨赧
強起斡朮指麾士卒逐克之攝河東路都統從左監軍移
剌余睹招西北諸部斡朮將騎三千五百平其九部獲生
口三千馬牛羊十五萬以先鋒破宋吳山軍再戰再勝逐
斡朮以本部破宋五萬原宋兵輅重不可徑取宗弼再取和尚原
夜大雪入道路皆冰和尚原宋兵輅重不可徑取宗弼用斡
斡朮入自傍近高山叢薄醫曾間出其不意遂取和尚原
英萊入自傍近高山叢薄醫曾間出其不意遂取和尚
斡朮請速入大散關自以本部爲殿以偏伏兵宗弼不止宗弼以刀背擊其
人開斡朮先攻之宗弼止之斡朮不止宗弼以刀背擊其

恍鑿使之退斡朮曰敵氣已沮不乘此而取之後必悔之
已而果然宗弼嘆曰既往不咎乃班師斡朮殿且戰且卻
逐達泰中齊國初廢元帥右監軍斡朮撫治諸郡
至同州故齊廉訪使李世輔出迎陽隆馬稱折臂歸斡朮
與斡朮遇逐斬門者出而世輔擁衆自西門出騎三十餘
不得入城門已閉皆有兵衛至東門合苔雅領騎三十
世輔自壁後突出執斡朮斡朮方索馬千外驀起倉卒
離喝入城世輔詐使通判獻甲以壯士十人被甲上厲事
苔雅襲之一進一退以縋世輔使不得速世輔應嗽兵至
乃要撒離喝與之盟勿使追之留撒離喝於道側斡朮識

其聲與騎而歸除密遠大將軍擢太原尹四境咸治燕撒
河東南比兩路兵馬都總管遷朝化河南陝西與宋已而
復取之師至耀州宋人每旦出城張旗闊隊抵暮而還道
臨騎不得遂殺英請兵五百薄暮先使五十人趙山巔令
之曰旦日視敵出舉幟宋兵發以餘兵伏山谷間明
日城中人出闊如前山巔旗舉伏兵發宋兵爭馳入城殺
入遂降城中人亦降宋吳玠擁重兵撫涇州涇原以西多
應之元帥撒離喝欲退守京兆侯河南河東軍殺英我
退守吳玠必取鳳翔京兆同華撫潼關吾屬無類矣撒離

金史卷七十二　十三　楊沃衍

喝曰計忖安出殺英曰事危矣不如速戰我軍陣涇之南
原宋兵必自西原來殺英與斜補出各以選騎五百撫其
兩襄元帥當其中擊之可以得志監軍果自西原來曰二子當
其左右撒離喝從之吳玠左右軍少退撥離速當其前衝
擊之遂敗玠軍僵尸枕藉大澗皆蒲自此蜀人喪氣不敢
復出關陝遂定歷行臺吏部工部侍郎從宗彌謹過運刑
部尚書轉元帥左都監天德二年遠右監軍元帥府罷政
山西路統軍使領西南西比兩路招討兵馬坐無功降臨

海軍節度使歷平陽太原尹正隆末為中都留守燕西比
面都統討契丹撒八駐軍歸化州世宗即位於遼陽便殺
英姪阿魯瓦持詔往歸化命殺英為左副元帥就遺使召
陝西統軍徒單合喜宣大定改元詔敕于西南西比招討
司河東河北山東諸路鎮安軍屯京鐵阿魯瓦見
殺英殺英猶豫未決士卒皆欲歸世宗發英不得已乃受
詔以元帥令下諸路亟泥馬槽二萬具發英聞之以為大
軍且至然後遣人宣敕所至皆聽命大定元年十一月殺
英以軍至中都同知留守瑾請至府議事殺英疑璋有謀
乃陽許諸排節伏若將往者遂率騎從出施仁門駐兵通

金史卷七十二　古　楊沃衍

州見世宗于三河詔殺英以便宜規措河南陝西山東邊
事二年正月至南京遂復汝潁嵩等州縣授世襲猛安入
拜平章政事罷為東京留守未行政濟南尹初殺英箔將
恃功在南京頗漬貨不恤軍民詔使問以追事殺英不荅
謂部使曰闊解何事待我到關奏陳及召入竟無一語及
邊事者在相位多自專己所欲輒自奏行之除留守輒忿
忿不接賓客雖近臣往亦不見上怒遂改濟南上數之曰
朕念卿父有大功于國卿蔭將亦有功故改授此職卿宜
知之若後不悛非但不保官爵身亦不能保也殺英頓首
謝久之改平陽尹致仕起為西京留中以母喪去官尋以

本官起復俄復為東京歷上京詔曰上京王業所起風俗
日趨詭薄宗室衆居號為難治卿元老大臣衆所聽服當
正風俗檢制宗室持以大體十五年致仕久之史臣上太
宗廟宗實錄上曰當時舊人親見者惟毅英在詔修撰溫
迪罕締達往京就其家問之多更定焉十九年薨年七
十四最前後以功被賞者十有一金為兩二千五百銀為
兩六千五百絹為疋八百綿為兩二千馬三百十有四牛
羊六千五百奴婢百三十人

麻吉銀朮可之母弟也年十五隸軍中從破高麗兵下寧
江州平係遼女直克黃龍府皆身先力戰以功為謀克繼
領猛安破奚兵千餘目斛曾古攻下咸信瀋州及東京諸
城麻吉皆有功都統杲取中京與稍合胡拾荅別降婁里
迪部屯兵高州以兵援家刮字童大破敵兵復敗恩州兵
五萬人討平遼人聚中京山谷者降三千餘人戰于高州
麻吉大小三十餘戰所至皆捷
沃側中贈銀青光祿大夫謚毅敏子沃側
皇統年十七隸軍中從拔离速擊遠將馬五敗之麻吉死
領其職宗望代卒宋兵至河上宋兵屯于河外以二舟來伺我
師乃遣沃側率勇士數輩以一舟徃迎之盡俘以還襄康
王於江淮間沃側皆與焉師還駐東平及廢齊府屯兵河北

招降旁近諸營多獲畜產兵仗軍帥嘉之賞以甲馬從攻
陝西為右翼都統攻城破敵皆身與有功師還正授謀克遷
華州防禦使屬關中歲飢盜賊充斥迪沃側募兵討平之部
以無事郡人列狀乞留不報未幾除迪沃側部族節度使改
送刺部用廉入為都水使者秩滿同知燕京留守事焉西
比路招討使撤八反沃側遇害
發其事撤八及沃側遇害

板訛速銀朮可弟天輔六年宗翰在比安州將會斜也于
奚王嶺遼兵奮至古比口使婆盧火渾黜各領兵二百擊
之渾黜請濟師宗翰欲自徃希尹妻室曰此易與耳請以
千人為公破之渾黜以騎士三十人前行至古比口遇其
將兵逐入山谷遼人以步騎萬餘追戰亡騎五人渾黜退
擴關口希尹妻室至拔离速詭謀罕胡實海推鋒奮擊大
破之斬馘其泉盡獲甲胄輜重希尹與撒里古偟裴滿突
撚敗其伏兵殺千餘人獲馬百餘匹妻室拒夏人出陵野
嶺留拔离速以兵二百擴險守之銀朮可圍太原縣先
已降宋軍來救太原者復擴太谷祁縣近縣復
取之宋姚古軍隆州谷祁張灝拔兵出汾州又擊
走之天會四年克太原拔离速為管勾太原府路兵馬事
復與婁室敗宋兵于文水遂從宗翰圍汴與銀朮可略地

襄鄧入均州還攻唐蔡陳三州皆破之克穎昌府遂與秦
欲馬五襲宋康王于揚州康王渡江入于建康天會十五
年遷元帥右都監宗弼再定河南撒離喝經略陝西至涇
州抜青速大破宋軍于渭州渭州德順軍皆降陝西平遷
元帥左監軍加金吾衛上將軍辛謚敏定

習古廼亦書作實古廼嘗與銀术可俱往遼國取阿踈還
言遁人可取之狀太祖始決意伐遼矢婆盧火取居庸關
蕭妃自古北口出奔太祖使習古廼追之不及後為臨潢
府軍帥討平逐剌其群官率衆降者請使就領諸部太宗
賜以空名宣頭及銀牌使以便宜授之擭遼許王莎邁瞷

馬都尉蕭乙辛遷涞主在統里水雅里自立不知果在何
廛主是始知之於是徙遼降人於泰州時暑未可從習古
廼請姑慶之嶺西及習古廼築新城於契丹周特城置
會平州猛虎里部人迪烈劃沙率部族降朝廷以擭僕野
為本部節度使烏虎為都監習古廼封還擭僕野等宣諭
以便宜加擭僕野散官築空名告身授之及錄上降附有
勞故官八百九十三人朝廷從之於是迪烈加防禦使為
本部節度副使知迪烈底部事阿鈕
提剌南衛上將軍節度副使知突輦部事阿柔
加觀察使為本部節度使其餘遷授有差以尾蔑城地分

賜烏虎里迪烈底二部及契丹人其未藝者聽住力占射
父之領咸州烟火事天輔六年完顏慎思所部及其餘未
置猛安謀克戶口命習古廼通閣具籍以上天會十年改
南京路軍帥司為東南路都統司習古廼為都統移治東
京鎮高麗

贊曰金啟疆土幹魯斡魯古方面功最著婆盧火棄室
最先封泰州之國黄龍之衝要奇亦重矣老閑母之勤
勞南路妻室之經營陝西銀术可之圍守太原勞亦至矣
幹魯古之不治闔母之敗讜罰之盃諸將懵焉夫能以勳
小終制疆大其效驗與銀术可習古廼觀人之國而知其
可伐古語云國有人觀善矣夫

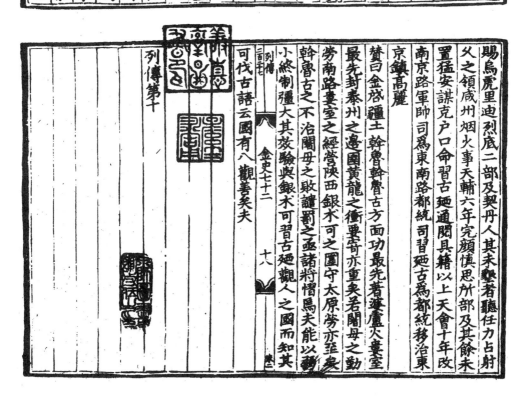

列傳第十

闍母　儀同三司柱國錄……國事……國王領　經略……賾臚　脫脫　奉

勅修

阿里合懣　　晏　本名斡魯　　宗尹　本名阿里罕

宗寧　本名阿吉　　宗道　本名八十　　宗雄　本名謀良虎

阿鄰　本名左靨　　按荅海　　希尹　本名谷神

守貞　本名左靨　　守能　本名胡剌

阿離合懣景祖第八子也傳揆善戰年十八臘醅麻產起
兵攻稜水烏春謀稜罕以姑里甸兵助之世祖擒臘醅
稜水人尚反側不自安使阿離合懣往撫察之與斜鉢
蒙在行間要戰有功及太宗等勸進太祖未之許也阿離合
懣與宗室婁室宗等曰今大功已集若不以時建號無以繫天
下心太祖曰吾將思之收功祝曰便墜下母志稼穡之艱難太祖
即位阿離合懣與太宗極烈為人聰敏辨給凡一
平留可阿離合懣功居多太祖擒蕭海里便使阿離合
合兵攻寧景謀罕烏春已死離謀罕棄城遯去後從撒改計
宗翰以耕具九為獻祝曰便墜下母志稼穡之艱難太祖
敬而愛之頃之為國論乙室勃極烈為人聰敏辨給凡一
闍見終身不志始末有文字祖宗舊族謄時事並能默記與
斜蒙同修本朝譜牒見人雖未嘗識聞其父祖名即能道

其部族世次所出或積年舊事偶因他及之人或遺忘輒
一辨析言之有質疑者皆釋其意義世祖嘗稱祖宗舊
人不可及也天輔三年薨宗翰曰往問之盡得祖宗舊
俗法庚疾病上幸其家閒疾宗翰日徃問之盡得祖宗舊
之用今四方未平而國俗多以良馬徇葬可禁止之乃奏
平生所乘戰馬及以馬獻太宗使其子蒲里迭代為奏
有誤語即哂之宗翰從傍為改定進奏訖薨年四十九上
贈開府儀同三司隋國公大定間配饗太祖廟廷諡曰剛
哭之慟及葬上親臨熙宗時追封隋國王天德中改
臣也阿離合懣臨薨有奏事曰臨終不亂念及國家事真賢

憲子賽也斡論賽也子宗尹

晏本名斡魯景祖之孫阿里合懣次子也明敏多謀略通
契丹字天會初烏底改叛太宗幸北京以晏有籌策召問
稱旨乃命庶從諸軍徃討之至混同江諭將士曰今叛
眾依山谷地勢險阻林木深密吾騎卒不得成列未可以
旗幟示以持久計聲言侯大軍畢集而發乃潛以舟師浮
歲月破也乃具舟楫艤江令諸軍徃高山連木為柵多張
江而下直擣其營遂大破之擄險之眾不戰而潰月餘一
境內定師還授左監門衛上將軍為廣寧尹入為吏禮兩
部尚書皇統元年為北京留守改咸平尹從東京天德初

封葛王入拜同判大宗正事進封宋王授世襲猛安海陵
還都晏留守上京授金牌一銀牌二累封豫王許王又改
越王貞元初進封齊時近郊禁圍獵特界晏三百人從獵
在上京凡五年正隆二年例削王爵改西京留守未幾為
臨潢尹遂致仕還居會寧海陵南伐世宗為東京留守將
宗自彥敬等在北京聞悪里乃等逃還使會寧同知高國
士皆自淮南來歸晏之子鶻魯補
王宴勞彌日未幾兼都元帥大定二年正月上如山陵禮
馳驛促之晏日既即位拜左丞相封廣平郡
勝拘晏家族上既即位遣使召晏既又遣晏兄子鶻魯補
宗自彥敬等敬上既即位遣使召晏復致仕還鄉里是歲薨詔有司致
等盡言毋隱進拜太尉復致仕還鄉里是歲薨詔有司致
祭贈贈銀幣甚厚

甲上將獵有司已風備晏諫曰邊事未寧畋游非所宜也
上嘉納之因謂晏等曰古者帝王庐心受諫朕常嘉之卿

宗尹本名阿里罕以宗室子充護衛改牌印祗候授世襲
謀克為右衛將軍歷順天歸德彰化唐古部族橫海軍節
度使正隆南伐領神略軍都總管先鋒渡淮取揚州及瓜
洲渡汝州大定二年改河南路副都統駐軍許州之境是時宋
李末覩定方完顏阿鄰懶夾谷清臣烏古論三合渠離訛

只將騎四千往攻之遂復取汝州除大名尹副統如故頃
之為河南路統軍使遷元帥左都監除南京留守上曰卿
年少壯而心力多滯前任點檢京尹勤力不怠而勵事迷
錯勉修職業以副朕惠賜通犀帶厩馬八年置山東路統
軍司宗尹為使遷樞密副使錄其功授世襲蒲輦豐路也
河猛安并親管謀克除太子太保樞密副使仍如故上問宗
臣曰宗尹雖才無大過人者而性行淳厚且國之舊臣昔
為遷官宗尹等尚未仕也朕欲以為平章政事何如宰執皆
曰宗尹為相甚協眾望即日拜平章政事封代國公兼太
子太傅是時民間苦錢幣不通上問宗尹對曰錢者有限

之物積於上者滯於下所以不通海陵軍興為一切之賦
有蒀園房稅養馬錢大定初軍事未息調度不繼故仍
不改令天下無事府庫充積悉宜罷去上曰卿留意百姓
朕復何慮太尉守道老矣拾卿而誰於是養馬等錢始罷
他日上謂宰臣曰宗尹治家嚴密他人不及也顧謂宗尹
曰政事亦當如此有頃北方歲儉軍食不足廷議輸粟
販濟或謂此雖不登而舊積有餘秋成在近不必更勞輸
輓宗尹曰國家平時積粟本以備凶歲歲也必待秋成則儲
者眾矣人有阽危其如防戍何上從之宗尹乞令子神果
可襲其猛安會太尉守道亦乞令其子神果奴襲其謀克

凡承襲人不識女直字者勒令習學世宗曰此二子吾識
其一習漢字未習女直字自今女直契丹漢字曾學其一
者即許承襲遂者于令宗尹有疾不能赴朝上問宰相志寧曰
宗尹何為不入朝太尉守道以疾對上曰丞相志寧嘗言此
若詔遣征伐所不敢辭宰相之職實不敢當宗尹亦豈此
意即二十四年世宗將幸上京上曰臨潢古里石壘歲
皆不登征伐所欲自南道往三月過東京詣太后陵寢五月可
達上京世宗曰南道歲熟錫粟賤宜如聖旨遂由南道往
爲世宗至上京閭同發大宗正事宗寧不能撫治上京宗

室宗室子往往不軍生業上謂宗尹曰汝察其事宜懲戒
之宗尹奏曰隨仕之子父沒不還本土以多好游蕩上
命名還宴宗室于皇武殿擊毬爲樂上曰賞賜宗室亦是
小惠又不可一鞪而已遷官欲令諸局分收補其間人材執可
者宗尹對曰奉國幹淮之子按出虎豫國公昱之曾孫阿
魯可任使上曰度可任何職訪其餘以聞詔以按出虎
阿魯爲奉御二十七年乞致仕世宗曰此老不事事從其
請可也宰臣奏曰舊臣宜在左右上曰宰相總天下事非
養老之地若不堪其職上曰宰相總天下事非
姓四方瞻仰朕亦與其光美宰臣無以對宗尹入謝上曰

卿父任外官不聞有過失但恨用卿稍晚今精力似衰矣
卿事至煩君勉留卿則四方以私卿亦不自安也頃
之上問宗尹子汝父致仕將居何所其子曰聚屬既多不
能復在京師上遣使問宗尹曰朕欲留卿時相從游卿子
之言如此今定何如宗尹曰臣豈不欲在此但餘閭之年
望天顏臣豈敢他往鄉里故老無存者雖到彼尚將與誰
游乎於是賜甲第一區凡宴集畋獵皆從爲二十八年薨
宗寧本名阿土古系出景祖太尉阿離合懣之孫性勤厚
有大志起家爲海陵征南都統戰瓜洲渡功最歷祁州刺

史大定二年爲會寧府路押軍萬戶擢歸德軍節度使時
方旱蝗宗寧禱民補之得死蝗一斗繪粟一斗數日捕絕
移鎮寧昌軍政知臨潢府事移天德軍世宗嘗謂宰臣曰
宗寧智慮雖淺然所至人皆愛之即命爲行軍右翼都統
爲賀宋正旦使累遷兵部尚書授隆州路和團猛安都統
沒世宗多病累遷知大名府事徙鎮利涉軍俄同簽大睦親
府事宗寧襲謀克出知大名府事徙鎮利涉軍俄同簽大睦親
符寶即面爲韓州刺史以便養無幾入授同判大睦親府
軍拜平章政事明昌二年薨宗寧居家約儉如寒素臨事
明敏其鎮臨潢國有警宗寧聞知乏粮即出倉粟令以

牛易之敵知得粟即遁去遠人以當幹亂後苦無牛宗寧
後令民入粟易牛既而民得牛而糴粟倍於舊其經畫如
此

宗道本名八十上京司屬司人系出景祖太尉訛論之少
子也通周易孟子善騎射大定五年充閤門祗候累除近
侍局使右丞相烏古論元忠左將軍僕散揆等皆與集有
所竊議宗道即密以聞世宗嘉之授右衛將軍出爲兩南
路副招討章宗即位改同知平陽府事陝西路副統軍左
宣徽使移剌仲方舉以自代除西北路招討使故事諸部
賀馬八百餘定宗道辭不受諸部悅服邊鄙順治提刑司
察廉召爲殿前右都點檢尋除陝西路統軍使以鎮靜
得軍民心特遷三階兼知京兆府軍時夏旱偪長安令取
太白湫水步迎於遠郊及城而兩是歲大稔人以爲精意
所感刊石紀之承安二年爲賀宋正旦使尋授河南路統
軍使泗州民張偉獲宋人王萬言彼界事情宗道疑其寬
乃廉問得實萬貨五千餘貫三年不償
萬理索爲儁所誣乃坐偉而歸萬時人服其明後乞致仕
朝廷知非本心改知河中府有惠政民立像於層觀以時
祭之移知臨洮以病解泰和四年卒贈龍虎衛上將軍
宗雄本名謀良虎康宗長子其始生也世祖見而異之曰

此兒風骨非常他日必爲國器因解佩刀使常置其側曰
俟其成人則使佩之九歲能射逸兔年十一射中奔鹿世
祖坐之膝上曰兒幼已然異日出倫輩矣以銀酒器賜之
既長風表奇偉善談辯多知略孝敬謙謹人愛敬之康宗
沒遼使阿息保來乘馬至靈帷階下擇取胃贈之馬太祖
怒欲殺阿息保宗雄諫乃止太祖將舉兵宗雄曰遼
主驕侈人不知兵可取也不能擒一蕭海里而我兵擒之
太祖善其言攻寧江州渤海兵皆宗雄以所部敗渤海
兵以功授世襲千戶謀克太祖敗遼兵于出河店宗雄推
鋒力戰功多達魯古城之役宗雄將右軍身先士卒戰遼
兵當右軍者已却上命宗雄助左軍擊遼兵宗雄繞遼兵
後擊之遼兵遂大潰乘勝逐北日已暮圍之黎明遼兵突
圍出追殺至乙吕白石而還上撫其背曰朕有此子何事
不濟以御服賜之及遼帝以七十萬眾至馳門諸將皆曰
遼軍勢甚盛不宜速戰宗雄曰不然遼眾雖眾而皆庸將
士卒惴惴不足畏也戰則破之掌握間耳上曰善追及遼
帝于護步荅岡宗雄率眾直前短兵接宗雄令前行持挺
擊遼兵馬首後行者射之大敗遼兵上嘉宗雄功執其手
勞之以御介胄及御戰馬寶貨奴婢賜之斜也攻春州宗
雄與宗幹襲室取金山縣行近白鷹林獲候者七人縱其

一人使歸縣人聞大軍至廷潰遂下金山縣與斜也俱取
泰州太祖自將取臨潢府遣宗雄先啓行遇遼兵五千宗
雄與戰大軍亦至大破之及留守撻不野降上以其女與
宗雄賞其啓行破遼援兵之功也既而與蒲家奴按視泰
州地土宗雄家屯田泰州以來奏曰其土地可種藝也上從之
由是徙萬餘家屯田垂盡議欲罷攻宗雄等言其地可種植也西
京既降復叛時糧餉垂盡議欲罷攻宗雄曰西京都會也
若棄而去之則降者離心遂之餘黨與夏人得以窺伺矣
乃立重賞以激上心既而夜中有火大如斗墜于城中衆
雄曰此城破之象也及克西京賜宗雄黃金百兩衣十襲
及奴婢等與宗翰等擊取守忠兵七千于西京之東四十
里大破之迎謁太祖子駕為樂從至歸化州疾篤宗翰問
所欲言宗雄曰國家大業既成主上壽考萬年蕭清四方
死且無恨天輔六年薨年四十太祖來問疾不及見哭之
慟謂群臣曰此子謀略過人臨陣勇決少見其比賻贈加
等詔合扎千戶駙馬石家奴護喪歸葬於歸化州仍於死
所建佛寺宗雄好學嗜書嘗從上獵誤中流矢而神色不
變恐上知之而騶及射者既技丟其失託疾歸家臥兩月
因學契丹大小字盡通之凡金國初建立法定制皆與宗雄與宗
幹建自行焉及與遼議和書詔契丹漢字宗雄與宗翰希

尹圭其事而材武蹻捷挽強射遠幾三百步嘗走馬射三
麇中其二復縱鞚弓馬驟躍而下控弦如故遂發矢撻懶大呼曰
獲之宗雄方遂兔撻懶亦從後射之已發矢撻懶大呼曰
矢及矣宗雄反顧以手接其矢杶中之其輕健如此
天春中太傅追封太師齊國王天德二年加奉漢國王正隆二
年改太傅金源郡王大定二年追封楚王諡威敏配享太
祖廟廷十五年詔圖像于衍慶宮子蒲魯虎按荅海阿魯
補常春胡里剌胡剌鶻裔荅札怕入訛出初宗翰納宗雄
妻海陵衡之及纂位使宿直將軍晃霞牌印問山往河間
囚宗雄妻於府署明日與其子婦及常春兄弟茶札之子
七人皆殺而焚之棄其骨於渾水大定十七年詔有司收
葬初蒲魯虎駮猛安蒲魯虎卒贈金紫光祿大夫子桓端
襲之官至金吾衛上將軍桓端卒累官同簽大睦親府事
命宗雄孫蒲帶襲之蒲帶大定末累官同簽大睦親府事
章宗即位初置九路提刑司蒲帶為北京臨潢提刑使詔
曰朕初即位慮勞萬民每念刑獄未平農桑未殃吏或不
循法度以厭吾志頃朝廷遣使廉問事難周悉惟提刑勸農
采訪之官自古有之今分九路董設是職閱其盡心往懋
乃事自熙宗時遣使廉問吏治得失世宗即位凡數歲輒
一遣黜陟之故大定之閒郡縣吏皆奉法百姓滋殖號為

小康或謂廉問使者頗以愛惜立殿最以問宰相宰相曰
臣等復為陛下察之是以世宗嘗欲立提刑司而未果章
宗追述先朝遂於即位之初行之及九路提刑使朝辭手
慶和殿上曰建立官制當寬猛得中凡軍民事令以司獄隸提
平決遣銓東家人部曲勿便迫擾郡縣事令以司獄隸提
刑司惟異獄犴無寬耳既退復遣近臣諭之曰卿等皆妙
簡才良付以專責盡心舉職別有旌賞否則有罰明年蒲
帶乃蒦猛安云

阿鄰穎悟辯敏通女直契丹大小字及漢字幼時嘗入宮
熙宗見而奇之曰是兒他日必能宣力國家年十八授定
遠大將軍為順天軍節度使天德二年用廉遷益都尹兼
山東東路兵馬都總管歷泰寧定海鎮西安國等軍節度
海陵南代以為神勇武平等軍都總管申壽州道渡淮與
宋將王權軍八萬餘會戰又敗之追殺至和州南
勤農使移剌元宜合兵三萬為先鋒是歲十月至廬州與
宋將王權軍十餘萬軍于柘皋鎮渭子橋敗之至和州南
級上即位于遼陽海陵死大軍北還將渡淮而舟楫甚少
復與王權軍不得遽渡阿鄰得生口知可涉處識以柳枝命
本部涉濟既至北岸而諸軍之爭渡者果為宋人邀擊之
又入見上聞阿鄰淮上戰功又以全軍還遷兵部尚書監

督經畫征高麗諸軍糧餉授以金牌一銀牌四萬幹敗還
至懿州以疾卒喪至京師上命致祭于求安寺百官赴吊
賻銀五百兩重綵三十端絹百疋

按苔海文名阿魯緩宗雄次子也性端重不輕發有父之
風年十五太祖賜以一品傘二十餘御秣場分朋擊毬連
勝三籌宗工舊老咸異之進呈所勝禮物按苔海為班首
太宗喜曰今日之勝天著二年襲
父猛安除大宗正丞以猛安議兄子喚端加武定軍節度
使奉朝請改待衛親軍都指揮使封金源郡王進封譚王
遷同判大宗正事別授世襲猛安海陵將遷中都按苔海
諫曰棄祖宗興王之地而他徙非義也海陵不悅留之上
京父之進封鄆王改封魏王除濟南尹按苔海不堪早濕
多在病告海陵聞之改西京留守正隆例奪王爵改廣寧
尹世宗即位于東京敕令至廣寧弟燕京勸按苔海拒弗
受按苔海受之會海陵遣使至城下按苔海登城告使者
曰此此府迫遷遼陽勢不能抗聊且從命非得巳也燕京
登讌樓與使者語指斥不遜及諸郡皆詣東京按苔海兄
上曰正隆剪刈宗室不可效尤按苔海為弟所感耳於
弟亦上謁有司議飲拜復有異言持兩端請併誅之
是繹按苔海乃誅燕京不數日復判大宗正事再遷太子

太保封蘭陵郡王改勸農使海陵時自上京徙河間上齊
部按菩海一族二十五家從便還居近地乃徙平州詔給
平州官田三百頃屋三百間宗州官田一百頃進金源郡
王致仕大定八年召見上曰宗室耆老如卿者能幾人邪
賜錢萬貫甲第一區留京師使預巡幸越獵宴會十四年
薨年六十七臨終戒諸子曰汝輩勿以生寫貴中而為暴
戾宜自謙退海陵以猜忌剪滅宗室我以純謹得免死耳
汝輩惟勿為善勿墜吾家
完顏希尹本名谷神歡都之子也自太祖舉兵常在行陣
或從太祖或從撒改或與諸將征伐比有功金人初無文
字國勢日強與鄰國交好通用契丹字太祖命希尹撰本
國字備制度希尹乃依倣漢人楷字因契丹字制度合本
國語製女直字天輔三年八月字書成太祖大悅命頒行
之賜希尹馬一匹衣一襲其後熙宗亦製女直字與希尹
所製字俱行用希尹所撰謂之女直大字熙宗所撰謂之
小字遼人迪六和尚雅里斯藥中京走遂降其勞近人民而
室余睹襲之迪六等關希尹兵復走遂降其勞近人民而
還遼人落虎來降希尹使落虎招其父兵西節度使訛里剌
訛里剌以本部降宗翰駐軍北安使訛里剌經略近地撲逐
讀衛耶律習泥烈知遼主獨于鴛鴦濼宗翰遂請進兵宗

翰將會都統杲干婁室嶺遼兵屯古北口使婆盧火將兵
二百聲之渾黜亦將二百人為後援渾黜聞遼兵眾請益
兵宗翰欲親往希尹妻室曰此小寇請以千兵為公破之
渾黜至古北口遇遼遊兵遂之入谷中遼步騎萬餘迫戰
死者數人渾黜撫關口希尹等至大破遼兵斬馘其眾盡
為前驅所將遼主在漠委軻重將弁兩京幾及遼主于白
翰至癸王嶺期會於羊城濼宗翰襲遼帝于五院司希尹
獲甲胄輜重復敗其伏兵殺十餘人獲馬百餘匹遂與宗
降人麻哲言遼主以輕騎遁去盡獲其內庫寶送至西京西
水濼南遼主以輕騎遁去
京降使蒲察守之希尹至乙室部不及遼主而還及宗翰
入朝希尹權西南西北兩路都統是時夏人已受監遼主
已獲耶律大石自立而夏國與妻室貴諸帥兼盟軍入
其境多掠取者希尹上其書且奏曰開夏使人約大石取
山西諸郡希尹以臣觀之夏盟不可信也上曰夏事酌宜行之
軍入其境不知信與否也大石合謀不可不察其嚴備之
及大舉伐宋希尹代宋執二主以歸師
還賜希尹鐵券除常赦不原之罪餘釋不問宗翰請立康王
希尹追之于揚州康王遯去後與宗翰俱朝京師請立熙
宗為儲嗣太宗遂以熙宗為諳班勃極烈熙宗即位希尹

為尚書左丞相兼侍中加開府儀同三司希尹為相有大
政皆身先執咎天眷元年乞致仕不許罷為興中尹二年
後為左丞相兼侍中俄封陳王與宗幹共誅宗磐宗傋同三
年賜希尹詔曰師臣密奏姦狀已萌心在無君言宣不道
速燕君而竊議謂神器以何歸稔於聽聞遂致章敗逐賜
上知希尹每貳無他心而死非其罪贈希尹儀同三司邢國
公改葬之蕭慶銀青光祿大夫天德三年追封豫王正隆
是時興宗未有皇子故娀希尹子同修國史把若符寶即溫帶
死并稅之蕭慶并希尹子者以此言譖之皇統三年
二年倒降金源郡王大定十五年諡貞憲恩孫守道守貞守

能守道自有傳

守貞本名左轄貞元二年襲祖谷神謀克大定元年收充
符寶祗候授通進除彰德軍節度副使遷北京留守移上
京坐安置契丹戶民部內聚妻秋一百除名二十五年起
為西京警巡使世宗愛其剛直授中都左警巡使還大興
府治中進同知西京留守軍御史臺奏守貞治有
善狀世宗因謂侍臣曰守貞勳臣子文有材能全勝其兄
守道它日可用也章宗即位召為刑部尚書兼右諫議大
夫守貞典修起居注張暐奏言唐中書門下入閣諫官隨
之欲其預聞政事有所開說又起居即起居舍人每皇帝

視朝左右對立有命則臨偕偧聽退而書之以為起居
緣侍從官每過視朝正合侍立自來左司上殿諫官修起
居注不避或侍從官除授及議便議始令避之比來一例
令臣等廻避及香閤奏陳言文字亦不令臣等侍立則凡
有聖訓及所議政事時上新即政頗銳意於治嘗
賀宋生日使還拜參知政事知政事君臣無緣得知所開說
似非本誤安自有不密於記錄何所開說
閻漢官帝綜核名實之道其施行之實果何如守員誦輪
機閤密品式詳備以對上曰行之果何始守貞曰在陛下
厲精無倦耳久之進尚書左丞授上京世襲謀克明昌三

年夏旱天子下詔罪已守貞惶恐表乞解職詔曰天當時
兩蒋歲為災所以警懼不速方與二三輔弼圖回遺闕宜
思有以助朕修政上荅天戒消沴召和以康百姓卿達機
務朕所親倚而引欲去其如思助守貞懇辭乃出知
東平府事命參知政事夾谷衡諭之曰卿勳臣之裔早登
膴仕才用聲績朕所素知故嗣位之初擢任政府于今數
載曲贊實多既久任繁劇宜均逸安牁內外之職亦當
更治今特授卿東平素號雄藩比年飢歉正頼經
畫卿其為朕往綏撫之仍賜金幣廄馬以寵其行它日上
問守臣守貞治東平如何對曰亦不勞力上曰以彼之才

治一路誠有餘矣丞相劉瑋曰方今人材無出守貞者滿剌
留于外誠可惜也上黙然尋改西京留守監察御史滿剌
都勅奏守貞前宴賜北部有取受事不報右拾遺路鐸上
章辨之四年召拜平章政事封蕭國公上御後閣召守貞
曰朕以卿乃太師所舉故特加委用然比之行事多太過
門下人少慎擇復與祖佐命積有勳勞茲無輕改卿因賜
盡乃心與丞相所舉事宜相和諧以是令卿補外載念我昭
王帶併以蒲剌都所彈事與之曰朕庶卿必不爾故以示
卿舊制監察御史凡八員漢人四員皆進士而女直四員
則文資右職參注守貞曰監察乃清要之職流品自異俱
宜一體純用進士一日奏事次上問司吏移轉事守貞曰
今吏權重而積弊深移轉爲便上嘗歎文士辛無如党懷
英者守貞奏進士中若趙渢王庭筠甚有時譽上曰出倫
者難得耳守貞曰間世之才自古所難然國家培養之則
人材將自出矣守貞因言國家選舉之法惟女直漢人進
士得人居多此舉更宜增取其諸司局承應人舊無出身
大定後才許叙使經童文科古不常設唐以諸道表薦或
取五人至十八近代以爲無補罷之本朝皇統間取及五
十人因爲常選天德間尋以爲停罷陛下即位復立是科朝

廷寬大放及百數誠恐父不勝銓擬宜稍載減以清流
品又言節用省費之道並嘉納焉先是鄭王允蹈等伏誅
上以其家產均給諸王戶部即中李敬義言恐因之生事
上又以董壽爲宮籍監都管勾並下尚書省議守貞奏陛
下欲以允蹈等家產分賜親恩命已出恐不可改今已
減諸王弓矢府尉司其出入兵擊之上曰今方南議塞
人也特恩釋之已爲幸矣不宜更加辭賞上是守貞所言
自明昌初北邊屢有警或請出兵擊之上曰彼屢突軼吾圉之
河而復用兵於北可乎守貞曰彼
後當不復來明年可以見矣上因論守禦之法守貞曰惟
有皇統以前故事捨此無法耳守貞讀書通法律明習國
朝故事時金有國七十年禮樂刑政因遼宋舊制雜亂無
貫章宗即位乃更定修正爲一代法其儀式條約多守貞
裁訂故明昌之治號稱清明又喜推轂善類接援後進朝
廷正人多出入門下先是上以疑忌誅鄭王允蹈後限汝
守謙上疏陳時事思有以寬解上意右拾遺路鐸繼之進
弼妻高陀幹獄起意又若在鎬王允中時右諫議大夫賈
尤切直帝不悅守貞持其事獄久不決帝疑有黨乃出守
貞知濟南府事仍命即辭前舉守貞者董師中路鐸等皆
補外上語宰臣曰守貞固有才力至其讀書方之真儒則

末也然太邀權與以彼之才而能平心守正朝廷豈可少

離令茲令出盡恩之熟矣俄以在政府曰當與近侍籌語

宮掖事而妄稱奏下上命有司鞫問守貞敦伏藁官一階

解職遣中使持詔責諭之曰挾姦罔上古人常刑結援養

交臣之大戒謂予相乃蹈歌羣爾本出勳門寢登厭仕

朕初嗣位亟向鯀患失之自樹交通近侍密問起居窺測

太平蓋求所長不考其素授權不為不峻任用不為不專

曾報効之弗思輒假言而謂之嘗諫義豈知於歸美

上心預圖趣向縣患失之心重故欺君之罪彰指所無之

車而妄以肆誣實未始有言而謂之嘗諫義豈知於歸美

意專在於要君其飾詐之若然嘗為臣之當耳復觀彌奏

益見私情求親識之援而列布宮中縱罪魔之餘而出入

門下而又凡有官使猝為已恩謂皆洗於回邪不宜任之

中外質之清議固所不容揆之乃心烏得無愧姑從輕典

庸示薄懲仍以守貞不公事宣諭百官於尚書省承安元

年降授河中防禦使五年改部羅火扎石合節度使過闕

上賜手詔責諭之令赴職父之遷知都府軍時南鄙用兵

上以山東重地須大臣安撫乃移知濟南府卒上聞而悼

之勳有司致祭賻贈禮物依故平章政事蒲察通例諡曰

肅守貞剛直明亮凡朝廷論議及上有所問皆傳經以對

上嘗與泛論人材守貞乃迹其心術行事藏否無少隱故

為眷眷持國量所忌竟以直罷後趙秉文由外官入翰林遷

上書言頒陛下進君子退小人上問君子小人今參知政事胥持國其為天

對君子故相完顏守貞小人令人盡數發還完

下推重如此

守能本名胡剌累官商州刺史正隆末宋人陷商州守能

被執大定五年宋人請和哲書曰俘虜之人盡按辰於宋

顏仲為報問國信使求守能及新息縣令完顏按辰於宋

遂與俱歸守能等至京師入見詔給舊官之俸大定十九

年為西北路招討使是時詔徙寫斡徐黨于臨潢泰州押

刺民列嘗從寫斡其弟闔敵也當徙徙偽稱身亡以馬路守

能固匿不遣及受賕補簧也藩部通事覺是時烏古里

石墨部族節度副使實沙阿補杖殺無罪鎮邊尚書

省俱奏其事上曰守能由刺史超擢至此敢恣貪墨向者

招討司官多進良馬壹妻驛鷹鶻等物蓋假此以率斂爾自

討司官乃不自慎哲典以貪墨伏誅守能當斬蹕遷招討外官

今並罷之因責其兄守道曰守能自刺史當不知乃

之尊無以諭此前招討哲典以貪墨伏誅之官途中侵擾

敢如此其意安在爾之親弟何不先訓戒之也上謂宰臣

曰監察專任糾彈宗州節度使完顏守能為招討使貪貪狼籍

百姓到官舉動皆違法度完顏守能為招討使貪貪狼籍

凡達官貴人皆未嘗舉劾幹睹只群牧副使僕散那也取
部人趍杖兩枝即便彈奏自今監察御史職事修舉然後
遷除不舉職者大則降罰小則決責仍不得去職尚書省
奏守能兩贓俱不至五十貫抵罪癸沙阿補解見居官并
解世襲謀克上曰此舊制之誤居官犯除名者與世襲并
罷之非犯除名者勿罷逐著于令特詔守能杖二百除名
贊曰阿離合懣之善頌宗雄之強識希尹之敏學益之以
征伐之功豈不偉哉

割韓議回司□圖　醫醫國真事前中書書舍舘器　國領　經畢郡織臣院院奉

勅修

宗翰　本名粘罕子斡哥

宗望　本名斡离不子齊京文

宗翰本名粘没喝漢語訛為粘罕國相撤改之長子也年
十七軍中服其勇及議伐遼宗翰與太祖意合太祖猶謙讓
師于境上獲耶律謝十撒改使宗翰及完顏希尹來賀捷
即襧帝為賀及太宗以下宗室群臣皆勸進太祖猶謙讓
宗翰與阿离合懣蒲家奴等進曰若不以時建號無以繫
［別傳］
天下心太祖意乃決遼都統耶律訛里朵以二十餘萬戍
邊太祖逆擊之宗翰為右軍大敗遼人千達魯古城天輔
五年四月宗翰奏曰遼主失德中外離心我朝興師大業
既定而樞本弗除後必為患今乘其釁可襲取之天時人
事不可失也太祖然之即命諸路戒備軍事五月戊戌射
柳宴群臣上額謂宗翰曰今議西征汝前後計議多合朕
意宗室中雖有長於汝者若謀元帥無以易汝汝當治兵
以俟師期上親酌酒飲之且命之醼御衣以衣之群臣
言時方暑月乃止無何為移賚勃極烈副蒲家奴西襲遼
帝不果行十一月宗翰復請曰諸軍久駐人思自奮馬亦

壯健宜乘此時進取中京群臣言時方寒太祖不聽竟用
宗翰策於是忽魯勃極烈都統內外諸軍蒲家奴為鄉導
宗幹宗磐副之宗峻領合扎猛安皆受金牌余睹為郷導
取中京宗望北京既克中京宗翰率偏師趨北安州與婁室
徒單綽里合兵大敗奚王霞末北安遂降宗翰駐軍北安
遺希尹經略近地獲遼衛耶律習涅烈西迤知遼主獵于
駕鴛鴦濼殺其子晉王敖魯斡銀術益溫都剌移報都統心西北西南兩路兵
馬皆羸弱不可用宗翰使鶻盧溫都剌報都統果曰
遼主窮迫於山西猶車敗獵不恤危亡自殺其子臣民失
望政取之策幸速見諭若有異議此當以偏師討之果使
［別傳］
　金史七十四
奔睹與移剌保同來報曰頃奉詔旨令便趨山西當審
詳徐議當時宗翰使人報果即整衆俟兵期及奔睹至知
果無意進取宗翰恐待果約或失機會即決策進兵使移
剌保復性報都統曰初受命雖未冷便取山西亦許便宜
從事遠人可取其報已見一失機會後難圖矣今已進兵
當與大軍會于何地幸以見報宗幹勃果當如宗翰策
意乃決約以婁王嶺會議宗翰至婁王嶺與都統果會果
軍出青嶺宗翰領軍出瓢嶺期于辛城濼會軍宗翰以精兵
六千旅遼主聞遼主出瓢嶺期于辛城濼會軍宗翰倍道兼行一
宿而至遼主遽去乃使希尹等追之西京復叛耶守忠以

兵五千来救至城東四十里蒲寧烏烈谷赦先擊之斬首千餘宗翰雄宗幹宗峻繼至宗翰率麾下自其中衝擊之使餘兵去馬蔽勞射之守忠敗走其衆藏焉宗翰弟扎保迪没于陣天眷中贈扎保迪特進云宗翰已撫定西路州縣部族詣上于行在所遂從上取燕京燕京平賜宗翰希尹撻懶耶律余睹金器有差太祖既以燕京與宋人還軍次鴛鴦濼不豫將歸京師以宗翰為都統昰勃極烈迭勃極烈斡魯之駐軍雲中太宗即位詔宗翰曰寄西以方面當邊官資者以便宜除授因以空名宣頭百道給之宋人来請割諸城宗翰報以武朔二州宗翰請曰宋人

不歸我掊亡阻絕燕山往来道路後必敗盟請勿割山西郡縣太宗曰先皇帝嘗許之来當興之諸將攫耶律馬哥宗翰歸之京師詔以馬七百匹給宗翰軍以田種慶地以居七千石賑新附之民比及農時度地以居之宗翰請分宗望攫懶石古乃精兵討諸部詔曰宗望軍不可分別以精銳五千給之宗翰朝太祖陵入見上奏曰先皇帝時山西南京諸部漢官軍帥皆得承制除授今南京皆循舊制惟山西優以朝命詔曰一用先皇帝燕京所降詔勑從事卿等廉其勤力而遷授之宗翰復奏曰先皇帝征遼之初圖宋協力夾攻故許以燕地宋人既盟之後

請加幣以求山西諸鎮先皇帝辭其加幣盟書曰無容匿通逃誘擾邊民今宋數路招納叛亡恩賞累踰叛人姓名之童貫輩岐以日約以誓書一無所致盟来拜年今已如此萬世期以月日約以舉乎且西鄙未嘗割付山西諸郡則諸軍失屯守之所將有經略或難持久請姑置勿割上忿如所請上以宗翰破遼經略夏國本来稱藩深嘉其功以馬十四使宗翰自擇二四餘賜群帥及斡魯深宋不遣歲幣户口事凡閫母再奏宋敗盟有狀宗翰宗望俱路户籍按籍索之而闐母再奏宋敗盟有狀宗翰宗望俱

請伐宋於是諸勃極烈景領都元帥居京師宗翰為左副元帥自太原路伐宋宗翰發自河陰降朔州克代州圍太原府宋河東陝西軍四萬救太原敗于汾河之比殺萬餘人宗望自河北趙汴久不聞遂留銀术可等圍太原宗翰率師而南降定諸縣及威勝府實潞州軍至澤州宋使至軍中始知割三鎮講和事路允宋割太原詔書来太原人不受詔宗翰取文水及盂縣復留銀术可圍太原宋少帝誘蕭仲恭貽書余睹以興復遂社稷以動之蕭仲恭貽書詔復伐宋八月宗翰發自西京九月丙寅宗翰克太原執宋經略使張孝純等鵰沙虎取平遙降靈石介休孝義諸縣十一月甲子

宗翰自太原趨汴勝軍克陸德府遂取澤州撒剌荅
等先已破天井關進逼河陽宗翰攻
懷州克之丁亥渡河闊月宗翰至汴與宗望會兵宋約畫
河為界復請備好不克和丙辰銀木可等克汴州辛酉宋
沒於王事者厚郵其家賜贈官爵務從優厚使勛就軍中
少帝詣軍前會青城十二月癸亥少帝奉表降元帥府
曰將帥士卒立功者第其功之高下遷賞之其殞身行陣
勞賜宗翰望便皆軾其手以勞之四月以宋二主及其
宗族四百七十餘人及珪璋寶印袞冕車輅祭器大樂靈
臺圖書與大軍北還七月賜宗翰鐵券除及逆外餘皆不

別傳　　金史七十四　五

閻與甚厚宗翰奏河北河東府鎮州縣請擇前資官
能者任之以安新民上遣耶律暉等從宗翰行詔黃龍府
路南路東京路於所部各選如耶律暉者遣之宗翰遂趨
洛陽宋童植以兵至鄭州鄭人復叛宗翰使諸將擊趨
植軍復取鄭州遂遷洛陽襄陽頴昌汝鄧均房唐鄧陳蔡
之民於河北而遣襄室平陝西州郡是時河東寇盜尚多
宗翰乃分留將士夾河屯守而遷師山西昌德公致書請
立趙氏奉職修貢民心必喜萬世利此宗翰受其書而不
荅康王遺王師正奉表密以書招誘契丹漢人獲其書奏
之太宗下詔伐康王河北諸將欲罷陝西兵併力南伐河

東諸將不可曰陝西與西夏為鄰事重體大兵不可罷宗
翰曰初與夏約夾攻宋人而夏人弗應而耶律大石在西
北交通西夏吾會陝西而會師河北彼必謂我有急難河
北不足慮宜先事陝西略定五路既弱西夏然後取宋宗
翰蓋有意于夏人也議久不決奏請于上曰康王構嘗
窮其所佐而不追之後平宋當立藩輔如張邦昌婁盧火監
地亦未可置而不取於是婁室蒲察師繩果婁盧火監
戰平陝西銀木可守太原耶律余睹留西京宗翰會東軍
于熱陽津遂會府宗于濮進兵至東平宋知府權邦彦棄
家宵遁降其城駐軍東平東南五十里復取徐州先是宋

別傳　　金史七十四　六

人運江淮金幣皆在徐州官庫盡得之分給諸軍散慶府
來降宋知濟南府劉豫以城降于撻懶乃遣援速烏林
荅泰欲馬五驍康王于揚州未至百五十里馬五以五百
騎先馳至揚州城下康王聞兵來已於前一夕渡江矣於
是康王以書請存趙氏社稷先是康王嘗致書元帥府
大宋皇帝構致書大金元帥帳前至是乃貶去大號自稱
宋康王趙構謹致書元帥閣下其四月七月兩書比然元
帥府荅其書招之使降於是撻懶宗弼援離速馬五等分
道南伐宗弼之軍渡江耶建康入于杭州康王入海阿里
蒲盧渾等自明州行海三百里追之弗及宗弼乃還其後

宗翰欲用徐文策伐江南唇宗宗弼議不合乃止語在劉
豫傳歸德叛都統大乣里平之初太宗以斜也為諸班勃
極烈天會八年斜也薨父虛此此位而熙宗宗峻子太祖嫡
孫宗幹等不以言太宗而太宗亦無立熙宗宗翰朝京
師謂宗幹曰儲嗣虛位頗久合剌先帝嫡孫當立不早
之恐搜非其人宗為諸班物極烈於是宗翰為國論右勃
乃從之遂立熙宗即位拜太保尚書令領三省事封晉
國王乞致仕詔不許天會十四年薨年五十八追封周宋
國王薨都元帥尚書令領三省事封晉

列傳

金史七十四

七

付索戍

極烈薨都元帥尚書令領三省事封晉
配享太祖廟廷斜哥秉德別有傳
斜哥累官同知曷蘇館節度使軍大定初除刑部侍郎充
都統與副統完顏布輝自東京先赴中都斜哥當死布輝除名私
用官中財物世宗至中都事覺斜哥解職二年起為大宗正丞除
寛減斜哥除名布輝削兩階解職二年起為大宗正丞詔
祁州刺史坐贓枉法當死詔杖一百五十除名遺左衛將
軍夾谷查剌諭斜哥曰卿何面目至鄉中與宗族相見今
從鄜州以家人自隨俟汝身死聽家人從便父之起同知
興中尹遷唐括部族節度使歷開遠順義軍斜哥前在雲

內受賕御史臺劾奏上謂宰臣曰斜哥今三犯矣蓋其貧
黷鄙惡如此令強幹吏鞫之獄成法當死上曰斜哥祖父
秦王宗翰有大功特免死杖一百五十除名久之復起為
勸農副使
贊曰宗翰內能謀國外能敵決策制勝有古名將之風
臨潢既捷諸將皆有忌顧有急忽之心而請伐不已越千里以襲
遼主諸將皆無有能識其意者甫釋干戈欲置江淮專
事陝諸將當時無有畏顧之心而請期不已觀其欲置江淮專
熙宗之位精誠之發懃可掩哉
宗望本名幹魯補又作幹離不太祖第二子也每從太祖

列傳

金史七十四

八

付索戍

征伐常在左右都統杲已克中都宗翰在此安州獲遼主所
衛習泥烈知遼主在鴛鴦濼宗翰請襲之杲出青嶺遼兵
三百餘騎掠降人家貲宗望曰若生致此輩可審得遼主所
因審追遼主尚在鴛鴦濼未去無疑也於是進兵宗翰倍道
盧宇古野里斯等曰遼主率百騎趣後軍即馳擊敗之獨與馬
兼行追遼主于五院司不及襄宴等追之至白水濼遼主
走隂山遼望晉國王捏里自止于燕京新降州部人心不
圖泉使宗望請太祖臨軍宗望至京師百官入賀上曰宗
與興十餘騎經波兵惡數千里可嘉也上宴群臣歡甚宗

望奏曰今雲中新定諸路遼兵尚數萬遼主尚在陰山天
德上聞而捏里自立于千燕京新降之民其心未固是以諸
將望陛下幸軍中也上曰懸軍遠伐授以成算豈能盡合
機事朕以六月朔啓行既次大樂西南昊使希尹奏靖從
西南招討司諸部于內地上曰從諸部人當出
何路宗望對曰中京殘破易懼不給由上京為宜然新降
之人遽爾驕動未降者必皆疑懼勞師害人所失多矣上
遼謂臨潢府也上迺下其議命軍帥慶宜行之上聞遼主
在大魚濼自將精兵萬人報之蒲家奴與諸將議余睹
前鋒晝夜兼行馬多走遠及遼主于石輦驛軍士至者才

千人遼軍餘二萬五千方治營壘蒲家奴與諸將議余睹
曰我軍未集人馬疲剛未可戰宗望曰今追及遼主為
函戰日入而遼則無及遂戰短兵接兵圍之數重士皆
殊死戰遼餘睛示諸將曰此遼主麾蓋也若萃而薄之可以
地觀戰兵馳赴之遼主望見大驚即迺去遼兵遂潰宗望
等遠上曰遼主去不遠孟追之宗望以騎兵千餘追之蒲
家奴為後繼太祖已定燕京斡魯為都統宗望副之駐遼
之將至陰山青塚遇泥瀦報不能進宗望裹室銀术可以三千軍分路截
之將至陰山青塚遇泥瀦報不能進宗望與當海四千軍分路截繫

遼都統林牙大石使為鄉導直至遼主營時遼主往應州
其嬪御諸女見敵兵奄至駭欲奔命騎下軌之有頃後
軍至遼太叔胡盧瓦妃國王捏里次妃遼漢夫人并其子
秦王許王女骨欲餘里衍大奧野次奧野趙王妃
幹里招討迪六詳穩六斤節度使宰迭赤狗兒皆降得
軍萬餘乘輿惟宗王雅里及其長女乘軍亂亡去妻室銀术
可獲其左右興帳進至掃里門為書以招遼主遼主自金
城来知其族屬皆見俘率兵五千餘決戰宗望以千兵擊
敗之遼主相去百步迺去獲其子趙王習泥烈及傳國璽
追二十餘里盡得其從馬而照里特末胡巴魯骨答別獲

牧馬萬四千四車八千乘及獻傳國璽于行在太祖曰此
群臣之功也遼主迺實窜于懷中東面恭謝天地乃大錄諸帥
功加賞焉遼主乃使謀盧瓦持兔鈕金印請降宗望受之
視其文乃元帥燕國王之印也宗望復以書招之石
齊此宗望趣天德遼耶律慎思降及候人具十四皆言夏
心也宗望趣天德遼國示以和好所以沮疑其救遼之
國迎護遼主度大河矣宗望功以遼蜀國公羊餘里衍賜之關母
如前諭執送遼主若猶疑貳恐有後悔及遼秦王等以俘
見太祖太祖嘉宗望功以遼蜀國公羊餘里衍賜之關母
與張覺戰大敗於兔耳山上使宗望閱狀洗以閩母軍討

張覺降澥郡縣遂與覺戰于南京城東覺敗宵遁奔宋
語在覺傳城中人執父及其二子來獻宗望殺之使以
詔書曉諭城中張敦固等出降使與敦固俱入城收兵
伏城中人殺使者立敦固為都統劫府庫掠居民乘城拒
守燕京宗望賞破張覺功及有功將士各有差初張覺欲
于燕京宗望責宋人納叛人且徵軍糧父不聞問宗望欲
移書督之請空名宣頭千道增信牌安撫新降之民詔以
新附長吏職負仍舊已命諸路轉輸軍糧勿貸於宋給銀
牌十空名宣頭五十道及遷潤來隰四州人從于瀋州者

俟畢農各後其業乃詔咸州輸粟宗望軍張敦固以兵八
千分四隊出戰大敗宗望再三開諭敦固等曰屢嘗拒戰
不敢遽降宗望許其望闕遥拜敦固乃開其一門宗望使
闕毋奏其事乃下詔赦南京官民大小罪皆釋之官職如
舊別勅有司輕徭賦勸勸稼穡場之事一夬於宗望又曰
讓索張覺及通亡户口於宋闕此歲不登若如舊徵歛恐
民置之廢其糧數賊之射糧軍顧為民者使復田里大小
之事闕白軍帥無得專達詔宗望曰選勳賢及有民
望者為南京留守及諸闕負仍具姓名官階以聞是時遷
潤來隰四州之民保山砦者甚衆宗望乞選良吏招撫上
從之上名宗望赴闕而闕毋克南京兵執偏都統張敦固

殺之南京平赴京師於是宗翰請無割山西地與宋斡魯
亦言之闕毋論奏宋渝盟有釁不可不備及宗望還軍上
曰徵歛幣於宋以銀二十萬兩絹三十萬匹分賜軍及
六部東京諸軍宗望至軍宋兵三千自海道來破九寨殺
馬城縣戍將節度使慶韓取其銀牌兵仗及馬而去宗
望索户口宋人弗遣且閤童貫郭藥師治軍燕山宗望
請伐宋宗望奏曰苟不先之恐為後患宗望亦以為言故
伐之策伐宋實啓之宗望為自燕山路之
伐宋宗望奏曰闕毋於臣為叔父請以闕毋為都統監
戰事上從之以宗望監闕毋劉彥宗兩軍戰事宗望至三

河破郭藥師兵四萬五千于白河蒲覓敗宋兵三千于古
北口郭藥師降遂取燕山府盡牧其軍實馬萬四甲胄五
萬兵七萬州縣悉平宋中山府將王彥劉璧韋兵二千來
降蒲察繼果以三百騎遇中山三萬人於阤臨之地力戰
死之本烈速活里改軍繼至殺二萬餘人宗望破宋真定
兵五千人遂克信德府次邯鄲宋李鄰請修舊好為燕京
軍中不遣自郭藥師降益知宋之虛實宗望請任以軍事
留守及董才降益知宋之地里宗望請以軍事太宗俱
賜姓完顏氏皆給以金牌四年正月巳巳諸軍渡河取滑
州使長孝民入汴以詔書闕納平州張覺事令執送童貫

22-712

譚稹皆廢度以黃河為界納歲幣貢賦癸酉諸軍圍汴宋少帝
請為伯姪納地增歲幣請和遂割太原中山河間
三鎮書用伯姪禮以康王構太宰張邦昌為質沈晦以誓
書三鎮地圖至軍中歲幣割地一依定約語在宋事中二
月丁酉朔與宋平退軍孟陽是夜姚平仲兵四十萬來襲
兵之狀少帝大恐諸將迎擊大破平仲軍後進攻汴城間舉
候騎覺之宗望大恐使宇文虛中來辨曰初不知其事且將
業命將士分屯安蕭雄覆廣信之境宗望還山西未幾為
河北兩鎮不下遂分兵討之宗望罷常勝軍給還燕師選
加罪其人宗望報宗弼改蕭王構遣師選

金史七十四 十三

右副元帥有功將士遷賞有差頃之宋少帝以書誘余睹
蕭仲恭獻其賣詔復伐宋八月宗望會諸將發自保州耶
律寧破敵兵三萬千雄州殺萬餘人那野敗宋軍七千於
中山高六董才破宋兵三千於廣信宋种師閔軍四萬人
駐井陘宗望大破之遂取天威軍東還遂克真定殺知府
李邈得戶三萬降五縣遂自真定趨汴十一月戊辰宗望
至河上降魏縣諸軍渡河留諸將分出大名之境降臨河
縣至大名縣德清軍開德府皆克之阿里刮以騎兵三千
先趨汴破宋軍六千于路取肝城抵汴城下覆宋援兵奔瞻那野賽剌臺
橋敕將宗望至汴分遣諸將過宋援兵奔瞻那野賽剌臺

實連破宋援兵閏月壬辰朔宋兵一萬出自汴城來戰宗
望選勁勇五千使賞海忽魯雜鶻失擊敗之癸巳宗望自
太原會軍于汴丙辰克汴州辛酉宋少帝諸軍前十二月
癸亥宋帝奉表降上使賜就軍中勞宗望賜宗翰宗望使皆執
其手以勞之四月以宋二主及其宗族四百七十餘人及
珪璋寶符袞冕車輅祭器大樂靈臺圖書與大軍北還宗
望乃分諸將鎮守河北董才降廣信軍及旁近重念縣宗望
城邑有被殘者遂阻命堅守其申諭招輯野蕩之懲堅執
乃西上京隘詔宗望自河之北今既分畫重念縣鎮宗望
不移自當致討若諸軍敢利於俘掠肆野蕩者當底於

金史七十四 十四

罰是月宗望薨天會十三年封魏王皇統三年進許國王
又從封晉國王天德二年贈太師加進燕國王配享太宗
廟廷正隆二年例降封大定三年改封宋王諡桓肅子宗
京文初遼帝之奔陰山也遼節度使阿鄰護送得底和尚與林牙馬哥男
慎思俱被擒都統杲使阿鄰護送得底和尚雅里斯等入
京師得里底道亡太祖誅阿鄰和尚弟道溫為興中尹太
祖使護都本以兵千人與和尚往招之和尚欲亡去不克
至興中城下以矢繫書射城中教道溫毋降事泄護都本
責之曰汝何反覆如此對曰以忠報國何反覆之有雖死
不恨乃殺之既而宗望軍過遼都統亭送等道溫在其中

相與隔水而語宗望承制招之李迭唯諾無降意宗望謂
道溫曰汝兄和尚因戰而復未嘗加罪後以叛誅能無痛
悼道溫曰吾兄厚於見獲禁於死國宗顧馬和尚曰能
爲我取此乎對曰能遂以所部渡水擊敗其眾直趨道溫
射中其髀獲而殺之
齊本名受速長身美鬚天眷三年以宗室子授鎮國上將
軍皇統元年遷光祿大夫正隆六年遷銀青榮祿大夫大
定初遷特進加安武軍節度使留京師奉朝請齊以近屬

列傳第十二　金史七十四　王

上所寵遇而性庸帶無材能大定三年罷節度官給隨朝
家財產與禪之子嚴住詔賜妻曰汝等皆當緣坐有至大
辟及流竄者朕念宋王故置而不問且以其家產賜汝子
宜悉朕意十五年上名英王英謂曰卿於諸公主女子中
爲嚴住擇婚其禮幣命有司給之俄釀叔父京山東西路
徒母堅猛安
京本名忽魯以宗室子累遷特進天德二年除翰林學士
承旨兼修國史加開府儀同三司遷工部尚書改禮部兵
部判大宗正事封曹王除河間尹正隆二年例封瀋國公
此京留守以疾去官起復益都尹六年坐違制立春日與
部貞欲酒降灤州刺史未幾改絳陽軍節度使海陵道
挑單

讓衡忽魯當往絳州殺之京由間道走入汾州境得免世宗
即位來見于桃花塢復判大宗正事封齊王二年正月戊
辰朔日食成鼓用幣上不視朝減膳徹樂詔京代拜行禮
世宗懲剗海陵猜忌宗室加禮京兄弟情若同生謂京等
曰朕每見天象變異輒思政事之闕輒痛瘝自責不遑凡事
必審思而後行猶懼獨見未能盡善每令群臣集議庶幾
無過舉也是時伐宋未罷兵用度不足百官未給全俸京
家人數百口財用少上聞之賜金一百五十兩賜綵百端
綵五百改西京留守賜鞍馬京到西京京妻當名
日者孫邦榮推京祿命邦榮言留守官至太師爵封王京

列傳第十二　金史七十四　十六　王

問此上更無否邦榮曰於此曰若止於此所官何爲
邦榮察其慈乃詐爲之詩作詩中有鵷鷺爲之語以獻於
京京曰後誠如此乎遂受其詩再使卜之邦榮稱所得封
有獨權之北京復使邦榮推世宗當生年月家人孫小哥
妄作謠言誣京如邦榮指京信之京妻公壽與知其事
大定五年三月孫邦榮上變詔刑部侍郎高德基戶部員
外郎完顏兀古出往鞫之京等皆欵伏獄成還奏上曰海
陵無道使光英在朕亦保全之況京等哉於是京夫婦特
免死杖一百除名嵐州樊煩縣安置以奴婢百口自隨官
給上田邈元古出劉玖宣諭京詔曰朕與汝皆太祖之孫

海陵失道前朝威宗支朕念兄弟無樂於汝充
自知之何為而懷此心朕余骨肉不忍盡法汝若尚不思
過朕雖不加誅天地豈能容汝也十年四月詔于樓煩縣
為京作第一區月給節度廉俸十二年兄德州防禦使文
謀反上問皇太子趙王允中及宰臣曰京謀不軌朕特免
死今復當坐朕如宰臣或言京圖逆令不除之恐為後
患上曰天下大器歸於有德海陵失道朕乃得之但務修
德餘何足慮太子曰誠如聖訓乃遣使宣諭京詔曰卿兄
文窩封國公不任職事朕進封王爵委以大藩頃在大名
以贓得罪止削左還不知恩革乃蕭怨心謀不軌罪及兄

列傳 金史七十四 十七 村庸成

弟朕念宋王皆免緣坐文之家產應沒入者盡與卿兄子
嶽住卿宜悉此意二十年十一月上問宰臣曰京之罪始
於其妻妄卜休咎太祖諸孫存者無幾朕欲名置左右不
使住職但廣給之卿等以為何如皆曰置之近密臣等以
為非宜上曰朕若修德何必預懷疑忌久之上復欲名京
宰臣曰京不赦之罪也赦之以為至幸矣豈可復上默良
久乃止

文本名胡剌皇統間授世襲謀克加奉國上將軍居中京
海陵篡立賜錢二萬貫是時左淵為中京轉運使市中有
職術斷仙者文與淵皆與之遊海陵還中京聞名斷仙話

問窩竟本末既而殺之于市責讓文淵貞元年除秘書
坐與靈壽縣主阿里虎有姦杖二百除名俄復為京師
封王正隆例封鄭國公以喪去官起復翰林學士承旨同
判大宗正軍昌武軍節度使大定初改武定軍國京師奉
朝請三年賜上常御佩服佩刀而遣之謂文曰朕無兄弟
見卿惟外郡惻然傷懷卿頗自放加檢束除廣寧尹召
為判大宗正事封英王是時弟京得罪上謂文曰朕待京
不薄乃包藏禍心圖不軌不忍刑及骨肉遂從輕典朕不
驕縱無度宋王有社稷功武靈封太祖諸孫為王卿獨不
封朕即位封卿兄弟為王自今徵各悔過赤心事朕無患

列傳 金史七十四 十八 廣成

朕不知也除真定尹賜以衣帶改大名尹徙封荊王文到
大名多取猛安謀克良馬或以駑馬易之買民物與價不
盡其直尋常占役弓手四十餘人詭納稅草十六萬束公
用關取民錢一萬九千餘貫坐是奪齊降德州防禦使僚
佐皆坐不矯正又不言上並嚴行懲斷欠既失職居常快
除尚書省都事董師中按文事失紏察之
日與家奴石抹合住忽里者怨言合住揣知其意因言
南京路猛安阿古合住謀克頗里銀术可與大王厚善異
欲舉大事彼皆顧從文信其言乃召日者康洪占休咎密

以謀告洪洪言來歲甚吉父厚謝洪使家懂剛哥等往南
京以書帛遣阿古等剛哥問倉住何以知阿哥等到南
住曰阿古等與大王善以此意其必從耳剛哥到南京見
阿古等不言其本來之事及還給文曰阿古從大王矣文
乃造兵杖使家奴幹敵書畫陣圖家奴重曹詣河北上
晚會文出獵名防禦判官酬越謀就獵所執之酬越言文
變府遣絕管判官率特馳徙德州捕文字特至德州曰巳
兵衛甚眾且暮夜明日文生曰可就會上執之字特乃止
是夜文知本府使至意其事覺乃駃合住忽合住者俱亡
去河間府使奏文事詔遣右司郎中紇哲典翰林修

撲阿不罕訛里也住德州鞫問上閣文亡命謂宰臣曰海
陵鞫城宗室殆盡朕念太祖孫存者無幾人曲為寬假而
文曾不知幸尚懷異圖何往悖如此上恐文父不獲註誤
者多惜所在捕之詔蘇獲文芳遷官五階賜錢三千貫文
以大定十二年九月事覺正命凡四月至十二月被獲伏
誅康洪諭死餘皆坐如律詔樺其妻術寶懶寧特酬越不
即捕致文亡去字特杖二百除名酬越杖一百削兩階詔
曰德州防禦使文北京曹貴廊州李方皆囚術士妄談禄
命陷于大戮凡術士多務茍得倖為異說自今宗室宗女
有屬籍者及官職三品者除占閭嫁娶造碓事不得推

籌相命達者徒二年重者從重上以文家財產賜其故兄
特進廢之子廢住并以西京留守京洣入家產賜之
贊曰宗望降行平州戰勝曰河帝卷而南風電擊兵無
留難再闋月而汴京圍矣所謂敵不能與校者耶既取信
德留兵守之以為後距此豈輕者耶管子曰徑於絕地攻
於恃固獨出獨入而莫之能止其宗望之謂乎

俟國三司莊園鑛軍國重事前膏克溫德　國史院　經歷郎總裁臣　脫脫　奉修

盧彥倫　子璣　孫亨嗣

李三錫

李師夔

左企弓

左泌　弟淵　姪光慶

毛子廉

孔敬宗

沈璋

虞仲文　曹勇義　康公　渤附

傳第十三
三百七

【金史七十五
一

章子泉

盧彥倫臨潢人遼天慶初蕭貝一留守上京置為吏以材
幹擢是時臨潢之境多盜而城中兵無統屬者府以彥倫
為村落之於朝即授殿直勾當兵馬公事遼兵敗於出河
店還至臨潢散居民家令給養之而軍士縱恣侵擾無所
不至百姓殊苦之留守耶律赤狗兒不能禁戰乃召軍
民諭之曰契丹父老間有侵擾亦當相容衆皆無敢言者
倫獨曰兵與以來民間財力困竭今復使之養士以國家
多故義固不敢辭而此蕈恣為強暴人不能堪且番漢之
民皆赤子也奪此與彼謂何初取臨潢軍中有辛詡特剌
者舊為臨潢驛吏與彥倫善使往招諭彥倫殺之遼授彥
倫團練使勾當留守司公事天輔四年彥倫從留守撻不

野出降授夏州觀察使權發遣道上京留守事撻不
野叛城彥倫乃率所部逐撻不野盡殺城中契丹遣使來
報未幾遼將即律哥以兵取臨潢彥倫拒守城邑初建
援兵至敵解圍民居公宇皆有法改靜江軍節度使天會二年知新城事天會初咸
彥倫為經畫民居公宇皆有法改靜江軍節度使未閱月還
水使者充提點大內所彥倫性機巧能迎合悼后意由是頗見
復為提點大內所彥倫性機巧能迎合悼后意由是頗見
寵用歲餘遷侍衛親軍馬步軍都指揮使為宋國歲元使
改禮部尚書加特進封鄅國公天德二年出為大名尹明

傳第十三
四百四九

【金史七十五
二

年詔彥倫營造燕京宮室以疾卒年六十九子璣
瑑字正甫以蔭補閤門祗候累遷宿省使兼東上閤門使
改提點太醫教坊司天克大定十五年宋主生日副使遷
同知宣徽院事丁母憂起復太府監改開遠軍節度使入
為右宣徽使改定武軍節度使復為左宣徽使致仕明昌四年起復
左宣徽使改章宗即位轉左宣徽使致仕是時璣年已
七十詔許朝參得坐於廊下復致仕泰和初璣老而康強
命以所策杖為洗兒禮物章宗幸玉泉山詔璣而康強
預宴二年元妃李氏生皇子滿三月章宗以璣老而康強
命以所策杖為洗兒禮物章宗幸玉泉山詔璣與致仕宰
相俱會食許策杖扶後預天壽節上命璣與大臣握觴

戎機獲勝焉從上秋山賜名馬上曰酬卿博直其眷遇如
此泰和六年卒年八十子亨嗣
亨嗣字繼祖以廕補閤門祗候內供奉調同監平涼府醋
務改同監天山鹽場丁母憂服闋關監萊州酒課累調監豐
州任丘汲縣東平酒務課最遷曰登縣令明昌四年行六
部差規措軍前糧料入為典給直長改西京戶籍判官歷天
安初復為典給署丞兼太子家令崇慶元年遷莒州刺史三年山東
官西京中都太倉使中都戶籍判官尚醞署丞丁父憂天

宣撫司討楊安兒亨嗣行六部兵罷還莒州興定二年卒年
六十一亨嗣與弟亨益蓋友愛之道亨嗣初以祖廕得官
大定十六年父戎機為同知宣徽院事當歷子亨嗣以護弟
亨益亨益早卒子焂焂幼稚亨嗣盡以舊業田宅奴畜財
物與之

毛子廉本名八十濰長泰人材勇善射遼季群盜起募
勇士子廉應募遼主召見賜甲仗率百人會所在官兵捕
盜以功授東頭供奉官賜良馬天輔四年遣謀克辛特
剌穆剌寓斜招諭臨潢子廉率戶二十六百來歸令統領
其衆佩銀牌招未降軍民盧彥倫怒子廉先降殺子廉妻

及二子使子廉與窟斜經險阻中騎
兵圍之兩騎突出直犯子廉引弓斃其一人其一人
挺槍幾中子廉避其槍與搏戰生擒之乃彥腹子廉遽去天會三年除上京副留守父之兼
鹽鐵事天眷中除燕京麴院都監遷王宗幹閤宰相曰子
廉有功為下遷宰相以例對宗幹曰盧彥倫聞之歎曰子
職子廉之功十倍彥倫在臨潢十餘年吏民畏愛如一日
誰能及此是時盧彥倫已以少府監除節度使故宗幹引
以為比除寧昌軍節度使海陵弑熙宗子廉聞之歎曰曾
不念國王定策之功耶乃致仕大定二年卒

李三錫字懷邦錦州安昌人以賣得官遼季盜攻錦州州
人推三錫主兵事設機應敵城賴以完錄功授左承制遷
主走天德劉彥宗辟三錫將兵保白雲山金兵次萊州三
錫以其衆降攝臨海軍節度副使茶預元帥府軍事改知
嚴州宗望代宋三錫領行軍猛安敗郭藥師軍於白河進
官安州防禦使尋克汴京三錫從闍母護宋二主北歸復
知嚴州政改歸德軍節度副使詔慶齊國擇吏三十人與俱
行三錫在選中還為慶州刺史三遷武勝軍節度使察廉
第一遷三階改安國軍節度使除河北西路轉運使致仕
三錫政事強明所至稱治世宗舊聞其名大定初起為北

傳第十三 晉八 金史七十五 張仲明 五

京路都轉運使制下而三錫巳卒

孔敬宗字仲先其先東垣人石晉末徙遼陽遼奉敬宗為
寧昌劉宏幕官斡魯古兵至境上敬宗勸劉宏迎降遂以
敬宗為鄉導按顯州以功補順安令天輔二年詔敬宗與
劉宏平懿州民徙內地授世襲猛安知安州事馳驛至河
從宗望伐宋汴京徒內地授世襲猛安知安州事馳驛至河
比還至河上會日暮無舟敬宗策馬亂流遂達南岸還靜
江軍節度使歷石辰信磁四州刺史階光祿大夫海陵問
勸劉宏以懿州劾順其後從軍積勞有司不知故一躐常
張浩曰卿識孔敬宗否何階高職下也浩對曰國初敬宗
調耳明日除寧昌軍節度使徙歸德軍致仕大定二年卒

李師夔字賢佐奉聖永興人少倜儻有大志以應入仕為
本州麴監天輔六年太祖襲遼主于鴛鴦濼郡守委城遁
去衆無所屬相與叩門請師夔主郡事師夔許之乃搜卒
玄衆無所屬相與叩門請師夔與其故人沈瑋密謀出降
曰一城之命懸於此舉瑋曰君言是矣如軍民不從奈何
治兵迪古乃至奉聖州師夔與其故人沈瑋密謀出降
師夔即率親信十數輩詰旦出城見余睹許諾以師夔領
服從顧無以兵入城及俘掠境內余睹許諾約曰今已
節慶以瑋佐之賜師夔駮為二俾招未附者許以便宜從
事明年加左監門衛大將軍劇賊張勝以萬人逼城師夔

傳第十三 晉八 金史七十五 張仲明 六

度使衆寡不敵乃偽與之和日致饋給勝信之師夔乘其不
備使人刺勝殺之以其首徇曰汝輩皆良民脅從至此今
元惡巳誅可棄兵歸復其所賊衆大驚皆散去別賊聞望
天尹智穆率兵數千來寇師夔以兵臨之設伏歸降伏人
反間之智穆果疑望天先引去智穆孤亦還遇伏而敗
遂執斬之是後賊衆不敢入境以勞遷靜江軍節度使
累遷武平軍節度使改東京路轉運使徙陝西東路轉運
使致仕封任國公卒年八十五

沈瑋字之達奉聖州永興人也學進士紫迪古至軍至上
谷瑋與李師夔謀開門迎降明日擇可為守者衆皆推瑋
瑋固辭李師夔於是授師夔武定軍節度使以瑋副之授
太常少卿遷鴻臚卿丁母憂起復山西路都轉運副使加
衛尉卿從伐宋汴京平衆爭趨貨瑋獨無所取惟截書
數千卷而還太行賊陷潞州殺其守姚璠瑋官軍討平之未
瑋權知州事招復逋逃賑養困餓收其橫屍葬之未
幾民頗安輯初賊賞據城潞之軍卒當緣坐者七百人帥
府牒瑋盡誅之瑋不從帥府開之大怒召瑋呵責且欲殺
璠左右震恐瑋顏色不動從容對曰招亡撫存瑋之職也
此輩初無叛心蓋為賊所脅有不得已者故招之復來今
欲殺之是殺降也苟利於衆瑋死何憾少頃怒解因召潞

22-719

軍曰吾始命戮汝今汝君活爾吳皆感泣而去朝廷聞
而嘉之拜左諫議大夫知灤州事百姓為之立祠移知
州改同知太原尹加尚書禮部侍郎時介休人張覺纍纍
亡命山谷鈔掠邑縣招之不肯降曰前嘗有降者皆殺之
今以好言誘我是欲殺我耳獨得降公一言我乃無
疑於是命璋往招之覺即日降轉尚書吏部侍郎洸公
留守同知平陽尹遷利涉軍節度使為東京路都轉運使
天德三年賜楊建中膀及第
政鎮西軍節度使天德元年以病致仕卒年六十子宜中

贊曰危難之際兩軍方爭專城之將國家之輕重繫焉李
師奭非有君命為眾所推又能全活其人猶有說也盧彥
倫之降雖云城潰初志不確何尤乎毛子廉至如子廉不
仕海陵洸璋以片言降張賞一善足稱何可掩也

左企弓字君材八世祖皓後唐橫州刺史以行軍司馬戍
燕遼取燕觀察判官蕭英弼賊昭懷太子窮治黨與多連
再遷萊州觀察判官家為企弓讀書通左氏春秋中進士
引企弓辨析其冤免者甚眾自御史知雜軍出為中京副
留守按刑遼陽有獄本輕而入之重者已奏待報企弓釋
之以聞累遷知三司使軍天慶末拜廣陵軍節度使同中
書門下平章事知樞密院事金兵已拔上京比樞密院恐

忤旨不以時奏遼故軍軍政皆關決以比樞密院然後奏御
企弓以聞遼主曰兵軍無乃非卿職邪對曰國勢如此豈
敢循例為自容計因陳守備之策拜中書侍郎平章事監
修國史時金已克中京將西幸以避之企弓諫不
仲文泰知政事郎平章事樞密院使燕國公康公彌
燕慶遼主為湘陰王歐元德興企弓守司徒封燕國公虞
泰知政事簽樞密院事賜號忠烈翊聖功臣德妃攝政企
弓加侍中宋兵韻燕卷至城中巳而敗走或疑有內應者
軍都統曹勇義中書侍郎平章事樞密院使燕國公彌
聽遼主自覺危亡保陰山秦晉國王耶律捏里自立于
南企弓等奉表降太祖俾復舊職皆受金牌企弓守太傅
中書令仲文樞密使侍中秦國公劭義以萬官守司空公
門待之太祖入城受降企弓等猶不知太祖駐蹕燕京城
遼去都監高六等送款千太祖太祖徑至城下高六等開
欲根株之企弓爭之乃止太祖至居庸關蕭妃自古北口
彌同中書門下平章事樞密副使權知院事簽中書省封
陳國公遂致仕宰相張琳進上降表詔曰燕京應琳田宅
財物並給還之琳年高不能入見止令其子弟來太祖既
定燕從初約以與宋人企弓獻詩略曰君王莫聽捐燕議
一寸山河一寸金太祖不聽是時軍樞密院千廣寧府企

弓等將赴廣寧張覺在平州有異志太祖欲以兵送之企
弓等辭兵曰如此是促之亂也及過平州舍于粟林下張
覺使人殺之企弓七十三諡恭烈天會七年贈守大師
遣使致奠正隆二年改贈特進濟國公

虞仲文字質夫武州寧遠人也七歲知作詩十歲能屬文
日記千言刻苦學問第進士累仕州縣以廉能稱舉賢良
方正對策優等擢起居郎史館修撰三遷至太常少卿宰
相有左降前職仲文獨出餞之或指以為黨仲文乃求養親
之名復拜樞密直學士權翰林學士為翰林侍講學士年
平曰舋拜樞密直學士權翰林學士為翰林侍講學士年
五十五卒諡文正天會七年贈兼中書令正隆二年改贈

金史七十五 九

曹勇義廣寧人第進士除長春令樞府辟史上書陳時
政黑擢館閣還樞密副都丞旨權燕京三司使加給事中
召為樞密副使加太子少保與大公鼎虞仲文冀誼友善
興虞仲文同在樞密群小擠之復出為三司使加宣政殿
大學士卒諡文莊天會七年贈守太保正隆二年改贈特
進定國公

康公弼字伯迪其先應州人曾祖胤遠保寧間以戰功授
臀奉家于燕之宛平公弼好學年二十三中進士除著作

郎武州軍事判官辟樞府令史求外補出為寧遠令縣中
陷霸殺禾稼漕司督賦急繫之獄公弼上書朝廷乃釋之
因黨中租賦兩縣人為立生祠臨平州鐵帛庫調役粮于
川州大盜侯縣陷川州使護送公弼出境曰良吏也權乾
州節度使卒諡忠肅天會七年贈侍中正隆二年改贈特
進道國公企弓子泌灤淵

泌字長源企弓長子也仕遼官至棣州刺史太祖平燕泌
從企弓歸朝既而東遷至平州企弓為張覺所害泌復還
燕是時以燕與宋宣撫司道至汴泌以平州仇父在是乃
間道奔還朝廷嘉之擢西上閤門使從宋王宗望南伐破

金史七十五 十

真定有功知祁州歷刺澤隰等州貞元初為濱州防禦使
還陝西路轉運使封戴國公泌性夷澹好讀書莅老年六十
一即請致仕親友或以為早泌嘆曰予年三十秉旄鉞侵
尋仕路又三十年名遂身退可矣時人高之卒年七十四
淵累官燕京副留守中京路都轉運使歷河北東路中都
路都轉運使其子貽慶三任漕事務以鐵穀自營諸物規取
八年不求遷與李通許霖交關賄賂詭納漕司諸物規取
財利世宗即位詔貽慶諸東京上表特賜貽慶還中都世宗詔淵曰
忠傑勝第三甲進士授從仕郎貽慶還中都世宗詔淵曰
凡殿位張設卷依舊毋增益不得役使一夫以擾百姓蓮

宮業出入而已大定二年政沁南軍節度使世宗素知其

或刻削百姓若復敢爾勿思再用淵到懷州未幾坐之母

中都轉運事盜用官材木除名子光慶

光慶李君錫勁頴沉厚少言淵省謂所親曰世吾家著

好古讀書識大義嘗為詩羨慕先工大守世宗行郊禮

東上閤門副使再轉西上閤門使兼太廟署令光慶

此子也以廉補閤門祗候遷西上閤門副使丁父憂起復

受尊號及受命領原廟坤厚陵壽安宮工役不為苛峻使勞

稱其有法典領廟榜署經光慶書者人

為人戒之曰卿宰相子練習朝政前為漕司朕甚鄙之

史大夫璋請製大金受命寶有司以秦璽文進上命以大

逸相均身兼數職勤慎周密未嘗自伐世宗獨察之初御

金受命萬世之寶為文徑四寸八分厚一寸四分螭龍細

高厚各四寸六分有半禮部尚書張景仁少府監丁母

典領工事詔光慶篆之遷同知宣徽院事政少府監張僮言

憂起復右宣徽使世宗幸上京光慶往上京沿儀仗制度

時人以為得宜二十五年卒年五十一上遣使致祭賻銀

三百兩重綵十端絹百四十平時喜為詩文善晝善書

道人晚信浮屠法自作真贊兄諸子皆任達云

贊曰左企弓虞仲文蒲勇義康公弼四子者皆有才識之

士其事遼主數有論建及其受爵偕位委質二君隕身逆

黨三者昏失之哀哉

列傳第十三

金史七十五

朝請書□司□荘閣學士國史院監修□書兼張相監修　國史領　經筵事郡總裁臣　脫脫奉

勅修

太宗諸子

宗盤　本名蒲盧虎

宗本　本名阿魯蕭王附

宗固　本名胡魯

果　本名斜也

宗幹　本名斡本

宗義　本名李吉

充　本名梧桐

充　本名神土懣子種奴等

求元　本名元奴

襄　本名求慶

哀　本名蒲甲

太宗子十四人蒲魯虎胡魯斜補阿魯帶阿魯補斛沙
虎阿鄰阿魯鶻懶胡里甲神土門斛孛東宗烈鶻沙
宗磐本名蒲盧虎天輔五年都統果取中京宗磐與宗
宗翰宗幹皆為之副天會十年為國論忽魯勃極烈熙宗
即位為尚書令封宋國王未幾拜太師與宗幹宗翰並領
三省事熙宗優禮宗室宗翰沒後宗磐日益跋扈皆與宗
幹爭論於上前即上表求退烏野奏曰陛下富於春秋而
大臣不恊恐非國家之福熙宗因為兩解宗磐愈驕恣其
後於熙宗前持刀向宗幹都點檢蕭仲恭可止之既而左
副元帥撻懶東京留守宗雋入朝宗磐陰相黨與而宗雋

遼為右丞相用事撻懶屬尊切多死薦劉豫立為齊帝至
是譏議以河南陝西與宋使稱臣熙宗命羣臣議宗室大
臣言其不可宗磐宗雋助之卒以與宋後宗磐宗雋撻
懶謀作亂宗幹希尹發其事熙宗下詔誅之坐與宴欲出為
背聵削决責有差赦其第斛補等九人并赦撻懶出為
行臺左丞相皇后生日宰相諸王妃主命婦入賀熙宗命
去樂曰宗磐等皆近屬報搆逆謀情不能樂也以黃金合
及兩銀罍歓明德宮太皇太后弁以金合銀罍賜宗幹希

尹馬

宗固本名胡魯天會十五年為燕京留守封虞王宗美本名斛
名斛魯斛補封代王宗偉本名阿魯補封鄭王宗雅本
沙虎封勝王宗懿本名阿鄰封薛王宗本本名斛
王鶻懶封翼王宗翰烈封霍王宗美本名胡里甲封豐王神土門封畢王
斛孛東封霍王鶻烈封蔡王宗拈本名鶻沙封畢王皆天
卷元年受封宗固本名阿魯帶天會二年薨皇統五年贈
燕京慰諭宗固既而翼王鶻懶復與行臺左丞相撻懶謀
金紫光祿大夫後封徐王宗順本名斛熙宗使宗固京往
不忍宗固等但不得稱皇叔其母妻封號從而降者審依
反伏誅詔曰燕京留守畫王宗固封亶王宗雅本
舊典皇統二年復封宗雅為代王宗固為判大宗正三年

為太保右丞相兼中書令是歲薨海陵在熙宗時見太宗
諸子勢逼邊疆死跋扈與鶻懶相繼皆以逆誅心忌之
熙宗厚於宗室禮遇不義海陵嘗與秉德唐括辯私議主
上不宜寵遇太宗諸子太甚及簒立謀篡太廟韓王耳素
簒弑武使攝右將軍密諭之曰倘勿以此職為輕朕甚太
宗諸子太疆得卿衛左右可無慮耳遂與秘書監蕭裕謀
宗諸子孫於是石丞相兼中書令進太保領
云宗本兄弟本名進太傅領三省事初宗幹謀誅宗充故
宗本本名阿魯畫統九年為右丞相兼中書令
三省事海陵墓立領三省事與海陵私議宗本等親強主上
海陵心忌太宗諸子熙宗時海陵私議宗本等親強主上
不宜寵太甚及墓立猜忌益深遂與秘書監蕭裕謀殺
太宗諸子誣以秉德出領行臺與宗本別因會飲約內外
相應使尚書省令史蕭玉告宗本親謂玉言以汝於我故
為必無亡意可布腹心事領省臨行言彼在外諭說軍民
無以外患為憂若太傅為內應何事不成又云長子鎖里
虎當大責因是不令見主上宗本又言左丞相於我及我
妃屢稱主上近日見之輒不喜故心常恐懼若太傅一日
得大位此心方安唐括辯謂宗本言內侍張彥善相相太
傅有天子分宗本苔曰宗本有兄東京留守在宗本何能
為是時宗美言太傅正是太宗主家子孫太傅便合為北

京留守卜臨行與宗本言事不可遲宗本與玉言大計只
於日近圍場內子決宗本因以馬一匹袍一領與玉克表
識物玉恐圍場日近身應於外不能親簒遂以告秘書監
蕭裕具以聞蕭玉出入廉訪宗本家親信如家人所共
蕭裕謀殺宗本秉德詔天下恐天下以宗本家親信如家
知使玉上變厖可示信於是使人召宗本等擊鞠海陵先
詐樓命左衛將軍徒單特思及蕭裕妹婿近侍局副使耶
律闢剌小底密伺宗本及判大宗正事宗美至即殺之
宗美本名胡里甲臨死神色不變宗本已死蕭裕使人召
蕭玉是日玉送客出城酲酒露髮披衣以軍士載至裕第點
檢蕭詐家逮日暮玉酒醒見軍士圍守之意為人所累得
罪故至此以頭觸屋壁號咷曰臣未嘗犯罪老母年七十
願哀憐之裕附耳告之曰主上以宗本諸人不可留已誅
之矣欲加以反罪令汝告其事今書汝告款已具上即
聞汝汝但言宗本輩反如狀勿復異詞恐禍及汝家也裕
乃以巾服與玉引見海陵海陵問玉玉言宗本反具如裕
所教海陵遣使殺東京留守宗懿北京留守卜及遼益都
尹畢王宗哲平陽尹宗左宣微使京等家屬分置別所止
聽各以奴婢五人自隨既而使人要之於路并其子男無

少長皆殺之而中京留守宗雅喜事佛世稱善大王海陵
知其無能將存之以奉太宗後久闕不載日竟殺之太
宗子孫死者七十餘人太宗後遂絕亡本名可喜畫本名
胡離改京宗固子本名胡石資蕭玉睨如蕭實教對海陵
海陵遂以宗本秉德等罪倒署

坐是稽緩富得罪景為吏倒署年月太倉都監焦子忠與
太府監失火案牘盡毀殺月方取諸司簿悵補之監
持去馮六家童亦取其檀木屏風少監劉景前為監丞時
什器吾將分賜諸臣馮六以此不復拘籍什器往往入於官
太府監完顏馮六宗本詔家戒之日王上璽王金帛入於官
海陵使御史大夫趙資福大理少卿許竑雜治資福等奏
劾奏宮中相怨黨誘馮六言景倒署年月及出焦子忠御史
就宮中相怨黨爭馮六言景倒署年月及出之火之馮六與
景有舊坐通負父不得調景為盡力出之火之馮六與
臣曰馮六嘗用所盜物其自首海陵素惡馮六謂宰
諸物已籍入官與宮中物何異謂馮六曰太府掌宮財
賄汝當防制姦欺而自用盜物於是馮六棄市資福坐
鞫獄不盡決杖有差景亦伏受焦子忠賂金海陵曰受金
事無左驗景倒署年月以免吏罪是不可恕遂殺之大定

二年追封宗固魯王宗雅曹王宗順隋王宗懿鄭王宗美
衛王宗栝韓王宗本潞王神土門幽王斛孛東瀆王斛烈
鄂王胡里改胡什資可喜並贈金吾衛上將軍惟宗磐阿
魯補斜沙虎鶻懶四人不復加封
蕭玉吳人睨從蕭裕訐宗本罪海陵喜甚自尚書省令史
為禮部尚書加特進賜錢二千萬馬五百四牛五百頭羊
千口數月為參知政事丁母憂以參政起復儀授猛安子
尚公主海陵謂玉曰朕始得天下常患太宗諸子方強賴
杜稷之靈卿發其姦朕無以報此功使朕女為卿男婦代
朕事卿也賜第一區分宗本家貲賜之頃之代張浩為尚
書右丞拜平章政事進拜右丞相封陳國公文思署令閒
拱興太子詹事張安要坐姦事獄具不應訊而訊之海陵
怒王興左丞蔡松年右丞耶律安禮御史中丞馬諷決杖
有差王等入謝罪海陵曰為人臣以己意愛憎妄作威福
使人畏之如唐魏徵狄仁傑姚崇宋璟豈肯立威使人畏
哉楊國忠之徒乃立威使人畏耳顧謂左司郎中吾帶右
司郎中梁球曰往者德宗為相蕭斜律為左司郎中趙德
恭為右司郎中除吏議法多用己意汝等有能不以己意愛
憎為子孫輕重不亦善乎朕信任汝等有過則決責之亦
非得已古者大臣有罪或賜數千里外往來疲於奔走亦有

死道路者朕則不然有過則杖之已杖則住之如初如有
不可恕或廉之死亦未可知汝等自勉正隆三年拜司徒
判大宗正事五年玉以司徒無御史大夫使參知政事本
通諭旨曰判宗正之職固重御史大夫難其人朕將行
幸南京官吏多不法突賦卿宜專科勤細務非所責也故
史大夫與宰執不相遠海陵至南京思之繼以司徒判
大興尹玉固辭司徒海陵曰朕將南巡京師地重非大臣
不能鎮撫留卿居守無為多讓海陵至南京以玉為尚書
左丞相進封吳國公海陵將代宋因賜羣臣宴顧謂玉曰
卿嘗讀書否對曰亦嘗觀之中宴海陵起即召玉至內閤

因以漢書一冊示玉既而擲之曰此非所問也朕欲與卿
議事朕今欲伐江南卿以為如何玉對曰不可海陵杖玉
玉以符堅比朕朕欲斷其吉釘而磔之以玉有功隱忍至
視宋國猶掌握閒耳何為不可王曰天以長江限南北舟
楫非我所長符堅因福兒附奏海陵怒以一騎渡以是知其不
可海陵怒叱之使出及張浩因福兒附奏海陵杖張浩
并杖玉因謂羣臣曰浩大臣不面奏因人達語輕易如此
今大臣決責痛及兩體如在朕躬有不能已者汝等悉之
及海陵自將發南京玉與張浩留治省事世宗即位降奉
國上將軍放歸田里尋所賜家產父之起為孟州防禦使

世宗戒之曰昔海陵欲教太宗子孫借汝為證遂被進用
朕思海陵肆虐先殺宗本諸人然後用汝質成其事豈得
專罪汝哉今復用汝當思改過若謂嘗居要地以今日為
不足必罰無赦轉定海軍節度使改太原尹與少尹為古
論掃喝互訟不公事各削一官解職卒于德用大芝二
十四年尚書省奏玉子豈可升除上曰海陵假口于玉
以快其毒玉子豈可升除邪

贊曰宗盤審從斜也取中京不可謂無勞伐者世祿解禮
自古有之在國家善為保全之道耳眤宗盤而存溫
其毋王后雖去矯情猶畏物論海陵造謀殺宗本兄弟不遺
餘力太宗舉宋而有中原金百世不遷之廟也再傳而無
噍類於是太祖六七夫意無復嗣微存者春秋之世宗公合
與襄而立其弟禍延戮世害及五國誡已為後世監乎
果本名斜也世祖第五子太祖母弟泉為其勃極烈
班勃極烈果為其勃極烈天輔元年泉以兵一萬攻泰州
下金山縣女固脾室四部及渤海人皆來降遂克泰州城
中稿栗轉致為林野賑先降諸部因徙之內地天輔五年
為忽曾勃極烈副之宗峻領合扎猛安皆安金牌耶律余
宗翰宗幹宗盤副之宗峻領合扎猛安皆安金牌耶律余
睹為鄉導詔曰遼政不綱人神共棄今欲中外一統故命

汝率大軍以行討伐爾其慎重兵事擇用善謀賞罰必行
糧餉必繼勿援降服勿縱俘掠見可而進無淹師期事有
從權毋煩奏稟復詔曰若克中京所得禮樂圖書文籍並
先次津發赴闕當是時遼人守中京者間知師期焚匿糧
欲從居民遽去冀王霞末則欲視我兵少則迎戰若不敵
則退保山西杲知遼人無鬭志乃委輜重以輕兵擊之六
年正月克高恩回紇三城進至中京遼兵皆不戰而潰遂
克中京獲馬一千二百牛五百駞一百七十羊四萬七千
車三百五十兩乃分兵屯守要害之地駐兵中京使使奏
捷獻俘詔曰汝等提兵于外克副所任攻下城邑撫安人
民朕甚嘉之分道將士招降山前諸部計已撫定山後若
未可住即營田牧俟秋大舉更當熟議見可則行如欲益
兵具鞍來上無恃一戰之勝報自弛慢善撫存降附宣諭
將士使知朕意完顏歡都將出中京南遇騎兵三十餘
紿曰乞明旦來降于此杲夜半出納合鈍
恩蒲察婁室侵諸甲拔剌隣往迎之冀王霞末兵圍阿里
出等遂擾坂去剅降北安州希尹獲遼護習泯
役納合鈍功為多宗翰降末兵追殺至暮而還是
烈言遼主在鴛鴦濼敗獵可襲取之宗翰移書于杲請進
兵使者再往曰一失機會事難圖矣杲意尚未決宗翰勸

杲當從宗翰兼杲乃約宗翰會奚王嶺既會奚王嶺始定議杲出
青嶺宗翰出飄嶺期羊城濼會軍時遼主在草濼使宗翰
與宗翰率精兵六千襲之遼主西走其都統馬哥趣撻里
撻懶遼撻懶以兵一千往擊之撻懶已降復請益兵于都統杲
而獲遼樞密使得撻里底父子西京已降復取西京杲使招之不
從遂攻之留守蕭察剌蹄城降四月復取西京杲率大軍
晉國王耶律捏里自立于燕京山西諸城雖降於杲人心未
固杲遣宗望分遣諸將招撫未降州郡及諸部族於是遼嘉
趨白水濼分遣諸將皆降耶律佛頂亦降于捏金蕭西平
所屬諸部西至夏境皆降耶律捏里後以書來其略曰
二郡漢軍四千叛去坦與阿沙兀野撻不野簡料新降丁
壯迫夜襲之詰旦戰于河上大敗其眾皆委仗就擒耶律
捏里移書于杲請和杲復書責以不先稟命上國報輈大
號若能自歸當以燕京留守兵之捏里後以書來其略曰
昨即位時在兩國絕聘交兵之際冀王與文武百官同心
推戴何暇請命今諸軍已集懍欲加兵未能束手待斃也
昔我先世未嘗殘害大金人民寵以位號曰益強大今志
此施欲絕我宗祀柰義何如為懍家惠領則感戴恩德何
有窮已杲復書曰問下向為元帥摠統諸軍任非不重竟
無尺寸之功欲援一城以抗國共不亦難乎所任用者前

既不能死國今誰肯爲閣下用者而去主屬臣死欲悖此
以成功計亦睐矣幕府奉詔歸者官之遙者討之若執迷
不從期于珍滅而後已捏里乃遣使請于太祖賜捏里詔
曰汝之近屬居將相不能與國存亡乃竄擾孤城僭
稱大號者不降附將有後悔六月上餕行遼主令定何在何計可
以取之其具以聞景使馬和尚奉迎太祖于捷魯河幹魯
妻室敗夏將李良輔景希尹等奏捷日請徙西南
拓討司諸部于內地希尹等見上于大濼西南伐燕京次
上至鴛鴦濼果上謁上退遼主至回離畛川南伐燕京次

奉聖州詔曰今諸訴訟書付都統杲決遣若有大疑即
今聞奏太祖宁燕京還次勃濼以宗幹爲都統杲從上
還京師太宗即位杲爲諳班勃極烈與宗幹俱治國政天
會三年代宋杲領都杲爲諳班勃極烈望公道進兵四
年再代宋宗杲獲宋二主以歸天會八年薨皇統三年追
越國王天德二年配享太祖廟庚正隆例封遼王大定十
五年諡曰智烈子亭吉
宗義本名字吉斜也之第九子天德間爲平章政事海陵
已殺太宗子孫宗斜也諸子咸強欲盡除宗室勳舊大
臣是時左副元帥撒离喝在汴京與撻不野有隙撻不野

女爲海陵妃海陵陰使撻不野圖殺撒离喝於是都元帥府
今史遙設迎合風指詐爲家書寄宗安
誤遺宮外遙設因拾得之以上變其書契丹小字其封宗安
已開其中白帝一幅有白字隱約狀若經水浸致字畫可
讀者上有撒离喝手署及其王印書論我教汝阿渾波安樂否
早晚到闕下前者走馬來時嘗議論我教汝阿渾波安樂否
里野阿渾等慮觀事執再通往來緩急圖謀知汝已嘗備
細言之謀里野阿渾所言睺是只殺撻不野則南路無憂
慮矣詳略互見撒离喝唱傳中女直謂子阿渾前阿渾謂撒
离喝子其子宗安後阿渾平章指宗義本宗室子猶
有舊稱以是殺宗義謀里野并殺宗安及太祖妃蕭氏任
王隈唱及魏王幹帶孫活里甲遙設詐書無活里甲海陵
見其坦率善備飾惡之大臣以無罪爲請海陵曰第殺之
無復言也殺斜也子孫百餘人謀里野子孫二十餘人謀
里野景祖嫡孫斜也有幼子阿虎里使者不忍見其面撻不
野女海陵妃大氏女兒將殺阿虎里及去被再縊之海陵遺使敕
其死遂得免後封爲王襲世千戶大定初追復宗義官
爵贈特進弟蒲馬宁論出阿魯限唱並贈龍虎衛上將軍
宗幹本名幹本太祖庶長子太祖伐遼遼人來禦遇于境

上使宗幹卒衆先往填壍墅士卒畢度渤海軍馳突而前左
翼七謀克必卻遞犯中軍杲輒出戰太祖曰遇大敵不可
易也使宗幹止杲前控止導出騎拓之馬杲
乃還遼魯古城之戰宗幹以中軍為羽翼太祖既攻下黃
龍府即欲取春州宗幹以中軍為羽兵太祖既威
豪右少年與四方勇士及能言兵者皆隸軍中宗幹得降人
祖母攻春州休息士卒太祖以為然遼班師宗雄宗幹等
言春州遼主不守大懼即自將籍宗
下金山縣宗雄即以兵三千屬宗幹招集未降諸部宗幹
擇士人之材幹者以詔書諭之於是女固脾室四部及渤

海人皆降太祖克臨潢府至沃黑河宗幹諫曰地遠時暑
士罷馬乏若深入敵境糧餉不繼恐有後艱上從之逐班
師從都統杲取中京宗幹自比安州秥書于杲是時希尹
獲遼人知遼主在鴛鴦濼可襲取之杲不能決宗幹以為
至宗幹謂杲曰我軍勃極烈見事機再使來請彼必不
輕舉且彼已發兵不可中止請從其策再三言之杲乃
宗翰會英王嶺當時無宗幹杲終無進兵意既會軍于羊
城濼果使宗翰與宗翰以精兵六千襲遼至五院司遼主
已逃去與遼將取守忠戰于西京城東四十里守忠敗走
太宗即位宗幹為國論勃極烈與斜也同輔政天會三年

獲遼主于應州西余睹谷始議禮制度正官名定服色輿
庫序設選舉治曆明時皆自宗幹啓之四年官制行詔中
外十年熙宗為諳班勃極烈宗幹為國論左勃極烈熙宗
即位拜太傅與宗翰等並領三省事天眷二年進太師封
梁宋國王入朝不拜策杖上殿仍以杖賜之宗幹有足疾
詔設坐奏事無何監修國史皇統元年賜宗幹筆與上殿
制詔不名上幸燕京宗幹從有疾上親臨問自燕京還至
野狐嶺宗幹疾亟不行上親臨問語及軍國事上悲泣不
已明日上及后同往視后親與宗幹饋食至暮而還因故
罪囚與宗襄疾居數日薨上哭之慟輟朝七日大臣死

輟朝自宗幹始上致祭是日康戌太史奏戌亥不宜哭以
不聽曰朕幼冲時太師有保傅之力安得不哭哭之慟
生日不舉樂上還上京幸其第視殯事及喪至上京上臨
哭之及葬臨視之海陵篡立追謚憲古弘道文昭武烈章
孝睿明皇帝廟號德宗以故第為興聖宮大定二年除去
廟號改謚明肅皇帝及海陵廢為庶人二十二年皇太子
兄恭穆奏略曰追惟熙宗世嫡統緒海陵無道弒帝自立崇
正昭穆削其煬王俾齒庶人之列瘞之閟隧不封不樹既
巳申大義而明至公矣海陵追崇其親逆配於廟今海陵
既廢為庶人而明肅猶竊帝尊之名列廟祧之數海陵大

逆正名定罪明肅亦當緣坐是時明肅已殂不與於亂臣

以謂當削去明肅帝號止從舊爵或從太母諸王有功例

加以官封中外俾知大義書奏世宗嘉納下尚書省

議於是追削明肅帝號封爲皇伯太師遼王謚忠烈妻子

諸孫皆從降明昌四年配享太祖廟庭子充其兗充襄亳亮

是爲海陵庶人

鄭王大定二十二年追降儀同三司左丞相子檀奴元奴

進封代王遷同判大宗正事九年拜右丞相是歲薨追封

大夫天眷間爲汴京留中皇統間封淄國公爲吏部尚書

充本名神土懣母李氏徒單氏以爲已子熙宗初加光祿

安忽降河謀克海陵弑徒單氏以充嘗爲徒單養子因弁

檀奴爲歸德軍節度使阿里白自遠大將軍和魚易土猛

殺檀奴及阿里白元奴耶補兒逃歸于世宗檀奴爲宗

大夫阿里白輔國上將軍後爲同知濟南尹事

正丞耶補兒輔爲鎮國上將軍詔有司改葬世宗時元奴贈榮祿

永元字惇禮本名元奴幼聰敏日誦千言皇統元年試宗

室子作詩求元中格善乞氏春秋通其大義天德初授百

女山世龍謀克海陵代宋已渡淮軍士多亡歸而契丹叛

由是趨宗室益甚已殺求元弟檀奴阿里白求元與弟耶

耶補兒阿里白

蠱獄訟啓亂賦役求元剔其宿姦百姓安之坐賣馬與驛

人取贏利及濬州防禦使牽論坐縱奪軍踐民田俱解職

項之求元起爲保大軍節度使應脇義絳陽震武軍遷濟

南尹北京副留中寧國家婢醜底與咸平人化胡有姦醜

底於主印廄給取印署空紙與化胡遂寫作求元寧國生

日時辰誣告求元寧國謀逆詔有司鞫問乃醜底意望爲

良使化胡爲之上曰化胡與醜底有姦造作惡言誣害宗

室化胡斬醜底廢死改與中尹爲彰德軍節度使卒官宗

五十一卒過中都遺使致祭賻銀三百兩絹十端絹百四

求元歷典大藩多知民間利害所至稱治相棣順義政迹

尤著其民並為立祠

死本名梧桐皇統七年為左副點檢轉都點檢九年為會
寧牧改左宣徽使海陵篡立死使宋還拜司徒無都元帥
領三省事進拜太尉及殺太祖妃蕭氏盡以其財產賜死
罷都元帥府立樞密院死為樞密使太尉領三省事如故
天德四年十二月晦薨明日貞元元旦海陵為死輟
朝不受賀宗夏高麗回鶻賀正旦使命有司受其貢獻追
進死王爵大定二十二年追降特進

年坐與奴有妾海陵殺之其弟南京兵馬副都指揮使習
泥烈私于族弟謀魯之妻屋謀魯之奴謀欲執習泥烈
習泥烈乃殺其奴海陵聞之遂殺習泥烈死子阿合大定
中為符寶祇候俄遷同知定武軍節度使上曰汝藏秩未
滿朕念乃祖乃父為波遷官勿為不善當盡心學之
襄本名永慶海陵母弟為輔國上將軍卒天德二年追封
衛王再贈司徒大定二十二年追降銀青光祿大夫子和
尚封應國公賜名樂善左宣徽使許霖之子知彰與和尚
闕爭其母妃命家奴捽入凌辱之使人曳霖至第毆之
明日霖訴于朝詔大興尹蕭玉左丞弼權御史大夫張
忠輔左司貞外郎王全雜治妃杖一百殺其家奴為首者
餘決杖有差霖嘗跪于妃前失大臣體及所訴有妄告二

十大定閒家奴小僧月一妾言和尚孰寢之次有異徵裹
妃僧酷以為信然召日者李端卜之端云當為天子司天
張支直亦云當大貴家奴李添壽上變僧酷和尚下吏驗
問有狀皆伏誅上曰朕嘗痛海陵翦滅宗族今和尚所為
如此欲貸其罪則妖妄誤惑民者便以為真不可不滅
朕於此子蓋不得已也傷閔者父之

哀本名蒲甲亦作蒲家築鷲強悍海陵不喜其為人初為
輔國上將軍天德初加特進封王為吏部尚書判大宗正
事坐語禁中起居狀兵部侍郎蕭恭首問護衛張九具言
之海陵親問恭奮官解職張九對不以實特置死袞與翰
林學士承旨宗秀護衛麻吉小底王之章皆決杖有差海

陵自是愈忌之末幾樓猛安及遷中都道中以蒲家為西
京留守西京兵馬完顏謀誤盧尼與蒲家為西
相往來蒲家嘗以王帶道之蒲家有舊同在西京遂
遲敬德編修官圓福奴之妻與蒲家稱姻戚圓福奴嘗戒蒲
家曰大王名太彰著宜少謙晦蒲家心知海陵恩之嘗名
日者閒休各家奴喝里知海陵疑蒲家乃上變告之言與
譖盧尼等謀反召日者閒天命御史大夫高楨刑部侍
郎耶律慎漬呂就西京鞫之無狀海陵怒使使往械蒲
家等至中都不復究問斬之于市譖盧尼圓福奴并日者

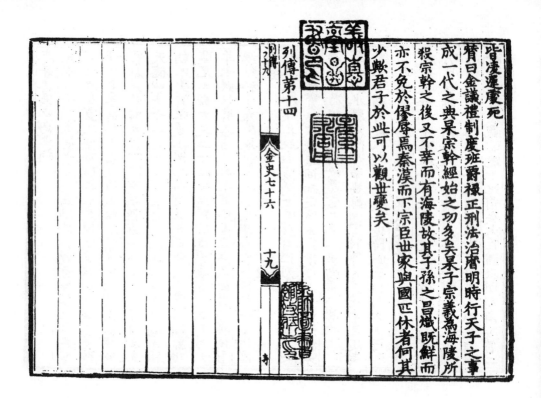

背凌遲處死

贊曰金議禮制度班爵祿正刑法治歷明時行天子之事
成一代之典昊宗幹經始之切多矣昊子宗義為海陵所
殺宗幹之後又不幸而有海陵故其子孫之昌熾既鮮而
亦不免於僇辱焉秦漢而下宗臣世家與國匹休者何其
少歟君子於此可以觀世變矣

勅修

開府儀同三司監修國史都督中外諸軍事領中書省臣脫脫奉　勅修

宗弼　本名兀术　本名斡啜　　　　張邦昌

劉豫　　撻懶

宗弼本名兀术亦作斡出或作晃斡出太祖
四子也希尹獲遼護衛習泥烈問知遼帝獵鴛鴦濼都統
果出青鎮宗望宗弼率百騎與馬和尚逐越盧李古野里
斬等馳擊敗之宗弼矢盡遂奪遼兵士槍獨殺八人生獲
五人遂審得遼主在鴛鴦濼獵尚未去可襲取者及宗

望代宋宗弼從軍取湯陰縣降其卒三十八至御河宋人
已焚橋不得渡合魯索以七十騎涉之殺宋焚橋軍五百
人宗望遣吳孝民先入汴諭宋人宗弼以三千騎薄汴城
宋上皇出奔選百騎追之弗及獲馬三千而還宗望宗
輔為右副元帥徇淄青宗弼敗宋鄭宗孟數萬眾遂克
軍還過敵三萬眾于臨胸大破黃瓊軍殺萬餘人詔伐宋
青州復破賊將趙成于河上宗弼攻開德府糧之轉攻濮州前鋒烏
林荅泰欲破王善二十萬眾宗弼攻開德府糧之轉攻濮州前鋒烏
康王宗輔發河北宗弼攻開德府糧之轉攻濮州前鋒烏
德府宗弼以其軍先登奮擊破之攻大名府宗弼軍復先

（欄外：列傳十五　四百二　金史七十七　一　陳仁甫）

登破其城河北平宋主自揚州奔于江南宗弼等分道代
之進兵歸德城中有自西門北門出者當海復敗之乃絕
陸築道列礮隍上將攻之城中人懼遂降元率官屬出降進
渾至壽春宗弼軍繼之宋安撫使馬世元率官屬出降
降盧州再降樂巢縣王善軍當海等破鄗德萬餘眾杜
遂自和州渡江至江寧西二十里宋杜充率步騎六萬
來拒戰鶻盧補海迪虎大臭合擊破之宋邦光以江
寧府降留長安奴斡里也守江寧使阿魯補斡里也別將
兵徇地下太平州溧州及句容縣沂江而西屢敗
張求等兵杜充遂降宗弼自江寧取廣德軍路追襲宋主
以精兵四千襲之訛魯補術虎高杭州取之宋主
聞杭州不守遂自越奔明州宗弼留杭州使阿魯補斡里
塘江宗弼至杭州官守巨室皆逃去遂攻杭州取之宋主
里大破宋兵追至湖州取之先使阿里蒲盧渾趨杭州具舟于鎮
軍阿里蒲盧渾破宋兵三千遂渡曹娥江去明州二十五
海宗弼中分麾下兵會攻明州克之阿里蒲盧渾將自溫
昌國縣執宋明州守趙伯諤伯諤言宋主奔溫州將自溫
州趨福州宗遂行海追三百餘里不及阿里蒲盧渾乃還
宗弼還自杭州遂取秀州赤蓋渾敗宋軍于平江遂取平

（欄外：列傳四十八　金史七十七　二　陳仁）

江阿里率兵先趨鎮江宋韓世忠以舟師扼江口宗弼舟
小棄舟漢軍没者二百餘人遂自鎮江沂流西上世忠襲
之奪世忠大舟十艘於是宗弼循南岸世忠循北岸且戰
且行世忠艦艟大艦數倍宗弼軍出宗弼軍前後數里擊
拼之聲自夜達旦世忠以輕舟來挑戰一日數接將至黃
天蕩宗弼乃因老鸛河故道開三十里通秦淮一日一夜
渡江而北宗弼軍渡自東移剌古自天長趨江寧撻
渡江宗弼分舟師絕江流上下將左右掩擊之世忠舟皆張
別傳
五綱宗弼選善射者乘輕舟以火箭射世忠舟上五綱五
綱著火箭皆自焚煙燄滿江世忠不能軍追比七十里舟
軍殲馬世忠僅能自免宗弼渡江北還遂從宗輔定陝西
與張浚戰于富平宗弼陷重圍中韓常流矢中目怒拔
其矢血淋漓以土塞劍躍馬奮呼搏戰遂解圍與宗弼俱
出旣敗張浚軍于富平遂與阿盧補招降熙河涇原兩路
及攻吳玠于和尚原抵險不可進乃退軍伏兵起且戰且
走行三十里至平地宋軍陣于山口宗弼大敗將士多
戰没明年復攻和尚原克之天會十五年爲右副元帥封
潘王天眷元年撻懶宗磐執議以河南之地割賜宋詔遣

三
四四八
徐宋

張通古等奉使江南明年宋主遣端明殿學士韓肖胄奉
表謝遣王倫等乞歸父喪及奏韋氏兄弟宗弼自軍中入
朝進拜都元帥宗弼察撻懶與宋人交通賂遺遂以河南
陝西與宋奏請連撻懶復舊疆是時宗磐已誅撻懶在行
臺復與勗謀及會置行臺於燕京詔宗弼爲太保領行
臺省書省都元帥如故往燕京誅撻懶自燕京南走
將亡入于宋追至祁州殺之詔諸州郡軍旅之事決于帥
府民訟錢穀行臺尚書省治之宗弼兼其事遂議南伐
太師宗幹以下皆曰搆蒙再造之恩不思報德妄自驕張
祈求無厭令若不取後恐難圖上曰彼將謂我不能奮有
河南之地且都元帥父在方面深究利害宜即舉兵討之
遂命元帥府復河南疆土詔中外宗弼由黎陽趨汴右監
軍撒離喝出河中趨陝西宋岳飛韓世忠分據河南州郡
要害復出兵涉河東駐嵐石保德之境以相牽制宗弼遣
孔彥舟下汴鄭兩州王伯龍取陳州李成取洛陽自率衆
取亳州及順昌府葛浚等州相次皆下時宗弼還軍于
汴岳飛等軍皆退去河南平時天眷三年也上幸燕京
宗弼以下將士凡有功軍士三千並加忠勇校尉攻嵐石
保德皆克之宗弼入朝是時上幸燕京宗弼見於行在所
居再旬宗弼還軍上起立酌酒飲之賜以甲胄弓矢及馬

晉四八
四

二匹宗弼巳啟行四日召還至日希尹誅越五日宗弼還
軍進伐淮南克廬州上幸燕京宗弼朝燕京宗弼上
從之制詔都元帥宗弼比還軍與宰臣同入奏事俄為尚
書㐲丞相兼侍中大保都元帥領行臺如故詔以燕京路
隸尚書省西京及山後諸部族隸元帥府乃還軍遂伐江
南既渡淮以書責讓宋人荅書乞加寬宥宗弼令宋
主遣信臣來稟議宋主乞先妼兵許弊邑拜表闕下宗弼
以便宜約以畫淮水為界上遣護衛將軍撒离往軍中勞
之三年二月宗弼朝京師兼監修國史宋主遣端明殿學
士何鑄等進誓表其表曰臣構言今來畫疆合以淮水中

流為界西有唐鄧州割屬上國自鄧州西四十里并南四
十里為界屬鄧州其四十里外並西南盡屬光化軍為弊
邑沿邊州城既蒙恩造許備藩方世世子孫謹守臣節每
年皇帝生辰并正旦遣使稱賀不絕歲貢銀絹二十五萬
兩匹自壬戌年為首每春季差人般送至泗州交納有渝
此盟明神是殛隆命亡氏踣其國家臣亡旣進拜表伏望
上國蚤降誓詔庶使弊邑永有憑焉宗弼進拜太傅遜道
左宣徽使劉筈著使宋以袞冕圭寶珮璲玉冊冊康王為宋
帝其冊文曰皇帝若曰咨爾宋康王趙構不昊天降喪于
爾邦亟潰春盟自貽顛覆俾爾越在江表用勤我師旅蓋

十有八年于茲朕用震悼斯民其何罪今天其悔禍誕誘
爾衷封爾狃至顧身列于藩輔今遣光祿大夫左宣徽使
劉筈等持節冊命爾為帝國號宋世服臣職永為屏翰嗚
呼欽哉其恭聽朕命仍詔天下賜宗弼人口牛馬各千駝
百半萬仍每歲宋國進貢內給銀絹二千四百宗弼表乞
致仕不許優詔荅之賜以金券皇統三年賜宗弼三省
事都元帥領行臺尚書省事如故皇統八年薨大定十五
年諡忠烈十八年配享太宗廟廷子亨迪
德初加特進海陵忌太宗諸子將謂太廟以享為右衛將

軍語在太宗諸王傳海陵賜良弓身性直村勇絕人喜自
負辭曰所賜弓弱不可用海陵遂忌之出為真定尹謂亨
曰太宗諸子方強多在河朔山東真定京留守家奴果有
變欲倚卿為重其實忌亨也歷中京東京留守家奴梁有
告亨與衛士符公弼謀反考驗無狀遂坐誅海陵益疑
之改廣寧尹再仕李老僧使伺察亨動靜且令搆其罪狀
魯曰李迭雖稍下還勿以為嫌國家視京府一也況李迭
亨初除廣寧諸公主宗婦往賀其毋徒單氏太祖長女妾
年富曰亨諸惠不貴顯平是時兀魯與徒單斜也為室斜也妻
忽撻得幸於徒單后忽撻詣后告兀魯語涉怨望且指斥

（上）

又言字迷當大貴海陵使蕭裕鞫之左驗皆不敢言遂殺
兀魯而杖斜也免其官以兀魯里斜也不先奏關故也
乃封忽撻為莘國夫人父之家奴六斤頗黠給使總諸
奴老僧謂六斤曰爾渤海大族不幸坐累為奴寧不念之
殺此奴六斤聞之懼密與老僧謀告言謀逆者有良馬將
良乎六斤識其意六斤嘗與言侍妾私通言知之怒曰必
因海陵生辰進之以謂生辰進焉者眾不能以良馬自異
欲他日入見進之六斤嘗言笑海陵不識焉不足進焉之
奴有自京師來者具言徒單阿里出虎誅死言曰彼有貸
死普券安得誅之奴曰必欲殺之誓券安足用哉言曰然

則將又我矣六斤即以為怨望遂誣言欲因間刺海陵老
僧即捕繫言以聞工部尚書耶律安禮大理正忒里等鞫
之言嘗言論鐵券事實無反心而六斤亦自引伏與妾私
通言嘗言欲殺之狀安禮等還奏海陵怒復遣與老僧同
鞫之與其家奴並加搒掠皆不伏老僧夜至言囚所使人
蹴其陰間殺之言比至死不勝楚痛聲達於外海陵聞言
死併為江下遣人諭其母曰爾子所犯法當考掠惡皆如
水致死耳輒擊言為天下第一常獨當數人馬無良惡皆不
意馬方馳輒投杖馬前側身附地取杖而去每畋獵持鐵
連鎚擊狐兔一日與海陵同行道中遇群豕言曰吾能以

（下）

彌一人非虛言也
張邦昌宋史有傳天會五年宗望軍圍汴宋少帝請三
鎮地又輸歲幣納質修好於是邦昌為宋太宰與蕭王樞
俱為質以來而少帝以書誘耶律余睹宗翰宗望復伐宋
執二帝以歸劉彥宗乞復立趙氏太宗不許宋吏部尚書
王時雍等請邦昌治國事天會五年三月立邦昌為大楚
皇帝初少帝尊號再舉兵冊王璋易之康
王乃歸及宗望請和康王復使康王奉王冊王璋襄覺
增上太宗尊號請和康王至磁州而宗望已自魏縣渡河
國汴矣及二帝出汴州從大軍北來而邦昌至汴康王入
于歸德邦昌勸進于歸德康王已即位罷以隱事殺之邦
昌死太宗聞之大怒詔元帥府伐宋宋主走揚州事具宗

翰等傳其後太宗復立劉豫繼邦昌號大齊

劉豫字彦游景州阜城人也宣和末仕為河北西路提刑

從浙西抵儀真喪妻翟氏繼值父憂康王至揚州樞密使

張愨薦知濟南府是時山東盜賊滿野豫欲得江南一郡

宰相不與怏怏而去撻殺關勝遂為京東西淮南安撫

使知東平府兼諸路馬步軍都總管節制河外諸軍以豫

子麟知濟南府撻懶屯兵衝要以鎮撫之初康王既殺張

邦昌自歸德奔揚州詔左右副元帥合兵討之詔曰侯宋

平當授立藩輔以鎮南服如張邦昌者又宋主自明州入

海亡去宗弼比還乃議更立其人衆議折可求劉豫皆可

立而豫亦有心撻懶為豫求封太宗用封張邦昌故事以

九月朔旦授豫策之後以藩王禮見使者臣宗

輔議既策為藩輔稱臣奉表朝廷報諭詔命避正位與使

人抗禮餘禮並從帝者詔曰今立豫為子皇帝既為鄰國

之君又為大朝之子其見大朝使介惟使者始見躬問起

居與面辭有表則立其餘並行皇帝禮天會八年九月戊

以下官敕冊命立豫為大齊皇帝都大名仍號北京置丞相

申備禮冊命以復自大名還居東平以東平為東京汴州

為汴京敕宋南京為歸德府降淮寧永昌順昌與仁府俱

為州張孝純等為宰相弟益為北京留守母翟氏為皇太

后妻錢氏為皇后宣和內人也辛亥年為阜昌元

年以其子麟為尚書在丞相諸路兵馬大總管宋人畏之

待以敵國禮國書稱大齊皇帝豫從張邦昌所受封略故也元

帥府使蕭慶如汴與豫議以代宋軍豫報曰宋主軍帥韓

世忠屯潤州劉光世屯江寧今舉大兵豫欲往來石渡江而

宗定陝西太宗以其地賜豫仍以其人加意撫之阜昌二年李

劉光世拒守江寧若出宿州抵揚州則世忠必聚海船截

瓜洲渡若輕兵直趨采石彼未有備我必徑渡江矣光世

海船亦在潤州韓世忠必先取之二將由此必不知以此

過宋主其可以也未幾宋主開門宣諭舍人徐文將佐至汴

豫與元帥府書曰徐文一行久在海中盡知江南利害文

言宋主在杭州其候潮門外錢塘江內有船二百雙宋主

初走入海時於此上船過鐵塘江別有河入越州向明州

船六十雙軍兵七百餘人來奔至密州界中率將佐至汴

過宋主亦可以也未幾宋主閤門宣贊舍人徐文將至大小

廬今大軍可先往昌國縣攻取船糧還趨明州城下奪取

定海口迤邐前去昌國縣其縣在海中宋人聚船積糧之

宋主御船直抵鐵塘江口今自密州上船如風勢順可五

日夜到昌國縣或風勢稍慢十日或半月可至初宗弼自

江南北還宗翰將入朝再議以伐宋事宗翰堅執以為可
伐宗弼曰江南甲濕今士馬困備糧儲未豐足無成功
宗翰曰都監偷安爾及豫以書報而審宗亦不肯用豫
策使撻懶師師偷安爾及豫以書報而審宗亦不肯用
朝軍民相訴關涉文移署年止用天會十四年制詔廢
齊國降封豫為蜀王豫稱大號尼八年於是置行臺尚書
省於汴除去豫政人情大悅以故齊宰相張孝純權行
臺左丞相遂選豫家屬於臨潢府皇統元年賜豫錢一萬
貫田五十頃牛五十頭三年進封曹王皇統三年甍子麟
麟字元瑞豫之子也宋宣和間父廕補將仕郎累加承務

郎天會巳年以濟南降麟因從軍討水賊王江破降之
豫節制東平以麟知濟南府事齊國建以濟南為興平軍
麟為節度使開府儀同三司梁國公充諸路兵馬大總管
判濟南府事明年為齊尚書左丞相明年從豫遷汴罷判
濟南依前開府聽置參謀豫請立麟為太子朝廷不許曰
若與我伐宋有功則立之於是麟連歲蒙帥以南伐之期俾豫先遣兵駐淮上
而還及朝廷議廢齊報以南伐之期俾豫先遣兵駐淮上
撻懶以軍廢豫止刀馬河因執麟豫廢麟遷臨潢頃之授
從騎南岸獨召麟渡河因執麟豫廢麟遷臨潢頃之授
京路都轉運使廢中京燕京路都轉運使參知政事尚

左丞後為興平軍節度使上京路轉運使開府儀同三司
封韓國公甍年六十四正隆間降二品以上官封改贈特
進息國公

昌本名撻懶穆宗子宗翰襲遼主千篤為濼遼都統馬哥
奔撻里撻懶收其群牧宗翰使撻懶追擊之不及獲遼樞
密使攜得里底及其子磨哥那野以還太祖自將襲遼主于
大魚濼留輜重于草濼使撻懶使六路軍師自松亭關入內地上
不能安輯其眾遂以撻懶為奚六路軍帥自松亭關入內地上
盧火護送遷常勝軍及燕京豪族工匠軍師自松亭權入內地
戒之曰若遇險阨則分兵以往賃古廼婆盧火廼合於撻
懶父之討劫山速古部奚人奚人據險戰殺且盡速古廼
里鐵尼十三嚴皆平之詔曰朕以奚路險阨經略為難命
汝往任其事而用嘉歎今回離保部族來附
餘眾奔潰無能為已比命習古廼婆盧火護送降人若遇
險阨即分兵以往賃古廼婆盧火護送降人若遇汝合降詔二十招諭未降汝
當審度其事從宜處之其後撫定奚部及分南路過界表
請設官鎮守上曰依東京渤海列置千戶謀克遼外戚遇
肇昭古牙部族在建州斜野襲走之獲其妻孥及官豪之
族撻懶降擊之擒其隊將曾燦白撒葛殺之降民戶千
餘進降金源縣詔增賜銀牌十又降道蓄二部再破興中

兵降建州官屬得山砦二十村堡五百八十阿怨復敗照
古牙降其官民尤多昭古牙辭威亦降與中建州皆平詔
第將士功賞以撻懶新民撻懶請以過章九營為九猛安上
之尊鄉命撻懶擇人授之及昭古牙仍為親管宗軍蕭公碩為興
中尹郡府各以契丹漢官撫治上皆從之及宗翰乃伐
京八月復伐宋閏月宗翰宗望已受宋盟軍還至汴州遂克拱州降寧
宋撻懶為六部路都統宗望已受宋盟軍還撻懶乃歸
宋兵二萬於杷覆其三營獲京東路都總管胡直孺及
其二子與南路都統制隨師元及其三將遂克拱州降寧
破宋兵萬於杷覆其三營獲京東路都總管胡直孺及
陵破雎陽下亳州宋兵來復雎陽又擊走之擒其將石璡
宋二帝已降大軍還撻懶取元帥左監軍徇地山東取
密州迪虎取單州撻懶取鉅鹿阿里刮取宗城迪古不取
清平臨清蒙刮取趙州阿里刮徇下濮滑恩及高唐分遣
諸將趣清德信磁德皆降之劉豫以濟南府降詔以豫為安撫
使治東平撻懶以左監軍鎮撫之大事專決焉後豫為右副
元帥天會十五年為左副元帥封曹國王初宋人既誅張
邦昌太宗詔諸將復求如邦昌者立之或舉折可求以求右副
方舉劉豫豫立為帝號大齊豫為帝數年無尺寸功遂廢
豫為蜀王撻懶與右副元帥宗弼俱在河南宋使王倫來

河南陝西地于撻懶明年撻懶朝京師倡議以廢齊舊地
與宋熙宗命群臣議會東京留守宗雋來朝與撻懶合力
宗幹等爭之不能得宗雋為
私邪是時太宗長子宗磐為宰相位在宗幹上撻懶宗雋
附之竟親議以河南陝西地與宋張通古為詔諭江南使
狀宗磐宗雋皆伏誅詔以撻懶宗雋為丞相撻懶持兵謀反有
復與冀王鵑懶謀反而朝議漸知其初與宋交通而倡議
割河南陝西之地宗磐請復取河南陝西使
懶者熙宗乃下詔誅之撻懶自燕京南走追而殺之于祁
州并殺冀王及宗人活禹胡土撻懶二子幹帶烏達補而
敕其黨與宗弼為都元帥再定河南陝西伐宋渡淮宋康
王乞和遂稱臣畫淮為界乃罷兵
贊曰君臣之位如冠履定分不可頃刻易也五季亂極綱
常斁壞遠之太宗慢藝神器倒置冠履援立石晉以臣易
君宇宙以來之一大變也金人效尤而張邦昌劉豫之事

出爲邦昌雖非本心以死辭之軌曰不可豫乘時徼利金
人欲倚以爲功豈有是理哉撻懶初薦劉豫後以陝西河
南歸宋視猶儻來初無固志以處此也積其輕躁終陷逆
圖事敗南奔適足以實通宋之事亦哀哉

開府儀同三司上柱國錄國重事前中書右丞相兼　國史領經筵事都總裁臣　脫脫　奉

楙脩

劉彥宗

劉彥宗　劉尊　劉筈

劉仲誨　劉頠

韓企先　子鐸　時立愛

劉彥宗字伯詢大興宛平人遠祖悟唐盧龍節度使石晉
以幽薊入遼劉氏六世仕遼相繼為宰相父霄至中京留
守彥宗擢進士乙科天祚走天德秦晉國王耶律雅里自
立于撫擢彥宗留守判官蕭妃檔政遷簽書樞密院太
祖至居庸關蕭妃自古北口遁去都監高六送款于太祖
太祖奄至駐蹕城南彥宗與左企弓等奉表降太祖一見
器遇之俾復舊遷左僕射佩金牌張覺為南京留守太祖
聞覺有異志使彥宗斜鉢宣慰之太祖至燕燕樂不豫還
上京留宗翰都統軍事留彥宗佐之及張覺敗奔于宋衆
推張敦固為都統殺使者乘城拒守攻之不肯下彥宗
中書門下平章事知樞密院事加侍中佐宗望軍宗望奏
方圖攻取凡州縣之事委彥宗裁決之天會二年詔彥宗
曰中京等兩路先多拒命故遣使撫諭貰其官民之罪所
犯在降附前者勿論卿等選官與使者往諭之使勤于稼

積未幾大舉代宋彥宗畫十策詔彥宗兼領漢軍都統察
靖以燕山降詔彥宗凡燕京一品以下官皆承制注授遂
進兵伐宋至汴宋少帝割地納質師還宗望分將士屯安
蕭雄索靳廣信之境留宗翰彥宗于燕京節制諸軍明年再
伐宋巳圍汴京彥宗謂母弟宗望曰蕭何入關秋毫無犯
惟收圖籍之執入汴載車法服石經以歸皆令則也
二帥嘉納之執二京以歸天會六年薨年五十三追封兗
國公諡英敏子尊苦

王正隆二年例降封開府儀同三司大定十五年追封兗
尊彥宗次子也遼末以蔭補閤門祗候天輔七年授禮賓
使累官德州防禦使天德初稍加權用歷左右宣徽使拜
參知政事進尚書左丞為沁南軍都統制大定初除興中尹
正隆南伐為漢南道行營兵馬都統制歷臨洮太原尹
封任國公歷順天定武軍節度使濟南尹尊遙縱無行所
至貪墨狼籍廉使劾之詔遣大理少卿張九思就濟南鞫
問既就逮不測所以引刃自殺不死詔削官一階罷歸田
里卒子仲詢天德三年賜王彥潛牓及第
筈彥宗次子幼時以廕隸閤門不就去從學遼末調兵而
筈在選中遼兵敗左右多散七乃選苦為庸從授左承制
遼主西奔蕭妃檔政賜筈進士第授尚書左司員外郎嘗

班閣門矢輔七年太祖取燕箸從其父兄出降還尚書左
司郎中八年授殿中少監太祖崩宋夏遣使弔慰凡館見
禮儀皆箸詳定遷衛少卿授西上閣門使仍從事元帥
府元帥府以便宜從事凡約束廢置及四方號令多從箸
之畫焉天會二年遷太常少卿東上閣門使從宗翰伐宋
僉中書省樞密院事丁父憂起復樞密院
園太原遷衛尉卿權簽宣徽院事四年授左諫議大夫秋
食加給事中七年為禮部侍郎十年改彰信軍節度使權
簽中書省樞密院事天眷二年改左宣徽使熙宗幸燕法
獨儀仗箸討論者為多皇統元年充江南封冊使假中書

侍郎既至臨安而宋人膀其居曰行官箸曰未受命而名
行官非也請去膀而後行禮宋人驚服其有識欲厚賄說
之奉金珠三十餘萬而箸不之顧皆歎曰大國有人焉五
年為行臺高書右丞相兼判左宣徽使事留京師或請釐
革河南官吏之濫雜者箸曰廢齊用兵江表求一切紛更
其所用人不必皆以章程故有不由科目而為大吏不試
弓馬而握兵柄者今撫定未久姑收人心奈何為是紛更
也遽仍其籍七年帥府議於館陶築三城以為有警軍即
北軍入居之箸曰今天下一家孰為南北設或有警軍人
入城獨能安耶當嚴武備以察姦無示彼此之間也其後

竟從箸議初以河外三州賜夏人或言秦之在夏者數千
人皆願來歸諸將請約之箸曰三小州不足為輕重恐失
朝廷大信且秦人之在蜀者倍多於此何獨搶彼而取此
子遂從箸議陝西邊帥請完泑城郭以備南寇箸曰我
可妄動遂罷之九年八月拜司空之則勞民而結怨況盟已定豈
利車騎而不利城守今城守之則勞民而結怨況盟已定豈
國公行臺右丞相如故天德元年封滕王二年拜尚書右
丞相兼中書令乞致仕箸自為宣徽使以能得悼后
守進封曹王居數月乞致仕詔不
意致位宰相海陵即位意頗鄙之及箸求致仕詔曰不
為暗於臨事不為謟於事君未許箸歸姑從解職箸因慚
懼而死年五十八子仲誨
仲誨字子忠皇統初以宰相子授忠勇校尉九年賜進士
第除應奉翰林文字海陵嚴暴臣下應對多失次嘗以時
政訪問在朝官仲誨敷奏無懼色海陵稱賞之貞元
初丁父憂起復翰林修撰大定二年遷待制尋兼修起居
注左補闕三年詔仲誨與左司貟外郎蒲察蒲速越廉問
所過州縣仲誨等逮奏狀詔玊田縣令李方進一階順州
知法權密雲縣事王宗永權密雲縣尉順州司候張璵密
雲縣尉石抹烏者皆免去丁母憂起復太子右諭德遷翰

林直學士改棣州防禦使獻次縣捕得強盜數十人詣州
欲以全獲希賞仲誨競其有寃緩其有獄同僚曰縣境多盜
請寘之法以懲其餘仲誨乃擇老釋者先釋之未幾乃獲
真盜入為禮部侍郎兼左諭德還太子詹事兼左諫議大
夫上曰東宮屬蜀當選用正人如行掄不修及不稱位
者具以名聞又曰東宮講書或論議閒當以孝倫德行正
身之事告之頃之東宮請增牧父及張設用上謂仲誨
曰太子生於富貴母教之恭倫服御未嘗妄有增益卿
以此意諭之改御史中丞十四年為宋國歲元使宋主欲
愛親起接書之儀道館伴王抃來議曲辨強說欲以必
從仲誨曰使臣奉命遠來修好固欲成禮而信約所載非
使臣輒敢變更公等宋國腹心母僥倖一時失大國歡性
復再三竟用補儀親起接書成禮而還復為太子詹事遷
吏部尚書轉太子少師兼御史中丞坐失糾舉大長公主
事與侍御史李瑜各削一階仲誨前後為東宮官且十五
年多進規戒顯宗特加禮敬大定十九年卒仲誨立朝峻
整容色莊重世宗嘗曰朕見劉仲誨若將切諫者其以
剛嚴見知如此
頵字元姐以大臣子孫充閤門祗候調莘縣令召為承奉
班都知遷西上閤門副使兼宮苑令累遷西上東上閤門

使泰和二年宋肝胎軍報明年賀正旦使魯誼楊明輝及
過界副使乃王慶父入見魯誼殿上不雙跪詔頵就閤諮
問先報名銜楊明輝不復報改王慶父之故及不雙跪者
頵宣對拜時並雙跪者有足疾似單跪者初南苑有唐舊碑
書貞元十年御史大夫劉怦葬上見之曰苑中不宜有事
頵家本悻後詔賜頵錢三百貫改葬之三遷右宣徽使貞
祐二年轉左宣徽使明年致仕還一官上曰卿舊人也今
朝廷多故且去位頃之起自東宮卒後思慮不周俊稍寧息
即以上郡震卿之起為開封府四年正月元日撝左
宣命撝使再請老未半歲後起為御史中丞詔安撫河南路
捕盜賊坐與保靜軍節慶使畝解職起為太子詹事事遷
太子少師詹事院欲關廣東宮周墻頵請於皇太子曰師
旅饑饉之際何為與此役遂止尋卒
時立愛字昌壽涿州新城人父承謙以財雄鄉里歲飢發
倉廩賑貧之假貸者與之折券遼太原九年中進士第調
泰州幕官丁父憂服除調同知春州事未逾年遷雲內縣
令再除文德令樞密院選為吏房副都承旨轉都承旨
時御史中丞剛正敢言忤權貴除燕京副留守丁母憂起
復舊職遷遼興軍節度使宣撫使襄漢軍都統太祖已定燕京訪
求得平州人韓詢持詔招諭平州是時奚王回离保在盧

龍嶺立愛未敢即朝見先使人來送款曰民情愚執不即
順從顧貪賞恩以慰反側詔曰朕親巡西土底定全燕號
令所加籓職諸城邑皆下愛款特示優恩應在彼大小官員
可皆充籓職諸囚禁配隸並從釋免於是遼帝尚在天德
平州雖降愛心未固奚王回離保軍所在保聚薊州已降
復叛民間流言謂金人所下城邑始則存撫後則俘掠時
立愛雖開諭而不肯信乃上表乞下明詔遣官分行郡邑
宣諭德義他日兵臨于宋順則撫之逆則討之兵不勞而
天下定矣上覽表嘉之詔答曰卿始率吏民歸附得復條約
審恭合朕意嘉歎不忘山西部族緣遼主未獲恐陰相連

結故邊廣于嶺東西京人民既無異望皆按堵如故或有
將卒貪悍冒犯紀律輒掠降人者已諭諸部及軍帥約束
兵士秋豪有犯必無赦今遣斡羅阿里等為鄉邑副貳以
撫斯民其告諭所部使知朕意其後以平州為南京東以
覺為留守時立愛遂去平州而張覺遂因燕京人立愛
衆怨望叛入于宋立愛既去平州歸鄉里太祖以燕
薊與宋新城入于宋宋累詔立愛見宋政日壞不肯
起戒其子姪數人立愛詣幕府上
謁拜同中書門下平章事任其子再取燕山立愛從宗望軍
數年謀畫居多封陳國公表求解機務不從九年為侍中

知樞密院事久之加中書令　天會十五年致仕加開府儀
同三司鄭國公薨于家年八十二賻贈錢布繒帛有差詔
同簽書樞密院事趙慶襲護喪事輦用皆居官給之

韓企先燕京人九世祖知古仕遼為中書令徙居柳城世
貴顯乾統間企先中進士第回翔不振都統杲定中京攫
樞密副都承旨稍遷轉運使宗翰為都統經略山西表署
西京留守天會六年劉彥宗薨企先代之同中書門下平
章事知樞密院事七年遷尚書左僕射兼侍中封楚國公

初太祖定燕京始用漢官宰相自用女直官號太宗初無樞
時立愛宗及企先輩官為宰相制度大抵如此爾也
宗幹當國勸太宗改女直舊制用漢官制度天會四年始
定官制立尚書省以下諸司府寺十二年以企先為尚書
右丞相召至上京入見太宗甚驚異曰朕時皆嘗夢見此人
今果見之於是方議禮制度損益舊章企先博通經史知
前代故事或因或革咸取折衷企先為相每欲為官擇人
專以培植獎勵後進為已責任推轂士類甄別人物一時
臺省多君子彌縫闕漏密謨顯諫必咨於王宗翰宗幹雅

歉重之世稱賢相焉皇統元年封濮王六年薨年六十五
正隆二年例降封齊國公大定八年配享太宗廟庭十年
司空李德固孫引慶求襲其祖猛安世宗曰德固無功其
猛安且關之漢人宰相上曰丞相韓企先最賢他不及也十一年
將圖功臣像于衍慶官惟韓企先本朝典章制度多
出斯人之手至於關決大政與大臣謀議不使外人知之
由是無人能知其功前後漢人宰相無能及者置功臣畫
像中亦足以示勸後人十五年諡簡懿

韓鐸字振文企先次子也皇統末以大臣子授武義將軍
興宗聞其有儒學賜進士第除宣徽判官再遷刑部員外
郎海陵遣中使諭之曰郎官高選也汝勳賢之子行已范
官能世其家故以命波茍能夙夜在公當不次擢用雖公
相可到鐸感奮懲或有羨擁經議獻海陵伐宋改兵部員
外郎大定初遷本部郎中累官河州防禦使求養親解去
召為左諫議大夫遷中都路都轉運使頃之上謂宰臣曰
韓鐸年高不任繁劇且其母老矣可與之便郡於是改順
天軍節慶使卒
贄曰太祖入燕始用遼南北面官僚制度是故劉彥宗時
立愛規為施設不見于朝廷之上軍旅之暇治官政龙民
事務農積穀內供京師外給轉餉此其功也韓企先入相

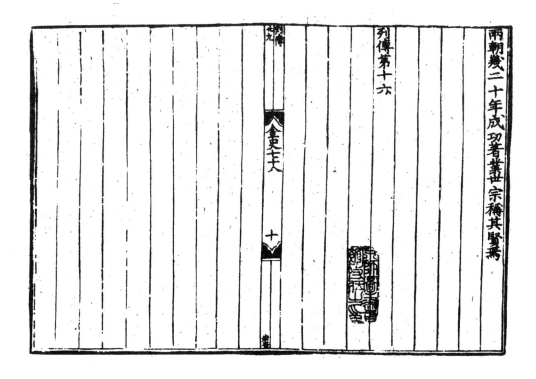

列傳第十六

儀同三司上柱國譚國公臣脫脫等奉敕修

列傳第十七

酈瓊
李成　孔彥舟
徐文　施宜生
張中孚
張中彥
宇文虛中
王倫

酈瓊字國寶相州臨漳人補州學生宋宣和間盜賊起瓊
括集義軍七百人復從澤澤署瓊為七百人長澤死而推
乃更學擊刺挽強試弓馬隸宗澤軍駐于磁州未幾召歸
渭州時宗望伐宋將渡河戍軍亂殺其統制趙世彥而推
瓊為主瓊因誘眾號為勤王行且收兵比渡淮有報萬餘
承宣使未幾率所領步騎十餘萬附于齊授靜難軍節度
使知拱州齊國廢以瓊為博州防禦使使用廉遷驟騎上將軍
康王以為楚州安撫使淮南東路弩手千戶知亳州事丁母憂
去官宗彌復河南以瓊為山東路弩手知亳州事丁母憂
計事從容語同列曰瓊嘗從大軍南伐每見元帥國王親
臨陣督戰矢石交集而王免冑指麾三軍意氣自若用兵
制勝皆與孫吳合可謂命世雄材矣至於親冒鋒鏑進不
避難將士視之執敢愛死乎宜其所向無前日闢國千里

也江南諸帥才能不及中人每當出兵必身居數百里外
謂之持重或督召軍旅易置將校僅以一介之士持虛文
諭之謂之調發制敵決勝委之偏裨是以智者解體愚者
喪師幸一小捷則露布飛馳增加俘級以為己功已為天幸何能振起
士縱或親臨戰陣亦必先適而又國政不綱纔有微功已加厚
賞或有大罪乃置而不誅不即覆亡已為天幸何能振
誰敢相拒者乃曰江南軍勢怯弱皆敗亡之餘又無良帥
耶衆以為確論元帥謂宗彌問瓊以江南成敗
何以禦我頗聞秦檜當國用事檜老儒所謂亡國之大夫
兢兢自守惟顛覆是懼吾以大軍臨之彼之君臣方且心
破膽裂將哀鳴不暇蓋傷弓之鳥可以虛弦下也既而江
南果稱臣宗彌喜瓊為知言初瓊去亳未幾宋兵陷之而
不守復棄去乃以州人宋超守之及大軍至超復以州事
委其鈐轄衛經而遁去帥使人招經經不下及城潰百
姓惶懼待命經曰城所不下者以吾堅劫之也民
何罪願慰安之元帥以瓊先嘗守亳因止戮經而釋其州
人復命瓊守亳凡六年亳人德之遷武寧軍節度使八年
為泰寧軍節度使九年遷歸德尹貞元年加金紫光祿
大夫卒于官年五十

李成字伯友雄州歸信人勇力絕倫能挽弓三百斤宋宣

和初試弓手挽強異等累官淮南招捉使成乃聚衆爲盜
鈔掠江南宋遣兵破之成遂歸齊累除知開德府從大軍
伐宋齊廢再除安武軍節度使成在降附諸將中最勇鷙
號令甚嚴衆莫敢犯臨陣身先諸將士卒未食不先食有
病者親視之不持兩具雖沾濕自如也有告成反者宗弼
察其誣使成自治成狀而釋之其不校如此以此士樂爲
南平宗弼奏成爲河南尹都管押本路兵馬嘗取官羡粟
飢成開門急擊大破之與走漢南成遂取洛陽嵩汝等河
孟津興平衆薄城鼓譟請戰成不應日下畢與士卒倦且
克公費坐奪兩官解職正隆間起爲真定尹封郡王例封

孔彥舟字巨濟相州林慮人亡賴不軍生產避罪之汴占
籍軍中坐車繫獄說守者解其縛乘夜踰城遁去已而殺
人亡命爲盜宋靖康初應募累官京東西路兵馬鈐轄閒
大軍至山東遂率所部刼殺居民燒廬舍掠財物渡河
南去宋人復招之以爲沿江招捉劉麟伐宋爲行軍都統
宋人將以兵執之彥舟走之齊從宗弼取河南克鄭州
改行營左總管齊國廢累知淄州從宗弼取河南克鄭州
擒其守劉政破孟邦傑於登封授鄭州防禦使討平太行

車轅嶺衆賊從征江南渡淮破孫暉兵萬餘人下安豐霍立
及攻濠州以彥舟爲先鋒順流薄城擒其水軍統制邵青
遂克濠州師還累官工兵部尚書河南尹封廣平郡王正
隆例降金紫光祿大夫改南京留守南京留守彥舟荒于色有禽獸
行妾生女姿麗彥舟苦虐其母使自陳非已女遂納爲妾
其官屬負官錢私其妻輒殺免之數千人人頗以此稱之然
皆殺之彥舟號令母輒殺與折券惟破濠州時諸軍凡係獲
自幼至老常在行伍事知鈍海陵欲以爲征南將
佐正隆五年除南京留守兵知朝臣有傳彥舟死者
而彥舟尚無恙海陵妄傳彥舟死者以激勵之無何

徐文字彥武萊州掖縣人徙膠水少時販鹽爲業往來瀕
海數州剛勇尚氣僑皆憚之宋季盜起募戰士爲密州
板橋左十將勇力過人揮巨刀重五十斤所向無前人呼
爲徐大刀後隸王龍圖麾下與夏人戰生擒一將補進武
校尉東還破群賊楊進等轉承信郎宋康王渡江召文爲
樞密院准備將擒茜傳及韓世績以功遷淮東浙西沿海
水軍都統制諸將忌其材勇是時李成孔彥舟皆歸齊宋
人亦疑文有此歸志大將聞皇與文有陳因而譖之宋使
統制朱師敏來襲文文乃率戰艦數十艘泛海歸于齊齊

以文爲海密二州滄海都招捉使兼水軍統制選海道副
都統兼海道總管賜金幣文以策干劉豫欲自海道襲臨
安豫不能用齊國廢元帥府承制以文爲南京步軍都虞
候權馬步軍都指揮使天眷元年破太行賊梁小哥以本
職兼水軍統制朝廷以河南與宋除文山東路兵馬鈐轄
宗弼復取河南文破宋將李寶於濮陽孟邦傑於登封宋
城宋軍潰去追擊敗之破郭清鄆遠於汝州鄭州叛復取
之擊走宋將戚方河南既平宗弼勞賞將士賞文銀幣鞍

金史七十九　五

馬充行軍萬戶從宗弼取廬濠等州超換武義將軍知濟
州在職七年移知泰安軍海州即位錄攜功累遷中都兵
馬都指揮使賜金帶改滄州防禦使未幾海陵謀伐宋改
行都水監造戰船於通州東海縣人徐元張旺作亂縣
人房真等三人走海州及走總管府上饔州府皆遣使劾
隨真等詣東海觀賊形勢皆爲賊所害文與步軍指揮使張
月不下海陵且欲伐宋惡聞其事詔文與大興尹李惟忠
弘信同知大興尹李惟忠宿直將軍蕭阿窣革舟師九百
浮海討之謂文等曰朕意不在一邑將以試舟師耳文等
至東海與賊戰敗之斬首五千餘級獲徐元張旺餘衆請

降是役也張弘信行至萊州稱疾留止日與妓樂飲酒海
陵聞之師還杖弘信二百文還定海軍節度使房真三人
官賞有差死賊者皆贈官三級以銀百兩縜百四賜其家
大定二年詣關自陳年老目昏懇求致仕許之以單恩選
宜生走江南復以罪比走齊上書陳取宋之策齊以爲大
龍虎衛上將軍卒于家

施宜生字明望邵武人也博聞強記未冠由鄉貢入太學
宋政和四年擢上舍第試學官授頴川教授及王師入汴

金史七十九　六

權爲太常博士選殿中侍御史轉尚書吏部員外郎爲
總管府議事官失意於劉麟左遷彰信軍節度判官齊國
本部郎中尋改禮部出爲隰州刺史天德二年用參知政
事張浩薦宜生可備顧問海陵召爲翰林直學士撰太師
梁王宗弼墓銘進官兩階正隆元年出知深州召爲尚書
禮部侍郎還翰林侍講學士四年冬爲宋國正旦使宜生
自以得罪比走恥見宋人力解不許宋命張燾館之都亭
因間以首立風之宜生顧其介不在旁爲廋語曰今日北
風甚勁又取几間筆扣之曰筆來筆來於是宋始警其事
使耶律翻離剌使還以聞坐是烹死初宜生困于場屋遇
僧善風鑒謂之曰子面有權骨可公可卿而視子身之毛
皆逆上且覆腕必有以合乎此而後可貴也宜生聞其言

大喜竟從范汝爲於建劍巳而汝爲敗變服爲傭養之其
翁家三年翁異之一日屏人詰其姓名宜生曰我服傭事
惟謹主人乃亦實疑邪翁固詰之則請其故翁曰日者燕
客執事感餒而汝獨孫諸儕且撤器有數聲是以識汝非
真備也宜生遂告之故翁贍之金夜濟淮以歸試一日獲
熊三十六賦權第一其後竟如僧言
張中孚字信甫其先自安定徙居張義堡父達仕宋至六
師封慶國公中孚以父任補承節郎宗翰圍太原其父戰
没中孚泣涕請述父尸乃獨率部曲十餘人入大軍竟
得其尸以還累官知鎮戎軍兼安撫使屢從其珣張浚以
使知渭州兼涇原路經略安撫使齊國建以什一法括民
田籍丁壯爲鄉軍中孚以爲涇原地瘠無良田且保甲之
法行之巳習今遠紛更人必逃徙祇見其害未見其利也
竟執不行時蔣政甚急莫敢違人爲中孚懼而中孚不之
顧末幾罷國廏一路獨免培克之患天眷初爲陝西諸路
節制使知京兆府朝廷賜地江南中孚遂入宋宗弼再定
河南陝西秒文宋人使歸中孚至汴就除行臺兵部尚書
還除參知行臺尚書省事明年拜參知政事貞元元年遷

尚書左丞封南陽郡王三年以疾告老乃爲濟南尹加開
府儀同三司封宿王移南京留守又進封崇王卒年五十
九加贈鄧王中孚天性孝友剛毅與弟中彥居未嘗有間
言喜讀書頗能書翰其御士卒嚴而有恩西人尤畏愛之
葬之日老稚扶柩流涕蓋數萬人至爲罷市其得西人之
望如此正隆例封崇進原國公
張中彥字才甫中孚弟少以父任仕宋爲涇原副將知德
順軍事宗翰經略陝西中彥降除招撫使從下熙河階成
州授彰武軍承宣使爲本路兵馬鈐轄遷都總管宋將開
師古圍鞏州與秦鳳李彥琦會兵攻之王師下饒鳳關得
鳳經略司事宗翰當要衝而城不可守中彥徙治比山因險
爲壘令秦州是也築臘家諸城以扼蜀道帥秦凡十年改
涇原路經略使知平涼府朝廷以河南陝西賜宋中彥以
官守隨例當詔關中彥以河南陝西賜宋中彥以
中彥與環慶趙彬會兩路兵討之消敗入于夏將濟軍
金洋諸州以中彥領興元尹撫輯新附師還代彥琦爲秦
鳳經略使泰州當要衝而城不可守中彥徙治比山因險
承宣使提舉佑神觀靖海軍節度使皇統初恢復河遂軍
微中彥兄弟比歸爲靜難軍節度使歷彰化軍鳳翔尹改
尹慶陽兼慶原路兵馬都總管寧州刺史宗室宗淵歐死

儳佐梁都郵逐人家貲無能赴告者中彥力為正其罪竟
寶干法改彰德軍節度使均賦調法蠲豪無所蔽匿人服
其明正隆營汴京新宮中彥採運關中材木青峰山巨木
最多而高深阻絕唐宋以來不能致中彥使構崖駕壑起
長橋十數里以車運木若行平地開六盤山水洛之路遂
通汴梁明年作河上浮梁復領其役夫之始制匠者未得
其法中彥手製小舟諸匠無不駭服其智巧如此浮梁巨艦畢
功將變郡民曳之就水中彥召役夫數十人治地勢陵展
下傾馮于河取新秫稭密布於地以大木限其旁凌展

智飛乘霜滑曳之殊不勞力而致諸水俄遷平陽海陵將
代宋驛召赴闕授西蜀道行營副都統制賜細鎧使先取
敢關侯後命世宗即位敕書至鳳翔諸將惶惑不能決去
就中彥曉譬之諸將感悟通犀帶封宗國公尋為吏部尚
書上踴曰古者開市以所御通犀帶封宗國公尋為吏部尚
軍合喜及見上賜以所御通犀帶封宗國公尋為吏部尚
苛留行旅至披剔裹篋甚於剽掠有傷國體之私禁止從之
蹄年除南京留守時淮楚用兵土民與戍兵雜居訟紛
綰所司皆依違不決中彥得戍兵為盜者悉論如法師府
怒其專決劾奏之朝廷置而不問秩滿轉真定尹兼河北

西路兵馬都總管未幾致仕西歸京兆明年起為臨洮尹
兼熙秦路兵馬都總管蔡州劉海搆亂既敗籍民之從亂
者數千人中彥惟論為首者戮之西羌吹折密臧隴逋寇
拜四族恃險不服使侍御史沙醇之就中彥論方略中彥
曰此羌服叛不常若非中彥自行勢必不可即至積石達
南寺首長四人來與之約以毡文金帶用郊恩加儀同三
悅遣張汝玉馳驛勞之賜降恐後此其世襲遷賞而遭之遷奏上大
司以疾卒官年七十五百姓哀號輟市立像祀之
贊曰自古健將武夫其不才者遭世襲遷賞而立像祀之

李武盜賊之靡孔彥舟漁色親出自絕人類又何責也張
中孚中彥雖有小惠足稱然以宋大臣之子父戰沒於金
若金若齊義皆不共戴天之讎金取以地與齊則甘心臣齊
以地歸宋則忍恥臣宋金取其地則又比肩臣金若趙市
宇文虛中字叔通蜀人初仕宋累官資政殿大學士天
四年宋少帝已結盟汴少帝望班師至孟陽宋姚平仲乘兵皆
襄明日復進兵圍汴少帝使虛中詣宗望軍告以襲兵以
將帥自為之復請和議如初且視康王安否項之臺諫以
和議歸罪虛中罷為青州復下選祠職建炎元年聚韶州

二年康王求可為奉使者虛中自畀中應詔復資政殿大
學士為祈請使是時與兵伐宋巳留王倫朱弁不遣虛中
亦被留實天會六年也朝廷方議禮制度頗愛虛中有才
藝加以官爵虛中即受之與韓昉輩俱掌詞命明年洪皓
至上京見虛中甚鄙之天會十三年熙宗即位宗翰為太
保領三省事封晉國王乞致仕批荅不允其詞虛中作也
天眷間累官翰林學士知制誥兼太常卿封河內郡開國
公書太祖睿德神功碑進階金紫光祿大夫皇統二年宋
人請和其誓表曰自來流移在南之人經官陳說願自歸
者更不禁止上國之於幣邑亦乞並用此約於是詔尚書
省移文宋國理索張中孚張中彥鄭億年杜充張孝純宇
文虛中王進家屬發遣李正民畢良史還宋惟孟庾去留
聽其所欲時虛中子師瑗仕宋至轉運判官攜家來四
年韓承旨加特進禮部尚書承旨如故虛中恃才輕肆
好譏訕凡見女直人輒以礦鹵目之貴人達官性積不
能平虛中嘗撰宮殿榜署本皆嘉美之名惡虛中者擿其
字以為謗訕朝廷由是嫌之以成其罪矣六年二月唐括
酬斡家奴杜天佛留告虛中謀反詔有司鞫治無狀乃羅
織虛中家圖書反具虛中曰死自吾分至於圖籍南來有
士大夫家家有之高士談圖書尤多於我家豈亦反耶有

司承順風旨斜殺士談至今寬之士談字季默高瓊之後
宣和末為忻州戶曹參軍入朝官至翰林直學士虛中士
談俱有文集行于世
王倫字正道故宋宰相王旦第王勉玄孫俠邪無賴年四
十餘歲與市井惡少羣游汴中天會五年宋人以倫為假
刑部侍郎與閤門舍人朱弁充通問使是時方議伐宋凡
宋使者如倫及宇文虛中魏行可顧縱張邵等皆留之不
遣居數年倫父困乃唱為和議求歸元帥府使人謂之曰
此非江南情實元帥察之天會十年劉豫連歲出師有指不然何
為求裁惟元帥察之天會十年劉豫連歲出師皆無功
懶為元帥左監軍經略南邊密主和議乃遣倫歸先此宋
巳遣使乞和朝廷未之許也倫見康王言和天會十五
喜遣倫官并官其子弟宋方與齊用兵未可和天會十五
年康王聞天水郡王巳薨以倫假直學士來請其喪使倫
請撻懶曰河南之地上國旣不自有與其封劉豫昌若歸
之趙氏是歲劉豫受封巳八年不能自立其國尚勤屯戍
朝廷厭其無能為也乃廢劉豫撻懶以左副元帥守汴京
於是倫適至撻懶從父兄於熙宗為祖行太宗長
子宗磐以太師領三省事位在宗幹上宗翰薨久矣宗幹
不能與宗磐獨抗明年天眷元年撻懶與東京留守宗雋

俱入朝熙宗以宋為為左丞相宗雋太祖子也捷懶宗磐

宋雋三人皆歿宣利陰有異圖遂合議以齊地與宋自

宗幹以下爭之不能得以倫為侍郎張通古為詔諭江南使遣

倫先歸明年宋以倫為端明殿學士簽書樞密院事進金

器千兩銀器萬兩復來請天水郡王喪柩及請母韋氏兄

弟宗族等保信軍節度使藍公佐副宗雋捷

以為行臺尚書省事左丞相奪其兵權右副元帥宗磐桑

以捷懶復宗磐陰與宋人交通遂以河南陝西地與宋人會

曰捷懶宗磐反捕而殺之於祁州倫至上京有司詳讀康王

最文不書年閱進奉狀稱禮物不言職貢上使宰相責問

倫曰汝但知有元帥豈知有上國耶遂留不遣遣其酋王

公佐歸三年五月宋弼復取河南陝西地逮伐江南已渡

淮皇統元年宋人請和二年二月宋端明殿學士何傳容

州觀察使劉祹送天水郡王喪柩及宋帝母章氏還山東西路

都轉運使劉祹送天水郡王喪柩及宋帝母韋氏還江南

五月李正民畢良史南歸七月朱弁張邵洪皓南歸四年

以倫為平州路轉運使倫已受命復辭遂上曰此反覆之

人也遂殺之於上京年六十一

贊曰孔子云行已有耻使於四方不屏君命可謂士矣宇

文盧中朝至上京夕受官爵王倫統裬之子市井焉徒此

豈行已有耻之士可以專使者耶二子之死錐宽其自取

亦多矣

開府儀同三司尚書右丞相兼都元帥監修國史領經筵事都總裁臣　脫脫奉勑修

勑修

熙宗二子

濟安　道濟

斜卯阿里　突合速　烏延蒲盧渾

赤盞暉　大臭 本名塔不，磐本名蒲速越也

阿里補子方

列傳五十八（訓）

皇子真甚遺使馳報明德宮太皇太后五日命名大赦天
下三月甲寅告天地宗廟丁巳詔群臣奏告天地宗廟戊午
冊為皇太子封以太尉胡塔為王賜人口馬牛五百
駞五十羊五千隨朝職官並遷一資皆有賜巳未詔天下
十二月濟安病劇上與皇后幸佛寺焚香流涕禱曲赦
五百里內罪囚是夜薨諡英悼太子葬興陵之側上送至
烏只黑水而還命工塑其像于儲慶寺上與皇后幸寺安
置之海陵毀上京宮室寺亦隨毀

熙宗諸子悼平皇后生太子濟安賢妃生魏王道濟
濟安皇統二年二月戊子生於天開殿上年二十四始有
皇子真甚遺使馳報明德宮太皇太后五日命名大赦天

道濟皇統三年命為中京留守以直學士阿懶為都提點
張玄素為同提點左右輔導之俄封魏王封其母為賢妃

金史八十　一

初居外至是養之宮中未幾熙宗怒殺之
贊曰國初制度未立太宗熙宗皆自諳班勃極烈即帝位
諳班勃極烈者漢語云最尊官也熙宗立濟安為皇太子
始正名位定制度焉

斜卯阿里父渾坦穆宗時內附數有戰功阿里年十七從
其伯父胡麻谷討詐都獲其弟沙里只高麗築九城於曷
懶甸渾坦攻之遇敵於木里門甸力戰父之阿里挺槍馳
剌其將於陣中敵遂潰渾坦與石適歡合兵於徒門水阿
里首還敵兵取其二城高麗人冠以我兵屯守要害不得
進乃還阿里追及于曷懶水高麗人爭走冰上阿里乘之

列傳十八　四百二十九　金史八十　二

殺略幾盡遂合兵于石適歡道遇敵兵五萬擊走之又與
石適歡遇敵七萬阿里先登奮擊大敗之石適歡曰汝一
日之間三破重敵功宜可忘乃厚賜之斡塞烏睹本攻駞
吉城阿里塹壕為門日已暮不可入以兵守之旦遂取
其城烏睹本以被甲并乘馬賜之從攻下寧江州擁猛安
又從攻信州賓州皆克之遼人來攻李董忽沙里城阿里
卒百餘騎救之遼兵數萬阿里兵少乃令軍士裂衣多為
旗幟出山谷間遼兵望見遽去蘇復州叛敗至十萬旁近
女直懶皆保於太尉胡沙家絮豐為固敵圍之數重守者
匆俱盡牛馬相食其驂尾人易子而食夜縋二人出告急

於阿里阿里越之內外合擊之破其衆於闕國擊窄水上
勒殺衆盡水爲之不流蒲離萬古胡什吉水馬韓島尺十餘
戰破數十萬衆契丹衆人聚舟入于海阿里以二
十七舟邀之中流矢卧舟中中夜始蘇敵船已入王家島
即夜取海路追及之敵走復其所於是蘇復州婆速路皆
流矢力戰不退竟破之盡復其所於是阿里以騎兵邀擊再中
平攻顯州下靈山縣取渠務敗余睹兵功皆最後與散
睹阿里屯高州下契丹昭古牙九介合典中兵數萬攻胡里特
寨阿里以八謀克兵救之胡里特先往敗於城下阿里指
陣前緋衣者二十餘人曰此必賊酋也麾兵奮擊皆殺之

餘衆大潰來州隔州兵圍胡里特城閭阿里來救即解圍
去闡母討張覺有兵出接峯口山谷間阿里散篤魯忽盧
補三猛安擊敗之宗望代閭母討張覺阿里再敗平州兵
及伐宋阿里別擊宋兵敗之孟陽之役阿里扼橋渡力戰
明年再伐宋至保州中山累破之進圍真定阿里與婆室
諮魯柴風縱火焚其樓檣諸軍畢登克其城師至河上粘
割胡撒擊走宋人扼河津兵數千遂渡河諸將分出大名
境阿里破敵四百盡殲遂圍汴汴中夜出兵來樊攻具阿
里與謀克常孫陽阿禪之其衆大潰還攻趙州克之六年
伐宋主取陽穀莘縣敗海州兵八萬人海州降破賊船萬

餘於翠山泊招降滕陽東平泰山羣盜盜攻范縣羣走之
發船七百艘宗弼攻下睢陽與烏延蒲盧渾先以二千人
往招壽春具舟淮水上時康民聚賣船四百與壽春相近
術列速以騎四百破康民斬馘數千與當海大臭破賊十
萬於淮南比至江連破宋兵獲舟二百艘宗弼至江寧阿
里蒲盧渾別降廣德軍先趣杭州去杭十餘里遇宋兵
二千取我前驅甲士三十八人阿里與蒲盧兵
敗皆逼死於水宗弼至餘杭而宋主走明州阿里與蒲盧
渾以精騎四千襲之破東關兵濟曹娥江敗宋兵於高橋
鎮至明州顧失利宋主已入于海乃退軍餘姚宗弼使當
河阿里斜喝常三猛安爲前軍十二年與高彪監護水
運宋以舟師阻亳州河路擊敗之追殺六十餘里獲其將
蕭通破連水水寨賊盡得其大船遂取連水軍招徠安輯
海濟師遂下明州執宋守臣趙伯諤進至昌國縣宋主自
昌國走溫州由海路追三百餘里阿里弗及遂降明州與宗弼
俱北歸睿宗經略陝西駐涇州阿里先取渭州睿宗熙
之天眷間盜據石州阿里討之粘割撒與所部先登遂
克其城石州平宗弼再伐宋阿里乙老督造戰船宋稱臣
詔賜阿里鐵千萬自結髮從軍大小數十戰尤督舟梅江
淮用兵無役不從時人以水星目之爲迭里部節慶使歷

順義泰寧軍節度濟南尹天德初致仕加特進封王正隆
側封韓國公赴闕命造戰船以疾薨年七十八謚智敏
阿里性忠直多智略兄弟相友愛家故饒財以已猛安及
財物盡與弟愛拔里愛拔里不肯受逃避歲餘阿里終與
之

突合速宗室子擎罕塞人初隸萬戶石家奴庵下嘗領偏
師破雲中諸山冦盜宗望改平州遣突合速討應州賊平
之擄安其民而還及代宋在宗翰軍以八謀克破石嶺關
屯兵數萬殺戰盡師至太原祁縣降而復叛突合速攻
下之進取文水縣後從諸帥列屯汾州之境宋河東軍帥
馬五沃魯破宋兵四千于文水聞宋將黃迪等以兵三十
郝仲連張思正陝西軍帥張關索及其統制馬忠合兵數
萬來援皆敗之宗翰南伐至潞還太原猶未下即留完顏
銀术可總督諸軍經略其地於是宋援兵大至突合速從
速與拔離速以步騎萬餘禦之种師中兵十萬據楡次銀
人獲馬及資糧甚眾宋制置使姚古率兵至隆州谷突合
木可乃召突合速使中干殺其兵而還與活女等合兵八千
擊敗之斬師中于殺熊嶺宋將張灝以兵十萬營于文水
近郊復與拔離速擊破之潞州復叛宋兵號十七萬骨攷

突合速拔離速皆被圍突合速麾軍士下馬力戰遂潰圍
而出及再舉代宋宗翰命妻室卒軍先趨汴囊室至澤州
突合速拔沃魯以五百騎為前驅往招河陽先據黃河津宋
兵萬餘背水陣攻之皆擠于水遂降河陽汴京平諸
將西趨陝津略定河東郡縣突合速取憲州遇其援軍擊
敗之生擒其將亭董濃現木魯等攻保德未下突合速進
兵助擊梯衝並進遂克其城亭董烏谷攻石州屢敗亡其
三將軍士歿者數百人突合速謂烏谷曰敵皆步兵吾不
可以騎戰烏谷曰聞賊挾妖術盡馬以繫其足疾甚奔馬
步戰豈可及之突合速笑曰豈有是耶乃令諸軍去馬戰
盡殲之六年宗輔駐師鄧州突合速馬五拔離速西取均
房遂下其城攻唐蔡陳州及潁昌府皆克之天眷初除彰
德軍節度使三年為元帥左監軍皇統八年改濟南尹天
德間封定國公授世襲千戶卒年七十二正隆二年贈應
國公初突合速以次室受封次室子因得襲其猛安及分
財異居次室子取奴婢千二百口正室子得八百口久之
正室子爭襲連年不決家貲費且盡正室子奴婢存者二
百口次室子奴婢存者纔五六十口世宗聞突合速諸子
貧窘以門近臣具以爭襲之故為對世宗曰次室子豈當
受封邪遂以嫡妻長子製

烏延蒲盧渾懶路烏古敵昏山人父孛古剌龍虎衛上
將軍蒲盧渾昔力絕人能挽強射二百七十步與兄鵓沙
虎俱以勇健累閫母軍居帳下攻黃龍府力戰有功閫母
敗于兔耳山張覺復叛兵來諸將皆不敢戰蒲盧渾率九十騎先
望之乃紿諸將曰敵軍少急擊可破也若入城不可復制
攻賛皇取之復人富甲仗萬餘千隸宋城破日已著宋人猶力
戰搶剌中蒲盧渾手戰益力遂敗宋軍賜金五十兩睿宗
為右輔元帥已定關陝議取鉤外諸州遂拔和尚原元帥
府承制以蒲盧渾為河北西路兵馬都總管及宋主在揚
州搶盧渾與蒙适將萬騎襲之宋主已渡江破其餘兵後
與斜卯阿里俱從宗弼自淮西渡江追三百餘里靡
宋主走明州再走溫州由海道追三百里靡明州而歸
語在阿里傳天眷二年授世襲謀克定興中府
仕海陵遂中都起為鎮國上將軍除安國軍以疾卒
官皇統六年授世襲謀克起為歸德尹就其家授之賜銀牌襲衣玉
吐鶻馳驛之官蒲盧渾留數十日遣程復聽致仕召赴
京師至薊州見海陵于獵所明日從獵獲一狐海陵曰卿
年老尚能馳逐擊戰健捷如此賜以御服封幽國公除太

金史卷八十 七 徐禰

于少師進太子太保改真定尹入判大宗正事頃之伐宋
以本官行右領軍副都督事師次西采石海陵欲渡江蒲
盧渾曰宋軍船高大我船庳小恐不可遠渡海陵怒曰汝
昔從梁王追趙構於海島皆大舟耶今乃沮吾事敢不
能遂渡江不過有少損耳爾已七十縱自愛豈有不死
理耶明日當與奔睹先濟既而復止之乃遣別將先渡江
舟小不可戰遂失利兩年中都上二百餘人皆陷沒海
陵遣害軍還大定二年至中都上謁除東京留守世宗
問年幾何對曰臣今年七十三矣上曰卿宿將久練兵事
年雖老精神不衰因命到官每旬月一視事賜衣一襲進
階開府儀同三司仍封幽國公是歲卒十八年孫扎虎遷
廣威將軍襲烏古敵昏山世襲猛安开親管謀克
赤盞暉字仲明其先附於遼居張皇堡故嘗以張為氏後
家萊州暉體貌雄偉慷慨有志略少遊鄉校遼季以破賊
功授禮賓副使領兵隸闍母遷潤四州屯兵天輔六年降仍命
領其衆從闍母定興中府義隆等州及破張覺皆與有功
以粟萬五千石助軍糧與諸將擊敗之追殺至城下詔
敵之中軍徑薄宗望軍與諸將擊宗望初伐宋孟陽之戰
師還數立戰功明年再舉伐宋改下保州真定暉皆與焉
進圍汴宋人夜出兵二萬焚我攻具暉以二謀克兵擊走

金史八十 八 徐禰

之凡城中出兵拒戰暉之所當無不勝捷既克宋還徙攻
河間敵將李成以雄莫之兵來援暉與所部迎擊馬傷而
墮暉輒奮起步鬭竟敗成之兵來援暉與所部人多過
死潦隄間暉兩臂亦數中流矢賊將劉先生以兵二萬夜
襲營暉力戰達旦賊始按堵如故從睿宗經暑山東既攻
留撫河間時居民皆為軍士所掠老幼存者亡幾暉下令
下青州復從閤母攻濰州暉督其禆校先登而城中積芻
軍中聽賄還之未幾皆為軍士衝冒而下力戰敗之軍還
菱乘風縱火發撼石暉率將士衝冒而下力戰敗之軍還
如是連月諸軍四面合攻暉率將士衝走皆溺死于水管內復傅城力戰
襲營暉力戰達旦賊始皆走皆溺死于水管內復傅城力戰
復以三十騎破敵于范橋帥府承制加靜江軍節度使連
攻城中砲出衆中暉拂其甲蒙裂之暉益奮攻卒破其城
又從攻泗州克之還屯汶陽破賊衆于梁山濼獲舟千餘
捘軍攻濟州既敗敵兵因傅城諭以禍福乃舉城降暉約
東軍士無秋毫犯自是晋單等州皆聞風而下從攻壽春
歸德及渡淮糧餉治橋道暉之力為多乃還載資治通鑑版以
歸其知府陳邦光者訴于宗弼怒將殺之暉曰此義士也
力營救之竟得免富平之戰暉在右翼過渾而敗虜宗念

其前功杖而釋之師至熙河暉別降諸寨將帥鈐轄及吐番
首長等并民戶萬五千餘蘭州版焟與訛魯補等攻下之獲
河州安撫使白常熙河路副都總管劉維輔以獻還攻慶
陽兩敗重戩殺其將戩暉業師還遷歸德軍節度使宋州舊
屬縣民家奴王藥者嘗業進士暉以鐵五十萬贖之使卒
無憂暉尋以舊職復既廢夔署生徒肄業者復其身人勸之
為營治葬事且資給其家十三年復從大軍渡淮還鎮丁
母憂尋以舊間陷海州帥府以登萊濟密四州委暉經
復河南宋人乘間陷海州帥府以登萊濟密四州委暉經
書敵無敢窺其境為定海軍節度使尋改濟南尹累遷
光祿大夫俄以罪罷久之起為昌武軍節度使天德二年
遷南京留守尋改河南路統軍使授世襲猛安拜尚書右
丞封河內郡王歲餘拜平章政事封戴王正隆初出為興
平軍節度使正隆降王爵為樞密副使封景國公未幾復
為左丞封濟國公尋除大興尹封滎國公薨年六十五大
定間諡曰武康子師直登進士第

大臬本名撻不野其先遼陽人世仕遼有顯者太祖代遼
遼人徵兵遼陽時臬年二十餘在選中遼兵敗臬脫身走
寧江寧江破臬越城而逃為軍士所獲太祖問其家世因

養之牧國二年為東京寔民謀克是時初破高永昌東
京旁郡巳未盡服鳳使吳伺察反側有聞必達太祖以為
忠賞授猛安兼同知東京留守事取中西兩京轄闍母軍
遼軍二十萬來戰吳以本部守營吳堅請出戰不
許或謂吳曰戰危事少卻遼兵後躡之吳麾本部兵橫擊
出戰既合戰闍母軍不捷雖死猶生也吳曰丈夫不得一決勝
殺數百人由是顯名軍以駐軍以濟鏠急欲遂攻之恐不能驅下讓未
燕汴之中可駐軍以濟鏠急欲遂攻之恐不能驅下讓未
決吳獨卒本部兵選善射者射其城橫別以輕銳潛升於
其中有能先濟者為功上吳捕得十餘舟使勇悍者徑渡
擊其守者而奪其戍柵由是大軍俱濟明年再代宋授馬
城諸將方經營攻具未鳴皷吳命軍士預備春餉及薪既傳
間尹從攻製慶府先一日吳命軍有素備遂先登軍以
其不早降因縱軍大掠吳諫止之已掠者官為購還除河
樓用之間遂克其城軍至澶州宋人已燒河橋宗望下令
決定金牌既破汴京臭為河間路都統巳克河間闔母怒
吳未嘗敢戰飄戰不如軍令請罪吳朝廷釋弗問仍側身之
崇弼伐江南渰淮宋新附康民軍兵十七萬來拒吳卒本
部從擊敗之使以獻二千與當海擊敗淮南賊十萬殺萬

餘人王善來降將渡江吳望先遂舟行去岸尚遠宋列兵
江口吳視其水可涉則麾兵捨舟趙岸疾擊之宋兵走大
軍相繼而濟俄遇杜充兵六萬於江寧之西吳與鶻盧補
擊走之師還吳留為揚州都統經畧淮海高郵之間再為
河間尹兼緫河北東路兵馬十一年入見太宗賜坐慰勞
甚久特遷齊國公吳守汴京熙宗念吳久勞降御書寵異
帥右都監齊廢吳守汴京熙宗念吳久勞降御書寵異
之天眷三年罷漢渤海千戶謀克以吳舊臣獨命依舊世
襲千戶是歲拜元帥右監軍宗弼再代宋宋人拽臣乞和
遂班師吳獨留汴行元帥府事皇統三年加開府儀同三
司八年進左監軍天德二年改右副元帥行臺左丞相
平章行臺省事進行臺右丞相兼行臺左丞遷
副元帥撒離喝喝以為行臺左丞丞相如故海陵疑左
令撒離喝與聞撒離喝不知海陵意言每與吳爭軍事不
能得遂與吳有陳海陵使吳伺察之詔軍事不
丞相封漢國王四年請老為東京留守入朝拜尚書右
丞相封神麓郡王竟殺撒離喝召吳入朝拜太
傳領三省事累封漢國王十二月有疾海陵幸其第問之
是歲薨年六十八海陵親臨哭之詔有司廢務三日禁樂
三日其三日當賜三國使館燕以不期敕坊樂命左宣徽
使敦嗣暉宣諭之贈太師晉國王諡傑忠遣使護喪歸葬

正隆奪王爵贈太傅梁國公子磐

磐本名蒲速越以大臣子累官登州刺史襲猛安大定三年除嵩州刺史從僕散忠義伐宋有功五年召為符寶郎遷拱衛直都指揮使初磐心少之頗刑于言上聞之下吏按閱杖一百五十改左衛將軍詔求良弓磐多自取及護衛入直者輙以己意更代護衛妻室告其事詔點撥司詰問磐有妹在宮中為寶林磐屬內侍僧兒思忠使言于寶林兒一百磐責龐州防禦使上認服寶林許于上怒杖僧兒曰我無罪問事迫我使自戒之曰汝在近密執迷自用朕以卿父之功不忍寘嚴姑之尚書省妻大磐以年當敘上曰剛暴之人屢冒刑章未可復用太傅大臭別無婦嗣其世襲猛安沙克不可易也令補州其思虻之改亳州防禦使遷武寧軍節度使坐事除名起為韓州刺史改祁州刺史復坐事削四官解職久之尚書省妻大磐以年當敘上曰剛暴之人屢冒刑章未阿离補補宗室子京出景祖曾孫補為左翼都統與右翼會九年廉宗經略陝西阿离補為左翼都統與右翼都統宗彌撫定蓋洮河西寧洮安龍等城寨及鎮堡蕃漢官部四十餘處蕃部酋長甚眾於是涇原熙河兩路皆平詔以兄猛安沙离質親管諜克之餘戶以阿离補為世襲謀克天會十二

年為元帥右都監十五年遷左監軍天眷三年從宗彌復河南遷左副元帥皇統三年封譚國公天六年為御史左丞相元帥如故是歲薨大定間功臣圖像衍慶宮薨都死康宗時不及與馳驟遼宋之郊然而異姓之臣莫先焉故定衍慶亞次功四代國公歡都公潭府儀同三司蒙适隨國公洽女將進突合速奔國公公斜卯阿里元帥左監軍撻懶國公石古乃濟國公蒲察韓國公渾熙國公誾都河濮國公石土門徐國火開國府儀同三司烏里朵國公源郡王石家奴銀青光祿大夫蒙适隨國公洽女將進突合速奔國公將軍烏林荅泰欲太師同三省事勖太傅大臭與尹赤离補咸著勳焉子言方言別有傳

蓋驍金吾衛上將軍耶律馬五驃騎衛上將軍韓常并阿方以宗室子累官京兆少尹遷陝西路統軍都監方事將軍不恤軍旅詔戒之曰卿宗室舊人乃機肆敗法惟利是營甚惡之自今至於後日萬一為之必罰無赦大定三年還元帥右都監轉元帥左監軍改順天軍節度使上曰卿本無功歷仕不能接條友性往交惡在京兆貪鄙戰聞至無謂也朕念卿已過中年必能悔改慎勿復蹈除西南路招討使朝廷以兵部郎中高通為招討都監以佐之詔通曰卿到天德毋以其官長醜俟之也簡閱沿邊士

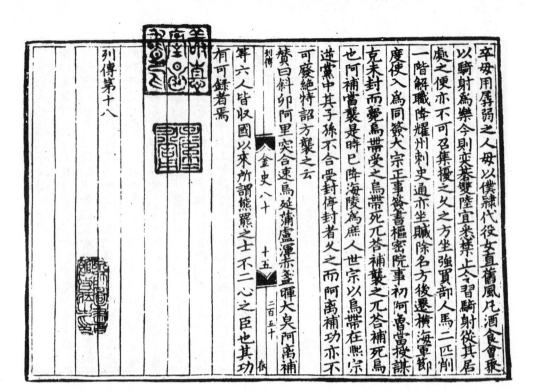

卒毋用孱弱之人毋以僕隸代役女直舊風凡酒食會飲

以騎射為樂今則變葺雙陸米糜上令習騎射從其居

處之便亦不可召集援之父之方坐強買部人馬二四削

一階解職隆耀州刺史通除名方後遷橫海軍節

度使入為同簽大宗正事簽書樞密院事初阿魯當授謀

克未封而薨烏帶受之烏帶死兀咎補襲之兀咎補死烏

也阿補當襲是時巳降海陵為庶人世宗以烏帶在熙宗

進黨中其子孫不合受封停封者父之而阿离補功亦不

可廢絕特詔方襲之云

贊曰斜卯阿里突合速烏延蒲盧渾宗盂暉大臭阿离補

等六人皆收國以來所謂能羆之士不二心之臣也其功

有可錄者焉

刺傳　金史八十　十五　☑　二百五十

開府儀同三司上柱國錄軍國重事監修國史領經筵事都總裁臣　脫脫　奉

勅修

鶻謀琶　　迪姑迭
夾谷謝奴　阿徒罕
　　　　　阿勒根沒都魯
黃摑敵古本　蒲察胡盞
　　　　　夾谷吾里補
王伯龍　　溫迪罕蒲里特
伯德特里補　耶律懷義
高彪　　　蕭王家奴
田頵　　　趙隈

金史八十一 （一）

鶻謀琶术吉水䀋卯部人也性忠直寬厚重節義勇於戰

父阿鶻土贈金吾衛上將軍穆宗時鶻謀琶內附先遣子

鶻吉從間道送款遂使活里瞳與鶻謀琶合軍攻降諸部

因領其衆與弟胡麻谷渾坦婬阿里等攻下諸城從撒攺

破烏塔城穆宗屢賞之破高麗戍兵與石適歡討平諸部

蒲察部雅里李童與其兄弟胡八雙括等欲叛歸遼鶻謀

琶獲之送于康宗賜賚甚厚破高麗易懶甸及下䏷曾城

有功天輔六年卒年七十二天眷中贈銀青光祿大夫

迪姑迭迪姑迭父謀克攻寧江州敗遼援兵獲

甲馬財物攻破其營四至韓州過敵二千人擊走之斡魯

長迪姑迭送溫迪父部二十餘人祖扎古迺攻寧江州

列傳　金史八十一 （二）

古與遼人戰于咸州兵已却迪姑迭以本部兵力戰諸軍

復振遂大破之護步荅岡之役乙里補李童陷敵中迪姑

迭援出之攻黃龍府身被數創授猛安天輔七年從上至

山西病卒年四十七天眷中贈光祿大夫

阿徒罕溫迪罕部人年十七從撒攺斡帶等討平諸部皆

身先力戰高麗築九城于曷懶甸者阿徒罕為前鋒

鋒高麗有屯于海島者阿徒罕率衆三十人夜渡襲其營

柵戰艦大破之遂下駞吉城既而八城甘下功最遂兵自

寧江州東門出阿徒罕逆擊盡殲之以功授謀克從攻黃

龍府力戰身被數十創竟登其城後與烏論石准援照散

城阿徒罕請乘不備急擊之遂夜過益褪水詰朝大敗之

斡魯上其功賜幣與馬天輔四年五月疾病賜良馬一四

詔曰汝安則乘之年六十五卒上悼惜之遣使弔祭以馬

為贈阿徒罕為人莽弟好施惠健捷善弋獵至甯臉軎鞠

咸精其能

夾谷謝奴隆州納曾悔河人也國初祖董從太祖伐遼

獻器用甲仗父不刺遠賺本部勃堇從太祖伐遼投世勳

猛安親管謀克為曷懶路都統謝奴其長子也長身多鬚

善騎射通女直契丹大小字及漢字旣冠隨其父見太祖

命佩金牌總領左翼護衛西京未下謝奴獲城中生口乃

知城中潛道人求救於外都統府得為之備卻其救兵西
京乃下自燕京還過判泥恩約阿適敵於陸謝奴身先士
卒射殺敵中先鋒二人敵潰走總管蒲會虎以甲及馬賜
之後領其父猛安從攻和尚原出仙人關宋兵攝險猛安
雖訛尸突戰不克謝奴選麾下五十人戰克之與吳玠相
拒烏里雅行陣不整吳玠猛安謀克宗雅復取河南陝西
討前後功謀其父謝奴自渭南大為鎮掩其伏兵射中
潛兵襄取石閭謀謝奴伏帥府厚賞之除華州防
其軍帥宋兵敗走多獲旗幟兵仗帥府厚賞之除華州防
禦使入為工部侍郎還本部尚書改平涼尹昭義軍節度
使大定初卒

阿勒根沒都魯上京納鄰河人也後徙咸平路梅黑河雄
偉美須鬚善射國初伐遼沒都魯在軍中領謀克猛
安每過敵徃來馳突人莫敢當故所戰皆克皇統元年計
功擢授世襲謀克明年授同知速速軍節度使改隆州防
詳穩授世襲本路寧打渾河謀克為渭州刺史改鞏州防
禦使蒲與路節度使遷驍騎上將軍是歲以年老致仕卒
黃摑敵古本世居星顯水從破寧江取咸州平東京路及
諸山寨柵皆有功從麻吉破遼將和尚節使兵七千於上
累官金吾衛上將軍年七十三

京復破那野軍二萬再從麻吉過敵於阿鄰旬麻吉被創
不能戰敵古本率兵擊敗之勤發殆盡從攻田鶻城破其
兵九萬敗木直撒兵於山後俘獲甚眾敗昭古牙之兵
三千獲其家屬而還攻平州張寬吾春被圍於西山敵古
本引兵攻之解其圍糧五十俱招降戶口甚眾從平
大名及取濟南高唐隸等州皇統間以功攝戶擽州防
與中撫安其民人天會間大軍伐宋敵古本從取濟德
於壽光縣界為千戶六年挾世襲千戶擽州防禦
蒲察胡盞秦出泲水人年十八從軍其父特厲死擽為謀
克天輔間夏以共三萬出天德路胡盞從婁室迎戰以兵
三百敗敵二十天會三年大軍攻太原城中出兵萬餘來
戰胡盞以所領千戶軍擊之復敗敵兵三萬餘於榆次境
六年從婁室攻京兆以所部兵屢與宋人接戰皆先登有
功七年取鄜州過宋人二十餘萬我軍右翼少卻時胡盞
為左翼千戶擁鋒陷陣敵遂敗去張浚富平復有功十
三年擊關師古於臨洮敗其璘兵胡盞皆有力焉授德順
肇臨洮河蘭等州破吳璘兵三萬餘皆有功從攻涇州從破德順
史改隴州防禦使鳳翔尹卒年五十五
夾谷吾里補暗土渾河人徙天德父兀屯討烏春窩謀罕
有功吾黑補隸婁室帳下攻係遼女直招降太皇照三等

從婁室救斡魯古于威州敗遼兵于押魯虎城遼軍遼
水吾里補五謀克軍乘夜擊之遼軍潰殺獲幾盡斡魯
伐高永昌吾里補以數騎奮擊之于遼水之上復以四十騎
伏于津要遇其候騎奮擊之獲生口因盡知永昌虛實太祖
嘉之賞奴婢八人求昌駐軍于兔兒陷先據津要軍不得
吾里補面被重創奮擊自若實以遼宮女二人遼主呆已
渾各領所部突入其陣大軍繼之遂拔廣寧太祖攻瀋
渡遼水及攻廣寧軍帥選勇士先登吾里補與赤盞忽沒
溴吾里補與撒八射殺其先鋒二人求昌眾稍卻大軍遂
取中京吾里補以四十騎魄敵獲遼喉舌人因知遼主所

別傳

■金史八十一■

五 ▼

斡魯補

在俊從都統斡魯定雲中從宗翰屯應州遼軍在近境吾
里補以所部擊敗之宗望伐宋宋安撫使蔡靖諸吾里補
降婁室攻陝西諸郡性復數吾里補攻敗之敗張浚軍
州下其城加昭武大將軍授世襲猛安累官字特本部族
于富平吾里補先登雋宗實以金器名馬遂以先鋒攻蘭
節度使以老致仕封芮國公吾里補多智略瞽力過人雖
甚老勇健不少衰大定初剌賊嘯聚出特郵關吾里補率
鄉里年少逆擊之賊黨遂潰事聞賞賚甚厚大定二十六
年卒一百有五歲

王伯龍瀋州雙城人也遼末聚黨為盜天輔二年率眾二

萬及其輜重來降俄世雄猛安知銀州兼知雙州三年太
祖攻臨潢伯龍與韓慶和以兵護粮餉轍夫千五百人皆
授甲慶和巳將兵行前伯龍從粮後遇遼兵五千餘遼
於路伯龍率犒夫擊敗之獲馬五百四十年從攻下中京
并克境內諸山寨為靜江軍節度留後五年真授節度使
從宗望討張覺於平州伯龍馳擊手殺數十百人選
右金吾衛將軍白河之戰伯龍當其左軍塵兵疾馳躁之
宋軍亂我師乘勝奮擊之宗望伐宋伯龍為先鋒次保
州遇敵五萬破之招降新樂軍民十餘萬大軍圍汴宋太
尉何栗以軍數萬出戰棄門伯龍以本部遮擊多所斬獲

別傳

■金史八十一■

六 ▼

及破汴伯龍以雲梯攻具有功進破孔彥舟鄭瓊眾三萬於
沿州是年同知保州兵馬安撫司事將兵數千攻比平撥
之復取保州河間唐宗經略山東伯龍從攻青州未下城
中夜出兵馘我師挺刃拒戰門敵
不得入因奮擊殺數十人已而軍士皆甲出殺傷宋兵不
可勝計并獲其一將斬之及下甲州獲先鉤龍第一六
還改莫州降之加太子少保莫州安撫使破李固寨眾十
餘萬於濮州濮城守城中銑撞我軍攻之不能剋伯龍
被重甲首冠大金挺槍先登殺守陴者二十餘人大軍相
繼而上遂剋之進攻徐州伯龍復先登充徐宿邳三路軍

馬都統敗高托山之眾十五餘萬於清河進擊韓世忠於
邳州走之與大軍會於宿遷追迫世忠至揚州還攻泗州泗
州守將以城降屯軍嶧陽破陳宏賊眾四十餘萬破黃戰
於單州進攻歸德軍師遣伯龍立攻具伯龍挑二十餘騎
行視地形城中忽出兵千餘欲生得伯龍伯龍縱騎馳之
敵兵亂墮隍而死者幾二百人破王善之眾於果縣取頭
州和州伯龍往往於巣縣
獲鄒粮數百萬計選通真揚道過鄢瓊岳飛劉立戰母
之復為莫州安撫改知澤州太行群賊往儡聚伯龍皆敗
平之天眷元年為燕京馬軍都指揮使從元帥府復收河

南權武定軍節度使兼本路都統宋兵擄許州伯龍擊走
之招復其人是年秋泰安卒徒張貴驅脅良民擄作
亂伯龍討平之皇統元年以本部從宗弼南伐攻破濠州
而還三年改河中尹徙益都尹封廣平郡王卒年六十五正

德三年改為武定軍節度使改延安尹寧昌軍節度使天

隆間例贈特進定國公

高彪本名召和失辰州渤海人祖安國遼興辰開三領節
度使父六哥左承制官至刺史彪始生其幼用術者言為
其晬日不利於己秋不舉其母為營護居數歲竟逐之彪
匿於外家逐人調兵東京時六哥已老當從軍悵然謂所

親曰吾兒若在可勝兵矣所親具以實告因代其父行戰
於出河店遼兵敗走彪獨力戰軍帥見之曰此勇士也令
生致之斡魯攻東京六哥率其鄉人迎降以為嚮克河州千
戶父之告老彪代領其眾都統杲攻中京彪領彀克從斡
魯破遠將合彀燥及韓慶民於高惠之境巳而駐軍武安
攻平州彪徇地西北道破敵率兵七十八人臨城築甬道城中
宋為猛安師次真定軍節度專州刺
夜出兵焚攻具彪擊走之大軍圍汴以五十騎屯於東南
登奮擊彀之眾入負險拒命所在屯結彪屢戰有功宗望
合彀燥以勁兵二萬來攻彪出戰與所卻皆去馬先

宋人再以重兵出戰彪皆敗之師選屯鎮河朔復破
敵於霸州擄其裨將祝昂河間夜出兵二萬襲我營壘彪
率三謀克兵擊敗之天會五年授靜江軍節度尋州刺
史明年代宋從帥府徇地山東攻城克敵數被重賞七年
師至雅彪以所部招誘京西人民次拓縣復數彪率其衆
獨與五十餘騎入城繼而城中三千餘人復數彪率其衆
力戰敗之無安其民而還從梁王宗弼嚴康王至杭州師
選宋將韓世忠以戰艦數百拒於江北宗弼引而西將至
黃天蕩敵舟三十餘來逼南岸其一先至者載兵士二百
餘彪度垂及以鈎搠之率勇士數十躍入敵舟所殺其衆

餘皆過死於水中明年從攻陝西師至寧州彪與宗人昂
率兵三千取廊州至有來降者言城東北隅守兵將謀
為內應彪即夜從家奴二人以登左右覺之彪與從
者皆殊死戰諸軍繼進遂克其城從攻和尚原及仙人關
與阿里監護渭糧并戰艦至亳州宋人以舟五十艘阻河
路擊敗之搗其將蕭通遶水賊水寨進取漣水軍其官
民巳遁去悉招降之虜勇捷絕人能日行三百里身被重
鎧歷險如飛及瞭敵身先士卒未嘗反顧大小數十戰寧
以少擊衆無不勝捷攝滕陽軍以東諸路兵馬

列傳　金史八十一　九

都統撫諭徐宿曹單滕陽及其屬邑皆按堵如故為武寧
軍節度使頗贍貲當坐賊海陵以其熟禧狀而釋之改忻
州防禦使歷安化安肅武勝軍節度使還行臺兵部尚書
改京兆尹封邠國公以憂去官起復為武定軍節度使歸
德尹正隆伺捜金紫光禄大夫久之致仕復起為樞密副
使舒國公賜名彪辛年六十七謚桓壯彪性機巧通音律
溫迪罕蒲里特隆州挌閔阿胡勒出寨人也甡悟美鬚
有謀略以智勇聞都統果取中京蒲里特權猛安領軍五
千遇奔丹賊萬餘與戰敗之出袞古壘道敗敵八千餘至
朧門華道復以伏兵敗敵萬人太祖定燕自儒州至居庸
人無賁賊皆溫頗接之

關執其帥舌人有頃賊三千餘人復寇朧門華道蒲里特
整隊先登賊識其旗幟望風而遁遂奮擊之親執帥皇
統元年從梁王宗弼伐宋留軍唐州敵敗奄至蒲里特擊
之大名軍萬四千號二十萬蒲里特率親管猛安身先士
辛衝擊敵少卻乃張左右翼併擊之敵敗散走而別遇兵
二萬來援復以兵三千擊走之時邠州土賊嘯聚幾二十
萬蒲里特軍三千以軍三千分為數隊惡攻之賊潰走南京路
軍二萬戰敗之是日有兵自城中出者
復擊敗之皇統二年還定邊大將軍同知鳳翔尹六年改
京兆尹轉寧州刺史改西北路招討都監選永定軍節度

列傳　金史八十二　十

使海陵南征改武衛軍都總管大定三年授開遠軍節度
使改泰寧軍卒十九年以功授其子元帶武功將軍本猛
安葜出痕世韻謀克
伯德特离補美五王族人也遼御院通進天會初與父擢
不也歸朝授世韻謀克後以京兆尹致仕特离補招降松
山等州未附軍民及招降平州境內腎之拼作宗望
伐宋特离補為軍馬猛安與諸將留規取保遂安三州攻
安肅軍河間雄保等兵十餘萬來秋特离補率所部先戰
大軍繼之大破其兵遂援安肅特离補擄通判事降將胡
俞隆結衆謀亂特离補勒兵擒愈及其衆五十餘人安肅

軍政爲州就除同知州事改磁州捕獲盜元帥府
以磁相二州屯兵屬之擒王會孫小十苗清等群盜遂平
遷濱州刺史廉入優等以母憂去官起復本職改涿州刺
史入爲工部郎中從張浩營繕東京宮室及田穀賞事起
朝省爲之一空特奇補攝行六部事遷大理卿出爲同知
東京留守天德三年復爲大理卿同知南京留守丁父憂
起復洺州防禦使正隆起洺州縣無兵不能禦洺儒有河
附于城下特奇補乃引水注濠中以爲固盜弗能近州賴
以安遷崇義軍節度使未幾告老歸田里卒特奇補爲人
辭讓爲政簡靜不積財常曰俸祿巳足養廉衣食之外何
用蓄積凡調官行李止車一乘婢僕數人而巳

耶律懷義本名孛迭遼宗室子年二十四以戰功累遷同
知縣檢司事宗翰巳取西京遼主謀奔于夏懷義諫止之
不見聽乃竊取遠主廄馬來降太祖目熟選師留宗翰幹
魯經略西方懷義領謀克從軍天會初師府以新降諸部
乃擇諸部衝要之地建城市通商賈諸部兵革之餘人多
大小遠近不一令懷義易置之承制以爲西南路招討使
鳳門屯兵進攻太原以所部別降清源縣徐溝鎮逐輿諸
匱乏自是衣食歲滋爲牧蕃息矣從宗翰伐宋降爲邑幸
將列屯汾州之境時河東陝西路兵來攻太原劉光世折

可求柵于文水西山懷義捕得生口盡知宋兵屯守要害
乃分兵敗之明年再伐宋從妻室取汾州及其屬邑遂
過平陽出澤潞以趨河陽所至坐降及大軍圍汴懷義屯
京西汴城既下宋兵之出奔者邀擊盡之從攻鄭鄧州及
討平鄭州版下宋兵及雷澤縣從破大名東平府徐
兗等州皆有功七年還鎮十年加尚書左僕射改西北路
招討使懷義在西陲幾十年撫御有恩及去老幼遮道攀
戀數日不得發天眷初爲太原尹治有能聲改中京留守
從宗弼過烏納水還中京以老乞致仕不許改大名尹命
不赴治所止以俸廉給之每歲春水扈從餘聽自便明年
再請老得謝給俸廉之半海陵即位封滕水郡王進封莘
王父之進封蕭王正隆例封景國公其子神都韓爲西北
路招討都監迎侍之官神都韓從海陵南征懷義卒于雲
中年八十二

蕭王家奴奚人也居庫党河爲人魁偉多力未冠仕遼爲
太子率府率天輔七年都統杲定奚地王家奴率其鄉人
來降命爲千户領之奚王四裔保既死其親賞金臣阿古
者猶保命撒葛山王家奴與突撚以所部屢破賊兵斬馘執
降其餘衆時平灤多盜王家奴以所部擒金臣阿古者
俘數被賞賚宗望伐宋敗郭藥師於白河亦與有功至河

上宋兵扼津要與諸將擊敗之進圍汴破其東門兵明年
再伐宋宗望軍至中山諸門分兵出戰焚我具祈州河
間各以兵來援之師還屯鎮河朔濱州賊葛進聚衆
數萬臨淄亨董照里以騎兵二千討之王家奴領謀克先
登力戰大破其衆明年攻滄州宋兵拒戰復從照里擊走
七百級獲舟二十天會八年除靜江軍節度使授世襲千
之宋將徐文以舟百艘泊海島即以商船十八進讓斬首
戶從梁王宗弼征伐為萬戶還為五院部節度使天德二
年改烏古迪烈招討都監卒

田顗字顗之興中人遼天慶八年進士歷官金部員外郎
權歸德節度使太祖定燕顗舉四州版圖歸朝加都官郎
中權節度使事四遷知真定府事招降蔣博游貴等賊衆
五千餘人已而貴復叛道齊博偏叛從貴因令伺間
殺之降其衆悉平三遷行臺左丞彰德軍節度使是
時新定力役顗躊躇之半而上之故相之縣賦比他州獨
輕徙同知河北東路都總管改同簽燕京留守司事民遮
留不得出易衣去改河東南路轉運使尋改絳陽軍節
度使居三年以疾請謝事徑解印歸數奏不允移鎮振武
軍入為刑部尚書居三月請老卒于家

趙隇字德固遼陽人其婦翁以優伶得倖於遼主隇補閤

門祗候累遷太子左衛率後居灤州宗望討張覺隇踰城
出降授洛苑副使為灤州千戶遷洛苑使檢校工部尚書
從伐宋至汴遷棣州刺史侍衛步軍都虞候及再伐宋攻
真定與有功改商州刺史右僕射知濟州事明年權知濟州事八
德府路統押軍兵兼沿邊安撫司事明年改知石州事父在兵間
不善治民坐謗議謫監平州甜水鹽麴務齊國廢按儒士嘗宿
年從定河南授隴州團練使十年改知濟州事皆以父
將守之授隇宿州防禦使統本路軍兵隇重義接儒士嘗宿
以事至汴有故人子負官錢百萬隇以橐金贈之其子嘗
為稅費復代輸之項之有訟徐帥不法者朝廷使隇鞫治
隇委曲營護坐是廢罷寓居於燕海陵出領行臺省至燕
隇往見之因訴其事及海陵即位起為保大軍節度使貞
元初改內省使未幾為中都路都轉運使明年再徙順義
興平入為太子詹事鎮沁南以疾卒年六十六後十餘年
隇子孫司徒張通古子孫皆不肯漂蕩破貲產賣田宅世
宗聞之詔曰自今官民祖先亡沒子孫不得分割居第止
以嫡幼主之母致鬻賣仍著于令

列傳第十九

海陵諸子

蕭仲恭　子拱　蕭仲宣　高松
鄭建充
烏孫訛論　顏盞門都　耶律恕　郭企忠　僕散渾坦　移剌溫
紇石烈胡剌
烏延吾里補　蕭恭　完顏習不主
郭藥師　子安國　耶律塗山　烏延胡里改

光英　矧思阿補　廣陽

【金史八十二】　一

郭藥師渤海鐵州人也遼國募遼東人爲兵使報怨于女
直號曰怨軍藥師爲其渠帥嘗古攻顯州敗與藥師于城
下遼帝七保天德耶律捏里自立攺怨軍爲常勝軍擇藥
師諸衛上將軍捏里死其妻蕭妃撁制藥師以涿易二州
歸于宋藥師以宋兵六千人奄至燕京甄五臣以五千人
奉迎春門皆入城蕭妃令關廛門與宋兵巷戰藥師大敗
歸之函其首以與宗望藥師深尤宋人而無自固之志矣
宋人宋使藥師副王安中守燕山及安中不能庇張覺而
矢馬歩走踰城以免宋人猶屋賞之太祖割燕山六州與

朱迁

宗望軍至三河藥師等拒戰于白河兵敗藥師乃降宗望
遂取宗望伐宋以藥師爲燕京留守留守完顏
民從宗望駐兵汴城下凡宋事虛實藥師盡知之宗望能
深入駐兵汴城下約質納幣割地全勝以歸者藥師能測
宋人之情中其肯綮故也及兩鎮不受約束命諸將討之
藥師破順安軍營殺三千餘人海陵使右司郎中梁鉄同知安武軍節度
復本姓故藥師子安國仍姓郭氏
郭安國藥師子也累遷國上將軍南京副留守貞元三
年南京大內火海陵使留守馮長寧都轉運使左瀛各杖一
事王全按問失火狀

百除名安國及留守判官大良順各杖八十削三官火起
處句當官南京兵馬都指揮使吳潘杖一百五十除名失
火位押宿兵吏十三人並斬諭之曰朕非以宮闕壯麗也
自即位以來延省河南汝等不知防慎致外方姦細燒
延始死疑此輩容隱姦細故皆斬也安國性輕躁本無方
當處死罪特以舊人寬貸之押宿人兵法
略海陵將伐宋以安國將家子擢拜兵部尚書改刑部尚
書軍與領武捷軍都總管武勝武平軍爲前鋒海陵授
諸將方略安國前奏曰趙構閩王師至其勢必逃寬臣等
不以遠近追之獲而後已但置之何地海陵大喜曰卿言

【金史八十一】　二

朱迁

其曾撫克州群寇三千餘保擄山險胡里改復破之賞牛
百兩帥府賞牛三十頭馬一匹七年討泰山群盜平之殿
年攻宗城縣敵棄城走恩州胡里改追殺千餘人獲車四
遇于城南胡里改先馳擊敗之元帥府遂賞良馬一五五
爲從闍母圍平州有功及伐宋圍汴五謀克與宋兵萬人
烏延胡里改懶路星顯水人也後授愛也窟謀克因家

鄇國公

府從入沐克洛陽及從妻室平陝右天會七年授太子少
保十年遷尚書左僕射致仕卒年九十一正隆例贈特進

列傳
四百三

金史八十二

三

周成

授尚書爲西北路招討使宗翰伐宋塗山率本部爲先鋒
至汾州遇宋將折家軍請濟師併力破之從攻太原隆德
大將軍遇董里相溫逸帝奔天德塗山以所部降宗翰承制
即律塗山系出遇董氏在遼世爲顯族塗山仕至金吾衞

殺衞鞅宣無所見歟

之身而爲三國之禍福如是其不倖也魏公叔座勸其君
贊曰郭藥師者遼之餘尊宋之屬階金之功臣也以一臣
國副之及海陵遇弒衆惡安國所爲與李通輩皆殺之
北還更置浙西道兵馬都統制府以完顏元宜爲都統安
是也得橋便即置之寺觀嚴兵守之及聞世宗即位海陵謀

隨吾里補領其父謀克從大軍攻滄州方夷濠隍城中兵
達吉補隷元帥府監軍麾下撜懶以事赴闕以達吉補
烏延吾里補懶路禪嶺人也從大名路天會中從其父
武功將軍世襲本路婆娑火河謀克

十年移鎮顯德辛官年六十九九十九年詔授其子五十六
九年改同知京兆尹兼本路兵馬都總管天德改同知平
陽尹兼河東南路兵馬都總管貞元三年改同知東路懶路
總管大定四年授胡里改節度使七年改歸順軍節度使
定遠大將軍八年授臨洮少尹兼熙秦路兵馬副都總管
安往攻之宋兵三千巳渡江方管壁壘乘其未就突戰破
州賞敵之一匹宋人也襄陽府監軍按補遣胡里改
盡得敵之虛實又從蒲魯渾徇地熙泰敗敵兵二千於泰

列傳
四百十

金史八十二

四

陳州夜將四更忽闐敵開門潰走胡里改巫領二謀克攻
偵候人至蔡州西遇兵八十餘戰敗之獲南頓縣令及攻
之梁王宗弼復河南將攻陳州遇胡里改以甲士三十捕
年定陝右胡里改以所部遇敵千人敗之生擒甲士一人
將兵且至胡里改以其軍遂獲姚觀察帥府賞馬二四九
鋒軍攻和州比至含山縣五里獲甲士二人乃知宋三將
三十爲前鋒宋所遣持書與劉四廂鋪者七人復以先

來拒吾里補以本部擊却之王師下青州乃力戰有功獲馬
百四以獻降獲賊豪其衆青州戍將覩吉補以萊州兵衆
請濟於帥府吾里補將十二謀克兵往救之遂降其四營
援其一營獲户四千又敗賊兵五萬于恩州攻破其營降
户五萬獲牛畜萬餘將至臨清縣遇敵兵三千又敗之俘
獲甚衆生擒賊首以獻帥府嘉其功復以奴婢百牛三十賞
之時覩吉補領其親管宗室移剌屋選步卒
一萬騎兵四千往討之吾里補領其親管兵二千爲前鋒
破敵敗于恩州之境吾里補復以兵四千往救遇敵
先登力戰有功大軍經略密州吾里補兵二千爲前鋒

過敵萬人于高密遂敗其衆追至城下親戮殆盡獲馬牛
三千餘吾里補與辛太欲敗賊王義軍十餘萬于州南是
夜賊兵數千來襲營吾里補以兵橫擊走之後從大軍攻
楚揚通泰等州天眷二年襲其父世襲猛安授大將
軍皇統七年益以親管謀克天德三年除同知歸德尹正
隆初爲唐古部族節度使大定二年爲保大軍節度使是
歲改鎮通遠是時宋軍十萬餘入阿隴據險要攻邠元
帥在都監合喜泰益兵詔益兵七千遣吾里補與彰化軍
節度使宗室璋等七人偕往以備任使進階龍虎衛上將
軍卒于軍中

蕭恭字敬之乃烈冀王之後也父翊天輔間歸朝從玖典
中遷以爲中尹帥選以恭爲質子宗望伐宋翊嘗領建
興成川懿五州兵爲萬户軍帥以恭材勇使代其父行時
年二十三至中山宋兵出戰恭先以所部擊敗之經山東
及渡淮龍康王皆在軍中師還帥府承制授德州防禦使
冀人之地濱棣間者皆隸爲改棣州防禦使皇統間改同
知橫海軍節度使丁父憂去官起復爲侍衛親軍馬步軍
中京留守事累遷兵部侍郎授世襲謀克坐問禁中起居
狀失杖奪一官貞元二年爲同知大興尹歲餘遷兵部尚

書爲宋國生日使以母憂去官起復爲侍衛親軍馬步軍
都指揮使四年遷光祿大夫復爲兵部尚書是歲經畫夏
國邊界遠過臨潢失所佩金牌至太原豪憲成疾時已具
其事驛聞於朝海陵復命給之仍遣諭恭曰汝失信牌亦
猶不謹朕方俟汝有委使乃稱疾即必以去日身佩信
俄頃而卒海陵方遣使與其子護衛九哥馳視乃戒府官
使養護之至保州已聞訃矣海陵深悼惜之命九哥護喪
以還所過州府設奠致祭親臨莫賄賻甚
厚并賜廄馬一謂九哥曰爾父可山常控至樞前既募汝則乘之
朕兼此馬十年今賜汝父可山常控至樞前既募汝則乘之

完顏普不主年十六從伐宋攻下懷仁縣功居最從廥宗
經略陝西以兵七百人入丹州諸山遇盜三千擊敗之又
破賊四千生擒其將帥出隴州以兵四百敗敵數千宋兵
七千來取鞏州復擊走之又以五千兵敗吳玠之眾三萬
白塔口遇敵五千復敗之別降定逺等寨皇統二年授同
知臨洮尹以憂去官未期以舊職起復改孟州防禦使遷
臨洮尹復以罪罷正隆三年起為京兆尹改河南尹卒年
五十八

府小吏梁王宗弼復陝西久不通聞睿宗在燕京遣胡剌
統石烈胡剌睠駿川庵敦河人徙西北路識契丹字為師
往候之是時宗弼自鳳翔攻和尚原使胡剌視彼中地形
修道寨城十二年往濱州密訪南邊事體及觀劉豫洽靖
狀盡得其虛實睿宗甚嘉之皇統初從宗弼渡淮及下盧
和二州大破張浚韓世忠等軍遣胡剌馳奏賞以金孟校
綵五端絹五匹七年授同知景州軍事以廉加忠武校
尉天德初以監察御史分司行臺歷同知濟州防禦使軍
入為監察御史秩滿再任大定二年遷刑部員外郎與御
史大夫白彥敬往西北部族市馬累轉泗州防禦使三遷
蒲與路節度使移寧昌軍卒
耶律恕字忠厚本名轆里遼橫帳秦王之族也為人謹愿

有志喜讀書通契丹大小字與耶律高八來歸要至閒高
八日與兩同來者誰可任用治軍旅事高八對曰轆里可
臺室與宗翰伐宋恕隷前鋒取和尚原攻仙人關特為廥
宗所知丼除太原具定少尹撒离喝辟署陝西參謀委以
軍務遷行臺兵部侍郎再還尚書左司郎中海陵為平章
政事調恕曰君亦有黨乎恕正色曰窮則獨善其身達則
兼善天下不以其道得之非恕之志也何朋黨之有海陵

徐曰前言戲之耳久之為沁南軍節度使遷行臺工部尚
書行臺罷改安國軍節度使為參知政事以疾求解為興
中尹入為太子少保正隆元年致仕封廣平郡王薨年六
十九二年例贈銀青光祿大夫
郭企忠字元弼唐汾陽王子儀之後郭氏自子儀至承勳
皆節鎮比方唐季承勳入于遼子孫繼為天德軍節度使
至昌金降為副使企忠幼孤事母孝謹年十三居母喪哀
毀如成人服除襲父官加在散騎常侍天輔中大軍至臺
中遣耶律坦招撫諸部企忠來降軍帥命同勾當天德軍
節度使事從所部居千韓州及見太祖問知其家世禮遇
優厚以白鷹賜之天會三年代宋領西南諸部畨漢軍兵
為猛安從破鷹門屯兵加桂州管內觀察留後鎮代州明
年賊楊麻胡等聚眾數千于五臺企忠與同知州事迪里

討平之遷知汾州事是時汾州初下居民多為軍士掠去
城邑蕭然企忠詣師府力請願聽其親舊贖還帥府從之
未幾完實如故石州賊間先生衆數萬至城下僚屬應有
內變請為備企忠曰吾於汾人有德也保無他乃率吏民城
守會援至合擊破之六年改靜江軍節度留後遷天德軍
節度使汴京步軍都指揮使累選金吾衛上將軍秩滿權
沁州刺史到官歲餘辛年六十八

【金史八十二】

九

之遼夜遇敵數百騎掩擊之生獲三人知霸哲衆九萬且
擊此京山賊皆有功蕭霸哲來謀攻恩州訛論以六十騎偵
烏孫訛論善騎射龍袋撒改謀克攻東京及廣寧
尉氏中牟援兵取其城父之以兵百五十人破敵一千於
滄州西明年再代宋蒙刮戍開州訛論以騎四百守河復
至故蒙刮得以為備遂破霸哲宗望伐宋已至汴訛論破
王善兵拖其前宗弼使訛論酒師敗王善于和州比李威
敗千餘人斬首七百餘宗弼渡淮阿里先其舟于江上聞
以兵七萬據烏江訛論師二千人直前敗之宗弼遂渡江
至江寧十五年沂州實防禦叛訛論討之獲實防禦錄前
後功授猛安加昭武大將軍冉取河南訛論以五十
騎敗揚家賊五百於徐州東以功受賞不可勝計天德二
年除唐州刺史移淄州遷石壘部族節度使行至北京病
卒

顏盞門都隆州帕里干山人也身長美鬚髯天會間從其
兄羊蠻在軍中方取汴京其兄戰歿遂攝甲代其
府宗定陝右以門都為蒲輦隸監軍呆親管攻饒風
關至坊州呆欲與總管蒲察虎會於鳳翔遣門都領六十
騎先往期會及還備地形險阻門都至令齎廢喬叉安
撫百姓詔書佺訛論監軍宗室初叛將軍復定國軍節度
銀絹事畢復遣佺從呆天眷初呆門都既還宗弼賞以良馬
偽齊呆至私署以獻甲呆為名遂以兵劫執而去門都突出

【金史八十二】

十

以告押軍猛安完顏撻懶同卒兵追及首出與戰呆由此
得脫以功遷明威將軍復從呆招復陝西進至鳳翔齊國
初廢諸路多反覆不一呆授門都牌割令徃撫定門都所
至多張甲兵從逆者安之遷者呆其嘉
之皇統初遷廣威將軍四年為丹州刺史兼知軍事正隆初為
知保安軍事天德三年為
寧州刺史大定初宋吳璘等以軍數十萬人據秦隴元
帥府承制以門都為勇烈軍副都總管領軍討之宋人保據
德順都監合喜遣武威軍副都總管夾谷查剌會宗室璋
議征討之策璋與門都曰須都監親至敵必退矣合喜領

軍四萬來赴遂復德順州明年秦隴平以功還金吾衛上
將軍授通遠軍節度使五年改慶陽尹兼本路兵馬都總
管卒于官十九年錄功以子六哥世襲本路曷懶兀主猛
安敵骨論盃申謀克授武功將軍門都性忠厚謹愿安置
管臺尤能慎密有敵忽來雖矢石至前泰然自若通號令
士卒如平時由是人益安附而功易成焉

僕散渾坦蒲與路狹懣人也身長七尺勇健有力善騎射
年十六從其父胡沒速征伐初授俯武校尉為宗弼扎也
天眷二年與宋岳飛相拒渾坦領六十騎深入覘伺至鄰

陵敗宋護糧餉軍七百餘人多所俘獲皇統九年除蔡州
刺史再邊利沙軍節慶使授世襲濟州和术海鸞猛安沙
里幹誤謀克貞元初以憂去官起復舊職歷泰寧永定軍
攺咸平尹海陵殺渾坦弟樞密使忽土召渾坦至南京既
見沈恩久之謂之曰汝有功舊不因忽土得以此致罪
甚可矜憫遂釋之攺興平軍節慶使世宗即位以為廣寧
尹富幹友為行軍都統與昌懶路總管徒單克寧俱在左
翼敗高幹於長濼攺臨潢尹賊平賜金帛改昌懶路兵馬
都總管徙顯德軍慶陽尹致仕大定十二年上恩舊功起
為利沙軍節慶使復以金紫光祿大夫致仕卒年七十二
渾坦歷一十七官未嘗為佐貳性沈厚有識雖未嘗學問

明於聽斷所至有治聲云

鄭建充字仲實其先京兆人占籍鄜州仕宋累官知延安
府事天會七年來降仍知延安府屯兵三千宋劉光烈兵
八萬來攻建充相距四十餘日攻益急建充遺人會斜喝
軍夾擊破之俘其禆將賀貴邊卹制司統制軍馬攺京兆
府路兵馬都監敗宋曲端於彭原高昌宗擄延安為宋守
建充擊之盡復城邑復知延安軍府齊國建累邊博州
團練使知寧州齊國廢朝廷以地賜宋為經略慶路經略
安撫副使仍知寧州天眷復取陝西仍以為經略安撫使
知慶州從破甘谷城攺平涼尹是時營建南京宮室大發

河東陝西材木浮河而下經砥柱之險筏工多沉溺有司
不敢以聞乃誣以逃亡錮其家建充曰其事請至砥柱解
筏順流散下令善游者下流接出之而錮者得釋正隆軍
興括筋角造軍器百姓往往椎牛取之或生援取其角牛
有泣下者建充性剛暴常畜榷犬十數
奴僕有罪既笞復喉犬嚙之骨肉都盡雖謙通下士於
敵已上一無所屈省部文移有不應法度輒置之坐下或
即毀裂建充藏甲欲反更飛鞬皆無狀方奏上攝事者素
免乃誣建充欲反更飛鞬皆無狀方奏上攝事者素
與建充有隙恐其得釋使吏持文書紿建充曰朝省有命

奈何建充曰惟汝所爲是夜死于獄中長子頬亦死焉

烏古論三合曷懶路愛也窟河人後從扎魯忽爲右副

元帥聞三合勇略選充扎也後從宗弼征伐補魏院都監

未幾從伐宋與宋兵過於潁州三合先登破之皇統元年

領漢軍千戶帥府再以軍四千隸宗弼行河東除鄭州防禦使

事再遷太子少詹事大定六年改洺州防禦使上曰卿昔

喜膚宗積勞苦速事朕輔佐太子宣力多矣今典名郡所

以勞卿也遷永定軍節度使歷臨潢鳳翔尹陝西路統軍

使東平尹卽制州郡躬行儉約政先寬簡邊庭久寧人民

摸安召爲簽書樞密院事卒十八年世宗追錄三合舊勞

授阿里武功將軍

刺温本名阿撒横帳人工契丹小字曆宗爲左副元

師伐宋温從大泉渡江辟江寧府都巡撿江寧太平初下

宋遣謀人扇搆百姓應者數萬人温擒其謀者遂不敢稿

發宗弼嘉之賜銀千兩同知河北西路轉運使事會宗弼

伐未嘗不在行間除同知河北西路轉運使事會宗弼欲有奏請

邊温從軍不之官宗弼入朝熙宗實群臣宗弼曰阿撒叔

已被酒失次温掖而出宮明日熙宗謂宗弼曰阿撒叔

甚謹不可去左右由是宗弼益親信之嘗謂女壻紇石烈

志寧曰汝可劾阿撒之爲人也可以幾古人矣未幾除同

知中京路都轉運使兼東路左諫議大夫兼修起居注正

隆伐宋以本官爲濟州路行軍萬戶從至揚州軍還除同

知宣徽院事世宗御饌不適口召温嘗之奏曰味非不美

也蓋南北邊事未息聖慮有所在耳上意遂釋歷永定震

武崇義龍慶使移臨海軍州治近水秋兩水潦暴至城下

城頗頽壞百姓惶駭不知所爲温躬督役夫繕完之雖臨

測無所避儻屬或止温曰爲政疏瘍爲災守

之罪當以此身爲百姓謝雖死不恨移鎮武定歲旦且蝗

温割指以血灑酒中禱之旣而兩霑足有群鴉啄蝗

且盡由是歲熟人以爲至誠之感云以老致仕卒

賀曰軍旅之事鋒鏑在前不計其死耳屬金皷目屬雄旗

心屬號令此行列之任也自收國用兵至于大定和宋以

前用命之士雖細必錄所以明功也

蕭仲恭本名术里者相撻不也仕遼爲樞密使守司徒封

蘭陵郡王父特末爲中書令守司空尚主仲恭性恭謹勤

有禮卽能被甲超豪馳遠故事宗戚子弟別爲一班號孩

兒班仲恭嘗爲班使歷宮使本班詳穩遼帝西奔天德仲

恭爲護衛太保兼領軍事至霍里底泊大軍奄至倉卒走

仲恭毋馬之不能進謂仲恭兄弟曰汝等盡節國家無以

我為也仲恭母遼道宗季女也遼主傷之命弟仲宣留侍
其母仲恭從而西時大靈察其遼主乏食仲恭進衣并進
乾糧遼主困仲恭伏冰雪中遼主籍之以慰凡六日乃至
天德始得食後與遼主俱獲太宗以仲恭忠於其主特加
禮待天會四年仲恭使宋且還宋人意仲恭耶律余睹皆
但恐宋人留不遣遂陽許還見宗望即以蠟丸書獻之宗
有亡國之感而余睹為監軍有兵權可誘而用之乃以蠟
九書令仲恭致之於是再舉伐宋執二帝以歸宗
望蔡仲恭無他薄罰之

右宣徽使改都點檢宗磐與宗幹爭辯於熙宗前宗磐授
有備以功加銀青光祿大夫遷尚書右丞皇統初封蘭陵
郡王授世襲猛安進拜平章政事同監修國史封濟王詔
葬遼豫王於廣寧仲恭請往會葬熙宗義而許之政行臺
左丞相居無何入為尚書右丞相拜太傅領三省事封
王天德二年封越國王除燕京留守海陵親為書以玉山
子賜之是歲薨年六十一諡貞簡正隆例降王爵改儀同
三司鄭國公子拱

拱本名迪聲阿不初為蘭子山猛安海陵為宰相徵取人
子為達官遂以拱為禮部侍郎耶律彌勒拱
舉為大臣子以

襄女弟也海陵將納為妃使拱自汴取之還過燕是時仲
恭為燕京留守見拱身形不類麗子竊憂之曰上多猜本
嫌拱其及禍矣拱去不數日仲恭卒拱至上京聞訃以本
官起復佩信牌往燕京治葬事未行彌勒入宮果如仲恭
所相慶即道出宮夜半召拱至蔡中詰問無狀海陵終疑
之乃罷拱禮部侍郎是時蕭恭張九坐語拱有隙乃誣拱言張九無罪
山治猛安事之有阿納與拱
山與容會語及之

被誣語涉怨謗海陵遣使鞫之戒使者曰此子狂妄宜有
此語不然彼中安得知此事使者不復問拱但榜掠其左
右驗使如告語證之拱遂見殺
仲宣本名野里補仲恭母弟聰敏好學沉厚少言五歲遇
授郡王刺史累加太子少師為本班詳穩從天祚西為護衛
太保左右班詳穩至石輦驛遼主留仲宣侍母遂與其母
皆見獲太宗嘉之且謂仲宣能知遼國故事命權宣徽使
從磨宗伐康王師還家居久之皇統二年特授鎮國上
將軍歷順義軍四鎮節度使為政平易小吏
不敢為姦賄略禁絕奴婢入郡人莫識其面朝謁百姓皆
為立祠刻石頌之正隆二年卒六十四
高松本名檀朵澄州析木人年十九從軍為蒲聲有力善

金史卷八十二

戰宗彌閣其名召置立右從破汴京及和尚原累官咸平
總管府判官世宗即位充管押東京路渤海萬戶兵部尚
書可喜謀反前同知延安君李老僧曰我與萬戶高松謀
之必從我矣衆曰若得此軍舉事易矣老僧往見高松說
松念聖恩累世不能報尚敢有望乎老僧遂不敢言一縣令也每
松曰君有功舊人至今不得大官何也松從征
輝阿瑣知事不可成尚富貴福澤
贊曰忠信行己豈不大哉蕭仲恭延吒宗磐而朝廷尊高松謚
總之與宗室舊臣等矣仲恭盡心故主而富貴福澤焉

〈金史八十二　十七〉

海陵后徙單氏生太子光英元妃大氏生勝王元壽柔妃
光英本名阿魯補徙單后所生是時燕京轉運使趙襄慶
多男故又名曰趙六養于同判大宗正之家故崇德大
夫沈氏妻張氏嘗為光英保母於是贈璋銀青光祿大夫
安置太祖畫像于武德殿盡召國初嘗從太祖破寧江州
賜宗正方錢千萬天德四年二月立光英為皇太子是月
有功者得百七十六人並加宣武將軍賜酒帛其中有忽
里罕者解其衣進光英曰臣今年百歲矣有子十人願太

金史卷八十二

千壽秀多男子與小臣等海陵使光英受其衣海陵即以
所服弁佩刀賜忽里罕答其厚意後以英字與鷹隼字聲
相近改鷹坊為馴鸞坊國號有英國又有應國遂改英國
為壽國應國為杞國宋亦攺光州為蔣州光山縣為期思
縣光化軍為通化軍云太醫院保全即率中超保和大夫薛
導義俱以醫起後宣武將軍太子右衛副率光英褓
辛辭養于宗正方家其後養于求寧宮及徙單斜也家貞元
時養于宗正方家其後養于求寧宮及徙單斜也家貞元
元年詔朝官京官五品以下奉引自通天門入居于東宮
正隆元年三月二十日光英生日宴百官于神龍殿賜
京師大酺一日四年八月光英射鵓鴣之海陵大喜命薦
原廟賜光英馬一匹黃金三斤班賜從者有差正隆六年
海陵行幸南京次安蕭州光英獲二兔遣使薦于山陵居
數日復獲麕兔從官皆稱賀賜光英名馬弓矢復遣使薦
海陵六月海陵至南京群臣迎謁海陵與徙單后光英
千山陵六月
共載而入海陵嘗言候太子年十八以天下付之朕當日
遊宴於宮掖苑囿中以自娛樂光英頗膂悟海陵謂侍臣
曰上智不學而能中性未有不由學而成者太子宜擇碩
德宿學之士使輔導之庶知古今防過失詩文小技何必
作耶至於騎射之事亦不可不習恐其懦柔也及將親征

〈金史八十二　十八〉

后與光英挽衣號慟海陵亦泣下曰吾行歸矣後誦孝經

一日忽謂人曰經言三千之罪莫大於不孝何爲不孝對

者曰今民家子博弈飲酒不養父母皆不孝也光英默然

良久曰此豈足爲不孝耶盖指言海陵弒母事及伐宋光

英居守以陛滿訊里也爲太子少師兼河南路統軍以

衛護之完顏元宜軍變海陵遇害都督府移文訊里也娶

光英于汴京時年十二後與海陵俱葬於大房山諸王

墓次訊里也戚平路窟吐忽河人襲其父忽土猛安除邳

州刺史三還昌武軍節度使歸德尹南京留守河南路統

軍使太子少師大定二年遷元帥右都監宋人陷陳蔡訊

《金史八十二》 十九

里也師父無功巳而兵敗于宋解職俄起爲京兆尹世宗

謂之曰卿爲河南統軍門多私謁百姓惡之其後經略陳

蔡不惟無功且復致敗以汝舊勞故後用汝京地近南

邊宜善理之大定三年卒

元壽天德元年封崇王三年薨

朝思阿補正隆元年四月生小底東勝家保養之賜東勝

錢千萬仍爲起第五月己酉彌月封其母唐括氏爲柔妃

賜京師貧者五千人錢人錢二百二年列朝思阿補生日海

陵與求壽太后及皇后太子光英幸東勝家三年正月五

日朝思阿補覺海陵殺太醫副使謝友正醫者安宗義及

其乳母杖東勝一百除名明日追封朝思阿補爲宿王諸

大房山諫議大夫楊伯雄入直禁中因與同直者相語伯

雄曰宿山王之死盖養于宮外供護雖謹不若父母膝下豈

國家風俗素尚如此或以此言告海陵海陵大怒謂伯雄

曰爾臣子也君父所爲豈得言風俗宮禁中事宜爾當言

朕或體中不佳聞不視朝祇是少得人幾拜耳而庶事皆

奏決便殿雖有死刑不即論決朕每當開暇顏閱教坊

除授宣勅復有稽緩有何利害使四者得緩其死至於

樂聊臣子也君父所爲作禽荒酣酒嗜音峻宇雕墙有一於此未或不亡此戒人君不恤國事溺於此者耳

刑四百三十八字 《金史八十二》 二十

如我雖使聲樂喧動天地宰相敢有濫與人官而吏敢有

受賂者乎外間敢有竊議者乎爾諫官也有可言之事當

公言之言而不從朕之非也私議可平伯雄對曰陛

下至德明聖固無輒議者愚臣失言罪當萬死惟陛下哀

憐海陵日本欲殺汝令祇杖汝二百既決杖至四十使近

臣傳詔諭伯雄曰以爾藩邸有舊令特釋之

悻王廣陽母南氏本大臬家婢隨元妃大氏入宮海陵幸

之及有娠即命爲殿直正隆二年九月二十六日生廣陽

十月滿月海陵分施在京貧民凡用錢千貫三年二月封

南氏爲才人七月封廣陽爲勝王九月薨

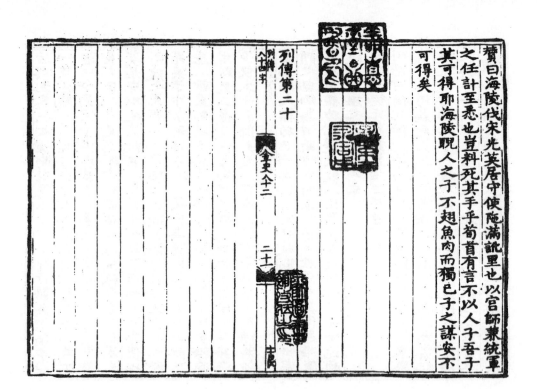

贊曰海陵伐宋光英居中使陀滿訛里也以官師兼統軍
之任計至悉也豈料死其手乎荀首有言不以人子吾子
其可得耶海陵覘人之子不翅魚肉而獨已子之謀安不
可得矣

列傳

八古宇

金史十二

二十

張通古　張浩
張玄素　張汝霖
　　　　張汝弼
　　　　耶律安禮
納合椿年　祁宰

列傳第二十一

金史八十三　一

張通古字樂之易州易縣人讀書過目不忘該綜經史善
屬文遼天慶二年進士第補樞密院令史丁父憂起復燕
辭不復因避去屏居與平太祖定燕京割以與宋宋人欲
收人望召通古通古辭謝隱居易州太寧山下宗望復燕
京侍中劉彥宗與通古素善知其才召為樞密院主奏改
兵刑房承旨天會四年初建尚書省除工部侍郎兼六部
臺高慶裔設廢勘法仕宦者多奪官通古亦免去遼王宗
幹素知通古名惜其才遣人諭之使自理通古比面通古曰大國
士皆去而已何心獨求用哉宗幹為論理之除中京副留
守為詔諭江南使宋主欲南面使通古北面通古曰南人
之鄉當小國之君天子以河南陝西賜之宋約奉表稱
臣使者不可以比面若欲貶損使者使者不敢傳詔遂索
馬欲比歸宋主遂命設東西位使者東面宋主西面受詔
拜起皆如儀使還聞宋已置戍河南請送伴韓肖胄曰天

列傳第二十一

金史八十三　二

子裂壞地益南國南國當思圖報大恩今輒置守戍自取
嫌疑若興師問罪將何以為辭江左且不可保況齊乎肖
胄惶恐曰敬聞命矣即馳白宋主宋主遽命罷戍通古至
上京具以白宗幹且及其部置來定當議收復宗幹撫
河南通古請先行至汴諭之比至汴宿衛襄我通古曰南人
古曰宋人先遣詐也今硾使人果潰去宗望復取
宣言來者正所以走耳硾使人覘之果潰去宗望復取
體笑曰誰謂書生不能曉兵事哉河南卒孫進詐稱皇弟
按察大王謀作亂是時海陵為相內懷觀觀欲先除熊宗
之熙宗自大子濟安薨後繼嗣未定深以為念裴滿后多
弟胙王常勝因孫進稱皇弟大王遂指名為胙王以誣構
專制不得肆意後宮頗蓄嬖因縱酒性迷惑妄怒手刃
殺人及海陵中傷胙王熙宗以為信然不疑遂護衛特恩
就汴京鞫治行臺知熙宗意在胙王導引孫進護衛特恩
古執其答極力辯止及孫進引服盡假託名稱將以感眾
規取財物耳實無其人也特思奏狀海陵譖之曰特思且
將徼福於胙王熙宗益以海陵為信遂殺胙王并特思殺
之行臺諸人乃責通古曰為君所誤今坐死矣通古曰以
正復罪死賢於生海陵既殺胙王不復緣害他人由是坐

止特思行臺不坐天德初遷行臺以丞進拜平章政事封

御下嚴屬收威柄親王大臣未嘗少假以顏色惟見通古

必以禮貌會磁州僧法寶欲去張暉欲留之不可得

朝官又有欲留之者海陵聞其事詔三品以上官上殿責

之曰聞卿等每到寺僧法寶自苦修行由是成佛不

令人崇敬以希福利皆妄也況僧者往往不第秀才市井

取佛生計不足乃去為僧較其貴賤未可與薄尉抗禮間

閭老婦追於死期多歸信之卿等位為宰輔乃復效此失

大臣體貌司徒老成舊人三教該通足為儀表何不師之

召法寶詰之曰汝既為僧去住在己何乃使人乃畏死耶

戰慄不知所為海陵曰汝為長老富有定力令之法寶

遂於朝堂杖之二百張浩張暉杖二十正隆元年以司徒

致仕進封曹王是年薨年六十九通古天資樂易不為表

襮雖居宰相自奉如寒素篤為子沉天德三年賜揚建中牓

及第

張浩字浩然遼陽渤海人本姓高東明王之後曾祖霸仕

遼而為張氏天輔中遼東平浩以策干太祖太祖以浩為

承應御前文字天會八年賜進士及第授祕書郎太宗將

幸東京浩提點繕修大內遷衛尉卿權簽宣徽院事管

勾御前文字初定朝儀求養親去職起為趙州刺史官制

行以中大夫為大理卿天眷二年詳定內外儀式歷戶部

員外郎遷禮部尚書田穀黨事起臺省一空以浩行六

部事簿書叢委決遣無留人服其才久疾求外補除彰德

軍節度使遷燕京路都轉運使俄改平陽尹平陽多盜臨

汾男子夜掠人婦浩捕得榜之盜遂衰息近郊有海祠

郡人頗事之廟祝田主爭香火之利累年不決浩乃燬其祠

廛投其像水中強宗黠吏屏迹其敢犯者郡中大治乃繕

葺堯帝祠作擊壤遺風亭海陵召為戶部尚書拜參知政

事天德二年丁母憂起復知政事進拜尚書右丞天德

三年廣燕京城營建宮室浩與燕京留守劉筈大名尹盧

彥倫監護工作命浩就擬差除既而暑月工役多疾疫詔

發燕京五百里內醫者使治療官給藥物全活多者與官

其次繪畫下者轉運司舉察以聞貞元元年海陵定都燕

京改燕京為中都改析津府為大興府浩進拜平章政事

中都者給復十年以實京城從之拜尚書右丞相兼侍中

賜金帶玉帶各一賜宴于魚藻池浩請凡四方之民欲居

封滕王賜其子汝霖進士及第未幾改封蜀王進拜左丞

相正隆二年改封魯國公表乞致仕海陵曰人君不明諫

不行言不聽則宰相求去宰相老病不能任事則求去卿
於二者何居浩對曰臣羸病不堪任軍宰非養病之地
也以求去不許海陵欲伐宋將幸汴官室浩從容奏曰往歲嘗
於是使浩與敬嗣暉營建南京官室而汴京大內失火
治中都天下樂然趨之令民力未復而重勞之恐不似前
時之易成也不聽浩辭海陵問用兵之利害浩不敢正諫
其姻必生釁可不煩用兵而服之海陵雖喜其言而不能
民父兵海陵憬然曰何以知之對曰趙構無子樹立疏屬
從也浩至汴海陵時將使臣者梁琭來視工役凡一殿之
成詹景鉅萬琭指曰其處不如法式軌撤之浩不能坑而
與之均禮沛官成海陵自燕來遷居之浩拜太傅尚書令
進封蓬國公海陵至汴累月不視朝日治兵南伐部署諸
將浩欲罷而海陵部署已定惡聞其言乃枝之海陵自將發
戶謀皇后太子居守浩留尚書省事世宗即位于遼陽
諸將皆新進少年恐誤國事宜來舊人練習兵者以為千
揚州軍變海陵遇害都督府使殺太子光英于南京浩
遣戶部員外郎完顏謀衍上賀表明年二月浩朝京師入
見世宗謂曰朕恩天位惟艱凤夜惕懼不遑寧處卿國之

元老當竭力贊治宜令後世稱揚德政毋失委注之意也
俄拜太師尚書令封南陽郡王世宗曰卿在正隆時為首
相不能匡救惡得無罪營建兩官輝竭民力汝亦嘗諫故
天下不以咎汝惟正隆而卿在省十餘年練達政務故
復用卿為相當自勉毋負朕意頓首謝居數日世宗謂
浩曰卿為尚書令凡人材有可用者當舉用之浩舉統軍石
至省中大政可就第裁決浩雖受詔然每以退為讓三年
設座殿陛之東君有咨謀然後進對或體中不佳不必
中高衍及浩姪女彌宣論浩力疾入對郎詔入朝毋拜許
烈志寧等其後皆為名臣浩有疾在告者父之遣左司郎
古帝王有不用文學者平浩對曰有曰誰歟浩曰秦始皇
一日詔左宣使趙伯樣百官致奠賻銀千兩重綵五
上顧左右曰可使我為始皇乎朕每事畏法明昌五年配享世宗廟廷泰和
近侍有欲罷科舉者上曰吾見太師議之浩至入見上曰
夏復申前請乃除判東京留守疾不能赴任因請致仕初
元年圖像衍慶宮子汝為汝霖汝能汝方汝猷
汝霖字仲澤少聰慧好學浩嘗稱之曰吾家千里駒也閱
十端絹五百四謚曰文康明昌五年配享世宗廟廷泰和
元二年賜呂忠翰牓下進士第特授左楠關權大興縣令
冉還禮部員外郎翰林待制大定八年除刑部郎中召見

於香閣謝之曰卿以待制除郎中勿以爲降朕以刑部關
漢官故以授卿且卿入仕未久姑試其能耳如職事修舉
當有陞擢爾父太師以戶部尚書兼諸相位由崇德大夫
躐遷金紫榮祿卿所自見也當既厥心無忝乃父明年授太子
左諭德兼禮部郎中先是知登聞檢院王震改禮部郎中
世宗謂宰臣曰此除震必無所稱朕意亦然卿今爲臺官
召謂曰卿審言監察御史所繁州縣官多因沾買以得名
可華其帙舉政中都路都輔運使太子少師兼禮部尚書
代轉御史卽爲御史大夫時將陵主簿高德溫大收稅戶米
道御史獄汝霖具二法上世宗責之曰朕以卿爲公正故
登用之德溫有人在宮掖故朕顧詳其事朕肯以宮掖之
識大夫楊伯仁曰臺官不正如此伯仁奏曰罪疑惟輕故
私撓法耶不謂卿等顧徇如是汝霖跪謝久之上左諫
具二法上請在陛下裁斷耳且人材難得與其智而邪
不若用愚而正者上作色曰卿輩皆愚而不正者也未幾
復坐失出大興推官高公義罪謫授棣州防禦使頃之後
爲太子少師兼禮部尚書拜參知政事太子少師如故是

曰汝霖兄汝弼亦進拜尚書左丞時人榮之後因朝奏曰
論事上前世宗謂曰前世史見太宗行事初甚屬厲晚
年與群臣議多飾辭朕不如是也又曰唐太宗明天子也
晚年亦有過舉朕雖不能比迹聖帝明王然常思始終如
一朕雖年高敬慎之心無時或息汝霖對曰古人有言靡
不有初鮮有終有始有卒者其惟聖人乎魏徵所言守
成難者正謂此也上以原王判大
興府事上命汝霖但消視事日且加輔導尋坐擅支東宮
諸皇孫食料奪官一階久之遷尚書右丞是時世宗在位
久熟悉天下事思得賢材與圖致治而大臣皆依違苟且
無所薦達一日世宗召宰臣謂曰卿等職居輔相曾無一
舉何也且卿等老矣殊無可以自代者平惟朕嘗言其人
可用然後從而言之卿等旣無所言必待朕知而後進用
將復有幾因顧汝霖曰若右丞者亦因右丞相言而知也
汝霖對曰臣等不敢不薦但無人耳上曰春秋諸國
諸國分裂土地褊小皆稱有賢令天下之大豈無人才但
卿等不舉而已今朕自勉庶幾致治他日子孫誰與共治
平汝霖等皆有慙色二十八年進拜平章政事兼修國史
封芮國公世宗不豫與太尉徒單克寧右丞相襄同受顧
命章宗卽位加銀青榮祿大夫進封莘先是右丞相襄言

熙宗聖節蓋七月七日為係景祖忌辰更用五月受外國
賀今天壽節在七月兩水濕暴外方人使赴闕有礙行李
乞後他月為便汝霖言帝王之道當示信於天下昔宋主
攝生日亦係五月是時都在會寧上國遣使賜禮不聞有
礙遼礙阻之說今與宋構好日久遠以暑兩為辭以不
完顏守道修起居注完顏為者同知登聞檢院事孫鐸亦
璋御史大夫唐括貢中丞李晏刑部尚書兼右諫議大夫
皆言其不可帝初從之既而竟用襲議時帝在諒陰初出
獵諫院聯章言帝心殷用期到關猶愈更用別日參知政事劉

卿能每事如此朕復何憂然時興署殊難同古昔如能酌
酌得中斯為當矣一日帝謂寧臣曰本之用人太拘資歷
如此何能得人汝霖奏曰不拘資格所以待非常之材帝
曰權祐甫為相未踰年薦八百人豈皆非常材耶時有司
言民間收藏制文恐因而滋訟乞禁之汝霖謂王者之法
督猶江河欲使天下易避而難犯本朝法制坦然明白今已著
為不刊之典也不聞誦若令私家收之則人皆
曉然不敢為非亦助治之一端也不禁為便詔從之明昌
元年三月表乞致仕不許十二月卒時帝獵饒陽詔督事凡進言必
百官送葬賻禮加厚諡曰文襄汝霖通敏習事凡進言必

揣上微意及朋附多人為說故言不忤而似忠也初童宗
新即位有司言改造殿庭諸陳設物日用繡工一千二百
人二年畢事帝以多費意輟造汝霖曰此非上服用未為
過修將來外國朝會殿宇壯觀亦國體也其後奢用浸廣
蓋汝霖有以導之云

張玄素字子真與浩同曾祖祉祐父匡仕遼至節度使玄
素初以歷得官高永昌據遼陽玄素在其中斡魯軍至乃
開門出降特授世襲銅州猛安天會間歷西上閤門使客
省使東宮計司天眷元年以靜江軍節度使知涿州察廉
最進官一階皇子魏王道濟領中京以玄素為魏王府
同提點尋改鎮西軍節度使遷東京路都轉運使改興平
軍節度使正隆末年天下盜起玄素發民夫增築城郭同
僚諫止之不聽未幾冦鄰郡皆無備而與平獨安世宗
即位玄素來見千東京玄素在東京旨言世宗嘗
取在官黃糧及撫其數事至是來見世宗一切不問玄素
與李石力言宜早幸燕京上深然之遷戶部尚書出鎮定
武遂致仕年八十四卒玄素厚而剛毅人畏憚之往往以
片紙署字其上治瘧疾輒愈人皆異之

汝弼字仲佐父玄徵彰信軍節度使玄素之兄也汝弼初
以父蔭補官正隆二年中進士第調潘州樂郊縣主簿玄

徽妻高氏與世宗母貞懿皇后有屬世宗納玄徽女為次
室是為元妃張氏生趙王允世宗即位于遼陽汝弼與
叔玄素俱往歸之攉應奉翰林文字世宗御翠巒閣召左
司郎中高衍及汝弼問曰近日除授外議何如宜以實奏
母少隱也有不可用者當改之衍汝弼皆無以對自皇統
以來內藏諸物費用無度更責緣為姦多亡失汝弼與宮
籍直長高公穆入殿小底王添兒閱實之以類為籍作四
庫以貯之於是內藏庫使王可道等皆杖一百汝弼等各
進階頃之兼修起居注轉右司員外郎母憂去官起復為
部郎中累遷吏部尚書拜參知政事詔從女直猛安謀克

于中都給以近郊官地皆塗簿其腴田皆豪民久佃逐專
為己有上出獵猛安謀克人前訴所給地不可種藝詔拘
官田在民久佃者與之因命汝弼議其事請條約立限令
百姓自陳過限許人首告實者與賞上可其奏仍遣同知
中都轉運使張九思拘籍之上問高麗夏使者至
高麗與王抗禮夏王立受使者拜本朝與夏約和用
與夏為甥舅夏王以公主故受使者拜本朝與夏約
遼故禮所以然耳汝弼對曰誓書稱一遵遼舊儀今行之
已四十年不可改也上曰卿等言是也上聞尚書省除授
小官多不稱職召汝弼至香閣謂之曰他宰相年老卿等

直盡心汝弼對曰材薄不足以副聖意耳進拜尚書右丞
於是戶部雖官倉粟汝弼請使殿湯院得糶之上讓曰汝
欲積陰德邪何區區如此左丞相徒單克寧得解政務為
樞密使是日汝弼亦懷表乞致仕上慰勞之曰卿年未
老未可退也進左丞與族弟參知政事汝霖同日拜族里
許六十致仕上責之曰朕嘗許汝至六十者上不許汝六
十者且朕言六十致仕是則可行否則當言卿等不言皆
此類也久之坐擅增諸皇孫食料與丞相守道上曰准法當
翰特剌參政張汝霖各削官一階上曰聖旨嘗解職但示

薄責耳汝弼在病告上謂宰相曰汝弼久居執政練習制
度頗能斟酌用人材而用心不正乃罷為廣寧尹賜過犀帶
汝弼為相不能正諫上所欲為則婉辭以引過終不忤之也而上
微言以觀其意上責之則順而導之所不欲為則
亦知之且贖偵以計取諸家名園甲第珍玩奇好士論薄
之二十七年薨汝弼既與邪言怖求中甥舅陰相為黨章宗即位
祈祝使術者推算求中有司鞫治高氏伏誅事連汝弼上
汝弼妻高氏每以邪言忤求中覘非望盡求中母俛侍奉
以事覺在汝弼死後得免削奪
耶律安禮本名納合系出遼蓁氏幼孤事母以孝聞遼季

閉關避難未嘗一日息溫清入朝當路者重其行義使主
帥府文字授左班殿直天眷初從元帥於山西母沒不克
歸葬主帥憐之賻禮甚厚安禮冒大暑挽柩行千餘里哀
毀骨立行路嗟嘆服除由行臺更禮部主事累遷工部侍
郎改本部尚書中天德間罷行臺尚書省入為工部侍郎
遷本部尚書明年冬為宋國歲元使被詔治鞠韓王亨獄
千蘭寧身無反狀安禮還奏海陵怒疑安禮再往與李老
使乃責安禮曰亨送有三罪其論阿里出虎有誓券不當
死既引伏其迹親戚得以不坐安禮之不附上刻下乃如此改
政奴婢止數人皆有契券時議賢之薨年五十六

僧同鞠之老僧由是殺身于獄海陵猶謂安禮輒殺身以
絕滅事迹親戚得以不坐安禮之不附上刻下乃如此改
等來奏欲測我喜怒以為輕重耳乃遣安禮再往與李老

尚書右丞進封邢國公轉左丞議降職功臣封爵密邊諫
軍廉謹自將從帥府再代宋實貨人口一無所取貴為執
伐江南忻海陵意罷為南京留守封溫國公安禮長於吏

諸部兒童俱入學最號警悟父之選諸學生送京師與
納合椿年本名烏野初置女直字立學官於西京椿年
京教授耶魯教之椿年在選中補尚書省令史累官殿中

侍御史改監察御史海陵為相薦為右司員外郎編定新
制海陵纂立以為諫議大夫椿年有酒失海陵使之戒酒
遂終身不復飲改秘書監修起居注授世襲猛安為翰林
學士兼御史中丞正隆初起上京諸猛安於中都山東等
路安置以勞賜王帶閑廐馬奉遷山陵還為都點檢賜今
名拜參知政事海陵謂椿年曰如御吏材其難得復有如

御前郎未旬日海陵謂椿年曰吾試用汝時至左丞
員外郎未旬日海陵謂椿年曰如御吏材世宗時至左丞
賢知賢矣妻室後賜名良弼有宰相才好推轂
相號賢相於正隆二年椿年薨海陵親臨哭之追封特進

譚國公謚忠辯賻銀二千兩綵百端絹千四錢千萬以長
子參謀合為定遠大將軍襲猛安次子合苔為忠武校尉
及歸葬再賜錢百萬仍給道路費椿年有宰相才好推轂
士類然頗管產葉為子孫冒占西南路官田八百餘頃
大定中括撿田土百姓陳言官蒙占擄官地貧民不得耕
種溫都思忠子長壽椿年子猛安參謀合等三十餘家凡
冒占三千餘頃詔諸家除牛頭稅地各再給十頃其餘盡

賦貧民種佃世頗以此讓椿年云
祁宰字彥輔江淮人宋李以醫術補官王師破汴得之後
隸太醫字彥輔江淮人宋李以醫術補官王師破汴得之後
賦貧民種佃世頗以此讓椿年云
隸太醫使數被賞賚常感激欲自效

海陵將伐宋宰欲諫不得見會元妃有疾召宰診視既入
見即上疏諫其略言國朝之初祖宗以有道伐無道曾不
十年馮遂戡宋當此之時上有武元文烈英武之君下有
宗翰宗雄謀勇之臣然猶不能混一區宇舉江淮巴蜀之
地以遺宋人況今謀臣猛將異於曩時且宋人無罪師出
無名加以大起徭役譬中都建南京繕治甲兵調發軍旅
戰役煩民人怨嗟此人事之不修也間者晝星見於牛
斗熒惑伏於異軫己歲自刑害氣在暴時且宋師必出
者敢此天時不順也舟師水涸舳艦不繼而江湖島渚之
鬬騎士馳射不可驅逐此地利不便也言甚激切海陵怒

戰役煩之辭曰貴不知也海陵猶召禁中諸司局官至
宗翰宗雄謀名加以大起徭役譬中都建南京繕治甲兵

咸德門論以殺宰事明年世宗即位於遼東四年詔贈資
政大夫復其田宅章宗即位詔訪其子忠勇校尉平定州
酒醬公史權尚藥局都監泰和初詔定功臣謚尚書省至
李東鈞上言軍有宜緩而急者名輕而重者名教是也伏見
故贈資政大夫斩宰以忠言被誅慕義之士盍傷厲心世
宗即位贈之以官陛下録用其子甚大惠也雖武王封比
干之墓孔子誉夷齊之仁何以異此而有司拘文以職非
三品不在諡謚之例臣竊疑之若職至三品方得請謚當

持君高官食厚祿者不爲無人皆畏罪渙洵曾不敢申一
豪畫一策以爲社稷計卒使立名死節之士顧出於醫下
之流亦可以少愧矣臣以謂非常之人當以非常之禮待
之乞詔有司特賜謚以旌其忠斯亦助名教之一端也制
曰可下太常謚曰忠毅

贊曰昇哉海陵之爲君也舞瞽御下而不邮宰一醫流獨能
朝勸必以禮然後免於恥張通古耶律安禮位皆大臣
進退始其賢速矣浩無役不從爲相最久用
之厚過之蕭皇亦自取之邪海陵伐宋浩安禮位皆大臣
一以婉辭一以密諫賢於不諫而已祁宰一醫流獨能極
諫其後皆如所言海陵戕之足以成其百世之名耳納合
椿年援引善類有君子風其死通在宋兵未舉之前然觀
其好營產殖亦未必忘身徇國之士也祁宰卓乎不可及
也夫

勑修

開府儀同三司上柱國錄軍國重事中書右丞相監修國史領經筵事都總裁臣脫脫奉

果本名撒里喝　　耨盌溫敦思忠　子乙迭
溫敦兀帶　　　　斜睍
白彥敬　　　　　張景仁
　　　　　　　　高楨

果本名撒里喝安帝六代孫泰州婆盧火之族胡魯楠山
之子雄偉有才略太祖愛之常在軍中及婆盧火為泰州
都統宗族皆隨遷泰州撒離喝嘗為世祖養子獨得不遷
仍居安出虎水宗翰已再克汴執宋二主北還宗翰
破其報執而戮之從平陝西撒離喝徇地自渭以西降德
順軍又降涇原路鎮戎軍進平熙河降甘泉等三堡遂取
保川城明年同奔觀討平河外降寧洮安隴二寨并降下
河及樂州至西寧盡降其都護官屬於是木波族長等皆
迎降攻慶陽敗其拒者遂降其城慕洰以環州來降得城
寨十三步騎一萬於是宗弼膺宗已定陝西留兵屯衝要使撒離喝總

分遣諸將定河北左都監闕毋攻下河間雄州李成棄城
走撒離喝遂擊大破之雄州遂降慶宗經略山東留撒離
喝于河上而真定境內有賊報自稱元帥秦王撒離喝擊

之居無何請收劍外十三州與宋王彥之軍七千人過于
沙會樂鄉之遂克金州連破吳玠諸軍于饒峰關遂取真
符縣等破宋兵盡下諸砦及仙人關天會十四年為元帥右
監軍天眷二年宗弼復取河南撒離喝自河中出陝西
至鳳翔擊走宋軍是時宋軍在京兆西者甚報諸將以暑
雨欲駐軍且聞宋兵九萬會于涇州都元帥遣河南步卒
來會軍撒離喝留諸將屯環慶獨以輕騎取涇州
宋兵走渭州撒離喝速追擊大敗之未幾為右
副元帥皇統三年封應國公錫賚甚厚興宗出獵賜具裝

馬二命射于圍中加開府儀同三司將還軍命宰臣餞之
海陵升蒲州為河中府撒離喝為河中尹左副元帥如故
自陝西入朝因從容言曰唐建成不道太宗以義除之即
位之後力行善政則如唐太宗矣海陵聞其言色變撒離喝亦悔
其言既而進封國王從行官吏皆賞賚之海陵念撒離喝
又擁兵在外頗得士心忌之以為行臺左丞相無左副元
父又恐不奉命陽尊以殊禮使係屬籍以玉帶重書賜之
撒離喝預軍事撒離喝不知每辛輒爭之撻不野詭曰太師

梁王以陝西事屬公以河南事屬撻不野令未嘗別奉詔
命陝西之事撻不野固不敢干涉撻不野父在河南將帥
畏而附之撻不野喝始至勢孤爭之不得白於撻不野
旨報曰如梁王教及詔使至汴諭旨於撻不野使還撻不
義尚書謀里野等遣設學撒離喝及聞人皆知海陵使撻不野圖
之矣會海陵欲除遼王斜也子孫及平章政事宗義等元
帥府令史遙設希海陵旨誣撒離喝手署及印文詐為契丹
開折著書紙隱約有白字作曾經水浸致字畫分明者稱
小字家書與其子宗安從左都監奔觀上變封題作已經

御史大夫宗安於宮門外遺下此書遙設拾得之其書略
曰撻不野自來於我不好若凡事常有隄防應是知得也又
移剌補丞相於我不好若凡事常有隄防應是知得他手也又
曰阿渾每見此書約定月日教掃胡令史卻寫白字書來
有司鞫問宗安不服曰使真有此書我剖肌肉藏之猶恐
漏泄安得於朝門下遺之有司掠笞楚宗安謂掃胡曰爾
乃實稱胡爐炭上掃胡不能堪自誣服曰我輩知不免矣
苦夫宗義被掠管不能當亦自明九泉之下當有寃對
早決徒自苦宗安曰今雖無以自誣服曰
吾終不能引風竟不服而死使撒魯渾殺撒離喝于汴族

其家而無寫書及傳書者主名有折哥者能得契丹小字舊
嘗從撒離喝特末者陝西舊將嘗以左副元帥事馳驛赴
闕兩人者皆族誅撒離喝親屬坐是死者二十餘人潞王
輪者孫耶曾候撒離喝于汴厮魯渾亦殺之其家訟于朝海
司若法當同坐死不恨厮魯渾軹曰願付有
陵不問但賜錢二百萬奔親遷元帥左監軍加開府儀同
三司遙設為同知博州事賜錢三百萬謂之曰爾無自比
老人老人親告有司設有撒離喝黨人在其間
敗吾事矣老人指蕭王也蕭王名老人故云
州數歲後與蕭裕謀及伏誅大定初詔復撒離喝官爵在博

年追封金源郡王謚莊襄以郡王品秩官為營葬十七年
配享太宗廟庭

斡盞溫敦思忠本名乙剌補阿補斯水人太祖伐遼是時
未有文字凡軍事當中覆而應密者諸將口授思忠思
忠面奏受詔還軍傳致詔辭離往復數千言無少誤及遼
人議和思忠與為林牙賛謀往來專對其間號鬨剌闢剌
者漢語云行人也自收國元年正月遼人遣僧家奴來使
者三往反及議不決使者賽剌至遼人殺之遼僧家自將至
馳門大敗歸復遣使議和及太祖使胡突衰往書曰若不從
此胡突衰但使人送至界上或如賽剌殺之惟所欲者天

輔三年六月遼大冊使太傅習泥烈以冊重至上京一舍

先取冊文副錄閱視文不稱兄不稱大金稱東懷國太祖

不受使宗翰宗雄宗幹希尹商定冊文義指楊朴潤色胡

十咨阿撒高慶喬譯契丹宇使俄授行贊謀

至遼見遼人再撰冊文復不盡如本國旨意欲見遼主自

陳闊者止之贊不顧直入間者相與搏擻折其信牌遼

人懼遼遣贊謀歸太祖再遣贊如遼人前後十三遣

使和議終不可成太祖自將逐克凛其後伐宋思忠從

宗翰軍封劉豫為齊帝思忠為傳宣使俄授謀克從宗弼

克和尚原還為同知西京留守事天眷初政蒲州防禦使

元帥府在陝西者其官屬往往豪奪貧民為奴起遣工匠

千人東來至河上思忠留止其人以聞詔皆還之為行臺

尚書左丞是時贊謀為行臺參知政事思忠贓貨無厭贊

謀鄙之兩人由是交惡海陵殺左丞相兼德于行臺贊謀

妻秉德乳母也思忠因構謀殺之是歲思忠入為尚書右

丞俄進平章政事封剡國公進拜左丞相兼侍中封沂國

公天德三年致仕貞元二年十月海陵率三品以上官辛

思忠第使以家禮見謂思忠曰卿神氣康寧習先朝舊事

舍卿無能知者當為朕共治國政對曰君之臣敢不

敬從但恨老病瘭謬無以塞責耳遂命思忠乘馬從入宮

拜太傅領三省事封齊國王尋拜太師兼勸農使已而罷

中書門下省不置領三省事置尚書令位丞相上思忠為

尚書令特置散從八人聽隨至官省奏賜坐海陵欲定封

爵制度風思忠建白之封王者皆降封異姓或封公或一

品二品階惟封思忠廣平郡王賜以玉帶思忠言百官不

當封妻海陵從之惟封思忠次室為郡夫人而思忠

謂太祖舊臣頗自任雖海陵逐非拒諫而思忠盡言無所

避海陵將伐宋問諸大臣皆不敢對思忠曰不可海陵亦

悅謂思忠曰汝勿論可否但云何時克之思忠曰以十年

為期海陵曰何久也昔月年思忠曰太祖伐遼猶且數年

今百姓愁怨師出無名江淮間暑熱淋濕不堪久居未能

以歲月期也海陵怒顧視左右若欲取兵刃者思忠無所

畏恐復曰老臣歷事四朝位至公相苟有補於國家死亦

何憾有頃海陵曰自古帝王混一天下然後可為正統爾

毫夫固不知此汝乙迷讀書可往問之思忠曰臣昔見

太祖取天下問哉此時豈有文字耶臣年踰七十更事多矣彼

乳奧子安足問哉此時豈有文字耶海陵既不用思忠盡運四方甲仗于中

都恩思忠曰州郡無兵何以備盜賊海陵盡運四方甲仗于中

忠曰山後契丹諸部恐未可盡起皆不聽其後州郡盜起

守令不能制契丹撒八斡篕果反期年乃克之當是時海

22-789

陵伐宋祁宰諫而死張浩進言被杖思忠見跣孔彥舟畫
第先取兩淮他無及者正隆六年思忠薨年七十三海陵
深悼惜之親臨莫賻贈加等賜金螭頭車使者監護給道
路賵大定十二年詔復烏林荅賾謨官爵贈特進上謂宰
臣曰贊謨實剛毅雖古人無以過與思忠元取家貲付之
陵殺之今思忠子孫皆不肖亦陰報也初思忠已構粉贊
謨遂納其妻曹氏盡取其家財產章宗即位贊謨女五十
九乞改葬賜葬地于懷州并以思忠有隙遂勸海
謨本名乙迭累官御史中丞世宗謂之曰省部官受請託
有以室家傳達者官刑不㢤士風頹弊如此其紏正之初

世宗至中都多放宮人還家有稱心等數人在放逸之例
所司失於檢照不得出宮心常快大定二年閏二月癸
巳夜遂於十六位放火延燒太和神龍殿上命近臣迹火
之所發十六位宮人袞六娘六人放出宮心等為之稱
心等伏誅賞賜袞六娘六人表乞權紵修建上使張汝弼
詔謙曰朕思正隆比年徭役百姓瘡瘼未復違事未嘗
遂有營繕也卿可悉之久之襲父思忠潦州猛安利涉軍
節度副使為林荅鈔兀追捕逃軍至猛安中謙長其擾乃
釀民財買銀鈔鈔兀事覺鈔兀抵罪謙坐奪猛安過赦求

敘上曰乙迭無自與賊使復其所
轉鹽溫敦兀帶太師思忠姪也天會間充女直字學生學
問通達觀書史工為詩選為尚書省令史都事轉
行臺右司郎中入為左司員外郎累官同知大興尹京師
盜賊止息事無留滯再遷刑部尚書改定海軍節度使除
兵部尚書改吏部正隆伐宋為武定軍都統管世宗即位
遣使召之授咸平尹遙領軍都統改會寧尹都謹如
故是時初定離幹人心未安兀帶為治寬簡多備禦謹斤
候邊郡以寧改北京留守以廉察興兀帶所在有能名無
私過由是入拜參知政事世宗諭之曰九在卿上者行事

或不當理咨禀不從卿以所見奏聞下位有可用之才當
推薦之久之屬疾上命左宣徽使撒嗣暉往視遣醫治療
薨年四十七上聞悼惜之贈銀千兩重綵四十端絹四百
匹敕有司致祭久之上謂侍臣曰故參知政事兀帶刑部
尚書彥忠滄州節度使兀不喝侍郎敵剌郎中骨被皆為
人忠直後進中少有能及之者朕樂得忠直之人有如兀
帶彥忠者乎卿等為朕舉之其見思如此
昂本名舞睹景祖弟孛黑之孫斜幹之子幼時侍太祖太
祖令數人兩兩角力時昂年十五太祖顧曰汝能此乎對
曰有命敢不勉遂連仆六人太祖喜曰汝吾宗弟也自今

勿遠左右居數日賜金牌令佩以侍年十七太祖伐遼謂
之曰汝可擐甲從軍矢昂遂佩所賜金牌從軍太祖平燕
策功賜甲第一區天輔六年宗翰駐比安州聞遼主延禧
在駕鴛濼遣蒲盧溫敢思忠請於國論勃烈杲願以所
部軍追之杲不能決乃遣昂與思忠詣宗翰議其事遂定
天會二年南京叛軍帥鬧母遣昂劉彥宗分兵討之宗望
其比門時軍中遣使入城宋人不納昂諭之以事遂得入
宗望至汴令闍母捷懶等屯于城之東比隅盧宋主遁去

州宗術與昂以兵三千為前鋒比暮昂先以兵千人馳至
伐宋承制以為河南諸路兵馬都統稱金牌郎君及攻
戰敗之其安軍溺死於汴者過半七年大軍渡江敗宋兵
道昂等率輕騎環城巡遷昂所領止八謀克遇敵萬人與
於江上帥府遣昂等以兵追宋主八會稽若為堅守
計有兵數千列陣於郭東竹葦間諸將欲擊之昂曰此詐
也不若急攻城不然將由他門逸去諸將猶豫未決而
主果於他門以單舟入海不獲而還宗輔定陝西宗術經
取寧洮安隴二寨進至河州其通判率士民迎降攻樂州
暑熙秦遣昂與撒离喝領兵八千攻取河西郡縣昂等遂
其都護及河州安撫使郭蜜偕降復進取三寨至西寧州
都護許居簡以城降吐蕃酋國長之孫趙鈐轄率其所部木

波首領五人來降昂別領軍四千往積石軍降其軍及所
部五寨官吏追吐蕃鈐轄等十二人至廓州招之不下攻
取之天眷元年授鎮國上將軍除東平尹東平有兵五千倉卒出
飛以兵十萬號稱百萬來攻東平明年夏宋將岳
獵之時桑柘方茂昂使多張旗幟於林間以為疑兵自以
精兵陣于前飛不敢動相持數日而退昂勒兵躡之至清
口飛報泜舟逆水而去時霖雨晝夜不止昂乃附水屯營
夜將半忽促眾比行諸將諫曰軍士遠涉泥淖饑憊未食
恐難遽行昂怒不應鳴鼓絕之下令曰鼓聲絕而敢後者
斬遂棄營去幾二十里而止是夜宋人來劫營無所得而

去諸將入賀且問其故昂曰泜流而下者走也泝流而上
者誘我必追也也今大雨泥淖彼舟行安我陸行勞士卒饑
乏弓矢敗弱我軍居其下流勢不便利其襲我必矣報皆
釋善岳飛以兵十萬圍邠州甚急城中兵才千餘守將懼
道人求救昂曰沁舉兵以為聲援飛乃退在東平七年
甄深文餘可速實之守將如其敎填之岳飛果自此究地
遂益都尹遷東比路招討使改崇義軍節度使遷會寧牧
天德初改安武軍節度使遷元帥右都監轉左監軍授上
京路移里閔斡曾渾河世襲猛安海陵曰汝有大功一挺

安不足酬也益以四謀克昂受親管謀克餘三謀克讓其
族兄弟拜樞密副使轉海陵南伐封莒國公累進封莒衛大
昂怒族弟妻去衣杖其脊海陵聞之杖五十久之拜大
尉封潘國公進太保判大宗正事封楚國公累進封莒衛大
齊兼樞密使太保判大宗正代行分諸路軍為三十二總
管分隸在右領軍大都督府
陵築臺于江上召矣昂及右領軍副大都督蒲盧渾謂之日
舟楫已具可以濟矣蒲盧渾曰舟小不可濟海陵怒詔昂
與蒲盧渾明日先濟昂懼欲亡去抵暮海陵遣人止之日
前言一時之怒耳既而至揚州軍變海陵死世宗即位遼

〔金史八六〕
十二　子陽

宋人驍兵後即以罷兵移書于宋二年入見世宗深慰勞
輿其婿牌印袛候回海等奉表賀登寶位大軍比還昂忿
陽昂使人殺皇太子光英于南京遣其子襄殿小底宗浩
略過軍未幾奉遷廬宗皇帝梓宮於山陵以昂為攢朝
之進封漢國公拜都元帥太保如故置元帥府於山東經
事畢還山東三年召至京師以疾薨年六十四上爲輟朝
親臨葬賻銀千兩重絹五十端絹五百匹昂在海陵時縱
飲沉酣輒數日不醒海陵聞之常面戒不令飲得閒輒飲
如故大定初還自揚州妻子爲置酒私第未數行輒即不
飲其妻大氏海陵廢人從母姊也怪而問之昂曰吾本非

嘗酒者但向時不以酒自晦則汝弟殺我父矣今遇遭明
時正當自愛是以不飲聞者稱之睦於兄弟充善施于其
親族有貧困者必厚給之至於茵帳衣衾器皿僕馬之屬
常預設於家即命駕相就爲其歡樂終日盡以遺之即日
使富足人或以子孫計者曰人各有命但使其能自
立爾何至爲子孫奴耶君子以爲達
苔賛謹廉直自奮思忠搏之於死自謂固結海陵堅若金
贊曰撒離喝溫敦思忠奔睌皆有功舊臣當天會皇統之
際戰勝攻取可謂壯哉及海陵之世嶇嶔忌撒离喝既
自以言致疑猶與大臭辨爭軍事何見幾之不早也爲林
異於殺越人于貨者乎伐報不在其身在其子孫亦已晚
且思忠之最可罪者搆害特誤又納其室而殺其子此何
石真意執議不合而遽棄耶始之不以道未有能終者也
矣正隆之末奔睌苟免自全大臣之道固若是乎
戰逼側趨苟免自全大臣之道固若是乎
高楨遼陽渤海人五世祖年翰仕遼官至太師楨少好學

〔金史八四〕
十三

宣業進士斡魯討高永昌已下潘州遂來降款以綏
師是時楨毋在潘州遂討高永昌以求昌降款非誠幹魯乃
進攻既破永昌遂以楨同知東京留守事授猛安天會六
年遷尚書左僕射判廣寧尹加太子太傅在鎮八年政令

清蕭吏畏而人安之十五年加太子太師提點河北西路
錢帛事天着初同簽會寧妓及熙宗幸燕兼同知留守封
戴國公改同知燕京留守魏王道濟出守中京以楨爲同
判俄改行臺平章政事爲西京留守封任國公是時奚酋
軍民皆南徙謀克别術者因之嘯聚爲益海陵患之即以
楨爲中京留守命乘驛之官責以平賊之期賊平封河内
郡王海陵至中京楨瞻夜欲千禁蕭有近侍馮家奴李街喜
等皆得舉海陵審夜欲千禁蕭杖之瀕死由是權貴皆震
懼遷太子太保行御史大夫如故楨拜司空進封代王
太子太保行御史大夫如故楨在臺彈劾無所避每進
對必以區别流品進善退惡爲言當路者忌之薦張忠輔
馬諷爲中丞二人皆險詖深刻欲令以事中楨正隆例封
冀國公楨因固辭曰臣爲粮小所嫉恐不能免尚可受封
爵耶海陵知其忠宥餘恨楨空獨語曰其事
永決其事未奏死宥餘恨年六十九海陵悼惜之遺使
致簀其事終日不一談笑其簡默如此
解衣緩帶對妻孥性方嚴家居無聲伎雖甚暑未嘗
白彦敬本名遙設部羅火部族人初名彦恭避裔宗諱改
吏補元帥府令史伐宋爲錢帛司都管勾立三省選爲尚
馬祖屋僕根父阿斯遠爲率府率彦善騎射起家爲

書省令史除都元帥府知事招諭諸部授以金牌行數千
里有功超遷兵部郎中熙宗罷統軍司改招討司遺彦敬
分僝屬收牌印諭諸部隸招討司還爲本部侍郎遷大理
卿出爲通州防禦使改刑部侍郎怨家告訐開府慎思與
西北路部族叛鞫得其實海陵嘉之遷簽書樞密
院事以便宜措置邊防正隆六年調諸路兵伐宋及調民
馬彦敬主會寧謀叛彦敬鞫之遷忽土等以
無功坐誅以彦敬爲北面行營都統與副統紇石烈志寧
征萬戶彦敬副使契丹撒八反樞密使僕散忽土等以
以便宜往賜御服皮襖行至北京聞南
移送不屈皆殺之及完顏謀衍將兵攻北京蒲速稱疾不
速資利涨軍節度使獨言義以圖之世宗已即位使石抹
移送剌曷補等九人招彦敬志寧謀陰結會寧尹完顏溢
軍兵拒於建州之境而獨言義先歸世宗蒲速遣人乘夜揭牓於北京
至世宗遣人乘夜揭牓於北京市購以官賞彦敬志寧
恐爲人圖已遂降以爲昌速館節度使不數月召爲御史
大夫寓斡儲帝號諸軍馬瘦弱道彦敬往西北路招討司
市馬得六千餘四窩斡敗西走山後完顏恩敬以新馬三
千備追襲彦敬屯于夏國兩界間窩斡平召還爲兵部尚

書出為鳳翔尹改太原尹兼河北東路兵馬總管尋改河
中尹大定九年卒于官
張景仁字壽甫遼西人累官翰林待制貞元二年與翟永
固俱試禮部進士以尊祖配天為賦題忤海陵旨語往來
國傳大定二年僕散忠義伐宋景仁掌其文辭忤宋人謙和
朝廷已改奉表為國書稱臣為姪但宋世宗稱姪能文
之士也如張景仁與宋人往復書指意遵辨而栽員能文
詳讀官宋國書中有實鄰字景仁奏鄰字太涉平易上問
凡七書然後定其書皆景仁為之世宗稱其文辭嘗曰今
原年國書有鄰字否命一校勘六年書中亦有之上責
問六年詳讀官劉仲淵右丞石琚亦請罪曰臣嘗預六年
詳讀上曰此有司之過安得一責宰臣邪詔有司就諭
宋王諭使歸告其主後日國書不得復爾仲淵時為禮
部侍郎降石州刺史景仁遷翰林學士兼同修國史火之
上召景仁讀陳言文字上問事款幾何事十事可行餘皆無
對曰二十餘事復曰其中如其事款幾何景仁率易少周密
謂也明日上召景仁責之曰卿昨言可行者朕觀之中復
有不可行者不可行者朕未嘗使卿分
別可否卿輒專可否何也自今戒之十年兼太常卿學士

同修國史如故轉承旨兼修國史改河南尹二十一年召
為御史大夫仍兼承旨修國史世宗謂景仁曰卿博學老
儒宋如古之御史大夫然後行之斯為稱矣不能如古之
人衆人不獨詔卿亦謂朕不能知人卿醉中頗輕脫失言
當以酒為戒初朝臣言景仁有文藝而頗率易不可任臺
察景仁被詔就臺中治監察罪輒以便服視次罰上聞之
責景仁曰朕初用卿為大夫或言卿不可居此官今果不
用故事率易如此卿自慎不然黙視次罰上聞之便服視次
幾詔洸元妃李氏于海王莊平章政事烏古論元忠提控
蕲軍鄰水監丞高景壽治道路不如式元忠不奏決之四
十景仁劾奏元忠輒斷六品官無人臣禮上曰卿劾奏甚
當使左宣徽使蒲察鼎壽傳詔戒勅元忠曰監丞六品有
罪聞奏今乃一切趣辦揀決六品官法當如是耶御史在
傳朝廷汝當自各勿復再元忠尚豫國公主怙寵自任居
慢朝士景仁劾之朝廷肅然是歲薨
贊曰高楨以舊勞為御史大夫剛明自任繩治無所避幾
不免於怨憎之茶毒直己而行自古難之曰彥敬不受大
謂也父在此位其深謀讜論必有竦
而世宗嘉之張景仁之勇廷論元忠正矣

開府儀同三司怔國監修國史上柱國經筵都總裁臣脫脫奉

勅修

世宗諸子

　　　永中
　　　永德　　永蹈
　　　永成　　永功　子璹
　　　　　　　永升

升執章斜魯皆早卒

世宗昭德皇后生顯宗趙王靯瞢越王允斜瞢元妃張氏生
鄌王允中越王允功元妃李氏生越王允蹈衡紹王允濟
潞王允德昭儀梁氏生豫王允成才人石抹氏生瑩王允

傳

鎬王永中本名實賫剌又名萬僧大定元年封許王五年
判大興尹七年進封越王十一年進封趙王十三年拜樞
密使十九年子石古乃加光祿大夫是歲改葬明德皇后
于坤厚陵永中母元妃張氏陪葬十一月庚申自縊寧官
發引永中以元妃樞先發使執黃繖者前導俄頃皇后既
出磐寧宮顯宗徒跣少府監張僅言呼執黃繖者不應既
葬僅言乃止二十一年改判大宗正軍永中不悅顯宗動之
日宗正之職自親及踈自近及遠此親賢之任也且皇子
之貴豈以官職閒劇爲計邪永中乃喜二十四年世宗幸

上京顯宗居中升留永中顯宗先遣章宗奉表問起
居于上京既而遣永中子光祿大夫石古八八奉世宗兄
謁護國公主曰皇太子孝德天成先遣二子繼遣此子兄
弟之際相友愛如此也二十五年六月世宗在天平山好
行在是歲與章宗及永功等並加開府儀同三司二十六
年僕爲樞密使是歲世宗賜諸孫名石古乃曰璹神土門
曰璟阿思魯曰玠阿隣合荅曰珪二十七年弛年十五以
上加奉國上將軍章宗即位起復判西京留守進封漢王
興諸弟各賜金五百兩銀五千兩鈔二千貫重幣三百

列傳

紹二千四再賜永中惰公廨錢三百萬特加石古乃銀青
榮祿大夫阿隣合荅奉國上將軍明昌二年正月辛酉孝
諡皇后崩判真定府事具王永成判定武軍節度使隋王
永升薨興後期係一月秋其長其五十永中適有寒
疾不能至上然頗意諸王有輕慢心遣使責永中曰巳近
公除亦不須來二月丙戌禪榮永中姞至入晡辛卯始克
行燒飯禮壬辰永中及諸王朝辭賜道留物禮遇雖在而
王旣而王傳府尉官名爲官屬實檢制之也府尉軍進封鎬
王初置王傳府尉官名爲官屬實檢制之也府尉希望風
旨過爲苛細永中自以世宗長子且老矣動有鈴制情思

不堪殊禮爵乃表乞閒居詔不許四年鄭王永蹈以謀逆誅增置諸王司馬一員檢察門戶出入弋獵游宴皆有制限家人出入皆有禁防河東提刑判官把里海坐私謁永中杖一百解職前近侍局副使裴滿可孫嘗受永中請託為石古乃求除官可孫已改同知西京留守猶非望明昌書石丞張汝弼永中母舅也汝弼妻高陀斡自大定間尚永中母像奉之甚謹挾左道為永中求福覬覦非望會鏑五年高陀斡坐詛祝誅上疑事在永中未有以發也會鏑詔同簽大睦親府事尋御史中丞康鞭門并求得第王傅尉奏永中第四子阿鄰合謀

二子神徒門所撰詞曲有不遜語家奴德哥首永中嘗與侍妾瑞靈言我得天下子為大王以爾為妃詔遣官覆按狀同再遣禮部尚書張暐兵部侍郎烏古論慶裔覆之上中罪狀宣示百官雜議五品以下附奏四品以上入對便何故輒出此言左丞相清臣曰素有妄想之心也詔以永中罪狀宣示百官謂宰臣曰鏑以語言得罪與永蹈罪異參知政事馬琪曰永中與永蹈罪狀雖異人臣無將則一也上曰大王發皆曰請論如律惟官籍監丞廬利用气貸其死詔賜永中死神徒門阿離合議等皆棄市勒有司用國公禮收葬永中平陽府監護官給葬具妻子威州安置泰和七年詔

復永中王爵賜謚曰厲勒石古乃於威州擇地以禮改葬歲附葬真元祐二年詔徒永中妻石古乃等於鄭州安置貞祐三年太原縣人劉全嘗為盜亡入衛真界詭稱衛王所謂愛王指石古乃實未嘗有王封小人妄以此子方聚兵河北東平人李寶居嵩山有妖術徒以為國師溫稱寧可論大事乃使范元青偽號劉之寧至推為國師議備立事寬全溫寧皆伏誅貞祐四年瀘關破徒永中孫于南京興定二年亳州饑民自號劉二衛真百姓孫學究私造妖言云愛王終當舊發今匿跡民間自號劉二衛真百姓孫學究

信以為誠然有劉二者出而當之遺歐策豎結構沴黨市兵仗大賢旌旗謀僭立事竟誅死者五十二人緣坐者六十餘人永中子孫禁鋼自明昌至于正大末幾四十年天興初詔弛禁鋼未幾南京亦不守云鄭王永蹈本名銀术可初名石狗兒大定十一年封滕王未期月進封徐王二十五年加開府儀同三司二十六年為大興尹章宗即位判彰德軍節度使進封衛王明昌二年徒封鄭王三年改判定武軍初崔溫郭諫馬太初與永蹈家奴畢慶壽私說讖記災祥慶壽竊告永蹈永蹈馬郭諫相能相人永蹈乃召郭諫相已及妻子諫說永蹈曰大王相

親非常王妃及二子皆大貴又曰大王元妃長子不與諸
王比也永蹈召崔溫馬太初論讖記天象崔溫曰丑年有
兵災屬兔命者來年春當收兵得位郭諫曰昨見赤氣犯
紫微白虹貫月皆注田後寅前兵又憯亂事永蹈深信其
說乃陰結內侍鄭兩見伺上起居以崔溫爲謀主郭諫馬
太初往來游說河南統軍使僕散揆尚永蹈妹韓國公主
永蹈謀取河南軍以爲助與妹韓國公主長樂謀使駙馬
都尉蒲剌覩取諸奴千家奴以觀其意揆壽諫永蹈不聽
婚使者不敢復言不軌是時永蹈在京師詔平章政
壽以語同輩奴千家奴上變是時永蹈在京師詔平章政

金史八十五

五

林安

車完顏守貞參知政事胥持國戶部尚書楊伯通知大興
府事尼厖古鑑鞫問連引甚衆又不能決必安人心於是賜
問狀右丞相夾谷清臣奏曰車貴速絕必安人心於是賜
永蹈及妃十王三子揆春阿辛公主長樂自盡蒲剌覩崔
溫郭諫馬太初等皆伏誅僕揆雖不聞閭巷猶坐除名董
壽免死隸監籍千家奴賞錢二千貫特遷五官雜班敘使
自是諸王制限防禁密矣泰和七年詔復王封備禮改葬
賜謚曰剌以衛王永濟子按辰爲永蹈後奉其祭祀
誠王永功本名宗雋又名廣孫貞元二年生沈默寡言美
鬚髯絕人涉書史好決書名畫大定四年封鄭王七年進

封隋王十一年進封曹王十五年除刑部尚書上曰侍郎
張汝霖汝外舅行也可寧爲政十七年授活活土世襲猛
安十八年改大興詔尹世宗幸金蓮川始出中都親軍二著
頭纔馬食民田詔永功奏曰親軍人止一著頭兩彈
覺察勳停上次望京淀永功奏曰從之老嫗與男婦趨道傍
壓服勤爲日久矣臣昧死違詔量決箠頭使彈壓待罪可
使償其田直惟些下憐嫗曰向見年少婦人自水邊小
婦與所私相投亡或告伍長蹤跡之有男子私殺牛手持血刃望見
徑去矣嫗告伍長疑是殺其婦也捕送
伍長意其捕巳即走避之嫗與伍長疑是殺其婦也水中突求之水
縣不勝楚毒遂誣服閭尸安在詭曰棄之水中突求之水
中果獲一尸巳半腐縣吏以爲是男子真殺若婦矣即具
獄上永功疑之曰婦死幾何日而尸遽半腐哉項之嫗得
其婦於所私者永功目是男子偶以殺人就獄其婦掠足
必無殺牛之科矣遂釋之而去武清黃氏塋雲王氏豪搆
不遲永功發其衆戮內蕭然二十三年判東京留守是月
改河間尹閱月改北京留守居無何上謂宰臣曰朕閱永
功到北京爲政無良雖朕子萬一敗露法可廢乎朕已戒
勑永功卿等可諭其長史俾匡正之到北京凡七月改東
京留守世宗辛上京過東京永功從明年上還至天平山
勇健絕人

金史八十五

六

林貴

好水川皇太子慶部永功護更事舉拜御史大夫章宗封
憲王加開府儀同三司明年判大宗正軍應州僧與永功有護訴事
儀同三司明年判大宗正軍趙王永中及永功凡兄弟皆加開府
于彰國軍節度使後判剌胡剌求永功手書與胡剌為地胡
功解職未幾復判大宗正事章宗即位除判平陽府事進
剌得書奏之上謂宰臣曰永功以書囑事胡剌此雖細微
朕知此事當痛斷監奴及治府掾長史管轄府事者罪仍
不可不懲也凡人小過不治遂至大奸有犯必懲廢能
蒼于令家奴王唐犯罪至徒永功曲庇之平陽治中高德
裔失覺察笞四十於是永功改判濟南府詔永功曰所坐
雖細事法令不得不如此今已釋矣後母復然濟南先帝
舊治風土甚好可悉此意也改授山東西路把曾古世襲
猛安二年判平陽府事進封曾王明年判彭德府事承安
元年進封郓王明年判太原府事泰和七年改西京留守
八年復判平陽府事大安元年進封譙王判中山府事明
年進封越王宣宗即位詔免常參明年從遷汴京久之詔永
功每月朔一朝興定四年詔永功無朝五年有疾賜御藥
疾革賜尚醫診視一日五遣使候問是歲薨上哭之慟諡

列傳　金卷八十五　七　林安

曰忠簡子福孫粘没昌大定二十六年詔賜福孫名
璹孫名璹粘没昌名琳是年璹加興陵崇妃養子常居
位加銀青榮祿大夫封蕭國公初為興陵崇妃養子常居
京師奉朝請泰和五年卒章宗輟朝百官進名奉慰
璹本名壽孫世宗賜名守仲賢一字子瑜資質簡重慱學
有俊才喜為詩工員草書大定二十七年加開府儀同三司貞
祐中封胙國公正大初進封密國公璹奉朝請四十年曰貞
明昌初加銀青榮祿大夫衛紹王時加開府儀同三司貞
以謙誦吟詠為事時時潜與士大夫唱酬然不敢明白往
來永功薨後稍得出游與文士趙秉文楊雲翼雷淵元好
問李汾王飛伯輩交善初宣宗南遷諸王宗室顥沛壽走
璹乃盡戴其家法書名畫一帙不遺居汴中家人口多體
入少客至貧不能具酒肴齋飯共食裂彆者每盡出藏書
誠大定明昌以來故事終日不聽客去樂而不厭也天興
初璹已卧疾論及時事嘆曰兵勢如此不能支止可以降
是時曹王出質璹見哀宗於隆德殿上問叔父欲何言璹
全完顏氏一族歸吾國中使女真不滅則善矣於復何望
奏曰開訛可欲出議和訛可年幼不諳諳練恐不能辦大
事臣請副之或代其行上慰之曰南渡後國家此承平時
有何奉養然叔父亦未嘗沾涵無事則置之冷地無所顧

列傳　金卷八十五　八　林安

辭縱意則置于不測叔父盡忠固可天下其謂朕何叔父
休矢於是君臣相顧泣下未幾以疾薨年六十一平生詩
文甚多自刪其詩存三百首樂府一百首號如菴小蒿第
五子中禧字慶之風神秀徹璃特鍾愛嘗曰平日所董書
書將以付斯子及沐城降中禧病卒年未三十
必剌猛安大定三年進封曹王五年遷判大睦親府事興
漷王永安三年再住封勸農使承安二年進封
開府儀同三司二十七年封薛王明年除祕書監二十九
年進判祕書監進封潞王明年授山東東路把骨古
漷德本名訛出大定二十五年與章宗及諸兄俱加
改同判大睦親府事興定五年遷判大睦親府事與子幹論
進酒後期有詔勿問衛紹王時累遷太子太師宣宗即位
賜名玟
顏成本名鶴野又曰曼室母昭儀梁氏永成風姿奇
偉博學善屬文世宗充愛童之大定七年始封潞王以太
學博士王彥潛為府父學永成師事之十一年進封潞十
五年就外第十六年判祕書監明年授世襲山東東路把
督古猛安判大睦親府事既而改中都路胡土靄哥蟄猛
安二十年改授翰林學士承旨二十三年判定武軍節度
使事尋改判廣寧府二十五年世宗幸上京命留守中都

判吏部尚書進開府儀同三司為御史大夫章宗即位起
復進封呉國定府事明昌元年改山東西路盆貿必剌
猛安明年進封充坐率軍民圍獵解職奉表謝罪上賜手
詔曰御親實肺腑風著忠純侍顧考於春宮曲盡友于之
愛泊沖人之繼愈明忠亦赤心之中多所禆益朕
心簡在毫楮莫窮用是起之苦塊之難以維城之任自
典藩服歲月荐更藹爾趙邦知驥足之難展眷叨鎮府固
牛刀之莫施方思昼閤上朕尚含素累月未忍即
獵頗擾部民法所不寬憲臺聞上朕何意遽召以起朝
行雖欲遂於私恩竟莫違於公議解卿前職即乃世封喧
祖宗立法非一人之敗私骨肉至親直千里而能聞以此
退閒之小誠欲成始之洪恩經云在上不驕高而不危今
是以先節卿昔東平樂善能成不朽之名梁孝奢滿卒致憂疑
以戒卿慎者偕身之本驕矜者敗德之源朕每自勵今
之悔前人所行可為龜鑑卿兼貧文武多藝多才履道而
行何施不可如能德業日新無廣率復之晚朕素不工詞
翰聊文章直寫所懷異不必醉辭意也未幾授沁南軍
節度使三年改判咸平府事未赴復判太原府事上以永
成誕日親為詩以賜有美譽曰應輝王牌忠誠不待啟金
縢之詔當世榮之七年改判平陽府事承安改元以畢恩

進封豫明年冬進爲八十疋以資守禦之備上賜詔獎諭
曰卿夙有儁望時惟茂親通達古今砥礪忠義方分憂於
外服來輸驗於上閒欲助邊防以增武備惟盡心於體國
乃因物以見上誠戰念懇良深嘉歎五年冊任俄召爲之
疾不能入見上親幸其第臨視泰和四年薨計閒上爲之
震悼賻贈甚厚謚曰忠獻永成自幼喜讀書晚年所學益
尊每暇日引文士相與切磋接之以禮未嘗見驕色自號
曰樂善居士有文集行于世云

傳

金史八十五

土

林安

變王允升改名永升本名斜不出一名鶴壽大定十一年
封徐王進封虞王二十六年加開府儀同三司明年判吏
部尚書授山東西路按必出虎必剌猛安章宗即位加恩
宗室徙封隋王除定武軍節度使明昌二年改封曹王久
之改封宛王衛紹王即位徙令封貞祐元年九月宣宗以
允升年高素羸疾詔宮中聽扶杖尋薨既殯燒飯上親臨

真

贊曰世宗保全宗室無所不至雖蹻海陵之失亦由天資
仁厚而然也其子永中永蹈皆死章宗之手其理蓋有不
可詰者章宗無後則厥報不爽矣

開府儀同三司上柱國錄軍國重事監修國史領經筵事都總裁　脫脫奉
勑修

李石　子獻可　　　完顏福壽　　獨吉義
　　　　　　　烏延蒲里黑　　烏延查剌
　　　李師雄　　尼厖古鈔兀　　孛朮魯定方
　　　夾谷胡剌　　蒲察幹論　　夾谷查剌

〈金史八十六〉

李石字子堅遼陽人貞懿皇后弟也先世仕遼為宰相高
祖仙壽嘗脫遼主之難遼帝賜仙壽遼陽及湯池地
千頃佗物稱是常以李舅目之父雛訛只掛州觀察使高
人天會二年梗世襲謀克為行軍猛安廬宗為右副元帥
引置軍中屬之宗弼八年除禮賓副使轉洛筑副使天眷
九年置行臺省於汴石為汴京都巡檢使歷大名少尹汴
京馬軍副都指揮使官累遷景州刺史海陵營建燕京塞
石護役皇城端門海陵還都景州刺史海陵營建燕京塞
曰此非葛王之舅平葛王謂世宗也未幾除典中少尹石
知海陵怱宗室顏歡前日之言秩滿託疾還鄉里世宗
守東京樂與丹括里石留東京怱察城中海陵使副留守
高存福伺察世宗動靜知軍本蒲速越知存福謀以告世

宗石因勸世宗先除存福然後舉事世宗從之大定九年
以定策功為戶部尚書無何拜參知政事阿鎖殺同知中
都留守蒲察沙離只遣使奉表東京而群臣多勸世宗向
上京者石奏曰正隆遠在江淮寇盜起萬姓引領東向
宜因此時直赴中都據腹心以號令天下萬姓之業也惟
陛下無牽於衆惑上意遂決即日啟行世宗納石女後宮
生鄭王永蹈衛紹王永濟是為元妃李氏三年戶部尚書
梁銶上言大定以前官吏士卒俸粟真偽相雜請一
切併罷石買華去舊貼下帑支粟倉司不敢違以新粟與
之上聞其事以問梁球梁球對不以實上命尚書左丞

〈金史八十六〉

永固鞠之梁銶削官四階降知火山軍石罷為御史大夫
父之封國蜀公六年上幸西京石與少詹事烏古論三合
守衛中都宮闕詔曰京師怱禦不可不嚴都猛安內選
士二千人怱警仍給口糧芻粟謂守臣曰府庫錢幣非徒
聚貨也若軍士貧弱有百姓困乏所費雖多宣可已哉
凡行幸留守中都問起居上以使傳頻煩命
二十日一進表七年拜司徒兼太子太師御史大夫如故
賜第一區安化軍節度使徒單子溫平章政事合喜之姪
也賊溢不法石仰劾奏之方石奏事宰相何久石正色
既退宰相或間石奏事何久石正色曰正為天下姦污未

盡誅耳聞者悚然一日上謂石曰御史分別庶官邪正卿
等惟劾有罪而未嘗舉善也宜令監察分路刺舉善惡以
聞石司憲既久年寖高御史臺奏事有在制前斷定之俄
新條改斷者上曰若在制前行者豈可改也上御香閣召
中丞稷朝道道謂之曰李石毒矣汝等宜盡心向所奏事甚
不當豈涉於私乎他日又謂石曰卿近緊奏貞常事甚
善惡亦不貞此職也九年進拜太尉尚書令詔曰太后兄
弟惟卿一人故命須尚書省國大事涉於利害議其可
否細事不煩卿也進封平原郡王平章政事顏守道奏

金史十六 三 劉俌者

事石神色不憚世宗衆之謂石曰守道所奏既非私事卿
當共議可否在上位者所見不可順而從之在下位者
所見雖當則遠不從乎豈可以與之相違而蓄怒哉如此
則下位者誰敢復言石對曰朕欲抉京府卻鎮
運司長佐三貞內任文臣一貞尚未得人石奏曰資考未
至不敢擬上曰近觀節度轉運副使中才能者有之海陵
時省令史不用進士故尹節度轉運副使中有廉能者具
以來用進士亦頗有人矣節度轉運副使不歷外任不歷
以名閣朕將用之朝宜不歷外官不歷
隨朝無以進其才中外更試庶可得人他日上復問曰外

任五品職事多關知何也石對曰資考少有及者上曰苟有
賢能當不次用之對不稱旨上表乞骸骨以大保致仕進
封廣平郡王十六年薨上輟朝弔哭之慟賻銀萬貫官
給葬事少府監張僅言監護親王宰相以下郊送諡襄簡
石以勳戚久處腹心之間氣岸甚有不能堪者時論得失
徒單子溫退答宰臣之間宜有不受聞觀其劾奏
半之亦豈以是耶薨史載其少貞貞懿庶周之不受曰國
役何憂及中年以冒寵貪陋鄙如出二人史又稱
家方急用人正宜自勉何患不貞合感泣曰汝苟能此吾
其末貴人有慢之者及為相其人以事見石惶恐石曰吾

金十六 四 劉俌者

豈念舊惡者待之彌厚能為長者言如是又與他日氣岸
迥殊山東河南軍民交惡爭田不絕有司謂石為國根本
姑宜假借石恃不可曰兵民一也輙輕輙重國家所恃以
立者紀綱耳紀綱不明故下敢輕冒惟當明其疆理示以
法禁使之無爭是為長久之術趣有司拯問自是軍民之
能致在法詞理不能動衆威力不足率人罪止論斷石從
爭遂息北京民曹貪謀及大理議廷中謂貞筆為國根本
之又議從坐久不能決石曰罪疑惟輕人詳奏其狀上從
之緣坐皆免死北鄙歲警朝廷欲發民穿濠斬以禦之石
與丞相紇石烈良弼皆曰不可古築長城備北徒耗民力

無益於事北俗無定居出没不常惟當以德柔之若徒深
塹必當置戍而塞北多風沙嘗未期年輙已平矣不可疲
中國有用之力爲此無益議遂寢是皆足稱云世宗在位
燧三十年尚書令凡四人張浩以舊官究顔守道以功徒
單克寧以顧命石以定策他無及者明昌五年配享世宗
廟廷子獻可遂可

獻可字仲和大定十年中進士第世宗眞曰太后家有子
孫舉進士甚盛事也累官户部員外郎坐軍降清水令召
爲大興少尹遷户部侍郎累遷山東提刑使卒衛紹王即
位以元舅贈特進追封道國公子道安擢符寶卽

完顔福壽

完顔福壽爲速館人也父合住國初來歸授猛安天眷二
年福壽襲父合住職授定遠大將軍累加金吾衛上將軍
海陵荷併征安謀克遂傳封正隆末海陵伐宋福壽領囊
室臺蔡鶻二猛安由山東道進至泰安既受甲福壽乃誘
將校北立還而高忠建虜萬家奴等亦各率衆萬餘俱歸
京欲迎察其去就思忠等以數騎馳入軍中見福壽等間
等來欲迎察其去就至福壽等向南指海陵而言曰此人失道
不能保天下國公乃太祖皇帝親孫我輩欲推戴爲主以
日將軍何爲至此福壽等向南指海陵而言曰此人失道
此來耳諸軍皆東向拜呼萬歲爲書以授思忠於是督諸

軍渡遼水徑至東京城下即諭軍士擐甲入衛宮城殺高
存福等明日與諸將及東京吏民從婆速路兵馬都總管
完顔謀衍勸進世宗即位以福壽爲元帥右監軍賜以銀
幣御馬初謀衍之至也大會諸軍以福壽之軍居左高忠
建軍居右忠建曰何以我軍右軍謀衍曰樹置在我爾
蜀敢言福壽曰始建大事左右軍高下何足爭也遂謀忠
建爲左軍世宗聞而賢之未幾從完顔謀衍討白彥敬紇
石烈志寧于北京是冬上聞臨潢尹兼九帥左都監吾扎
忽等與窩斡戰不利命福壽將兵進討已敗賊俘獲生口
萬計世宗以統石烈志寧代之召還授興平軍節度使後
其世襲猛安尋領濟州路諸軍事大定三年卒

獨吉義本名鶻魯補速館人也徙居遼陽之阿米吉山
祖四海父祕剌長子照屋次子忽史與義同母祕剌死忽史
爲謀克義曰長兄雖興母不可奪也忽史乃以謀克歸
欲承謀克義曰以質子至上京善女直契丹字爲管勾
照昱人咸義之義以質子至上京善女直契丹字爲管勾
御前文字天會十五年權右監門衛大將軍除寧化州刺
史察廉遷選刺部族節度使改卓魯部族節
度使河南路統軍都監以武勝軍節度使遷郡葛耨碗延至
緫軍司徒居民於汴義獨不聽曰與官屬擊毬游宴統軍

司使人責之義曰太師梁王南伐淮南死者未葬亡者未

後彼豈敢先發此城中有摧塲若自動彼將謂我無人既

而果無軍統軍謝之請以沿邊唐州等處諸軍猛安皆隸

于義貞元元年改唐古部族節度使為彰化軍改利涉軍

節度使是時海陵伐宋諸軍往往逃歸而世宗在東京得

衆心都統白彥敬自北京使人陰結義欲與共圖世宗頃

之世宗即位義即日來歸具陳所以與彥敬密謀殺其嫡母

阻兵虐衆必將自斃陛下太祖之孫即位此其時也上曰

若友施比指則計將安出義曰正隆未渡淮太遲

嘉其不欺以為參知政事上謂義曰正隆多行無道殺其嫡

則寫幹必太熾今正隆已渡淮窩斡未至太盛將士在南

家屬皆在此惟早幸中都為便上嘉納之次榛子嶺世宗

闊海陵死于軍中謂義曰信如卿所料大定二年罷為益

都尹兼本路兵馬都總管賜金五十兩銀五百兩三年以

疾致仕四年薨于家年七十一子和尚大定初除應奉翰

林文字佩金牌陀滿訛里也子撒昌董克護衛司吏王得

兒加保義校尉皆佩銀牌持詔書宣諭中都以南州郡及

往南京諭太傅張浩中道闊海陵遇害南京及都督府皆

奉表賀乃止和尚為奉使擅廢置州縣官輒行殺戮詔尚

書省鞫治之十九年詔以義孫引壽為斜魯苔阿世襲謀

克義性辯給善談論服玩不尚奢侈食不兼味云

贊曰章宗嘗問群臣世宗初起東京大臣為誰完顏守貞

對曰止有李石一人章宗歎曰苟如此信有天命也完顏

謀衍部署諸軍高忠建爭長完顏福壽讓忠建而已下之

其功多矣當是時獨吉義最先至諸將尚未肯附由是言

之果天也非人力也

烏延蒲离黑速頻路哲特猛安人改屬合懶路祖思列頹

平烏春窩斡之亂及伐宋遼陽有功追授猛安贈銀青

光祿大夫父國也襲猛安蒲离黑從太祖伐遼闊軍中

使徒單合喜定秦隴蒲离黑統完顏盞門都兵

京兆尹海陵伐宋行武威軍都總管還為順義軍節度

襲其父猛安謀克蒲离黑身長有力多智畧

渾天輔初追授猛安親管謀克蒲离黑父忽撒

烏延蒲轄奴速頻路人也後改隸昌懶路父忽撒

救德順州改延安平涼尹致仕封任國公大定十九年卒

天眷三年襲猛安授寧遠大將軍廓軍官武寧軍節度使遷

使貞元元年改陳州防禦德二年授陳州防禦

改歸德尹為神策軍都總管當屯澥州比至山東盜已擾

其城蒲轄奴領十餘騎往覘之忽為其衆所圍乃與軍士

貴下馬立而射之殺百餘人賊敗走迤邐襲之至暮而
還明日攻破其城號令士卒毋害居民感其
惠為立祠以祭大定二年為慶陽尹元帥左都監徒單合
喜奏宋軍十萬邀險阻副掠郡邑請益師詔益兵七千
與晉兵合為二萬遣蒲轄奴與延安尹高景山等分領其
軍以往卒于軍年六十一子查剌

里陷韓州圍信州遠近震駭查剌道出咸平遂軍本部巡
敵正隆六年伐宋諸猛安謀克兵皆行州縣無備契丹括
烏延查剌銀青光祿大夫蒲轄奴子也力兼數人勇果無

還信州與戰敗之已而賊復整兵擾攻且登其城查剌下
里許賊方就平野為陣查剌身率銳士以鐵簡左右揮擊
簡重數十斤人號為鐵簡萬戶查剌左于韓州東八
巨木歷之殺賊甚眾括里乃解去查剌左右手持兩大鐵
之無不仆賊不能成列乃易馬馳軍復擊之賊眾左右揮
集查剌在左翼領六百騎與賊戰殺賊三千餘人宗亨蒲
遂走東京咸平隆州民復怗然世宗即位查剌謁見大軍未
衛為驍騎副都指揮使領萬戶擊窩斡戰于花道大軍未
察世傑七謀克戰不利世傑走查剌軍賊合圍攻之查剌
圍拒而戰宗亨軍來援賊乃引去西過袞嶺追及於陷泉
賊先犯右翼查剌迎擊之賊退走離輦募人剌之偽護衛

阿不沙身長有力奮大刀自後斫查剌查剌回顧以簡背
擊阿不沙折其右臂與紇石烈志寧軍合擊賊遂大敗窩
斡以為宿直將軍賜銀三百兩重綵二十端丁父憂以
本官起復襲其父猛安除蔡州防禦使改宿州遷昌武軍
節度使徙鎮邠州為賀宋歲元使射淮上為右副點檢出
為興中尹改婆速路總管高麗懼其威名九以卒官查剌
飲羽宋人素聞其名甚異之攻鳳翔尹入為右副點檢重
路者望見而跪之二十五年為興平軍節度使卒官查剌
貞懿寡言平居極和易及臨戰奮勇見者無不駭易雖童
圍萬眾出入若無人之境云

李師雄字伯威鴈門人也有材力喜談兵慕古之英雄故
名師雄宋宣和中以騎射登科累官大名都監蔡國建以
大名與府僚出降攝本路兵馬都監蔡國建以為大
總管府先鋒都統制知淄州齊顏為汴京馬都虞候歷
知寧海軍曹州刺史皇統二年為武勝軍節度使正隆末
為河州防禦使宋將吳璘軍攻秦隴會師雄以軍就逮臨
洮宋兵至城下州人乘城拒守謀欲出降師雄止之宋將
權儀鞭馬方上浮橋師雄射之墜于橋下遂擒權儀宋將
過後從元帥左監軍徒單合喜以兵攻河州有功未幾以
疾歸汴辛

尼厖古鈔兀曷速館人初為大臭扎也補兀帥府通事宋
將韓世忠率軍數萬圍邳州鈔兀將輕騎數百與偵人數
聲聞道徃救之敗敵兵六千翌日宋復圍下邳鈔兀復
敗之宋人攻濟州奪戰艦略盡是時鈔兀徃宿州分蒲魯
虎軍還至大河與敵遇力戰敗之盡没鈔兀從東平
宋別將田胡陵夜襲亭董布輝營士卒河間尹大臭白于
總管併力戰却之兀帥府賞以銀幣鈔兀勇敢善伺敵虛
實以此屢捷帥府承制加忠顯校尉為蕃部禿里賜錢萬
貫幣帛三百四衣一襲馬二四將之官河間尹大臭白于
九帥請留鈔兀以給邊事許之復賜錢萬貫銀二百五十

金史十六卷　士　劉南著

兩重綵三百端馬三四錄功授慶陽少尹海陵將伐宋而
契丹反召入謝之日波久在邊陲屢立戰功昨遣樞密使
僕散忽土留守石抹懷忠等討契丹師久無功已實詣法
今命汝與都統白彥敬副統紇石烈志寧進討因賜具裝
厥馬四疋鈔兀與彥敬等至北京未能進會世宗即位遼
陽鈔兀迎謁遷輔國上將軍與都統渾討窩
幹鈔兀行至宓歷與篤幹遇左軍小却鈔兀挺搶馳入其
陣手殺二十餘人賊乃退兀帥僕散忠義自花道追之鈔
兀以前鋒追及于臨泉乃退兀與完顏思敬大敗之事平遷西北路招討使
改東北路鈔兀與完顏思敬有隙思敬為東京留守奉詔

至招討司鈔兀不出餞世宗聞之遣使切責之曰卿本大
臭扎也起身細微受國厚恩累重任乃以私懟不餞恩詔
使當內省自訟後勿復爾朕不能再三曲恕汝也既而思
故為平章政事北路招討使鈔兀以私取諸部進馬事嘗
被逮將走京師鈔兀為人尚氣次海濱縣慨然曰吾豈能
為恩敬厚哉遂縊而死十九年詔以鈔兀舊功授其子和
高世襲布輝哉安徒胡眼謙克

亭术魯定方本名阿海內吉河人也材勇絕倫海陵素聞
其名天德初召授武義將軍充護衛數月轉十人長遷宿
直將軍賜子甚厚尋為殿前右衛將軍又三月擢嚴前右

金史十六卷　十二　劉傳著

副點檢世襲猛安改左副點檢出為河南尹改彰德軍節
度使海陵南伐定方為神勇軍都總管大定二年宋人陷
汝州河南統軍使遺定方將兵四千往取之汝州東
南及北面皆山林險阻不可以騎軍戰是時宋兵由鴉路
出沒無定方至襄城得敵虜實遂諜諭汝州屬縣曰我庫
州戍兵十二萬往定方絕宋兵往來既而定方引兵趨弱
言欲攝要路絕宋兵往來既而定方引兵趨弱路宋人聞
之果棄城遁去定方輕騎入汝州揚風翔尹宋人阻遁以
百追至布裰乂輕敗之遂復汝州境知宋兵已去遂遣輕騎二
本職竹河南道軍馬副統牽步騎六萬將由壽州進軍次

亳州宋李世輔陷宿州定方從左副元帥志寧戰於城下
時天大暑定方督戰馳突敵陣中出入數四湯甚因
下馬取水爲人所害年四十四上聞而閔之詔有司致祭
時銀五百兩爲人所縶二十端贈金紫光祿大夫
夾古胡剌上京宋萬戶猛安人初在左副元帥懷帳下
有戰功授武德將軍襲其父謝克正隆末山東盜起胡剌
爲行軍猛安討賊遇賊千五百人於徐州南敗之與驍騎軍皆
統兵千五百人於宣化鎮僕散忠義伐宋胡剌領萬戶由
隸點檢司行至淮兩海陵遣以騎兵三百二十往揚州敗
統軍司選諸軍八百人作十謀克胡剌領萬戶
泗州進戰遇敵於宿州歿于陣贈鎮國上將軍

蒲察斡論上京益速河人徙臨潢忽土華父馬孫俱贈
金紫光祿大夫斡論剛毅有技能天輔初以功臣子允護
衛遷左衛將軍定武軍節度使召爲右副都點檢天德初
授世襲臨潢府路都統安改東平尹賜錢千萬累
除河南尹兼河南路都統軍使宋以萬人擾壽安縣萬州
刺史石抹突剌押軍萬戶徒單賽補以騎兵三百從遇遇
爲河南尹海陵伐宋以本官爲右領軍都監大定二年仍
于縣東請師於斡論斡論使猛安完顏鵰沙虎率七百人
助之宋兵多突剌使七卒下馬跪而射之宋兵不能當走

入縣城突剌進逼之宋人棄城去追及于鐵索口復大敗
之遂復壽安改北京留守大定尹卒官
夾古查剌隆州失撒古河人也祖不剌國初授世襲島
懶兀主猛安宗懶路總管父謝奴官至工部尚書查剌狀
貌魁偉善女直契丹書天德初以功臣子允護衛改知平
武義將軍未幾擢爲武威軍副都總管軍還大定二年授
定軍事海陵南征再考出爲瀋州剌史改知平
景州剌史遷同知京兆尹時彰化軍節度使宗室璋等與
宋將吳璘相拒於德順州元帥左都監徒單合喜遣查剌
與諸將議破敵策璋等議曰我兵雖屢勝而敵兵不退者

知我軍少故也須都監親至方可破敵於是合喜領兵四
萬至遂下德順州入爲殿前右衛將軍嚴父猛安敗左衛
將軍遷右副都點檢有疾相良弼視之謂曰此人固
器也他人有疾吾未嘗往馬大定九年出爲東北路招討使兼
德昌軍節度使仍賜金幣到官治有勤績邊境以安其斷
獄公平道不拾遺遷臨潢尹兼本路兵馬都總管蕃部畏
服改西北路招討使上遣使宣諭曰今諸部初附命汝撫
綏當使治聲達於朕聽大定十二年卒查剌性忠實內明
敏每論大事超越倫輩太師勗嘗曰查剌不學而知方之
古人如此者鮮矣

贊曰隴泉之捷殛電燁燁符離之克我勢收赫隴坻爆掩

淮過幽釁成矣故列叙諸將之功焉

勑修

紇石烈志寧
徒單合喜
僕散忠義

紇石烈志寧本名撒曷輦上京胡塔安人自五代祖太尉
韓赤以來與國家世為甥舅父撒八海陵時賜名懷忠為
泰州路顏河世襲謀克轉猛安皆為東平尹開遠軍節度
使志寧沉毅有大略娶梁王宗弼女永安縣主宗弼於諸
壻中最愛之皇統間為護衛海陵以為右宣徽使出為汾
陽軍節度使入為兵部尚書改左宣徽使都點檢遷樞密
副使開封尹契丹撒八反樞密使僕散忽土北京留守蕭
賾西京留守蕭懷忠皆以征討無功坐誅於是志寧為西
北面副統與都統白彥敬以北京臨潢泰州三路軍討之
志寧至北京而海陵伐宋已渡淮彥敬志寧聞世宗有異
志乃陰結會寧尹完顏蒲速剌移剌窩補來招彥敬志
寧殺其使者九人世宗已即位使石抹移剌速謀衍來代衆不肯戰乃與
彥敬俱降世宗聞曰正隆暴虐人望既絕朕以太祖之孫
即大位汝殺我使者又不能為正隆死節恐為人所圖然

後來受正隆厚恩所以不降罪當萬死上曰汝輩初心亦
可謂忠於所事自今事朕宜勉忠節世宗使右副元帥完顏
臣等受正隆今殺汝等將何辭彥敬未有以對志寧前奏曰
扎八乃勸之遂稱帝世宗使右副元帥完顏謀衍征之志寧
追以臨海節度使都統右翼軍高翰敗于長灤西走志寧
寧追及于霜灤河賊已先渡依岸為陣毀橋梁於下流志
寧與賊夾河為疑兵與萬戶夾谷清臣徒單海羅于下流涉
渡已渡前有支港岸斗絕其中左臂戰自老賊據上風縱火乘煙
寧陣陣堅力戰流矢中左臂戰自老賊據上風縱火乘煙
溥行數里得平地將士方食賊奄至賊據南岡三馳
監軍福壽不急擊賊父無功右丞僕散忠義代之於是元帥謀衍而
可賞曾兩作風煙遂舊舉大破之於是元帥謀衍而
使蒲察福壽過至軍中宣諭之賊略慈州界陷靈山同昌慶和
三縣聊覘北京會土河水漲賊過千花道軍頗失利賊見志
寧方追躡之元帥忠義與賊過千花道軍頗失利賊見志
寧躇其後不敢乘勝遂西走是時大軍馬瘦弱不堪追襲
諸將欲止軍勿追志寧復賊候人知賊自選精銳與老小
輜重分道期山後會集可擊其輜重忠義以為然遂過移

馬嶺進及衆嶺西陷泉賊見左翼擾南岡為陣不敢犯右

翼萬戶烏延查剌擊賊少却志寧與夾谷清臣等擊之賊

衆大敗涉水走窩斡母徐蹇塞管由落括岡西去志寧追

及之盡獲其輜重俘五萬餘人雜畜不可勝計僞節度使

六及其部族皆降窩斡走吳中至七渡河志寧復敗之賊

過潭頜入于吳中志寧獲賊稍合住釋弗殺志寧與萬戶清臣

神獨幹執窩斡詣右都監完顏思敬降志寧許以官賞

縱之歸約以捕窩斡自效稍合住既去見窩斡祕不言見

獲事乃反間吳人于吳中志寧知陷泉失利吳人有貳志不可

不察當是時窩斡敗其下亦各有心稍合住乃與賊帥

宗寧速哥等追捕餘黨至燕子城盡得所薔善馬因至抹

撥里達之地悉獲之遂黨入朝為左副元帥賜以玉

帶經略宋事駐軍睢陽都元帥忠義居南京節制諸軍宋

將黃觀察攄蔡州楊思㻞頜昌志寧使完顏王祥復取蔡

州黃觀察遯去完顏襄攻潁州撥之獲楊思乃移牒宋樞

密使張浚使依皇統以來舊式浚復書曰謹遣使者至麾

下議之是時宋得窩斡黨人括里扎八用其謀攻靈璧虹

縣都統吳挺不也叛入于宋遂陷宿州括里等謀曰比人

恃騎射戰勝取全今夏月久兩膠解弓不可用故李世輔

與之來攻宿州歸德尹朮甲撒速宿州防禦使烏林荅剌

撒萬戶溫迪罕速可裴滿襲室不守約束不肯堅壁俟大

軍輒出與戰由是軍敗城陷撒睿嘗遣人入宋界貿易交

通李世輔受其賂遺久之覺伏誅謀克賽一坐知不

舉除名撻不也毋里遘坐當死上曰撻不也背國棄

母殺之何益朕閔其老遂原其死詔撒速剌撒可襲室

扎八置酒高會志寧以精兵萬人發自睢陽趨窩斡但恐世輔遯去耳

各杖有差撒速剌撒仍解職世輔自以為得志日與括里

世輔聞志寧軍止萬人甚易之曰當令十八人執一人也括

來督軍志寧軍附奏曰此役不煩聖慮臣但恐世輔遯去括

里等間候人所見上將旗幟知是志寧謂世輔曰此撒合

釁鑒軍也軍至萬人慎毋輕之五月二十日志寧將至宿

州乃令從軍盡執旗幟駐州西南

志寧自以大軍駐州東南阨其歸路世輔望見州西兵雄

旗幟野眎果謂大軍在州西而謂東南兵少不足慮先擊之

以步騎數萬皆執旛背城為陣外以行馬捍之使別將將

兵三千出自東門欲自陣後攻志寧軍萬戶蒲查擊敗之

右翼萬戶夾谷清臣為前行撒毀行馬短兵接戰世輔軍

亂諸將乘之追殺至城下是夕世輔盡按敗將斬將其

統制常吉懼而來奔盡得城中虛實明日世輔悉兵出戰

騎兵居前志寧使夾谷清臣當之世輔別將以五六千騎

二二-八一一

為一隊與清臣過清臣鏖擊之宋將不能反施志寧麾諸
軍力戰世輔復大敗走者自相蹯籍僵尸相枕爭城門而
入門填塞人人自阻遂緣城而上我軍自凍外射之往往
隨死於隍閒殺騎士萬五千步卒三萬餘人世輔乘夜脱
走明日央谷清臣張師忠追及世輔斬首四千餘赴水死
者不可勝計獲甲三萬他兵甚眾上以御服金線袍玉
吐鶻寶鐵佩刀使移剌道就軍中賜之凡有功將士猛安
謀克並如陝西遷賞蒲察進官三階重綵三端絹六四旗
鼓笛手更人各賜錢十貫詔志寧曰卿雖年少前征契丹
戰功居最今後破大敵朕甚嘉之宋人議和不能決都元

傳二十五 四五四
金史第八十七
五
湖咸

師慢散忠義移軍泰和志寧移軍臨洮遂渡淮徒單克寧
取肝貽凜廬和徐等州宋人懼乃決意請和使者六七往
反議遂定宋世為姪國約歲幣二十萬兩四魏杞奉誓書
入見後通好志寧還軍雎陽上以御服玉佩刀通屢御帶
賜之詔曰靈壁虹縣宿州兵士死者朕寔閔焉宜歸葬鄉
里官為齎送人購錢三十貫鳳翔尹字术魯定方以下猛
安謀克寧為致祭定方賻銀五百兩重綵二十端猛安三
百貫謀克二百貫蒲里衍一百貫權猛安二百貫權謀克
一百五十貫權蒲里衍七十貫五年三月忠義朝京師志
寧駐軍南京五月志寧召至京師拜平章政事左副元帥

如故志寧復還軍賜玉東帶上曰卿壯年能立功如此朕
甚嘉之南服雖定日月尚淺須卿一往規畫六年二月志
寧還京師拜樞密使七年十一月八日皇太子生日宴羣
臣於東宮志寧奉觴上壽上悅顧謂太子曰天下無事喜
父子今日相樂皆此人力也使太子取御前玉大杓酌酒
下稼志寧子神奴八年十月進幣百官之以第十四女
女以婦禮謁見志寧夫婦坐而受之歡飲終日夜乃罷
九年拜右丞十一年代宗叔比征既還道使者迎勞賜
以弓矢玉吐鶻入見上慰勞良久是日封廣平郡王復遣

傳二十五 四五四
金史第八十七
六
湖咸

使就第慰勞之皇太子生日宴羣臣於東宮以玉帶賜志
寧上曰此渠王宗弼所服者故以賜卿郊祀畢恩從征護
衛皆有賜進封金源郡王十二年志寧有疾中使看閒日
三四輩疾亟賜金丹三十粒上詔曰此丹未嘗以賜人也
者至志寧已不能言但稽首而已是歲薨上輟朝臨其喪
行哭而入哀動左右將葬上致祭見陳甲枢前復慟哭之
賻銀千五百兩重綵五十端絹五百四葬事祠堂皆從官
給諡武定十五年圖像衍慶宮志寧妻永安縣主妬甚嘗
殺孕妾及志寧竟後諸神奴兄弟皆病士世宗惜之曰
使諭永安縣主曰丞相有大功三先朝舊臣惟秦宋二王

功大除不及也今養其孽子當如親子視之二十二年上
閒宰臣僕散忠義紇石烈志寧軼愈尚書左丞襄泰曰忠
義兵權緻此其所長亡已上曰不然志寧臨敵身先士卒
勇敢之氣自太師梁王未有如此人者也明昌五年配享
世宗廟廷

僕散忠義本名為上京拔盧古河人宣獻皇后姪元妃
之兄也高祖翰魯補魯祖班覩祖胡闕父忠魯國初世襲
謀克克兵速路統軍使致仕忠義魁偉長瞵喜談兵有大略
年十六領本謀克兵從宗輔定陝西行閒射中宋大將宋
兵遂潰由是知名帥府錄其功承制署為謀克宗弼再取

傳二十五　【金史卷八十七】　七　徒忠

河南襲蔦忠義為猛安攻襄州先登攻大名府以本部兵
力戰破其軍十餘萬賞以奴婢馬牛金銀重綵從宗弼渡
淮坎壽蘆等州宗弼稱之曰此子勇略過人將帥之器也
實馬五四牛一百五十頭羊五百口領親軍萬戶超寧餘
大將軍承其父世襲謀克皇統四年除博州防禦使公餘
學女直字及古算法閒月盡能通之在郡不事田獵燕游
以職業為務郡中翕然稱治一夕陰晦四徒謀為叛獄
角狩閒將校皆惶駭失措及忠義從容但使守更更
倉狩以為天且曉不敢出就拄梏及考郡民詣閾願
留詔從之八年改同知真定尹兼河北西路兵馬都總管

邊西北路招討使入為兵部尚書僕散忽土嘗與海陵謀
立特勒陵徹同列忠義因會欽飲飛辱之海陵不悅出為震
武軍節度使火山賊李鐵槍乘暑來攻忠義單衣從一騎
迎擊之射殺數人賊乃退改臨洮尹兼熙秦路兵馬都總
制代宋克通化軍世宗立海陵死揚州罷兵入朝京師拜
尚書右丞後翰借號兵不決右副元帥完顔謀衍
既敗之于霧靈河乃擁眾貪圖掠不追討而縱其子斜哥
良民州縣不能制汝宿將故以命汝賜條服王其佩刀閒
管海陵召至京師謂之曰洮河地接吐蕃木波異時剽害

傳二十五　【金史第八十七】　八　徒忠

橫軍中士卒不用命賊得水草善地官軍踵其遺餘水
草之馬益弱賊軼出山西久無功忠義請曰契丹小寇不
時殄滅致煩聖慮臣聞主憂臣辱願効死力除之世宗大
悅即召還謀衍行勒歸斜哥本實拜賽鐵吐鶻弓矢大刀具裝
元帥封榮國公賜以御府貂裘鐵甲金牌詔曰軍中將士有犯連職之外並
對馬及安山鐵甲金牌詔曰軍法從事有功者依格遷賞詔諸將士有犯連職之外並
以軍法從事有功者依格遷賞詔諸將士有犯連職之外並
意貫射用百姓不得休息今以右丞忠義為平章政事兼右
元帥宜同心勠力無或弛慢忠義至軍賊陷靈山同昌
副元帥射用百姓不得休息今以右丞忠義為平章政事兼右
惠和等縣陣而西行忠義追之及于花道宗亨為左翼宗

叙為右翼與職夾河而陣賊渡河先攻左翼偏敗右翼救
之賊引去窩斡乃以精銳自隨以贏兵護其母妻輜重由
別道西走期於山後會集追復及于象嶺西陌泉與賊遇
時昏霧四塞跬步莫觀物色忠義搆曰狂冦肆暴殺戮無
辜天不助惡當為開霽莫巳昏霧廓然及戰忠義左擐南
岡為偃月陣右迤而北大敗之既踰濼領復進軍襲之望
風奔潰遁入奚中降窩斡者相屬於路詔忠義曰卿材能素著
果能大破賊眾甚嘉之今遣勞卿如朕親往賜卿御衣
獲雜畜十餘萬車帳金珍以鉅萬計悉分諸軍賊走趣奚
地遭富十餘萬迤邐至七渡河又敗之獲其弟暴俘生口三十萬
美之家抹白奚乃降窩斡勢益弱統石烈志寧獲賊將稍
及骨睹犀具佩刀通庫帶等就以俘獲均散軍士窩斡既
敗遂入于奚中高忠建敗奚于栲栳山移剌道取抹白諸
右丞相改封沂國公以玉帶賜之自海陵遇弒大軍北還
其嘗執窩斡詣完顏思敬降契丹平忠義朝京師拜尚書
合住縱之使歸約以摛窩斡數自贖仍許以官賞稍合與
而窩斡䮝張命將徂征及窩斡敗其賞括里扎八奔入于
宋人用其謀侵掠邊郵攻取泗壽唐海州於是宋主傳
位于宗室子褒是為宋孝宗雖嘗遣海州欲用敵國禮
世宗以紀石烈志寧經略宋事側詔忠義以丞相總戎事

居南京節制諸將時大定二年也忠義將行陛辭上諭之
曰彼若歸侵疆貢禮如故則可罷兵既至南京簡閱士卒
分屯要害戒諸將嚴守備使左副元帥志寧移牒宋樞密
使張浚其略曰可還所侵本朝內地各守自來畫定疆界
凡事一依皇統以來舊約則帥府亦當解嚴如必欲抗衡請
會兵相見宋宣撫使張浚復書志寧曰疆埸之一彼一此
兵家之勝或負何常之有當置而勿道謹道官寮敬進庵
下議之是時已復泗壽鄧州請踵其城遷其民于宿亳蔡
州上曰三州本吾土也得之則已忠義使將士擇善水草
休息且牧馬侯來歲取淮南初世宗詔諸將由泗壽唐鄧
奏事遂以丞相兼都元帥無何還軍中忠義與宋相持日
使無所窺牧忠義命唐鄧道軍募牧許汝閒三年忠義人
三道進發宋人聞之即自方城葉縣以來田野皆燒夷
久應夏夂兩弓力易減宋或乘時見攻豫選勁弓萬張於
別庫及自汴赴闕議事次滁州宋將李世輔果掩取靈壁
虹縣遂陷宿州忠義使人還汴發所貯勁弓給志寧軍與
宋人戰遂大捷竟復宿州忠義使人還以書責宋宋同知樞密
院事洪邁計議官盧仲賢道使二輩持與志寧宋書及手狀
歸海泗唐鄧州所侵地約為叔姪國報書期十一月使入
境宋又使人來言禮物未備請俟十二月行成忠義以其

事馳奏請定書式且言宋書如式則許其入界如其不然
勢須遣還本國復稟其主若是往復動經七八十日恐誤
軍為進取世宗以詔諭之曰若宋人歸疆歲幣如昔可免
奉表稱臣許世宗以姪國忠義乃貽書宋人歸疆歲幣如昔可
他託未從忠義移大軍壓淮進逼盱眙宗室
百姓休息詔忠義慶宜以行四年正月忠義使右監軍宗
叙入奏將近暑月乞俟秋涼進發詔從之宋使胡昉還國邊事從
懷射湯思退書來以聞詔曰行人何罪遣胡昉還留軍
中荅其書使使以聞詔曰行人何罪遣胡昉還

宜措畫八月詔忠義曰前請俟秋涼進發今已八月援俟
何時先是忠義乞增金銀牌上曰太師梁王兼數職未嘗
增也至是增都元帥金牌一銀牌二十左右副元帥金牌
各一銀牌各十左右監軍金牌一銀牌二十左右都監
金牌各一銀牌各四三路都統府銀牌各二乃定南界官
眞百姓歸附還賞格元帥府獲宋謀人符忠忠義前奏至中
都大興府官詰問忠義執文據及與泗州防禦判官張德軍
知識由是獲免厚謝德意享受之忠具款服乃奏其事
于朝於是大興少尹王全解職而除名和議始于張浚取
中更洪遵湯思退及徒單克寧敗宋魏勝于十八里莊取

楚州世宗下詔進師於是宋知樞密院周葵同知樞密院
事王之望書一一如約和議始定宋遣試禮部尚書魏杞
崇信軍承宣使康湑充通問國信使取到宋主國書式并
國書副本宋世宗為姪國約歲幣為二十萬兩四國書仍書
名再拜不稱大字大定五年正月親杞康湑入見其書曰
姪宋皇帝睿謹再拜致書于叔大金聖明仁孝皇帝闕下
親杞還復書叔大金皇帝謹再拜但曰致書于
之忠義奏檢完顏仲為報問國信使太子詹事楊伯雄副
左副都點檢完顏仲為報問國信使太子詹事楊伯雄副
姪宋皇帝不用尊號不稱闕下好已定罷兵詔天下以

之忠義奏檢軍一十七萬三千三百餘人留馬步軍一十
除舊軍外選馬一萬二千與舊軍通六萬富強丁多者
選一萬五千及簽軍一萬與舊軍通是步軍虞候軍共
一萬六千二百戍上曰今已許宋講好而屯戍尚多可
摘留貧難者阿里喜官給富者就用其奴其存留馬步軍
於河北東西大名府速頻取其西南西北招討司臨潢府
蜀連館等路軍內約量揀取其西南西北招討司臨潢府
泰州北京婆速曷懶山東東路並行放還詔近侍局使
裝漏子寧佩金牌護衛醜底符寶抵候馳滿田海佩銀牌
諭諸路將帥以宋國進到歲幣銀絹二十萬兩四盡數給
與見存留及放散軍充賞曾過界者人給絹二四銀二兩

金史卷八十七（上欄）

不曾過界者銀二兩絹一匹阿里喜絹一匹謀克倍軍人

猛安倍謀克押軍猛安謀克年老有勞績者量與除授又

詔曰其令一路全罷者先發遣之賜忠義王束帶三月詔

曰如大軍已放還丞相忠義宜還左副元帥志寧右監

軍宗敘留駐南京餘官非急用者並勒還住忠義朝京師

之事朕嘗再聞卿等毋懷懼朕於大臣豈有不相信者但

上勞之巨宋國請和僵兵息民皆卿力也拜左丞相兼都

軍國事不敢輕易恐或有誤也忠義對曰臣等豈敢隔壅

傳四十三　金史第八十七　十三　子壽

陛下但智力不及耳陛下留神萬幾天下之福也大定六

年正月忠義有疾上遣太醫診視賜以御用藥物中使撫

問相繼於道是月薨上親臨哭之慟報朝奠祭賻銀五

百兩重綵五十端絹五百匹世宗將幸西京復喪將命

參知政事唐括安禮護喪事兄葬祭從優厚官爲百官

送葬具一品儀物建大將旗鼓送至墳域謚武莊忠義勳

由禮義謙以接下敬儒士與人極和易侃侃如也善御將

士能得其死力及爲宰輔知無不言自漢唐以來外家多

緣恩戚以致富貴又多不克其終未有兼任將相功名始

終如忠義者十一年詔曰故左丞相忠義族人及昭德皇

（下欄）

后親族人材可用者左副點檢烏古論元忠體察以聞二

十一年上思忠義功勒銘基碑泰和元年圖像衍慶宮配

享世宗廟廷子揆別有傳

徒單合喜上京速頻蘇海水人也父蒲涅世襲猛安合喜魁

偉膂力過人一經聞見終身不忘天輔間從金源郡王妻

室爲扎也甚愛之天會六年以功爲謀克尋領襄室親管

猛安元帥府聞其才命權左翼軍事皇統二年爲隴州防

禦使以兵十五人敗宋兵二百於高陵以兵五百人敗宋

傳四十四　金史第八十七　十四

兵二千於泰州以兵八百人敗宋兵三千五百於鳳翔以

二謀克拒饒風關宋兵二千來奪其關口奮擊敗之諸軍

乃得過險遷平涼尹再徙臨洮延安尹是時關陝以西初

去兵革百姓多失業合喜守之以靜民多還歸者天德二

年爲元帥左都監陝西統軍使貞元二年以本官兼河中

尹正隆六年爲西蜀道兵馬都統世宗即位以手詔賜合

喜曰岐國失道殺其毋后橫虐兄弟流毒兆庶朕惟太祖

創業之艱難勉膺大位卿之子弟皆自軍中來歸卿國家

舊臣豈不知天道人事卿軍不多未宜深入當領軍屯境

上映右重地非卿無能措畫者俟兵革既定即當召卿宜

自勉之大定二年復爲陝西路統軍使未幾改元帥右都

監表陳代宋方略詔許以便宜從事轉左都監破宋兵于

華州是時宋其璘使古鎮分據散關和尚原神義口玉女
潭大蟲領石壁主蔡寶雞縣兵十餘萬陷河州鎮戎軍合喜
乞濟師詔以河南兵萬人益之合喜遣丹州刺史赤盞胡
連吉改以兵四千守德順其璘以二十萬人圍之璘軍都
監石抹送勒將兵萬人破宋兵于河州遷過德順之統軍都
漆求益共于合喜遣萬户完顏習尼
列大良順寧刺史頦盞門都各將本部兵二萬人以
義軍節慶使烏延蒲离黑統押之與迭勒會具璘聞之
順寧軍節慶使烏延蒲离黑自將大軍敵岡阜而出烏
使偏將慶寧刺史失烏也奚王和尚擊
敗之追至德順城南小溪邊璘
乃解初德順在圍中押軍猛安溫敦蒲里海身先士卒力
遂適去蒲离黑亦引軍還自宋兵圍城至是凡四十餘日
辦乃鮮已而璘報云宋主遣使至兩國講和諸軍罷兵璘
也等馳擊之送勒蒲离黑繼至併力戰曰已暮兩軍不相
戰朱嘗少挫及救兵至圍解蒲里海之功爲多項之具璘
復來犯陝西州郡兵十餘萬詔以兵七千益合喜兵號二
萬人慶陽尹烏延蒲轄奴延安尹高景山分領之彰化軍
節慶使璋通遠軍節慶使烏延吾里補寧州刺史移剌高
山奴京兆尹宗室泥河恩州刺史完顏謀良虎皆備軍
前往使宋人驅軍商虢及華山南山之民五萬人來圍華

州押軍萬户裴滿搓剌欲堅壁守之猛安移剌沙里剌曰
宋兵雖多半是居民不習戰不如擊之於是接剌以騎兵
千人敗宋前鋒追至其大軍宋兵亦敗斬首五千餘級已而璋
敗宋軍自實盞速會敗烏延蒲里黑軍
皆自散德順率兵號二十萬後據德順陷肇州臨洮
少尹姚良輔軍于原州宋戍軍自實盞速會以
璋權都統習尼列權副統將兵二萬攻泰州合喜乃自行駐水
璘恃其衆不肯去分其兵之半守泰州之當德順
洛城東自六盤山西抵石山頭分兵守之
兩間斷其餉道璘乃引去都統璋副統習尼列邀擊宋經
略使荊阜自上八節至甘谷城殺數千人習尼列擒宋將
朱永以下將校十二人宋張安撫守德順亦棄城遯速會
改邀擊之所殺過半擒將十餘人遂復德順州宋之守
泰州者亦自退過高景山定商虢宗室泥河取環州於是臨
洮鞏秦河隴關會原洮積石鎮戎德順商虢環華等州府
一十六盡後之陝西平詔書褒諭賜以玉帶詔陝西將士
猛安階昭毅以下遷兩資昭武五品以上遷一資押軍猛安階昭武以上者
以下遷兩資昭毅以下武義以上遷兩資昭信以下女直人遷
還二資昭毅以下武義以上遷一資

宣武餘人遷奉信無官者女直人授敦信餘人授忠武押
軍謀克武功以下忠顯以上遷兩資忠勇以下女直人遷
昭信餘人遷忠顯無官者女直人授忠顯餘人授忠翊正
軍有官者遷一資無官者授兩資猛安賞銀五十兩重絲
五端絹十四權正同之正軍人給錢三十貫阿里喜十貫
戰沒軍官軍士長行贈官賜錢有差五年置陝西路統軍
使泰季以陝西帥府移治河中府統軍使璋朝辭上曰合
喜年老以陝西軍事委卿凡鎮防利害可訪問合喜也七
年入為樞密副使改東京留守賜以衣帶佩刀詔曰卿年
老矣此職優俟宜勉之九年入為平章政事奏春宗收復

陝西功數事上嘉納之藏之祕府封定國公十年薨上方
擊毬聞訃遽罷有司致祭備禮以葬賻銀一千二百五十
兩及重絲幣帛二十一年上念其功遷其孫三合武功將
軍授世襲本猛安曷懶若富申謀克泰和元年配享世宗
廟廷
贊曰大定之初兵連於江淮難作於契丹謀術挾功離幹
橫噬有弗戢之畏為世宗獨斷召還謀術僕散忠義受任
責成矣故曰兵主於將將賢則士勇其此之謂邪紀石烈
志寧有言受詔征伐則不敢辭為宰相則誠不能如知為
相之難固所謂賢也秦隴之兵殆哉炎炎乎徒單合喜料

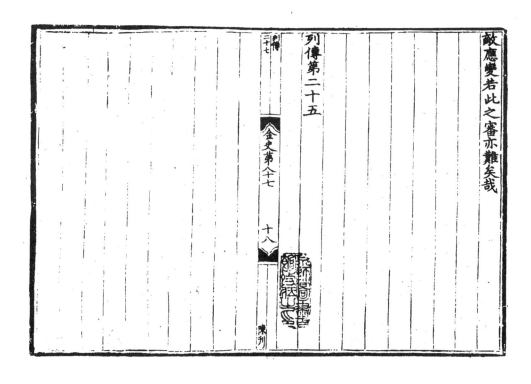

敢應變若此之審亦難矣哉

列傳第二十五

金史第八十七

十八

開府儀同三司上柱國錄軍國重事兼……監修國史……脫脫奉

勅修

紇石烈良弼

完顏守道　六名曾宣列

石琚

唐括安禮

移剌道　本名趙三　子光祖

列傳第二十六　金史八十八　一

紇石烈良弼本名婁室回怕川人也曾祖忽懶祖忒不曾
父太宇世襲蒲輦徙宣寧天會中選諸路女直字學生送
京師良弼與納合椿年皆童卝俱在選中是時希尹為丞
相以事如外郡良弼遇之途中望見之嘆曰吾輩學丞相
也希尹大喜問所學良弼應對無懼色希尹曰此子他日
必為國之令器即之數日前十四為北京教授學徒常二
百人時人為之語曰前有谷神後有婁室其從學者後皆
尹問曰此兒也良弼自贊曰有司所薦學丞相文字學者
文字千里來京師固當一見乃入傳舍求見拜於堂下希
成名年十七補尚書省令史簿書過目輒得其隱奧雖大
文牒口占立成詞理皆到時學希尹之業者稱為第一除
吏部主事天德初累官吏部郎中改右司郎中借秘書少
監為宋主藏元累官……
出已右用是為刑部尚書賜今名丁父憂以本官起後海

列傳第二十六　金史八十八　二　一百四十二卷

陵嘗曰左丞相張浩練達事務而頗不實刑部尚書婁室
言行端正無所阿諛因謂椿年曰卿可謂舉能矣常人多
娟勝己者指揮使良弼音吐清亮海陵詔諭臣下必令良弼傳
運都指揮使良弼舉……
盲聞者莫不聳動以故常被召問不踰年拜參知政事進
尚書右丞賜佩刀入宮轉左丞海陵伐宋良弼與監軍徒
定上京遼右都省海陵死世宗就以良弼為南京留守燕
為右領軍大都督海陵往往道亡北歸而世宗即位千戈
開封尹再還汴京海陵召拜尚書右丞世宗謂良弼曰卿
陽良弼乃還汴京……
朕皆默之矢今復用卿凡以至廢殞當時懷祿偷安之人
曾諫正隆伐宋不用卿言以……當盡言無後顧忠
也良弼頓首謝寫斡敗入陷泉入奏中詔良弼佩金牌及
銀牌四往北京招撫契丹還拜尚書左丞上言祖宗以
來未錄功賞者臣考按得凡三十二人宜差第封賞詔曰
已有五品已上官者閱奏六品以下及無官者尚書省約
重遷除自是功勞畢賞矣進拜平章政事封宗國公初山
東兩路猛安謀克與民田互相犬牙者皆以官田對易之自是無後
姓異居雜居詔良弼度宜易置使與百
爭訟六年十一月皇太子生日上置酒于東宮良弼志寧

同賜酒上曰海境無事中外晏然將相之力也良弼奏曰
臣等不才備位宰相敢不竭犬馬之力上悅進拜右丞相
監修國史世宗謂良弼曰海陵時記注皆不完人君善惡
爲萬世勸戒記注遺逸後世何觀其令史官旁求書之又
以聞宰臣良弼對曰必欲父兄聚居久甚便左丞石琚曰百姓各安其
民相扶易雖簪纓然經久甚便良弼奏罷其猥
業不若依舊簪纓然經久甚便上竟從良弼議太宗實錄成賜良弼金帛
安父子兄弟往往折居其所得之地不能贍日益困之上與土
冗不足莅官者亦聞奏罷去左丞完顏守道奏以所分之地兩猛

金史八十八 三 何自寛

重綵二十端同修國史張景仁曹望之劉仲淵以下賜有
差世宗與侍臣論古今爲臣執賢不肖因謂宰相曰皇統
正隆多殺臣僚往往死非其罪朕委卿等以大政母違道
以自陷毋曲從以誤朕惟忠惟孝匡救輔益期致太平良
弼對曰臣等過蒙嘉惠雖謂灊敢不盡心聖謨詳許臣等
不勝萬幸良弼請於榷場市馬母拘牝牡令官馬甚少一
旦邊境有警乃調於民不亦晚乎上從之八年還侍衛親
軍世宗聞其中多不能弓矢認使胃射尚未行耶良弼及平
章政事恩敬曰女直人胃射尚未行耶良弼對曰巳行之
夬同知清州防禦事常德暉上書言吏部格法止叙年勞

雖有材能拘滯下位刺史縣令多不得人乞密加訪察然
後廉問今酒稅使尚選能吏縣令可不擇人才以能吏
當任酒稅使者任親民之職上是其言謂宰相曰乞以朕思庶
職多不得人中夜而痛或達旦不能寐卿等注意選擇朕
亦難也上曰方今大率多爲黨與或見毀於彼所
然後可方今大率多爲黨與或體察也上謂良弼曰曾習漢人文字
以密加體察良弼對曰猛安克
牛頭稅粟本以備凶年凡水旱之糧處就賑給之進拜左
丞相監修國史如故良弼爲相既久練達朝政上所詢訪
盡誠開奏垂紳正笏不動聲氣議政多稱上意以母憂去

金史八十八 四 何自寛列

起復舊職是時夏國王李仁孝乞分國之半以封其臣任
得敬上以問群臣群臣多言此外國事從之可也上曰此
非是仁孝本心不可從良弼議與上意合既而夏國果誅
任得敬上表來謝參知政事宗敘請置沿邊塚壍暫良弼曰
敵國果來伐此當可禦哉上曰良弼等當爲朕任
國非王睍本心其後趙位寵求以四十州來附其衆果言
王睍弒其兄睍如良弼棄甕語在高麗傳中世宗罷採訪官
表讓國於其弟睍上疑之以問宰相良弼棄以爲讓
謂宰臣吏之善惡何由知之良弼對曰臣等嘗爲陛
下訪察之以進唐宗實錄賜通屋帶重綵二十端是年有

事南郊良弼為大禮使自收國以來未嘗講行是禮歷代
典故又多不同良弼之討論益各合其宜人服其能上與
良弼守道論猛安謀克官多年幼不習教訓無長幼之禮
曩時卿里老者輒教導之今鄉里中耆老有能教導者或
老選廉絜正直可為師範著使教導之良弼奏曰聖慮及
此億兆之福也他日上問曰朕觀前史有在下位而存心
國家直言為民者今豈無其人哉
蓋以直道而行反被謗毀禍及其身是以不為也大定十
四年歲在甲午大興君璋為賀宋正旦使宋人就館奪其

國書詔梁肅詳問衆議紛紛謂凡年必用兵上以問良
弼對曰太祖皇帝以甲午年代遼太宗皇帝以丙午年克
宋今茲宋人奪我國書而適在午年故有此語未必然也
既而梁肅至宋宋主起立授受國書如舊儀梁肅既還宋
主遺工部尚書張子顏知閤門事劉宏來祈請其書曰言
念眇躬凤之勤繼荷大統荷上國照臨之惠尋盟遂閱於
兩朝聘問之儀甯空臆以屢陳飭行人而再請仰祈春顧俯賜祚
接之儀今與大臣議良弼奏曰宋國免稱臣為姪免奉表為書
恩賜亦已多矣今又乞免親接國書是無厭也必不可從

平章政事完顏守道參知政事移剌道與良弼議合之左丞
石琚右丞唐括安禮以為不從所請必至于用兵上謂琚
等曰卿等所言非也所請有大於此者欲從之乎遂從
良弼議笞其書略曰弗循定分之常俾復有授書之請謂承
大統愈見自專奈何以若所為尚求其親舉乎曰宋制立之禮
者舉一人視其當不以為賞罰上曰宋制焉舉者每歲須
廉能而更其授受禮儀然不復改上問宰臣曰求內外官
舉賢能未聞有舉者何也參政魏子平請當樂舉者每佳須
或喪其所守宰臣任大責重豈坐是以為升黜邪良弼曰

前詔朝官六品以上外官五品以上各舉所知盡申明前
詔從之上曰朕欲周知官吏善惡若尋常遣官采訪恐用
非其人然則官吏善惡何以知之良弼曰臣等當為陛下
訪察上曰勿使名實混淆耳上欲徙遼幹逆黨分散
置之遼東良弼奏此輩已經赦宥徙之生怨望上曰此目
前利害朕為子孫後世慮耳石壘部上問宰臣曰堯有九
以當預防亂者徙居焉古里石壘良弼曰非臣等所及也於是
之水湯有七年之旱而民不病飢今一二歲不登而人民
乏食何也良弼對曰古者地廣人淳崇尚節儉而又惟農
是務故蓄積多而無饑饉之患也今地狹民衆又多棄本

逐末耕之者少食之者眾故一遇凶歲而民已病矣上深
然之於是命有司懲戒荒縱不務生業者十七年以疾辭
相位不許告滿百日詔賜告遣太醫診視屢使中使問疾
良弼在告既久省多滯事上以問宰相參政張汝弼對曰
無之上曰豈曰無之自今疑事上不能決者當其以聞十
八年表乞致仕歸田里上遣使慰諭之曰卿比以疾在告
朕甚愛之今聞卿將往西京養疾彼中風土非老疾所宜
京師中俺於人事若就近都佳郡居處夙夜憂懼以至於
知之良弼奏曰臣遭過聖明鑒膚大仕鳳夜憂懼以至成
疾比蒙重恩數遣使存問賜以醫藥臣之苟活至今皆陛
下賜也臣豈敢望到卿里便可愈疾臣去卿土之應誠
多乞亡沒惟老臣獨在卿土之應誠不能忘臣竊惟自來
人臣受知人主無逾臣者臣雖粉骨碎身無以圖報若使
一還卿社得見親舊則死無恨矣上問宰相曰丞相良弼
必欲歸卿里朕以世襲猛安封其子符寶員苟俾之侍行
何如右丞相良弼守道曰不若以猛安授良弼使其子攝
事上從之於是授胡論宋萬猛安給丞相俸傔良弼乃致
仕歸上謂宰相曰卿等非不盡心但才力不及丞相所以
惜其去也其後尚書省奏差除上曰丞相良弼擬注差除
未嘗苟與不當得者而蕭舉往往得人粘割斡特剌移剌

憶裴滿條慶皆其所舉至于私門請託絕然無之嘗問良
弼每旦暮日色皆赤何也良弼曰旦而色赤應在東高麗
當之暮而色赤應在西夏國當之願陛下修德以應天則
災變自弭矣既而夏國有任德敬之亂高麗有趙位寵之
難其言皆驗云是歲薨年六十上悼惜之遣太府監移剌
憶同知西京留守王佐為粉葬祭莫使賻白金絲幣加等
喪葬諡誠敏良弼性聰敏忠正善斷決言論器識出人意
墓碑諡誠敏居位幾二十年以成太平之功號賢相焉大定
舉人材常若不及居家清儉親舊貧乏者周給之與人交
秉性起素致位宰相朝夕惕惕蓋心於國謀慮深遠薦
守道本名習尼列以祖谷神功擢應奉翰林文字皇統九
年同知盧龍軍節度使事歷獻祁濟蕭四州刺史世宗宰
十五年圖像衍慶宮諡武定明昌五年配饗世宗廟廷
自代於是遷昭毅大將軍授左諫議大夫內族晏以恩舊
中都過蕭道請留拜平章政事移剌元宜舉以
拜左丞相守道諫曰陛下初即位天下略定邊警未息方
大有為之時恐晏非其材必欲親愛莫若厚與之祿俾勿
事事乃授以太尉致仕世宗錄鹵從將士之勞欲行賞罰
而帑藏空竭議貸民財以與之守道曰人難虐政方喜更

生今仁恩未及而徵歛遽出如羣望何寧出官中所有無
取於民遂從其言契丹版逺東猛安謀克在其境者或附
從之朝議欲從之內地守道極陳其不可右副元帥謀行
將兵討賊不即擊守道力言於朝詔遣僕散忠義統石烈
忠寧往代之東方以平六定二年官中十六位火方事完
右諫議大夫馳頒規畫山東兩路軍粮及賑民臟守道籍
葺時已入夏頒規畫民力守道諫而罷未幾改太子詹事薰
乃祖勳在王室朕亦悉卿忠謹以是權用無爲多讓時契
民皆足拜參知政事兼太子少保守道懇辭世宗諭之曰
大姓戶口限以歲儲使盡輸其贏入官復給其直以是軍

丹餘黨未附者尚衆比京臨潢泰州民不安詔守道佩金
符往安撫之給雍牧馬千足以備軍用守道招致契丹骨
送羣合等內附民以寧息還進尚書左丞兼太子少師嘗
從獵近郊有虎傷獵夫欲親射之守道叩馬極諫而止
俄拜平章政事十四年宋人遣使因陳請手按書極諫而止
石琚等讓從其請帝意未央守道等以爲不可許卒從
之詳在紀烈良弼傳中既而遷右丞相監修國史復還
左丞相授世襲謀克二十年修熙宗實錄成帝因謂曰丞
祖谷神行事有未當者尚不爲隱見卿直筆也尋請避賢
路帝不許進拜太尉尚書令改授尚書左丞相諭之曰丞

相之位不可虛曠須用老成人故復以卿處之卿宜悉此
未幾後乞致仕帝曰以卿先朝勳臣之後特委以三公重
任自秉政以來效竭忠勤朕甚嘉之今引年求退甚得宰
相體然未得代卿者以是難從汝勉之哉二十五年坐擅
支東宮諸孫廩食原奪官一階尋改兼太子太師特錄其
子珪襲蔭克符寶祗候章宗爲原王詔習騎鞠守道諫
之特賜宴於慶春殿帝手飲以危酒錫與甚厚以其子珪
命庸何傷乎然而帝曰此習武備耳自爲之則不可從朕
二十六年懇求致仕優詔許
侍行又賜次子瑋進士第明昌四年卒七十四上聞之
震悼遣其弟點檢司判官蒲帶致祭賻銀千兩重綵五十
端絹五百疋太常議諡曰簡憲上改曰簡靖蓋重其能全
終始云

石琚字子美定州人沉厚好學父皐補郡吏廉潔自將稱
爲長者從魯王闍母攻青州州人堅守不降闍母怒之及
城破命皐計州民之數將使諸軍分掠有之皐緩其事闍
母讓之皐曰大王將爲朝廷撫定郡縣當使百姓按堵無
或侵苦之若取城邑而殘其民則未下者必死守以拒我
皐之稽緩安敢逃罪闍母感悟乃下令曰敢有犯州人者
以軍法論指其坐謂皐曰汝之子孫必有居此坐者皐隨

守定州唐縣人王八謀為亂書其縣人姓名千籍為
千人其黨持其籍詣州發之皐主鞠治是時冬月皐抱籍
上廳事伴為頓仆覆其籍爐火中盡焚之不可復得其姓
名止坐為首者餘皆得釋琚生七歲讀書過目即成誦既
長博通經史工詞章天眷二年中進士第一再調弘政邢
臺縣令邢守貪暴屬縣掊取民財以奉琚獨一物無
所與旣而守以贓敗他令佐皆坐累琚以廉辨聞其名大
後權行臺禮部主事召為本部侍郎如故奉命詳定制度
三年以父憂去官尋起為左司都事累遷吏部郎中貞元
定二年權左諫議大夫侍郎世宗舊聞其名琚上疏
六事大綱言正紀綱明賞罰近忠直遠邪佞省不急之務
罷無名之役上嘉納之遷吏部尚書琚自貪外郎至尚書
未嘗去吏部且十年典選久凡宋齊愈授官格南北通注
銓法能僂指而次第之當時號為詳明頃之拜參知政事
琚辭讓再三上曰卿之材望無不可者何以解為右丞蘇
保衡監護十六位工役詔共典其事給銀牌二十四許從
宜規畫上謂琚曰此役不欲煩民丁匠皆給雇直毋使貪
吏貪緣為姦利以興民怨卿等勉力稱朕意為徒單合喜
定陝西琚請曲赦秦隴以安百姓上從之丁母憂尋起復
進拜尚書右丞天長觀災詔有司營繕有司關民居以廣

大之費錢三十萬貫薊州采地葦役數百千人琚奏之上
曰自今凡稱御前者皆禀奏琚與孟浩對曰聖訓及此百
姓之福也是時議禁網捕狐兔等野物累計其獲或至徒
罪琚奏曰捕禽獸而罪至徒恐非便下意宰相而釋之可也
上曰然火之進拜左丞兼太子少師上問宰相古有居下
位能憂國為民直言無忌者今何以無之琚對曰是豈無
之但未得上達耳上曰宜盡心采訪之世宗將行郊祀議
配享琚曰配天配者侑神作主也自外至者無主不止故推祖
考以配天同尊之也孝經曰郊祀后稷以配天漢魏晉皆
以一帝配之唐高宗始以高祖太宗並配垂拱初以高祖
太宗高宗並配玄宗開元十一年罷同配之禮以高祖配
宋太宗時以宣祖太祖配真宗時以太祖太宗配仁宗時
有司請以三帝並侑遂以太祖太宗真宗並配其後禮院
議對越天地神無二主當以太祖配此唐宋變古以三帝
配之上曰唐宋不足為法止當奉太祖皇帝配之琚嘗請
配天終竟依古以一祖配也將來親郊合依古禮以一祖
命太子習政事或諸之曰琚希恩東宮世宗察其無他以
此言告之琚對曰臣本孤生蒙陛下拔擢備位執政兼師
保之任臣以為太子天下之本當使知民事遂言及以
因乞解少師十年二月祭社有司奏請御署祝版上問琚

日當署平琚曰故事有之上曰徐祀典禮鄉等慎之無使
後世譏誚熙宗尊諡太祖字文虛中定禮儀以常朝服行
事當時朕雖童稚猶覺其非琚曰祭祀大事也非故事不
敢行上謂琚曰女直人往往徑居要達不知閭閻疾苦卿
嘗為丞薄民間何事不知足財貨流布四方與在官何異
錢或以鑄錢工費敷倍欲采金銀坑冶上曰山澤之利可
以與民惟錢幣不當私鑄若財貨藏於天下正如泉源欲其流通耳
上問琚曰古亦有百姓鑄錢者平對曰使百姓自鑄則小
琚進曰臣聞天子之富藏於天下平對曰使百姓自鑄則小

人圖厚利錢愈薄惡古所以禁也時民間往往造作妖言
何也琚對曰南方無賴之徒假託釋道以妖幻惑人愚民
無知至犯法上曰如智究是也此輩不足卹但軍士
送至琚對曰南方尚多反側
討捕利取民財害及良民不若杜之以漸也智究大名府
僧同寺僧苑智義與智究言蓮華經中載五濁惡世佛出
魏地心經有夢想究竟涅槃之語汝法名智究正應經文
先師藏挑和尚知汝有是福分亦作頌子付汝智究信其
言遂謀作亂歷大名東平郡假託抄化誘感愚民潛結
姦黨議以十一年十二月十七日先取兗州會徒嶧山以
應天時三字為號分取東平諸州府及期鄉夜使逆黨胡

智愛等劫旁近軍寨掠取甲伏軍士繫敗之會傳譏劉宣
亦於陽穀東平上竇岊伏誅連坐者四百五十餘人宗室
子或不勝任官事世宗欲授散官量與原祿以贍足之以
問宰臣曰於前代何如琚對曰堯親九族周家內睦九族
皆帝王盛事也琚之將順多此類十三年上表乞致仕十
六年冊表乞致仕使數年不復召琚對便殿從容進曰唐括
安禮忠直父在外官世宗深然之遂自南京留守召為尚
書右丞琚嘗舉室紹先以為右司員外郎紹先中風暴卒
上甚惜之謂琚曰卿之所舉也感歎者再三十七年拜平

章政事封莘國公明年拜右丞相修起居注移剌子上書
言朝奏屏人議事史官亦不與聞無由紀錄上以問宰相
琚與右丞唐括安禮對曰古者史官天子言動必書以徵
戒人君庶幾有畏也周成王翦桐葉封叔虞史佚
曰天子不可戲言言則史書之以此知人君言動史官皆
得記錄不可避也上曰朕觀貞觀政要唐太宗與臣下議
論始議如何後竟如何此政史臣在側記而晝之耳若忿
漏泄幾事則擇慎密者任之朕知卿年老勉為朕留俟
自此始以年老衰病固辭上曰朕為天子未嘗敢尊行獨
一二年朕將思之上謂宰臣曰朕

斷每事徧問卿等可行則行之不可則止也琚與平章政
事唐括安禮奏曰好問則裕自用則小陛下行之天下幸
甚居一年復表致仕乃許詔以一孫爲閤門祇候即命爲
歸卿里久之世宗謂宰臣知人則哲自昔所難事來左選多不
得人惟石琚爲相時往往舉能其官左丞後剌道參政粘
割斡特剌石琚爲相時選頗得之朕常以不能識人材爲不
此宰相事也左右近侍雖常有言朕未敢輕信又曰近日
剌史縣令多闕貿當擇幹濟者除之資級不到厲何傷又
父不見石琚最爲知人唐括鼎爲定武軍節度使上謂鼎曰
曰惟石琚精力比舊何如汝到官往視之顯宗亦思之
因琚生日寄詩以見意二十二年以疾薨于家年七十二
諡文憲泰和元年圖像衍慶宮配享世宗廟庭
唐括安禮本名斡魯古字子敬好學通經史工詞章知爲
政大體員元中累官臨海軍節度使入爲翰林侍讀學士
改澄州防禦使彰化軍節度使太定初遷益都尹召爲大
與尹上曰京師好訛言府中苾史爲民患鄉雖年少有治
才去其宿欲母焉因仍瘵廉入第一等進階榮祿大夫七
年五月大興府欲空招錫賚甚厚其餘有差人之拜參
知政事龍宴費爲橫海軍節度使歷河閒尹南京留守以衰去

列傳五　　金史八十八　十五

官起後尚書右丞詔曰南路女直戶頗有貧者漢戶租佃
田土所得無幾費用不給不習騎射不任軍旅凡成丁者
籍入軍月給錢米山東路沿邊安置以閒徭旬上
問曰軍籍月給錢米山東猛安貧戶如之何奏曰其議以
皆於卿意如何對曰猛安謀克農作之際可務農作此
識每事專倚漢人若無事之時可耕作上謂卿有知
是國人即日簽軍恐妨農作上責安禮曰一家一種
曰於卿等悉之因以有益貧窮猛安人數事詔左司郎中
講本朝之法前日宰臣皆拜漢字讀詩書姑置此以
起爭端國家有事農作女直人拜卿習漢字讀詩書朕則
所謂一家者皆一類也女直漢人其實則二朕即位東京
粘割斡特剌使書之百官集議于尚書省十七年詔遣監
察御史完顏觀古速行海從行契丹押剌四人授剌招得
夙夜思念使太祖皇帝功業不墜傳及萬世女直人物力
契丹漢人皆不往惟女直皆來此可謂一類乎又曰朕
此昔窩斡爲亂契丹等響應朕釋其罪俾復襟業遣使安
雅曾斡列阿自邊亡歸大石上聞之詔曰大石在夏國西
輯之伴與女直人雜居易婚女直漸化成俗長久之策也
徒之伴側之心猶未已若大石使人間誘必生邊患遣使
於是遣同籤樞密院事乣石烈奧也吏部郎中裴滿余慶

列傳九　　金史八十八　十六

翰林修撰移刺傑徙西北路契丹人嘗預謀亂者上京

滿利等路安置以兵部郎中移刺子元爲西北路招討都

監詔子元曰卿可省諭云上京蒲州契丹人彼地土肥饒

可以生殖與女直人相爲婚姻亦彼久安之計也卿與

之同催發徙之仍遺猛安一貢以兵護送而東所經鎮

路勿令與群牧相近脫或有慶即便討滅侯其過鎮道

遷鎮上已遣奧也子元等謂宰臣曰海陵時契丹人尤被

信任終爲叛亂群牧使鶴壽駙馬都尉謇一昭武大將軍

術魯古金吾衛上將軍蒲都皆被害賽一等功臣之後

在官時未嘗與契丹有怨彼之野心亦足見也安禮對曰

聖主溥愛天下子有萬國不宜有分別上曰朕非有分別

善善惡惡所以爲治異時或有邊釁契丹豈肯與我一

心也哉他日上又曰蕭裕大臣之職外官五品猶得舉人

宰相無所舉何也安禮對曰孔子稱才難賢人君子世不

多有陛下必欲得人當廣取士之路區別器使之斯得人

矣上曰除授格法不倫奉職皆閥閱子孫所知識有資

考出身月日親軍不以門第收補無蔭者不至武義不得

出職但以女直人有超遷格何也安禮對曰祖宗以來立此格

恐難輒改轉左丞與右丞蒲察通同日拜上謂之曰朕今

一家獨女直人有超選格何也安禮對曰祖宗以來立此格

年五十有五若過六十必倦於政事宜及朕之康彊凡女

直猛安克當克盡修舉政事改定法令宗族中鮮有及朕之

者猛安頗習晉女直舊風子孫當能知之況政事乎卿等宜

恐此意上又曰大理寺事多留滯宰執不督責之何也安

禮對曰案牘繁難者議例給限上曰舊例是邪非邪今

究其事輔給以限邪參政移刺道曰臣在大理時未嘗有

滯事上曰卿在大理無滯臺官盡絕人事課官記注官與聞議

無以對而退上問宰臣曰御史臺官亦與親知往來不可

論亦不可與人游從安禮對曰親知之間恐不可盡絕也

曰往來不可殊少上曰臺官當盡絕人事課官記注與聞議

上曰職任如是何恊人之言進拜平章政事封芮國公授

世襲謀克上諭安禮前代史書詳備今祖宗實錄太簡略

對曰前代史皆成書有帝紀列傳他日修史時亦有帝紀

列傳其詳自見于列傳也安禮曰大抵當時政事觀其

近日士人不以策論爲意今若詩賦策論各場考試文理

俱優者爲中選以時務策觀其器識庶得人也上曰卿等

議之上謂宰臣曰賞不踰時者正謂此也二十一年拜右丞安禮對

封申國公畫辭曰臣備位宰相無補於國家夙夜憂懼惟

曰古所謂宰臣有功不可緩緩無以勸善安禮對

恐得罪上負陛下下貧百姓臣實不敢受丞相位惟陛下

擢賢於臣者用之上曰朕知卿正直與左丞相習顯無異
且練習政事無出卿之右者其毋多讓安禮頓首謝是歲
薨泰和元年配享世宗廟廷

移剌道本名趙三其先乙室部人也初徙咸平為人寬厚
有大志以為孝善名通女真字皇統初補刑部令
史轉尚書省令史再遷大理司直丁母憂起復戶部員
外郎正隆三年徙臨潢咸平路畢沙河等三猛安屯戍無
復紀律士卒掠淮南百姓苦之有男女二百餘人自願與
年遷本部郎中海陵伐宋為都督府長史海陵死師還明
盧連還泰海陵謂侍臣曰道骨相長於我有異常他日必登公輔
道為奴道受之至淮侯諸軍畢濟乃悉遣還大定二年復
為戶部郎中與梁銶安撫山東招諭盜賊民或避盜避役
者並令歸業不問罪名輕重皆原之軍人不得並緣虜掠
口分給官僚道悉縱遣之還京師入見既退世宗目送之
僕散忠義討高幹道奏謀幕府軍事賊平元帥府以伴復生
曰此人有幹才可大用也還翰林直學士兼修起居注湏
之世宗曰道清廉有幹局翰林文雅之職不足以盡其才
中都轉運使劑乃改同知中都路都轉運事認道送河北
山東寧路廉察菩惡升降官貟制敕上曰卿從討契丹不
會侍護其志可嘉故命卿為使卿其勉之曰是歲以廉升者

磁州刺史完顏蒲速列為北京副留守濰州刺史蒲
善為博州防禦使威州刺史完顏元苔為萬州刺史治
狀不善下遷者同知登州防禦使完顏阿鄰為
守高德基為同知北京轉運事衛州防禦使完顏安國軍
陳州防禦使唐括重國為彰化軍節度使仍具功過善惡宣諭
節度使讀獻戒兵妻子冊除同知大興尹親軍百人長完顏
母受讀獻戒大理卿五年宋人請和罷兵道往山東完顏
臣盜取金珠點檢司執其夜入左藏庫殺都監郭良
阿思鉢非禁直日帶刀入宮其疑似者八人掠笞三人死五人
軍器振贍戍兵妻子冊除同知大興尹親軍百人長非直
阿思鉢霧金車覺伏誅上曰簀楚之下何求不得奈何熟
檢司不以情求之乎賜死者錢人二百貫同其家不死
者人五十貫詔自今護衛親軍百人長五十人長非直日
不得帶刀入宮還戶部尚書上曰朕初即位卿為戶部其
外郎開卿草草為善道頻首謝改西北路招討
阿思鉢經治國用卿其勉之道頻首謝改西北路招討
善治金帶故事招討使到官諸部皆獻馳馬多至數百道
皆賜金帶故事招討使到官諸部皆獻馳馬多至數百道
使賜金帶故事招討使父喪去官起復參知政事初蒲部
有獄訟招討司例遣胥吏按問柱往為姦剌道諭蒲部設一

官上嘉納之招討司設勘事官自此始上謂宰臣曰比聞
大理寺斷徹報經旬月何耶道奏曰在法決死囚不過七
日徒刑五日杖刑三日上曰法有程限而輒違之此官吏
之責也嚴戒約以去其弊進尚書右丞乞致仕上曰卿孝
於家忠於朕嚴事雖踰六十心力未衰未可退
爲人少蹇几邊事須與卿共議卿以朕意謝思列也入拜
也乃除南京留守通習法令政事帶上曰河南統軍烏古論思列
平章政事道曰宴子慶和殿上問道何補犯罪至死道待罪于家皇
太子生日賜食其弟犯死刑擾制不合入內上曰此何傷也
韓特剌奏曰其弟須到道令幼阿補犯罪不在參知政事粘割
宣武以上借除以充之上曰廉察八品以下已去官者錄
宣詔道起視事是時縣令多闕上以問宰相道奏曰散官至
五品無貪汙曠職之名者亦可與之俠縣令數年前曾所
事丞簿有清幹之譽者皆入優等八品以下曰卿地涼
刺二十三年罷爲咸平尹封莘國公上曰卿故鄉地涼事少老者所
致仕朕不許卿卿今老矣咸平卿里所以安輯一境也二十
宜賜通犀帶明日優遣近侍臂淵諭言曰咸平自寓幹亂
後民兼尚未復萬朕聽卿歸鄉里
四年薨上聞之悼惜良久是歲辛上京道過咸平境使致
祭賵贈有加詔圖象藏祕府擢其子八狗爲閣門祗候

光祖字仲禮幼名八狗以蔭補閣門祗候調平晉令衛州
都巡河內承奉押班累轉東上閣門使兼客署令大安
中改少府少監丁母憂起復儀鸞司使同知宣徽院事
秘書監右宣徽使典定二年十一月詔集百官議所以爲
長父之利者光祖等三人議曰募土人假以方面權任使
人自勸一方由是公府封建之論興焉語在九公傳
三年轉左宣徽使五年卒
贊曰良弼守道琚安禮道皆無聞正隆時及其遭泊朝佐
明良諫行言聽齊澤下於民豈非遇其時邪官序無闕上
下相安君享其名臣終其祿可謂盛哉海陵能知移剌道
才之顯晦有諸於世道之汙隆也尚矣金世內燕惟親王
公主駙馬得與世宗一日特召琚入諸王以下竊語心蓋
易之世宗覺之即語之曰使我父子家人輩得安然無事
而有今日之樂者此人力也乃歷舉近事數十顯著爲時
所知者以曉末世將立元妃爲后以問琚琚屏左右曰元妃
之立本無異辭如東宮何世宗愕然曰何謂也琚曰元妃
自有子元妃立東宮攛奪世宗悟而止且人主家事人臣
之所難言者許敬宗以一言興亡唐祚琚之對其爲金謀

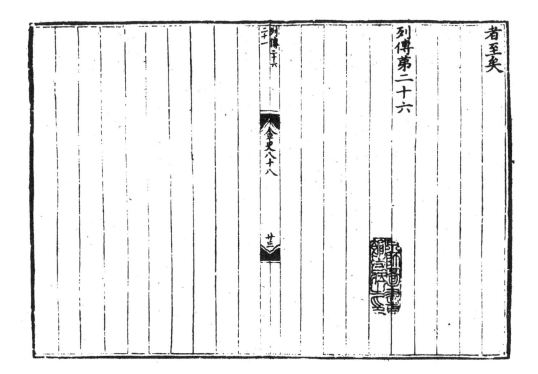

列傳第二十六

列傳二十六

金史八十八

卅一

卅三

勑修

蘇保衡　翟永固　魏子平

孟浩〔田毀附〕　梁肅　移剌慥

移剌子敬

蘇保衡字宗尹雲中天成人父京遼進士為西京留守宗翰兵至西京出降久之京病薨以保衡屬宗翰京死宗翰薦之於朝賜進士出身補太子洗馬調解州軍事判官左監軍撒離喝駐軍陝西辟幕府參議軍事累官同知興中尹天德間繕治中都張浩壞保衡分督工役改大興少尹督諸陵工役再遷工部尚書海陵治兵伐宋與徐文等造舟於通州海陵獵近郊因至通州視工作兵興保衡為潮東道水軍都統制鄭家死之大定二年召赴中都是時山東盜賊嘯聚契丹攻掠濱棣等州郡百姓困弊詔保衡安撫山東前太子少保髙思廉安撫臨潢發倉粟以賑之無衣者賜以幣帛或官粟有闕則收糴以給之無妻室者具姓名以聞還除刑部尚書與工部尚書宗永兵部侍郎完顏余里也往還河南山東陝西宣問屯田軍人有曾破大敵及

攻城野戰立功者具姓名以聞或以寡敵眾或與敵相當能先登敗敵者正軍及擐甲阿里喜補官一階猛安謀克以功狀上尚書省曾隨海陵軍至淮上破敵者亦准上遷賞僕散忠義伐宋保衡行户部於關中兼科察許以便宜黜守令不法者十餘人外守傳慎微忤用事者被譴搆下獄且死保衡力救之得免入為太常卿遷禮部尚書拜叅知政事三年宋人請和詔保衛往南京與僕散忠義斟酌事宜行之入奏進右丞四年宋人請和詔保衡還保衡朝師初宮女稱心縱火十六位延燒諸殿上以方用兵國用不足不復營繕及宋和詔保衡監護役事遣少府監張仲愈取南京宮殿圖本上聞之謂保衡曰追仲愈還民間將謂朕效正隆華侈也六年冬有疾求致仕不許遣敥嗣暉傳詔曰卿以忠直擢居執政齒髮未衰遽以小疾求退善加攝養以俟間視事未幾薨年五十五世宗將放鷹近郊聞之乃還為輟朝賻贈命有司致祭

翟永固字仲堅中都良鄉人太祖與宋約攻遼事成以燕歸宋宋人以經義兼策取進士永固中第一授開德府儀曹叅軍人金破宋永固北歸中天會六年詞賦科授懷安丞遷望雲令補樞密院令史辟左副元帥宗翰府椽永固家貧求外補宗翰愛其能不許以錢三千貫周之薦於朝攝左

司郎中除武軍節度副使歷同知清州防禦使入為工
部員外郎以母憂去官起復禮部郎中遷翰林直學士海
陵纂立宋國賀正旦使至廣寧海陵使使以廢立事諭宋
使道還之以侍衛親軍都指揮使完顏思恭為報諭宋使
永固為副且令永固伺察宋人動靜使還禮部侍郎欠
之分護燕京宮室役事永固請寫無逸圖於殿壁不納俄
遷太常卿考試貞元元年進士出尊祖配天賦題海陵以
為猶慶已意召永固問曰賦題不稱朕意我祖在位時祭
天拜乎對曰拜海陵曰豈有生則致拜死而同體配食者
乎對曰古有之載在典禮海陵曰若築坫魯行亦欲我行
之乎於是永固曰二十而進士張汝霖賦第八
韻有曰方今將行郊祀海陵詰之曰汝安知我郊祀乎亦
杖之三十頃之遷禮部尚書賜笏頭帶改永
定軍節度使正隆二年例降二品以上官爵永固階光祿
大夫不降以寵異之遷翰林學士承旨與直學士韓汝嘉
俱召至內殿問以將親伐宋事永固對曰宋人事本朝無
纍陳伐之無名縱使可伐亦無煩親征遣將帥可也由是
大忤海陵意永固即請致仕正隆四年正月丁巳海陵即
永壽宮四品以上官賜宴家永固至殿門外海陵即以致仕
宣命授之永固歸卧于家大定二年起拜尚書左丞請依

舊制廉察官吏革正隆守令之汙從之明年衰乞致仕詔
不許罷為真定尹賜通犀帶尚書省奏永固自執政為尚
書省令史除大理丞歷左右事同知中都轉運使事太
年罷乞致仕許之六年薨
魏子平字仲均弘州人登進士第調五臺主簿累除為尚
義伐宋置元帥府於南京子平掌錢穀運給金牌一銀牌六
糧道給辦進戶部尚書六年復為賀宋主生日使上日使
宋無再往者卿昔年供河南軍儲有勞用此優卿可欠之
府監正隆三年為賀宋主生日副使是時海陵謀伐宋子
平使還入見海陵問江左事且曰蘇州與大名孰優子平
對曰江湖地甲瀕夏服蕉萑猶不堪暑安得與大名比也
海陵不悅世宗即位除戶部侍郎大定二年丞相僕散忠
拜參知政事上問子平曰古者稅什一而民足今百一而
不足知政事上問子平曰什一取其公田之入今無公田而
稅其私田為法不同古有一易再易之田中田一年荒而
不種下田二年荒而不種今乃一切與上田均稅之此民
所以困也上又問曰成辛通之物故今按物力高者補之
可乎對曰富家子弟驕懦不可用守戍歲時求索無厭家
產隨壞若按物力多寡賦之募材勇騎射之士不足則調

兵家子弟補之庶幾官收實用人無失職之患上從之海
州捕賊八十餘人賊首海州人其兄今為宋之軍官上聞
之謂宰相曰宗之和好恐不能久其宿四間漢軍以女直
軍代之子平曰誓書稱沿邊州城除自來合設置射糧軍
數并巡尉外更不得屯軍守戍上曰此更代之非增戍也
上曰前日令內任官六品以上外任五品以上並舉所知
滄州同知訛里也易州同知訛里剌棼丘縣令劉春哥以
舉之官每任須舉一人澤州刺史劉德裕祁州刺史斜哥
未聞有舉之者豈無其才蓋知而不舉也子平請令當
賊汙抵罪上欲詔示中外丞相守道以為不可上以問子
平曰卿意何如子平曰臣聞懲一戒百陛下固宜行之上
曰然遼降詔為宋人於襄陽漢江上造舟為浮梁三南京
統軍司聞而奏之上問宰臣曰卿等度之以為何如子平
曰臣聞襄陽新羈皆於江北取之殆為此也上曰朕與卿
等治天下當治其未然及其有事然後治之則亦晚矣河
南統軍使宗敘求入見奏邊事上使修起居注粘割幹特
刺就問狀叙言及宋來歸者言宋國調兵募民
運糧餉完城郭造戰船浮橋兵馬移屯江北自和議後即
罷制置司今復置英商競海州皆有姦人出沒此不可不
備嘗報樞密院彼視以為文移故欲入見言之幹特刺召

凡言邊事者詰問皆無實行至境上問知襄陽浮橋乃
樵採之路如子平策還奏詔凡妄訊邊關兵事者徒二年
告人得實賞錢五百貫上問宰臣曰祭天地宗廟用牛牛盡力
稼穡有功於人殺之何如子平對曰惟天地宗廟用之所
以異大祀之禮也十一年罷為南京留守未幾致仕十五
年起為平陽府復致仕二十六年薨于家
孟浩字浩然灤州人遼末年登進士第天會三年為樞密
院令史除平州觀察判官天春初選入元帥府備任使承
制除歸德少尹充行臺吏禮部郎中人為戶部員外郎
中韓企先為相接擢一時賢能皆置機要浩與田毅皆在
尚書省毅為吏部侍郎浩為左司員外郎既典選善銓量
人物分別賢否所引用皆君子而蔡松年曹望之許霖皆
小人求與毅相結毅薄其為人拒之松年蔡靖子初將兵
不能守燕山終敗宗國毅頗以此譏斥松年韓企先初事宗
弼於行臺省以微巧得宗弼意宗弼當國令史皆怨毅等
郎望之為尚書省都事毅為省令史皆指以為朋黨引為刑部員外
之於宗弼凡與毅善者皆指以為朋黨引為刑部員外
往問之是日毅在企先所聞宗弼至知其惡己乃自屏以避
宗弼曰丞相年老且疾病誰可繼丞相者企先舉毅而宗
弼先入松年諸言謂企先曰此輩可誅毅聞流汗浹背企

先甍穀出爲橫海軍節度使選人鎮夷鑒除名值赦赴吏部銓得預覃恩穀巳除橫海部吏以夷鑒白穀穀乃倒用月日署之許霖在省典覃恩行臺省工部員外郎張子周誣以專擅有怨以事至京師微知夷鑒覃恩嗾許霖穀之託以專擅朝政穀巳除獄鞫之擬穀與袞穀凡瞻王補馮煦王植高鳳庭王翛趙益與龔夷鑒死其妻子及所往來孟浩等三十四人皆從海上仍不以赦原天下寬之世宗在熙宗時知定二年召見復官爵浩爲侍御史穀爲大理丞補爲工部令還鄉里多物故惟浩與穀兄穀王補馮煦王中安在大司員外郎浩篤實遇事輒言無所隱上嘉其忠每對大臣稱之有疾求外補除祁州刺史致仕歸七年起爲御史中丞而浩巳年老世宗以不次用之再閱月拜條奏知政事故事無自中丞拜執政者浩辭曰不次之恩非臣所敢當上曰卿自刺史致仕除中丞國家用人豈拘階次謝世宗勑勤雖年高猶可宣力數年朕思之久矣浩頓首謝曰臣有司東宮涼樓增建殿位浩諫曰皇太子義兼臣子君所居與至尊宮室相伴恐制度未宜示以儉德上曰善遂罷其役因謂太子曰朕思漢文純儉心常慕之汝亦可

以爲則也未幾皇太子生日上宴羣臣于東宮以大王拘黃金五百兩賜丞相孟浩寧顧謂羣臣曰卿等能立功朕亦襃賞如此又曰雜政志寧公正敢言自中丞入執政卿等能如是朕亦不次用之世宗嘗曰女直本尚純朴今之風俗日薄一日朕甚憫焉浩對曰臣四十年前在會寧當時風俗與今日不同誠如聖訓上曰卿舊人固知之上謂宰臣曰宋前廢帝呼其叔湘東王爲豬王食之以牢納之泥中以爲戲笑書于史策所以勸善而懲惡也海陵以近習掌記注記注不明當時行事實錄不載衆人共知之者求訪書之浩對曰良史直筆君舉必書帝王不自觀史記知乞自今凡賞功罰罪皆具事狀頒告之使君子知勸以能治者未之聞也國家賞善罰惡蓋亦多矣而天下莫能遷善善小人知懼從之進尚書右丞兼太子少傅罷爲眞定尹上曰卿年雖老精神不衰善治軍民母遽言退以通犀帶賜之十三年薨田穀自大理丞累官同知中京留守終于刺涉軍節度使二十九年章宗詔尚書省曰故吏部侍郎田穀等皆中正之士小人以朋黨陷之由是得罪世宗用孟浩爲右丞當時在者俱已用之巳者未加追復其議以聞張汝霖奏曰穀專權樹黨先朝巳正罪名其

不稱當今追贈官爵恐無懲勸汝霖先朝大臣嘗與顧命
上初即位不肯輙遜其意謂之曰卿既以為不可姑置之
蓋張浩與蔡松年友善故汝霖猶攄之也汝霖死後章宗
復詔尚書省曰蓋自田穀當事之後有官者以為戒惟務
苟且習以成風先帝知穀等無罪錄用生存之人有攄至
孫猶在編戶朕甚憫焉惟雄賢願善無間存沒宜推先帝
所以褒錄忠直之意並加恩邮以勵風俗擻用攄其死者猶未攄復子
時已有官職以父祖坐黨因而削除弟亦與追復應合追
除已敘用外但未經往用身死並與復舊官爵其子孫當

　　　　金史八十九　　九　　楊明

復爵位人等子孫不及廕敘者亦皆量與恩例
梁蕭字孟容奉聖州人自幼勤學夏夜讀書往往達旦母
萬民常減燭止之天春二年權進士第調平遙縣主簿遷
望都縣令以廉入為尚書省令史除定海軍節度副使
改中都警巡使遷山東西路轉運副使瑩治汴官蕭分護
役事攦大名少尹正隆末境內盗起驅百姓平人陷賊中
不能自辨者數十人皆繫犬獄蕭到官考驗得其情讞
關寺少府少監兼上林君令胡守忠因緣巧倖規取民利
出者十八九大定二年宛平趙楫上書曰項者正隆任用
前薊州刺史完顏守道前中都警巡使梁蕭勤恪清廉願

加進權於是守忠落少監守道自濱州刺史召為諫議大
夫蕭中都轉運副使改大興少尹蕭上疏言方今用度不
足非但邊兵耗費而已更部以常調除漕司僚佐皆年老
資高者為之類不稱職臣謂凡軍功進士諸科門廕人知
錢穀利害能使國用饒足而不傷民者許上書自言就擇
其可用授以職事每五年考更部通校有無水旱屯兵視
粟麥之歲為酒所耗者十常二三宜禁天下酒麴自京師及
州郡官務仍舊不得酤販出城其縣鎮鄉村權行得止不
報三年坐捕蝗不如期黜川州刺史削官一階解職上御

　　　　金史八十九　　十　　楊明

便殿召左諫議大夫奧籲翰林待制劉仲誨秘書少監移
剌子敬訪問古今事少間籲從容請曰籲蕭材可惜解職
太重上曰卿言是也乃除河北東路轉運副使是時窩斡
亂後戶籍兵食不足詔蕭措置沿邊兵食移牒肇州大名
臨潢許民以米易鹽兵民皆得其利四年通檢東平大名
兩路戶籍物力稱其平允他使者所至皆以苛刻為增益
功百姓訴苦之朝廷勅諸路以東平大名通檢為准於是
始定七年父憂去官起復都水監河决李固詔蕭視之還
奏決河水六分舊河水四分今障塞決河復故道為一冊
決而南則南京憂再決而北則山東河北皆可憂不若止

於李圉南藥隱使兩河分流以殺水勢便上從之改大理
卿尚書舊本把石抹阿里哥與釘校匠陳外兒共盜官中
造車銀釘藥等蕭以阿里哥監臨當首坐他寺官以陳外兒
為首抵死上曰罪疑惟輕各免死徒五年除名於時東京
父不治死也上自擇蕭以為同知東京留守事遷中都都轉運
轉吏部尚書蕭上疏論臺諫其大旨謂臺官自大夫至監察
諫官自大夫至拾遺階下宜親擇不可委之宰相恐樹私
恩塞言路也上嘉納之復請親擇奴婢羅上曰近已禁酒
奴婢服明金矣可漸行之蕭舉同安主簿高旭除平陽酒
使蕭奏曰明君用人必器使之旭儒士優於治民若使榷
稅為十四年正旦使宋主屢請免立受國書之儀世宗不從及大興尹
還杖一百五十除名以蕭為宋國詳問使其書略曰盟書
所藏止於帝加皇字免奉表稱臣稱名再拜量減歲幣便
用舊儀親接國書茲禮一定於今十年今知歲元國信使
到彼不依禮例引見輒令迫取於館姪國禮體當如是耶
往問其詳宜以誠報蕭至宋宋主一一如約立接國書蕭
還附書謝其略曰姪宋皇帝謹再拜致書于叔大金應天

興祚欽文廣武仁德聖孝皇帝闕下惟十載導盟之久無
一其成約之違獨顧禮文宜存折衷刻厲屢函之既尚循
躬受之儀既俯迫于輿情睿屢伸于誠請因歲元之來使
遂商榷以從權敢勞將介之還先布鄙悰之懇自餘專使
蕭商諸祈請蕭還至泗州先遣都管趙王府長史馳奏使
上疏曰刑罰世輕世重自漢文除肉刑罪至徒者帶鐵居
役歲滿蕭釋之家無兼丁者加杖准徒今取遼季之法徒一
年者杖一百是一罪二刑也刑罰之重於斯甚今太平
日久當用中典有司猶用重法臣竊痛之自今徒罪之人
止居作更不決杖不報未幾致仕起復彰德軍節度使名
拜參知政事上謂侍臣曰梁蕭以治入興等遂至大任廉
吏亦可以勸矣蕭奏漢之羽林皆通孝經今之親軍即漢
之羽林也臣乞每百戶賜孝經一部使之教讀庶知臣子
之道其出職也可知政事上曰善人之行莫大於孝亦由
教而後能詔與護衛俱賜為復上奏曰方今斗米三百人
已困餓以錢難得故也計天下藏入二千萬貫以上一歲
之用餘千萬院務坊場及百姓合納錢者通減數百萬院
務坊場可折納縠帛折支官兵俸給使錢布散民間稍稍

易得上曰懸欠院務許折納可也蕭上疏論生財舒用八
事一曰罷隨司通事二曰罷酒稅司杓欄人三曰天水郡
王本裱已無在者其餘皆遠族可罷養濟四曰裁減隨司
契丹吏貞五曰罷權醋以利與民六曰量減鹽價使私賣
不行民不犯法七曰隨路酒稅流出上曰趙氏養濟一事乃國家
美政不可罷其七事宰相詳議以聞上又曰朕在位二十
稔乞鑒蕭陵之失屢有改作亦不免有繆戾者卿等悉心
奏之蕭論正貞官被差權攝官有公罪及正貞任還皆准
去官勿論往往其人苟且不事其事乞于縣令中留十人

備差無差正貞官上曰自今權攝有公罪正貞雖還而本
職未替者勿以去官論之蕭曰誠如聖旨蕭與宰相奏事
既罷蕭跪而言曰四時畋獵雖古禮聖人亦以為戒陛下
春秋高臨時嚴寒馳騁於山林之間法宮燕處亦足怡神
顧為宗社自重天下之福也上曰朕諸子方壯使之習武
故時一往爾同知震武軍節度使鄧東鈞陳言四事其一
言外多闕官及循資擬注不得人上以問宰相張汝弼曰
循資格行已久仍舊便蕭曰不然如己遼固不足道其用
人之法有仕及四十年已衰老察其政蹟善者升之後政再察之
上曰仕四十年已衰老察其政蹟善者升之後政再察之

善又升之如此可以得人亦無曠事蕭曰誠如聖訓蕭論
盜賊不息請無禁兵器上曰所在有兵器其利害如何蕭
曰他路則已中都一路上農夫置之似乎無害上曰朕
將思之凡使之幣帛雜物宋人致禮物大使金二百兩銀二千兩
副使半之所得禮物稱是及推排物力蕭自以身為執政
昔嘗使宋所得禮物多當為庶民率先乃自增物力六十
餘貫論者多之二十三年蕭請老上謂宰臣曰梁肅老矣宜從
不言正人也卿等知之而不言朕實鄙之汝輩為閤門祗候二十八年薨
其請遂再致仕詔以其子汝翼為閤門祗候

諡正憲

移剌愷本名移敵列契丹廣吉部人通契丹漢字尚書省
辟契丹令史攝知除攝右司都事正隆南伐兼領契丹漢
字兩司都事大定二年除貞少尹入為侍御史毋豪去
官起復右司貞外郎累官陳州防禦使左丞相紇石烈良
弼致仕上問誰可代也遂召為太府監改刑部侍郎十九年以按
忠正臣不及也
出虎等八猛安自河南徙置大名東平之境還為大理卿
被詔典領更定制條或同罪異罰或輕重不倫
皇統制條海陵更定制條酌隨唐遼宋律令以為大理
或共條重出或虛文贅意更不知適從廣緣舞法恣取皇

統舊制及海陵續通類校定通其窒礙略其繁碎有例
詼而條不載者用例補之特闕者用律增之凡制律不詼
及疑不能衆決者取旨畫定凡特旨屬分及權宜條例內
有可常行者收為永格其餘未可削去者別為一部大凡
一千一百九十餘條為十二卷書奏詔頒行之賜銀幣有差
項之摘徒山東猛安八謀克于河北東路置之酬幹育狗
兒兩猛安舊居之地詔無牛耕者買牛給之攝御史大夫
數月改御史中丞兼同修國史遷刑部尚書改吏部尚書
尋改大興尹駕幸上京顧宗守國使人諭之曰自大駕東
巡京尹所治甚善我將有春水之行當益勤乃事還以所

獲鵝鴨賜之有疾在告遣官醫診視復為刑部尚書上還
自上京以為西京留守改臨洮尹卒

移剌子敬字同文本名屋骨朶魯遼五院人曾祖罷哥同
平章事父拔魯准備任使官都統杲克中京遼主西走留
援魯督輜重已而輜重被掠援魯乃自髡逃于山林子敬
讀書好學皇統閒特進移剌固修遼史碎為掾屬遼史成
除同知遼州事舊本廳自有占地歲入數百貫州官歲取
其課地主以為例未嘗請辦子敬曰巳有公田何為更取
為翰林修撰遷禮部郎中正隆元年諸將巡逸詔子敬監

戰軍帥以戰獲分將士亦以遺子敬子敬不受及還入見
海陵謂之曰汝家貧而不苟得不受伃獲朕甚嘉之凡汝
行官僚所取者皆沒入于官其後詔子敬宴賜諸部論之
曰凡受遣例遣宰臣以汝前能稱職故命汝宴賜諸部論之
林待制大定二年以待制同修國史是時窩幹餘黨散居
諸猛安謀克中詔子敬往撫之仍宣諭猛安謀克汝使還縣
漢人無以前時用兵相殺傷挾怨害契丹人使還改祕
書少監兼修起居注修史如故詔曰以汝博通古今故以
命汝常召入講論古今及時政利害或至夜半子敬有良
馬平章政事完顏元宜索之子敬以元宜為相也不與至

是元宜乞致仕罷為東京留守子敬以此馬贐行識者韙之
書少監石抹頓修起居注張汝弼待便殿上曰宋人自來
反覆無信喜為夸大子敬對曰宋人自來浮辟相欺來書言
是時僕散忠義代宋請和而書式疆界未定子敬與祕
海陵敗于采石大軍北歸按兵不襲俾全師而還海陵未
嘗敗于采石其謊多此類也回書宜言往者大軍若令
渡江宋國境土必為我有上曰彼以詭詐我以誠實但當
以理折之遷右諫議大夫起居注如故上幸西京州縣官
克隨班入見猛安謀克不得隨班子敬奏軍民一體合令猛安謀
入見上嘉納之於是責讓宣徽院及端午朝會詔

依子敬奏行之子敬言山後禁獵地太廣有妨百姓耕墾

上用其言遂以四外獵地與民遷祕書監諫議起居如故

子敬舉同知宣徽院事移刺神獨幹兵部侍郎移刺按答

太子少摩事爲古論三合自代上不許子敬與同簽宣徽

院事移刺神獨幹侍上曰亡遼不忘舊俗朕以爲是海陵

習學漢人風俗是忘本也若依國家舊風四境可以無虞

此長父之計也世宗將如凉陘子敬與右補闕粘割幹特

刺左拾遺楊伯仁奏曰車駕至岊里漸西北招討司圉於

行官之內地矣乞遷之於界上以屏蔽環衞上曰善詔尚

書省曰招討斜里虎可徙界上治蕃部都監撒八仍於

燕子城治猛安謀克事上與侍臣論古之人君賢否子敬

奏曰陛下凡與宰臣謀議不可不令史官知之上曰卿言

是也轉簽書樞密院事同修國史出爲河中尹請老河中

地熱上思子敬不耐暑改興中尹子敬女自慈州來興中

省謫過盜途中剽掠其行李且盡既而還之謝曰我輩初

不知爲府尹家也尹有德于民尚忍侵犯邪從咸平廣寧

尹二十一年致仕卒千家年七十一子敬嘗使宋及受諸

部進貢所受禮物皆散之親舊及卒家無餘財其子賢宅

以營葬事

贊曰金制尚書令左右丞相平章政事是謂宰相左右丞

孰知政事是謂執政大抵因唐官而稍異爲因革不同無

足疑者書曰元首明哉股肱良哉庶事康哉又曰元首叢

脞哉股肱惰哉萬事隳哉宰相執政豈異道邪蘇保衡程

永圖魏子平孟浩識膽皆當時之賢執政也移刺慥子敬

有其才適其時而位不及者亦命也夫

列傳第二十七

開府儀同三司柱國錄軍國重事監修　國史領　經筵都總裁臣　脫脫　奉

勑修

趙元　　　移剌道 本名撻　　高德基

馬諷　　　完顏兀不喝　　　劉徽柔

賈少沖 子益　移剌斡里朵　　阿勒根彥忠

張九思　　高衎　　　　　　楊邦基

丁暐仁

趙元字善長涿州范陽人遼天慶八年登進士第仕至尚
書金部員外郎遼亡郭藥師為宋守燕以元掌機宜文字
王師取燕藥師降摳密使劉彥宗碎元為本院令史天會
間同知薊州事有賊殺人橫道管吏圍視莫知所為路人
耕夫聚觀甚眾元指田中釋耒而來者曰此賊也叱左右
縛之遂伏僚吏問其故元曰偶得於眉睫間耳其後朝廷
立磨勘格九嘗仕宣和者皆除名籍元在磨勘中齊國廢
置行臺省于汴選名士十餘人備官屬元取河南元皆攝
部郎中行臺徒大名再從祁州及宗弼再取河南元皆攝
戶部事賦調兵食取辦天眷三年為行臺右司員外郎因
有殺人當死者行臺欲宥之元不從反覆數四勢不可奪
乃仰天嘆曰如殺人者可宥死者復何辜何欲徼已福而

亂天下法乎行臺竟不能奪改左司員外郎攝吏部事在
行臺九十年吏事明敏宗弼深知之行臺或有事上相府
宗弼必問曾經趙元未也其見重如此為同簽汴京留守
事政同知大名尹用廉遷河北西路轉運使歷彰德武勝
等軍節度使以老致仕卒于家
移剌道本名按宗室移剌古為山東東路兵馬都總管辟
掌軍府簿書往來元帥府計議邊事右副元帥宗弼愛其
才召為元帥府令史補尚書省令史特除監察御史再遷
大理丞兼工部員外郎海陵南伐御營糧所在盜起
道路梗澀間關僅至淮南上謁承問具言四方盜賊狀海
陵惡聞其言杖之七十使贊戰艦渡江會海陵死軍還大
定二年除工部郎中奉詔招撫諸奚是時抹白猛安下謀
克徐列等皆欲降制於猛安合住不敢即降道發兵掩襲
合住子婦孫男女甥及謀克留住及蒲輦白撒妻孥皆目
適窩幹遣白撒發抹白猛安軍白撒聞其家人被獲遂來
降改禮部郎中從討窩幹佩金牌與應奉翰林文字訛里
也招降叛奚奉使河南勸課農桑密訪吏治得失累遷御
史中丞同修國史廉問職官殿最遠奏上曰職官貪汙罪
廢其餘因循以苟歲月令廉能即與升除無以慰百姓愛
留之意可就遷秩秩滿升除於是廉能官景州刺史耶律

補進一階單州刺史石抹勳家奴泰寧軍節度副使尹昇
卿寧海陵縣令監邦彥溝州司候張區福各進兩階貪汙官
同知滄州防禦使事蒲速越真定縣令特補謀葛並免死杖
一百五十除名同知雄州事烏古孫阿里補杖一百削四
士民輻湊犯法者眾罪狀自實毋為文所持斷之以公可
也朕嘗諭執政爰必不以小苛讁卿勉副朕意遷刑部尚
書尚厩局使宗叔副使石抹青狗私用官騶事覽尚厩局
隸點檢司刑部當自問點檢烏林荅天錫屬刑部使輕其
罪刑部以付大興府鞠治於是道及天錫郎中丁暐仁皆
坐解職尋起為大理卿兼簽書樞密院事再遷西京留守
卒

大金史九十　三

高德基字元發遼陽渤海人皇統二年登進士第六年為
尚書省令史海陵為相專慎自用人莫敢拂其章德基每
與之詳辨及篆位命左司郎中賈昌祚諭旨曰卿公宜果
敢今委卿南京行省勾當未行會海陵欲都燕京命德基
攝燕京行臺省都事改攝右司貟外郎除戶部貟外郎改
中都路都轉運副使遷戶部郎中正隆三年詔左丞相張
浩本參知政事敬嗣暉管建南京宮室明年德基與御史
中丞本普刑部侍郎蕭中一俱為營造提點海陵使中使謂

德基等曰汝等欲乘傳往邪欲乘己馬往邪銀牌可於南
京尚書省取之等之先降銀牌復道中使謂籌曰牌之與
右當出陛意爾敢輒言豈以三人中宮獨高邪遂杖之三
十遣乘己馬往德基中一乘傳往轉同知北京路都轉運
使年以寧廉治狀不善下遷同知開封事具年
秋土河泛濫水入京城德基達命開長樂門疏分使入御
溝以殺其勢水不能為害遷刑部尚書有犯罪當死者再
轉運使九年轉刑部尚書七年改中都路都
德基曰法無二門失出猶失入也不從及奏上曰刑部議
是也四召諸尚書諭之曰自朕即位以來以政事與宰相
爭是非者德基一人而巳自今部三議不合即具以
聞為宋主生日使及還宋人禮物外附進臘茶三千勝不
親封署德基曰妊獻叔而不署是無名之物也卻之十一
年改戶部尚書德基上疏乞免軍須房稅等錢減農稅及
鹽酒等課未報隨朝官俸粟折錢增高市價與之多出官
錢幾四十萬貲上使人諭之曰卿為尚書取悅宰執近臣
濫出官錢卿之官爵一出於朕柰何如此於是決杖八十
戶部郎中王佐貟外郎童彥冲同知中都轉運使劉愻副
使石抹長壽度判官韓鎮左警巡使李克勤右警巡使
李貲判官強銳昌姚宗輔尼厖古達吉不皆決杖有差詔

大金史九十　四

自大定十一年八月郊祀赦後尚書省御史臺戶部轉運
司警巡院多支俸粟折錢皆追還之德基降蘭州刺史王
佐降大興府推官盧彥冲河北西路戶籍判官劉兟東京
警巡使石抹長壽東京留守推官韓鎮河東南路戶籍判
官李克勤通遠縣令李寶清水縣令強銳昌姚宗韶尼厖
宣和六年進士第宗翰克汴京諷歸朝復登進士第調蔚
州廣靈令諷視地高下疏決之其患遂息召爲尚書省令史
害民田諷視地高下疏決之其患遂息召爲尚書省令史
古達吉不皆除司候大定十二年德基卒年五十四子錫
馬諷字良弼大興漷陰人國初以燕與宋諷游學汴梁登

除獻州刺史天德初改寧州民有告謀不軌者株連數十
百人諷察其無狀乃究問告者具伏其誣衆懼呼感
泣再遷南京副留守入爲大理少卿是時高楨爲御史大
夫素貴重繩治無所避權貴憚其威嚴乃以諷及張忠輔
爲中丞欲有以中傷之者諷忠輔皆文吏巧法不能與楨
絲驟泪假借楨畏其害已因訴于海陵海陵以楨太祖舊
臣每慰安之諷改大理卿歲餘出爲順天軍節度使大定
二年復爲大理卿遷刑部尚書改忠順軍節度使致仕卒
完顏兀不喝會寧府海姑寨人年十三選充女直字學生
補上京女直吏再習小字兼通契丹文字充尚書省令史

天德初除吏部主事鞫問押懶路詐襲謀克事人稱其能
權右拾遺海陵謂之曰始聞汝名試以吏部主事今計其
寶優於所聞遠矣累遷右司郎中從海陵伐宋至淮南聞
世宗即位于遼陽兀不喝入白其事海陵沉思良久曰卿
等始聞之邪我已知之遣人往矣此大事勿泄于外大定
二年秩蒲當代世宗嘉其善敷奏詔再住謂宰臣曰兀
不喝爲人公忠後來有如斯人者卿等宜薦舉之其見知
如此窩幹已平詔罷契丹猛安謀克其元管戶口及從窩
幹作亂來降者皆隸女直猛安謀克遠兀不喝於猛安謀
克人戶少窩幹分置未經罷去猛安謀克合承襲者仍許

襲眼瞻其貧乏者仍括買契丹馬四官貸年老之馬不在
括限頃之世宗以諸契丹未嘗爲亂者與來降者一槩隸
女直猛安中非是未嘗從亂可且仍舊平章政事完顏元
女奏已遷契丹所藥地可遷女直人與不從亂契丹雜處
上以問右丞蘇保衡參政石琚皆不能對上責之曰卿等
每事先熟議然後奏有問即對宣容不知此保衡琚頓首
謝上曰分隸契丹以本猛安租稅給贍之所藥地與附近
女直人及餘戶願居者聽其猛安謀克官選契丹官貸不
預亂者充之改同知大興尹遷橫海軍節度使初到官識
因能得其情人以爲不冤五年卒官

劉微宇君美大興安次人天眷二年擢進士第初為真
定藥城主簿轉開遠軍節度堂書記遷洪洞令微柔明敏
善聽斷縣人楊速者投牒于縣以夜兩屋壞壓其姪死
號訴哀切微柔熟視而笑曰汝利姪財而殺之乃誣兩耶
叱付獄其人立伏曰公神明也不敢延死遂竟于法秩滿
縣人遮戀不得去者彌曰為立生祠刻石頌德正隆二年
入為大理評事遷司直大定二年同知河東南路轉運使
軍以廉第一改知平定軍入為大理少卿七年知磁州改
同知南京留守事十年遷中都路轉運使卒官

賈少沖字君盧通州人勤學日誦數百千言家貧甚嘗道
中獲遺金訪其主歸之天會中再伐宋調及民兵少沖甫
冠代其叔行伍間未嘗釋卷中天眷二年進士劉筈
欲以妹妻之少沖辭不就曰富貴當自致之調營州軍事
判官遷定安令蔚州刺史特貴不法屬吏畏之每事輒曲
從其意少沖守正不阿用廉進官一階再遷吏部主事
武軍節度副使河中府判官海陵浸以失道少沖謂所親
曰天下且亂不可仕也秩滿乃不求仕大定二年調御史
臺典事累遷刑部郎中往北京決獄奏誅首惡牽連其
中者皆釋不問全活凡千人以本職攝右司員外郎嘗執
奏刑名甚堅既退上謂侍臣曰少沖居下位有守如此除

同知河間尹數月入為秘書少監兼起居注左補闕少沖
外孫內剛每從容進諫世宗稱美之十四年為宋主生日
副使宋國方有祈請上以意諭少沖對曰臣有死無
厲宋人別致珍異與少沖笑謂其人曰行人受賜自有常數
寧敢以賂辱君命乎遂不受使還世宗嘉之遷右諫議大
夫祕書起居注如故十七年請老除衛州防禦使遷河東
南路轉運使召居注補少監兼祕書少監復請致仕不許改
順天軍節度使辛亥卒少沖性夷簡不喜言利嘗教諸子曰薩
所以庇身筴庫不可為也聞者尚之子益

益字擇之少穎悟如成人大定十四年父少沖為秘書少
監充宋主生日副使益侍行是時宋人常爭起立接受國
書之禮少沖問益曰即宋大奇之中大定十九年進士調
河津主簿丁父憂去官察廉起復蓉山令補尚書省令史
轉侍御史知登聞鼓院兼少府少監察御史治禮部郎中兼
知登聞鼓院看讀陳言文字遷左司郎中改吏部侍郎兼
蔡王傅以病免召除鄭州防禦使陝西東路轉運使順天軍
節度使王修完城郭為戰守備按察司止之不聽曰治城守
調民夫修完城郭為戰守備按察司止之不聽曰治城守

臣事也按察何預既而兵至以有備解去改橫海定國軍
節度使道阻不赴宣宗初爲吏部尚書益爲侍郎相得歡
甚貞祐二年至汴京訪益所在召爲太常卿上防秋十三
事與戶部尚書李革論遷河北軍民不便不報貞祐三年
致仕元光元年卒

移刺斡里朶一名八斤系出遼五院司通契丹字天會三
年代宋隸軍中遇戰輒先登屢獲偵人有司上其功補尚
書省令史十五年籍發諸部兵於山後將與右丞蕭慶會
時官軍寬而南者凡數千斡里朶以兵邀擊之盡獲其輜
重財物悉送有司而去一毫弗取以勞遷修武校尉宗弼
復河南斡里朶督諸路帥臣進討事定以勞遷宣武將軍
時六部未分乃以爲兵刑二部主事未幾遷右司都事皇
統二年授大理正歷同知昭德軍節度使事以廉陞孟州
防禦使正隆間轉同知北京留守事會遊古河闕子山等
猛安契丹謀亂時方發兵討之別遣斡里朶押軍南下至
松山縣爲賊黨江哥所執且欲推爲主盟要以契約斡里
朶怒曰我受國厚恩豈能從汝反耶寧殺我而行且欲害
之斡里朶說其監奴因得脫還六年九月改北京路轉運
也賊知不可屈乃困辱之使布衣草復逐馬而行且欲害
使大定初爲博州防禦使再遷利涉軍節度使先是有農

民避賊入保郡城以錢三十千寄之鄰家賊平索之鄰人
諱不與許于縣縣官以無契驗卻之乃訴于州斡里朶陽
怒械繫之捕其鄰人關以三木詰之曰汝鄰乙坐劫殺人
指汝同盜鄰人大懼始自陳有欺錢之隙乃責歸所隱錢
而釋之郡人駭服改通遠軍節度使卒

阿勒根彥忠本名窊合山易速館人也好學通吏事天會
十四年選充尚書兵部孔目官陞尚書省令史除右司都
軍七年改大理丞爲會寧少尹進同知會寧府事入爲尚
書吏禮部郎中貞元二年進本部侍郎海陵廢人凡有所
疑常使彥忠裁決彥忠據法以對間有不合則召讓之彥
忠執奏如前終無阿屈同列咸爲懼彥忠固執不懾海陵
壯之明年除御史中丞歷尚書戶部侍郎衛親軍副都
指揮使海陵南伐除南京都轉運使大定二年改大名
尹兼本路兵馬都總管四年入爲刑部尚書詔規措比邊
糴食戶口及泰州臨潢接境度宜安置堡戍七駐兵萬三
千覘糧之用就經畫之還朝未及入對以疾卒年五十三
彥忠性孝友嘗使宋所得金帛盡分兄弟親友贈藥祿大
夫命有司致祭并以銀絹賜其家

張九思字全行錦州人皇統初補行臺省女直譯史除同
知易州事三遷亳州防禦使歸德尹劉仲延受宋國歲貢

於泗州九思副之往歲坐歲貢者每以幣物不精責宋使

者宋使者私饋銀幣各直數百千以為常九思獨不肯受

仲延從之自是私饋遂絕自大理評事再遷大理少卿清

池令雙申自陳父虞天眷初知永安軍過叛寇孟邦傑執

而脅之不從遂被害乞正班用應大理寺議虞子止合雜

忠孝世宗從九思議改工部郎中大興少尹同知中都都

班叙九思曰虞舊不顧身守節以死其子正班用應以勸

轉運使事轉刑部侍郎改工部九思所守清約然急於進

取一切以功利為務率意任情不恤百姓詔檢括官田凡

地名疑似者如皇后店太子莊燕樂城之類不問民田契

驗一切籍之後有鄉接官地冒占幸免者世宗聞其如是

召還戒之曰如遼時支撥地土及國初元帥府拘刷民間

指射租田近歲冒為已業此類當拘籍之其餘民田一旦

奪之則百姓失業朕意豈如此也轉御史中丞九思言屯

田猛安人為盜徵償家資輙賣所種屯地凡家貧不能徵

償者止令事主以其地招佃收其租入估賣與微償相當

即以其地還之臨洮尹完顏讓亦論屯田貧人徵償賣田

乞用九思議詔從之遷工部尚書年高愈自用欲令外補

張汝弼曰九思耄矣頗執強自用上謂左丞

思男若拙為尚書省令史冒填詔勅事覺亡命汝弼因奏

其事上曰九思豈不知若拙處邪可免其官補若拙獲日

授職九思聞命惶懼因感疾卒

高衎字穆仲遼陽渤海人敏而好學自少有能賦聲同舍

生欲試其才一日賦十題戲之衎執筆怡然未幾逾十賦

皆就彬彬然有可觀年二十六登進士第乞歸養逾二年

方調瀋陽丞召為尚書省令史除右司都事毋戾去官起

後吏部員外郎王彦潜常大榮李慶之皆

在吏部選中吏部擬彦潜大榮皆進士第一次當在慶之

上彦潜瀋州防禦判官大榮臨海軍節度判官慶之瀋州

觀察判官左司郎中費昌祚挾私欲與慶之瀋州謂曰瀋

雖佳郡防禦幕官在節鎮下乃改擬彦潜臨海軍大榮瀋

州慶之瀋州幕之初赴選昌祚以慶之為會試銓讀官而

慶之第慶之為尚書省令史多與權貴游海陵心惡之嘗

謂左右司昌祚必與慶之善闕大奉國臣者遼陽人求寧

太后族人先為東京警巡院使以賊免去欲因太后求寧

海陵不許衎衎與奉國臣有鄉里舊擬為貴德縣令海陵大

怒於是昌祚去未幾仲昌祚慶雲皆死衎降為清水縣主

一百五十罷去未幾仲昌祚慶雲皆死衎降為清水縣主

簿兵部員外郎攝吏部主事楊邦基降宜君縣主簿吏部

主事宋仝降瀋陽縣主簿尚書省知除楊伯傑降閭陽縣

主簿居二年為大理司直遷戶部員外郎同知中都都轉
運使太常少卿吏部郎中大定初轉左司郎中世宗孜孜
求諫韋臣承順旨意無所匡正上曰朕初即位庶政多未
諳悉實賴將相大臣同心輔佐百姓且上書言軍或為司
補夫聽斷獄訟簿書期會何人不能如唐虞之聖猶曰稽
于衆舍已從人正隆專任獨見不謀臣下以取敗亂卿等
其體朕意使行詔遷臺省每季選人至吏部託以檢
閱舊籍謂之檢卷有滯留至後季猶不得去者行三為吏
部知其弊藏餘詮事修理選人便之五年為賀宋國生日
使中道得疾去職大定七年卒

金史九十

楊邦基字德懋華陰人父絢宋末為易州
蔡靖以熊山降易州即日來附絢被殺邦基年十餘歲匿
僧舍中得免既長好學天眷二年登進士第調滦州軍事
判官遷太原交城令太原尹徒單恭貪汙不法託名鑄金
佛命屬縣輸金邦基獨不與徒單恭怒召至府將以手持
鐵拄杖撞邦基面邦基不動秉廉恭德廉察官吏尹與九縣令
皆免去邦基以廉為河東第一召為禮部主事以兵部貟
外郎攝吏部差除坐銓注李慶之大興國奴與高等皆
黜官邦基降坊州宜春簿轉高密令大定初尚書省擬邦

基刑部郎中世宗曰縣官即除郎中如何太師張浩對曰
邦基前為兵部員外郎矣且其人材可用上許之攺太府
少監知登開檢院為秘書少監遷翰林直學士再遷秘書
監兼左諫議大夫修起居注中都警巡使張子行與邦基
姻家子行道中遇皇太子衛仗立馬市門不去繳衛士訶
之子行以鞭鞭衛士訶己者御史臺劾奏子行官兩
階邦基坐削一階出為同知西京留守事徒山東東路
轉運使求定軍節度使致仕大定二十一年卒邦基能屬
文善畫山水人物尤以畫名當世云

金史九十

丁暐仁字藏用大興府宛平人曾祖顗祖惟壽父篤以
補州縣所至有治聲暐仁後致仕杜門不出鄉里有鬥訟者
不之官而就篤質焉暐仁沖澹寡欲讀書之外無他好遼
季避難難間關兵革後無學校暐仁召邑中俊秀子弟教之
清縣丞經兵革後未嘗釋卷皇統二年登進士第調武
學百姓欣然從之調磁州軍事判官是時詔使廉察官吏
暐仁以廉撫守事遷和川令前令罷奭不事軍事章小越法
千禁無所憚暐仁申明法禁皆屏息或走入他縣以避法
有董祐者最強悍畏服暐仁以刀斷指誓終身不復犯法
凡租賦與百姓前為期率比他邑先辦歷比京推官再遷

大理司直以憂去官尋起後大定三年除定武軍節度副
使而節度使同知皆闕曄仁為政無留訟改大理丞本部
員外郎轉戶部郎中於是賈少冲為刑部郎中上謂左丞
相紇石烈良弼曰少冲為人柔緩不稱刑部之職其議易
之乃以曄仁為刑部郎中坐尚厩局官私用官錫違格付
大興府鞫問解職改祈州刺史祈州為定武支郡士民聞
曄仁之官相率歡迎界上相屬不絕改同知西京留守事
首興學校以明養士之法陝西西路轉運使大定二十一
年卒官

贊曰吏之興其秦之季邪吏有選試其遼金之際邪其文
從一從史守法不貳之謂邪守法不貳斯真吏矣巧者舞
文以亂法窒者執一而弗通此皆吏道之自失者也高衏
高德基張九思之徒皆詭法以自失者矣

列傳二百七十五

金史九十

十五　林茂

列傳第二十八

開府儀同三司上柱國錄軍國重事前中書令兼相監修　國領　經筵事都總管脫脫奉

勑修

完顏撒改　龐迪
　　　　　　温迪罕移室懣
神土懣　移剌成
　　　　　　石抹卞
楊仲武　蕭祭世傑（本名阿撒蕭懷忠）
移剌按苔　　宋梟魯嗢謾
　　　　　　趙興祥
石抹榮　　敬嗣暉

完顏撒改上京納魯渾河人也其先居於兀凔窟河身長
多力善用槍王師南征睿宗爲右副元帥置之麾下佩以
金牌使習軍事天德元年授本班祗候郎君詳穩其後從
軍泰州路軍帥以撒攺爲萬户領銀术可等猛安戍比邊
數有戰功二年正月海陵庶人遣使夏國諭以即位事因
令伺彼之意既還遷使改嬀里本群牧使爲蜀懶路都總管
海陵代宋授衛州防禦使爲武震軍都總管世宗即位遣
遷召撒攺既至除昌武軍節度使巳而爲山東路元帥
都統政安化軍節度使兼副都統如故四年徙鎮安武仍
兼副統領山東大名東平三路軍八萬餘渡淮會大軍伐
宋進至楚州宋遣使奉歲幣還邳州卒

龐迪字仲由延安人少倜儻喜讀兵書習騎射學推步孤
虚之術無所不效用應募緣涇原路第三副將破賊有功授
保義郎嘗從百餘騎經涇原路犯陣敵皆披靡身被重創神色自若完軍以
還迪由是知名擢爲正將權發遣涇原路兵馬都監齊國建
避迪遂躍馬犯夏人數千皆懼請
涇原路略使張中孚舉迪權知懷德軍兼沿邊安撫使
夏人合軍五萬薄海德城迪開門待之夏人不敢入因以
數千騎分門突出遂破之斬首五百級獲軍資羊馬甚眾
復破關師古兵擢知涇州未到官政知鎮戎軍沿邊安撫
使巳而權淮南東路馬步軍副總管制沂密淮陽兼權
知沂州丁父憂去官尋起復爲環慶路兵馬都鈐轄權知
邠州齊國廢改華州防禦使頃之軍變被執入山巳而賊
悔曰公爲政素善豈宜劫辱遂縱之還領邠州事天眷
元年除興軍路兵馬都總管兼知京兆府徙臨洮尹兼
熙秦路兵馬都總管陝石大饑流亡四集迪開渠凂田流
民利其食居民籍其力各得其所郡人立碑紀其政績官
制行史部以武功大夫博州團練使特授定遠大將軍七
年除慶陽尹歷三考不易以治最聞詔普褒美西人榮之
正隆元年遷鳳翔尹屋上章求退不許海陵南伐徵歛煩
急官吏因緣爲姦富者用賄以免貧者破產益困迪惡煩名

民使共議增減不加威督而役力均人情大悅五年徙汾
陽軍節度使大定初復爲臨洮尹遷南京路都轉運使以
省事情賞安葬初河南稱之徙絳陽軍節度使卒官年
七十迪性純孝父病醫藥弗劾迪仰天泣禱刲股作羹由
是獲安昆弟析家財迪盡以與之一無所取官爵之廪率
先諸姪疾革沐浴朝服而逝

溫迪罕移室蔍速歡春人徙上京忽論失懶兄术
聲國初有功授世襲謀克移室蔍性忠正強毅善騎射瞀
力過人皇統初襲其兄謀克移室蔍積戰功爲洮州刺史謂人曰
謀克兄職也兄子幹魯古今已長矣遂少謀克讓還兄子

宗弼閧而嘉之曰能讓世襲可謂難矣除賞德州刺史改
移典礼詳穩遷烏古里部族節度使改德昌軍正隆四年
大徵兵南伐泰州猛安定遠阿補以所部叛還移室蔍以
七謀克執定遠阿補勒其眾付大軍勢冊反敗會寧六猛
安於締毋嶺屯於信韓二州之境移室蔍率數千人殺賊
萬餘于伊改河以功遷臨潢尹世宗即位賜手詔曰南征
諸路將士及卿子姪安遠翰魯古斜普兄弟具甲仗悉來
推戴朕勉即大位卿累世有功著舊之臣緣邊事未寧臨
潢劇任姑仍舊職聞樞密副使白彥敬南京留守紇石烈
志寧來討契冊今已遣人住招之其家皆在南京恐或邀

去兼起異謀若至則已若不至卿當以計執之而獻之兩次
遣人招誘招討都監老和尚丟人不知彼之所在久而不
悉令復舊關之事可設耳即位卿可使人諭以朕意如來降
還兼和尚不知朕已即位卿可反領兵數萬而
小爲賊所執職使移室蔍接戰勤殺甚眾所乘馬中流矢而
六百人邀擊窩斡凡數接戰執之至城下迫脅移室蔍厲聲曰我恨
來攻臨潢諸路軍未至窩斡勢益大移室蔍領兵城中軍士
使城中出降官爵如故不然殺汝矣移室蔍怒罵賊曰爾生死在頃刻能
受國家爵祿肯從汝叛賊乎賊執之至城下移室蔍屬將士皆登城臨望移室蔍厲聲曰我
城中其妻子官屬將士皆登城臨望移室蔍厲聲曰我

軍少不能滅賊人生會有一死耳汝輩慎勿降賊一旦開
門納賊城中百姓皆被殺掠毋以我故敗國家事賊無能
爲也賊怒殺之城中人皆爲之感激推官麻珪繕完城
郭右監軍神士蔍輔國上將軍阿思蔍乘城固守賊不克
攻遂引眾東行

神士蔍本諸宗室贈銀青光祿大夫明速骨攺子也年十
五事大宗爲左奉宸皇統二年充護衛除武節署永昌官
肇州防禦使大定初除元帥右都監與咸平尹吾札忽率
泰州兵及昌懶路兵千五百人會臨潢移室蔍砲攻之不能克廸引眾東行神士蔍
契冊犯臨潢移室蔍砲攻之不能克廸引眾東行神士蔍

22-848

表乞濟師十二月甲辰世宗次海瀕縣得奏上曰神土懣

吾札忽軍不少可以從長攻襲矣會右副元帥衍以大

軍至神土懣改昌速館節度使隷右翼與紇石烈志寧敗

賊於長樂戰霸霸河皆有功改婆速路兵馬都總管卒

移剌成本名落兀其先遼橫帳人之沉勇有謀通契丹

字天會間隸懶下為行軍猛安與宋人戰於楚泗之間

成以所部先登大破宋軍最諸將劉麟約會天長軍議

進止成與夾古查合你俱為撻懶前鋒得宋生口為鄉導

遂達天長廣宗嘉之後從宗弼兵慶齊國及再伐宋攻

濠州每戰輒先登多所擗破宗弼毎取河南成及蕭懷忠

等八猛安先渡河南平第功授宣武將軍除威州刺史用

軍權同知延安尹再遷昭義軍節度使正隆南伐為武毅

軍都總管撥八反海陵以本軍守磁

即遣妻子還汴海用是不疑時人高其有識改神武軍

都總管與李术魯定方為湹東道先鋒使由淮陰進兵以

所部護糧走揚州敵兵乘夜來攻成整兵舊擊斬刈甚衆

會海陵廢人死軍還復鎮昭義大定二年以廉在優等改

河中尹再除臨洮尹招降喬家等族首領結什角遷南京

留守召拜樞密副使封任國公攺北京留守卒訃聞上悼

惜之授其子順思阿不武功將軍世襲咸平路鈔赤隣猛

安下查不嘗謀克結什角者西番餒袁其苗裔曰董氈其

子曰巴氈角始附宋賜姓名順忠子永吉永吉

子世昌皆受宋官為左武大夫遙領萊州防禦使襲把羊

族長朝廷定陝西世昌換忠翊校尉旣而鬼蘆蘆族長京藏

殺世昌朝廷誅斬之臨洮市以世昌子鐵哥為

母走入喬家族避之喬家族首領播通與鄰族朮波攏通

庵拜丙離四族耆老大僧等立結什角朮波四族長號

曰王子其地北接洮州磧石軍其南瀧通族西與廬

百餘里不通人行東南與疊州羌接其西丙離族

把羊族都管大定四年宋人破洮州以鐵哥弟結什角與其

甘羌接其比庵拜族與西夏容魯族接地高寒無絲枲五

穀惟産青稞與野菜合酥酪食之其疆境共八千里合四

萬餘戶其居隨水草畜牧遷徙不常結什角念朝廷為其

父報讎欲棄四族歸朝四族不許成至臨洮使人招結什

角乃率四族來附進馬百四仍請每年貢馬初天會中詔

義朕甚嘉之其遣能吏往撫其衆厚其賞賜有莊浪四族一曰

以舊積石地與夏人夏人謂之祈安城有莊浪四族一曰

吹折門二曰密藏門三曰隴通門四曰庵拜門雖屬夏國

叛服不常大定六年夏人破滅吹折密藏二門其連隴庵

拜二門與喬家族相鄰遂歸結什角夏國遣使來告莊浪

金史九十七

族遂命作亂欲興兵勇除朝廷不知備通虎拜二門福
夏國報以將檄會其地情所練會毋擅出兵結什角之母
居于莊浪族中大定九年結什角徃賓其母夏人伺知之
遂出兵圍結什角怖之使降所部力戰潰
圍出夏人祈斷其脅虜其母去部兵亦多亡者結什角
亦苑遺言請命朝廷復立喬家等族首領結什角尋獲宋謀人言宋欲
王率仁孝與其臣任得放中分其國發兵四萬役夫三萬
築苑國謀犯邊境詔遣大理卿李昌圖左司員外郎粘割
結夏國謀犯邊境詔遣大理
幹特刺住按之且止夏人毋築祈安城及處置喬家等族
別立首領夏國報云祈安本積石舊城久廢邊臣請設戍
兵鎮撫浪族所以備盜非有他也結什角以兵入境以
是殺之不知為喬家族首領也李昌國等按視殺結什角
之地本在夏境築祈安城已畢工皆罷歸不得宋夏交通
之狀乃於熙秦迫近宋夏衝要重添成兵及問喬家等族
民戶領以結什角姪趙師古為首領於是詔必趙師古為
木波領以結什角姪隴迤厖拜四族都鈴轄加宣武將軍
石抹下本名阿魯古列五代祖王五速尉馬父五斤
為羣牧使挑膂宗秋山下年十三巳能射連獲二鹿膂宗
哥之賜以良馬及金吐鶻天會末宗弼為右監軍召下隸

金史九十七 八 淅安

帳下丁父憂貝時宗磐為太師撻懶為左副元帥人爭附
之使人召下卞不住宗磐撻懶皆以罪誅人多其有識宗
弼復取河南與宋人戰於潁州漢軍少卻卞勘被七創舉
勇士十餘騎奮擊敗之及宋稱臣宗弼選管有勞者與俱
入朝授下忠勇校尉遷官武將軍除河間少尹察廉升遷
州刺史改壽州再改唐州丁母憂去官起復唐州刺史海
陵伐宋卞為武毅軍都總管由別道進兵遇宋伏兵數百
將棄城邀因取其城頃之軍士皆欲逃歸闢子山猛安結
人以三十騎擊敗之遂下信陽軍及羅山縣至蕲州宋守
漢軍三猛安謀克卻卞還舍於蘙水之曲卞乃陰約漢軍
將吏乘夜掩殺關子山猛安復將其軍大定二年除鄭州
防禦使以本官領行軍萬戶伐宋遷武勝軍節度使宋人
請和明年有水牛數百頭自淮南走入州境僚佐欲收之
充官用卞不聽復驅過淮還之遷河南尹轉西南路招討
使改大名尹大名多盜而城郭不完卞請修大名城奏可
城完其盜賊不得發徙臨洮尹辛官年六十三
楊仲武字德威保安人父遇以霧門關西為宥州團練使
宋末仲武詣經略使王庶求自効遂用為安塞保環慶路
仲武興廊延路兵都監鄭建充俱降為先鋒妻室入關
兵馬都監皇統初復陝西將戍鳳翔屢卻宋軍除知寧

州關中薦饑境內盜賊縱橫仲武悉平之改坊州刺史後

知寧州遷同知臨洮尹政同知河中府海陵營繕南京典

浮橋工役為臨洮地接西羌與木波雜居數將貪暴木波苦

之遂相率為寇掠仲武前治臨洮乃從數騎入其營諭之

曰此皆將校侵漁汝等以至此今慤治此輩不復擾害

汝也并以禍福曉之羌人喜悅寇掠遂息至是木波復掠

熙河熙河具奏詔復遣仲武當是時木波謂仲武不能復來及

仲武至與其酋相見責以負約對曰邊將苦我今之來

求訴於上官耳今幸見公願終身不復犯塞乃舉酒酹天

管駐兵歸德大定三年除武勝軍節度使改陝西西路轉

運使卒

蒲察世傑本名阿撒昌速頻館斡篤河人徙遼陽初在汴王

宗弼軍中為人多力每與武士角力瞻羊輔勝之能以拳

擊四歲牛折脊死之有糧軍陷淖中七牛挽不能出世傑

手挽出之宗敏為東京留守及置左右海陵篡立即以為

護衛海陵謂世傑曰汝勇力絕倫今我兄弟有異志者期

以二十日除之則有非常之賞仍盡以各人家產賜汝世傑

受詔而不肯為已過十日海陵怒面責之世傑曰臣自誓

以非道害物雖死不敢奉詔海陵愛其勇不之罪也正

隆四年調諸路兵伐宋年二十以上五十以下皆籍之他

使者唯恐不如詔書得數多世傑往昌懶得數少海陵

怪問之對曰昌懶地接高麗今若多籍其丁即有緩急何

以為備海陵喜曰他人用心不能及也除同知安國軍節

度使事賜銀二百五十兩絹六百四馬二疋是時徵發

不已民不堪命犯法者眾邢火無長吏獄囚積四百餘人

世傑到官月餘決遣略盡入為宿直將軍以事往胡里改

路還奏契丹部族大抵皆叛百姓驚擾不安今舉國南伐

賊若乘虛入據東土根本之地雖得江淮無益也宜先討

平契丹南伐未晚海陵不悅曰詔令已出矣今以三萬兵

選騎屯中都以比足以鎮壓世傑又曰若東土大族附於

賊恐三萬眾未易當也海陵不聽及發汴京授鄭州防禦

使領武捷軍副總管大軍渡淮世傑以軍三千護糧輜東

下敗宋兵數千人奪其戰船甚眾至和州擊宋兵五萬

人走之明日使其子元迭領二百八十騎為應兵自領八

百騎前戰連射六十餘人皆應弦而斃宋人兵遂奔潰海

欲觀水戰使世傑領水軍百人試之宋人舟大而多世傑

舟小乃急進至中流取勝而還大定初世傑後取陝州敗

宋兵石壕鎮復敗宋援兵三千人遂圍陝州宋兵二千自
濟關來世傑以兵二百四十迎擊走射殺十餘人宋兵敗
走復敗之於土壕山生擒一將宋兵萬餘宋將三人挺槍
來刺世傑以刀斷其鐘宋
兵乃退復以四謀克宋兵敗於衛州防禦使改河南路統軍
都監召赴闕上慰勞良久除西北路副統賜厩馬弓矢佩
刀從僕散忠義討契丹賊平改華州防禦使與徒單合喜
曰真神將也親率選卒二百餘人穴地以入城遂拔再破
揌甲佩刀腰箭百隻持鐵裲襠馬往來軍中敵人見而異之

略使荊阜葉德順走世傑與左都監璋追敗破其軍敗亳州
防禦使世傑著案作歸附人輒入蕐州境羅米麵有
走之追至城下城中出兵約二萬餘敗之殺傷甚眾宋經
經略隴右合喜復德順至東山堡宋兵捍絕蕉路世傑擊
司執之世傑遷通遠軍節度使宋人縱之譚吏察松壽諡府主
謀叛坐斬十八年起為弘州刺史累遷亳州防
禦使卒世傑少貧然踈財尚氣每臨陣敵狼狽敗必戒士
辛母縱殺掠平居非忠孝不言賓樂善其兵權當世之譽
蕭懷忠本名好胡奚人也為西北路招討使蕭裕等謀立
云

遼後使蕭招討往西北路結懷忠并結節度使耶律朗為
助懷忠與朗有隙遂執招折并執朗遣使上變裕等既誅
懷忠為樞密副使賜以名復以為西北路招討使西京留守
封王改南京留守契丹撒八復叛懷忠為西京留守蕭頗右衛
南面兵馬都統與樞密使僕散思恭北京留守西
師恭與太后密語而禿剌無功懷忠契丹既殺師
將軍撒八不及而海陵意謂懷忠與蕭裕皆契丹人本
恭族滅其家使即軍中殺懷忠皆族之斡魯保禿剌
大軍追撒八不及而海陵意謂懷忠與蕭裕皆契丹人本
同謀逾年乃執招折上變而禿剌亦契丹部族恐其合

初為罪首但誅之而已大定三年追復贈懷忠禿剌斡魯
保官爵順弟安州刺史順求龔顧之謀克上不許謀克而
以贖家產付之
移剌按荅遼橫帳人也父留哥與耶律余睹俱來降西京
下復叛留斡遇害按荅以死事之子授左奉宸熙宗初充
護衛除安州刺史累官東京副留守家知政事完顏守道
經略兩路舊設堡戌迫近內地者于極邊遷安置部功遷東北路
南滿堡相接咸平路屯軍都統入為兵部侍郎徒西北路
招討使改臨潢尹卒按荅騎射絕倫善相馬嘗論及善射

者世宗曰能如卿乎闕馬子市見良馬雖羸瘦輒與善價
取之他日果良馬也
李木曾阿魯罕隆州琶离為山人年八歲選習契丹字再
選習女直字既壯為黃龍府路萬戶令史貞元二年試外
路胥吏三百人補隨朝阿魯罕在第一補宗正府令史尋
擢尚書省令史僕散忠義討窩斡罷置幕府掌邊關文字
甚見信任窩斡既平阿魯罕招集亡復業者數萬人復
從忠義代宋憂入奏事論列可否上謂宰相曰阿魯罕所
言可行者即行之宋人請和忠義使阿魯罕往和議定阿
魯罕入奏賜銀百兩重綵十端忠義薦阿魯罕有才幹可

任尚書省都事詔以為大理司直未幾授尚書省都事除
同知順天軍節度事紇石烈志寧北巡阿魯罕攝左右司
郎中還朝除刑部員外郎再遷侍御史上問紇石烈良弼
曰阿魯罕何如人也對曰有幹材持心忠正出言不阿順
數日遷勸農副使兼同修國史侍御史如故改右司郎中
奏請徙河南戍軍都監從置河南八猛安遷武勝節度使入
郎除山東統軍都監本路猛安人戶所
為吏部尚書改西南路招討使有司督本路猛安人
貧官粟阿魯罕乞俟豐年從之軍人有以甲葉貿易諸物
天德榷場及界外歲來銅礦或因私挾兵鐵與之市易皆

一切禁絕之上善軍不許用親戚奴婢及備僱催者管斷插
起以時葺治不與所部猛安謀克會兵民皆畏愛之
上謂太尉守道曰阿魯罕及上京留守完顏烏里皆起
身胥吏阿魯罕為人沉厚其賢過之改陝西路統軍使兼
京兆尹陝西軍籍有闕舊例用子弟補充而材多不堪用
阿魯罕於阿里喜旗鼓手內選補軍人以春牧馬經畧不
收飼癱弱多死阿魯罕命以時收秣之故死損者少仍春
秋督閱軍士騎射以嚴武備終南米漱之至擒治陝西政蹟
出入以防姦細上謂宰相曰阿魯罕所至稱治陝西政蹟
尤著用之雖運亦可得數年力也召為參知政事命條上

天德陝西行事上稱善以疾乞致仕除北京留守卒
贊曰記曰君子聽磬聲則思死封疆之臣傳曰疆場之事
慎守其一而備其不虞故守戌邊圉之臣不可以不論焉

趙興祥平州盧龍人六世祖思溫遼燕京留守封天水郡
王父瑾遼靜江軍節度使興祥以任閤門祇候調告省
親于白霫會遼奉王賊據郡作亂興祥携母及弟妹奔燕
京不能進乃自柳城涉砂磧夜視星斗而行僅達遼軍而
不知遼主所向遂還柳城及妻至獲遼主興祥乃歸國
宗望代宋為六宅使天眷初累官同知宣徽院事母憂去
官熙宗素聞興祥孝行及英悼太子受冊以本官起復護

視太子轉右宣徽使天德初改左宣徽使海陵審問興祥
欲使子弟為官當自言興祥辭謝海陵善之賜以玉帶詔
曰汝官雖未至一品可佩此侍立為濟南尹賜車馬金幣
金銀器皿改絳陽軍節度使召為太子少保封廣平郡王
改封鉅鹿正隆初例奪王爵遷太子少傅封中國公起為
定武軍節度使海陵伐宋興祥二子從軍世宗即位海陵
尚在淮南二子未得還皆委執事者自即位以來事皆留心
以為秘書監復為左宣徽使上曰尚食庖人猥多徒費
祿朕在藩邸時家務皆自即位以來事皆留心

列傳　金史九十二　十五　黃嘉謀

俸祿出於百姓不可妄費庖人可約量損減近臣獻琵琶
世宗却之謂興祥曰朕憂勞天下未嘗以聲技為心自今
勿復有獻宜悉諭朕意有司奏南北邊事未息恐財用未
給乞罷修神龍殿湅位工役上即日便興祥傳詔罷之父
之以其孫珣為閤門祗候十五年上幸安州春水召興祥
赴萬春節上謁于良鄉賜銀五百兩感風眩賜醫藥未幾
卒官
石抹榮字昌祖七世祖仕遼封順國王遼主奔天德榮父
惕益挺身赴之是時榮方六歲母怨土特滿娶之流離道
路宗室神谷得之納為次室榮就養於神谷家惕益既見
遼主委以軍事軍敗被執將殺之金源郡王銀术可白彼

忠於所事殺之何以勸後遼釋之後從伐宋卒於軍中榮
年長事泰王宗翰居幕府天眷二年充護衛熙宗親飲命
胙王元與榮角力榮勝之連仆六七人熙宗宴飲之
酒賜以金幣遷宿直將軍天德初除開遠軍節度使入謝
不覺泣下海陵問其故對曰老母在神谷家遷去膝下是
以感泣乃詔其母與之俱行仍賜錢萬貫改天德尹從泰
寧軍再除延安平西尹海陵南征為神果軍都總管留駐
泗州以過通判大定初遷鎮東平尹與户部尚書梁珫按治
山東盜賊二年以本官充山東東西大名等路都統有疾
改太原尹從益都尹丁母憂起復召為簽書樞密院事廿

列傳　金史九十二　十六　孟臻

京東京留守陝西路統軍使南京西京留守榮與河南尹
妻室陝州防禦使石抹斯家奴皆坐高賣賣私物抑賈買
民物得罪斯家奴前為單州刺史廉察官行郡乃刼制民
使作虛聲用是得遷同知太原尹後多取民利及為陝州
尚書省奏其事法當解職削階上以斯家奴鼓虛聲以誑
朝廷不可恕特詔除名榮與妻室削兩階解職之榮除
敬嗣輝字唐臣易州人登天眷二年進士第調懷安丞遷
弘政令補尚書省令史有才辯海陵為宰相愛之及篡立
擢起居注歷諫議大夫吏部侍郎左宣徽使貞元三年八

月尚食烹飪夫宣庖官各杖二百嗣暉與同知宣徽院事
烏居仁各杖有差父之拜參知政事正隆六年伐宋留滕
浩及嗣暉于南京治尚書省事世宗即位惡嗣暉巧佞御
史大夫完顏元宜劾奏蕭玉嗣暉許霖等六人不可用嗣
暉降通議大夫放歸田里嗣暉練習朝儀進止應對閑雅
由是起為丹州刺史放諭之曰卿為正隆執政阿順取容
朕甚鄙之今當竭力奉職以洗前日之恥或不悛必罰
無赦未幾丁母憂起復為左宣徽使世宗頗好道術謂嗣
暉曰尚食官母於禁中殺羊豕朔望上七日有司母奏刑
名七年蕭察通除肇州防禦使上責其飾詐因顧嗣暉曰
如卿不可謂無才但純實不足耳火之有牓匿名書子通
衢者稱海陵萬臣不得用者有怨望心將圖不軌上曰豈
有是哉嗣暉曰正隆時卿為執政今指卿以為怨望朕
極知其不然卿性明達能辨但頤自衒鈞眾人之譽所以
致此媒蘗後當改之大定十年將有事南郊廷議嗣暉在
海陵時凡宗廟禘祫輒行太常事後拜參知政事詔以執
政冠服攝太常禮成薨
贊曰趙興祥石抹榮自拔流離羈旅中而竟有所樹立固
其識之過人亦其所遭際致然也迹世宗之卻聲技減庖
人仁愛若是而其下軏不興起歟

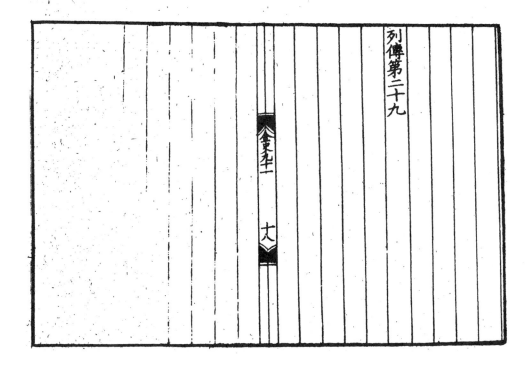

列傳第二十九

開讀司禮監國子監書臣臣某等奉勅校刊　　　國子監生某某校　臣脫脫奉

勅修

毛碩　　李上達　　曹望之

大懷貞　　盧孝儉　　盧庸

李儼　本名習顯　　徒單克寧　本名習顯

劉麟伐宋充行營中軍統制軍馬天春間歷汴京路山東

毛碩字仲權甘陵人宋末試弓馬子弟碩中選調高陽關
路安撫司准備差使尋碑河間尉再碑兵馬都監宗望軍
至碩以本部迎降禡國建由淮東路第一副將擢知滑州
門呼耆老以諭慈縣人縛人傑以降碩徑入縣署召百姓
慰安之眾皆感悅刻石紀其事四年真授拱州刺史元帥
梁王宗弼承制超武義將軍政知曹州有書生投書于碩
醉誖謗訕僇辱碩不能堪碩延之上座謝曰使碩常聞斯
拓城酒監房人傑叛以應俊碩發兵討之至拓城躬扣城
西路兵馬都監皇統元年權知拱州宋將張俊攘亳州而
德二年充陝西路轉運使碩以陝右邊荒種藝不過麻粟
言庶平寡過上論以故嘉之遷鄭州防禦使尋政通州天
入耗請視汴京撫京例給交鈔通行而鞏會德順道路
蕎麥賦入甚薄市井交易惟川絹乾薑商賈藝不通酒稅之

常書置座右以為從官之戒云
卒于家碩文雅好事性謹飭每見古人行事才益於時者
俱便至令行之秩滿除南京都轉運使大定六年致仕
而以除券輸官故河東有積貯至四百餘萬貫公私苦之
之故監官被繫失身破家折傭逃竄或為姦吏盜之
不量土產厚薄戶口多寡及令昔物價之增耗或為姦吏
直公私便之改河東南路轉運使上言碩者定立商酒課
從之泰州倉粟陳積而百姓有支移者止就本州折納其
多險鹽引斤數太重請一引分作三四以從輕便朝廷皆

李上達字達道曹州濟陰人在宋時以蔭補官累官東平府
司戶參軍捷懶取東平上達給軍須號辦治齊國建為吏
部貟外郎攝戶部事劉豫行什一之法樂為辦事多歡歲寡
取之蓋古人助法也收斂之時蓄積盡藏公或不以實輸
官官亦不肯盡信於是告訐起而獄訟繁公私皆之上達
論其弊豫政定為五等之制齊國廢以河南與宋人上達
隨地人宋宗弼復取河南上達為同知大名尹按察陝西
河南是時關陝蒲解汝蔡民饑上達輒以便宜發倉粟賑
百姓累遷知山東西路轉運使上達到官再期比舊增三
十餘萬貫戶部以其法頒之鄰路上達長於吏事能治繁

劇猾吏不能欺所至稱之卒官年六十一

曹望之字景蕭其先臨潢人遼季移家宣德天會間以秀民子選充女直字學生年十四業成除西京教授爲元帥府書令史補正令史轉行臺省令史錄教授資補修武校尉除右司都事吏部侍郎田骙素薄望之遂顧交不肯納遂與蔡松年許霖構致黨獄改行臺省貟外郎海陵州事坐事免丁母憂父之除絳陽軍節度副使入爲戶部貟外郎詔圓年萬頭給出虎八猛安徙居南京者望之爲主給之撒八反轉致甲仗八萬自洺州輸燕子城運米八

列傳第三十 ■金史九十二 三

十萬斛由蔡水入淮饋伐宋諸軍期以一日望之如期集軍進本部郎中特賜進士及第大定初討窩斡望之主軍食給與有節凡省糧三十萬石劉草五十萬石帥府以捷入告議者欲遂罷轉輸望之以爲元惡未誅不可弛備既而大軍追討果賴以濟以勞進一階兼同修國史請於大鹽濼設官權鹽聽民以米貿易民成聚落可以固邊圍其利無窮從之其後凡貯米二十餘萬石及東北路歲饑賴以濟者不可勝數三年上曰自正隆兵與農桑失業猛安謀克屯田多不如法詔遣戶部侍郎魏子平大興少尹同知中都轉運事李滌禮部侍郎李愿工部郎中移剌道

戶部貟外郎完顏元古出監察御史夾谷阿里補及望之分道勸農廉問職官臧否望之還言乞汰諸路胥吏可減其半詔督吏如故於是始禁用貼書以勞進階上召見諭勉之望之家奴素一言泆妄大興少尹王全全其事語公輔公輔以語望之御史臺劾奏劉公輔言泄微情上目公輔言交相傳說何也於是望之決杖一百王全杖八十劉公史劉公輔問其事于大興少尹王全府鞫治望之之故主者奏曰戶部不肯經畫歲久以致如此上責望之曰

列傳第三十 ■金史九十二 四

有水運不潅治乃用陸運煩費民力罪在汝等其往治之尚書省奏當用夫役數萬人上曰春耕作不可勞民以宮籍監戶及摘東宮諸王人從充役若不足即以五百里內軍大補之太宗實錄成監修國史紇石烈良弼弼賜金一重綵二十端同修國史張景仁劉仲淵望之皆賜銀幣有差望之嘆賞薄景仁曰哉花接木乃加爵命勤勞者不遷官無何張景仁遷翰林學士望之又同止與他人便遣獨不及我哉世宗聞之出望之德州防禦使謂之曰汝爲人能幹而心不忠實朕前往安州春水人言汝無事君之義朕敕臣下有過即當諫爭汝但面從退則謗議此不忠

不孝也汝自五品起遷四品太宗皇帝實錄成優賜銀幣

不思盡心竭力惟官實是觀令出汝於外官改心滌慮不

然則身亦英保望之到德州有惠政百姓為立生祠改同

知西京留守事上書論便宜事其一論山東河北猛安謀

克與百姓雜處民多失業陳蔡汝潁之間土廣人稀宜徙

百姓以實其虛後數年之賦以安輯之百姓亡命及避役

佃戶者亦籍其姓名州縣與猛安事干涉者無相當黨相

繫軍民協和盜賊弭息其二論鷹舉之法虛文無實輒不用

接權及其所識不及其所不識內外官所舉亦輒不用或

指以為朋黨遂不敢後舉宜令宰執歲舉三品二人御史

大夫以下內外官終秩舉二人自此以下以品殺為差等

終秩不舉者遇轉官勒不遷三品者削後任俸三月其舉

者已改除吏部以類品第季而上之三品關則於類第四

品中補授四品五品以下視此為差其待以不次者舉當

稱才行切實以聞舉當否罷當如律廉介之士老於令幕

無舉主者七考無賦贓者准朝官三考勞敘吏部每季

圖上外路職官姓名路為一圖大書贓汙者於其名下使

知民慎外任五品以上官改除令代之者具切過以聞年

六十以上者終更赴調有司察其視聽精力老疾不堪釐

務給以半祿罷遣其三論守邊將帥及沿邊州縣官漁剝

軍民擅關力役宜歲遣監察御史周行察之邊部有訟招

討司無得輒遣自身入微斷宜於省部有出身女直契丹

人及縣令丞簿中擇廉能者因其風俗定科條務為簡

易徵斷羊馬入官籍數如邊部遇條鐮即以此賑給之招

討及都監視事宜限邊部饋送驛馬招討司女直人戶或

往寫妻子賣耕牛以備之臣恐數年之後邊防困弊臨時

擷野菜以濟艱食而軍中鬻籍馬死則一村均錢補買往

官給軍簿用盡則市以補之皆朽鈍不堪用可每歲給官

賑濟賞財十倍而無益早為之所則財用省而邊備具矣

復其賦役以廉吏為提舉舉察總管府以下官農隙閱

以嚴武備則太平之時有經略之制矣又論六鹽場用人

賣而去可計口支錢則公私兩便陝西正副宜如猛安謀

簡一分以補其關邊民關食給米地遠貧重往往就倉賤

受幾何京師歲費幾何令近河州縣歲稅或六七萬石小

民有入資之費富室投轉輸之利宜計實數以科稅入論

民間私錢苦惡宜以官錢五百易私錢千期以一月易之

過期以銷錢法坐之論州府力役錢物戶部頒印署白簿

以盜取官錢爲謀生計不可用也由是欲更改監臨格式
年六十餘可以臨事世宗曰豈爲此輩惜官邪但此輩專
以其子淵爲奉御澤爲筆硯承奉其後尚輦局舉出身人
見知淺於躁進遂出梁蕭爲濟南尹數年乃召拜參知政
事而望之終於戶部尚書年五十六世宗惜其未及用賜
錢三千貫勅使致祭賻銀五百兩重綵二十端絹二百四
自詳問宋國使還世宗嘗欲以爲執政久而未用亦頗
耀求進世宗謂左丞相紇石烈良弼曰曹望之梁蕭急於
其同官山且阿徇不肯窮竟當移他州望之久習事有治
家期終而不遣尚書省東京鞫治望之言穀英爲留守
母取于民間也有良民夫婦質身於東宮留守完顏愛在平估或懲
德基既出使人謝之曰勿以高德基下粟直要在平估
而已十五年新宮成世宗幸新宮勅望之曰新宮要在平估
尚書高德基坐高估俸粟責降世宗念望之曰新宮中所須
錢穀故任以尚書之重宜改前非以圖新効也是時戶部
戶部尚書上數之曰汝前爲侍郎以不忠外補頗能練習
以息調民書奏多見采納以本官行六部事於北邊召拜
發妨民生業諸路射糧軍約量人數習武藝期以三年成
使盡書之以俟審閱有畏避不書者坐之論工部營造調

路轉運使孝儉素褊躁與同僚王公謹失歡其子掌私用
用使平其價市與貧民既以救民僧亦獲利累遷山東東
廣寧尹廣寧大饑民多流亡莘乃借僧票留其一歲之
至平涼用省而不失期并人稱之用廉進官二階遷同知
本路稅粟赴平涼充軍實期甚嚴迫莘儉官二階遷同知
書省令史累官太原少尹大定二年陜西用兵尚書省發
虞鄉令儉宣德州人登天眷二年第調德軍節度使卒
殺人否對曰無之後三日詰盜果引此僧皆服其明察改
僧異常懷貞問曰汝何許人也對曰山西人後閱曾爲盜
其首亂者十八人餘皆釋之省以私忌飯僧數人就中一
宿詰之有謀叛株連數萬人懷貞得一旗上圖元
沂州再遷彰國安武軍節度使懷貞當以亂民之刑諫
武勝軍都總管大定二年除滄州防禦使兼押軍萬戶改
閣門使丁母憂起復待賞郎粟官右宣徽使正隆代宋爲
大懷貞字子正遼陽人皇統五年除閣門袛候三遷東上
書遂刻苦自致有詩集三十卷
望之嘆曰不如望之之敢行也望之初不學及貴稍知讀
以問戶部尚書劉璋璋恐監官謗已不肯實對世宗因思

官哥孝儉不知也既而改河北西路轉運使公謹乃發其
事孝儉聞被逮莫測所以行至章丘自縊死
虞廬字子憲薊州豐閏人大定二十八年進士調唐州軍
事判官再調定平縣令虞治舊堰引涇水溉田民賴其利
補尚書省令史除南京轉運副使改中都戶籍判官察廉
遷禮部主事累官鳳翔治中大安三年徵陝西按察副使
中都以虞簽三司事主兵食至潞州放還屯田軍虞既乾
州刺史入為吏部郎中至寧元年改陝西按察副使夏人
犯邊虞緒治平涼城池積粟團結土兵為備十一月夏
人掠鎮戎陷涇邠遂圍平涼虞矢盡募人取夏兵射城上
箭以漁急用出府庫賞有功者人樂為死平涼賴以完貞
祐二年虞移書陝西行省僕散端大㣲謂慶陽平涼德順
陝西重地長安以西必為院塞當重兵屯守詔賞平涼功
虞進官四階遷按察轉運使三年詔諸道按察司講究防
秋虞陳便宜曰自鄜延至積石雖多溝坂無長河大山為
之屏蔽恃弓箭手以禦侮其人甘剛猛善關熟于地利夏
人畏之向者徙屯他所要人即時犯邊此近年深慮也以
情樂土且耕且戰繾急將易代兵家所忌將非其人屢代
又曰堂軍之官不宜臨時易之即罷之未㡬改定海寧節
何益無何有言虞老不勝任者即罷之

慶使山東亂不能赴按察司劾之當奪兩官審理官直之
虞以病請求醫藥遂致仕興定三年卒
李愿字子友定州安喜人中天眷二年進士調遼山簿累
官戶部主事丁母憂起復舊職除同知河東南路轉運使
事大定初改同知中都路都轉運使事僕散思行省事可他
於汴京奏愿方治京畿漕事行省可他
選也三年權知登聞檢院再遷戶部侍郎上曰戶部財用
出入歲月若不自勉必不汝貸愿每朝會與高德基屏人
私語上聞而怪之問右丞石琚曰李愿累何如人琚曰亦
幹事史耳改同知北京留守沂州防禦使沂南邊郡戶部
符借民開田種禾取葉結備警急用度愿曰如此則農民
失業具奏止之轉運司牒郡輸粟胸山調急夫數萬人是
時人兩況澤艱運不能前進愿遣吏徙胸山刺取其官廥
見儲糧數可支半歲即具其事牒運司請緩期毋自困百
姓先是郡縣街陌閭聽民作廬舍取其就直至是罷牧俶
直閻舍一切撤毀他郡奉承號令賢百姓必盡撤去使街
陌繩齊矢辣如初時然後止愿獨教民撤治前郤不齊一
者三五所使巷道端正即已民便之㕑陝西西路轉運使卒
賛曰毛碩李上達曹望之李愿之流皆金之能吏也望之

悼悼然以求大用君子無取焉

徒單克寧本名習顯其先金源縣人徙居比古土之地後
從置猛安于山東遂占籍萊州父況者官至汾陽軍節度
使克寧資質渾厚寡言笑善騎射有勇略通女直契丹字
左丞相希尹克寧母舅熙宗聞希尹表戚中誰可侍衛者
希尹奏曰習顯可用以爲符寶祗侯是時悼后干政曰習
顯剛直必汝之過也已而充護衛轉符寶郎遷侍衛親軍
馬步軍都指揮使改忠順軍節度使克寧娶宗幹女嘉祥
縣主同母兄蒲甲判大宗正事海陵忌之出爲西京留
守攝致其罪誅之因降克寧知鄴陽軍歷宿州防禦使胡
里改路節度使烏懶路兵馬都總管大定初詔克寧以本
路兵會東京遷左翼都統詔與廣寧尹僕散渾坦同知廣
寧尹完顏雍肇州防禦使唐括烏也從右副元帥完顏
謀衍討契丹窩斡趨濟州謀衍用契丹降吏幻者計策襲
賊輜重克寧與紇石烈志寧爲殿與賊遇于長濼謀衍使
伏兵于左翼之側賊二萬餘蹄吾後又以騎四百餘由突出
左翼伏兵之間欲繞出陣後攻我克寧與善射二十餘人
拒之衆曰賊衆我寡不若與伏兵合擊或與大軍相依可
以萬全克寧曰不可若賊出陣後則前後夾擊我敗矣大

軍不可俟也於是舊擊賊乃卻左翼萬戶襄與大軍合擊
之賊遂敗左翼追奔十餘里二年四月一日也越九日後追及
賊于霤霖河左翼軍先與戰克寧以騎二千追猶大
里賊迫澗不得亟渡殺傷甚衆賊收軍返帥大軍尚未至
克寧令軍士下馬射賊遂引而南是時窩斡已再比元
賊謀衍利虜掠駐師白樂世宗戒其持父遣間之謀衍曰
賊騎壯我騎弱此少駐所以完養馬力也不然非益萬騎
不可勝克寧奮然而言曰吾馬固不必但帥人耳其
意常利虜掠賊至則引避賊去則緩隨之故賊常得善牧
而我常拾其蹂踐之餘此吾馬所以弱也今誠能更置良
師雖不益兵可以有功不然騎雖十倍未見其利也朝廷
知其議召還謀衍以平章政事僕散忠義兼都元帥師將
發賊聲言乞降克寧曰賊初困憊且無降意所以揚言者
是欲緩吾師期也不若攻其未備賊若挫衄則其降必速
如其不降乘其怠而急擊之可一戰而定也忠義以爲然
乃與克寧出中路遂敗賊兵于羅不會之地賊奔七渡河
員險爲柵克寧覘知賊柵之背其勢可以上乃潛師夜登俯
射之大軍自下攻賊潰皆遁去契丹平克寧除太原尹未
閱月宋吳璘侵陝右元帥合喜曰朕遣克寧參議軍事此其
寧佩金牌駐軍平涼詔合喜曰朕遣克寧參議軍事此其

智勇足敵萬人不必益軍也克寧至下令安輯未幾民皆
完聚治兵伐宋右丞相僕散忠義駐南京節制諸軍左副
元帥統石烈志寧經略邊事克寧敗走益都尹兼山東路兵
馬都總管行軍都統四年元帥府欲遣左都監璋以兵四
千由水路進詔曰可付都統璋於是克寧出軍楚泗之間與宋
將副之璋可經略山東於是克寧出軍楚泗之間與宋將
魏勝相拒丁楚州之十八里口魏勝取弊舟鑿其底以
大木列植水中別以船載巨石貫以鐵鏁沉之淮渡南運
十八里口及淮渡舟路以步兵四萬人屯於淮渡南岸運
河之間克寧使斜卯和尚選善游者沒水繫大纜植木上
數百人於岸上引纜曳一植木皆拔出之徹去沉船進至
淮口宋兵來拒隔水矢石俱發斜卯和尚以竹編籬捍矢
石復援去植木沉船師遂入淮與宋兵奪渡口合戰數四
猛安長壽先行薄岸水淺率勁卒數人涉水登岸敗其
津口兵五百人餘衆皆濟宋兵四百餘自清河口來鎮國
上將軍蒲察阿離合懣以步兵百人禦之克寧自與扎也
銀术可五騎先行六七里與戰銀术可先登奮擊敗之宋
大兵整陣來拒克寧麾兵前戰自旦至午宋兵敗踰河
為陣餘衆數千皆走入營中克寧使以火箭射其營舍盡
焚踰河撤橋與其大軍相會隔水射之宋兵不能為陣猛

安鈐兀以六十騎擊宋騎兵千餘不利少却克寧以猛安
賽剌九十騎橫擊之宋兵大敗追至楚州宋射殺魏勝遂取
楚州及淮陰縣是役也賽剌切居多是時宋人屢遣使請和
僕散忠義統石烈志寧約以世為叔姪國割還海泗唐鄧
四州宋人尚遷延有請及克寧取楚州宋人乃大懼一一
如約兵罷克寧改北大名尹歷河間東平尹召為都點檢東
從丞相克寧伐宋明年還師十一月皇太子生日世宗置酒東
宮賜克寧金帶明年遷樞密副使兼知大興府事改太子
太保樞密副使如故拜平章政事封密國公克寧女嫁為
滕王永成妃得罪克寧不悅求致仕不許罷為東京留守
明年上將復相克寧改南京留守兼河南統軍使遣使者
諭之曰統軍使未嘗以留守兼之此朕意也可過京師入
見克寧至京師復拜平章政事授世襲不扎土河猛安兼
親管謀克世宗欲以制書觀授克寧主者不知上意及克
寧已受制上謂克寧曰此制朕欲親授與卿誤授之於外
也又曰朕欲盡徙卿宗族在山東者居之近地卿族多官
田少無以盡給之乃選其最親者從之十九年拜右丞相
從封譚國公克寧辭曰臣無功不明國家大庫更內外重
任當自愧乞歸田里上曰朕念衆人之功無出
卿右者卿慎重得大臣體毋復多讓克寧出朝上使徒軍

懷忠諭之曰凡人醉時醒時處事不同卿今日親賓慶會
可一飲過令日可勿飲也克寧頓首謝曰陛下念臣及此
臣之福也克寧爲相持正守大體至於簿書期會不屑屑
然也世宗嘗曰習顯在樞密未嘗有過舉謂克寧曰宰相
之職進賢爲上克寧謝曰臣愚幸得備位宰輔但不能明
於知人以此爲恨耳二十一年左丞相守道爲尚書
寧爲左丞相徙封定國公懇求致仕上曰汝立功立事延
登相位而請曰臣等齒髮皆衰幸陛下賜以餘年上曰上相
俱跪而論道不惟其官惟其人豈可屢改易之邪頃之克寧
坐而論道

改樞密使而難其代復以守道爲左丞相虛尚書令位者
數年其重如此未幾以司徒兼樞密使二十二年詔賜令
名二十三年克寧復以年老爲請上曰卿昔在政府勤勞
夙夜除卿樞密使亦可以優逸矣朕念舊臣無幾人萬一
邊隅有警當選帥授方略山川險要兵道軍謀舍卿誰可
與共者勉爲朕留克寧乃不敢復言二十四年世宗幸上
京皇太子守國詔左丞相守道與克寧俱留中都輔太子
上謂克寧曰朕巡省之後萬一有事卿必躬親之母忽細
微圖難於其易可也二十五年左丞相守道賜宴北部詔
克寧行左丞相事是時世宗自上京還次天平山清暑皇

太子薨於京師諸王妃主入宮弔哭奴婢從入者多顧喧
雜不嚴克寧遣出之身讓宮門嚴飭殿廷宮門禁衛如法
然後聽宗室外戚入臨從者有數謂東宮官屬曰主上巡
幸未還宮闕太子不幸至于大故汝等此時能以死報國
家嗣太子哀毀過禮宗社之重召太子侍讀完顏匡曰
爾侍太子久親臣也郡王哀毀過甚爾當固諫謹視郡
王勿去左右世宗在天平山太子訃至哀慟者屢矣聞
克寧嚴飭宮衛謹護皇孫嘉其忠誠而愈重之九月世宗

還京師十一月克寧表請立金源郡王爲皇太孫以係天
下之望其略曰今宣孝皇太子陵寢巳畢東宮位出此社
稷安危之事陛下明聖超越前古寧不察此事貴果斷不
可緩也緩之則起覬覦之心來讒佞之言讒佞之言起雖
欲無疑得乎茲事深可畏大可慎而不畏不慎出惟儲位
父虛而骨肉之禍自此始矣臣愚不避危身之罪伏顧
立嫡孫金源郡王爲皇太孫以釋天下之惑觀觀之端
絕
盡言惟陛下裁察踰月有詔起復皇孫金源郡王判大興
尹封原王世宗諸子中趙王永中最長其母張玄徵女玄

徵子汝弼爲尚書左丞二十六年世宗出汝弼爲廣平尹
於是左丞相守道致仕遂以克寧爲太尉兼左丞相原王
爲右丞相因使克寧輔道之原王爲丞相方四日世宗問
之曰汝治事幾日矣對曰四日京尹與省事同乎對曰不
同上笑曰京尹浩穰日矣對曰四日京尹與省事同乎
謂原王曰京中有四方地圖汝可觀之知遠近阨塞也世
宗與宰相論錢幣上曰中外皆患錢少令京師積錢正五
百萬貫除屯兵路分其他郡縣錢可運至京師克寧曰世
縣錢盡入京師民間錢益少矣若起運其半其半變折輕
重之宜也十一月戊午宰相入見于香閣既退原王已克
寧猶以未正太孫之位屢請於世宗世宗嘆曰克寧社稷
之臣也明年正月後求解機務上曰卿遽求去邪豈朕用
丞相爲皇太孫明日徒單公弼尚息國公主納幣賜六品
以上宴于慶和殿上謂諸王大臣曰太尉忠實明達漢之
周勃也柄嘆再三克寧進酒上舉觴爲之醻有詔給太尉
假三日明年正月後求解機務上曰卿遽求去邪豈朕用
卿有未盡乎或因喜怒用刑賞乎其他宰相未有能如卿
者宜勉詔以輔朕卿若思念鄉土可以一性不必謝政事
三月一日朕之生辰卿不必到從容至暑月還京師相見

四月克寧還朝入見上問曰卿往鄉中百姓皆安業否
克寧曰生業頗安然初起後至彼未能滋殖耳未幾以丞
相臨修國史上問史事奏曰臣聞古者人君不觀史願陛
下勿觀上曰朕豈欲觀此深知史事不詳問之耳初瀘
溝河法火不能塞加封安平侯父之水復故道上曰畏神
雖不可窺測即獲感應之來皆由人事上曰卿言是也世
宗頻信神仙浮圖之事故克寧及之宋前主殂宋遣使
進遺留物上悵其禮物薄克寧曰此非常貢賣之近於好
利上曰卿言是也乃以其玉器五事玻瓈器大小二十事
及茶器刀劍等還之二十八年十一月癸丑上幸克寧第
初上欲以甲第賜克寧固辭乃賜錢因其舊君宏大
之畢工上臨幸賜金器錦繡重綵克寧亦有獻上飲懼甚
解御衣以衣之詔畫克寧像藏內府十二月乙亥世宗不
豫甲申克寧率宰執入問起居上曰朕疾始矣又謂克寧曰
皇太孫年雖弱冠生而明達卿等竭力輔之又曰尚書省
政務權聽於皇太孫奏曰陛下華上京時嘗詔孝太子
守國詐除六品以下官令可權行也上曰五品以下亦何
不可乙酉詔皇太孫攝行政事注授五品以下官詔太孫
與諸王大臣俱宿禁中克寧奏曰皇太孫監諸王宜別嫌

疑正名分宿止同勦禮有未安詔太孫居慶和殿東廡丙
戌詔克寧以太尉兼尚書令處安郡王平章政事
右丞相右丞張汝霖爲平章政事戊子詔克寧襄汝霖爲
於內殿二十九年正月癸巳世宗崩于福安殿是日克寧
等宣遺詔立皇太孫是爲章宗徙封爲東平郡王
詔克寧朝朔望朝日設坐殿上克寧固辭詔近臣勉諭克
寧涕泣謝曰憐憫老臣幸免常朝豈敢當坐禮其後每朝
必爲克寧設坐克寧侍立益敬即位詔文几除名關落官
吏並量材錄用張汝霖奏員盜枉法不可恕克寧曰陛下
初即位行非常之典賊吏誤詁恩宥其害小國之大信不
可失也章宗深然之無何進拜太傅兼尚書令賜尚衣玉
帶乞致仕不許詔譯諸萬孔明傳賜之詔尚書省曰太傅
年高旬休外四日一居休大事錄之細事不須親也賜金
五百兩銀五千兩錢千萬重綵二百端絹二千四尚書省
奏猛安謀克願試進士者聽之上曰其應襲猛安謀克者
學於大學可乎克寧曰承平日久令之習辭藝忘武備於
已不及前輩萬一有警使誰禦之猛安謀克其材武
便上曰太傅言是也章宗初即位頗好辭章而疆場方有
事故克寧屬疾及之明昌二年克寧屬疾章宗往視之
頓首謝曰臣無似嘗蒙先帝任使陛下即位屬以上相令

臣老病將先犬馬填溝壑無以輔明主綏四方陛下念臣
駕怜親枉車駕辛卯死有餘罪矣是日即楊前拜太師封
淄王加賜甚厚是歲二月薨遺表其大略言人君往往重
君子而反踈之輕小人而終昵之願陛下慎終如始安不
忘危而言不及私詔有司護喪事歸葬于萊州諡曰忠烈
明昌五年配享世宗廟廷圖像衍慶宮大安元年改配享
章宗廟廷
贊曰徒單克寧可謂大臣矣功高而身愈下位盛而心愈
勞經曰在上不驕高而不危制節謹度滿而不溢所以長
守富貴故曰忠信匪懈不施其功覆盛滿而不忘德之上
也孜孜勉勉恪守職業不居不可成不事不可行人主知
之次也諫期必行言期必聽爲其事必有其功者又其次
也

列傳第三十

顯宗諸子

綜　環　從彝　從憲

珫

章宗諸子

洪裕　洪靖　洪熙　洪衍

洪暉　感都

衛紹王子

從恪

列傳第三十一

金史九三

宣宗三子

莊獻太子　玄齡　守純

獨吉思忠　承裕

抹撚史扢搭　宗浩　僕散揆

顯宗孝懿皇后生章宗昭聖皇后生宣宗諸姬田氏生鄆
王琮瀛王璂霍王從彝劉氏生瀛王從憲王氏生溫王珫
郳王琮本名承慶母田氏其後封裕陵充華琮儀觀豐偉
機警清辯性寬厚好學世宗選進士之有名行者納坦謀
嘉教之女直小字及漢字皆通習及長輕財好施無慳色

善吟詠不喜聞人過至于騎射繪塑之藝皆造精妙大定
十八年封道國公二十六年加崇進章宗即位遷開府儀
同三司封鄆王明昌元年授婆速路復火羅合打世襲猛
安留京師五年薨上輟朝親臨奠于殯所謚曰莊靖改莊

惠

瀛王璂本名桓篤母田氏之同母弟也重厚寡言內行修
飭工詩精于騎射書畫藝女直大小字大定二十二年封崇
國公二十六年加崇進章宗即位遷開府儀同三司封瀛
王明昌三年薨勑葬事所領皆從官給命工部侍郎胥持
國等典喪事比葬帝三臨奠哭之慟謚曰文敬其後帝謂
輔臣曰王性忠孝兄弟中最為善人故朕嘗令在左右溫

王雖幼亦佳不二旬俱逝良可哀悼

霍王從彝本名阿憐母田氏早卒溫妃石抹氏養為己子
即位封沂王明昌元年謚旨有司曰豐鄆瀛沂四王府各
賜奴婢七百人四年詔追封故曾王求功為趙王以從彝
為趙王後承安元年為兵部尚書改封蔡四年除祕書監
泰和五年賜今名八年封霍貞祐二年薨

瀛王從憲本名吾里不母劉氏後封裕陵茂儀大定二十
六年賜名琦章宗即位加開府儀同三司封壽王承安元

列傳第三十一

金史九三

年以郊祀恩進封英四年改封瀛泰和五年更賜今名六
年搜秘書監八年薨從憲備風儀秀峙性寬厚善騎射待府
僚以禮秩薨去者皆有賻帝尤愛重初以病閒即臨問之
賜錢五百萬還宮詔府僚以其疾增損狀仍勅門闔夜一
鼓即奏比五更重言之及薨上哭之慟為輟朝臨奠者再
諭旨判大睦親府事宛王永升曰瀛王家事叔宜規畫聞
其二姬方孕若生子即以付之以右宣徽使移剌都護其
喪葬斂以內庫之服其餘所須亦從官給諡曰敬懿
溫王玢本名謀良虎母王氏後封裕陵婉儀玢幼穎秀性
溫厚好學大定二十九年章宗即位加開府儀同三司封
曰悼敏

溫王明昌三年薨年十一計聞上為輟朝親臨莫哭之謠
章宗欽懷皇后生絳王洪資明夫人林氏生荊王洪靖
諸姬生榮王洪熙英王洪衍壽王洪輝元妃李氏生葛王
忿隣

皇曾孫生喜甚滿三月宴于廣和殿賜曾孫金鼎金香合
重絲二十端骨覩犀吐鶻玉山子兔兒垂頭一副名馬二
匹章宗進王雙馳鎮紙王琵琶撥玉鳳鈎骨覩犀具佩刀
衣服一襲世宗御酒歌歡乙夜方罷二十八年十月丙寅

薨明昌三年追封絳王賜名
洪靖本名阿虎懶明昌三年生而警秀上所鍾愛四年
薨承安四年追封荊王賜名加開府儀同三司
洪熙本名訛魯不明昌三年生未彌月薨承安四年追封
榮王賜名加開府儀同三司
洪衍本名撒改明昌四年生未幾薨承安四年追封英王
賜名加開府儀同三司
洪輝本名訛論承安二年五月生彌月封壽王閏六月壬
午病急風募能醫者加宣武將軍賜錢五百萬甲申疾愈
印無量壽經一萬卷報謝衍慶宮作普天大醮七日無表

葛王本名謾訛太清宮至是喜甚彌月將加封葛王逑封為葛王十二
者念世宗在位最久年最高初封葛王國號無惬上意
月癸酉生滿百日放僧道度牒三千道設醮玄真觀宴于
慶和殿百官用天壽節禮儀進酒稱賀三品以上進禮物
泰和三年薨
忿隣泰和二年八月生上父無皇嗣祈禱于郊廟衍慶宮
毫州太清宮
刑名仍禁屠宰十月丁亥薨備禮葬
衛紹王六子大定二十六年賜名猛安曰踞按出繼鄭王永蹈後詔曰朕追惟
辰曰璪蹈按出繼鄭王永蹈後詔曰朕追惟非徒薰蕕異器原野多歷歲年悒然軫懷有不能已
鄭邸誤蹈

乃詔追復王爵備禮改葬令稽式古典命汝為鄭王後守
其祭祀大安元年封子六人為王從恪胙王有任王輦王
餘弗傳是歲從恪為左丞相二年八月立從恪為皇太子
至寧末胡沙虎殺衛王從恪兄弟皆廢居中都貞祐二年
徙鄭州四年徙居南京天興元年崔立以從恪為梁王汴
京破死焉

贊曰章宗晚年繼嗣不立遂屬意衛紹王衛紹歷年不永
諸子凡禁錮二十餘年鎬厲王諸子禁錮四十餘年長女
鰥男皆不得婚嫁天興初方弛其禁金亡祚後可知矣

莊獻太子名守忠宣宗長子也其母未詳說在后妃傳胡
沙虎既殺衛王時上未至即迎守忠入居東宮貞祐元年
閏九月甲申立為皇太子詔曰朕以眇躬嗣服景命祖
宗之遺統方夙夜以靡遑將上以承九廟之靈而下以係
多方之望皇太子守忠性秉溫良地居長嫡以次弟言之
則宜升儲嗣以典禮質之則足愜群情其立為皇太子壬
月己未以鎮國上將軍太子少保阿魯罕為太子少師庚
申上遺諭曰朕方多艱每事當裁減汝亦宜知時難斟酌撙
節東宮無用者亦宜出之汝讀書人必能知此也二年四月
宣宗遷汴留守中京七月召至汴三年正月薨上臨奠殯

所凡四次四月葬迎朔門外五里諡莊獻五月立其子鏗
為皇太孫始二歲十二月薨四年正月賜諡冲懷太孫
玄齡或曰莊獻太子母早卒未封爵或曰麗妃史氏所
生

荊王守純本名盤都宣宗第二子也母曰真妃龐氏貞祐
元年封濮王二年為殿前都點檢兼侍衛親軍都指揮使
權都元帥上諭師府曰濮王年幼公事殊未諳卿等以
朕子故不相規戒凡見將校令謙和接遇可也三年為樞
密使四年拜平章政事興定元年授世襲東平府路三屯
猛安三年以知除授令史梁璂誤書轉運副使張正倫

宣命奏乞治罪上曰令史有犯宰臣自當治之何必關朕
耶是年三月進封英王時監察御史程震言其不法宣宗
切責杖司馬及大奴尤不法者數人四年九月守純劾
丞相高琪罪密召知案蒲鮮石魯剌令史蒲察胡魯員外
郎王阿里謀之且屬令勿泄而石魯剌以告都事
僕散奴失不奴失不白高琪及高琪伏誅守純劾三人者
泄密事奴失不除名石魯剌胡魯各杖七十勒停元
光二年三月壬子上戒諭守純曰始吾以汝為相者庶幾
相輔不至為人譏病耳汝乃惟飲酒耽樂公事漫不加省
何耶吾常聞人言已過雖自省無之亦未敢容易去懷也

又曰吾所以責汝者但以崇飲不事事之故汝勿過慮遂
至奪權令諸相皆老臣每事與之商略使無貽物議足矣
是年十二月庚寅宣宗病喉痹危篤將夕守
宗後至東華門已閉闔守純在宮分遣樞密院官及東宮
親衛軍總領移剌蒲阿集軍三萬餘屯東華門外部署定
扣門求見都點檢駙馬都尉徒單合住奏中宮得旨領符
鑰開門哀宗入宰相把胡魯已遣人止丞相高汝礪不聽
入宮以護衛四人監守純於近侍局是夕宣宗崩明日哀
宗即位正大元年正月進封荊王罷守純平章政事判睦親府
封真妃龐氏為荊國太妃三月或告守純謀不軌下獄推

列傳四百四十四　金史九十三　七　帝

問慈聖宮皇太后有言於帝由是獲免語在皇后傳守純
三子長曰訛可封爵國公天興元年三月進封曹王出質
於軍前次曰其次曰戴王次曰亭德封華王天興初守純
第產肉芝一株高五寸許色紅鮮可愛既而枝葉津流濡
地成血臭不可聞剷去復生者再夜則房榻間群狐號鳴
東燭立亂四月癸巳守純及諸宗室昏死青城
贊曰詩云天難忱斯不易維王天位殷適使不挾四方信
哉守忠立為太子未幾而薨其子鑑立又薨哀宗遷歸德明年正
豈非天乎正大間國勢日蹙本支殄盡哀宗尚且踈忌骨

肉非明惠之賢荊王幾不能免豈宗子維城之道哉
獨吉思忠本名千家奴明昌六年為行省都事累遷同簽
樞密院事承安三年除興平軍節度使改西北路招討使
初大定間修築西北屯戍西自坦舌東至胡列公幾六百
里中間堡障工役促迫雖有墻隍無女墻副思忠增繕詔
用工七十五萬止用屯戍軍卒後不及民上嘉其勞賜父
完顏乾之維障以要正資守備以靖翰藩垣式副
已臻休畢仍底工堅賴爾忠勤辦茲畫有嘉力力式
獎諭曰直乾之維障茲要正資辦茲心畫有嘉轉吏部尚
子懷賜銀五百兩重幣十端入為簽樞密院事轉吏部尚

列傳四百四十四　金史九十三　八

書拜參知政事泰和五年宋渝盟有端平章政事僕散揆
宣撫河南揆奏宋人懦弱韓侂胄用事請遣使詰問上召
大臣議左丞相崇浩曰宋父敗之國必不敢動思忠曰宋
雖竊栖江表未嘗一日忘中國但力不足耳其後果如思
忠策六年四月上召大臣議伐宋事大臣猶言無足慮者
或曰鼠竊狗盜非用兵也思忠執前議曰不早為之所彼
楚州父不能下宰臣奏請命大臣節制其軍及益兵攻之
思忠請行上曰以執政將兵攻一小州克之亦不武乃用
唐宰相宣慰諸軍故事以思忠充淮南宣慰使持空名宣

勑賞立功者詔大臣宿于祕書監各具奏帖以聞明日詔
百官集議于廣仁殿問對者久之既而宋人來請和議遂
寢頗之進拜尚書右丞大安初拜平章政事三年與參知
政事承裕將兵屯遠完顏遍方緒完烏初沙堡思忠等不設備
大元前兵奄至取烏月瞥思忠不能守乃退兵思忠等不設備
職衛紹王命參知政事承裕行省既而敗績于會河堡忠云
右警巡副使彰德軍節度副使刑部員外郎轉本部郎中歷
都左警巡使通括戶籍百姓稱其平遷殿中侍御史除中
承裕本名胡沙頗讀書以宗室子充符寶祗候

會州惠州刺史遷同知臨潢府事改東北路招討副使以

御使完顏珣屯戍紀界宋吳曦兵五萬由保金姑蘇等谷
副使俄改通遠軍節度使陝西兵馬都統副使與泰州防
病免起為西南招討副使泰和六年伐宋遷陝西路統軍

宋兵大敗斬首四千餘級詔承裕曰昔乃祖乃父戮力
襲泰州承裕璘以騎兵千餘人擊走之追奔四十里及六
戎旅汝年尚少善於其職故命汝與完顏璘同行出界昔
汝自言得兵三萬足以辦事今以石抹仲溫術虎高琪及
兵道險阻汝兵道甚易也自泰州至仙人關繞四百里耳
青宜可與汝軍相合計可六萬斯亦足以辦矣仲溫高琪
從長計畫以副朕意詔完顏璘曰汝向在北邊以幹勇見

稱頗以過失遠間有司近知與宋人會戰故特赦免仍充
副統如能佐承裕立功業朕於官賞豈復吝惜閒汝臨事
頗黠若復自速罪旦不赦汝矣宋吳曦使其將馮興楊雄
李珪以步騎八千入赤谷承裕璘及河州防禦使兼知唐
鉉逆擊破之宋步兵保西山騎兵走赤谷承裕遣部將唐
括按谷海率騎二百馳擊宋步兵甲士蒙挺身先入奴
之宋騎步兵殺千餘人斬楊雄李珪于陣斬二千餘級
追宋騎兵克成州八年罷兵遷河南東路統軍僅以自免承
裕進兵克成州八年罷兵遷河南東路統軍賜金帶重幣十端銀二百五十兩大
府事俄改知臨潢府事賜金帶重幣十端銀二百五十兩大

安初召為御史中丞三年拜參知政事與平章政事獨吉
思忠行省戍邊為沙堡之役不為備失利朝廷獨坐思忠
詔承裕主兵事八月
大元大兵至野狐嶺承裕喪氣不敢拒戰退至宣平縣中
土豪請以土兵為前鋒以行省兵為聲援承裕畏怯不敢
用但問此去宣德間道而已士豪哂之曰溪澗間曲折我董
諳知之行省不知用地利力戰但謀走耳今敗矣其夜承
裕率兵南行
大元兵躡擊之明日至會河川承裕兵大潰承裕僅脫身
走入宣德

衛紹王猶薄其罪除名而已崇慶元年起為陝西安撫使

至寧元年遷元帥右監軍兼咸平府路兵馬都總管與契

丹留可戰敗績改同判大睦親府事遼東宣撫使貞祐初

改臨海軍節度使卒

賛曰薔劇有言一鼓作氣再而衰三而竭夫兵以氣為主

會河堡之役獨言思忠承裕沮喪不可復振金之亡虵

於此焉

僕散揆本名臨喜其先上京人左丞相兼都元帥沂國武

莊公忠義之子也少以世胄選為近侍奉御大定十五年

世襲猛安歷近侍局副使尚衣局使拱衛直副都指揮使

尚韓國大長公主權器物局副使特授臨潢府路赫沙河

議汝腹中為事朕不能測其罷歸田里尋起為濼州刺史

故令尚主置之宿衛謂當以忠孝自勵日者乃與外人籍

為殿前左衛將罷職世宗諭之曰以汝宣獻皇后之親

蠡州入為兵部侍郎大理卿刑部尚書章宗即位出為秦

定軍節度使改知臨洮府事以政蹟聞升河南路統軍使

陝西提刑司舉揆剛直明斷獄無寬滯禁戰家人百姓莫

識其面積石洮二州舊冠皆通商旅得通於是進官一階

仍詔褒諭明昌四年鄭王永蹈謀逆事覺揆坐嘗私品藻

列傳四百十六　　金史九十三　　十一

諸王獨稱永蹈性善靜好事乃免死除名未幾復五品階

起為同知崇義軍節度使事以戰功遷西北路副招討進

官七階賜金五十兩銀二百兩絲十端復以戰功外

西南路招討使兼天德軍節度使賜金五十兩重絲一十

端復出禦邊審轉戰出塞七百里至赤胡觀地而還優詔

褒諭遷一官仍許其子安貞尚邢國長公主且許揆入謝

禮成歸鎮會韓國大長公主薨揆來赴上諭之曰比入謝

事非卿不能辦乃賜戰馬二即日遣還揆汝徽築壘穿塹

連亘九百里營柵相望烽候相應人得恣田牧北邊遂寧

復以手詔褒諭且欲大用以知興中府事乣石列子仁代

之敕盡以方略授子仁既入拜參知政事改授中都路胡

土愛割寶世襲猛安進拜尚書右丞尋出經略邊事還拜

平章政事封濟國公泰和五年宋人渝盟以揆為宣撫河

南軍民使上諭之曰朕即位以來任宰相未有如卿之久

南邊劻勷先朝全復委卿諒無過舉非好大喜功亦嘗總師

著若非君臣道合一體同心何以及此先丞相亦嘗渡淮

寧靜內外宋人屈服無復可議若恬不改可整兵渡淮掃

蕩江左以繼爾先公之功即以尚廏名馬玉束帶內府重

綵及御藥賜之揆至汴蔥練士軍聲大振會天壽節特

遺其子安貞賜宴且命持白玉杯以飲揆及上秋獵所親

列傳四百十七　　金史九十三　　十二

獲鹿尾舌爲賜宋人服罪即罷宣撫使召撻還六年春宋
人復數路來侵取泗州取靈壁圍壽春命撻爲右副元帥
以討之撻至軍前集諸將校告以朝廷弔伐之意分遣將
士禦敵復取淮寧縣而符離壽春之圍亦解去敵屢敗
衂悉遁出境上即遣提點近侍局烏古論慶壽持手詔勞
問征討事宜仍賜玉具劍一王佩連盞一金器二百兩重
綵一十端尋復以詔褒諭賜玉鞍勒馬二及王具佩刀內
府重綵御藥以旌其功宋人旣敗退上欲進討乃召撻赴
闕戒以師期宴于慶和殿親諭之曰朕以趙擴侵我
疆埸命卿措畫曾未期月諸處累報大捷振我國威挫彼

賊鋒皆御卿之力朕不能忘是日寵錫甚厚特收其次子寧
壽爲奉御乃密授以成算俾還軍十一月撻總大軍南伐
分兵爲九路進撻以行省兵三萬出潁壽至淮宋人旅拒
于水南撻密遣人測淮水惟八疊灘可涉即遣奧屯襄揚
兵下蔡聲言欲渡宋帥何汝礪姚公佐悉銳師屯花靨西以
備撻乃遣右翼都統完顏賽不先鋒都統納蘭邦列潛渡
八疊駐南岸撻尾其大軍直壓其陣敵不虞我卒至皆潰走
自相蹂踐死于水者不可勝計進奪下安豐軍遂攻
合肥取滁州盡獲其軍實上遣使諭之曰前得卿奏先鋒
已奪潁口偏師又下安豐斬馘之數各以萬計近又西帥

奏捷襄陽光化旣爲我有樊城鄧城亦自潰散又聞隨州
閻城歸順山東之衆火圍楚州龍右之師剋期出界卿提
大兵攻合肥趙擴聞之計已破膽失神守度彼於此
和爲上昔嘗畫三事付卿以全事勢計之徑渡長江亦其
時矣淮南旣爲渡江之勢使彼有際江爲界理所宜然如
卿宜廣爲渡江之勢使彼有必死之憂從其所請而縱之
稱臣歲增貢幣縛送賊魁所俘掠一如所謂亦可罷兵
安集除其虐政橫賦以良吏撫字疲民以精兵分守要害
雖未係趙擴之頸而朕前所畫三事上功已成矣前入見

時已嘗議定令復譚譚者欲決卿成功爾機會難遇卿其
勉之旣而宋帥立宝果奉書乞和撻以前五軍諭而遣之
復進軍圍和州敵以騎萬五千駐六合撻偵知之即以右
翼掩擊斬首八千級進屯于尾梁河以控眞揚諸道之衝
乃整列軍騎畢張旗幟江上下皆金兵於是江表震
恐宋眞州兵數萬保河橋復遣統軍紀石列子仁往攻之
分軍涉淺潛出敵後敵見之大驚不職而潰斬首二萬餘
級生擒其帥劉佺常思敬蕭從德莫子容皆宋驍將也遂
下眞州宋復遣陳璧來告和撻以乞辭未誠徒欲緩師郤
之宋人旣喪敗不獲請乃決巨勝成公雷塘諸積水以

為阻盡焚其廬舍儲積過江遁去揆以方春地濕不可久
留且欲休養士馬遂振旅而還次下蔡遇疾詔遣宣徽使
李仁惠及其子竄壽引太醫診視仍遣中使撫問泰和七
年二月薨訃聞上哀悼之輟朝遣使迎喪殯于都城之北
百官會用車駕臨奠哭之賻銀一千五百兩重幣五十端
絹五百疋其葬祭皆從官給諡曰武肅揆體剛內和與
物無忤臨民有惠政其為將也軍門鎮靜賞罰必行初渡
淮即命徹去浮梁所至皆因糧于敵無餽運之勞未嘗輕
用士卒而與之同甘苦人亦樂為之用故南征比伐為一
名將云

抹撚史抹搭臨潢路人也其先以刃授世襲謀克史抹搭
幼襲爵守邊有勞泰和六年南鄙用兵授同知蔡州防禦
使事五月宋將李爽圍壽州田俊邁陷靳縣平章政事僕
散揆謂諸將曰符離彭城之險符離不守是無彭城與
彭城陷則齊魯危矣乃遣安國軍節度副使納蘭邦烈與
史抹搭以精騎三千戍宿州俊邁果率步騎二萬來襲邦
烈史抹搭逆擊大破之邦烈中流矢郭倬李汝翼以眾五
萬繼至遂圍城攻之甚力城中叢射敵不能過會滛雨源
盜敵露處勞倦邦烈遣騎二百潛出敵後突擊之敵亂史
抹搭率驍蹀之殺傷數千人敵復開援軍將至遂夜遁邦

烈史抹搭躡其後黎明合擊大破之獲田俊邁十月揆以
行省兵三萬出潁壽史抹搭為驍騎將中軍副統克安豐
軍戰霍丘花靨功居多十二月從攻和州中流矢卒史抹
搭形不過中人而拳勇善鬬所用槍長二丈軍中號為長
槍副統又工用手箭箭長不盈握每用百數散置鎧中遇
敵抽箭以鞭揮之或以指鉏取飛擲數矢齊發無不中敵
以為神其箭皆以智劓錐子弟亦不能傳其法在比部守
厭山營敵尤畏之不敢近及死將士皆悵惜之

內族宗浩字師孟本名老昭祖四世孫太保兼都元帥漢
國公昂之子也貞元中為海陵廐人入殿小底世宗即位

遼陽昂遣宗浩馳賀世宗見之喜命克符寶柢候大定二
年冬昂以都元帥置幕山東宗浩領萬戶從行仍授山東
東路兵馬都總管判官丁父憂起復承襲因關幹魯渾猛
安授河南府判官以母喪解服關授同知陝州防禦使事
宗室能第一等進官一階陞同知彰化軍節度使事累遷
同簽樞密院事改昌蘇館節度使世宗謂宰臣曰宗浩有
才幹可及者無幾二十三年徵為大理卿踰年授山東路
統軍使兼知益都府事陸世宗諭之曰卿年尚少以卿
近屬有治迹故以此授卿宜體朕意因賜金帶遣之二十
六年為賜宋主趙眘生日使還授刑部尚書俄拜參知政

事章宗即位出為北京留守三轉同判大睦親府事北方
有警命宗浩佩金虎符駐泰州役宜從事朝廷發上京等
路軍萬人以戍宗浩以糧儲未備且度敵未敢動遂分其
軍就食隆宗間是冬果無警北部廣吉剌者尤桀驁屢叛
襄行省事于北京詔議其事襄以謂若攻破廣吉剌則阻
諸部入塞宗浩請乘其春暮馬弱擊之時阻鞯亦叛內族
卿之誠更宜加意毋致後悔宗浩覘知合底忻與婆速火
勢不能掃滅小部顧欲藉彼為捍乎臣請先破廣吉剌然
後提兵北滅阻鞯再上從之詔諭宗浩曰將征廣吉剌固
鞯無東顧憂不若留北部以牽其勢破廣吉剌之時阻鞯
之曰若廣吉剌降可就徵其兵以圖合底忻仍偵餘部所
則理必求降可呼致也因遣主簿撒領軍二百為先鋒戒
等相結廣吉剌之勢必分彼既畏我見討而復掣肘仇敵
在速使來報大軍當進與波擊破之必矣合底忻者與山
只昆皆北方別部恃強中立無所羈屬往來阻鞯廣吉剌
間連歲擾邊皆二部為之也撒入敵境廣吉剌果降遂徵
其兵萬四千騎馳報以待宗浩比進命人齎三十日糧報
撒會于移米河共擊敵而所遣人誤入婆速火部由是東
軍失期宗浩前軍至忒里蔑山遇山只昆所統石魯灤灤
兩部擊走之斬首千二百級俘生口車畜甚眾進至呼歇

水敵勢大麇於是合底忻部長白古帶山只昆部長胡必
剌及婆速火所遣和火者皆乞降宗浩承詔諭之而釋之胡
必剌因言所部迪列土近在移米河不肯偕降乞討之乃
移軍趨移米河與迪列土遇擊之斬首三百級赴水死者十
四五獲牛羊萬二千車帳撬是合底忻等恐大軍至西渡
移米河棄輜重道去撒與廣吉剌部長忒里虎追躡及之於
宴里不水縱擊大破之婆速火九部斬首溺水死者四千
五百餘人獲馬牛不可勝計軍還婆速火乞內屬并
請置吏上優詔襃諭光祿大夫以所獲馬六千置牧以
處之明年宴賜東北部尋拜樞密使封榮國公初朝廷置
東北路招討司泰州去境三百里每敵入比出兵追襲敵
已遁去至是宗浩奏徙之金山以據要害副招討二員
分置左右由是敵不敢犯會中都山東河北屯駐軍人
地土不贍官田多為民所冒占命宗浩行省事詣諸道括
籍凡得地三十餘萬頃還坐以倡女自隨為憲司所糾出
知真定府事俄從西京留守俄為樞密使進拜尚書右丞相
超授崇進時懲北邊不寧議築壘以備進拜尚書右丞相
同平章政事張萬公力言其不可宗浩獨謂便乃命宗浩
行省事以督其役畢事賜詔襃賚甚厚撒里部長陀括
里入塞宗浩以兵追躡與僕散揆軍合擊之殺獲甚眾敵

遣去詔徵還入見優詔獎論蹕還儀同三司賜玉束帶一
金器百兩重幣二十端進拜左丞相宋人畔盟王師南伐
會平章政事摠病乃命宗浩兼都元帥往督進討宗浩馳
至汴大張兵勢親起襄陽巡師而還宋人大懼乃命知樞
密院事張巖以書乞和宗浩以辭旨未順却之仍諭以榷
臣割地縛送元謀姦臣等事嚴復遣方信孺齎書主趙擴
智業來且言擴併緻三使將賀天壽節及通謝仍報其祖
母謝氏阻致書于都元帥宗浩曰方信孺遠貽報翰及
所承鈞旨仰見以生靈休息為重曲示包容孫輅子孫祖
命踊躍私竊自喜即具奏聞備述大金皇帝天覆地載之

金史九十三　十九

仁與都元帥海涵春育之德旋奉上旨丞遣信使通謝宸
庭仍先令信孺再詣行省以請定議區區之愚實恃高明
必蒙洞照重布本末章犖犖聽焉兵端之開雖本朝失于輕
信然痛罪姦臣之敵欺亦不為不早自去歲五月編竄鄧
友龍六月又誅蘇師旦等是將大國尚未嘗一出兵也本
朝即捐已得之泗州諸軍屯于境外者盡令徹戍而南悔
艾之誠于茲可見惟是名分之諭今昔事殊本朝皇帝本
無佳兵之意況關繫至重又豈臣子之所敢言江外之地
恃為屏蔽儻如來諭何以為國大朝所當念察至于首事
人鄧友龍等誤國之罪固無所逃若使執縛以送是本朝

不得自致其罰于臣下所有歲幣前書已增大定所減之
數此在上國何足以見重特欲藉手以見謝過之實
儻上國諒此至情物之多寡必不深計矧惟兵興以來連
歲創殘賦入屢變若又重取于民豈基元元無窮之困竊
計大朝亦必有所不忍也於通謝禮幣之外別致微誠展
朝名族貴將南來者洎和議之定亦曾約刷至如泗州等
幾以此易彼其歸投之人皆以此為意偷生一時寬匿往往不
如存亡本朝既無所用豈以去來為意當隆興時固有大
如名族貴將南來者洎和議之定亦曾拘刷至如泗州等
處驅掠人衆當護送歸業夫婦新好著不念舊惡成大功

金史九十三　二十

者不載小利欲望力賜開陳捐棄前過闊略他事玉帛交
馳歡好如初海內寧謐長無軍兵之事功昭宣德澤洋
溢鼎彝升所紀方冊所載垂之萬世豈有既平重惟大金皇
帝誕節將臨禮當修賀兼之本國多故又言合遣人使接
續津發已具公移取接伏冀鑒其至再至三有加無
已之誠丞踐請盟之諾即底于成感戴恩德永永無極哲
書副本慮通謝使所參議官信孺援以為例宗浩怒其輕妄因之以
成覿自稱通謝使所參議官大定中宋人乞和以王抃為
通問使所參議官信孺援以為例宗浩怒其輕妄因之以
聞朝廷亦以其為行人而不能孚兩國之情將留之遣使

問宗浩宗浩曰今信孺事既未集自知還必得罪拘之適使他日有以籍口不若數其惡易而釋遣之使歸自窮無辭以白其國人則擴作胃必擇謹厚者來矣於是遣之而復張嚴書曰方信孺重以書來詳味其辭於請和之意雖若婉遜而所畫之事猶未悉從惟言當還泗州等驅掠而以為朝廷過求有不可從將度德量力足以背城借一與我軍角一日勝負者哉既不能疆又不能弱不深思熟慮以計將來之利害徒以不情之語形于尺牘而勤郵傳何

〈金史九十三〉　二十一　謝成

也兵者凶器佳之不祥然聖人不得已而用之故三皇五帝所不能免夫豈不以生靈為念蓋犯順負義有不可恕者乃者國犯盟侵我疆場師府奉命征討雖未及出師姑以逐處戍兵隨宜捍禦所向推破莫之敢當執俘折馘不可勝計餘毅震慴靡然奔潰是以所侵疆土旋即底平麥及泗州亦不勞而復乃自謂捐其已得欲軍徹以為悔過之效是豈誠實之言擾陝西宣撫司申報今夏宋人犯邊者十餘次並為我軍擊退泉斬捕獲蓋以億計夫以悔艾罪咎移書往來矣和之間乃暗遣賊徒突我守圉冀乘其不虞以徼倖毫末然則所為來請和者理安在哉

其言名分之諭今昔事殊者蓋與大定之事固殊矣本朝之於宋國恩深德厚莫可殫述皇統謝章可覽見也至于世宗皇帝俯就和好三十年間恩澤之渥夫豈可忘江表舊臣于我大定之初以失在正隆致信不定故特施大惠易為姪國以鎮撫之今以小犯大曲在於彼既以絕大定之好則復舊稱臣於理為宜若為非臣子所敢言在皇統時何故敢言而今獨不敢為國夫藩籬之固當守信義如地將為屏蔽割之則無以為國矣又謂江外之不務此雖長江之險亦不可恃區區兩淮之地何足屏蔽而為國哉昔江左六朝之時淮南屢骨屬中國矣至後周

〈金史九十三〉　二十二　謝成

顯德間南唐李景獻廬舒蘄黃畫江為界是亦皆能為國既有如此故實則割地之事亦矣不可自我師出疆所下州軍縣鎮已為我有未下者即當討而獻之今方信孺齎到誓書乃云疆界並依大國皇統彼之隆興之今已書為定若是則既不言割彼之地又翻欲得我之已有者豈理也哉又來書以塞再增幣之外別備錢一百萬兩折金銀各三萬兩專以議和未定輒前其載約擬為誓書又直報通謝無可准況和議已定豈協禮體此方信孺以求成自等三番人使其自專如是豈協禮體此方信孺以求成自任臆度上國謂如此徑往則事必可集輕瀆詿紿理不

容尋具奏聞欽奉聖訓昔宣靖之際章信背盟我師問罪
寧割三鎮以乞和今既無故與兵蔑棄信誓雖盡獻江淮
之地猶不足以自贖況彼國嘗自言叔父姪子與君臣父
子略不相遠如能依應稱臣即許以江淮之間取中為界
如欲世為子國即當盡割淮南直以大江為界陝西邊面
並以大軍已占為定擴元謀姦臣必使縛送緣彼懇欲自
致其罰可令函首以獻外歲幣雖添五萬兩足以表悔謝之
實而汴陽乞和時當進賞軍之物金五百萬兩銀五千萬
袁段裹絹各一百萬牛馬驢各一萬駞一千書五監今即

江表一隅之地與昔不同特加矜憫止令量輸銀一千萬
兩以充犒軍之用方信獨言語反覆不足取信如李大性
致知李歷吳璘軍似乎忠實可遣詣軍前熏護擒方倍
孰謂詐之罪過於胡防然自古兵交使人容在其間姑放
令四報伏過主上聖德寬裕光大天覆地容包荒宥罪其
可不欽承以仰副仁恩之厚儻猶有所稍違則和好之事
勿復冀也夫宋國之安危存亡將繫于此更期審處無貽
後悔泰和七年九月薨于汴其後宋人竟請以叔為伯增
歲帶備犒軍銀函奉趙衰所仍
訃聞上震悼輟朝命俾其子宿直將軍天下奴奉趙衰所仍

命葬甲持繪像至都將親臨莫以南京副留守張巖更為
勒祭兼發引使莒州刺史女奚列孛董速為勒葬使仍摘
軍前武士及旗鼓笛角各五十人外隨行親屬官員親軍
送至葬所賻贈其厚諡曰通敏
贊曰金自宗弼渡江而還既而畫淮為界顧後海陵啼泉
舉兵國用虛耗上下離心內難先作故世宗之初章宗之
末有事于南皆非得已而詳問之使每先發焉佗宵狂謀
誤國動非其時取敗宜也揆宗浩雖出軺捷而行成之
使不拒其求儀幣增損之際有可籍口許其
平矢函首之事宋人亦欲因是以自除其禍耳雖然揆宋
天意蓋已休息南北之人歟

浩常勝之家史抆楛驍勇之將三人相繼而死和議亦成

夾谷清臣
完顏安國
瑤里孛迭
內族襄
夾谷衡

夾谷清臣本名阿不沙胡里改路桓篤猛安人也姿狀雄偉善
騎射皇統八年襲祖駁達猛安大定元年聞世宗即位率
本部軍六千赴中都會之以功遷昭武大將軍從右副元
帥統石烈志寧為管押萬戶接應左都監完顏思敬逐富
幹餘貴敗之柔遠至抹拔里達悉獲之賊平遷鎮國上將
軍知潁順軍事會宋兵二萬襲陷汝州殺刺史烏古孫麻
發及漢軍二千河南統軍正遣萬戶孛术魯定方與清
臣等領騎兵四千往擊之宋人襲城遁逭去志寧復遺清
臣以兵追襲取宿州宋將李世輔大敗清軍十二年授右副
都監遷烏古十壘部族節度使閒授宿州防禦使移博州改西
北路招討都監遷烏古十壘部族陝西路統軍使兼知京兆府
事朝辭賜以金帶廄馬仍諭之曰卿典禁兵日侍左右勤
勞久矣故以是授卿宜益思勉二十六年改西京留守路
三歲遷樞密副使明昌元年初議出師以本職充東北路

兵馬都統制使旣而詔止之俄以其女為昭儀眷倚益重
二年拜尚書左丞頃之進平章政事封芮國公賜同本朝
人四年遷右丞監修國史時議籌軍戍邊上問漢人與
夏人孰勇清臣曰漢人勇上曰昊擾邊宋終不能制
何也清臣曰宋馭軍法不可得知今西南路人殊勝彼也
未戮遷崇進改封戴一日上謂宰臣曰昔元昊擾邊本朝
上者其圖果何如朕嘗觀宋白所集武經然其載改守之
法亦多難行清臣曰兵書皆定法難以應變本朝行兵之
術惟用正奇二軍臨敵制變以正為奇以奇為正故無往
不克上曰自古用兵亦不出奇正二法耳學古兵法如
學奕碁未能自得於心而欲用舊陣勢以接敵亦以踈矣
尋上表丐閒不許固請乃賜告省親諭之曰聞卿毋老欲
令歸省故特給假五十日馳驛以往至彼可為一月留也
其壽幾何相別幾年矣清臣對曰臣母年八十三矣別十
五年二月上御凝和殿清臣對曰觀遠謂上上問卿毋健否
年幸頗強健上曰何不来此曰急於家務故不欲雖耳上
曰老人多如是所謂血氣旣衰戒之在得也復謂清臣胡
里改路風俗何如對曰視舊則稍知禮貌而勇勁不及矣
因言西南西北等路軍人其開弓弓矢亦非復曩時六年
遷儀同三司進拜左丞相改封密受命出師行尚書省事

於臨潢府清臣遣人偵知虛實以輕騎八千令宣徽使移
剌敏為都統左衛將軍克招討使完顏安國為左右翼分
領前隊自選精兵一萬以當後隊進至合勒河前隊敏等
於搯挍濼攻營十四下之囬迎大軍屬部斜出掩其所獲
羊馬資物以歸清臣命右丞相襄責其膠罰比阻韄由此
侵掠使無滄州管內觀察使初上諭宰臣曰清臣舊有
勞效罪狀未甚明若降授應告致仕耳初擬知廣寧府
上曰姑與滄州既而又曰與則與之第恐有人言也尋復
致仕泰和二年薨年七十子么查剌襲猛安初議征討清

金史卷九十四　三

臣主其事既而領軍出征雖屢獲捷而貪小利遂致址邊
不寧者數歲天下尤之
丞相襄本名唵昭祖五世孫也祖什古廼從太祖平遼以
功授上京世襲猛安歷東京留守父阿魯帶皇統初北伐
有功拜參知政事襄幼有志節善騎射多勇略年十八襲
世爵大定初契丹叛從左副元帥謀衍以本部兵討賊襄
于肇州之長濼襄先登鏖擊足中流矢襄創以戰氣愈屬
七戰皆勝謀衍握其手曰今日之捷皆公力也賊走渡河
縣河追及之所駐地多草賊乘風縱火襄亦縱火立空地
以竢戰十餘合賊益困襄謂謀衍曰今不乘此平珍後將

有悔謀衍然之襄率衆搏戰大敗之俘獲萬計會朝廷遣
平章政事僕散忠義代謀衍將襄復從忠義追賊至泉領
西之陷泉及之率右翼奮身先奮擊賊大潰人馬相蹂而死
陷泉愁平賊首窩幹與數十騎遁去卒就擒論功為第
一有司擬淄州剌史詔特授毫州防禦使時年二十三宋
人犯南鄙襄為穎壽都統率甲士三千人渡穎水敗敵兵
五千復穎州襄攻之獲宋將郭太尉退保橫
澗山襄攻之伏弩射中其膝督攻急愈拔之獲郭太尉既
而趨滁州襄為先鋒將至清流關得宋偵者知敵欲三道
夜出掩我不備左副元帥紇石列志寧問計襄曰今兵少
地隘儻不得關敵至我無所據必先取之日我與若執往
襄曰元帥國家大臣詎宜輕動義當為公往取志寧趙之
敵始覺襄攻克之據其關志寧履行戰地顧謂曰克敵於
不可勝之地真天下英傑也及宋乞盟班師召為拱衛直
都指揮使改殿前右衛將軍轉左衛出為東北路招討都
監還速頻路節度使移昌懶路兵馬都總管左丞相志寧
疾甚世宗頻問之志寧薦襄智勇兼濟有經世才他人莫
及異時任用始勝于臣即召授殿前左副都點檢為宋生
日使宋方祈免親接國書襄至宋人屢來議皆折之迄成

金史卷九十四　四

金史卷九十四

禮而還授陝西路統軍使賜之尚服鞍馬鞭勒佩刀改河
南統軍使入為都統世宗賜錢千萬世宗謂宰
執曰襄為人甚蘊籍非直日亦入宮規畫諸事事有所付
乃退其公勤如此若襄之才豈多得哉擢御史大夫踰月
拜尚書右丞諭之曰卿在河南經制邊事甚有統紀及在
吏部至為熟撫尤奉公守法朕甚嘉之近長憲臺亦以剛
直聞是用委以政機以襄賞歷吏詔天下列其名以示獎
治有異劾至是進拜平章政事封蕭國公世宗以金源郡王
屬二十三年進拜平章政事封蕭國公世宗以金源郡
世嫡皇孫將加王爵詔擇國號襄曰為天下大計必先正
其本原者本也請封原從之故事諸部族節度使及其僚
屬多用糺人而頗有私繼不法者議改用諸色人襄曰此
邊難無事恒須經略之若杜此門其後有勞績何以處
請尊任故戰必勝攻必克及古有監軍之事襄曰漢唐初無監軍將
所制故多敗而火功若將得其人監軍不必置並因上嘉納
之詔受此部進貢使遣世宗問邊事臭圖以進因上嘉納
屬部鎮服大石之策克寧平章政事張汝霖宿內殿同受顏
不豫與太尉徒單克寧平章政事張汝霖宿內殿同受顏
命章宗初即政議罷僧道奴婢太尉克寧奏曰此蓋成俗

金史卷九十四

日久若遽更之於人情不安陛下如惡其數多宜嚴立格
法以防濫度則自少矣襄曰出家之人安用僕隸乞不問
從初如何所得悉放為良若寺觀物力元係奴婢之數推
定者並合除免詔從之襄言由是二稅戶多為良者明昌元
年同知橫州防禦使青上封事言克寧家書每
移知鳳翔歷西京留守召授同判大睦親府事進平陽事
後拜右丞相改封住時左丞相夾谷清臣比從事臨宴慰道
方屬邊事急命襄代其衆佩金牌便宜從事臨宴慰道
賜以貂裘安山細鎧及戰馬二時胡沙虎亦叛嘯聚北京
臨潢之間襄至遣人招之即降遂屯臨潢頃之出師大臨
潢復遣右衛將軍完顏充進軍斡魯速城欲屯候陟進
兵繪圖以聞議者異同即召面論厚賜遣還西北
路招討使完顏安國等趙多泉子密詔進討乃命支軍出
東道襄由西道而東軍至龍駒河為阻軷所圍三日不得
出求援甚急或請諸軍集乃發襄曰我軍被圍數日馳
救之猶恐不及豈可後時即鳴鼓夜發或請先遣人報圍
中使知援至襄曰所遣者儻為敵得使知我兵寡請少憩而糧在
後則吾事敗矣乃益疾馳遄明距敵近得使衆知少憩襄曰吾
所以乘夜疾馳者欲掩其不備爾後則不及衝晨歷敵突

擊之圍中將士亦皆譟出大戰獲與帳牛羊衆皆奔幹里
札河道安國追躡之衆散走會大兩潦死者十八九降其
部長遂勒勲九峯石壁捷聞上遣使厚賜以勞之別詔許
便宜賞賽士卒九月赴闕拜左丞相監修國史封常山郡
王宴慶和殿上親舉酒飲解所服玉具佩刀以賜俾即服
撫信州叛偏建元曰身聖泉號數十萬遠近震駭襄閒服
之十月阻䡄復叛襄出屯北京會羣牧契丹德壽陁鎖等
如平日人心乃安初襄之出鎮也至石門鎮寨謂傜屬曰
比部犯塞矣足應第恐姦人乘隙而動北京近地軍少當
預為之俻即遣官發上京等軍六千至是果得其用臨潢
總管烏古論道遠咸平總管蒲察守純分道進討擒德壽
等送京師契丹之亂廷臣議罷蒲郊祀又欲改用正月上辛
上遣使問之對曰郊為重禮且先期詔天下不可輕廢請決
表賀令若中罷何以副四方傾望之意若欧用正月上辛
乃祈穀之禮非見上帝本意也大禮不可輕廢請承
行之臣乞於祀前減賊既而賊破果如所料郊禮成進決
南陽郡王始討契丹自龍虎衛上將軍即度使以下討承
制授之襄以為賞罰之柄非人臣所預不敢奉詔賊應其
委近臣諭旨將士使知上恩乃遣李仁惠持宣詔三十劫百
五十視功給之方德壽之叛諸幻亦剽略為民患襄應其

興之合乃移諸幻居之近京地撫慰之或曰幻人與北俗
無異今置內地或生釁奈何襄笑曰幻雖雜類於我之邊
民若撫以恩焉能無感我在此必不敢動後果無患襄詔
參知政事喬惟領其軍入見賜錢五千萬明年以內報免
翌日起復視事時議以契丹戶之驅奴尚衆乞盡聚鬻以散
此部復叛喬戰失律復命襄為左副元帥徙師尋拜樞密
其䡄襄以為非便襄請置存口數餘悉為良上納以散
使兼平章政事屯北京民方艱食乃減價糶倉栗以濟
之或以兵食方闕為言襄曰烏有民足而兵不足者卒不行
之民皆悅服時議比討襄奏遣同判大睦親府事宗浩出
軍泰州又請左丞衛於撫州行樞密院出軍西北路以邀
阻䡄而自帥兵出部族諸撫州降上從其策賜襄內庫物
其後科出部兵臨潢上專使問襄以為受之便賜
剌列烏滿掃等山以遍討之因請就用步卒穿壞築障起臨
實翎詔度宜窮討乃令士自賫糧以省輓運進屯於沔移
潢左界北京路以為阻塞者多異同詔問方略襄曰今
姦之貴雖百萬貫然功一成則邊防固而戍兵可減半歲
省三百萬貫且役又寬民轉輸之力實為永利詔可襄親督視
之軍民並役又募飢民以俻即事五旬而畢於是西北西
南路亦治塞如所請無何泰州軍與敵接戰宗浩督其後

殺獲過半諸部相率送款襄納之自是北陲遂定襄還臨
潢戍屯兵四萬馬二萬匹上以信符召還遣近臣迎勞于
途既至復撫問千第入獻邊樞十事皆為施行仍厚賜之
復拜左丞相初襄至自軍上諭宰臣曰樞密使襄築立邊
堡完固古來立一邑尚有賞賚即欲拜三公三公非
賞功官如左丞相亦非賞功者雖然可特授之遣左司郎
中阿勒根阿海降詔襄諭四年正月進拜司空領左丞相
如故襄重厚寡言務以鎮靜守法每掾有所稟必問曰諸
相云何掾對其相如是某相如是襄曰從某議其事無有
異者識者謂襄誠得相體時上頗更定制度初置提刑司
又議設清閑職位如宋朝宮觀使以待年高致仕之官襄
言年老致仕朝廷養以俸廩恩禮至渥老不為退復有省
會之法所以抑貪冒長廉御若擬別設恐涉于濫又言省
事不如省官今提刑官吏多無益於治徒亂有司事議者
以謂斯乃外臺不宜罷臣恐混淆之辭徒煩聖聽且憲臺
所掌者察官吏非違正下民寬枉亦無提點刑獄宜令監察
權若已設難以遽更其採訪廉能不時選官廉訪上皆聽納
御史歲終體究仍不時選官廉訪之俄乞致仕不
許時方旱命有司祈雨襄及平章政事張萬公奏政僕散
揆等上表待罪上召翰林學士党懷英草罪己詔仍慰諭

襄等視事泰和元年春承命戰禱于亳州太清宮及后土
方畢以其世封遠特改授河間府路算术海猛安明年皇
子生襄復自請聞報謝既祀萬嶽還次芝田之府店遂以疾
薨年六十三訃聞輟朝遣使祭于路賵禮依太師淄王克
寧字益曰武昭命張行簡銘其碑襄明敏才武過人上親待
之厚故所至有功駐軍臨潢也有以僞書遺西京留守
徒單鎰欲構以罪書聞上以書還襄其明信如此既而
果獲為僞書者在政府二十年明練故事簡重能斷器局
尤寬大待掾吏盡禮用人各得所長為當世名將相大安
閑配享章宗廟庭

夾谷衡本名阿里不山東西路三土猛安益打把謀克人
也大定十三年朝設女直進士舉衡中第四人補東平府
教授調范陽簿選充國史院編修官改應奉翰林文字世
宗嘗謂宰臣曰女直進士中才傑之士蓋亦難得如徒單
鎰夾谷衡尼厖古鑑皆有用材也遷修起居注章宗立為
侍御史轉右司員外郎數奏稱旨升左司郎中明昌二年
權御史中丞未幾拜參知政事三年八月以病表乞致仕
詔撫慰不許衡久在告承詔出上見其贏瘠復賜告一
月四年詔賜今名諭之曰朕選大臣伴參機務必資謀畫
協贊治平其或得失晦而未形利害朦而未決正須識見

統直方能去取合公比來議事之臣鮮有一定之論蓋以
內無所守故臨事而惑致有中失朕將何賴卿忠實公方
審其是則執而不四見其非則去而能果度其事勢有若
推衡汝之所長衡實之可賜名衡古者命名將以責實
汝先有實奇謂稱名行之克於乃副朕意參知政事有持
隨朝職任者得奉使江東衡未使而拜執政特賜錢六十
少復恐荒廢土田徒勞民無益也進尚書右丞舊制父歷
賈六年還尚書左丞尋出行省于撫州泊還入朝閏父憂
國言區種法衡曰若苟有利古已行之且用功多而所種

正月就拜平章政事封英國公薨年五十一上聞之慟然
密副使行院規畫邊事三年以修完封界賜詔獎諭四年
完顏安國宇正臣本名閭毋其先占籍上京世有戰功祖
斜婆授西南路世襲合札謀克安國沉雄有謀畫尤善騎
射正隆元年從軍爲謀克以少擊衆大定中爲常山簿
轉虹縣令會王府新建選充虞王府揚冊遷儀鸞局副使
明昌元年改本局使會大石部長有乞修歲貢者朝廷許
其請詔安國往使之至則卑衆速近至帳望闕羅拜執禮
無憾容時比阻韃迫近塞垣隣部欲立功以誇雄上國議

遨安國俱行討之安國以未奉詔爲辭強之不可或以危
言休之安國曰大丈夫豈以生死易節暴邊遽庭不猶愈
於病死牖下報壯其言饒贍如禮既還以奉使稱旨升武
衛軍都指揮使出爲東北路副招討未赴改西北路副招
討六年左丞相夾谷清臣用兵以安國爲先鋒都統詔適臨
潢泰州屬部叛安國先討定之以功遷本路招討使撫威
遠軍節度使承安元年大鹽濼之戰殺獲甚衆詔賜金幣
既而右丞相襄總大軍進安國爲兩路都統大捷於多泉
子襄道安國追敵縣言糧道不繼不可行也安國曰人得

一羊可食十餘日不如驅羊以襲之便遂從其計安國統
所部萬人疾驅以薄其部長捷開進官四級遷左翼
都統承安二年以營邊堡功召簽樞密院事賜虎符還邊
得以便宜從事時並塞諸部降諭使輸貢如初進拜樞密
副使泰和元年特授世襲西南路延晏河猛安兼合札謀
克帝韋慶寶宮命安國嚴飭邊備泰西南路邊戍私竄者
乞招誘以安人心上是其言三年以疾致仕封道國公四
年起復前職卒上聞之輟朝勅有司葬以執政禮贈特進
安國在軍旅幾十五年號令嚴明指麾必身先士卒如左手又
善伺知敵人虛實及山川險易戰必身先士卒故所向輒
克諸部入貢安國能一呼其祖先弟姪名字以戒諭之

諸部皆震悚悼甚為鄰國所畏服

瑤里孛迭北京路窟白猛安陀羅山謀克人也以軍功歷
海濱令遷徐王府撩以稱職再任御史臺臺察廉升同知震
武軍節度使事明昌初為唐州刺史尋授西北路慶州招討副
使未幾改東北路慶六年正月北邊有警聚兵圍襄北引
送率本路軍往救敵解去州竟無恙承安元年承相襄北
伐孛迭授鎮寧軍節度進軍至龍駒河受圍會襄序迭至
得解後授鎮寧軍節度使以六群牧人叛攺寧昌軍序迭至
為都統領步騎萬次懟州敵數萬來逆戰兵勢甚張序迭
親陷陣奮力厲聲卻之身中二創搏閧還一官承安二年

幺軍千餘出沒剽掠錦懿間守迭追敗之後獲所掠悉還
本戶三年從同判大睦親府事宗浩為左翼都統戰移密
河勝戰骨堡子西穀獲甚眾五年授知廣寧府事俄攺東
北路招討使以捍邊有功賜詔褒謝三遷為崇義軍節度
使泰和六年卒訃聞遣官致祭賜銀五百兩贈金紫光祿
大夫孛迭勇決善戰自幼以軍功顯任兵鎮十餘年所向
克捷九再遷官賜金幣甚為上倚注云
贊曰易師之初清臣首議出師運以貪小利敗襄雖賢遏
之道當慎其始蓋初為師之始出師以律否藏凶蓋初為師
力而後勝其任衡安國序迭之功又亞於襄者也然而兵

連禍結以終金世故兵無常勝制勝在乎務制兵者彊兵
制勢者亡迹襄之開築壞塹以自固其猶元魏北齊之長
城歟金之勢可知矣勢屈而兵勝亡國之道也金以兵始
亦以兵終嗚呼用兵之始可不慎歟可不慎歟

列傳第三十二

關府儀同三司上柱國錄軍國重事前中書右丞相臨潢　國史領　經進軍都總裁臣　脫脫奉勑修

移剌履　　張萬公　　蒲察通　　楊伯通
粘割斡特剌　程輝　　劉瑋　　　尼厖古鑑
董師中　　王尉　　　馬惠迪
馬琪

移剌履，字履道，遼東册王突欲七世孫也。父德元，無子，以履為後。方五歲，晚卧廁下，見微雲往來天際，忽謂乳母曰：「此所謂卧看青天行白雲者耶？」德元聞之驚曰：「是子當以文學名世。」及長，博學多藝，善屬文。初舉進士，惡搜檢煩瑣，去之。蔭補為承奉班袛候，兼國史院書寫。世宗方興儒術，詔譯經史，權國史院編修官，兼筆硯直長。一日，世宗召問曰：「朕比讀《貞觀政要》，見魏徵嘉謀忠節，良可稱歎，近世何故無如微者？」履曰：「忠嘉之士，何代無之，但上之人用與不用耳。」世宗曰：「卿不見劉仲晦、張汝霖耶？朕超用二人者，以嘗居諫職，屢有忠言故也，安得謂之不用？第人材難得耳。」履曰：「臣未聞其諫也。且海陵杜塞言路，天下織口，習以成風，願陛下懲艾前事，開諫諍之門，天下幸甚。」初議以時務策設女直進士科。

禮部以所學不同，未可概稱進士，詔履定其事。乃上議曰：「進士之科，起于隋大業中，始試以策，唐初因之。高宗時雜以箴銘賦詩，至文宗始專用賦。且進士之初本專試策，今女直諧生以試策稱進士，又何疑焉。」世宗大悅，事遂施行。十五年，授應奉翰林文字，兼前職。俄遷修撰。二十年，詔提控衍慶宮畫功臣像，過期降應，踰年復為修撰，轉尚書禮部員外郎。章宗為金源郡王，喜讀《春秋左氏傳》，聞履博洽，召質所疑。履曰：「左氏多權詐而不純，尚書孟子皆聖賢純全之道，願留意焉。」為王嘉納之。二十六年，進本部郎中，兼同修國史、翰林修撰。表進宋司馬光《古文孝經指解》，曰：「臣竊觀近世皆以兵刑財賦為急，而光獨以此進其君，有天下者取其辭施諸宇內，則元元受賜。」俄以疾乞補外。世宗曰：「履多病，可與便州。」遂授薊州刺史。無幾，召為翰林直學士、同修國史。明年，權尚書禮部侍郎，兼翰林直學士。世宗崩，遣詔移梓宮壽安宮，章宗詔百官議，皆謂當如遺詔。履獨曰：「非禮也。天子七月而葬，同軌甲至，其可使萬國之臣朝大行於離宮乎？」上曰：「朕日夜思之，捨正殿而奠於別宮，情有所不忍，且於禮未安。」遂殯於大安殿。二十九年三月，進禮部尚書，兼翰林直學士，賜大定三年孟崇獻榜下進士及第。七月，拜參知政事，提控刊修遼史。明昌元年，進尚書……

右丞初河溢曹州帝問曰春秋二百四十二年不言河決
何也履曰春秋止是魯史所以辭及他國事二年六月震
年六十一是日履所生也諡曰文獻履履秀嶺通悟精曆算
嘗繪軍先是舊大明曆舛誤履以乙未曆以金受命于乙
未也世服其善初德元未有子以履為後既而生子震德
元殁盡推家貲與之其自禮部兼直學士為執政乃舉前
代光院故事以錢五十萬以送學士院學者榮之

張萬公字良輔東平東阿人也幼聰悟喜讀書父彌學夢
至一室牓曰張萬相公讀書堂巳而萬公生因以名為登
正隆二年進士第調新鄭簿以憂去服闋除費縣簿大定
四年為東京辰祿鹽副使課增迁長山令時土冦未平一
旦至城下者幾萬人萬公登陣諭以卿里親舊意衆感悟
相率而去邑人賴之為立生祠之補尚書省令史權河
此西路轉運司都勾判官改大理評事就陞司直四遷侍
御史尚書右司員外郎丞相徒單克寧嘗謂曰後代我者
必汝也俄授郎中數奏明敏世宗嘉之謂侍臣曰張萬公
純直人也尋還刑部侍郎章宗即位初置九路提刑司選
為南京路提刑使以治最選御史中丞會比邊屢有警上
命摳密使夾谷清臣發兵擊之萬公言勞民非便詔百官
議於尚書省遂罷之尋為彰國軍節度使明昌二年知大

興府事拜參知政事諭年以毋老乞就養詔不許賜告省
親還上問山東河比粟貴賤曰今春苗稼萬公具以實對上
謂宰臣曰隨處雖得雨尚未霑足柰何萬公進曰自陛下
即位以來與利除害凡益國便民之事聖心孜孜無不舉
行至於旱災皆由臣等若依漢典故皆當免官上曰卿等
何罪殆朕所行有不逮者對曰天道遠實與人事相通
唯聖人言行可以動天地昔成湯引六事自責周宣遇災
而懼側身修行莫不修飭人事方今宜崇節儉不急之務
無名之費可俱罷去上曰災異不可專言天道盖必先盡
人事耳故孟子謂王無罪歲左丞完顏守貞曰陛下引咎
自責社稷之福也上由是以萬公所言下詔罪己進士李
邦乂者上封事因論世俗修靡譏涉先朝有司議言者罪
上謂宰臣曰昔唐張玄素以築紂比文皇今若方我為桀
紂亦不之罪至於世宗功德豈容譏毀顧問萬公曰卿為
附以萬公曰讜斥先朝固當治罪然舊無此法今宜定立
何如萬公曰讜斥先朝
使人知之乃命免邦乂罪惟殿三舉其奏對詳敏多類此
四年復申前請授知東平府事諭之曰卿在政府非不稱
職以卿母老乞侍養特畀鄉郡以遂孝養朕心所屬不汝
忘也萬公謝且捧書言曰臣狂妄有一言欲今日以聞會
愛除未及耳夫內外之職憂責如一畎畝之臣猶不忘君

翊戴之言明主所擇伏望聖聰省察上嘉納之六年改知
河中府時軍與調發叢劇悉爲寬假使民力易辦人爲繪
像於薰風樓又建去思堂移鎮濟南以母憂去職卒哭詔
起復拜平章政事躐遷資善大夫封壽國公時宋李淑如有
寵用事帝意惑之欲立爲后大臣多不可御史姬端修上
書論之帝怒御史大夫張暐削一官侍御史路鐸削兩官
而又改之紛紛無定萬公素沉厚深謹務安靜少事以爲
事方殷連歲旱暵災異數見又多變更制度民以爲弗便
端論之帝雖從而弗行也萬公於是兩

然後審畫利害而質言之帝雖從而弗行也萬公於是兩
上表以衰病句閒詔謝曰近卿數事朕未嘗行乃朕之
過御年未老而遽告病今特賜告兩月復起視事初明昌
間有司建議自西南西北路沿邊瀕淄泰州開築壞塹以
備大兵役者三萬人連年未就御史臺言所開旋爲風沙
所平無益於禦悔而徒勞民上因旱炎問萬公所由致萬
公對以勞民之父恐傷和氣宜從之主兵者又言罷之爲便
後丞相襄師還卒爲開築民甚苦之主兵者又言罷之爲便
代軍多敗衂蓋屯田地實無以養贍至有不免飢寒者故
無闕志顧括民田之冒稅者分給之則戰士氣自倍矣朝

臣議已定萬公獨上書言其不可者五大略以爲軍旅之
後瘡痍未復百姓扰摩之不暇何可重擾一也通檢未久
田有定籍括之必不能盡適足以增猾吏之姦長告訐之
風二也浮費侈用不可勝計推之以養軍可欲不及民而
孫待於奪民之田三也兵士失於選擇強弱不別而使同
民而共食振廩者無以盡其力疲劣者得以容其姦四也奪
必不得已乞以冒地之括者召民蔣之以所入贍軍則
軍有坐獲之利而民無被奪之怨皆由人君用人邪正不分君
謂萬公曰卿昨言天女陰晦亦由人君用人邪正不分君

子當在內小人當在外甚有理也然朕謂小人萬公奏張
煇田櫟張嘉貞等雖有才幹無德可稱上即命三人補外
泰和元年連章請老不許遷榮祿大夫賜其子進士及第
明年章再上有旨得非卿有所言朕有不從者乎或同列
情見不一而多遠卿意邪不然何求去如是之數也萬公
謝無他第以病言三年正月章再上不允加銀青光祿大
夫三月歷舉朝臣有名者以自代求去甚力上知其不能
留論曰朕初即位擢卿執政繼遷相位以卿先朝舊人練
習典故朕甚重之且年雖高而精力未衰故以機務相勞
爲卿屢求退去故勉從之甚非朕意也加金紫光祿大夫

致仕六年南鄙用兵上以山東重地濟大臣鎮撫之先佳
完顏守貞辛於是特起萬公知濟南府山東路安撫使山
東連歲旱蝗沂密萊莒濰五州尤甚萬公廳民飢盜起當
預備眼濟時兵興國用不給萬公乃上言乞僧道度牒
師德覬觎院名頷并疆引付山東行部於五州給賣納粟
易換又言營貴有司禁戢盜賊之方上皆從之宋人請和
復乞致仕詔之加崇進仍給平章政事俸之半泰和七年
薨命依宰臣無雜買典章文物多所裁正上嘗與司空襄
言秋山之樂意猶有事於春蒐也頷視萬公萬公曰動何
安元年配享章宗廟庭

如轉上政容而止輔政八年其所薦引多廉讓之士為大
察通本名蒲魯渾中都路胡土愛割蠻猛安人也熙宗
選故衛通名以筆識之通以父老懇乞就養眾訐之曰
得充侍衛終身榮貴乃辭過人遠矣朝廷義而從之後
因會擢宋王宗望於房山以門闌加昭信校尉授頻改
御院通進海陵伐宋隆州諸軍尤精銳付通總之兵壓淮
令通率騎二百先齊覘敵及枲中獻兵躍出通挾兵直前
傍有舞槊來刺者四身射之應弦而斃諸軍併擊敗之海
陵召見喜形於色曰兵事定汝勿憂爵賞至揚州通管別

屯是夜海陵遇弒有來告者通執而授之繪聞其實哀
問仆地衆掖而起徑入營門哭之軍還入見世宗顧謂近
臣曰朕素知是人幼嘗從游性溫厚有識應以事而考其言
尚廄局副使又諭近臣曰常令見朕欲問以事而考其言
朕將用之窩幹反命通佩金符詣軍前督戰賊破以功授
世襲謀克奚人亂承詔繼往澄軍遷本局使以母喪免起
為殿前右衛將軍兼領閤廄尋命其子蒲速烈尚衛國公
主出為肇州防禦使賜以金仍諭以補外之意因戒敕之
語在世宗紀中尋權蒲與路節度使移鎮歸德軍遷西南
路招討入知大興府事除殿前都點檢初大理卿關世宗
欲令通為之問宰臣對曰通點檢器也上曰通點檢繁冗無
由顯其能通明敏才幹正堂法之官又曰通之機識薰尹
不及也大定十七年拜尚書右丞轉左丞詔議推排猛安
謀克事大臣皆以為止驗見在產業定貧富則貧者自分貧
便通言必須通括各謀克人戶物力多寡則貧富自分貧
富分則版籍定如有緩急驗籍科差富者不得隱貧者不
重困與一例科差者大不伴矣上是通言謂宰臣曰議事
當如通之盡心也閱三歲進平章政事封任國公世宗將
幸上京以通朝舊人命為上京留守先往鎮撫之二十
五年除知其定府事世宗曰朕復欲相卿惜卿老矣故以

此授卿仍賜錢千貫未幾改知平陽府事移鳳翔致仕明
昌四年上諭宰臣曰通先朝重臣年雖高而未衰因命知
廣寧府事累表請老復以開府儀同三司致仕承安三年
薨諭旨於其弟曰舊制致仕宰相無祭奠禮通舊臣懿戚
故特命勅祭及葬初通在政府舉太子率府副完顏守貞監
察御史裔俱可大用其後皆爲名臣世多其知人云

粘割斡特剌蓋州別里賣猛安屈謀克人也貞元初以
習女直字試補戶部令史轉尚書省令史大定七年選授
吏部主事歷右補闕修起居注九年河南路統軍使宗叙
以宋人欲啟兵釁上言求入見世宗遣斡特剌就問之仍
究其實至汴問宗叙及召嘗言邊事者詰之皆無狀還
報世宗喜曰朕固知妄也授左司員外郎十年以夏國發
兵築祁安城及襲殺喬家結什角又謀者言夏與
宋人通謀犯邊詔大理卿李昌圖與斡特剌往按其事
人報言結什角以兵犯夏境故殺之祁安城本上國所賜
舊積石地發兵修築以備他盜耳又察知宋夏無交通狀
及喬家族民戶願令結什角姪趙師古爲首領具以聞世
宗深悅轉右將軍賜女馬車牛弓矢器伏十二年爲夏國
統軍都監賜金帶及具裝馬十七年授昌武軍節度使兼

領前職明年入爲刑部尚書拜參知政事世宗嘗論平章
政事唐括安禮曰朕思治之道考擇人材最爲難事其
餘常務各有程式非此比也如斡特剌所舉者頗稱朕意
時右三部檢法窊括都告斡特剌與招討哲典朋黨乞
付刑部詰問世宗曰若哲典免死則可謂朋黨令已伏誅而
乃誣謗耳又謂宰臣曰朕素知此人極有識應貌雖柔而
心甚剛直所行不率易也二十二年委提控代州阜通監
召見諭之曰朕自任卿以來悉卿材幹故權爲執政卿亦
體朕待遇之意能勉盡所職凡謀議奏對多副朕心莫倚
上有宰相而自嫌外蓋舊人年老新人未苦經練是以委
責於卿但有所見悉心以言勿持嫌以爲不知也二十三
年進尚書右丞兼樞密副使表乞解一職詔許解樞密世
宗以猛安謀克拋留土田責宰臣曰此事皆卿輩所當陳
舉乃俟朕言而後行蓋斡特剌在餘事略不介意朕亦安
思之獄訟簿書有斡特剌以爲細務非天子所親朕嘗
能置而不問邪俄坐事削一階令視事如故二十六年轉
尚書左丞世宗謂曰朕昨與宰臣議可授執政者何如斡
特剌不在爲令阿魯罕年老幹魯也多病吾欲用宗浩卿能何如
斡特剌奏曰彼二人者恐不得力獨宗浩幹能可任遂用宗浩又
謂曰朕於天下事無不用心一一如草創時斡特剌曰自古

人君始勤終怠者多矣有始有終惟聖人能之上曰唐太
宗至明之主也然魏徵諫以十事謂其不能有終是則有
終始者實爲難矣二十八年爲上京留守賜通犀帶及射
生馬一明昌二年致仕承安初有事北方朝廷欲得舊臣
任之乃起爲東京留守遺監察御史完顏綱諭旨曰知汝
精神尚健故復用也明年改上京留守又諭之曰上京祖
先基業之地卿馳驛之任到彼便宜行事邊事稍息即召
卿還二年九月還朝拜平章政事封芮國公在位數月薨
年六十九訃聞上傷悼久之遺官致祭賻贈銀千二百五
十兩重幣四十五端絹四百五十疋錢二千貫諡曰成肅

轉特剌性溫厚凝粹嘗爲丞相綜石烈良弼所薦後世宗
謂宰臣曰良弼善知人如韓特剌輩其才真可用也在相
位十餘年甚見寵遇唯奏定五品官子與外路司吏同試
部令史及令隨朝吏貟得試國史院書寫世宗以爲非云
程輝字日新蔚州靈仙人也皇統二年擢進士第由尚書
省令史升左司都事少之爲南京路轉運使以宮殿火降
授磁州刺史有兇僧者禩州人張善友而取其妻輝嘗捕
之命張毋以長錐刺僧與其妻無完膚以死改陝西東路
轉運使再遷戶部尚書大定二十三年拜參知政事世宗
諭之曰卿年雖老猶可宣力事有當言毋或隱默卿其勉

之一日輝侍朝世宗曰人嘗謂卿言語荒唐今遇事輒言
過於王蔚顧謂宰臣曰卿等以爲何如皆以爲輝可否
略無隱情輝對曰臣年老耳聵第患聽聞不審或失奏對
苟有所聞敢不盡心舊廟祭用牛世宗晚年欲以他牲易
之輝奏曰凡祭用牛者以牲之最重故號曰太牢語曰犂牛
之子騂且角雖欲勿用山川其舍諸禮不可廢也二十
四年世宗幸上京尚書省奏來歲正旦外國朝賀事世宗
曰上京地遠天寒朕甚憫人使勞苦半途受書異時宋人
託事效之何以辭爲輝對曰外國使來必面見天子今
半途受書世宗曰朕以誠實彼若相詐朕自有

勢置耳輝以爲不可於是議權免一年會有司市麫不時
酬直世宗怒監察不舉劾杖責之以聞輝對曰監察事
之年目所犯罪輕不讀而杖亦一時之怒也世宗曰職事
不舉是故犯也杖之何不可輝對曰往者不可諫來者猶
可追二十六年以老致仕次年復起知河南府事輝辭以
衰老不任召入香閣諭之曰卿年老而精力尚強雖久歷
外未嘗得嘉郡河南地勝事簡故以勞卿卿可優游頤養
輝曰臣猶老馬也芻豆待養豈可責以筋力向者南京宮
殿火非聖恩寬貸臣死父矣今河之徙河南境上下千餘
里河防之責視彼尤重此臣所以憂不任也於是特詔不

預河事章宗立時輝年七十六復乞致仕詔許之仍給參
知政事半俸承安元年卒諡曰忠簡輝性倜儻敢言喜雜
學尤好論醫從河間劉守真說率用涼藥神童甞添壽者
方數歲輝召之因書醫非細事四字添壽塗細字改書作
相輝頒懟人亦以此為中其病云

史歷戶部主事監察御史累轉尚書省都事宰臣奏擬瑋
宗錄其舊特賜及第調安次丞由遵化縣令補尚書省令
政事致仕父君詔同知宣徽院事瑋幼警悟業進士舉熙
季鎮懿州王師至弘以州降太祖俾知咸州後以同平章
劉瑋字德玉咸平人也唐盧龍節度使仁敬之裔祖弘遠

金史九十五　　　十三　　　仲仁

經畫軍民田土世宗見其名曰劉瑋尚淹此乎迁戶部貟
外郎時將東廵命瑋同工部郎中宋中往營行宮就墜郎
中改同知宣徽院事瑋為使宋國信副使瑋父兄皆以是
使江左當時榮之還授戶部侍郎初世宗器瑋材幹以為
無施不可及將幸上京以行在所須皆隸太府欲瑋領其
事嫌其稍下故移戶部侍郎張大節於工部而以戶部授
瑋上還謂宰臣曰劉瑋極有心力臨事闊暇第用心不正
耳若心正當其人才不可得也明年權戶部尚書時河決
于衛自衛抵清皆被其害詔兼工部尚書往塞之或以
謂天災流行非人力所能禦惟當從民以避其衝瑋曰不

然天生五材迭相休王今河決者土不勝水也俟秋冬之
交水勢稍殺以漸與築庶幾可塞明年春瑋齋戒禱于河
功役齎舉河乃復故召還增秩以為宋弔祭副使世宗不
豫拜參知政事仍領戶部旣而為山陵使尋上表請外出
知濟南府事移鎮河中明昌二年徙知大明府仍領河防
事三年入拜尚書右丞上甞問考課法今可行否右丞相
夾谷清臣曰行之亦可但格法繁則有司難於承用耳瑋
曰考課之法本於總核名實今提刑司體察廉能贓濫以
行實罰亦其意也若別議設法恐涉太繁上問唐代何如
瑋對以四善二十七最明年六月卒是日上將擊毬於臨

金史六十五　　　古　　　仲仁

武殿聞瑋卒而止諡曰安敏後上謂宰臣曰人為小官或
稱才幹及其大用則不然如劉瑋固甚幹然自世宗朝遂
輔朕於事多有知而不言者若實愚人則不足論知及之
而不肯盡心可乎平章政事完顏守貞曰春秋之法書備
賢者上曰夫為宰相而欲收恩避怨使人人皆稱已是賢
者固若是乎

董師中字紹祖洺州人也少敏瞻好學強記擢皇統九年
進士第調澤州軍事判官改平遙丞縣有劇賊王乙素凶
悍不可制師中捕得杖殺之一境遂安時大軍後野多枯
觸縣有遺槥寫于驛舍者悉為瘞之遷綿上令補尚書省

金史九五

令史右相唐括訟魯古尤器重之撫其座曰子議論英發
襟度開朗他日必居此座再考擢監察御史遷尚書省都
事初師中為監察時漏察大名總管忽剌不公事及忽剌
以罪誅世宗怒曰監察出使郡縣職在彈糾忽剌親貴尤
當用意乃徇不以聞削官一階降授沁南軍節度副使累
遷坊州刺史明昌元年初置九路提刑司師中選為陝西
路副使坐修公廨濫支官錢罪以贖論及御史臺言其覽
和有體召中及侍御史賈鉉治書侍御史粘割導古諫以謂

罪不罰雖唐虞不能化天下命復送有司四年上將幸景
司獄未竟不宜改除上納其言曰朕知之矣有功不賞有
勞人貴財蓋其小者變生不虞所繫非輕聖人法天地以
順動故萬舉萬全今邊鄙不馴哥字庵食以
暴強悍深可為慮陛下若問諸左右必有容悅而言者謂
堂堂大國何彼之恤夫蠻夷有毒患起所忽今都邑壯麗
內外苑囿足以優佚皇情近畿山川飛走充牣足以閲習
武事何必千車萬騎草居露宿適介邊隅遠煩偵候以冒
不愜之悔哉上不納師中等又上疏曰近年水旱為沴明

金史九五

詔罪已求言罷不急之役省無名之費天下欣然今方春
東作而亟遣諸道有司修建行宮撥之於事似為不急況西北
二京臨潢諸路比歲不登加以民有養馬簽軍之役
財力大困流移未復米價甚貴若屋從至彼又必增價日
糴升合者口以萬數舊籍北京等路商販給之倘以物貴
傾族而去邊境搖蕩如此可虞若忽之而往豈聖人萬舉
萬全之道哉廼遣太白晝見京師地震又比方有赤色遶
或不時至則飢餓之徒復有如竇蕭殺太尉馬毀太府
瓜果出忿怨言起而為亂者矣書曰民情大可見小人難
保況南北兩屬部數十年捍邊者今必里哥字庵誘曾

明始散天之示象冀有以警悟聖意偹德銷變矧夫逸遊
古人所戒遠自周秦近逮隋唐與遼皆以是生釁可不慎
哉可不畏哉左補闕許安仁右拾遺路鐸亦皆上書論諫
是日上御後閤召師中等賜對即從其奏仍遣諭輔臣曰
朕欲巡幸山後無他不禁署熱故也全臺諫官咸言民間
缺食虞甚多朕初不盡知既已知之暑雖可畏其忍私奉
而重民之困哉廼罷比幸尋為宋生日國信使遂以所得
金帛分遺親舊五年上復如景明宮師中及臺諫官各上
跋極諫上怒遣近侍局直長李仁愿諭尚書省召師中等
諭之曰卿等所言非無可取然亦有失君臣之體者全命

平章諭旨其性聽焉戶部尚書馬琪表舉自代擢吏部尚
書初完顏守貞改為西京留守朝京師上欲復用監察御
史蒲剌都等糾彈數事師中辨其誣而舉守貞正人可用
守貞由是復拜平章政事及守貞以罪斥上曰向薦守貞
者應降黜如董師中言師中言臺省無此人不治路鐸本敬義亦
嘗推舉可左遷於外然三人者後俱可用今姑出之以正
部尚書張暐看讀陳言文字踰三月拜參知政事進尚書
失舉罪除陝西西路轉運使歲徵為御史大夫命與禮
左丞他日奏事上語輔臣董曰御史姬端脩言小人在側果
誰歟師中曰應謂李喜兒董上默然師

晉傳三十
四十九
金文九五
十七
王清谷刊

練達典憲處事精敏嘗言曰宰相不當事細務要在知人
才振綱紀但一心正兩目明足矣承安四年表乞致仕詔
賜宅一區留居京師以寒食乞過家上許之且命賦寒
食還家上家詩每節辰朝會召入侍宴其耆禮如此泰和
二年薨年七十四上閔之甚悼惜顧謂大臣曰凡正人多
執方而不通獨師中正而通詔依見任宰執例葬祭仍賻
贈之諡曰文定師中工文性通達疏財尚義平居則樂易
真率其臨事則剛決挺然不可奪弟師儉初業進士欲籍
其貲廕師中保任之密令人代給堂帖使之肄業師儉厥
其義方力學後遂登第方在政府近侍傳詔將錄用其子

師中奏曰臣有姪孤幼若蒙恩錄勝于臣子上義之以其
姪為筆硯承奉與胥持國同輔政頗相親附世以此少之
王蔚字叔文香河人也登皇統二年進士第調良鄉丞治
績優等補尚書省令史知管差除尉性通敏曉析吏事尋
授都事以喪去起復行左司員外郎遷郎中大定二年超
授河東北路轉運使諭旨曰汝在海陵時行事多不法然
朕素知爾才幹欲授以內除而憲臺有言以是補外如能
盡心易行必當升擢否則勿望既而既慝出職事不當奪
中都路都轉運使改吏部尚書遷南京留守十五年拜參知
政事蔚懇辭不任貟荷勅諭之曰卿但履正奉公無或阿
順何以辭為十六年出知真定府事累轉知河中府明昌

列傳三十
四百八十
金史九五
十八

元年召拜尚書右丞致仕卒
馬惠迪字吉甫瀋陽人也擢天德三年進士第再調昌邑
令察廉第一補尚書省令史大定中出為西京留守判官
以治最擢同知崇義軍節度事累遷左司郎中先是鄧儼
居是職世宗愛其明敏惠迪一日奏事退上謂宰臣曰人
之聰明多失於浮華若惠迪聰明而朴實甚可喜也朕嘗
與論事五品以下朝官少有如者未幾超授御史中丞拜
參知政事時烏底改叛亡世宗已遣人討之又欲益以甲

士毀其船柁惠迪奏曰得其人不可用有其地不可恐
不足勞聖慮上曰朕固知之所以毀其船柁正欲不使丹
窺邊境耳尋以憂去起為昭義軍節度使明昌元年為南
京留守致仕卒

馬琪字德玉大興貳人正隆五年擢進士第調清源主
簿三遷求清令求清畿縣嶢難治前令要介有能聲琪繼
以治聞補尚書省令史以求清治最授同知定武軍節度
使事興中府治中召為戶部員外郎改侍御史世宗節度
臣琪比者馬琪主奏高德溫獄其於富戶寄錢事皆略不
奏朕以琪明法律而正直所為乃爾稱職之才何其難也
古人錐云罪疑惟輕非為全尚寬縱也尋轉左司員外郎
庶從東巡遷右司郎中移左司時擇使宋國者世宗欲命
琪宰臣言其資淺詔特遣之還授吏部侍郎改戶部章宗
即位除中都路都轉運使時戶部關官上命宰臣選可任
者或舉同知大興府事烏古孫仲和上曰仲和雖有智力
恐不能主錢穀理財安得如劉晏者官用足而民不困唐
以來一人而已或舉琪上然之曰琪不肯欺官亦不肯害
民是可用也遂擇為戶部尚書久之削官一階初琪病告
近侍傳旨不具服曳履而出有司議當徒二年減外猶追
官解任大理少卿閻公貞以為琪本荒遽失措與非病告

有違不同宜減徒二年三等論之上從公貞議任職如故
明昌四年拜參知政事詔諭之曰戶部邊難得人顏無以
代卿者故用卿晚耳一日上謂琪曰昔宰職多往治而還
少於往時何也琪曰昔宰職多異同今情見不同者甚
少上曰往多情見為是耶今無者為異同今情見不同者
不假情見便用情見為是耶要歸之是而已五年河決陽武灌
封丘而東琪行尚書省事往治之訖役而還遷中大夫承
安元年比邊用兵而連歲旱暵表乞致仕不許明年出鎮
安武軍致仕卒子師周閤門祗候當給假以聞上悼之以
不奏聞責諭有司後二品官卒皆具以聞自琪始琪性明
敏習吏事其治錢穀尤長然性吝好利頗為上所少云

楊伯通字吉甫弘州人權大定三年進士第由尚書省令
史為吏部主事順義軍節度副使以憂去吏部侍郎馬琪
表薦伯通廉幹尚書省覆察如所舉召為尚書省都事授
同知定武軍節度使事明昌元年擢左司員外郎轉郎中
累遷吏部尚書尋移戶部承安二年拜參知政事監察御
史路鐸劾奏伯通引用鄉人李浩以公器結私恩左司郎
中賈益承望風旨不復檢詳言之臺端欲加料劾大夫張
暐報尼不行上命同知大興府事賈益詰之伯通居家待
罪鈜奏暐言彈紏大臣須有實跡所劾不當徒壞臺綱益

言除授皆宰執公議不言伯通私枉詔責鐸言事輕宰而
慰諭伯通治事伯通再上表辭不許四年進尚書左丞致
仕卒

臣厐古鑑本名外留隆州人也識女直小字及漢字登大
定十三年進士第調隆安教授改即墨主簿召授國子助
教擢近侍局直長世宗器其材謂宰臣曰新進士中如徒
單鑑夾谷衡尼厐古鑑皆可用也改太子侍丞踰年還應
奉翰林文字兼右三部司正世宗復謂宰臣曰鑑嘗近侍
朕知其正直幹治及為東宮侍丞保護太孫禮節言動猶
有國俗純厚舊風朕甚嘉之章宗立累遷尚書戶部侍郎
兼翰林直學士俄轉同知大興府用大臣薦改知大興府
事明昌五年拜參知政事薨諡曰文肅

贊曰移剌展從容進說信孚於君至論經純傳以孝行
為治本其得古人遺學歟昔臧孫達忠諫於魯君子知其
有後信矣張萬公引正守己質言無華開壕括地之議明
灼利害如指諸掌閑於群訟而不式致仕而歸理勢然也
蒲察通之哭海陵董君臣大義死生一之其志烈矣程輝幹
特刺之鯁直劉璋董師中之通敏才皆足以發聞然師中
有附胥之譏劉璋見避事之責其視前人多有愧矣王蔚
馬惠迪之徒何足算也

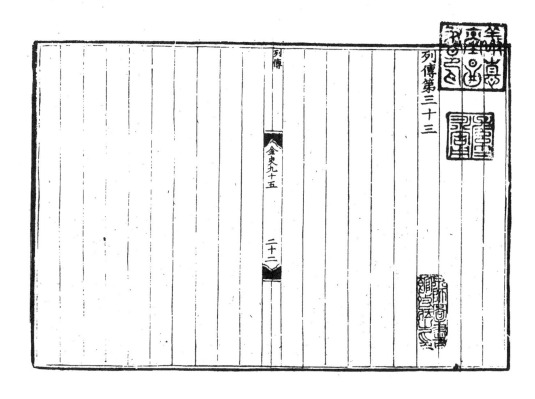

附儀同三司上柱國錄軍國重事尚書右丞相監修　國領經筵事都緫裁臣脫脫奉

黃久約　李晏　　李仲略

李愈　　王賁

梁襄　　路伯達

　　　　許安仁

列傳第三十四　金史九十六（湘刊）一

黃久約字彌大東平須城人也曾祖綽有隱德號潛山
先生父勝通判濠州母劉氏尚書右丞長言之妹一夕夢
鼠銜明珠藉而久約生歲實在子也權進士第調鄲城主
簿三遷曹州軍事判官久約官有盜竊民財訴者以為強郡守欲
錄官或不時至繫者多以杖殺或死獄中久約惻然曰
民雖為盜而不死于法可乎乃盡請讞之而後行久約之後
入翰林為直學士暴拯左諫議大夫兼禮部侍郎為賀宋
生日副使至臨安通館伴使病宋人讓欲以副使代行使
修撰升待制授磁州刺史礘並山素多盜既獲而欵伏者
事久約曰設副使亦將使都轄掌儀董行禮平竟令
國信使獨前行副使與館伴使聯騎如故乃終禮而還
道經宿泗見貢新枇杷子者州縣調民夫迤進還奏罷之
時以貧富不均或欲令富民分賑貧者下有司議久約曰

物之不齊物之情也貧富不均亦理之常若從或武者言適
足以欲惑非損有餘補不足之道章宗時領右丞相雖未可使
議尋上章請老詔諭之曰卿忠直敢言大臣益甚多未可
去左右遷太常卿仍兼諫職時郡縣多闕官久約言世宗
乏材闕於資格故也明詔每責大臣以守格法而滯人材
職官遞相推舉世宗曰薦舉人材惟久約又言宜令刺史以下
難高宣能皆有知人之監方今縣令最關宜令刺史以上
舉可為縣令者朕將察其實能而用之又謂久約曰近日
寮舉好官皆是諸科監臨全無進士何也豈薦舉之法已
有姦弊不可久行乎久約曰諸科中豈無廉能人不因寮
舉有終身不至縣令者此法未可廢也上曰爾舉孫必福
是乎久約曰臣頃任磁州時必福為武安丞見其廉潔
向公無所顧避所以保舉不謂必福既任鄖巡使慶決凝
滯上必無賦汙耳必福無以對必福五經出身蓋諸科人故
上問及之翌日侍朝故事宰相奏事則近臣退避久約欲
趨出世宗止之自是諫臣不避以為常章宗即位久約以
國富民貧本輕末重任人太雜束權太重官鹽價高坊場

列傳第三十四　金史九十六（湘刊）二　四百五十二姚澤之

害民與夫選左右擇守令八事為獻皆納之再乞致仕
不許授橫海軍節度使以優佚之明昌二年致仕卒
偽朗敢言性友弟為文典瞻有外祖之風云
李晏字致美澤州高平人性聰敏倜儻尚氣皇統六年登
經義進士第調岳陽丞再轉遼陽府推官歷中年令會海
陵方營汴京運木於河晏領之晏以經三門之險前後失
敗者衆乃馳白行臺以其木散投之水工取於下流人
皆便之丁內艱服除召補尚書省令史辭去為衛州防禦
判官世宗素識其才名尋召為應奉翰林文字特令詣閤
謝上顧謂左右曰李晏精神如舊慰勞甚至時方議郊禮

列傳
四百四十八
金史九十六
三
孫仁

命攝太常博士俄而真授為高麗讀冊官五遷祕書少監
兼尚書禮部郎中除西京副留守世宗謂侍臣曰翰林闕
人少新進士類不學至於詔敕冊命之文鮮有能者可選
外任有文章者為之左右舉晏上曰朕所自識於是
召為翰林直學士兼太常少卿以母老乞歸養閤名晏讀
新進士所對策至縣令闕取之何道上曰朕夙夜思此
禦使未赴母卒復為翰林直學士世宗御後閤召晏讀
侍從得承大閒顧喝所知上曰然則何如對曰國朝設科
取士始分南北兩選北選百人南選百五十人合二百五

十人詞賦經義入仕之人既多所以縣令未嘗闕員其後
南北通選止設詞賦一科每舉限取六七十八入仕之人
既少縣令闕員盡由此也上以為然詔後取人毋限以數
尋擢吏部侍郎兼前職諭旨曰卿性果敢有激揚之意故
以授卿宜加審慎母涉荒唐俄為中都路推排使遷翰林
侍講學士兼御史中丞會朝士以病調告世宗意其詐謂
晏曰卿素剛正今其詐病以宰相親故畏而不料敕晏跪
對曰臣為中丞官吏姦私則當言之病在告此小事臣容有
不知其畏宰相何圖焉既出世宗目送之曰晏年老氣猶

列傳
四百四十八
金史九十六
四
孫仁

臣末衰一日御史臺奏請增監察員上曰揀察內外官吏固
條監察然爾等有所聞知亦當彈劾況紏正非違臺官職
也苟不能正其身況正人何顧謂晏曰幽王年少未練朕
以臺事委卿卿當一一用意初錦州龍宮寺遼主撥賜戶民
俾輸稅于寺歲父皆以為奴有欲訴者害之良民為二稅戶此不道
奏在律僧不發生況人命乎遂以良民為二稅戶此不道
之甚也今幸遇聖朝乞盡擇為良世宗納其言於是釋免
者六百餘人故同判大睦親府事謀行家有民質券積其
息不能償因沒為奴屢訴有司不能直至是投匭自言事
下御史臺晏檢摘案狀得其情送奏免之尋為賀宋正旦

國信副使及世宗不豫命宿禁中一時詔冊皆晏為之章

宗立晏晝十事以上一曰一曰風俗奢僭宜定制度二曰禁游

手三曰宜傳鑄錢四曰免上戶管庫五曰太平宜興禮樂

六曰量輕租稅七曰減鹽價八曰免監官陪納虧欠九曰

有司尚且乞申明前請授沁南軍節度使父之致仕

上念其先朝舊人復起為昭義軍節度使明昌六年歸老

以廣視聽皆採納之以年老乞致仕改禮部尚書兼翰林

又奏乞委待制黨懷英修撰張行簡更直進讀陳言文字

學士承旨越二年復申前請授沁南軍節度使父之致仕

得疾詔除其子左司員外郎仲略為澤州刺史以便侍養

承安二年卒年七十五謚曰文簡

城令補尚書省令史除翰林修撰兼太常博士改授左司

州五臺主簿以母憂去服關轉韓州軍事判官遷澤州晉

仲略字僩之聰敏力學置大定十九年詞賦進士第調代

都事為立夏國王讀冊官還權領左司一日奏事退上顧

謂侍臣曰仲略精神明健如俊鶻脫帽又曰李仲略健吏

也未幾轉員外郎以親病求侍授澤州刺史以便祿養

先是晏領沁南軍節度使澤於懷為支郡父子相繼鄉人

榮之以父喪免起為戶部郎中時上命六品以上官十日

以次轉對乃進言曰凡教其末不若正其本所謂本者厚

風俗去冗食養財用而已厚風俗在乎立制度禁奢僭去

冗食在乎寵力農抑游墯養財用在乎廣儲蓄時斂散商

賈不通難得之貨工匠不作無用之器則下知之俄重本下知

重本則末息矣又條制度之宜上嘉納之俄授翰林直

學士兼前職因命克經義讀卷官上問曰有司以謂經義

不若詞賦罷之何如仲略奏曰經義乃聖人之書明經所以

適用非詞賦之比上自今以經義進士為考試官庶得碩學

之士上可其奏改吏部郎中遷侍郎兼翼王傅俄兼定王

傅時知大興府事紇石烈執中坐贓上命仲略鞫之罪當

削解權要競言太重上顧然之仲略奏曰教化之行自近

者始京師四方之則也郡縣守令無懲數百此而不懲何

以勵後況執中党殘很慢上虐下豈可宥之上曰卿言

是也未幾授山東東西路按察使尋以病訪醫京師泰和

五年卒上聞之歎曰此人於國家宣力多矣何遽止是耶

贈朝列大夫謚曰襄獻仲略性豪邁有父風剛介特立不

阿權貴臨事明敏無留滯故所任以幹濟稱云

李愈字景韓絳之正平人業儒術中正平隆五年詞賦進士

第調河南澠池主簿寮廉察廉優等為平陽酒副使遷翼氏令

累遷解州刺史章宗即位名授同知中都路都轉運使事

政同知濟南府明昌二年授曹王傅兼同知定武軍節度

使事王奉命宴賜比部愈從行還過京師表言諸部所貢
之馬止可委招討司受於界上量給廻賜省賞以廣邊
備擬自臨潢至西夏沿邊剗設重鎮十數仍選猛安謀克
勳臣子孫有材力者使居其職田給於軍者許募漢人佃
種不必遠輓牛頭粟而兵自富疆矣上覽其奏謂宰臣曰
愈一書生耳其用心之忠如是以表下尚書省議會愈遷
同知西京留守過關復上言以為前表懇可揀乞斷自宸
衷上納焉自是命五年一宴賜人以為便改棣州防禦
使未幾授大興府治中上諭之曰卿資歷得三品以是
置許州乞移治南京為便並從之憲臺廉察九路提刑司
以愈為最五年入見尚書省以聞上問宰執有何議論平
章政事守貞曰李愈言河決事上曰愈繇陳備禦比邊策
上言隨路提刑司乞留官一員餘分部巡按又言本司見
知德府事鄧備各舉愈以自代由是擢河南路提刑使
貞方關而卿能幹故用之當知朕意比京提刑副使范楫
言甚荒唐守貞曰李愈於見職甚幹上曰蓋以其敢為耳又
日李愈論河決事謂宜遣大臣視護以慰人心其言良是
明年改河平軍節度使承安二年從順義軍表陳屯田利
害上遣使宣諭仍降金牌俾領其事四年名為刑部尚書
先是刑部尚書關上以愈為可用令議之或言愈病上曰

愈比陳言有退地千里而爭言其功之語卿等定惡此人
多言耶特召用之奮制陳言者漏所言事人之並行科罪
仍給告人賞愈言此蓋所以防開小人也比年以來詔求
直言及命朝臣轉對又許外路官言事此皆聖言樂聞忠
讜之意請除去齷齪以廣言路上嘉納焉尋為賀承正旦
副使泰和二年春上將幸長樂川愈切諫曰方今戌辰貪
弱百姓騷然三义尤近北陲恒防外患兼聞泰和宮在兩
山間地形狹隘雨潦迸集固不若此官池臺之勝優游閒
適也上不從四月愈復諫曰比部侵我舊疆千有餘里
不謀雪恥復欲北幸一旦有警臣恐柔相襄樞密副使闍
和六年卒年七十二諡曰清獻自著狂愚集二十卷
母等不足恃也況皇嗣未立群心無定豈可遠事遊畋哉
上異其言未幾授河平軍節度使改知河中府事致仕泰
遼道宗信樞密使耶律乙辛之讒殺其太子世無敢白其
冤者士方擊巖鍾以訴遼主感悟卒誅乙辛厚賞士方授
王貴字文孺其先自臨潢移貫兗平曾祖士世正直敢言
承奉官父中安權進士第坐田穀黨事廢世宗即位黨禁
解終沂州防禦使貴性孝友勤敏好學第進士由復州軍
事判官補尚書省令史權右三部檢法司正侍御史賈鉉
舉貴安靜有守不尚奔競政府亦言其廉素善論議擢河

比東西大名府路提刑判官選授尚書省都事以喪去用
薦者多起復刑部貟外郎侍御史遷南京路按察使卒
貟敦厚尚藏篤於親朋不營產業比歿家甚窶上聞憫惜
之贈朝列大夫仍厚邮其弟貟字敬叔叔登大定二十五
年進士第累官吏部主事以才幹舉遷昭藏軍節度副使
章宗問質臨事若何張萬公對曰勝其兄貟章宗曰及其
兄亦可矣後以禮部尚書致仕終

許安仁字子靜獻州交河人幼孤能自刻苦讀書善屬文
登大定七年進士第調河間縣主簿累遷太常博士兼國
史院編修官章宗為皇太孫安仁以講學被選東宮轉左

金史九十六　九　倪儞昌

補闕應奉翰林文字上即位改國子監丞兼補闕徙翰林
修撰同知制誥兼職故侍御史賈鉉以安仁守道端愨
薦于朝同知濟南府事路伯達繼上章稱其立已純正宜
加顯任起授禮部郎中兼左補闕適朝議以流人實邊
仁言昔漢有募民實邊之議蓋度地營邑制為田宅使至
者有所居作者有所用於是輕去故鄉而易於遷徙如使
被刑之徒寒餓困苦無聊之心靡所顧藉與古之募民實
塞不同非所宜行上然之明昌四年春上將幸景明宮安
仁與同列諫曰昔漢唐雖有甘泉九成避暑之行然皆去
京師不遠非如金蓮千里之外鄰沙漠隔關嶺萬一有警

何以應變此不可不慮也疏奏遂罷幸出為澤州刺史作
無隱論上之凡十篇曰本朝曰情欲曰養心曰田獵曰公
道曰養源曰冗官曰育材曰限田曰理財在郡二年徙同
知河南府事升汾陽軍節度使致仕泰和五年卒年七十
七諡曰文簡安仁質實無華澹然有古君子風故為時人
所稱云

梁襄字公贊絳州人少孤養於叔父寧性穎悟日記千餘
言登大定三年進士第調耀州同官主簿三遷邠州淳化
令有善政察廉升慶陽府推官名為薛王府揚世宗將幸
金蓮川有司具辦襄上疏極諫曰金蓮川在重山之北地

積陰冷五穀不殖郡縣難建蓋自古極邊荒棄之壞也氣
候殊異中夏降霜一日之間寒暑交至特與上京中都不
同尤非聖躬將攝之所凡奉養之具無不遠勞飛輓越山
蹯嶺其費數倍至於頓舍之處軍騎闐塞主客不分馬牛
風逸以難收減獲逋逃而莫得奔軼蹂踐未易禁止公卿
百官衛士富者車帳僅容貧者穴居露處慶興畫夜隸不免
困踣飢餒此特細故耳更有大於此者臣聞高城峻池深
何異習狉此不得食衣一夫致疾染及眾人夭傷無辜
居遂禁帝王之藩籬也壯士健馬堅甲利兵帝王之爪牙
也今行宮之所亦有高殿廣宇城池之固是廢其藩籬也

掛甲常坐之馬日暴兩飼臣知其必羸瘠矣禦侮待用之
軍穴居野處冷噞寒眠臣知其必疲矣衛官周廬才容
數人一旦霖潦積旬衣甲弓刀霑濕柔脆豈堪爲用是失
其爪牙也秋杪將歸人已疲矣馬已弱矣暴糧已空褚衣
已弊猶且遠幸松林以從畋獵行於不測之地往來之間
動踰旬月轉輸移從之勞更倍於前矣以陛下神武善騎
射畢世莫及若夫街陌之避猛鷙之虞姑置勿論設於行
獵之際烈風暴至塵埃漲天宿霧四塞跬步不辨以致警
蹕有崎嶇之避襄城之迷百官狼狽於道途衛士參錯於
隊伍當此宸衷寧無戒悔夫神龍不可以失所人主不可

以輕行良謂此也所次之官草略尤甚殿宇周垣唯用穉
布押宿之官上番之士終日驅馳加之飢渴已不勝倦更
使徹曙巡警露坐不眠精神有限何以克堪雖陛下悅以
使人勞而不怨豈若不勞之爲愈也故君人者不可恃人
無異謀要在慶己於無憂患之域也燕都地慶雄要北倚
山嶮南壓區夏宣若坐堂陛俯視庭宇本地所生人馬勇
亡遼雖小止以得燕故能控制南北坐致宋幣燕蓋京都
之選首也況今又有宮闕井邑之繁與倉府武庫之充實
百官家屬皆處其內非同襄日之陪京也居庸古北松亭
榆林等關東西千里山岐相連近在都畿易於據守皇天

本以限中外開大金萬世之基而設也奈何無事之日越
居草萊輕不貲之聖躬愛沙磧之微涼忽祖宗之大業此
臣所惜也又行幸所過山徑阻俯林谷晞露上有懸崖下
多深谿疑番堂之戒不可不思臣聞漢唐離宮去長安才百
許里然武帝幸甘泉遂中江充之姦太宗居九成幾致結
司馬懿竊權而篡國隋煬惕海遂雖惡德貫盈人誰敢議止
社之變太廟敗於洛汭后羿拒河而失邦魏帝拜陵近郊
以離棄宮闕遠事巡征其禍遂速皆可爲殷鑒也臣嘗論
兵革之憂賴陛下之聖明無官吏之虐賴陛下之寬仁無
之安民濟衆唐虞猶難之而今日之民賴陛下之唐賴陛下之

刑罰之枉賴陛下之節儉無賦斂之繁可謂能安濟矣而
遊畋納涼之樂出於富貴之餘靜而思動非如衣食切身
有不可去者罷之至易耳唐太宗將行關南畏魏徵而停
漢文帝欲馳霸陵來盛諫而遷止是陛下能行唐虞之難
行而未能罷中主之易罷臣所未諭也且燕京之涼非濟
南之比陛下牧濟南日每遇炎蒸不離府署今九重之內
臺榭高明宴安穆清何暑得到今茲再出寧有還不可乎臣
歲隨駕大小前歌後舞而歸今茲再出寧不可乎臣每
愚以爲患生於不戒者多矣西漢崇用外戚而有王莽之
禍梁武好納叛降而有侯景之變今者累歲北幸狃於無

虞往而不止臣甚懼焉夫事知其不可猶冒爲之則有後
難必矣議者又謂徃年遼國之君春水秋山冬夏捺鉢蓋
人猶喜談之以爲眞得快樂之趣陛下效之耳臣愚以謂
三代之政令有不可行者况遼之過舉哉且日本朝與遼
異遼之基業根本在山比之臨潢臣知其所遊不過臨潢
之旁亦無重山之隔處然燕京契丹之人以逐水草
牧畜爲業寫廬爲居遷徙無常又壤地褊小儀物殊簡
重不多然隔三五歲方能一行非歲歲皆如此也我本朝
皇業根本在山南之隔冬猶可捨燕而之山比乎上京之人
楝守是居不便遷徙方今幅員萬里惟奉一君承平日久

列傳 ／金史九十六 十三 四百四十九 陳大用

制度殊異文物增廣輜重浩穰隨駕生聚殆逾於百萬如
何歲歲而行以一身之樂歲使百萬之人困於役傷於財
不得其所陛下其忍之歟臣又聞陛下於合圍之際麋鹿
克物圍中大而壯者才取數十未及於隨駕餘皆縱之臣庶也
多斃是陛下恩及於禽獸而不及於宗廟泉多之臣庶也
議者謂前世守文之主生長深宮畏見風日憚弓弩上馬皆
所不能忘氣銷懦筋力拘柔難戰臨戰懼束手就亡陛下監
如此不憚勤身遠幸金蓮至於松漠獵名爲坐夏打圍實
其欲服勞講武臣愚以爲戰不可忘畋獵不可廢宴安鴆毒
亦不可懷然事貴通中不可過當全過防驕惰之患先路

萬有一危之途何異無病而服藥也況欲習武不必度關
滌易雄保順薊之境地廣且平在邦域之中獵田以時
誰曰不可伏乞陛下發如綸之旨囬北轅之車塞難鳴之
路安處中都不復北幸則宗社無疆之休天下莫大之願
也方今海內安治朝廷尊嚴聖人作事固臣下將順之時
下深思博慮不以人廢言以宗廟天下爲心俯垂聽納則
小則名位削除大則身首分磔其言仰犯雷霆之威陷於吏議
而臣以螻蟻之命進危切之言非所覬望也世宗納之遂
小臣素願遂獲死地猶他非所觀望也世宗納之遂
罷行仍諭輔臣曰梁襄諫朕毋幸金蓮川朕以其言可取

列傳 ／金史九十六 十四 四百四十九 大用

故罷其行然襄至謂隋煬帝以巡游敗國不亦過乎如煬
帝者蓋由失道虐民自取滅亡民心既叛雖不巡幸國將
安保爲人上者但能盡君道則雖時或巡幸庸何傷乎治
亂無常顧所行何如耳豈必深處九重便謂無虞巡游以
時即兆禍亂者哉襄由是以直聲聞權禮部事世宗太子司
經選爲監察御史坐失察宗室亦事罰俸一月世宗責之
曰監察人君耳目風聲彈事可也至朕親發其事何以監
察爲轉中都路都轉運戶籍判官未幾遷通遠軍節度副
使以喪去服闋授安國軍節度副使同知定武軍節度事
避父諱改震武軍太常卿張暐曹州刺史段鐸薦襄學問

該博練習典故可任禮官轉同知順義軍節度使事東勝
州刺史坐鞍揚粟責倉典使償爲按察所劾以贖論
歷陝州刺史累還保大軍節度使卒襄長于春秋左氏傳
至于地理氏族無不該貫自蚤達至晚貴膳服常淡薄然
人各盡其所能論議書既有可傳者惜史無全文僅存梁

金史九十六　十五　何元

襄培養至大定間人材蔚然加以世宗之聽納
時君明臣直不以言爲忌金之致治於斯爲盛嗚呼休哉
議者譏其太倫云
贊曰金起東海始立國即設科取士蓋亦知有文治也漸
摩培養至大定間人材蔚然加以世宗之聽納

路伯達字仲顯冀州人也性沉厚有遠識博學能詩登正
隆五年進士第調諸城主簿由泗州摧場使補尚書省掾
除興平軍節度副使入爲大理司直大定二十四年世宗
將幸上京伯達上書諫曰人君以四海爲家豈獨奮邦是
恩空京師而事遂迻非重慎之道也書奏不報閱歲欧祕
書郎兼太子司經時章宗初獨學伯達以文行知名選爲
侍讀居無何以憂去會安軍節度使王克溫舉伯達行義
起爲同知西京路轉運使事名爲尚書禮部員外郎兼翰
林修撰勅與張行簡進讀陳言文字先是右丞相襄奏移
賀天壽節於九月一日伯達論列以其非時平章政事張

汝霖右丞劉瑋及臺諫亦皆言其不可下尚書省議伯達
曰上即政當行正信之道今易生辰非正以紿四方非
信且賀非其時是輕禮重物也因陳正名從諫之道升尚
書刑部郎中上問群臣曰方今何道使民務本業廣儲蓄
伯達對曰布德流化必自近始請罷畿内採獵之禁廣農
郊以示敦本輕幣重穀去奢崇儉導月令開籍田以率先
天下歲如是而農不勸粟不廣者未之有也是時採捕禁嚴
自京畿至真定滄冀之北皆爲禁地民有
盜殺狐兔者有罪故伯達及之累歲攺

安國軍節度使未幾攺鎮安武當使宋回獻所得金二百

金史九十六　十六　何元

五十兩銀一千兩以助邊乞致仕未及上而卒其妻傳
氏言之上嘉其誠贈太中大夫仍以金銀還之傳泣請弗
許傳以伯達嘗修冀州學爲市都襄強知以聘強知有司
二十五年進士第終萊州觀察判官鐸最知名別有傳
其以聞上賢之賜號成德夫人子鐸鈞字和叔登大定
禮也納其重賂其可乎哉時人貪利忘禮習以爲常莫有
知其爲非者故去則云酬勞勳還則戶增物力上下交征
惟利是事此何誼耶伯達獨能明其非禮回獻所饋齎志
贊曰金詘宋稱臣稱姪受其歲幣禮也使聘於其國燕享
未畢傳氏又能成之及歸所獻竟以買田贍學婦人秉心

之烈制事之宜乃能如是士大夫溺於世俗之見者寧不
愧哉賜號成德不亦宜乎

開府儀同三司程囚錄尚書事前平章政事斜輝國碩　經筵華郡總裁臣　脫脫　奉

勅修

裴滿亨　　斡勒忠　　張大節 子巖叟
張亨　　　韓錫　　　鄧儼
巨構　　　賀揚庭　　閻公貞
焦旭　　　劉仲洙　　李宴
馬伯祿　　揚伯元　　劉璣 兄琥
康元弼　　移剌益

裴滿亨字仲通本名河西臨潢府人其先世居遼海祖諱
虎山者天輔間移屯東受降城以禦夏人後從居臨潢亨
性敦敏習儒大定間收克奉職世宗謂曰聞爾業進士舉
其勿忘為學也二十八年擢第世宗嘉之升為奉御一日
問以上古為治之道欲與唐虞下治要在進賢
退不肖信賞罰薄徵欽而已章宗即位諭之曰朕左右侍
臣多以門第顯惟爾縣科甲進道見恃恩驕橫朝士側目
朕甚嘉其疏遷鎬王府尉出為定國軍節度副使三遷同
知大名府事先是豪猾從衡前政莫制亨下車宣明約束
闔境怗然承安四年改河南路按察副使就遷本路副統

軍中都西京等路按察使時世襲家豪奪民田亨檢其實志
還正之泰和五年改安武軍節度使歲大雪民多凍斃亨
輸己俸為之賙贈及勸率屬大姓同出物以濟轉河東
南北路按察使卒於官亨聞而惜之贈嘉議忠言多所裨益
厚亨性尤謹密出入官禁數年謙議可紀云
則焚之雖家人輩莫知也所歷州郡皆有政績可紀云
斡勒忠本名宋浦蓋州人也習女直契丹字歷兵部樞密
院尚書省令史再轉大理寺知法遷右三部司正練達邊
事嘗奉命史轉尚書省都事章宗立遷尚書兵部員外
年為監察御史北歸致馬四千餘匹詔襄諭之大定二十六
郎出為滄州刺史河東路提刑副使徒單移剌古舉以自
代改滕州刺史嘗調發黃河船數以稽期贖授北京副
留守入為同簽樞密院事兼沂王傅承安二年拜武寧軍
節度使致仕泰和三年卒年七十一忠性敦愨通法律以
直自守不交權貴故時牽歸之
張大節字信之代州五臺人擢天德三年進士第調臨縣
丞改東京市令世宗判留務甚愛重之海陵修汴京以大
節領其役世宗改元於遼東或勸赴之亶貴可一朝遂大
節曰自有定分何遽爾隨例補尚書省令史權祕書郎大
理司直會左轄延使闕世宗謂宰臣曰朕得其人矣遂授

大節俄以杖殺豪民為有司所劾削一階解職未幾授同
知洺州防禦使事入為太府丞工部員外郎盧溝水嚙安
次承詔護視堤城擢修內使推排東京路戶籍人服其
平進工部郎中時阜通監修鑄錢法弊與吏部推排東京路戶籍人服其
沿其事積銅皆窳惡或欲徵民先所給就直大節曰此有司
受納之過民何與焉以其事聞卒得免徵改戶部郎中
定襲退吏誣縣民匿銅者十八村大節廉得其實抵吏罪
宋生曰使還授橫海軍節度使過闕謁謝東宮顯宗撫慰
諭之曰侍郎與太府監品同以從行支應籍卿辦耳尋為
民斷石頌之召授工部侍郎改戶部郎世宗東巡從太府監

金史九十七　三　謝□之

良久曰萬事惟中可也因牓其公堂曰惟中郡境有巨盜
父不獲大節以方略擒之後河決於衛橫流而東澶境有
九河故道大節即相宜繕堤水不為害章宗即位擢中都
路都轉運使因言河東賦重宜減議者或不同大節以他
路田賦質之遂命減焉乞致仕不許徙知太原府以并代
鄉郡故優寵之近郭有男子被殺者聞其妻哭聲不哀召
而審之果為姦夫所殺人以為神西山有晉叔虞祠舊以
施錢輸公使庫大節還其廟以給營繕選授河東路提刑
使未赴留知大興府事治有能名閣藏移知廣寧府復請
老歸震武軍節度使部有銀冶有司以為爭盜由此生付

河東西京提刑司與州同議皆以官榷為便大節曰山澤
之利富與民共且貧而無業者雖嚴刑能禁其竊取乎宜
明諭民授地輸課則其游手有所資於官亦便上從其
議復乞致仕許之仍擢其子尚書刑部員外郎嚴奭為忻
州刺史以便祿養承安五年卒年八十大節素廉勤好學
能勵勉後進自以得學于任侗待侗子如親而加厚又善
奕碁當世推第一嘗被召與禮部尚書張景仁奕世宗
常謂宰臣曰人多稱王脩能官以朕觀之凡事不肯盡心
乎用之太晚又屢語近臣曰其某非不幹然不及張大節
一老姦耳張大節賦性剛直果於從政速在王脩之上惜

金史九十七　四　謝□之

忠實也其見知如此
嚴奭字君美大節子也大定十九年進士調蔭州司候判
官再除雄州孟弼大節觀察判官補尚書省令史除大理評事再遷
監察御史同知河東北路轉運副使
刑部員外郎忻州刺史以父憂去官起復大理少卿河北
東西大名等路按察轉運副使累選刑部侍郎兼簽王傳
太常卿兼國子祭酒大安三年朝廷欲塞諸城門以為兵
備集三品官議於尚書省嚴吏曰塞門所以受兵是任城
而不住人莫若遣兵擇將背城疾戰時議多之除鎮西軍
節度使移定國軍貞祐二年改昭義復移沁南逾年按察

司言其年老不任邊要乃致仕退寓洛陽卒

張亨字彥通大興潯陰人登皇統六年進士第調樊山丞
以廉幹聞授弘州軍事判官歷鉅鹿宜川令大定二年補
尚書省令史除大理司直累遷尚書左司郎中授戶部侍
郎移吏部擢中都路都轉運使坐草場失
奏劾解職削一官起授戶部尚書世宗問宰臣曰御史中
丞馬惠迪與張亨人才孰優平章政事張汝霖曰惠迪為
人雖正於事不敏亨才極高上曰如汝父浩於事明敏
少有及者但臨事多徇若無此過則誠難得之賢相也時
車駕東巡費用百出自遼以東泉貨甚少計司患其不給

列傳 四百卅五　金史第九十七　五　謝了之

欲輦運以支調度亨謂上京距都四千里若輦錢而行是
率三而致一也不獨枉費國用無乃重勞民力乎不若行
會便法使行旅便於裹糧國家無轉輸之勞而用自足矣
出為絳陽軍節度使巳而復謂宰臣曰漢人三品以上官
常少得人如張亨近令補外頗為衆議所歸以朕觀之無
甚過人小宮中豈無才能之士第未知耳又曰亨嘗為左
司奏事多有脫略是亦課庸人也章宗即位初置九路提
刑司時方重其選上以亨為河東南北路提刑使兼勸農
採訪事訪其利病條為十三事以聞上嘉納之降授蔡州防
車存大體略苛細御史以寬緩不事事劾之

禦使明年遷南京路轉運使轉知歸德府事致仕泰和二
年卒年七十八亨才識強敏明達吏事終始有可稱云
韓錫字難老其先自析津徙薊之漁陽祖貽願遼宣徽此
院使父秉休歸朝領忠正軍節度使錫以廕補閤門祗候
天會中南伐錫從軍掌禮儀俄以母老迺就監差之授
神銳軍都指揮使入為宮苑使天德元年擢尚書工部員
外郎領燕都營繕特賜胡礪榜進士及第四遷尚書戶部
侍郎以母喪解旋起復舊職付金牌一銀牌十錫水手於
山東時蘇保衡為水軍都統制趨杭州俾錫補足之時水淺船不得
廣陵適保衡敗績喪船過半令錫補水手於

列傳 四百卅三　金史第九十七　六　謝了之

進海陵遣使急責之衆稍亡錫召諸豪諭之曰今連保法
嚴逃將安往縱一身偶脫其如妻子何衆悟亡者稍止大
定改元於遼東錫奔赴行在詔復前職明年授同知河間
府事引見於香閣誡之曰聞皇族居彼者縱甚鄉當以法
繩之錫下車宣布詔言後無有撓政害民者遷孟州防禦
使累拜絳陽軍節度使改知濟南府事告老許之明昌五
年卒年八十三
鄧儼字子威懿州宜民人也天德三年擢進士第大定中
為左司員外郎右司郎中尋轉左司掌機務者數年有司
奏使宋者世宗命選漢官一人參知政事梁肅以戶部侍

郎王倚工部侍郎張大節左司郎中鄧儼對世宗曰王倚
張大節苦無資歷與左右司官幸苦不同其命儼往嘗謂
宰臣曰人言鄧儼用心不正視朕儼奏事其心識甚明在
太府監心亦向公宰臣因奏儼明事機有心力於是擇戶
部侍郎翌日復謂宰臣曰吏部掌銓選當得通練人可實
部尚書上命尚書省集百官議如何使民棄末務本以實
儼於吏部因改命儼為中都路都轉運使費明初為戶
儲蓄儼言今之風俗競為侈靡莫若定立制度費橫日廣矣平

下衣冠車馬室宇罷用各有等差抑婚姻喪葬過度之
禮罷去鄉社追逐無名之費用度有節則蓄橫日廣矣平

知歸德府事致仕卒初儼守貞曰儼有才力第以謀身
為心上曰朕亦知之然儼可以誰比守貞曰臨事則不後
儼可復用乎平章政事完顏守貞曰儼有才力第以謀身
於人但多務自便耳儼前乞致仕性下以其頗懸故許之
甚合眾議令使復列于朝恐風化敗此壞矣上然之遂不
復用云

巨擘字子成薊州平谷人幼篤學年二十登進士第由信
都丞家辜為石城令補尚書省令史授振武軍節度副使
改同提舉解鹽司事以課增入為少府監丞再遷知閤
撥院兼都水少監時右司郎中段珪卒世宗曰是人甚明

賈揚庭字公廙曹州濟陰人也登天德三年經義進士第
調范縣主簿兼尉籍有治聲大定十三年由安肅令補尚
書省令史授沁南軍節度副使入為監察御史歷右司
都事戶部負外郎侍御史右司負外郎世宗喜其剛果謂
揚庭曰南人磽直敢為漢人性姦臨事多避難異時南人
不肯詞職故中第者少近年河南山東人中第者多殆勝
漢人為官儆以廉能遷戶部郎中進官二階頃之授左司

先遣以書則裁荅寒溫而已大定中詔與近臣同經筵
山行宮及佛舍攜之以廉慎守法在考功籍始終無過
公行將大任矣攜辭之以廉慎守法在考功籍始終無過

正可用如巨擘每事但委順而已二十五年除南京副留
守上謂宰臣曰巨擘外淳質而內明悟第之剛鰍耳佐貳
之任貴能與長官辦正恐此人不能爾若任以長官必有
可稱章宗即位後擢橫海軍節度使承安五年致仕卒攜
性寬厚寡言所治以鎮靜稱性尤恬退貴不復往來
云

郎中改刑部侍郎山東東西路轉運使章宗即位初置九路
提刑司顗召赴闕授山東東路提刑使揚庭性疾惡纖
介不少容明昌改元詔諸路提刑使入見親問所察事條
至揚庭則斥之曰爾何治之煩也明年下除洺州防禦使

時歲歉民飢揚庭諭富積之家令出所餘以耀之飢者獲
濟活人為之立石頌德改陝西西路轉運使表乞致仕上
曰揚庭能幹者也當何如右丞劉瑋言其疾遽許之卒年
六十七
贊曰裴滿亨以進士選舉御能陳唐虞致治之道於宮庭
燕私之地又能斥中貴覩道兒之姦韓勒忠以吏道致身
始終不交權貴世宗自立於遼東歸者如市張大節獨守
正不赴韓錫出守河間面諭皇族之居彼者恣睢不道偶
繩以法使者必希旨以市權錫下車宣布戒飭而已是皆
有識之士不為富貴所移者也巨擘皦皦賀揚庭骨鯁大

列傳　金史第九七　九

定於二人而屢評南北士習之優劣蓋其然乎張亨始以
緣廣見薄曉以論列稱賞亦砥礪之功歟鄧儼專務謀身
上下稱黠致仕又求進用弗可改也夫
閻公貞字正之大興宛平人大定七年擢進士第調朝邑
主簿由普潤令補尚書省令史察廉升同知亳州防禦事
政中都左警巡使以政績闕還同知武定軍節度使明昌
初召為大理正累遷闕檢院
仍兼前職命與登聞檢院賈益同看讀陳言文字公貞居
法寺幾十年詳慎周密未嘗有過舉被命校定律令多所
是正金人以為法家之祖云

傢旭字明銳沃州栢鄉人第進士調安喜主簿再轉大興
令攝左警巡事以杖親軍百人長有司議其罪當杖決世
宗曰旭親民吏也若因人復行杖之何以行事其
令收贖改良鄉令世宗幸春水見石城玉田令皆年老不
治謂宰臣曰縣令最親民當得賢才識衙尚如此天下可
知矣平章政事石琚薦旭幹能可甄用上然之召為右警
巡使旭為人剛果自任不避權勢初旭部民訴良旭以無
文據付本主道逢監察御史訴其事語涉訕亂即收付旭
旭釋之不問為御史所劾削官兩階杖百八十出為大名
府推官尋授右三部檢法司正代韓天和為監察御史時

列傳　金史第九七　十

御史臺言監察糾之司天和諸科出身難居是職上命
別舉中丞李晏薦旭剛正可任遂授之而改天和為令
章宗初即位太傅完寧右丞相襄請上出獵旭劾奏其非
上慰諭之為罷獵明昌元年登聞鼓院初設官宰執奏
諫郭安民補闕許安仁及旭皆堪擢用改侍御史四遷都
水監以治河防勞進官一階授西京路轉運使卒旭性警
敏練達時政與王條劉仲洙輩世稱能吏云
劉仲洙字師魯大興宛平人大定三年登進士第歷龍門
主簿香河酒稅使再調深澤令縣近滹沱河時秋成水忽
暴溢仲洙極力護塞竟無害有盜夜發居民震驚仲洙率

22-909

縣卒坐輕其一餘裝遂潰旦捲補尋以廉能進官
一階陞河北西路轉運司支度判官入為刑部主事六遷
右司貟外郎俄轉吏部世宗謂寧臣曰人有言語敏辨而
行常不正者有語言拙訥而口語甚訥也右丞張汝霖曰人
仲洙頗以才行見稱然而口語訥也
之若是者多矣顧陛下深察之二十九年出為祁州刺史
善力辦帝從之遂復毀官爵而黨禁遂解明昌二年授尚
使先是田穀等以黨罪罷官者三十餘家仲洙等路提刑副
書以六善為教民化之章宗即位除中都西京等路提刑
王傅兼同知大同府事尋改平陽移德州防禦使轉運郭
仲洙表請開倉未報先為賑貸有司劾之罪以贖論時
饒仲洙性剛直累於從政尤長於治民所在皆有功迹
而不許久之以年老乞致仕累表方聽泰和八年卒年七
十五仲洙見仲淵以罪賣石州仲淵上書請以葉易石朝廷義
傑節慶李晏皆舉仲洙以自代陞為定海軍節度使贓
澄城主簿有遺愛民為立祠用廉選定襄令召補尚書省
李宄字全道朝州鴈邑人經童出身復登詞賦進士第調
董一時之能吏云
其一也明昌初為監察御史故事臺令史以六部令史又
令史時以縣令關人廉問世宗選能吏八人按行天下完

次者補吏皆同類莫肯舉劾完顏守道尚書省令史正隆間用
雜流大定初以太師張浩奏請始純取進士天下以為當
今乞以三品省都事官子孫及終場舉人委臺官辟用上納其言
權尚書省習法律有治劇材民無閭語陛下俟沁州刺史
提刑司完顏廉得其賊乃舟師也遂陝西西路轉運使尋授
仍以置書褒諭同知廣寧府初判官承安二年遷
歸求得屍異完顏廉得其賊乃舟師也皆誣服人改比
南京路按察使卒完顏廉長於吏治所至姦惡屏迹民皆便之
其寃以獄畀完顏廉得其賊乃舟師也
京臨潢路提刑副使承安二年遷陝西西路轉運使尋授
馬百祿字天錫通州三河人父柔德天會初第進士累遷
翰林脩撰坐田穀黨免官迫世宗朝解黨禁復召用為百
祿幼志學事繼母以孝聞登大定三年詞賦進士第調武
清主簿由龍山令召補尚書省令史不就改權貨副使平
陽府判官朝廷以宰縣日清自有治迹所至
遷官一階升同知比路轉運事委錄南比路刑獄所至
無寃召為中都等路推排使明昌初遷鴈州刺史吏民畏愛授
京兆以中都等路推排使明昌初遷鴈州刺史吏民畏愛授
刑司以狀聞授韓王傅同知安武軍節度事俄改兼同知
與平軍以提刑司復舉廉升孟州防禦使再遷南京路提

刑使御史臺以剛直能幹聞轉知河中府永安四年致仕
卒諡曰貞忠
楊伯元字長卿開封尉氏人登大定三年進士第調鄢城
主簿升揄次令召為大理評事累除定海軍節度副使用
廉超授同知河東北路轉運事入為尚書刑部員外郎以
最免起為遼州刺史明昌元年移涿州父之擢工部侍郎
四遷安武軍節度使泰和三年致仕卒伯元以才幹多被
委注凡兩為推排定課使累為晉錄官人稱其平每有疑
獄必專遣決明辯多中理賜諡曰達
劉璣字仲璋益都人也登天德三年進士第大定初為太
常博士改左拾遺兼許王府文學璣奏王府事世宗責之
曰汝職掌教道何預奏事因命近侍謂曰永中曰卿有長
史而令文學奏事何也後勿復尔累除同知漕運司事嘗
奏言滑戶顧直太高虛費官物宜約量裁損若減三之一
歲可省官錢一十五萬餘貫世宗是其言授尸部員外郎
庶上便宜數事世宗謂宰臣曰璣言河堤種柳可省每歲
隄防之費及言官錢利害甚可取前後尸部官往往偷延
歲月如璣者不可多得卿等議其可者行之璣向言漕運
省費事盡心公家不厚賞無以勸來者乃賜錢三千貫擢
濰州刺史徙知濟州未幾遷同知北京留守事坐曲法放

免奴婢訴良者左降濱州刺史世宗謂宰臣曰璣為人何
如象知政事程輝曰璣執強跋扈嘗追濟南府官錢以至
委曲生意而害及平民上曰璣在北京凡奴隸訴良
不問契券真偽輒放為良意欲徼福於寅實則在巳之奴
何為不放又曰璣放朕之家奴以此邀福存心若是
不宜再用明昌二年入為國子司業乞致仕不許轉國子
祭酒尋擢太常卿以昏耄不任職為御史臺所糾罷承安
二年卒年八十二兄琥
琥字伯玉幼名太平以功臣子補閤門祗候遣父夜
制會海陵篡立不許歐充護海陵忌宗室琥坐與往來
斥居鄉里世宗即位琥晝夜兼馳上謁世宗大悅以為護
衛十人長往招宗叙白彥敬紇石烈志寧皆相繼來附還
報上喜其有功呼其小字而謂之曰太平所至庶幾能贊
朕致太平矣改御院通進與烏居仁等往南京發遣六宮
百司琥建議留尚書右丞紇石烈良弼經略淮右餘皆北
來詔從之丁母憂起復三遷武庫署令車駕幸西京留琥
為中都總管判官再轉近侍局使遷太子少詹事兼引進
使賜對衣未幾為陝西統軍都監賜廄馬金帶皇太子以
馬與幣帛為贐召為同知宣徽院事遷太子詹事右宣徽
與張僅言典領昭德皇后園陵襄軍太子贈以廄馬轉左

宣徽使以疾求補外除定海軍節度使以其弟太府監璋
為同知宣徽院事琬朝辭上曰卿舊臣今補外寧不惻然
東萊瀕海風物亦佳卿到必得調養朕用卿弟在近密如
見卿也仍賜虎符金滯綵十端絹百匹綵三十端
康元弼字輔之大同雲中人幼敏學善屬文登正隆二年
進士第令史調汝陽簿改崇義軍節度判官由垣曲縣令補尚
書省令史累遷同知河北西路轉運使事召為大理丞大
定二十七年河決曹濮間瀕水者多墊溺朝延遣元弼往
視相其地如益而城在益中水易為害請命於朝以徙之

卒改濱於北原曹人頼為出為弘州刺史關歲授大理少
卿先是衛州為河所壞增築蘇門以寓州治汋水旣退民不
欲遷欲復歸衛於是遣元弼按視還言治故城便遂復其
舊轉祕書少監兼著作郎改通州刺史兼領漕事章宗立
尋坐懿皇后為皇太后以元弼舊臣詔充副衛尉再轉大
理卿以喪去起領為尚書刑部侍郎兼鄆王傅遷南京路
轉運使承安三年致仕卒
移剌益字子遷本名特末阿不中都路胡魯土猛安人也
以廕補國史院書寫積勞調徐州錄事召為樞密院知法
三遷翰林修撰時比邊有警詔百官集尚書省議之太尉

克寧銳意用兵益言天時未利宜俟後圖御史臺奏益剛
正可任遂事兼監察御史未幾改戶部員外郎明昌三年
內鐵擢拔霸州刺史同授刺史者十一人旣入謝詔諭之
曰親民之職惟在守令比歲民鐵故遣卿等往撫育之其
資厯有過者有弗及者朕不計此但以材選爾其知之旣
至首出俸粟以食鐵者于是倅以下及郡人遠出粟以佐
之且命屬縣視增修以為法多所全活郡東南有堤久壞以水
屬為署益增修視之民以為便益立祠升守堤東路提刑劉
使五年宋主新立詔以泗州當使客所經守臣宜擇人可也
臣進擬數人皆不合上意上曰特末阿不安在此人可
即授防禦使召為尚書戶部侍郎尋轉兵部屬群牧人版

命益同殿前都點檢充往招降之承安二年邊鄙弗寧上
御便殿召朝官四品以上入議謂守為便天子之兵當
取萬全若王師輕出少有不利非惟損大國之威恐啟敵
人侮玩之心出為山東西路轉運使有勑使按鷹于山東
益奏乞止令調於近甸何必驚遠方耳目書聞上命有司
治使者罪還河東南北路按察使舊制在位官有不住職
委所屬上司體訪州府長貳幕職許互相舉申益上言以
為傷禮讓之風亦恐同官因之不睦別生姦弊乞止令按
察司科劾似為得體又言隨路黜軍官與富人飲會公通

獻遺宜依准監臨官於所部內犯罪究治上皆納焉泰和

二年卒于官

贊曰閻公貞定金律令楊伯元定金推排人皆以平稱之

難矣焦旭鐵內小官聽斷不受御史風指遂罹深憲大臣

請人主遊獵勁奏其非為之罷獵誠有古人之風焉李完

原元弼無他足稱究論臺令史一事元弼論曹衛兩城各

當其可焉百禄初坐黨襄晚著治跡劉璣初以理財得幸

晚以曲法得罪人有前後遭遇不同而百禄求福不四非

璣所及也劉仲珙以大定之立馳赴行在雖終身榮寵蓋一

趙時之士耳劉仲洙剛而訥於言移剌益剛而敢言益以

志寧北伐為不可仲洙釋田毅黨禍三十家語曰剛毅木

訥近仁豈不信哉

開府儀同三司上柱國錄軍國重事府中書右丞相籍　國史院提舉脩國史臣脫脫奉

勅修

・完顏匡
　完顏綱
　完顏定奴

列傳
金史九十八　　一
四百十七　丙戌　林氏

完顏匡本名撒速，始祖九世孫。章宗幼，王允成為其府教讀。
大定十九年，章宗年十餘歲，顯宗命詹事烏林荅願擇德
行淳謹才學該通者使教章宗兄弟，閱月，願啟顯宗曰：
「皇孫兄弟。」顯宗曰：「撒速典教幼子渢，用淳謹者。」已而召見于承
華殿西便殿，顯宗問其年，對曰：「臣生之歲，海陵自上京還
中都，歲在壬申。」顯宗曰：「二十八歲。爾詹事乃云三十歲，何
也？」匡曰：「臣年止如此，詹事謂臣出入宮禁，故增其歲。」
之世宗詔匡曰俱充太子侍讀，寢殿小底馳蒲萄九住，頃
申時漢字課畢，教女直小字，習國朝語，因賜酒又綵幣，頃
禮。七月丁亥，宣宗、章宗皆就學，顯宗每日先教漢字，至
耳。顯宗顧謂近臣曰：「篤實人也。」命擇日使皇孫行師弟子
之世宗詔可，俱充太子侍讀。顯宗嘗問九住：
「首陽山仁者固如是乎？」匡曰：「不然，古之賢者行其義也。行
曰：「汝董學古惟前言是信，夷齊何如人？」匡曰：「孔子稱夷齊求仁得仁，九住
其道也。伯夷思成其父之志以去其國，叔齊不苟從父之

列傳
金史九十八　　二
四百四十八　林氏

志，亦去其國。武王伐紂，夷齊叩馬而諫，紂死絕為周，夷齊
不食周粟，遂餓而死，正君臣之分，為天下慮至遠也。」
非仁人而能若是乎？是時世宗如春水，顯宗從，二人者馬
上相語，遂後顯宗還九住，至問曰：「何以知此，主上立女直科
舉，教以經史，乃能得其淵奧如此。」稱善者良久，謂九住
曰：「論語知之乎？」對曰：「不知為不知，是知也。」汝不知不達務，
辯曰論語知之，由是觀之，人之學不學豈不相遠哉。顯宗嘗
謂中侍局都監蒲察查剌曰：「入殿小底完顏訛出、侍讀完
顏撒速，與我同族，汝知之乎？」對曰：「不知也。」顯宗曰：「撒速始
九世，顯宗訛出保活里之世也，始祖兄弟皆非常人，汝何
祖知此。」顯宗命匡作廖宗功德歌，教章宗歌之，其詞曰：「我
由祖宗厚有陰德，國祚有傳儲嗣，當立滿朝疑懼，獨先啟
策。祖征三秦，賜西大破張浚于富平也。二十三年三月萬春節，
宗及平陝西，大破張浚于富平，百萬望風奔仆，靈恩光被時
兩春賜神化周浹，春生久藏。」蓋取宗翰與廖宗定策熙
顯宗命章宗歌此詞侑觴，世宗愕然曰：「汝董何因知此？」顯
宗奏曰：「臣伏讀廖宗皇帝實錄，欲使兒子知創業之艱難，
命侍讀撒速作歌教之。」世宗大喜，顧謂諸王侍臣曰：「朕念
廖宗皇帝功德，恐子孫無由知，皇太子能追念作歌以教

其子嘉哉咸事朕之樂豈有量哉卿等亦當誦習以不忘
祖宗之功命章宗歌數四酒行極歡乙夜乃罷二十五年
匡中禮部策論進士是歲世宗在上京顯宗監國三月甲
辰御試前一日癸卯讀卷官吏部侍郎李晏樔州防禦使
把內剌國史院編修官夾古衡國子助教尼厖古鑑進讀
算題問奐數五教皇陶明五刑是以刑措不用比屋可封
今欲興教化措刑罰振紀綱施之萬世何術可致匡已試
明日入見顯宗問對策云何匡曰臣熟觀策問數教措刑
兩事不詳振紀綱一句衹作兩事對策必不能中顯宗命
匡誦所對策終篇曰是亦當中匡曰編修衡助教鑑長於

金史九十八　　三

遷枝必不能中而匡果下第顯宗惜之謂侍臣曰我只
欲問教化刑罰兩事乃添振紀綱一句剛去李晏固執
不可今果誤人矣謂侍正石斅寺家效唐括曷魯曰侍讀
二十一年府試不中我本不欲侍讀再試恐傷其志今乃
下第使人意不樂是歲初取止四十五人顯宗命添五人
樸徽訛可中在四十五人後除晝畫直長匡與訛可俱為
侍讀匡被眷遇特興顯宗謂匡曰汝無以訛可登第快快
但善教金源郡王何官不可至哉是歲顯宗薨章宗判大
興尹封原王拜右丞相立為皇太孫匡仍為太孫侍讀二
十八年匡試詩賦漏寫詩題下注字不取特賜及第除中

都路教授侍讀如故章宗即位除近侍局直長歷本局副
使局提點太醫院邊院上令權更名彌
以避宋祖諱事載本紀遷祕書監仍兼太醫院近侍局事
再兼大理少卿遷簽書樞密院事兼職如故承安元年行
院于撫州河北西路轉運使溫防行六部事主軍中餽餉
史居五日還軍尋入守尚書左丞兼修國史進遂世宗實錄
巫姬端修勤以馬幣為獻及私以官錢佐匡宴會費監察御
章宗立提刑司專糾察黜陟當時號為外臺匡與司空襄
參政揆奏息民不如省官聖朝舊無提刑司皇統大定間

金史九十八　　四

每數歲一遣使廉察郡縣稱治自立此官冀達下情今乃
是非混淆徒煩聖聽自古無提點刑獄專舉之權者若
性下不欲遽更不宜使兼採訪廉能之任歲遣監察究
仍不時選使廉訪上從其議於是監察體訪之使出初
匡行院于撫州陣葛將攻邊境會西南路通事黃摑按出
使烏都梡部知其謀奔告行院為之備迎擊陣葛敗其兵
按出與八品職遷四官匡遷三官匡奏乞以所遷三官讓
其兄奉御賽一上嘉其義許之改樞密副使授世襲謀克
宋主相韓侂冑侂冑再為國使頗知朝廷虛實及為相
與蘇師旦倡議復讎身執其咎繕器械增屯戍初未敢公

言征伐乃使邊將小小冦鈔以嘗試朝廷泰和五年正月
入礪山界蒼民馬三月焚平氏鎮剽民財物掠鄧州白畧
巡檢家貲持其印去遂平縣獲宋人王俊唐州獲宋諜者
李忭俊襄陽軍卒忭建康人俊言宋人於江州鄂岳屯大
僕散揆為河南宣撫使籍諸道兵括戰馬臨洮德順秦華
兵貯甲仗修戰艦期以五月入冦忭言侂冑謂大國都建
康衛制諸道河南統軍司奏請益兵之備詔平章政事建
用兵連年公私困竭可以得志怀言修建康宮勸宋主都建
各置弓手四千人詔揆遣書宋人曰奈何與兵宋人辭曰
盜賊也邊臣不謹今黙之矣宋人將啓邊釁蒙太常卿趙之

列傳
金史九八
五
四百四十八
陳大用

僕恐不敢敗盟匡曰彼置忠義保捷軍取先世開寶天禧
紀元豈忘中國者哉也曰宋兵攻圍城邑動軛
數千不得為小冦上問參政思忠思忠極言宋人敗盟有
狀與匡畏也合上以為然及河南統軍使紇石烈子仁使
宋還奏宋主修敬有加無他志上問匡曰於卿何如匡曰
子仁是上愕然曰卿前讓云何今刀中變邪匡徐對曰
子仁守疆圉不妄生事職也書曰有備無患在陛下宸斷
耳於是罷河南宣撫司僕散揆還朝六年二月宋人陷散
關取泗川虹縣靈壁四月復詔僕散揆行省事于汴制諸

軍項之以匡為右副元帥揆請匡先取光州還軍題㺯與
大軍合勢南下匡奏僕散揆大軍渡淮宋人聚兵襄沔以
覘唐鄧汴京留兵頗少有掣肘之患請出唐鄧從之遣前
鋒都統烏古論慶壽以騎八千攻襄陽遣左翼提控完顏
江山以騎五千取光化右翼都統烏古孫兀屯隨州取神馬坡
皆克之匡軍次白虎粒都統完顏按帶取隨州烏古論慶
壽扼赤岸斷襄漢路宋隨州將雷太尉遁去克隨州毋虜掠焚壞於
是宋鄧城樊城戍兵皆潰詔獎諭戒諸軍弗掠焚川
城邑匡進兵圍德安分遣諸將徇下安陸應城雲夢漢川
荊山等縣副統蒲察攻宜城縣取之十二月敗宋兵二萬

列傳
金史九八
六
四百四十八
大用

人千信陽之東詔曰卿總師出疆屢捷殄寇撫降日闢土
宇彼恃漢江以為險阻簞馬而渡如涉坦途荊楚削平不
為難事雖天佑順亦卿籌畫之効也益慥遣圍以副朕意
匡進所獲女口一百人詔匡權尚書右丞行省事右副元帥
如故改吳曦以蜀內附詔匡先取襄陽以屏蔽蜀漢完顏
福海破宋援襄陽兵於白石硲取穀城縣僕散揆得疾
遂班師至蔡疾革詔右丞相宗浩至汴匡代之七年二月揆薨匡為平章
久圍襄陽卒疲疫會宗浩遣兵許州九月宗浩薨匡為平章
副元帥賜宴于天香殿還軍詔封定國公代宗浩總諸軍行省于汴京
政事兼左副元帥封定國公代宗浩總諸軍行省于汴京

初僕散揆定至汴既定河南諸盜乃購得韓侂冑族人元
靚行間於宋元靚渡淮宋督視江淮兵馬事立宗秦之
宋主是時宗主侂冑見兵屢敗以為憂欲乞盟無以為請
得宗奏即命遣人護元靚比歸宗因請議和宗使其屬劉祐
送元靚申和議于揆揆曰稱臣割地獻首禍之臣然後可
宋主因密諭丘宗使歸罪邊將以請焉及宗浩代請和當
孺至宗浩以方信孺輕佻不可信移書宋人果欲請和當
遣朱致和吳琯李璧李大性李璧來侂冑得報大喜過望乃召
張嚴王建康罷為福建觀察使歸罪蘇師旦死即之嶺南是
時李璧已為恭政不可遣朱致和吳琯已死李大性知福

金史九十八　七　煦明

錢三有萬貫蘇師旦等侯和議定當函首以獻琯至汴以
侂冑書上元帥府匡復請之琯懇請曰此事實出朝旨非
行人所專匡察其不安乃具奏章宗詔匡移書宋人當函
責以稱臣等數事世為伯姪國增歲幣為三十萬兩匹犒軍
正月請和故事乃遣左司郎中王柟以宋主侂冑情實為請依靖康二年
州道遠不能還至乃遣左司郎中王柟來至濠州匡使人

為界今大國遵先皇帝聖意自盱眙至唐鄧畫界仍舊是
先皇帝惠之于始今皇帝全之于後也然東南立國具蜀
相依今川陝關隘大國若有之則是撤蜀之門戶不能保
蜀何以固具已增歲幣至三十萬貫以連
歲師旅之餘重以荐禍豈易辨集邊隙既開和議區區
悔艾之實不得不囮勉導承又蒙聖意畫改輸銀三百萬兩
在本朝宜不敢固邊然傾國貲財恐非大金皇
帝棄過圖新兼愛南北之意上仁慈寬厚謹守信誓
豈有意於用兵止緣侂冑啓釁生事迷國罔上以至於斯
是以舊英斷大正國典朋附之輩誅斥廉貪今大國欲

金史九十八　八　煦明

使斬送侂冑是未知其七死也侂冑實本庸愚怙權輕信
有誤國事而致侂冑誤國者蘇師旦也師旦既與侂冑尚
力庇之囑方信孺妄言已死近推究其事師旦已行斬首
儻犬國終惠川陝關隘所畫銀兩悉力祗備師旦亦
當傳送以謝大國本朝與大國通好以來譬如一家叔姪
本自協和不幸奴婢交鬪其間遂成嫌間一旦猶子翻然
政悟旰逐奴隸引咎謝過則前日之嫌便可銷釋奚必較
錙銖豪末反傷骨肉之恩乎惟具圖相為首尾關隘繫勵
安危望敢備奏始終主盟使南北遂息有之期四方無兵
革之患不勝通國至願是時陝西宣撫司請增新得關隘
書來略曰竊惟昔者修好之初蒙大金先皇帝許以畫淮
於是廷議彌遠定計取韓侂冑不可與王柟以宋參政錢象祖

戊兵萬人王柟狀稟如蒙歸川陝關隘韓侂胄首必當函
送邊上國之命匡奏曰關隘之事臣初亦惑之今當增戍
萬人壁壘之役餫饟之勞費用必廣祖宗所以不取者以
關隘僅能自保耳非有益於戰也設能入寇縱之平地以
鐵騎蹂躪之無一得脫彼哀祈而不已者以前日負固尚且摧
覆今遂失之是無一日之安也必謂兵力得之不可還賜
則漢上諸郡皆肯胜腴耕桑之地棗陽光化歸順之民數萬
虺蜮請函首宋之悔可謂誠矣匡乃遣王柟還復書曰
戶較之陝右輕重可知獨艾主上德度如天不忍終絕優
示訓諭許以更成所以覆護鎮撫之恩至深至厚昨奉聖
訓如能斬送韓侂胄徐議還淮南地來書言韓侂胄已死
將以蘇師旦首易之飾辭相絀如此至于犒軍銀兩欲俟
歸關隘然後祗備是皆有哂聖訓及王柟狀稟如蒙還
川陝關隘其韓侂胄首必當函送聖訓令斬送侂胄首者
本欲易南地陝西關隘不預焉生靈為念已賫宋罪關隘
不敢專決具奏奉旨朕以生靈為念已賫宋罪關隘可以還賜今恩
豈足深較既能函送韓侂胄首陝西關隘可以還賜今恩
訓如此其體大國寬仁矜恤曲從之意儻追誓書俯道通
謝人使赴關王柟之歸也匡要以先送叛亡驅掠然後割

賜淮南川陝及彼誓書書草本有犯廟諱字及文義有不如
體製者諭令改之宋人以叛亡驅掠在州縣一旦拘刷
未易聚集今巳四月農事巳晚邊民連歲流離失所扶攜
道路即望復業過此農時遂失一歲之望歲幣犒軍物多
非旬月可辦錢象祖復以書來略曰竊見大金皇帝前日
聖旨如能斬送韓侂胄首沿淮之地俱當還賜
為定又睹今來聖旨既能送侂胄首陝西關隘可併還賜
以此仰見聖慈寬大初無必待發遣驅掠官兵然後退兵
交界之語誓書草本改廁先次錄本齎呈并將侂胄首大
函送及管押納合道僧李全家口一併發還欲望上體大
金皇帝書定聖旨先賜行下沿邊及陝西所屬候侂胄首
到界上即便抽回軍馬歸還淮南及川陝關隘地界所有
驅掠官兵留之何益見巳從寶刷勘發還其使人禮物歲
幣等巳起發至真揚間伺候嘉報迤邐前去界首以俟取
接匡得錢象祖書即具奏詔報曰朕以生靈之故巳從請
稱臣割地尚且閫略區區小節何足深較其侂胄首即當徹還
函及諸叛亡侯歲幣犒軍綱至下蔡書日割賜詔書
即以諭宋人使如詔書從事泰和八年四月乙未宋獻韓
侂胄蘇師旦首函至元帥府匡遣平南撫軍上將軍紇石

烈貞以偏師旦首函露布以聞五月丁未遺戶部尚書
高汝礪禮部尚書張行簡奏告天地武衛軍都指揮使徒
單鑄奏告太廟御史中丞孟鑄告社稷是日上御應天門
立黃麾伏受宋誠尚書省奏露布親王百官起居上表稱
賀獻馘廟社以露布頒中外竿偏胄師旦首井二人畫像
于過衢百姓縱觀然後漆其首藏之軍器庫丙辰匡京
師進官兩階賜玉帶金一百兩銀一千五百兩重幣三十
端罷元帥府仍為樞密院六月癸酉宋通謝使許弈衡
等入見癸未以宋人請和詔天下十一月丙辰章宗崩匡
受遺詔立衛紹王其遺詔略曰皇叔衛王承世宗之遺體

列傳三十六
金史九十八
十二
四百五十字

鍾厚慶於元妃人望所歸歷數斯在今朕上體太祖皇帝
傳授至公之意付昇實祚即皇帝位於樞前戴惟禮經有
嫡立嫡無嫡立庶今朕之内人見有娠者兩位已詔皇帝
如其中有男當立為儲貳如皆是男子擇可立者立之丁
已衛紹王即位戊午章宗内人范氏胎氣有損大安元年
四月平章政事僕散端左丞相
出三月有人告元妃李氏令賈氏詐稱有身詔元妃李氏
承御賈氏皆賜死初章宗大漸匡與元妃俱受遺詔立衛
王匡欲尊定策功遂擅殺李氏數日匡拜尚書令封申王
大安元年十二月奰匡事顯宗深被恩遇自章宗幼年侍

講讀最親幸致位將相怙寵自用官以賄成承安中撥賜
家口地土匡乃自占濟南貞定代州上腴田百姓舊業輒
奪之及限外自取上聞其事不以為罪惟用安州邊業泊
舊放圍場地奉聖州在官閑田易之以向自占者悉還百
姓宣宗嘗謂侍臣曰撒速往年嘗受人王吐鶻然後與之
官此豈宰相所為哉
完顏綱本名元奴字正甫明昌中為奉御累遷詔
三又口置捺鉢綱上疏諫疏中有云賊出其間詔尚書
省詰問所言不實章宗以綱諫官不之罪遷刑部員外郎
綱言諸犯死罪除名移推相去二百里幷犯徒罪連速二

金史九十八
十二

最近亦往復二三千里北京留守司移推西北路招討司
最近亦依上就問凡告移推之人皆已經本路按察審詰
路官亦依上就問凡告移推之人皆已經本路按察審詰
即當移推別路按察司分廣闊如上京路移西北路招討司
十人以上者並令就問曾經所屬按察司審讞者移推別
之故事使夏國者夏人饋贈禮物視書幾道以為多寡奏
和元年詔綱為賜夏主生日使章宗命宰臣曰
孫椿年詔奏為一道尋自陳首上責宰臣曰椿年忽略卿
等奈何不奏也轉工部郎中上言太府監官兼尚食局官
乞於少府監依此例注能幹官一員兼儀鸞局官儀鸞局

官一員兼少府監官相須治從之四年詔綱與喬宇宋
元吉編類陳言文字綱等奏凡關涉官庭及大臣者摘進
其餘以省臺六部各為一類凡二十卷遷同簽徽院事
六年與宋連兵陝西諸將頗相異同以綱為蜀漢路宣撫
使都大提舉兵馬事與元帥府叅決西事調羌兵之未附
者於是知鳳翔府事完顏昱同知平凉府事蒲察秉鈞分
駐鳳翔諸隘通遠軍節度使承裕駐臨洮府諸鎮乾州刺史
成紀界知臨洮府事石抹仲温駐臨洮同知臨洮府事術
虎高琪彰化軍節度副使完顏昱同知臨洮府諸鎮乾州刺史
完顏思忠扼六盤陝西路都統副使斡勒牙剌京兆府椎

官蒲察秉戊號華扼潼關蒲津陝西都統完顏忠本名
臨同知京兆府事烏古論宛州守京兆要害以鳳翔臨
洮路蕃漢弓箭手及緋翩翅軍散據邊陲緋翩軍名也
元帥右監軍充右都監蒲察貞分總其事宋貝曦以兵六
千攻壂州蕪州戍將完顏王善隊校散六斤猛安龍延
帯擊走之斬首二百七級七月具曦兵五萬由保全姑蘇等
路寇泰州承裕璘以騎千餘擊之曦兵大敗追奔四十里
曦別兵萬人入來遠鎮术虎高琪破之青宜可吐蕃之
種也宋取河湟夏取河西四郡部落散奧西鄙其曾黎族
師日冷京據古疊州有四十三族十四城三十餘萬戶東

鄰宕昌圯接臨洮積石南行十日至笄竹大山蓋羈縻境也
西行四十日至河外俗不論道里而以日計之云冷京本
子年胃延嗣宋不能制廖以官爵傳六世至青宜可尤勤
勇得敎以宋政令不常有改事中國之意曹佛留以撫
刺史佛留材武有智策能結諸羌青宜可畏慕佛留以父
呼之請舉國內附朝廷以宋有盟不許厚賜金帛以撫之
明昌間屬羌巳彪殺郡佐反是時綱為奉詔與曹佛
留計事因召青宜可會兵擊破巳彪曹佛留遷同知洮
尹兼洮州刺史子普賢青宜可顧內屬出其至情綱奏之上
終不納及綱部署陝西上密勅經略西事於是曹佛留巳
死普賢為懷羌延檢使綱至洮馳召普賢攝同知洮州事
普賢傳箭入羌中青宜可大喜率諸部長籍攝其境土人民
詣綱請內屬綱奏其事上以青宜可為疊州副都總管加
廣威將軍詔青宜可曰卿統有部人世為雄長嚮風慕義
肯偽歸朝願效純誠愊愊輸忠力緬懷嘉賜式厚褎旌覽卿
進上所受偽牌朝廷之之駈諸蕃固無此例欲使卿有以鎮
撫部族增重觀望是以時加改命賜金牌一銀牌二到可
詣納服我新恩永為藩衛曹普賢具授同知洮州事綱還
拱衛直都指揮使遷三階安撫都大提舉如故以商州刺

史烏古論兗州領曹普賢押領青宜可勾當詔曰完顏綱
初行時汝未知朝廷有青宜可之事獨言可以招撫必獲
其用既而果來效順今汝勿以青宜重大甲屢失
體亦勿以蕃部而覷視之九月詔安慰陝西略曰京兆鳳
翔臨洮三路應被宋兵逼脅背國從偽或沒落外境若能
自歸者官吏依舊勾當百姓各令復業元抛地土歡給
付及受宋人旗牓結構等或値驚擾因而避役逃亡未發
覺者許令所在官司陳首並行釋免更不追究軍前可用
之人隨宜任使限外不首復罪如初宋程松遣別將曲昌
世襲方山原自率兵數萬分道襲和尚原西山寨龍門等關
是日大霧四塞既又暴雨和尚原西山寨龍門關戍守不
知宋兵來松遂據之蒲察貞遣行軍副統裴滿阿里同知
龍州事完顏李論以兵千人伏方山原下萬戶奧屯撒合
門美原縣令术虎合沓別將壯士五百取間道潛登出宋
兵上自高而下宋兵大駭奴率兵合擊遂破之貞乃分遣术
虎合沓部將完顏奴率兵千人出黃兒谷取和尚原
同知會州事女奚列南家押軍猛安粘撒改率兵千人
出大寧谷取西山寨貞自以兵七百由中路取龍門等關
程松已焚閣道貞且脩道且進兵至小關松將楊廷
注射貞不得前令行軍副統裴滿阿里為疑兵潛道猛安

胡信率士五十人統出其後反擊之宋兵大亂遂斬廷
于陣宋兵走二里開復敗宋將彭統領宋兵走龍門遂斬廷
大破之合沓乘夜潛登西山宋人驚以為神皆散
走破其眾二千生擒數十人南家斬木開道以登西山再
與宋兵遇皆敗逐盡復和尚原宋兵將馮興楊雄李珪以
步騎八千人入赤谷將完顏璘河州防禦使
兵蹙宋步兵據山搏戰部將唐括按苔海率二百
騎馳擊之甲士蒙挺身先入其陣眾乘之宋步兵大潰
殺數百人追者至皇郊城斬首二千級猛安把添奴宋
蒲察秉鉉逆擊破之宋兵趙西山騎兵走赤谷將裕分
騎兵殺千餘人馮興僅以身免楊雄李珪皆為金軍所殺
十月綱以蕃漢步騎一萬出臨潭充以關中兵一萬出陳
倉蒲察貞以岐隴兵一萬出成紀石抹仲溫以隴右步騎
五千出鹽川完顏璘以本部兵五千出來遠初吳玠吳璘
俱為宋大將兄弟父子相繼守西土得梁益間士報心璘
孫曦為四昭武軍節度使成都潼川府夔利等州路宣撫
副使泰和六年出兵興元有竊關隴之志誘募邊民為鑿
遣諜以利餌鳳翔卒溫昌結三虞候軍相為內應昌詰府上
曦曦道諸將出秦隴間與綱等諸軍相拒上聞韓侂冑居
變曦威名可以間誘致之梁益居宋上游可以得志于宋封

蜀國王鐵印賜詔詔經略之其賜曦詔曰宋自僖桓
失守襄寬江表偷生具會時則乃祖武遂荒西
摔禦兩川沮武順王璘嗣有大勳固宜世胙大帥遂荒西
士長為藩輔誓以河山後裔縱有藥膺之汰猶當十世宥
而不受召之而不赴君臣之義已同路人嚳之破桐之業
不可以復合騎之勢不可以中下矣此事流傳稔於朕
聽每一思之未嘗不當饋歎息而卿猶悵然自安且卿自
視異續之功孰與岳飛之威名戰功暴于南比一旦見
忽送被參夷之誅可不畏哉故智者順時而動明者因機
而發與其負高世之勳見疑于人惴惴然常懼不得保其
首領昌若順時因機轉禍為福萬世不朽之業哉今趙
擄昏屏受制強臣比年以來頻遣普約增屯軍馬招納叛
亡朕以生靈之故未欲肆憑陵虔劉我邊陲攻剽我城
使宣諭而乃不顧道理愈肆憑陵虔劉我邊陲因來
是以志臣扼腕義士痛心家與為讎人百其勇失道至
此雖欲不亡不得乎朕已分命虎臣臨江問罪長驅並騖飛
渡有期此正豪傑分功之秋也卿以英偉之姿處危疑之
地必能深識天命洞見事機若按兵閉境不為異同使我

師併力巢穴而無西顧之虞則全蜀之地卿所素有當加
封冊一依皇統冊構故事更能順流東下助為掎角則旌
麾所指盡以相付天日在上朕不食言今送金寶一鈕至
可領也綱次臨江被詔進至水洛訪得曦族人端署為水洛
具曦于興州之置口綱言歸心朝廷無他張仔請以告身
為報曦盡出以付之仍獻階州朝廷以曦初附特中國為
機宜文字姚圓與端奉表送欸綱遣削京兆府錄事張仔會
未敢發詐稱杖殺端以敵匿其事松兵既敗曦得詔意動程
城廻檢使遣持詔間行諭曦得詔意動程
撝欲先取襄陽以為蜀漢屏蔽乃詔右副元帥匡先攻襄
陽詔略曰陝西一面雖下四州吳曦之降朕所經略自大
軍出境惟卿所部力戰為多方之前人無所愧謝今南伐
之事責成卿等區區俘獲不足羨慕果能為國建功豈止
一身榮寵後世子孫亦保富貴匡得詔乃移兵趙襄陽十
二月曦遣果州團練使郭澄仙入關使任辛奉表及蜀地
圖志吳氏譜牒棗上七年正月召綱赴京師以為陝西宣
撫副使進三階還軍吳曦遣郭澄謝恩表賀全蜀
歸附三表親王百官稱賀朝廷以詔答之井賜曦詔郭澄
朝辭諭澄曰汝主效順以全蜀歸附朕甚嘉之然立國曰
淺恐宋兵侵軼人心不安凡有當行事務已委宣撫究顏

綱移文計議或有緊急即差人就去講究大定間汝主嘗
以事入觀今亦多歲朕嘉汝之義懷想不忘欲得其繪
像如見其面今已遣使封冊俟回日附進可以此意歸諭
汝主詔以同知洮府事术虎高琪為封冊使翰林直學
士喬宇副之詔高琪曰卿以邊面宣力讀書蜀人識
卿威名勿以財賄動心失大國體檢制隨去奉職勿有違
撒兵使丙無所憚是宜有今日也於是詔贈曦太師命德
之降自當進據仙人關以制蜀命不援關獲
枉生事項之宋安丙殺吳曦上聞曦死遣使責綱詔曰曦

【金史九十八】 十九 次吉八

順州刺史完顏思忠招還坐以曦族兄端之子
為曦後詔謝陝西軍士略曰汝等爰自去冬出疆用命擇
披甲冑冒涉艱險直取山外數州比之他軍實有勤效
外屯駐日久負勞苦恩賞未行有司申奏不明以致如此
朕已令增給賞物以酬爾勞惟是餘賊未珍猶須經略著
我師徒久役未解深懷憫念痛瘵弗忘汝等益思體國之
忠奮敵愾之勇協心畢力建立功勳高爵厚祿朕實所不吝
宋人復陷階州西和州綱至鳳翔詔徹五州之兵退保要
害五州之民願徙內地者厚撫集之以近侍局直長為四
川安慰使蒲察貞撒黃牛戍宋安丙乘之連兵來襲陷
散關鞏州鈐轄兀顏阿失死之詔奪綱官一階降兵部侍

郎權宣撫副使遣戶部侍郎尼厖古懷忠按治綱以下將
吏懷忠未至陝西綱員遣兵潛自昆谷西山養馬潤入四
面攻之後取散關斬宋將張統領于圍練綱遣使奏捷詔
書獎諭員等釋不問八年宋獻韓侂胄蘇師旦首詔以陝
西關隘還之宋綱罷兵還京師是歲章宗崩衛紹王即位
陳綱徒單鎰按察使累官尚書左丞至寧元年綱行省事于
至縉山遂大敗胡沙虎斬關入中都遷衛紹王于衛邸命
人止之曰高琪措畫已定彼之功即行省之功綱不聽徒
思奮與其行省親往不若益兵為便綱不聽徒單鎰復使
押至市中使張霖卿數以失四川敗縉山之事殺之旦先臣綱在

【金史九十八】 二十 胡

綱子安和作家書使親信人召綱綱至囚之憫忠寺明日
四年綱子權復州刺史安和上書訟父寬略曰先臣綱在
章宗時招懷西羌青宜可等十八部族取宋五州具曦以
全蜀歸朝胡沙虎無故見殺奪其官爵詔下尚書省議謹
按元年詔書云胡沙虎屢害良將正謂綱輩也乃追復尚
書左丞第定奴

定奴與兄綱俱知名充護衛除平涼府判官累官同知真
定府從平章政事僕散揆伐宋加平南虎威將軍兵罷還
河南東路副統軍三遷武勝軍節度使入為右副點檢大

安二年遷元帥右都監救西京改震武軍節度使元帥與
屯襄敗績定奴坐失期及不以軍敗實奏降河州防禦使
遷鎮西軍節度使河東北路按察轉運使宣宗即位改知
歸德府貞祐二年改知河南府兼河南副統軍尋遷河南
統軍使兼昌武軍節度使請內外五品以上擧能幹之士
充河北州縣官改簽樞密院事殿前都點檢兼侍衛親軍
都指揮使復爲簽樞密院事兼知歸德府事改兼
武寧軍節度使行院于徐州召爲刑部尚書參知政事興
定三年薨

贊曰章宗伐宋之役三易主帥兵家所忌也宋不知乘此

以爲功猶曰有人焉韓侂胄心彊智踈蘇師旦謀淺任大
孟昌撫劉南北皆曰賊臣何哉完顏匡完顏綱皆泰和終
功之臣然匡蹙忠于大安綱難于至寧富貴之惑人乃
如此耶

開府儀同三司金國錄軍國重事前中書監尚書右丞相　國史領　經筵都總裁官臣　脫脫　奉

勅修

徒單鎰
　　　賈鉉
孫即康　　李革
　　　孫鐸

〈金史九十九〉

徒單鎰本名按出上京路速速保子猛安人父烏菴北京

副留守鎰穎悟絕倫甫七歲習女直字大定四年詔以女

直字譯書籍五年翰林侍講學士徒單子溫進所譯之選

政要白氏策林等書六年復進史記西漢書詔頒行之選

諸路學生三十餘人令編修官溫迪罕締達教以古書習

作詩策鎰在選中最精詣送通契丹大小字及漢字該習

經史久之樞密使完顏思敬請教女直人舉進士下尚書

省議奏曰初立女直進士科且免鄉試其禮部試廷

試止對策一道限字五百以上成在都設國子學諸路設

府學並以新進士充教授士民子弟願學者聽歲久學者

當自衆即同漢人進士三年一試從之九年八月詔策女

直進士問以求賢為治之道侍御史完顏蒲涅太常博士

李晏應奉翰林文字阿不罕德甫移剌傑中都路都轉運

副使奚臘考試鎰等二十七人及第鎰授兩官餘都授一官

上三人為中都路教授四名以下除各路教授十五年詔

譯諸經著作佐郎溫迪罕締達編修官宗璧尚書省譯史

阿魯吏部令史楊克忠譯解翰林修撰移剌傑應奉翰林

文字移剌履講究其義鎰自中都路教授選為國子助教

左丞相紇石烈良弼嘗到學中與鎰談論深加禮敬丁母

憂起復國史院編修官世宗嘗問太尉完顏守道曰徒單

鎰何如人也宗道對曰有材力可任政事上曰然當以劇

任起之又曰鎰容止溫雅其心平易久之兼修起居注累

遷翰林待制兼右司貟外郎獻漢光武中興頌世宗大悅

曰不設此科安得此人章宗即位遷左諫議大夫兼吏部

侍郎明昌元年為御史中丞無何拜參知政事兼修國史

鎰言人生有欲不限以制則侈心無極令承平日久當慎

行此道以章宗銳意于治平鎰上書其略曰

臣竊觀唐虞之書其進言於君曰戒哉懍乎曰吁曰

都既陳唐虞之治其美君之為治也必曰稽古崇德留

人既能聽之又能行之又從而興起之君臣上下之間相

與如此陛下繼興隆之運撫太平之基誠宜稽古崇德留

意於此無因物以好惡喜怒無以好惡輕忽小善不

邑人言夫上下之情有通塞天地之運有否泰唐陸贄嘗

陳隔塞之九弊上有其六下有其三上下之情既通則大

子者敢不慎其三哉上下之情既通則大綱舉而羣自張

夾進尚書右丞修史如故三年罷為橫海軍節度改定
武軍節度使知平陽府相繼得罪連引者眾上疑其有黨或命節
求中判平陽府改西京留守承安三年改上留
度定武繼又知平陽為改西京留守承安三年改上京留
守五年上問宰臣徒單鎰與崇浩孰優平章政事張萬公
對曰皆才能之士鎰似優者鎰有執守崇浩耳上曰鄉言是也頃之鎰
何謂才能之士鎰微似趨合上曰崇浩多數耳上曰
拜平章政事封濟國公淑妃李氏擅寵兄弟恣橫朝臣往
往出入其門是時烈風香曀連日詔問變異之由鎰上疏
略曰仁義禮智信謂之五常父義母慈兄友弟敬子孝謂

之五德令五常不立五德不興縉紳學古之士棄禮義忘
廉恥細民違道畔義迷不知背毀天常骨肉相殘動傷
和氣此非一朝一夕之故也今宜正薄俗順人心父父
子夫夫婦婦各得其道然後和氣普洽福祿荐臻矣因論
為政之術其急有二一曰正臣下之心竊見羣下不明禮
義趨利者眾何以責小民之從化哉其用人也德器為上
才美為下兼之者待以不次才下行美者次之雖有才能
行義無取者抑而下之則臣下之趨向正矣其二曰導學
者之志教化之行興于學校令學者失其本貴經史雅奧
委而不習藻飾虛詞釣取祿利乞令取士兼問經史故實

使學者皆守經學不或於近習之靡則善矣又曰凡天下
之事叢來者非一端形似者非一體法制不能盡隱於近
似乃生異論孔子曰義者天下之斷也曰義為斷則裁之節
伏望陛下臨制萬機事有異議少凝聖慮尋繹其端則裁
斷有定而疑可辨矣鎰言皆切時弊上雖納其說而不能
行上問漢高帝光武再造漢業在位三十年無沈湎冒色之事高
祖惑戚姬卒至于亂由是言之光武優于高祖優平章政事張萬公對曰高祖優
甚鎰曰光武中興雖受節制實顯方面上思用謀臣
妃李氏隆寵過盛故微諫云泰和四年罷知咸平府五年
改南京留守六年徙知河中府兼陝西安撫使散撥行
省河南陝西元帥府雖受節制實顯方面上思用謀臣
制之由是升宣撫使一品鎰改知京兆府事充宣撫使陝
西元帥府並受節制詔曰將帥雖武悍久歷行陣而宋人
狡獪亦資算勝鄉之智略朕所深悉且股肱舊臣故有此
寄宜以長策御敵屬兵撫民稱朕意焉鎰言初置提控急
本為轉送文牒令一切乘驛非便上深然之始置提控急
遞鋪官自中都至真定平陽置者達于京兆府自南京至鳳翔
置者達于臨洮自真定至彰德置者達于南京自南京分
至歸德置者達于泗州壽州分至許州置者達于鄧州自
中都至滄州置者達于益都府自此郵達無復滯焉七年

其職死宋安丙分兵出秦隴間十月詔鎰出兵金房以分
擘宋人梁益漢沔兵勢鎰遣行軍都統幹勒葉祿瓦副統
把回海完顏摑剌以步騎五千出商州十一月葉祿瓦拔
鶻嶺關摑剌別將攻破燕子關新道口回海取小湖關宋
君至營口鎮破宋兵千餘人追至上津縣斬首八百餘級
遂取上津縣葉祿瓦破宋兵二千于平溪將超金州宋王
安丙遣景統領由梅子溪新道口朱砂谷襲鶻嶺關回海
摑剌擊走之斬景統領于陣是歲罷兵鎰進特進賜茶藥
鎰知真定府事大安初加儀同三司封濮國公改東京

金史九十九　五

留守過闕入見衛紹王謂鎰曰卿兩朝舊德欲用卿為相
思忠敗績于會河堡中都戒嚴鎰曰事急矣乃選兵二萬
道同知烏古孫兀屯將之入衛中都朝廷嘉之微拜尚書
太尉匡卿之門人朕不可屈卿下之遷開府儀同三司佩
金符充遼東安撫副使三年改上京留守平章政事獨言
以聚攻散其敗必然不若入保大城併力備禦昌桓撫三
州素號富貴人皆勇健可以内從益我兵勢人畜貨財不
至亡失平章政事移剌參知政事誤壇曰如此是自蹙境
土也衛紹王以責鎰鎰復奏曰遼東國家根本距中都數

千里萬一受兵州府顧望報可誤事多矣可遣大臣
行省以鎮之衛紹王不悅曰無故置行省徒搖人心耳其
後失昌桓撫三州衛紹王乃大悔曰從丞相之言當不至
此頃之東京不守衛紹王自誦曰我見丞相愧哉术虎高
琪駐兵縉山甚得人心士樂為用至寧元年尚書左丞完
顏綱將行省于縉山鎰謂綱曰行省不必自往不若益兵
為便綱不聽且行鎰遣人止之曰高琪之切
胡沙虎難作命駕將入省或告之曰省府相幕皆以軍士
守之不可入矣少頃兵士索人于閭巷鎰乃還第胡沙虎

金史九十九　六

意不可測方猶豫不能自定乃詣鎰問疾從人望也鎰從
容謂之曰翼王章宗之兄顯宗長子衆望所屬元帥奉之
立之萬世之切也胡沙虎默然而去乃迎宣宗于彰德胡
沙虎既殺徒單南平欲執其弟知真定府事鎬鎰說之曰
車駕道出真定鎬王家在威州河北人心易感元帥之恩
變朝廷危矣不如輿之金牌奉迎車駕銘必感元帥決策
胡沙虎從之至寧貞祐之際轉敗為功惟鎰是賴焉宣宗
即位進拜左丞相封廣平郡王授中都路迭魯都世襲猛
安蒲魯吉必剌謀克鎰尚有足疾詔待朝無拜明年鎰連
議和親言事者請罷按察司鎰曰今郡縣多殘毀正須按

察司撫集不可罷遂止宣宗將辛南京鑑曰鑾輅一動北
路皆不守矣今已講和聚兵積粟固守京師策之上也南
京四面受兵遼東根本之地依山負海其險足恃備禦一
面以爲後圖策之次也不從是歲蒙詔賻贈從優厚鑑明
敏方正學問該貫一時名士皆出其門多至卿相嘗嘆文
士委頓難巧拙不同要以仁義道德爲本乃著學之急道
之要二篇太學諸生刻之于石有弘道集六卷

賈鉉字鼎臣博州博平人性純厚好學問中大定十三年
進士調滕州軍事判官單州司候補尚書省令史章宗爲
右丞相深器重之除陝西東路轉運副使入爲刑部主事

遷監察御史遷侍御史改右司諫上疏論邊戍利害上嘉
納之遷左諫議大夫兼工部侍郎與黨懷英同刊修遼史
鉉上書曰親民之官任情立威所用決杖分徑長短不如
法式甚者以鐵刃置於杖端因而致死間者陰陽惩戾和
氣不通未必不由此也願下州郡申明舊章檢量封記按
察官其檢察不如法者具以名聞内庭勅斷亦依已定程
式制可復上書論山東採茶事其大槩以爲茶樹隨山皆
有一切護邏已奪民利因而以揀茶樹執誑小民嚇取貨
賂宜嚴禁止仍令按察司約束上從之承安四年遷禮部
尚書諫議如故是時有詔凡奉教商量照勘公事皆期日

閱奏鉉言若如此恐官吏迫於限期姑務苟簡反害事體
況簿書自有常程御史臺治其稽緩如事有應密三月未
絕者令具次第以聞下尚書省議如省部可即定奪者湏

三月擬奏如取會案牘卒難補勘者先具次第奏知更限
一月結絕違者准稽緩制書罪之上議置相欲用鉉宰臣
次朕意以爲賈鉉才可用也然在鉉前上曰用即康及第
陵崇妃薨上欲成服就中行登門送喪之禮以問鉉對
曰故事當行此禮古無是也遂已改刑部尚書泰和三年
拜參知政事亳州醫者孫士明輒用黃紙大書救賜神針

鬻孫即康張萬公曰即康及第在鉉前上曰用即康相安問榜

先生等十二字及於紙尾年月間篆作寶樣朱篆青龍二
字以誑惑市人有司補治款伏值赦大理寺議宜准僞學
御寶雖遇赦不應原已奏可矣鉉奏天子有八寶宜其文各
異若僞造不限用泥及黃蠟令用筆描成青龍二字既非
八寶文論以僞造御寶非本法意上悟遂以赦原明日上

謂大臣曰已行之事賈鉉猶執奏甚可嘉也羣臣亦當如
此矣泰和六年御試鉉爲監試官上曰丞相崇浩嘗言試
題頗易由是進士鉉倒不讀書朕今以日合天統爲賦題鉉
曰題則佳矣恐非所以牢籠天下士也上曰帝王以難題
窘舉人固不可欲使自念積致學業而已遂用之久之鉉

與審官院掌書大中溺言除授事上謂鉉曰卿罪自知之矣然卿久參機務補益弘多不深罪也乃出為安武軍節度使改知濟南府致仕貞祐元年薨

孫鐸字振之其先滕州人徙恩州歷亭縣鐸性敏好學遼陽王遵古一見器之期以公輔登大定十三年進士第調為右都管使宋及還除同知登聞檢院事鐸言凡上訴者皆因尚書省斷不得直者上訴者復送省則必不行矣乞自宸衷斷之上以為然詔登聞檢院凡上訴者每朝日奏十事詔刊定舊律鐸先奏名例一篇承安元年遷左諫議大夫政河東南路轉運使召為中都路都轉運使初置講議錢穀官十人鐸為選首承安四年遷戶部尚書鐸因轉對奏曰比年號令或已行而中輟或既改而復行更張太煩百姓不信乞自令凡將下令冊三講究如有益于治則必行無恤小民之言國子司業統石烈善才亦言頒行法令絲綸既出尤當固守上然之泰和二年十二月上召鐸戶部侍郎張復章議交鈔復章請廢不用詰難久之復章議訕上顧謂侍臣曰孫鐸剛正人也雖古魏徵何加為三年御史中丞孫即康刑部尚書賈鉉

皆除參知政事鐸再任戶部尚書鐸心少之對賀客誦古人詩曰唯有庭前老柏樹春風來似不曾來御史大夫下劾鐸怨望降同知河南府事改彰化軍節度使復為中都轉運使泰和七年拜參知政事蒲陰縣令大中與左司郎中劉昂通州刺史史爾前監察御史王宇吏部主事曹元戶部員外郎李著監察御史劉國樞尚書省都事曹溫雄州刺史軍馬師周吏部員外郎徙單永康太倉使馬良顯順進曰昂等非敢議朝政但如鄭人游鄉校耳上悟乃薄其罪鐸上言民間鈔多宜收欽院務課程及諸賽名錢須要全收交鈔秋夏稅本色外盡令折鈔不拘貫例農民知之迤漸重鈔比來州縣抑配行市買鈔無益徒擾之耳乞罷諸飮鈔局惟省庫仍舊小鈔無限路分可令通行上覽奏即詔有司曰速行之大安初議誅黃門李新喜鐸曰此先朝用之太過耳衛紹王不察即曰卿今日始言之何耶既而復曰後當盡言勿以此介意頃之遷尚書左丞兼修國史議鈔法忤旨猶以論李新喜降澶州防禦使改安國軍節度使徙絳陽軍宣宗即位召起關以兵道阻宣宗遷汴鐸上謁于宜村除太子太師有疾累遣使候問貞祐三年致仕是歲薨

孫即康字安伯其先滄州人石晉之末遷徙河北寶燕薊
八代祖延應在徙中占籍析津寶大興仕至涿州刺史延
應玄孫克構遼檢校太傅啓聖軍節度使即康克構曾孫
中大定十年進士第章宗爲右丞相是時即康爲尚書省
令史由是識其人章宗即位累遷戶部員外郎講究鹽法
利害語在食貨志除耀州刺史入爲吏部員外郎中上諭
宰臣曰孫即康向爲耀州椽言語拙訥令才力大進非向時
比也宰臣因曰即康年己高辛及早用之上問年紹何兵
對曰五十六歲上優問其卞何如張萬公平章政事守貞
對曰即康才過之上曰視萬公爲通耳由是遷御史中丞

初張汝弼妻高陀斡不道伏誅汝弼鎬王永中舅也上由
是頗疑永中府傳尉奏永中第四子阿离合懣語涉
不軌即詔同簽大睦親府軍臺與即康鞫之第二子神土門
嘗撰詞曲頗輕肆遂以語涉不遜就逮家奴德哥首永中
嘗與待妾瑞雲言我得天下以爾爲妃子爲大王章即康
遂奏招禮部尚書張暐覆訊永中父子皆死時上問宰相
之遷泰寧軍節度使改知延安府軍承安五年上問宰相
再用爲中丞觀之上乃復召即康上曰不輕薄吾襄曰可
令漢官誰可用者司空襄舉即康爲御史中丞泰和三年猶
除參知政事明年進尚書右丞六年宋渝盟有端大臣猶

以爲小盜竊發不足慮即康與左丞僕散端參政吉思
忠以爲必當用兵上問即康參知政事賈鉉曰
太宗廟諱同音字有讀作成字者既非同音便不當缺點
董師帖寫作未字充字合缺點畫爲如統傍之充似不合缺
蘭亭帖寫作未字充字示字依
即康奏曰唐太宗廟諱從且董宗廟諱上止書斜畫沈
字銑字各從口兇悅之類各從本傳從之自此不勿曲避
從世宗廟諱從面從且董宗廟諱如正犯字作上字從下字
泯字乃擬熙宗廟諱世民偏傍犯如葉字作素字泯字作
即康奏曰董宗廟諱從正犯如葉字泯字泯字作
矣進左丞宋人請和進官一階舊制尚書省令史芳滿優

調次任回降崔建昌已優調興平軍節度副使未回降即
除大理司直詔知除郭邦傑李踈杖七十勒停左司員外
郎高庭玉決四十解職即康待罪有詔勿問章宗崩衛紹
王即位即康進拜平章政事封崇國公大安三年致仕是
歲薨遺使致祭
李革字君美河津人父餘慶三至廷試不遂因棄去革韻
悟讀書一再誦輒記不忘大定二十五年進士調真定主
簿容廉選韓城令同知州事納富商賂以歲課軍須配屬
縣革獨不聽提刑司以爲能遷河北東路轉運都勾判官
太原推官丁母憂起復遷大興縣令中都左警巡使南京

提刑判官監察御史同知昭義軍節度使事丁父憂起復爲
南京按察事泰和六年代宋尚書省奏軍興隨路官差占
者別注闕老不任職者替罷及司縣各存留強幹
正官一員華與簽陝西高深籍山東孟子元俱被詔體訪
三路官員能否籍存留正官行部元帥府差占員數
遷知開封府事河南勸農使戶部尚書陝西行省參

之貞祐二年遷戶部侍郎宣宗遷汴行河北西路六部事
徒單南平貴幸用事勢傾中外遺所親以進取誘革革拒
刺史兼提舉漕運陝西西路按察副使大興府治中知府
及事故闕員老不任職赴闕奏事改刑部員外郎調觀州
議官四年拜參知政事革奏有司各以情見引用斷例牽
合附會實卷倅門乞凡斷例勅條特旨奏斷不爲求格者
不許引用皆以律爲正詔從之是歲
大元兵破潼關革自以執政失備禦之策上表請罪不許
罷爲絳陽軍節度使興定元年胥鼎自平陽移鎮陝西革
以知平陽府事權參知政事鼎爲河東行省是時興兵
伐宋革上書曰今小忿以勤遠略恐或乘之不能支也不
止可自備若不忍小忿以計當休兵息民養銳待敵雖造舋
納太原兵後闕食革移粟七萬石以濟之二年宣差粘割
梭失至河東於是晚禾未熟脺行省耕毀清野革奏全歲

兩澤及時秋成可待如令耕毀民將不堪詔從革奏十月
平陽被圍城中兵不滿六千屢出戰旬日間傷者過半徵
兵吉闕霍三州不時至裨將李懷德縋城出降兵自城東
南入左右請革上馬突圍出革歎曰吾不能保此城何面
目見天子汝革可去矣乃自殺贈尚書右丞
贊曰傅曰君子之言其利博哉徒單鎰拱把一語而宣宗
立厥切懋矣賈鉉孫鐸皆舊臣孫鐸火致仕鐸忤旨衛王皆
不復見用徒單鎰外官惟孫即康之謂矣鐸隨乃驟至宰
所謂斗筲之人即康之謂矣惟官即康詭隨乃驟至宰相
有旨哉貞祐執政李革可謂君子其進退之際有古人
相之風焉

列傳第三十七

開府儀同三司上柱國錄軍國重事前中書右丞相監修國史領　經筵都總裁臣　脫脫　奉

勑修

孟鑄　　　宗端脩　　完顏間山

路鐸　　　完顏伯嘉　術虎筠壽

張煒　　　高汰　　　李復亨

孟鑄大定末補尚書省令史明昌元年御史臺奏薦戶部員外郎李獻可完顏掃合太府丞徒單繹宮籍監丞張庸書侍御史蛇同知定武軍節度使益國軍節度副使振壽治書右警巡使袞禮部主事蒲察振壽戶部主事郭蛇應奉翰林文字移剌益中都鹽鐵判官趙珣尚書省令史劉昂及繹秘書丞庸中都右警巡使袞彰國軍節度副使振壽治鑄十一人皆剛正可用詔除獻可右司諫掃合磁州刺史丞昂戶部主事鑄刑部主事累遷中都路按察副使南京副留守河平軍節度使泰和四年入為御史中丞召見於香閣上謂鑄曰朕自知卿非因人薦舉也御史責任甚重往者臺官乃推求細故彈劾小官至於巨室重事則畏徇不言其勤乃職無廢命是歲自春至夏諸郡少雨鑄奏今歲愆陽已近五月比至得雨恐失播種之期可依種麻菜法擇地形稍下處撥畦種穀穿土作井隨宜灌溉上從

其言區種法自此始無何奏彈知大興府事統石烈執中過惡其文略曰京師百郡之首四方取則知府執中貪殘專恣不奉法令自奉聖州罪解以後怙罪不悛蒙朝廷恩貸轉生跋扈雄州詐奪人馬平州冒支已俸無故破魏廷碩家發其家墓表以調鷹不赴祈雨聚妓戲嬉醫詈同僚擅令佳職失師帥之體乞行黜退以厭人望上以執中東宮舊人頗容之謂鑄曰執中人似有跋扈者鑄曰明年唐鄧河南屢有警議者謂宋旦敗盟六年正月宋賀正旦使陳克俊等朝辭上使鑄就館諭克俊以國家涵容之意果不詳此旨恐兵未可息也使以上言達宋主章宗本無意用兵故再三諭之鑄論提刑司改按察司差監察將權削望輕下尚書省議參知政事賈鉉奏乞差監察將別遣官偕往更不覆察諸疑獄並令按察司從正與決獄幾可慰人望從之永豐庫官不守宿因而被盜上召登聞鼓院官欲有所問皆不在上諭鑄曰此輩慢法如此御史臺所職何事也復諭御史大夫宗蕭及鑄曰朕聞唐宰相宿省中卿等所知也臺官六部官其餘司局亦嘗準此尚書省左右司官宿直餘亦當準此八年除絳陽軍節度使至寧元年復為御史中丞統石烈執中作亂召鑄及右

諫議大夫張行信俱至大興府問曰汝輩向來彈我者耶
鑄等各以正言答之執中乃遣還家曰且須後命既而執
中死鑄亦尋卒

宗端脩字平叔汝州人章宗避睿宗諱改一字凡太祖諸
子皆加山為崇政宗氏為姬氏端脩好學喜名節中大定
二十二年進士第明昌閒補尚書省令史承安元年監察
御史孫椿年武簡職事不修舉詔以端脩及范鐸代之是
時元如李氏兄弟干預朝政端脩上書乞遠小人上遺李
喜兒傳詔問端脩小人為誰其以姓名對端脩對曰小人
者李仁惠喜兒賜名也喜兒不敢隱具奏之上

雖責喜兒兄弟而不能去也四年復上書言事宰相惡之
坐以不經臺官直進奏帖准上書不以實削一官昔年後
敘章宗知端脩不為燕所容釋之改大理司直泰和四年
遷大理丞召見于香閣上謂端脩曰汝前為御史以幹能
見用汝言多細碎不究其實實令閒汝亦不汝罪及為大
理司乃能稱職用是權汝為丞盡心力惟法是守勿
問上位宰執所見何如汝其志之知大興府紀石烈執中
問如
陳言下大理寺議端脩調執中言事涉私治罪詔以端脩
別出情見不當與司直溫敦按帶各削一官解職父之為
節度副使卒官端脩終以直道不振於時自守愈篤妻死

不復更娶獨居二十年士論高之汝州司候將卒彥哲將之
官問為政端脩曰為政不難治氣養心而已彥哲不達端
脩曰心正則正不私氣平則不暴為政之術盡於此矣

完顏閒山蓋安人明昌二年進士累調觀察判官補
尚書省令史知管差除都轉運都勾判官改河東南路
轉運都勾判官節度使入為京按察判官
累遷沁南軍節度使入為工部員外郎定元年知京兆府
事充行省寨閒山權元帥右都監府事興定元年冬詔陝西
行省伐宋閒山權元帥右都監諸軍事宋兵千餘人
伏吳寨谷閒山率騎兵掩擊敗之追襲十五里殺三百餘

覆牛羊以千計政知平涼府敗宋人于步落堝遷官一階以
三年召為吏部尚書廷議選戶部官往往舉聚嶮苛刻以
應詔閒山曰民勞矣復用此輩將何以堪識者稱之三
年朝廷以晉安行元帥府陀蔴胡土門暴刻以閒山代之
是歲十月卒

路鐸字宣叔伯達子也明昌三年烏左三部司正上書言
事召見便殿遷右拾遺明年盧溝河決鐸請自玄同口以
下丁村以上無修舊堤總使分流以殺減水勢詔工部尚
書晉持國與鐸同檢視章宗將幸景明宮歲民饑不可
行御史中丞董師中上書諫鐸與左補闕許安仁繼之賜

對御閤詔尚書省曰朕不禁暑熱欲往往山後令臺諫言民
間多闕食朕初不盡知既已知之其忍自奉以重困民哉
乃罷行尚書左丞完顏守貞每論政事守正不撓與同列
不合罷知東平府事臺諫因而擠之鐸上書論守貞賢可
復用其言太切召對于崇政殿既而章谷衡胥持國奏路
尚書張暐御史中丞董師中右諫議大夫賈守謙翰林修
鐸以梁襄比右丞烏林荅愿參知政事夾谷清
臣也上曰周昌以紲紂比漢高祖高祖不以為忤路鐸以
梁襄比右丞相耳頃之守貞入為平章政事五年復與禮部
尚書張暐御史中丞董師中右諫議大夫賈守謙翰林修
撰完顏撒剌諫幸景明官語多激切章宗不能堪遺近侍
局直長李仁愿召凡諫此幸者詣尚書省詔曰卿等諫此
幸甚善但其間頗失君臣之體耳是歲郝忠獄起事寖
諫官不能察其詳議者頗謂事涉鎬王永中思有以寬解
上意右諫議大夫賈守謙上封事鐸繼之尤切直上優容
之謂鐸曰汝言諸王皆有觀心游其門者不無橫議是何
言也但朕不罪諫官耳頃之尚書省奏擬鐸敢言同知河北西
路轉運使事詔再任右拾遺召對論宰相曰鐸敢言但識短耳
朕嘗詰責而氣不沮鐸因召對論宰相權太重既而復奏曰乞陛下勿泄此言泄則
由朕宰相安得權重既而復奏曰乞陛下勿泄此言泄則

臣蓋粉矣上曰宰相安能養粉人至是章宗並以此言告
宰相雍留任宰相愈銜之改右補闕自完顏守貞再入
相以政事為已任胥持國方忌鐸董鐸論國方忌鐸董
雖嘗為守貞論辨而不相附鐸論邊防守貞以為撥拾上
言切諫並指以為黨上乃出守貞知濟南府凡曾薦守貞
者皆黜諫並謂宰臣曰董師中謂臺省無守貞不可治路鐸
李敬義皆輩鐸之然三人者後俱可用今姑出之上復
曰路鐸敢言非但取敢言亦須間有
可路鐸敢言及才識麾鐸右者參知政事馬琪奏曰鐸雖知
守貞公正可用今坐所舉失實耳承詔二年召為翰林修
撰問趙晏所言十事因問董師中張萬公優劣鐸奏師
及鐸問趙晏所言十事因問董師中張萬公優劣鐸奏師
出朕意表者乃有裨益于於是吏部尚書董師中出為陝
西西路轉運使鐸為南京留守判官户部郎中李敬義方
使高麗還即出為安化軍節慶副使詔曰卿等昨來交薦
中附胥持國以進趙張復勾張嘉貞皆出持國門下嘉
貞復趨走裏之門持國不可復用若再相必亂綱紀上曰
朕當復相此人但遷官二階使致仕何為不可持國當開

之慤愈甚改御監察御史參知政事楊伯通引用鄉人李浩
鐸劾奏伯通以公器結私恩左司郎中賈益知除武郁承
望風旨不詳檢起復條例涉安冒大夫張晞抑之不行上
命同知大興府事賈鉉詰問張晞伯通待罪于家賈鉉奏
近詔書詰問御史大夫張晞言路鐸嘗票會楊伯通私
用鄉人李浩晞以為彈紬大臣須有阿曲實迹恐所劾不
當賈鉉愈壞今并體察賈益言除授皆宰執公議泰票不
見伯通私任形迹於是詔責賈鉉言事輕率慰諭伯通治
如故項之遷待御史主奏事監察御史姬端修以言事下
更使御史臺令史郭公仲達意于大夫張晞及鐸晞與鐸
奏事殿上問姬端修彈事當申臺官否對曰嘗來面議
端修款伏乃云抵曾與待御私議大夫不知不知也既而端修
杖七十收贖公仲杖七十替罷晞鐸坐奏事不實晞追一
官鐸兩官皆解職軍節度副使上謫宰臣
曰凡言事者議及朕躬亦無妨語涉宰相間有憎嫌何以
得進詔左司尚書省考至正五品即除東平府治中未幾
景州關刺史尚嘗郭岐以為之詔特改鐸為景州刺
史仍勿送審官院鐸述十二訓以教民詔曰路鐸十二訓

〈金史百〉 七 〈列傳〉 月名

舟居士集云
完顏伯嘉宇輔之北京路訛魯古必刺猛安人明昌二年
進士調中都左警巡判官孝懿皇后妹晉國夫人家奴買
漆不酬直伯嘉鉤致晉國用事奴數人繫獄晉國白章宗
章宗曰婢酬其價則奴釋矣由是豪右屏迹改寶坻丞補
尚書省令史除太學助教監察御史劾奏平章政事僕散
揆或曰與宰相有陳奈何伯嘉曰職分如此遷平涼治中
累官莒州刺史讞屬縣盜伯嘉曰飢寒為盜得幾二千經
月不使一錢云何此必官兵捕他盜不獲誣以準罪耳詰
之果然詔與按察官俱推排物力召見于香閤大安中三
遷同知西京留守權本路安撫使貞祐初遷順義軍節度
使居父母喪辛哭起復震武軍節度使兼宣撫副使提控
太和嶺諸隘副統李鵬飛誣稷彰國軍節度使牙改詔伯
嘉治四年三月伯嘉奏西京副統程琭智勇過人
待心忠孝以私財募集壯士二萬復取渾源白登有恢復
山西之志已命駐于弘州矣亡者靖大中完顏毛吉打以
三千人歸國各遷節度副使今山西已不守琭收合餘衆

四百四十 〈金史百〉 〈列傳〉 月名

盡忠於國百戰不挫臣恐失機會輒擬琢昭勇大將軍同
知西京留守事兼領一路義軍給以空名敕二十道許擇
有謀略者充州縣制可仍賜琢姓夾谷氏琢請曰前代皆
賜國姓不繫他族如蒙更賜榮英大烏詔更賜完顏氏是
月伯嘉遷元帥左監軍知太原府事河東北路宣撫副使以
同知太原府幹辦同西京留守完顏悰與宣撫
使伯嘉六月
輔勤合打妻同知西京留守完顏悰與宣撫使伯嘉雅
善徙居代州肆為侵掠過授太原治中權堅州刺史完顏
斜烈邊面臣乃以羸卒數百見付半無鎧使臣復為言伯
州臣請益兵乃以羸卒數百見付半無鎧使臣復為言伯
嘉怒臣榜掠幾死臣立功累年頗有寸効伯嘉頗不悅遣臣護送糧運于代
無復宣撫同僚之禮臣欲不言恐他日反為所誣無以自
明上閒宰臣奏田太原重鎮防秋在邇請敕諭和解詔曰
太原兵衝若以私忿廢國事國家何賴為卿等同心戮力
以分北顧之憂無執前非誤大計也七月伯嘉改知歸德
府事合打政武寧軍節度使御史臺奏宣撫副使合打訴
元帥伯嘉以私忿加箠楚令本臺廉問既得其事遂不復
窮治若合打妻實伯嘉女得無罪合打坐枷
閒乞審正是非明示黜陟宣宗曰今正防秋且已初河東
行省胥鼎奏完顏伯嘉屢言同知西京留守兼蔚州刺史

完顏琢倚之以復山西朝廷遷官賜賚令屯代比挽太
和嶺全閒諸監悉無琢兵蓋琢挈太原之眾保五臺剽掠
耳如尚以伯嘉之言為可信乞遣琢出太原或徙之內地
分命其眾以備不測之變宰臣奏已遣官體究且令
太原元帥府烏數萬分屯代州諸險拒戰甚力其眾為合
何德升奏琢兵復宣撫差提控古里甲石倫言琢方招
降人謀復山西盤桓于忻代閒恣為侵擾無復行意
歙掘民栗賤殺無辜雖曰不煩官廩恣為名實則攘却
敗國害民無如琢者石倫之言如此臣已令帥府禁止之
矣宰臣奏所遣官自忻代來云不見刦掠之迹惟如德升
言便從之伯嘉至歸德上言乞雜犯死罪以下納栗贖免
宰臣奏伯嘉前在代州嘗行之蓋一時之權不可為常法
遂寢俄改簽樞密院事未閒月改知河南府事是時庸經
兵後之兵食伯嘉令輸稟栗菜根足之皆以為便興定元
年知河中府充宣差都提控未幾召為吏部尚書二年改
御史中丞初貞祐四年十月詔以兵部尚書簽樞密院事
年知河中府充宣差都提控未幾召為吏部尚書二年改
御史中丞阿里不孫為右副元帥備禦潼關陝州次沔池土濠
蒲察阿里不孫為右副元帥備禦潼關陝州次沔池土濠
村兵不戰而潰阿里不孫逸去亡所佩虎符變易姓名匿
拓城縣與其妻妹前韓州刺史合喜男婦紇石烈氏及僕
行省胥鼎奏完顏伯嘉屢言同知西京留守兼蔚州刺史

婢三人慨民舍居止合喜母徒單民聞之捕執紀石烈斷
其髮拘之佛寺中阿里不孫復亡去監察御史完顏藥師
劾奏乞就詰紀石烈及懊婢當得所在其妻子見在京師
亦無容不知請窮治有司方繫其家人特命釋之詔曰阿
里不孫若能自出當免極罪阿里不孫乃使其子上書請
其子上書猶懷顧望伯嘉劾之曰古之為將者受命之日
忘其家臨陣之日忘其身服喪衣鬘凶門而出以示必死
進不求名退不避罪惟民是保阿里不孫厝國重寄握兵
數萬未陣而潰委棄虎符既不得援枹鼓以死敵又不能

金史一百　十二　朱建

負斧鑕而請罪逃命竄伏猥居里巷挾匿婦人為此醜行
聖恩寬大曲赦其死自當奔走關庭皇恐待命安坐要君
略無忌憚迹其情罪實不容誅此而不懲朝綱廢矣乞尸
諸市以戒為臣之不忠者宣宗曰中丞言是業已赦之矣
阿里不孫乃除名五月宣差河南提控捕蝗許決四品
以下宣宗憂旱伯嘉奏曰者君之象陽之精旱燠乃人
君自用亢極之象藏所致夫燮和陰陽宰相
之職而猥歸咎於有司高琪武并出身固不足論汝礪草
不知所職其罪大矣漢制災異策免三公顧歸之有司邪
臣謂今日之旱聖主自用宰相詔諫百司失職實此之由

高琪汝礪深怨之禮部郎中抹撚胡魯剌以言事忤旨集
五品以上官顧責之明日伯嘉諫曰自古帝王莫不欲法
堯舜而恥為桀紂蓋堯舜納諫桀紂拒諫也故曰納諫者
昌拒諫者亡胡魯剌所言是無益於身所言不是無損於
國陛下廷臣有此譖不欲為堯舜之近日言事者語涉謗
訕有司當以重典陛下釋之與其釋之以為恩曷若置之
而不問宰相請修山寨以避兵伯嘉諫曰建議者必曰據
險可以安君父獨不見陳後主之入井乎假令入山寨可
以得生能復為國乎人臣有忠於國者有媚君者忠國者或
拂君意媚君者不為國謀臣竊論之有國可以有君有

金史一百　十二　朱建

未必有國也高琪汝礪聞之怒愈甚十二月以御史中丞
權參知政事元帥左監軍行尚書省于河中控制
河東南北路便宜從事與定三年伯嘉至河中奏曰本路
衝要不可闕官凡召辟者每以艱險為辭乞凡撤乃無故
不至者宜令降罰悉心幹當者視所歷升遷詔召不至者
決杖一百餘如所請廷議欲棄河東徙其民以實陝西伯
嘉上書諫曰中原之有河東如人之有背古人云不得
河東不雄萬一失之恐未易取也大忤宰執意頃之召還
罷為中丞伯嘉入見奏曰如臣駑鈍固宜召還更涉速遣
大臣鎮撫宣宗深然之伯嘉上疏曰國家兵不強力不足

以有爲財不富賞不足以周衆獨恃官爵以激勸人心近
日以功遷官赴都求調者有司往駭之冒濫者固十之
三旣與而復奪之非所以勸功也乞應軍功遷官宣勅無
僞者即準用之又曰自兵興以來河北紏點徒往聚衆自
保未有定屬乞賜招撫署以職名無爲他人所先又曰河
東河北有能招集餘民完守城寨者乞無問其門地皆超
論等級授以本慶見任之職又曰河中晉安被山帶河保
障關陝此必爭之地今雖殘破形勢猶存若使他人據之
因壃池之饒聚兵積糧則河津以南太行以西皆不恃
矣四年秋河南大水充宣慰副使按行京東奏曰亳州災
最甚合免三十餘萬石三司止奏除十萬石民將重困惟
陛下憐之詔泊三司奏災不以實罪伯嘉行至斬縣聞前
有紅襖賊不敢至泗州監察御史烏古孫奴申劾伯嘉遠
詔不遍按視又曰伯嘉束城縣主簿蒙古訛里剌直不能
沈丘令夾谷陶也受賄匿而不籤前穀城縣令獨吉鼎术
可嘗受業伯嘉伯嘉諷御史辟之詔有司鞫問會赦免五
年起爲彰化軍節度使改翰林侍講學士伯嘉純直不能
與時低昂嘗曰生爲男子當益國澤民其他不可學也高
汝礪方希寵固位伯嘉論事輒與之忤由是毀之者衆元
光元年坐言事過切降授同知歸德府事二年三月遇

授集慶軍節度使權參知政事行尚書省于河中率陝西
精銳與平陽公史詠共復河東頃之伯嘉有疾六月薨伯
嘉去太原後完顏琢寓軍平定石仁寨權平定州刺史范
鐸以闔德用充本州提控德用禁驚蕃姦謀鐸不能制委
曲容庇之興定二年德用率所部掩襲殺琢及官屬程珪
等百餘人遂據石仁寨鐸懼挈家奔太原德用遂據平定
州十月詔誅范鐸

術虎筠壽貞祐間爲器物局直長遷副使貞祐三年七月
工部下開封市白帖取皮治御用鞾仗筠壽以其家所有
鞾仗以進因奏曰中都食盡遠葉廟社牲下當坐薪懸膽
之日奈何以毬鞾細物動搖民間使屠宰耕牛以供不急
之用非所以示百姓也宣宗不懌擲鞾籠中明日出筠壽
爲橋西提控

積曰孟鑄宗端修路鐸盡言於章宗皆擯斥不遂鑄劾胡
沙虎可謂先知雖行其言弗究厥罰厥後胡沙虎逆謀胥
持國終也于誤國而不悟也宣宗時完顏素蘭許古皆敢
言者亦挫于高琪汝礪之手簀土不能塞河決有以也夫
完顏伯嘉以著功參大政亦不能一朝而安言之難也如
是哉术虎筠壽所謂執藝事以諫者邪
張煒字子明洺州永年人本名燦避章宗嫌名政爲大定

二十五年進士調餕州軍事判官再遷中都左警巡使燁
喜言功利寡廉鮮交通部民閭元聳縉紳簿之累官戶部
員外郎承安五年天色久陰晦平章政事張萬公奏此由
君子小人邪正不分所致君宜在內少人宜在外章宗
問孰為小人萬公對曰戶部員外郎張曒文繡署丞田樺
都水監丞張嘉貞雖有幹才無德而稱好奔走以取勢利
大抵論人當先德後才詔三人皆與外除燁出為同知鎮
西軍節度使事轉同知西京轉運使事是時大築界墻被
行戶工部牒主役事丁母憂起復桓州刺史奏請以疆易
米事且所言利害甚多忍涉細碎不敢盡上詔尚書省曰

張曒通曉人也朕不敢縷詰卿等詳問之母為虛文充言
差西北路軍儲自言欲不及民可以足用大抵募商賈賤
其販易不問所從來姦人性挂授牒妄指產業疏薄保姓
名燁信之多與之錢已而巳去即遠縶鄰保使之代償一
路為之疲弊以故舊種則繒絮皮革折給軍士皆棄於道
而去藏餘改戶部郎中遷翰林直學士俱兼規措職事左
丞相崇浩奏張曒長於恢辦比戶給錢三十萬巳增息
十四萬矣請給錢通百萬令從長恢辦乞不隸省部委臣
專一提控有應奏者許曒專達藏差幹事官計本息具奏
上從其請泰和八年伐宋燁進銀五千兩詔曰汝幹集資

儲固其職也母令軍士有議國家人之短汝皆知之惟
能與利斯惟汝功自西北路召還勾計諸道倉庫陳簽三
司事上問誰可代卿規措者燁舉中都轉運戶籍判官王
謙謙至西北路盡發燁前後散失錢物以鉅萬計對獄者
積年大安三年起為同簽三司事會河東兵敗軍士猶云
張宣差刻我欲倒戈殺之累遷戶部侍郎貞祐初遷河北
西路按察轉運使貞祐二年春中都乏糧詔同知都轉運
使事邊源以兵萬人護運通州積粟軍敗死為平章政事
高琪舉燁代源行六部事以勞進官一階改河北東路轉
運使宣宗遷汴佐尚書右丞胥鼎前路排頓及修南京官

闕無何坐事降孟州防禦使三年遷安國軍節度使致仕
宣宗初以燁有才既察其無實遂不復用貞祐四年卒
高竑渤海人以蔭補官累調貴德縣尉提刑司舉任繁劇
遷奉聖州錄事察廉遷內黃令累官左藏庫副使元如李
氏以阜帛易紅幣竑獨拒不肯易元如奏之章宗大喜遣
人諭之曰所執甚善今姑與之後不得為例轉儀鸞局少
監改戶部員外郎安州刺史大安中越王永功判中
山並以王傳同知府事改同知河南府充安撫使徙同知
府少監改戶部員外郎安州刺史大安中越王永功判中
大名府兼本路安撫使貞祐二年遷河北西路按察轉運
使錄大名功遷三官致仕興定四年卒

李復亨字仲修榮州河津人年十八登進士第復中書判
優等調臨晉主簿護送官馬入府宿逆旅商人過客同邑人稟
曰不利而殺之必有仇者盡索逆旅商人有盜殺馬復亨
中盛佩刀謂之曰刀巉馬血火煅之則刃青其人款服果
有仇以提刑薦遷南和令盜割民家牛耳忽驚躍詰之乃引
伏察廉遷臨洮府判官败陝西東路戶籍解官轉河東北
慶支判官泰和中代宋克宣撫司經歷官遷解鹽副使歷
保大震武同知節度事丁毋憂起復同知震武節度加遷
授忻州刺史貞祐間歷左司員外郎中遷翰林直學士

列傳四百四十八　金史一百　十七　周忠

行三司事興定三年上言近日興師代宋忍宋人乘盧掩
襲南鄙故籍邊郡民為軍今大軍已還乞罷遣歸本業從
之復亨舉陳留縣令程震等二十九人農雜有效徵科均
一朝廷皆遷擇之是歲七月置京東京西京南三路行三
司掌勸農催租軍須科差及鹽鐵酒榷等事戶部侍郎張
師曾攝東路治歸德戶部侍郎完顏麻斤出攝南路治許
州復亨攝西路治中京寶河南府三司使侯摯總之復亨
秦民間銷毀農具以供軍器臣竊以為未便汝州魯山寶
豐鄧州南皆產鐵募工置冶可以獲利且不屬民兵奏陽
武設賣鹽官以佐軍用乞禁止滄濱鹽勿令過河河南食

陽武解鹽河北食滄濱鹽南北俱濟南詔尚書省行之九月
以勸農有勞遷兵部尚書再閱月轉吏部尚書權參知政
事四年三月真拜參知政事兼修國史七月河南雨水害
稼復亨為宣慰使御史中丞完顏伯之徇行郡縣足
官吏貪汙不治者得廢罷推治復亨奏乞禁宣慰使吏
令臣民間差發可免者免之民多逃竄職此之由可依舊設回
不得與州府司縣行總管府及管軍官會復亨秦曰詔書
素百端皆出養馬之家人多逃竄此之役最甚使者求
馬官使者皆食料皆官給之歲給會計均賦於民又奏河南
闢田多可招河東河北移民耕種被災及治邊郡縣租稅

列傳四百四十八　金史一百　十八　周忠

全免內地半之以救塗炭之民資蓄積之用詔有司議行
馬還秦南陽禾麥雖傷土性宜稻今因凶雨乃更滋戎田
凡五百餘頃畝可收五石都得二十五萬餘石可增直糴
稻給唐鄧軍食緣認書不急科役即令免罷臣不敢輒行
如以臣言為然乞付有司計之制可無何被認提控軍興
糧草復亨秦河渡不通陝西鹽價踊貴乞以粟互易足兵
食詔戶部從長規措復亨有會計才號能吏當時推服故
驟至通顯既執政頗孫持以私自營譽望頓減五年三月
廷試進士復亨監試進士盧元諆誤監放及第讀卷官禮
部尚書趙東文翰林待制崔禧歸德治中時戩應奉翰林

文字程嘉善當奪三官降職復亨當奪兩官趙東文嘗謂

致仕宣宗憐其老降兩階以禮部尚書致仕復亨罷爲安

國軍節度使元光元年十一月城破自殺年四十六贈資

德大夫知河中府事

贊曰大凡兵興則財用不足是故張煒李復亨乘時射利

聚斂爲功大安軍士欲倒戈殺煒復亨宣慰南陽還奏稱

熟可糧所謂聚斂之臣者二子之謂矣高竑之守蔽君子

頗有取焉

承暉　本名福興　　抹撚盡忠　　僕散端

耿端義　　李英　字木魯德裕　本名七斤

烏古論慶壽

〈金史百一〉　一　元

承暉字維明，本名福興。好學淹貫經史，襲父益都尹鄭家
塔割剌訛謀克。大定十五年，選充符寶祗候，遷筆硯直
長，轉近侍局直長，調中都右警巡使。章宗為皇太孫，選充
侍正。章宗即位，遷近侍局使。孝懿皇后妹夫吾也藍，世宗
時以罪斥去，乙夜詔開宮城門召之，承暉不奉詔，明日奏
曰：吾也藍得罪先帝，不可召。章宗曰善。未幾遷兵部侍郎
兼右補闕。初置九路提刑司，承暉東京咸平等路提刑副
使，改同知上京留守事。御史臺奏承暉前為提刑，豪猾屏
息。遷臨海軍節度使，歷利涉遼海軍，遷北京路提刑使，歷
知咸平臨潢府，為北京留守副留守。李東陽素貴，承暉自
非公事不與交一言。改知大名府，召為刑部尚書兼知審
官院。惠民司都監余里痕都，遷織染署直長，承暉駁奏曰
痕都以陰得官，別無才能，前為大陽渡譏察，纔八月，擢惠
民司都監，已為太優。依格兩除之後，當再入監，差令乃超

列傳八　〈金史百一〉　二

授隨朝入品職，住況痕都乃平章鑑之甥，不能不涉物議。
上從承暉議，召徒單鎰深責之。改知大興府事，宦者李新
喜有寵用事，借大興府妓樂，承暉拒不與。新喜懟，章宗聞
而嘉之。豪民與人爭種稻水利，不直，厚賂元妃兄左宣徽
使李仁惠，仁惠使人屬承暉右之，承暉即杖豪民而遣之，
謂其人曰：可以此報宣徽也。復改知大名府事。兩遼害稼，
承暉決引遼水納之濠隍。及伐宋，遷山東路統軍使。山東
盜賊起，承暉言捕盜不即復比表報，或遷官去官，請權行
的決。尚書省議猛安依舊收贖，謀克其餘鈐轄都軍、
巡尉先決奏聞，俟事定復舊，從之。及罷兵，盜賊渠魁稍就
招降，猶往往潛匿泰山巖窟間。按察司請發數萬人刈除
林木，則盜無所隱矣。承暉奏曰：泰山五岳之宗，故曰岱
宗。王者受命，封禪告代。國家雖不行此事，而山亦不可赭
也。齊人易動，驅之入山，必有凍餓失所之患，此誨盜，非止
盜也。天下之山亦多矣，豈可盡赭哉。議遂寢。是時行限錢
法，承暉上疏略曰：貨聚於上，怨結於下。不報。改知興中府
事。衛紹王即位，召為御史大夫，拜參知政事。承暉駙馬都尉徒
單沒烈與其父南平王千政事，大為姦利，承暉面質其非，進
拜尚書左丞，行省于宣德，參知政事承裕敗績于會河堡，
承暉亦坐除名。至寧元年，起為橫海軍節度使。貞祐初，召

拜尚書右丞承暉即日入朝妻子留滄州滄州破妻子皆死

紇石烈執中伏誅進拜平章政事兼都元帥封鄒國公中

都被圍承暉出議和事宣宗遷汴進拜右丞相兼都元帥

徙封定國公與皇太子留守中都承暉以尚書左丞抹撚

盡忠久在軍旅知兵事遂以赤心委盡忠悉以兵事付之

己乃總持大綱期於保完都城頃之莊獻太子去之右副

元帥蒲察七斤以其軍出降中都危急詔以抹撚盡忠為

平章政事兼左副元帥三年二月詔元帥左監軍永錫將

中山真定兵元帥左都監烏古論慶壽將大監軍永錫為

人西南路夾騎萬一千河北兵一萬御史中丞李英運糧

參知政事大名行省宇木魯德調遣繼餉救中都承暉聞

遣人以蠟書馳奏曰七斤既降城中無有固志臣雖以死守

之豈能持久伏念一失中都遼東河朔皆非我有諸軍倍

道來援憔豈有海詔曰七斤暴露風霜時尚多虞歷有貳心

也已趣諸路兵與糧俱徃卿會知之及詔中都官吏軍民

日朕欲行民力遂辛陪都天未悔禍時尚多虞道歷有貳

音問難通汝等朝暮矢石暴露風霜思報國歷有貳心

故茲獎諭想宜知卷永錫慶壽壽軍至霸州比三月乙亥

侯兵事之稍息當不恡於旌賞令已會合諸路兵馬救援

李英被酒軍無紀律

金史百一　三　朱絃

大元兵攻之英軍大敗是時尚琪居中用事忌承暉成功

諸將皆顧望既而以刑部侍郎阿典雅宋阿為左監軍行元

帥府于清州同知真定府事女奚列胡論出為右都監行

元帥府為保州戶部侍郎侯摯行尚書六部往來應給終

無一兵至中都者慶壽軍聞之亦潰承暉與抹撚盡忠愁

議于尚書省承暉約盡忠何召盡忠社稷元帥左監軍完

郎起還第曰始我謂平章知兵故推心以權昇平章當

許與我俱死令忽異議行期且在何日汝必知之師姑曰

顏師姑至謂曰汝行李辦未曰辦矣承暉變色曰社稷

令日向暮且行曰汝行李辦未曰辦矣承暉變色曰社稷

若何師姑不能對叱下斬之承暉起辭謁家廟召左右司

即中趙思文與之飲酒謂之曰事勢至此惟有一死以報

國家作遺表付尚書省令史師安石其表皆論國家大計

辦君子小人治亂之本歷指當時邪正者數人曰平章政

事高琪賦性陰險報私憾竊弄威柄包藏禍心終害國

家因引咎以不能終保都城為謝復謂妻子死于滄州為

書以從兄子永懷為後從容若平日盡出財物召家人隨

年勞多寡而分之皆與良書舉家號泣承暉於五經皆經師授謹守

方與安石舉白引滿謂之曰承暉於五經皆經師授謹守

而力行之不為虛文既被酒取筆與安石訣最後倒寫二

金史百一　四　朱絃

字投筆歎曰邊事誤爾誤得非神志亂邪謂安石曰子行矣
安石出門閧哭聲復還問之則已仰藥斃矣家人勿勿座
庭中是日暮盡忠出奔中都不守員祐三年五月二日也
師安石奉遺表奔赴中之奏之宣宗設奠於相國寺哭之
盡哀贈開府儀同三司太尉尚書令廣平郡王諡忠肅詔
以永懷爲器物局直長永懷子撤速爲奉御承暉生而貴
富貴類寒素常置司馬光蘇軾像於書室曰吾師司馬
而友蘇公平章政事完顏守貞員素敬之與爲忘年交

抹撚盡忠本名彔多上京路猛安人中大定二十八年進
士第調高陽朝城主簿比京臨潢提刑司知事御史臺奏

廉能遷順義軍節度副使以憂去官起復翰林修撰同知
德昌軍節度事簽比京按察司滑州刺史改恩州上言凡
貿貴軍器乞令告給憑驗以防盜賊私市尚書省議止聽
係籍人匠貨賣有知情售不應存留者同私造法從之遷
山東按察副使坐虛奏田稼豐收請雜常平粟詐稱宣差
和糴降虢州刺史改乾州泰和六年代宋爲元帥府右監軍
完顏充經歷官坐奏報稽滯校五十八年入爲吏部郎中
累遷中都西京按察使是時統石烈執中爲西京留守與
盡忠爭私意不愜盡忠陰伺執中過失申奏執中雖跋扈
善撫御其部曲密於居庸北口置腹心剌取按察司文字

及執中自紫荊關走還中都詔盡忠爲左副元帥無西京
留守以保全西京功進官三階賜金百兩銀千兩重綵百
段絹二百疋未幾拜尚書右丞行省西京貞祐初拜左
丞詔曰卿總領省鎮撫陪京守禦有功人民收頼朕新
嗣祚念爾重臣益勉乃力以副朕懷二年五月自西京入
朝加崇進封申國公賜玉帶金鼎重幣二年進拜都元
帥盡忠復爲左副元帥十月進拜平章政事監修國史左
副元帥如故宣宗遷汴與右丞相承暉守中都承暉爲都
朝盡忠如故宣宗詔盡忠善撫紇軍不察殺紇軍數
人已而中都受圍承暉以盡忠父在軍旅付以兵軍嘗約

同死社稷及烏古論慶壽等兵潰外援不至中都危急密
與腹心元帥府經歷官完顏師姑謀棄中都南奔已戒行
李期以五月二日向暮出城是日承暉盡忠會議于尚書
省承暉無奈盡忠何徑歸家召師姑問之曰凡在中都危出
奔乃先殺師姑然後仰藥而死是日凡在中都妃嬪盡
忠出奔皆束裝至通玄門盡忠謂之曰我當先出與諸妃
啓途諸將皆東如以爲信然盡忠乃與愛妾及所親者先出城不
復顧矣中都遂不守盡忠行至中山諭所親曰若與諸軍
惜來我輩豈能至此盡忠至南京宣宗釋不問棄中都軍
仍以爲平章政事盡忠言記注之官奏事不當回避可令

左右司官兼之宣宗以為然盡忠奏應奉翰林文字完顏
素蘭可為近侍局宣宗曰近侍局例注本局人及宮中出
身雜以他色恐或不和盡忠曰若給使左右可止注本局
人既令預政固宜慎選宣宗曰何謂預政盡忠曰自世宗章宗許密
事得議論訪察即為預政矣宣宗曰中外之
外事非自朕始也如請詔營私擬除不當臺諫不職非近
侍體察何由知之盡忠乃謝罪參政德升繼之曰固當慎
選其人宣宗曰朕於應官昌當不慎有外似可用而實無
才力者視之若忠孝而包藏悖逆者蒲察七斤以刺史立
功驟升顯貴輕懷異志蒲鮮萬奴以遼東乃復肆亂知
人之難如此朕敢輕乎衆以蒲察五斤為公幹乃除副使
衆以斜烈為淳直乃用黜若烏古論石虎乃汝等共
舉之朕豈不盡心哉德升曰此來訪察開決河隄水損田
禾等覆之皆不實上曰朕自令不敢問若輩外間事皆不
知朕幹何事但然日黙坐聽汝等所為矣方朕有過汝等
不諫乃面許此豈坐為臣之義哉德升亦謝罪紀石烈執
此輩以自固及盡德升陰秉朝政高琪託
中之誅近侍局嘗先事啟之遂以為功陰乘朝政高琪託
盡忠下獄自是以後中外敵隙以至于亡盡忠與高琪素
不相能疑宣宗頗疎己高琪間之其兄吾里也為許州監

酒秩滿求調南京盡忠與吾里也語及中都事曰邇來上
頗躊躇我此高琪所為也若再主兵必不置此胡沙虎之子
軹為之吾里也曰然九月尚書省奏遇授武官平軍節度
副使徒單吾典告盡忠謀逆上憮然曰朕何負家多彼兼
中都几祖宗御容及道陵諸妃皆不顧獨與其妻偕來此
固有罪乃命有司鞫治得與兄吾里也相語事遂并吾
里也誅之
僕散端本名七斤中都路火魯虎必剌猛安人觀孝選
充護衛除太子僕正滕王府長史宿直將軍邳州刺史尚
厩局副使右衛將軍章宗即位轉左衛章宗朝隆慶宣護
衛花狗邀駕陳言端叔父胡覿預弒海陵端不宜在侍衛
詔杖花狗六十代撰章奏人杖五十丁憂起復東比路招
討副使改左點檢轉都點檢歷河南陝西統軍使復召
為都點檢承安四年上如蘇州秋山獵端射鹿誤入圍狀
之解職泰和三年起為御史大夫明年拜尚書左丞泰和
六年詔大臣議伐宋皆曰無足應者左丞相崇浩知政
事賈鉉亦曰狗盜鼠竊非舉兵也端曰小寇當畫伏夜出
宣取白日列陳犯霅壓入渦口攻壽春邪此宋人欲多方
誤我不早為之所一旦大舉入冠將墮其計中上深然之
未幾丁母憂起復尚書左丞平章政事僕散揆代宋發兵

南京詔端行省玉留務懌撥巳渡淮次廬州宋使皇甫

拱奉書乞和端泰其書朝議諸道兵既進疑宋以計緩師

詔端遣拱奉宋七年僕散揆以暑雨班師端還朝初婦人

阿魯不嫁為武衛軍士妻生二女而募常託夢中言以惑

皇子未立端請納之章宗從之端遷一官章宗在位久不

眾頗有驗或以為神乃自言夢見白頭老父指其二

女曰皆有福人也以端請納之使必得皇嗣是時章宗

復言夢見白頭老父己祈雨三日必大澍足過三日雨

不除章宗疑其誕妄下有司鞠問阿魯不引伏詔讓端曰

昔者所奏今其若何後人謂朕信其妖妄實由卿啓其端

整乃心式副朕意端上表待罪詔釋不問頃之進拜平章

政事封申國公八年宋人請盟端遷一官章宗遺詔內人

有娠者兩位生子立為儲嗣衛紹王即位命端與尚書左

丞孫即康護視章宗內人有娠者泰和八年十一月二十

日章宗崩二十二日有人告元妃李氏詐稱有身

有損明年四月有人告元妃李氏教承御賈氏詐稱有身

元妃承御皆誅死端進拜右丞相授世襲克貞祐二年

五月判南京留守與河南統軍使長壽按察轉運使王質

表請南遷凡三奏宣宗意乃決百官士庶皆言其不可太

〈列傳〉〈金史一百一〉〈九〉〈章〉

學生趙防等四百人上書極論利害宣宗慰遣之乃下詔

遷都明年中都失守宣宗至南京以端知開封府事頃之

為御史大夫無何拜尚書左丞相兼樞密副使未幾

進兼樞密使數月以左丞相兼都元帥行省陝西給親軍

三十人騎兵三百為衛次子宿直將軍納丹出侍行賜契

完顏狗兒即日緩急有事以此召卿端遷知平涼府事諸將聞之莫不感

激道納蘭伴僧招諭臨洮芘黎五族都管青覺兒積石州

紙勘同曰緩急有事以此召卿端招遙領通安軍節度使

章羅謌蘭冬及鐸精族都管阿令結蘭州范俄族都管汪

二郎等皆相繼內附汪三郎賜姓完顏後為西方名將四

年以疾請致仕不許遣近侍與太醫診視端雖癃老凡朝

廷使至必遠近宴勞不懈故讒構不果行宣宗之詔目

令專使酒三行別于儀門他事經過者一見而止初同華

舊屯陝西軍及河南步騎九千餘人皆隸陝西緩急可使

永錫端奏潼關之西地請此軍隸行省緩急可使

朝廷從之及

大元兵入潼關永錫坐誅而罪不及端興定四年朝廷以

知臨洮府事承裔為元帥左都監行元帥府於鳳翔端奏

隴外十州介宋夏之間與諸番雜處先於鞏州置元帥府

以鎮之今承裔以隴外萬兵移居鳳翔臣恐一旦有警援

〈列傳〉〈金史一百一〉〈十〉〈章〉

應不及乞令承裔行元帥府於鞏州若以鳳翔密邇宋界
則本路屯兵已多但令總管攝行帥事與京兆鞏相為首
尾足以備緩急矣從之是歲薨訃聞宣宗震悼輟朝贈延
安郡王諡忠正大三年配享宣宗廟廷子納坦出為定
國軍節度使天興元年十一月納坦出之子忙押門與兄
石里門及護衛顏盞宗阿同飲以事出授比
省以刑部郎中趙楠推其家屬及同飲人時上下迎合必
而已委曲推問無知情之狀省中微聞之召小吏郭從革
忙押門通其父妾父殺此妾忙押門詐以事出投比與兄
情也立命赦出之楠字出父子俱受國恩吾已保其不知
閒上曰丞相功臣納坦出父子俱受國恩吾已保其不知
摘除名亦不能屈斷無辜人遂以妾事上且以妾事上
喻以鳳旨從革言之楠方食擲匕筯於案大言曰寧使趙

金史一百
十二
陳仁肅
列傳四百四十三字

耿端義字忠嗣博州博平人大定二十八年進士調滑州
軍事判官歷上洛縣令安化順義軍節慶判官補尚書省
令史除汾陽軍節度副使改都轉運司戶籍判官轉太常
博士遷太常丞兼秘書即再除左司員外郎歷太常少卿
兼吏部員外郎同修國史戶部郎中河北東路按察副使
同知東平府事充山東安撫使宣宗判汾陽軍是時端義

為副使宣宗即位召見訪問時事遷翰林侍講學士燕戶
部侍郎未幾拜參知政事貞祐二年中都被圍將帥皆不
肯戰端義奏曰今日之患衛王啟之士卒縱不可使城中
軍官自都統至謀克不啻萬餘輩一出或可以得志
議竟不行中都解圍端義請遷南京既而僕散端三表皆
言遷都事宣宗意遂決是歲宣宗輟朝賻贈甚厚遣使
祭葬
李英字子賢其先遼陽人徙益都中明昌五年進士第調
淳化主簿登州軍事判官封丘令丁父憂服除調通遠令
蕃部取民物不與直攝之不時至即掩捕之論如法補尚
書省令史大安三年集三品以上官議兵事英上疏曰軍

金史二百
十二
列傳四百四十八

旅必練習者术虎高琪烏古孫兀納蘭似頭抹撠盡忠
先朝嘗任使可與商略餘者紛紛恐誤大計又曰比來增
築城郭修完樓櫓事勢可知山東河北不大其聲援則京
師為孤城矣不報除吏部主事貞祐初攝左司都事遷監
察御史右副元帥术虎高琪辟為經歷官也適者撒居庸
中都之有居庸猶秦之崤函蜀之劍門也通者撒居庸兵
我勢遂去之土豪守之朝廷當遣官節制失此不圖忠義
之士將轉為他矣又曰可鎮撫宣德德興餘民使之從我
所在自有宿藏足以取給是國家不費斗糧尺帛坐牧所

失之關隘也居庸咫尺都之北門而不能衛護英實恥之

高琪奏其書即除尚書工部員外郎充宣差都提控居庸

等關隘悉隸焉二年正月乘夜與壯士李雄郭興

山招募軍民旬日得萬餘人擇界所推服者領之詭稱土

祖等四百九十八人出城緣西山進至佛嚴寺令李雄郭

豪時時出戰被剿召還遷翰林待制因獻十策其大槩謂

居中土以鎮四方委親賢以守中都立藩屏以固關隘集

人力以防不虞養馬力以助軍威愛禾稼以結民心明賞

罰以勸百官選守令以復郡縣併州縣以省民力頗施行

之宣宗南遷與左諫議大夫胡魯俱為御前經歷官詔

金史一百一　十三　仁傑

曰庖從軍馬朕自總之事有利害可因近侍局以聞宣宗

次真定以英為國子祭酒充宣差提控隴右邊事無何召

為御史中丞英言兵興以來百務皆弛其要在于激濁揚

清獎進人材耳近年改定四善二十七最之法徒為虛文

大定間數道使者分道考察廉能當時號為得人顧改前

日徒設之文遵大定已試之効庶幾人人自勵為國家用

英宣宗嘉納之自兵興以來用官爵為賞程陳僧敗官

軍于龍谷道偽統制董九招西關堡都統王狗兒狗兒立

殺之詔除通遠軍節度使加榮祿大夫賜姓完顏氏英言

名器不可以假人上恩以難得為貴比來釀於用賞實駭

聞聽矜藏不足恃爵命今又輕之何以使人伏見蘭州

西關堡守將王狗兒向以微勞既蒙甄錄頃者堅守關城

誘殺賊使論其忠節誠有可嘉若加一州亦

無負夷急於勸獎遠擇節鉞加階二品賜以國姓若取蘭

州又徒單仲奴恐眾望不厭難得其厄力宣宗以

求昌徒單醜兒郭祿大皆其著者狗兒競然賤不為過

眾人之右為統領之官恐眾望不厭賞以異恩昭不為過

上然其言中都久圍丞相承暉遣人以蠟書奏告宣宗元

英奏示宰臣臣奏狗兒薈羧如此賞以異恩昭不為過

師右監軍來錫左都監烏古論慶壽將兵英收河間清滄

金史一百一　十四　仁傑

蒇軍自清州督糧運救中都英至大名得兵數萬販衆素

無紀律貞祐三年三月十六日英被酒輿

大元兵過于霸州北大敗盡失所運糧英死士卒殘為慶

壽求錫軍閒之皆潰歸五月中都不守宣宗猶加恩賻

奉大夫諡剛貞官護喪事錄用其子云

李木魯德裕本名蒲剌都隆安路猛安人補摧密院尚書

省令史右三部檢法監察御史遷少府監丞明昌末修此

邊境遵立堡塞以勞進官三階授大理正丁母憂起復廣

寧治中歷順州濱州刺史坐前在順州市物懸直遇赦改

刺濬州累官北京路按察便太子詹事元帥左都監遷左

監軍兼臨洮府路兵馬都總管坐士為物故及都統按
帶秘幸官兵救護家屬德裕敗之御史劾奏逮獄遇赦論
琴海州刺史稍遷泗州防禦使武勝軍節度使貞祐二年
政知臨洮府事兼陝西路副統軍乃為御史中丞拜參知
政軍兼簽樞密院事行省大名詔發河北兵救中都尼真
定中山保深等兵元帥左監軍求嗣將之大名河間清滄
觀霸河南等兵德裕盡亡失坐弛慢兵期責充奉御除近
李英至霸州兵敗糧盡亡失坐弛慢兵期責充奉御除近
使尋知益都府事興定元年二月卒

烏古論慶壽河北西路猛安人由知犯書盡充奉御除近
年遷本局提點是時議開通州潽河詔慶壽按視潽河成
侍局直長再轉本局使禦邊有勞進一階賜金帶泰和四

《金史一百》 三六

賜銀一百五十兩重幣十端和六年伐宋從右副元帥
完顏匡出唐鄧為先鋒都統賜御弓二以騎兵八千攻下
襄陽潢之完顏匡次白虎粒遣都統完顏按帶取隨州
遠慶壽以兵五千扼赤岸斷襄漢路行與宋兵遇斬首五
百級宋隨州將雷太尉遁去逵克隨州於是宋鄧城樊城
戍兵皆潰逐與大軍渡潢江圍襄陽元帥匡表薦慶壽謀
略出衆上嘉之進一官遷拱衛直都指揮使提點如故初
慶壽上書云汝州襄城縣去汝州遠於許州兩舍請割練

許州便尚書省議汝州南有駒路舊屯四十其三千在襄
城令割襄隸許州道里近便仍食用解鹽其屯軍三千依
舊汝州總押從之八年罷兵遷兩階賜銀二百五十兩重
幣十端有疾賜御藥衛紹王即位改左副點檢近侍局如
故未幾坐與黃門李新喜題品諸王免死除名父之起為
保安州刺史歷同知延安府西北西南招討副使檬州防
禦使興平軍節度使貞祐二年遷元帥右都監以保全平
州功進官五階賜金吐鶻重幣十端元帥右宣宗遷沫改
副點檢兼衛親軍副都指揮使閏月知大興府軍未行
改左副點檢兼衛親軍副都指揮數月知彰德府軍三年中

《金史一百》 十六

都危急攻元帥左都監將大名兵萬八千四南路步騎萬
一千河北兵一萬救中都次霸州北兵潢頃之中都不守
改大名府權宣撫使未幾知河中府權河東南路宣撫副
使四年遷元帥右監軍兼陝西統軍使駐兵延安府人
千安塞保軍戰于廊州之倉嶺谷有功興定元年與簽樞密
院軍完顏賽不經略伐宋敗宋兵于泥河灣石壕村斬首
三十級獲馬四百四牛三百頭器械糧芻復破宋兵七千
於樊城縣既而以軍士多被傷奏不以實詔有司詰問已
而釋之歷鎮南集慶軍節度使卒

贊曰承暉守中都若年相為存亡臨終就義古人所難也

大抵宣宗既遷則中都必不能守中都不守則土崩之勢
決矣僕散端端耿端義似忠而實恩抹撼蓋忠委中都庸何
議焉高琪忌承暉成功李術魯德裕綏師期姦人之黨於
是何誅李英被酒敗軍雖死不能贖也烏古論慶壽無罰
貞祐之刑政從可知矣

列傳第三十九

關牒僑司　往國錄靈囿書囊付書箱籍　國史領　經進鄴都題載臣　脫脫奉

勅修

僕散安貞　　田琢　　完顏弼

　　蒙古綱　　必蘭阿魯帶

列傳第四十
四四四
〈金史一百二〉　一 朝古圖刋

僕散安貞本名阿海以大臣子充奉御父撝尚韓國公主
鄭王永蹈同母妹也永蹈誅安貞罷歸召爲符寶祗候復
爲奉御尚書國長公主加駙馬都尉襲胡土愛割鸞猛安
歷尚衣直長邢國通進尚藥副使丁母憂起復轉符寶郎
除同知定海軍節度使事歷邳淄涿州刺史拱衛直都指
揮使貞祐初改右副點檢兼侍衛親軍副都指揮使遷元
師左都監二年中都解嚴河北州郡未破者惟真定大名
東平淸沃徐邳海州而已朝廷遣安貞與兵部尚書裝滿
子仁州淸部尚書武都分道宣撫於是除安貞與兵部尚書裝滿山東路統軍
安撫等使初益都縣人楊安兒遂自少無賴以鬻鞍材爲業
市人呼爲楊鞍兒遂自名楊安兒泰和伐宋山東無賴往
往相聚剽掠州郡招捕之安兒軍得千餘人以唐括合打爲
都統安兒爲副統成遷至難鳴山不進衛紹王驛召問狀
樂使大安三年招鐵尾敢戰軍
安兒乃曰平章參政軍數十萬在前無可慮者屯駐難鳴

列傳第四十
〈金史一百二〉　二 古囷　四五

山所以備間道透漏者耳朝廷信其言安兒乃亡歸山東
與張汝楫聚黨攻刧州縣殺略官吏山東大擾安兒至益
都敗安兒于城東安兒奔萊陽萊州徐汝賢以城降安兒
賊勢復振登州刺史耿格開門納偽鄒都統以州印付之
郊迎安兒發帑藏以勞賊開官屬改元天順
凡符印詔表儀式皆格草定遂陷寧海攻濰州偽元帥郭
方三擾密州略沂海李全略臨胸扼穆陵關欲取益都安
貞以沂州防禦使僕散安貞留家爲左翼安貞軍節度使完顏
訛論爲右翼七月庚辰安貞軍昌邑東徐汝賢等以三州
之衆十萬來拒戰自午抵暮轉戰三十里殺賊數萬獲器
械不可勝計壬午賊辛七卒衆四萬陣于辛河安貞以
家由上流膠西濟繼以大兵殺獲甚衆甲申陣于城東安貞軍至萊
州偽寧海州刺史史潑立以二十萬陣于城東留安貞以
輕兵薄賊遣萊州諸將繼之賊大敗殺獲且半以重賞招之不應
安貞遣萊州諸將繼之賊大敗殺獲且半以重賞招之不應
爲內應全與賊卒曹全張德田貫宋福詐降于徐汝賢以
全趨城出潛告留家縣萊州募勇敢士三十人從全入城姚
雲納之大軍車登遂復萊州斬徐汝賢及諸賊將以徇姚
兒脫身走訛論以兵追之耿略密州潑立皆降留家略定膠
西諸縣宣差伯德玩雙殺方郭三復密州餘賊在諸州者

皆潰去安兒嘗遣眾居實黃縣甘泉鎮監酒石抹充浮海
趏逯東構留哥巳具舟皆捕斬之十一月戊辰曲赦山東
除楊安兒耿格及諸故官家作過斬奴不赦外劉二祖張
汝將李恩溫及應脅誘從賊并在本路自為冠盜罪無輕
重並與赦免楊安兒者官職俱授三品賞錢十萬貫十
二月辛亥格伏誅妻子皆遠徙諸軍方攻大沫堌
宣撫副使知東平府軍事烏林荅與即引軍還賊衆乘之復
出為惠詔以陝西統軍烏野彌知東平府事權宣撫副
使其後楊安兒與汝政等乘舟入海欲走岠嵎山舟人曲
成等擊之墜水死三年二月安貞遣提控紇石烈牙吾塔
破巨蒙等四堌及破馬耳山殺劉二祖賊四千餘人降餘

黨人千擒偽差程寬招軍大使程福招降脅從百姓三
萬餘人安貞遣兵會宿州提控夾谷石里哥同攻大沫堌
賊千餘逆戰石里哥以騎兵擊之盡殲提控浹烈奪其此
門以入別軍取賊水寨諸軍繼進殺賊五千餘人劉二祖
被創獲之及偽參謀官崔天祐楊安兒偽太師李思溫詔
衆保大小峻角子山前後追擊殺獲以萬計斬劉二祖餘
還遺賞沒烈等有差詔尚書省令復業在處賊黨猶嘯聚
作過者詔書到日並與免罪各令失所十月安貞還樞密
撫優加存卹無令失所十月安貞還樞密副使行院于徐

州四年二月楊安兒餘黨復極山東詔安貞與蒙古綱完
顏弼彌以近詔招之五月安貞遣兵討郝定連戰皆克殺九
萬人降者三萬餘郝定僅以身免獲金銀牌器械甚衆
來歸且萬人皆安慰復業自楊安兒劉二祖敗後河北殘
破干戈相尋其黨往往復相團結所在冠掠皆衣紅袄
以相識別號紅袄賊軍雖討之不能除也大槩皆李全
國用安時青之徒為興定元年十月詔安貞曰防河卒
老幼疲軟不勝執役之人其令速易之二年十月開封治
中呂子羽等以國書議和于宋宋人不受以安貞為左副
元帥權參知政事行尚書省元帥府及唐息壽泗行元帥

府分道各將兵三萬安貞總之盡定期日下詔伐宋安貞
至安豐宋兵七千拒戰權都事完顏胡魯剌衝擊敗之追
至淝水死者二千餘人安貞至大江乃班師三年閏月安
貞至自軍中入見于仁安殿胡魯剌進一階父之安貞然
貞奏曰淝水之捷胡魯功第一臣之兵事皆咨此人功厚
見奏薄乞加賞以勸來者尚書省奏尼行省行院師府參議
左右司經歷官都事以下皆遷一官所以絕求請之路塞
姦倖之門也安貞之請不可從遂止五年復伐宋二月安
貞出息州軍于七里鎮宋兵援淮居山遺兵擊敗之宋兵
保山寺縱火焚寺乘勝追至洪門山宋兵方波濠立柵安

貞軍丞戰奪其柵宋黃統制圍兵五千保黃土關關絕險
素有備堅壁不出安貞遣輕兵分為左右軍澄登別以兵
三千直逼關門翼日左右軍會于山顛俯瞰開內宋人守
關者望之駭鄂不能立中軍急攻宋兵潰遂奪黃土關
入梅林關拔麻城縣抵大江至黃州克之進克蘄州前後
殺略不可勝計獲宋宗室男女七十餘口獻之師還安貞
每獲宋壯士輒釋不殺數萬因用其策輒有功宣宗
謂宰臣曰阿海將略固善矣此輩得無思歸乎南京遍通
宋境此輩既不可盡殺安所置之朕欲驅之境上遣之歸
如何宰臣不對六月甲寅朔尚書省奏安貞謀叛宣宗謂
平章政事英王守純曰朕觀此奏皆飾詞不實其令覆案
之戊寅并其二子殺之以祖忠義父挾有大功免兄弟緣
坐詔曰銀青榮祿大夫左副元帥兼樞密副使駙馬都尉
僕散阿海早藉世姻寢仕軌屬當軍旅之事益厚朝廷
之恩爰自帥藩擢居樞府頃者南伐時乃偉行驎
廉常肯刑章之輕用始自畫因糧之計乃更嚴橫歛之期
介之誅而盡露衆猊之狀二城雖得多罪綜彰勝負之
督促計司彫弊民力信其私意或失防秋顧利害之實深
尚優容而弗問項因近侍悉露姦謀蓋慮前後罪之上聞
迺以金玉帶而夜獻審事情之詭秘命信臣而鞠推迫致

歡詞乃詳實狀自以積懣之著者必非公憲所容欲結近臣
之歡心俾伺內庭之指意如釁端之少露得先事而易圖
因其方握兵權得以謀危廟祏事或不濟計即外每前日
之俘臨時誅戮獨於宋族曲活全門示其悖德于敵鄰豫
美全身兩納用初安貞破蘄州獲宋宗室不殺而獻之遂
以為罪安貞憂讒以質成其誣擬至安貞凡三世
征伐嘗曰三世為將道家所忌自忠義逮侍局乃以質成
大將馬哈嘗三世為將道家所忌金帛分給將士南京都轉運
使行六部事李特立金安軍節度副使統石烈蒲剌都大
名路總管判官銀术可因而欺隱事覺特立當死蒲剌都
剌都銀术可奪兩官降二等云
銀术可當杖一百除名詔薄其罪特立奪三官降三等蒲

田琢字器之蔚州定安人中明昌五年進士調寧邊遂挂平
主簿潞州觀察判官中都商稅副使丁父憂起復懷安令
補尚書省令史貞祐二年中都被圍琢請由間道往山西
招集義勇以為宣差兵馬提控同知忠順軍節度使經
略山西琢與弘州刺史魏用有隙琢自飛狐還蔚州用伏
甲於路將邀而殺之琢知其謀自別道入定安用入蔚州
殺觀察判官李宜錄事判官馬士成興縣令張福靱府
庫倉廩以兵攻琢於定安琢與戰敗之用脫身走易州刺

史蕭察縛送中都元帥府殺之是時勸農副使侯摯提控
紫荊等關隘朝廷開蔚州亂欲以擊就代琢守蔚州令軍
中推可為管押者即以魏用金牌佩之以安其衆丞相承
暉奏田琢實得軍民心諳練山西利害魏用將士本無勞
效以用弄兵死禍遷爾任用恐開倖門詔從之琢至蔚州
誅與用同惡數人募兵旬日得二萬人十月琢兵敗僅以
身免招集亡得三萬餘人中山界屯駐而遣沈思忠招
集西京蕩析百姓得萬餘人皆願從河南琢上書此輩以
河南鎮防往往鄉舊若令南渡擇壯健為兵自然和協且
可以招集其餘也從之加沈思忠同知深州軍州事琢復
遣沈思忠宣撫招弘州蔚州百姓得五萬餘人可充軍者
萬五千人分屯蔚州諸隘皆願得沈思忠為將詔加思忠
順天軍節度副使提控弘蔚州軍馬官撝副之頃之西山
諸隘皆不能守琢移軍沃州沃州刺史完顏僧家奴奏田
琢軍二千五百人官廩不足發民窖粟猶不能贍其中多
女直人均為一軍不可復有厚薄可令於衛輝大名就食
制可加琢河北西路宣撫副使遙授濬州防禦使屯濬州
琢欲陂西山諸水以衛濬州貞祐三年十一月河北行省
奏此輩嶺外失業父子兄弟合為一軍若離而分之定生
侯變入見奏河比兵食少請令琢沐遺老弱就食歸德琢

他變乞以全軍南渡或從衛州防河詔盡徙屯陝琢復奏
臣幸徙安地然濬乃河北要郡今見糧可支數月乞俟來
春乃行數日琢復奏濬不可守惟當遷之宰臣勱琢前後
奏陳不一請速鞫問宣宗不許琢至陝上書曰河北失業
之民僑居河南陝西蓋不可以數計百司用度三軍調發
俱困實繁安危臣聞古之名將雖在征行必須屯田趙充
國諸葛亮是也方今曠土多游民衆乞明勅有司無蹈虛
也一人耕之百人食之古之良吏必課農桑以足民黃霸詔是
服勤若又不足則教之區種期于盡闢而後已官司圍牧
勅家兼并亦籍其數而授之農民貧省其徭役使
盡力南畝則蓄積歲增家給人足富國強兵之道也宣宗
深然之陝西元帥府請益兵詔以琢衆與之興定元年朝
廷易置諸將遷山東西路轉運使二年改山東東路轉運
使權知益都府事行六部尚書宣差便宜招撫使李旺擾
膠西琢遣都治中張林討之生擒李旺八月萊州經略
使术虎山壽襲破李旺賞偽鄒元帥于小峴獲其前鋒于
水等三十人追擊破偽陳萬戶斬首八百級明日後破之于
朱寒寨膠西高密官軍亦屢破之于諸村及海島間是月

棣州禪將張聚殺防禦使斜卯重興遂擾棣
衆數千人琢遣提控統石烈醜漢會兵討之聚棄濱專保
棣州諸軍趣棣聚出戰敗之斬首百級生擒偽都統王仙
等十三人餘衆奔濱追及于別寨攻拔之聚僅以身遂
復二州李全擾安丘琢遣總領提控王政王庭王討之宣
差提控太府少監伯德玩率政兵攻安丘敗焉提控王顯
死之琢奏伯德玩本相視山東山堌水寨未嘗編行獨留
密州輙為此舉乞治其罪詔遣官鞫玩玩赦而止旣而昌
樂縣令木虎桓都臨胸縣令兀顏吾丁福山縣令烏林荅
石家奴壽光縣巡檢紀石烈醜漢破李全于日照縣琢承
制各遷官一階進職一等詔許之三年沂州洼子堌王公
琢奏去歲顧王二嘗擾沂州邳州總領提控納合六哥前
爲同知沂州防禦事招集餘衆攻取之百姓歸心可用六
哥取沂州今方在行省招撫挈麾下乞發還取便道進討制
喜攜宋兵擾沂州防禦使徒單福定沂州防禦
可旣而莒州提控燕寧復沂州王公甚復保注子堌琢奏
沂州須知者守之徒單福定已襄老納合六哥前
識沂形勢詔福定專治州事以六哥爲沂州總領琢奏濰
州刺史致仕獨吉世顯能招集猛安餘衆及義軍郡李全
保濰州六哥破灰山堌沂境以安守兗州觀察判官梁昱

嘗擾淄州刺史率軍民力田徵科有度餽餉不乏保全淄
州土賊不敢發前猗氏主簿張亞夫嘗權行部官主餽密
州委曲購糧二萬斛乃足行至高密徵他州兵拒
李全詔世顯升遷從四品遙授同知海州事六哥遷一官
卅一等充沂州宣差都提控梁昱遷一官同知淄州事張
亞夫遷兩官密州觀察判官初張林本益都府卒有復立
府事之功遂爲治中而寃險不遷恥出琢下琢在山東
求撫當顧失衆心林欲因衆以去琢來有聞也會于海年
佐撫萊州琢遣林分兵討之林旣得兵伺琢出即率衆譟
入撫中琢倉粹入營領衆與林戰不勝欲就外縣兵且戰
且行至章丘兵礙求救於鄰道不時至東平行省蒙古綱
以狀聞宣宗度不能制林而欲剿致之乃遣人召琢還行
至壽張疽發背卒
完顏彌本名達吉不蓋州猛安人充護衛轉十八長從丞
相裹戌邊功最除同知德州防禦使事武衛軍鈐轄轉宿
直將軍深州刺史泰和六年從左副元帥丁母憂起後八年除
破雷大尉兵積功加平南廬江將軍丁母憂起後八年除
南京副留守壽州防禦使大安二年入爲武衛軍副都指
揮使三年以本官領兵駐宣德會河之敗彌被創馬中流
矢押軍千戶夾谷王家奴以馬授彌遂得免遷右副都點

擄至寧元年東京不守弼為元帥左軍杆禦遂東請自
募二萬人為一軍萬一京師有急亦可以回戈自救今
市人以應大敵往則敗衂衛紹王怒曰我以東北路為憂
卿言京師有急何邪就如卿言我自有策以卿皇后連姻可
故相委寄乃不體朕意也弼意急也弼曰陛下勿謂皇后親姻俱可
恃也相提點近侍局駙馬都尉徒單沒烈待側弼善謀
稍與數騎突出由太原出澤潞將從清滄赴闕會有詔除

列傳四十九

金史百二

十一

奇

使員初宣宗驛召弼赴中都是時雲內已受兵弼防禦
司論以奏對無人臣禮詔免死杖一百責為雲內州防禦
之衛紹王怒甚顧謂沒烈曰何不叱去沒烈乃引起付有
兵日增軍無鬥志亦有逃歸而以戰潰自陳者有司從而
存恤之見聞習熟相倣成風又曰村寨城邑兵退之後有
勸善懲惡有功必賞有罪必罰而后人可使兵可強今外
相應救由此殘破乞勅州府凡有告急徵兵即須赴救達
者坐之又曰河北軍器乞權宜弛禁仍令團結堡寨以備
外兵又曰今雖議和萬一輕騎復來則吾民重困矣顧速
講防禦之策及勸遷都南京阻長淮拒大河扼潼關以自
固宣宗將遷汴弼兼河北西路兵馬都總管宣宗次真定

定武軍節度使尋為元帥左都監駐真定弼奏賞罰所以

弼言皇太子不可留中都蓋軍少則難守軍多則難養文
奏將帥以閫外為威令生殺之權皆從中覆又奏瑞州軍
頌狡誚左丞盡忠多疑乞付他將宣宗顏采用其言大名軍
變殺蒲察阿里詔弼鎮撫之未幾改陝西路統軍使京兆
兵馬都總管宣宗詔弼鎮撫置泰州權場使以擅
時弼奏其事宰臣宜許其從宜也亦可宣宗曰朕固嘗許其從宜也三年改知東平府事
歲收以十萬計天水軍移文來請如倭報可實應後
宋兵焚蕩權場幾一年矣今既安帖復宜開設彼此獲利
置移文問之兗州以兗州雖撞舉而無違失苟利於民專

列傳四十九

金史百二

十二

奇

山東西路宣撫副使是時劉二祖餘黨孫邦佐張汝楫保
濟南勸子烔弼進人招之得邦佐書云我輩自軍興屢立
戰功主將見忌圖陷害寬伏山林以至今日實衰死耳
如眾果受招便當釋險面縛餘賊未降者保盡招之弼奏方
今多敵洗此戰果定亦一事畢也乞明以官賞示之詔曰孫
邦佐果受招各還五官職於是乞邦佐汝楫皆降將軍項之弼薦
滁州刺史汝楫遷淄州刺史皆加明威將軍項之弼薦
邦佐汝楫改過用命招降甚眾稍收其兵伏放歸田里詔
邦佐遙授同知益都府事汝楫遙授同知東平府事皆加
懷速大將軍梁聚寬遙授泰定軍節度副使加宣武將軍

四年彌遷宣撫使已而汝楫復謀作亂邦佐密告彌彌饗
汝楫伏甲廡下酒數行鍾鳴伏發殺汝楫并其黨與手詔
襃諭封密國公其後邦佐屢立功元光末累官知東平府
事山東西路兵馬都總管充宣差招撫使彌上書曰山東
河北河東數鎮僅能自守恐長河之險有不足恃者河南
嘗招戰士卒皆游惰市人不閑訓練若選簽丁監戶數
千別為一軍立功者全戶為良必將爭先效命以取勝矣
武衛軍家眷若苦于兵人人懷憤脫悍千餘加以爵
賞亦可得其死力又曰老病之官例許致仕居河北者嫌
于避難居河南者苟于尸祿職事曠廢乞編諭覈實其精

《金史二百二》　十三

力可用者仍舊年高昏瞶不事事者罷之又曰賦役頻煩
河南百姓新強舊乏諸路豪民行販市易侵土人之利未
有定籍一無庸調乞權宜均定如知而輒避事過來者
許諸人捕告以軍興法治之詔下尚書省謙惟老病官從
所言餘皆不允

大元兵圍東平彌百計應戰久之乃解圍去宣宗賜詔從
諭將士賞賚有差是歲五月疽發于腦詔大醫診視賜御
藥儀卒彌平生無所好惟喜讀書開殿延引儒士歌詠投
壺以為常所辟如承裔陀滿胡土門紇石烈牙吾塔皆立
方面功治東平愛民省費井邑之間軍民無相訟有古良

將之風焉

蒙古綱本名胡里綱咸平府猛安人承安五年進士累調
補尚書省令史除國子助教貞祐初自諭招集西山兵民
進官一階賜錢二百萬遷都水監丞尋加遇授求定軍節
度副使招捕有功遷太子左諭德除順州刺史遷同知大
興府事三年知河間府事權河北東路宣撫使屯冀州軍
食不足徙濟南欲徙河南行至徐州未渡河尚書省奏
東平宣撫使完顏彌弼行事多不盡乃以綱權山東宣撫
使改山東路統軍使兼知益都府事權元帥右都監宣撫
如故四年十月行元帥府事綱奏山東兵後楊安兒黨內

《金史二百二》　十四

有故淄王習顯故詔守术羅等家奴不在赦原擾險作亂
至今未息民多歸之乞普賜恩宥宣宗即命教之仍贖為
良興定元年徙知東平府事綱遷元帥右監軍久之拜右副
元帥權參知政事行尚書省先是東平治中沒烈坐事削
官綱遺沒烈討花帽賊于曹濟間殿年詔仍從軍有功復用
綱遺沒烈討花帽賊于曹濟降殿年詔仍從軍有功復用
難保完城邑朕甚嘉之可進官二階賜金帶一重幣十端
興定三年奏曰濟南介山東兩路之間最為憧要被兵日
又雖與東平隣接不相統屬緩急不相應乞權隸本路且
差近於益都詔從之綱奏恩州武城縣艾家四水漯清河

縣潤口河漯其深一丈廣數十里險固可恃因其地形少
加浚治足以保禦請遷州民其中多募義軍以實之綱以
山東恃東平為重鎮兵卒少守城且不足況欲分部出戰
是安恃東平為重鎮乎曰伏見貞祐三年古里甲石倫
招義軍設置長校各立等差都統授正七品職副統正八
品萬戶正九品千戶正班任使謀克雜班仍三十八為一
謀克五謀克為一千四千戶為一萬戶四萬戶為一副
統兩副統為一都統設一總領提控今乞依此格募選以
益兵威制可是歲益都桃林寨總領張林號張大刀擾險
為亂自稱安化軍節度使綱泰林勢甚張乞遣河南馬軍
千人單州經略司以衆接應左司郎中李蹊請令綱約燕
寧同力珍戚單州經略使完顏仲元分兵三十人同姓宰
相以糧運不給益都以東嘯聚不止一張林宜令綱設備
禦侯來春議之四年張林侵掠東平綱遣元帥右監軍行
樞密院事王庭玉討之至舊縣過張林衆萬餘人擾綱為
破之殺數千人生擒張林獲雜畜兵仗萬計招降虎當諸
陣庭玉督兵踰嶺搏戰張林衆少卻且欲東走庭玉蹙擊大
寨愆令歸業詔賜空名宣勅聽綱第功遷賞遣樞密院令
史劉顯涖殺張林于東平張林乞賞死自効請曰臣兄演
在宋為統制有衆三千駐即墨萊陽之境請以書招之使

轉致諸賊之歡密者相為表裏然後以檄招益都張林不
從則合擊之山東不平也所謂益都張林即擾府事逐
田琢者也事見琢傳綱以林策請于朝樞密院請羈縻使
之制可以為萊州兵馬軺父之山東不能守林乃降于
宋云初東平提控鄭偁生擒宋將李資綱妻偁室自謂
幸資自稱宋將無所憑援請究其實綱妻臣自按問俱
獲宋將統制無所憑援請究其實綱奏臣力屈就擒
之綱奏遼東渡海必由思愍二州之間乞置經略司鎮撫
士且解體稱偽將十餘人皆以資為將之功今多故
豈肯虛稱僞將行賞必求形迹過為逗遛甚未可也詔賞
從之興定五年二月東平解圍宣宗曲赦境內凡東平府
試諸科中選人嘗被任使已逾省試期日特免省試惟經
童律科即為及第似涉太優別日試之皆從綱所請也詔
以綱王庭玉東莒公燕寧保全東平各遷一階是歲綱燕寧
戰死綱奏寧公燕寧保全之地寧嘗招降摩
盜胡七胡八用為牙校委以腹心舉盜皆有歸志及寧死
徒懷顧望胡七胡八亦反側不安臣以提控黃摑兀也充
泰安衆心所屬遂署招撫使以提控黃摑兀也充總領副
之此當先奏可顧事勢危迫故輒投之燕寧死而綱勢孤
矢綱奏請移軍於河南詔百官議御史大夫紇石烈胡失

門以下皆曰金城湯池非粟不守東平孤城四無應援萬

一失之則官吏兵民俱盡徒之河南以助秋翰林待制

林㪩阿虎德奏曰車駕南遷待大河以為險大河以東平

為藩籬今乃棄之則大河不足恃矣兵以將為主將以心

為主蒙古綱既欲棄之則大河之決不可使之守矣宜就選將士之

顧守者權用之別遣官為行省付以兵馬鎧仗從宜規畫

軍食樞密院請用胡失門議焚其樓櫓廨舍而徒之宣宗

議許綱內徙平所部女直契丹漢軍五千人行省邳州元

帥左監軍王庭玉將餘軍屯黃陵岡行元帥府事於是綱

列傳十七　金史一百二　四百年　春

改兼靜難軍節度使行省邳州自此山東事勢去矣是歲

六月以歸德邳宿徐泗乏軍食詔綱率所部就食睢州綱

奏宿州連年饑饉加之重欲百姓離散鎮防軍遷徙通課

窘迫陵辱有甚千官衆不勝其酷皆懷報復之心近日高

羊哥等苦其佃户佃户憤怒執羊哥等投之井中武夫不

識緩急乃至于此乞一切所負並令停止佚夏秋收成微

還軍人量增廩給可也詔議行之元光二年三月以邳州

經略同隸綱令募勇敢收復山東初碭山首領數人以減

罷懷忿怨誘脅餘衆作亂引水環城以自固構浮橋於河

上結紅襖賊為援同僉樞密院事徒單牙剌哥會諸道兵

討之綱云碭山比近大河南近汴堤東西二百里大河分

汎其閒乾灘泥淖步騎俱不可行惟宜輕舟往來可選銳

卒數千與水軍埽兵以舟二百艘由便道斷浮梁絕紅襖

之援募膽勇有口辨者持牒密諭之以離間其黨與臣已

遣三人入賊中復分兵屯要害別以三百人巡邏乞賜空

名告身從便遷賞樞密院奏已委監軍王庭玉駐歸德寧

陵備之失仍令牙剌哥水陸並進先行招誘不從乃合擊

之其空名告身宜從所請以責成功無何碭山賊夜襲來

甚衆奪其所俘掠而還詔綱併力討之綱遣降人陳松持

列傳十八　金史一百二　晉年

牒招李全全縛松將斬之已而但懸其面遣還綱奏全有

歸國意嚴實張林亦可招之此謂益都張林也詔擬實一

品官職封國公仍世襲全階正三品職正二品林山東西

路宣撫使兼知都府事與全皆賜田百頃受命往招者

先檢正七品官職賜銀二十五兩事成遷五品會綱遇害

而止綱御下嚴信賞必罰邳州軍不樂屬綱八月辛未朔

邳州從宜經略使納合六哥都統金山顏俊宰沂州軍士

百餘人晨入行省殺綱及僚屬千省署遂攆州反樞密院

奏請出空名宣勅設重賞招誘永相高汝礪曰懸重賞募

死士必有能取之者宣宗不得已下詔罪綱以撫諭六哥

六哥遣人送綱尸及虎符牌印終不肯出乃升經略司為
元帥府加六哥泗州防禦使權元帥左監軍副使烏古論
老漢加邳州刺史權右監軍頃之邳州辛逃詣總帥牙
吾塔言六哥已結李全為助遣總領字木曾留住等毀其
橋梁攻破安青陽寨紹兵權頃之邳州辛逃詣總帥牙
兵入邳州誘而殺之以圖報宣宗曰李全豈無心者六
哥能誘而殺之殆詐耳十月壬辰吾塔圍邳州急攻之
紅襖賊高顯等殺六哥函首以獻詔加顯三品官職授世
襲謀克侯進四品陳榮邢進邊全魏興孫仲皆五品賞銀
有差

必蘭阿魯帶貞祐初累官寧化州刺史二年同知真定府
事權河北大名宣撫副使三年保全贊皇加遙授安武軍
節度使改昭義軍節度宣撫充宣撫副使閱月權元帥左都
監行元帥府事節度宣撫如故遷都統奧也喜哥復取威
州及復鹿縣既而詔擇義軍為三等阿魯帶奏自去歲初
置師府已按閱本軍去其冗食部分既定上下皆親故能
所向成功此皆血戰屢試而可者父子兄弟互易其處不相
顧其家心一力齊勢不可離今必析之將互易其間但本府之兵
諸委矢國家糧儲常患不繼豈巻倖冒其間但本府之兵
不至是耳事勢方殷分別如此彼居中下將氣挫心懈而

不可用且義軍率皆農民已散歸田畝趨時力作徵集旬
日農事廢而歲計失矣乞本府所定無輕議易徙其阿
魯帶繕完完州縣之可守者其不可守者遷徙其民依險為
柵以備緩急澤州舊隸義軍近年改隸孟州阿魯帶奏
澤州城郭堅完器械具備若屯兵數千臣能保守之今聞
讓遷于青蓮寺山寨距州既遠地形狹隘所容無幾一旦
有急所保者少所遺者多徒棄名城以失太行之險則
南昭義不通問失詔澤州復隸昭義軍以陳河比兵數千
曾帶超備藍田商州乃陳河比利害略曰歲潼關失守阿
原帥府衆繞數千平陽行省兵亦不多河東河北之勢全

恃潞州潞州兵強則國家基本漸可復立臣乞將兵離境
乞復置潞州帥府阿魯帶行次馮池右副元帥蒲察阿里
不孫敗續逃匿不知所在阿魯帶亦被創收集潰卒臥馮
池詔還潞州興定元年改簽樞密院事數月以元帥左監
軍兼山東路統軍使知益都府事未幾權參知政事行尚
書省于益都統軍使阿魯帶復立潞州最有功識遼州刺史郭文
振舉以為將既而去潞州張開代領其衆與郭文振不相
得文振漸之時僕散安貞定山東僕散端鎮陜西昏鼎控
制河東侯弊經營趙魏其措注施設有可觀者故田琢撫
贊曰貞祐之際僕散安貞定山東僕散端鎮陜西昏鼎控

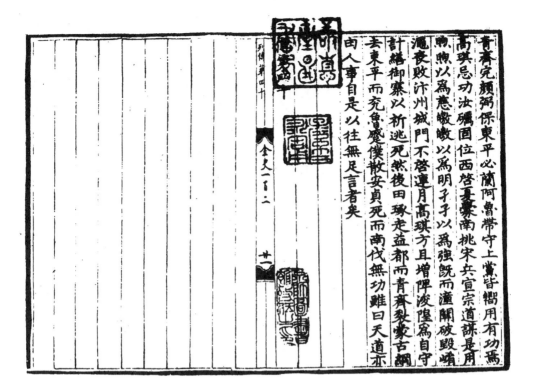

青春完顏彌保東平必蘭阿魯帶守上賞皆礭用有功焉

高琪忌功汝礪固位西啓夏豪南挑宋兵宣宗道謀是用

賴輈以為慈䮾䮾以為明子子以為強旣而潼關破殿嶺

遽夜敗汴州城門不啓連月高琪方且增俾浚隍窩自守

計縉御纂以祈逃死然後田琭走益都而青齊裂蒙古網

丟東平而充魯戚僕散安貞死而南伐無功雖曰天道亦

由人事目是以往無足言者矣

金史一百三

列傳第四十一

開府儀同三司上柱國錄軍國重事都督中書右丞相監修國史臣脫脫等奉敕撰

完顏仲元　　完顏霆
完顏阿鄰　　完顏佐
烏古論長壽　石抹仲溫
烏古論禮　　蒲察阿里
蒲察阿里　　奧屯襄
完顏蒲剌都　夾谷石里哥
紇石烈桓端　术甲臣嘉
完顏阿里不孫　完顏鐵哥
納蘭胡魯剌

完顏仲元本姓郭氏，中都人。大安中李雄募兵，仲元與完顏阿鄰俱應募，數有功。貞祐三年，與阿鄰俱累功至節度。仲元為朮定軍節度使，賜姓完顏氏。仲元在當時兵最強，號花帽軍，人呼為郭大相公，以與阿鄰相頡頏之。兼本路宣撫使。八月，遷授知河間府事。數月，改知濟南府事，權山東東路宣撫副使。貞祐四年，山東之糧，仲元軍三萬，欲於黃河之側或陝右分屯，上書乞補京官，且言恢復河朔之策。當諸關面陳。詔曰：卿兄弟鳩集義旅，所在立功，忠義之誠皦然可見，朕以參政侯摯與卿素厚，命於彼中行省，令悉朕心。卿束入見其意固嘉，東平方危，正賴卿等相為聲援，俟兵勢稍緩，即徙軍附河屯駐。此時卿來，蓋未暇也。尚

恩敕力，朕不汝忘。未幾，改河北宣撫副使。仲元部將李霆等積功至刺史。仲元提控仲元屢有功，以本職為從宜招撫使，計約從便征伐。坦等軍圖恢復，詔以仲元屢有功，遷多差為三等上等備征伐。中下給成，守懦弱者皆罷去。紅襖賊千餘人據漣水縣，仲元遣提控裵室率兵擊破之，斬首數百，敗祝春，擒郭偉，餘眾奔潰，遂復漣水縣。仲元進授知德府事。是歲十月，徙軍盧氏。職一等，未幾，仲元進授知德府事。改商州經略使，權元帥右都監。詔曰：商、貌、潼關連屬，卿思為萬全之計。未幾，潼關失守，仲元軍趨商、貌，後至萬

汝皆弗及。仲元上書曰：去年六月臣嘗請於朝廷，乞選名將督諸軍，臣得推鋒身先士卒，糧儲不繼，竟不果行。今將坐甲待敵，則師老財殫，日就困弊，其大槩欲伐西夏以張軍腹，背受兵，卒不能守，近日由禁坑出，遂失潼關。可選精兵勢。又曰：陝西一路最為重地，潼關禁坑及商州諸隘俱當預備。向者中都居庸最為要害，乃由小嶺紫荊遠出，我兵分地戍之，其後乃置秦藍守禦。及用兵西夏，奏興定元年復為單州經略使，其後乃敗宋人二十千龜山復敗步騎千餘，于旰胎敗紅襖于白里港，獲老幼萬餘人，皆繼道之宋人。圍海州，仲元軍高橋，令提控紇石阿鄰領騎繞出其後，夾

擊之宋兵解去賜金帶優詔獎諭紅襖賊陷曹馬城剽掠
徐軍之間提控高琬等分兵擊之停生口二千三年仲元
莱州城既固積糧二十萬石集鄉義軍萬餘人並閱訓練
足以守禦乞以所部渡河蒲百日詔曰鄉軍與右都監紀石烈德
同行帥府事仲元南節度使元光元年知鳳翔府事鳳翔被圍
使五年爲鎮南節度使李辛可也四年兼保靜軍節度使尋爲勸農
左監軍石蓋合喜來濟軍仲元讓合喜總兵事合喜曰公
業得衆心不必以官位見讓仲元請身先士卒諭諸將士
曰凡有奇功者即承制超擢及危急乃輒注四品以下顏
南渡後最稱名將云

盖蝦嫲力戰功最輒授通遠軍節度使圍解制拜
之罪宣宗嘉其功皆許之遷元帥右監軍授河北東路逃
完顏阿隣本姓女郭氏以功俱賜姓完顏大安中李雄募兵
阿隣與完顏仲元等俱應募數有功宣宗即位遷通州防
委必剌猛安賜金五十兩重幣十五端通犀帶優詔褒諭
正大間爲兵部尚書皇太后衛尉卒仲元爲將洸毅有謀
禦使宣宗遷汴河間府事兼清州防禦使賜以國姓阿
所部兵駐清滄控扼山東遷橫海軍節度使賜以國姓
隣與山東路宣撫副使顏蓋天澤不相能詔阿隣當與天

澤共濟國事無執偏見妄分彼此尋改泰定軍節度使山
東西路宣撫使是時仲元亦積功勞知濟南府賜姓完顏
與阿隣俱加從宜招撫詔書獎諭且令計約涿州刺史
從坦等軍恢後中都於是仲元阿隣部兵猥多詔以三等
差第之上等備征伐中下戍守懦弱者罷去量給地以贍
其家阿隣所部黃鶴軍駐魚臺者桀驁不法掠平民劫
商旅道路不通有司乞徙于滕州詔阿隣就處置之頃之
破紅襖賊郝定于泗水縣柘溝村生擒郝定送京師斬之
近制賜本朝姓者凡以千人敗敵三千者賜及總麻以上
敗二千人以上者賜及大功以上敗千人以上者賜止其
家阿隣既賜姓以兄守楫及從父兄弟爲請宰臣奏阿隣
功止賜一家宣宗特詔許之至是仲元詔阿隣曰臣項在軍
旅纔立微功遽蒙天恩賜之國姓非臣殺身所能仰報族
兄徐州機察副使僧喜前汾州酒同監三喜前解州鹽管
勾添章興平縣監酒完顏阿隣與臣同功皇恩所加併及本
族僧喜等四人乞依此例不許政輝州經略使阿隣與臣
同一家今爲兩族完顏阿隣添福猶姓郭氏念臣與僧喜等昔
萬五千詔分五千隸東平行省其衆泣訴云我曹以國姓
多難奮義相從捐田宅親戚轉戰至此普同立功偕還
鄉里今將分配他軍心實艱苦乞以全軍分駐懷衛輝州

之間捍蔽大河惟受阿鄰節制阿隣亦不欲分之因以為

請宰臣奏若遂聽之非唯備他將傚劾皆不可使

矣宣宗以為然加遇授知河南府事應援陝西陝西

八千西赴至潼關間京兆已被圍游騎至華州陝西

欲令阿鄰駐軍商號拒東向之路阿鄰上奏臣本援陝西

願賜馬軍千人則京兆之圍不足解矣宣宗謂皇太子曰

遇難而止當人臣之節夫自古用兵步騎相參乃可以得

志今乃分屬臨難不救互分彼此今臣所統皆步卒

併以虢州兵五千付之使乘隙而進卿以此意諭之也與

阿鄰赴難不回固善矣而軍勢單弱且駐內地以觀事變

定元年遷元帥右都監出秦州伐宋宋統制吳鈞守皂角〔又作卿〕

堡城三重據山之鎮阿鄰分兵絕其汲路克其外城

將克其次城宋兵縱火而出阿鄰以騎兵邀之遣步卒擊

其後宋兵敗生獲吳鈞及將校二百人馬數百匹

又兵甲衣襖復敗宋兵于裝家莊六谷中斬五百級墜澗

死者甚眾又敗之于寒山嶺龍門關大石渡得粟二千餘

石復敗之于稍子頷斬首二千餘級生擒百人是時三月

宿麥方熟阿鄰留兵守之已而宋兵大至金兵敗阿鄰戰

沒贈金紫光祿大夫西京留守

完顏霆本姓李氏中都寶坻人粗知書善騎射輕財好施

得卿曲之譽貞祐初縣人共推霆為四鄉部頭霆招集離

散糾合義兵眾賴以安招撫司奏其事遷兩官霆與弟雲

率眾數千巡邏固安求清間遙授寶坻縣丞充義軍都統

劉璋說霆使出降霆縛送經略司遷三階攝寶坻令升都

提控遙授同知通州軍中都食盡霆遣軍分護清滄

宣撫使完顏仲元保清滄遙授通州刺史河北東路行軍

河路召募賈船通饋道遙授同知清州防禦事從河北

提控佩金牌舊制宣撫副使乃佩金牌仲元奏臣軍三萬

管軍官三人皆至五品乞各賜金牌廷議霆輩忠勇絕人

遂與之改大名路提控復取玉田三河香河三縣徙屯濱

棣淄留副將孫江守滄州江以滄州降于王撤而江將兵

圍觀州霆乃詐作書與孫江約同取滄州者王撤得其書

果疑孫江與霆有謀召江還殺之霆乃定觀州而還進官

三階充濱棣行軍都提控遷棣州防禦使賜姓完顏氏屯海州

差都提控遷棣州防禦使賜姓完顏氏屯海州俄權單州

經略司事方宣差總領都提控興定元年泰安勝土寇

遼起東平行省差宣差總領都提控未幾遙授同知益都府事加宣

二萬人老幼五萬口充權海州經略副使紅襖賊于忙兒

冦海州霆擊走之二年宋高太尉兵三萬駐胸山下

糧采野菜麥苗雜食之宋兵柵胸山下隔湖港霆作港中

暗橋導萬戶胡仲建副統劉賷率死士由暗橋登山氈鞏
兵四千人趨山下約以昏時舉火為期上下夾擊宋兵大
敗墜澗溺水死者不可勝計斬高太尉彭元帥于陣餘衆
潰去遷安化軍節度使經略副使如故以其子為符寶典
書逾月宋兵後至竈逆戰駐兵城外夜半宋人乘虛踰城
而入經略使阿不罕奴失剌率兵扺戰都統溫迪罕五兒
副統蒲察求成蒲察只魯身先士卒殺二百餘人城賴以
完詔五兒等各遷兩階四年改集慶軍節度使兼同知歸
德府事五年改定國軍節度使兼同知京兆府事擢其子
為護衛元光元年陝西行省白撒奏京兆南山寇逼宋境

憶宏大司農丞郭皓為副使分護百姓之遷南山者元光
惟宏大司農丞郭皓為副使分護之遷南山者元光
變宣宗以為然十月霆以本官為安撫使守同知歸德府
官民遷避其聞者無慮百萬人可遣官鎮撫庶幾不生他

二年卒

為古論長壽臨洮府第五將突門族人也本姓包氏襲父
求本族都管泰和伐宋克緋翩翹軍千戶取床川寨及祐
州宕昌辛城子以功進官二階貞祐初夏人攻會州統軍
使署征行萬戶升副統與夏人戰於窄土峽先登陷陣賞
銀五十兩戰東關堡以功署都統兼充安定定西保川西
寧軍馬都彈壓詔錄前後功遙授同知隴州防禦事世襲

本族都巡檢三年賜令姓攻蘭州程僧儅為先鋒都統夏
人圍臨洮拒渭堡內外不通統軍司募人偵候臨洮消息
長壽應募戰二人擒一人問得臨洮及夏兵勢以勞遷
宣武將軍遷授通遠軍節度副使招降諸蕃族又熟羊寨
秦州適亡者復遷懷遠大將軍升提控興定元年夏人大
入隴西長壽拒戰遷平涼府治中兼節度副使充宣差權
州規措官頃之遙授同知鳳翔府事兼同知通遠軍節度
事提控如故興定二年遷同知臨洮府事與提控洮州刺
史納蘭記僧分兵代宋長壽由鹽川鎮進兵宋人守城者
走保馬頭山合諸部族兵來拒長壽鏖敗之復破其援兵

四千於荔川寨即趨宕昌縣破宋兵二千于八斜谷拔宕
昌縣進攻西和州先敗其州兵明日木波兵三千與宋兵
合依川為陣長壽奮擊宋兵入保城堅壁不復出長壽乃
還凡斬馘八千獲馬二百餘牛羊三萬器械軍實甚多納
蘭記僧出洮州鐵城堡屢敗宋人完軍而還詔賞鳳翔秦
鞏伐宋將士長壽遙授隴安軍節度使同知通遠軍提控
如故項之長壽升總領都提控改通遠軍節度使夏人攻
定西是時弟世顯已降夏人執世顯至定西城下謂
長壽曰若不速降即殺汝弟長壽不顧奮戰夏兵退加謂
禄大夫賜金二十五兩重幣三端世顯既降二子公政重

壽當緣坐宣宗嘉長壽守定西功
釋公政兄弟有司廩給
之詔長壽曰汝久在戎行盡忠國事世顯之降必不得已
汝求念國恩益思自效未幾夏人復攻會州行元帥府事
石盞合喜發兵救未至夏人移兵臨洮長壽乘伏精兵五千
于定西險要間敗夏兵三萬騎殺千餘人獲馬數百夏人
已破西寧乃犯定西長壽乘城拒戰矢石如雨夏兵死者數
騎復至攻城甚急長壽擊却之斬首三百級既而三萬
千被劉者眾乃解去是歲卒

完顏佐本姓梁氏初為武清縣巡檢完顏蔽住本姓李氏
為柳口鎮巡檢完顏蔽住副之以佐為都統蔽住之成直沽寨貞

祐二年紀軍遣張暉等三人來招佐執之翌日劉永昌
率眾二十人持文書來署其年曰天賜佐擲之廛眾執求
昌及暉等併斬之宣佐奉國上將軍遙授同知河間府事皆賜姓
完顏古者天子胙土命氏漢以來乃有賜姓宣宗假以賞
完顏氏詔曰自今有忠義如是者並一體遷授
贊曰古論長壽皆封疆之臣而賜以他姓貞祐以後賜姓有格
一時之功郭仲元郭阿鄰以功皆賜國姓女奚烈資祿烏
古論長壽皆封疆之臣而賜以他姓貞祐以後賜姓有格
夫以名使人用之貴則貴用之賤則賤使人計功而得國
姓則以其貴者反賊矣完顏霆完顏佐皆賜國姓者併附

于此
石抹仲溫本名老幹懿州胡土虎猛安人充護衛十人長
太子僕正除同知武寧軍節度使事猶直將軍器物局使
坐前在武寧造馬鞍廚直章宗原之改左衛將軍遷左副
點檢洮府事泰和伐宋青宜之來乃汝管內與有勞焉
知臨洮府事泰和伐宋青宜可之內附進爵二級賜銀二百
五十兩重帶十端詔曰青宜可之來乃汝管內與有勞焉
比與青宜可相合其間諸事量宜而行項之諸道進兵仲
溫以隴右步騎五千出鹽川八年罷兵改知河中府崇慶
初邊陝西統軍使貞祐二年宋人攻秦州仲溫率兵敗之

壽充本路安撫使改鎮南軍節度使致仕興定三年卒
烏古論禮本名六斤益都猛安人充習騎累擢近侍局直
長轉本局副使左衛副將軍坐授沁南軍節度使宛王求
成名馬王帶狀一百削官解職起為蒲速破墨牧副使改
武庫署令宿直左衛副將軍復為左衛副將軍改武
寧軍節度泰和伐宋為山東路兵馬都統副使兼節度軍
安化軍節度八年宋人請盟罷兵都統官仍以節度兼
副統軍大安三年改知歸德府兼河南副統軍歷知河南
府至寧初改知太原府事貞祐二年兼河東北路安撫使
三年充本路宣撫使項之兼左副元帥四年太原被圍未

蒲察阿里與州路人以應補官充護衛十人長武器署令
轉宿直將軍遷右衛副將軍宋兵犯分道鋪馳驛赴邊伺
其入以伏兵掩之改提點器物局泰和伐宋從右副元帥
匡為副統攻宜城縣取之八年以功遷武衛軍副都指揮
使大安元年同知南京留守事徙壽州防禦使遷興軍
節度使崇慶初還元帥右都監明年轉左都監遷都城被
圍道路梗塞阿里由太原至真定率師赴援抵中山不克
進貞祐二年移駐大名徵河南鎮防軍圍再舉報既憚于
行而阿里遇之有厚薄軍羹遇害衆因逃散宣宗詔元帥
撫諭

左都監完顏彌安集其軍赦首惡以下河南統軍司更加

別傳　四百十九　金史一百三　十一

興屯襄本名添壽上京路人大定十年襲猛安承相襄舉
通練邊事授崇義軍節度副使改烏古里紅詳穩召為都
水少監石州刺史未幾為平南盧江將軍以功陞壽州防
禦使遷河南路副統軍兼同知歸德府事昌武軍節度使
仍兼遷統軍崇慶改元為元帥左都監敕西京至墨谷口
一軍盡燼襄僅以身免坐是除名明年授上京兵馬使宣
宗即位擢遼東路宣撫副使未幾改速頻路節度使兼同
知上京留守事二年二月為元帥右都監行元帥府事于

比京五月改留守兼前職俄遷宣撫使兼留守十一月詔
諭襄及遼東路宣撫使蒲鮮萬奴宣差蒲察五斤曰上京
遼東國家重地以卿等累效忠勤故委腹心愼其協力盡
公以徇國家之急及詳來奏乃大不然朕將何賴自令每
事同心併力備機會一失悔之何及且師克在和善鈞
從衆尚戀前過以圖後功三年正月襄為比京宣差提控
完顏習烈所害未幾習烈復為其下所殺詔曲赦比京
完顏蒲剌都西南路猛安人充護衛除泰
定軍節度副使復唐古部族節度副使徙安
國軍移紀詳穩累官原州刺史坐買部内馬虧直奪官一

別傳　四百四十八　金史一百三　十二

階降比京兵馬都指揮使寧遠軍刺史歷同知臨洮府西
京留守事崇慶元年遷震武軍節度備禦有功遷一官初
置東西面經略崇慶元年充西面經略使上言管内大和嶺諸
隘屯兵控制邊要行元帥府輔分臣兵萬二千戍真定餘
衆不足守禦近日復簡精銳二千七百人以往今見兵不
蒲萬老羸者十七八臣死固不足惜顧國家之事不可不
應新設經略移文西京太原河東取軍馬大數並稱非臣
所統詔眞定元帥府還其精銳二千七百人西京太原嵗
州有警急約為應援州郡皆不欲屬經略司遂罷經略官
入為簽樞密院事改左副點檢四年遷兵部尚書興定元

列傳

晉王

年致仕四年卒

夾谷石里哥上京路猛安人明昌五年進士泰州防禦判
官補尚書省令史歷臨潢婆速路都總管判官累除刑部
主事改薊州副提控駐軍大名俄遷翰林待制爲宿州提
控與山東宣撫完顏弼攻大沫堌賊衆千餘逆戰石里哥
以騎兵擊之盡殪提控沒烈入自比門邀擒劉二祖以功
遷武衛軍副都指揮使坐前在宿州掠良人爲生口當死
特詔決杖八十徙泊州防禦使山東路副統軍坐不時進
兵性宿遷取妻子解職起爲東平行軍提控興定元年破
宋兵于宿州以功遷授安化軍節度使移定海軍卒

術甲臣嘉北京路猛安人襲父謀克泰和伐宋隸陝西完
顏綱麾下歷通州海州同知軍州事貞祐二年除武器署
丞牧集寧有功遷河南統軍判官拱衛直副都指揮使河
南泊中通領綏州刺史兼治中就遷同知府事改同
知河間府事興定元年行樞密院于壽州由毒泗渡淮伐
宋二月破宋兵三千於漸湖灘斬三百級有詔踐踐宋境
上母深入臣嘉駐霍丘楂岡村緫輕騎鈔掠焚毀積聚獲
宋謀者張聰知宋兵二千屯高柳橋老幼甚衆其寨兩城
環之以水臣嘉遣張聰持牒招之不從先令水軍徑渡攻
之軍士牛膏操戈剌門卒皆披靡散去遂登岸大軍繼攻之

列傳

晉王

夷其寨而還遇過宋兵數千於梅景村臣嘉伏兵林間以步
卒誘致之伏發宋兵潰追奔十餘里生擒其將阮世安等
五人獲器仗甚衆泰和二年賞南功升職一等遷元帥右都
監充陝西行省參議官四年兼金安軍節度使五年改知
延安府事轉左都監駐兵京兆元光元年卒

統石烈桓端西南路忽諭宋猛安人襲兄銀朮可謀克
泰和伐宋克宋兵二千於紫州加宣大安豐軍
自壽州渡淮敗宋步騎一萬五千于鸛子鎮遂克安豐軍
軍遷除同知懷遠軍事權木典紀詳穩大安三年西
京行省選克合扎萬戶遙授同知清州防禦軍改興安軍
節度副使遙授顯德軍節度副使徙東路宣撫司都統敗
移剌留哥萬五千衆于御河寨奪車數千兩降萬餘人加
驃騎衛上將軍遙授同知順天軍節度事貞祐二年爲宣
差副提控同知婆速路兵馬都總管行府事貞祐三年蒲
解萬奴取咸平東京潘澄近境及猛安謀克人亦多從之
者三月萬奴步騎九千侵婆速近境桓端遣都統溫迪罕
怕哥輦擊卻之四月復掠上古城遺都統與屯馬和尚拒戰
萬奴別遣五千人攻望雲驛都統與屯馬和尚擊之都統
夾谷合打破其衆數千于三義里五月都統溫迪罕福壽
攻萬奴之衆于大寧鎮援其壘其衆殲焉九月萬奴衆九

千人出宜鳳及湯池桓端率兵與戰其眾潰丟因拍噡吉
韓鄣麻渾賽哥出臺苔覺顏哥不厌活拙按出亭德烈隣
十一猛安復來附從擇其丁男補軍攻城邑之未下者貞祐
四年桓端遣王汝弼由海道奏事宣宗嘉其功桓端遷遼
海軍節度使同知行府事宣差提控如故婆速路溫甲海
世襲猛安權同知府事溫迪罕哥不霭遷顯德軍節度使
眾婆速府治中權判官前修起居注裴滿按帶還兩階升
二等王汝弼遷四階升四等餘將士有功者詔遼東宣撫
承制遷賞是歲欧邳州刺史充徐州界都提控紅襖賊數
萬攻邳州桓端破之于黃山賊復來桓端率兵赴之撒合
臺僕散撒合突圍出求救桓端率兵赴之撒合選入沂州
山道擊敗之溺沂水死者甚眾賊數高圍沂州同知防禦
員上其功因奏曰桓端天資忠實深有計畫曉習軍事撒
合勇而有謀皆得軍民心乞加權用桓端進金紫光祿大
夫兼同知陳州興定元年自新恩渡淮伐宋破中渡店至定
提控屯陳州興定元年未幾充宣差參議官復渡淮連破
城以少擊眾戰不留行未幾充宣差參議官復渡淮連破
宋兵獲其將沈俊還武衛軍副都指揮使宋人城守不出
分兵攻其山寨水堡殺獲其眾興定二年遷鎮南軍節度

使權元帥府右都監數月改武衛軍都指揮使仍權右都監
行元帥府于息州徐州行樞密院事性代之四年冬上言籲閒
詔桓端以本官權簽樞密院事石盞女魯歡剛愎自用
宋人與李全將併力來攻當預為之防樞密院奏可召桓
端與朝臣面議尋有疾賜太醫御藥五年正月召至京師
疾病不能入見力疾草奏大略以南北皆用兵當豫防其
患及防河歎無何卒年四十五勅有司給喪事
完顏阿里不孫字彥成曷懶路泰申必剌猛安人明昌五
年進士調易州忻州軍事判官安豐縣令補尚書省令史
除興平軍節度副使應奉翰林文字轉修撰充元帥左監
軍紇石烈執中經歷官執中團楚州縱兵大掠坐不諫正
失杖五十大安初改戶部員外郎釣州刺史執中行樞密
院於西京復以為經歷官改威州刺史貞祐初累遷國子
祭酒歷越王傅改同知平陽府事兼本路宣撫副使改御
召為兵部侍郎遷翰林侍講學士改陝西路宣撫副使還
元帥左都監改河平軍節度使河北西路宣撫副使還
史中丞遼東宣撫副使再開月權右副元帥參知政事速
東路行尚書省事賜御衣厩馬安山甲上京行省蒲察五
斤奏其功賜金百兩絹百匹興定元年真拜參知政事權
右副元帥行尚書省元帥府于婆速路承制除拜刺史以

下不愜是時蒲鮮萬奴據遼東侵掠婆速之境高麗畏其
強助糧八萬石上京行省蒲察五斤入朝邊東兵勢愈弱
五斤留江山守肇州江山亦頗懷去就及上京宣撫使蒲
察移剌都改陝西行省參議官而伯德胡土遂有異志宣
撫使海奴不迎制使坐而受詔阿里不孫城繫之頃之阿
里不孫輒矯制大赦諸道衆乃稍安而請罪于朝初留哥
據廣寧知廣寧府事溫迪罕青狗居蓋州妻于留廣寧與
伯德胡土約爲兄弟青狗無隸阿里不孫兵隸阿里不孫青狗
寮移剌都當奏青狗無隸阿里不孫宣宗乃召青狗青狗
不受詔阿里不孫殺之胡土乃怒阿里不孫既而胡土率
衆伐高麗乃以兵戍殺阿里不孫權左都監納坦裕與監
軍溫迪罕哥不露遙授東平判官叅議軍事郭澍謀誅胡
土未敢發會上京留守蒲察五斤遣副留守夾谷愛苔左
右司貞外郎抹撚獨魯詣裕計事裕以謀告二人二人許
諾遂召胡土至帳中殺之阿里不孫巳死朝廷始得矯救
奏詭詔有司獎諭未幾聞阿里不孫寬厚愛人敏於吏事能治
事尚國公納合裕真授左都監哥不露進一階愛苔獨魯
郭澍遷官升職有差阿里不孫死于亂詔贈平章政
完顏鐵哥性淳直體貌雄偉粗通書年二十四歲父速頻
剽掠識者以爲用之未盡云

路昌懒合打猛安授廣威將軍御下惠愛叅廉除臨海軍
節度副使改底剌糺詳穩丞相襄行省于北京鐵哥爲先
鋒萬戶有功丁母憂服除遷同知武勝軍節度使事充右
副元帥完顏匡副統號平南溫江將軍攻光化軍王統制
以步騎出東門逆戰鐵哥擊卻之拔鹿角奪門以入遂克
之進攻襄陽爲前驅獲生口知江渡可涉廁陰植標以識
之大軍至鐵哥導之濟屢戰捷以勞進官鄧州兵罷進官
安撫哥總領攻城築壘于德安南鳳凰臺並城作甬道立
鵝車對樓攻之擊走張統制兵時暑還屯適萬府事改西南路招討宿州防禦使貞
兩階遷同知潢府事改西南路副招討宿州防禦使貞
祐二年樞密使徒單鎰度移剌以鐵哥死都統入衛中都選
東北路招討使兼德昌軍節度使蒲鮮萬奴在咸平鐵哥
哥兵強牒取所部兵二千又召泰州軍三千及戶口遷
咸平鐵哥叅其有異志不遣宣撫使承克召鐵哥赴上京
命伐蒲與路既還適萬奴代承充爲宣撫使撫前不發軍
罪下獄被害謚勇毅
納蘭胡魯剌大名路怕魯歡猛安人性淳直家言笑好讀
書慱通今古承安二年進士第一除應奉翰林文字被詔
括牛于臨潢上京等路丞相襄有田在肇州家奴匿牛不
以實聞即械繫正其罪而盡括之於是豪民皆懼無敢匿

者使還襄稱能居父喪盡禮御史舉其清節服除轉修撰
平章政事僕散端舉廉能有文采還同知順天軍節度使
事從伐宋以勞加朝請大夫改禮部員外郎曹州刺史豪
民僕散掃合立私渡於定陶間逃兵延問耆老招為鄉兵胡
政莫敢問胡魯剌捕治之窮竟其黨閭郡蕭然改沃州改
南京路按察副使貞祐二年改泗州防禦使召為吏部侍
郎遷絳陽軍節度使權河東南路宣撫副使是時兵興胡
魯剌完城郭繕器械料才壯為鄉兵為吏
咨以備禦之策鹽米儲偫勸富民出粟郡賴以完賜詔襄
謝加資善大夫官其次子吾申改權經略使召以疾不
能行乎于絳州

贊曰泰和貞祐其間相去五年耳故將遺老往往在焉為高
琪得君宿將皆斥外矣高汝礪任戎舊臣皆守藩矣假以
重任其賢踈之故石抹仲溫以下以見當時之將校為

閤門祗候司禮用習官尚事中書行省承口修　國領　經略軍都總管脫脫奉

勑修

納坦謀嘉　鄒谷　高霖

　　孟奎　烏林荅與　郭俱

　　溫迪罕遜　王擴　移剌福僧

　　奧屯忠孝　蒲察思忠　紇石烈胡失門

　　完顏寓　斡勒合打　蒲察移剌都

納坦謀嘉上京路牙塔懶猛安人初習策論進士大定二
十六年選入東宮教鄆王琮瀛王璟讀書以終場舉人試
補上京提刑司書史以廉能著柵承安元年契丹陀鎖冠
掠韓州信州提刑司問諸書史誰入奏者皆難之謀嘉請
行五年特賜同進士出身調東京教授湯池主簿太學助
教丁母憂服闋累除翰林修撰兼修起居注監察御史員
祐初遷吏部員外郎翰林待制侍御史完顏寓舉謀嘉才
行志在匡國可預軍政充元帥府經歷官中都被圍食且
盡肯鼎奏京師官民能瞻足貧民者計所瞻遷官皆先給
攄謀嘉不受撤而去中都危急謀嘉曰帥臣統數萬眾不
能出城一戰何如自縛請降邪宜宗讓遷都謀嘉曰不可
河南地狹土薄他日宋夏交侵河北非我有矣當選諸王

為太常少卿兼左拾遺遷鄭州防禦使改左諭德轉少府
監御史中丞未幾攝太子詹事興定元年遷關失守遷
河南統軍使兼昌武軍節度使摭籤樞密院事行院許州
沐去冗食軍士二千餘人上書諫伐宋不聽三年降潁州
防禦使有告宋人將襲潁州者已而宋兵果至謀嘉有備
乃引去有司上功不及告者謀嘉請而賞之四年召為翰
林待講學士兼兵部侍郎同修國史五年卒
鄒谷字應仲密州人中大定十三年進士累官潘
王府文學尚書省奏擬大理司直上曰司直爭論法折
定疑難谷非所長也宰臣曰谷有吏才陝西河南訪察及
正疑難皆稱職上以谷為同知曹州軍州事召為刑部主事
轉北京臨潢提刑判官入為大理寺丞尚書省點差接送
伴宋國使官令史周昂其數員呈請左司都事李炳乘醉
見之怒曰吾口舉兩人即是安用許爲命左右攬昂衣欲
杖之會左司官召昂去乃已署諸令史為奴畜明日語權
令史李秉鈞曰吾豈惟篐駡汝進退去留亦皆在我聲吏
將陳訴會官勸奏事下大理寺議差接送伴官事當奏聞
炳謂口舉兩人當科違制谷曰口舉兩人一時之言當杖
贖攬昂衣欲加杖當決三十上曰李炳讀書人何乃至是

竇臣對曰李炳疾惡衆人不能容耳上曰炳誠過矣告者
未必是也乃從谷議歷濟南彰德府治中吏部郎中河東
按察副使沂州防禦使歷定海泰寧軍節度使泰和六年
致仕貞祐初卒
高豪字子約東平人大定二十五年進士調符離主簿察
廉遷泗水令冊調安國軍節度判官以父憂還鄉召為國
生徒恒數百人服除為絳陽軍節度判官用薦舉召為國
史院編修官丁母憂復起太常博士改都水監丞兼陝西路
適逢歷峽故致滿決水經當疏其院塞行所無事令若
開雞爪河以殺其勢可免數埽之勞凡埽埽工物皆取於
民大為時病乞並河隄廣樹榆柳數年之後隄岸既固埽
材亦便民力漸省朝廷從之遷應奉翰林文字兼前職改
監察御史丁母憂起復太常博士改都水監丞兼陝西路
水少監大安初為耀州刺史三年遷河北東路按察副使
按察司事體訪官貞能否仍赴闕待對時南征調繁繁急
民稍稽滯有司皆坐失誤軍期罪霖言其枉悉出之授都
改韓王傅兼翰林直學士崇慶初改工部侍郎兼直學士
至寧元年八月㢲華儲待迎宣宗至新城勒霖南迎諸妃
既至賜錢千貫遷官三階二年除河平軍節度使兼都水
監霖請城宜村為衛州以護北門上從之入為兵部尚書

知大興府事俄權參知政事與右丞相承暉行省于中都
尋改中都留守兼本路兵馬都總管平章政事抹撚盡忠
棄中都南奔霖與子義傑率其徒夜出不能進謂義傑曰
汝可求生吾死於此矣霖死義傑伏群屍中以免贈翰林
學士承旨令立碑鄉里歲時致祭訪其子孫錄用諡文簡
孟奎字元秀遼陽人也大定二十一年進士調黎陽主簿
丁母憂服闋調淄州軍事判官遷汲縣令察廉改定興令
補尚書省令史從參知政事馬琪塞潭淵決河改中都左
警巡使平章政事完顏守貞禮接士大夫在其門者號冷
嚴十俊奎其一也改都轉運司度支判官上京等路提刑
判官初遼東契丹判余里也嘗殺驛使大理司直有契丹
人同名者有司輒繫之獄奎按囚速頻路讞而出之既而
果獲其殺司直者遷同知西京路轉運使事置行樞密院
于鎮密充宣差規措所官給軍用改簽河東南北路按察
司事武州刺史上言三事其一曰親民之寄今吏部之選
頗輕使武夫計資而得權歸吏每縣宜參用士人使之紀
綱其事未幾改曹州刺史再調同知中都路都轉運使事
詔詔審錄中都路究微多平反大安初除博州防禦使凡
屬縣事應赴州者不得泊於逆旅以防吏姦人便之改山
東東西路安撫副使遷北京臨潢等路按察轉運使以本

官為行六部侍郎劾奏臨軍完顏訛出虛造功狀訛出坐
免官詔以奎為宣差都提控貞祐初以疾卒諡莊庸
烏林荅與本名合住大名路納鄰必剌猛安人充奉職奉
御尚食局直長兼頓舍除監察御史累官武勝軍節度使
北京按察轉運使太子詹事武衛軍都指揮使貞祐二年
知東平府事權宣撫副使改西安軍節度使入為兵部尚
書上言兵動民心未定軍士萬餘可運濱鹽糧芻給之又曰潼
令四方兵動見刻削乞權罷按察及勸
農使又曰東平屯兵萬餘可運濱鹽糧芻給之又曰潼
關及黃河津要將校皆出卒伍類庸懦不可用乞選材武
者代之又曰兗曹濮濟諸郡皆可屯重兵勃州縣官勸民
力穡至於防秋則清野保城下尚書省竟不施行新制料
買軍器材物稽緩者並的決與奏有司必覆責趣辦民將
不堪可量罰月俸從之坐前在陝州市物虧直降鄭州防
禦使尋召為拱衛直都指揮復為兵部尚書興定三年
卒
郭俁字伯有澤州人大定二十二年進士調長子主簿累
州觀察判官藥陽縣令補尚書省令史知管差除大理
司直丁母憂起復太常博士左司都事御史臺舉俁及前
應奉翰林文字張機吏部主事王質刑部主事抹撚居中

通事舍人完顏合住弘文校理把掃合吏部架閣管勾烏
古論和尚尚書省令史溫迪罕思敬皆才幹可用詔各升
一等遷除平陽府治中張機國子博士王質昭義軍節
慶副使抹撚居中大理司直完顏合住侍儀司令把掃合
同知弘文院事烏古論和尚利涉軍節度副使溫迪罕思
敬同知定武軍節度事父之俁為同知登聞鼓院兼秘
書丞遷禮部郎中滕州刺史同知真定府事上言每委合
注巡尉官吏申兩部斟酌盜賊多寡勵選注詔議行之改
山東安撫副使七年遷山東宣撫副使大安元年遷遼東
中都西京按察轉運使改中都路都轉運使陝西東
路按察轉運使貞祐三年罷按察司仍充本路轉運使行
六部尚書改河北西路轉運使致仕元光二年卒
溫迪罕達字子達本名謀古魯蓋州按春猛安人性敦厚
賽言笑初舉進士廷試搜閱官易達嶷小謁之曰汝欲求
作官邪達曰取人以才學不以年貌眾咸異之明昌五年
中第調固安主簿以憂去官服除調信州判官丞相襄辟
行省幕府政順州刺史補尚書省令史除南京警巡使居
父喪是時伐宋兵興起復給事行尚書省令史大安初遷德興
府判官再遷監察御史宣宗遷汴以本職護送衛士妻子

復被詔運大名粟由御河抵通州事集一官轉戶部員
外郎左司郎中遇繼母憂起復太常少卿充陝西元帥府
經歷官興定元年召還攝侍御史上疏論伐宋略曰天時
向暑士馬不能守走還南京庶合之勢可令濮王統行省
移剌都不能思罕以繫一方之心昔祖宗封建諸王錯峙
相維以定大業今乃委諸踈外非計也宣宗曰一子非所
愛但幼不更事詎能辦此逾月後上言天下輕係于宰
相遞來每令權攝甚無謂也令之將帥謀者不能戰戰者
不能謀令豈無其人但用之未盡耳宣宗曰人才難知故

先試其稱否卿何患焉所謂用之未盡者為誰對曰陝西
統軍使把胡魯忠直幹略知延安府古里甲石倫深沉有
謀能得士心雖有微過不足以累大宰相高琪高汝勵惡
其言俄充陝州行樞密院參議官二年召為戶部侍郎改
刑部兼左司諫同知集賢院改大理卿兼越王傅尋遷河
南統軍使昌武軍節度使是時東方荐饑達上疏曰亳州舊
州改集慶軍節度使是時東方荐饑達上疏曰亳州舊
六萬今存者無十一何以為州且令調發數倍于舊乞量
為減免是歲大水碭山下邑野無居民轉運司方憂兵食
達護聞二縣無主稻田且萬頃收可數萬斛即具奏朝廷

金史一百四 七 峴伯美

大駭詔戶部尚書高霖佩虎符專治其事所獲無幾竟坐
累抵罪違自念失奏因感愧發病尋卒
王擴字充之中山永平人明昌五年進士調鄧州錄事潤
色律令文字充中誑敗二令擴到官執
中執家避去改徐州觀察判官補尚書省令史除同知德
州防禦使被詔賑貸山東西路饑民棣州尤甚擴輒限
數外給之泰和伐宋山東盜城起被安撫使張萬公牒提
控捕擴行章丘道中遇一男子舉止不常捕訊果歷城
大盜也眾以為有神再遷監察御史被詔詳讞冤獄是時
凡鬥殺奏決者章宗輒減死由是中外斷獄皆以出罪為

金史一百四 八 峴伯美

縣撅謂同輩曰生者既讞地下之寃六何是時置三司治
財擴上書曰大定閒曹望之為戶部之舊官其吏
而已令三司職掌皆出於戶部乃戶部之舊官亦
竟罷張煒職辦西北路糧草者數年失亡多尚書省擴
亦令代王謙自代王謙發其姦蠹擴按之無所假
考按會煒亦舉王謙自代王謙發其姦蠹擴按曰既奉詔
借煒舊與擴厚使人詬曰君不念同舍邪擴按曰既奉詔
安得顧故人哉大安中橫海軍節度事簽河北路
按察事貞祐二年上書陳河東中禦策大縣謂分軍守隘
兵散而不成軍聚之臨內軍合則勢重饋餉一塗以逸待

勞以主待客此上策也又曰軍校撥殺分例過優萬戶一
員其費可給兵三十八本路三從宣萬戶二百餘員十
羊九牧類例可知乞以千人為一軍撐望董者一人萬戶
兩猛安四謀克足以教閱約束矣豈不簡易而省費哉又
曰按察兼轉運本欲假斜劾之權以檢搕錢穀通稟軍興
糧道軍府得而制之令太原代嵐三軍皆其州府長官與
令通察兼民不為恩徒增廩給教練無法軍不足用書奏不
難益費不可供御宣宗召為戶部侍郎遷南京路轉運使太府監奏
見省遷汴後召為戶部侍郎詰開擴奏曰數免租稅科
羊慶不可供御宣宗詔開擴奏曰聖主取於民

令民心未安宜崇節儉廷議肥瘠紛紛非所以示聖德也
宣宗首肯之平章政事高閎尚食物謂擴曰此白食監事何勞
萬機賴膳蓋以安養臣子宜盡心擴怒不從潼關已破
宰相高琪默然銜之有司奪市人衣以給往戍潼關軍士
大元兵至近郊遣擴自宰相請三日造之高琪奏擴長糧戶部員外
京師大擾擴自宰相請三日造之高琪奏擴長糧戶部員外
郎張好禮往商號過中年不可進高琪奏擴長避下吏論
死宣宗薄其責削兩階杖七十張好禮削三階杖六十降
為遂授隴州防禦使行六部侍郎規辦泰軍食逾月降
陝西東路轉運使行六部尚書致仕興定三年卒諡剛毅

撐博學多才真不容物以是不振於時云
移剌福僧東北路烏運菩河猛安人以陰補吏部令史轉
樞密院調滕州軍事判官歷甄官署直長幽王府司馬順
義軍節度副使部內世襲猛安未吞掠民婦女藏之窨室
得其所在率眾入索之得婦女四十三人木吞既跡
人頗聞之無敢發其罪者福僧請于節度使頒目効既動
海軍轉運同知開遠軍節度廣審簽北京臨潢按察事與中治
中莫州刺史上言沿邊運官私役軍人邊防不治及擾動
等事按察司專一體究各路宣差提控嚴勒禁治詔尚書
省行之大安初改沃州同知中府事福僧假民繒治城
郭浚濠為禦守備百姓頗怨頃之兵果至攻其北城福僧
戰其北使備其西薄暮東攻其西以有備乃解去尋改廣
寧崇慶元年秋福僧被牒如鄰郡大兵薄城其子銅和尚
率家奴拒戰者多之未幾充遂東宣撫副使歲大饑福僧出
子之功識者多之未幾充遂東宣撫副使歲大饑福僧出
沿海倉粟先賑其民而後奏之以完奴為良終不言
王傅兼吏部郎中胡沙虎作難福僧稱疾不出宣宗封胡
沙虎澤王百官皆賀福僧不往胡沙虎欲撼而罪之詔除
福僧壽州防禦使貞祐三年遷山東西路按察轉運使是
歲按察司罷仍充轉運使父之致仕興定二年十一月庚

辰宣宗御登賢門召致仕官兵部
尚書蕭貢刑部尚書奧屯襄工部
尚書完顏蒲刺都戶部
學士完顏宇選轉運使趙重福沁
南軍節度使猪膏鎮南軍節度使
使李元輔中衛尉完顏奴婢原州刺史紇石烈孝吉賜食
南軍節度使猪膏鎮南軍節度使石抹仲溫泰定軍節度
使福僧河東北路轉運使趙重福沁

學士完顏宇選轉運使趙重福翰林
尚書蕭貢刑部尚書僕散偉工部
尚書奧屯扎里吉翰林

辰宣宗御登賢門召致仕官兵部尚書完顏蒲刺都戶部

定河朔養兵蓄銳策之上也又曰山東殘破墾盜滿野撫
度仰給河南賦役頻繁民力疲弊宜開宋人講和之端調
都可復遼東可通今西北多虞而南鄙不敢撤成糧調
訪問時政得失福僧乃上書曰為今之計惟先招徠穴人
選擇穴人舊有宿望雄辯者諭之以恩信彼若內附然後

軍既少且無騎兵若宋人資以糧餉假以官爵為患必大
當選才幹官克富豈招捕以恩賞諭使復業慕其壯悍為
兵亦致勝之一也又曰自承安用兵中設監戰官論議
之間動相矛盾不懲其失反以為法若董平居皆選材勇
自衛一旦有急驅疲懦出戰豈不敗事罷之為便書奏朝
廷略施用焉元光元年卒
贊曰宣宗急於求賢而使小人間之悅於直言而使邪說
亂之貞祐定之間豈無其人哉是故直言敢於所感疊
才詘於見恩耳自納坦謀嘉以下可致見焉
奧屯忠孝字全道本名牙哥滁州胡土虎猛安人幼孤童

母孝中大定二十二年進士科調蒲州司候察廉遷一官
除校書郎兼太子司經三遷禮部員外郎遷翰林待制權
戶部侍郎佐然知政事膚持國治決河以滎進一階除河
平軍節度使兼都水監遂疏七祖佛河及王村周平道口
難爪孫家港復開東明南陽岡馬蹄孫村諸河村忠孝常曰
河之為患不免勞民復壘百為岸十餘里民不勝其病矣
改沁之為患不相安復寧海州刺史南軍入為太子少
知南京留守遷定國軍節度使復為沁南軍改渭州歷同
傳兼禮部尚書員祐初議降衛紹王忠孝與蒲察思忠附

胡沙虎議語在思忠傳頃之拜參知政事中都圍急糧運
道絕詔忠孝搜括民間積粟存兩月食用悉令輸官酬以
銀鈔或僧道戒牒是時知大興府事月鼎計畫軍食奏許
人納粟買官鼎已籍者忠存再括之令百姓止存兩月而
功左諫議大夫張行信上疏論之曰民食止存兩月而又
奮又使當絕食不獨歸咎有司而亦怨朝廷之不察也宣
宗養行信言命近臣從民便可也項之行信復奏曰國家本
欲得糧今既得矣姑從民便可也項之行信復奏曰國參政
奧屯忠孝平生矯偽不近人情急於功名詭異要譽慘刻
害物忍而不恤勾當河朔河朔居民不勝其病軍首民錢

抑不令償東海欲用胡沙虎舉朝皆不可忠孝獨力薦

及胡沙虎作難忠孝自謂有功詔議東海郡號忠孝請籍

没其子孫及論特末也劃云不當籍没其偏黨不公如此

無事之時猶不容一相非才況令多故乃使此人與政如

宗意自忠孝覬然不聽頃之罷為太子太保出知濟

社稷何宣宗曰朕初即位當以禮進退大臣卿語其親知

諷之求去可也行信以語右司郎中把胡魯以宣

南府事改知中山府尋薨年七十諡惠敏

蒲察思忠本名畏也隆安路合懶合元主猛安人大定二

十五年進士調文德漳陰主簿兩字助教應奉翰林文字

太學博士累遷涿州刺史吏部郎中遷潞王傅被詔與翰

林侍讀學士張行簡討論武成王廟配享列思忠奏曰伏

見武成王廟配享諸將不以世代為先後按唐祀典姜太

李勣居吳起樂毅上聖朝宋王宗望畢妻寉谷神與前

太宗克宋成此帝業秦王宗翰宋王宗望二千之眾破百萬之師

代之將各以功德閒列可也思忠論多矯飾不盡錄其

頗有理者云遷大理卿兼左司諫同修國史泰和六年平

章政事僕散揆宣撫河南詔以備禦攻守之法集百官議

于尚書省廷臣尚多異議思忠曰宋人攻圍城邑動至數

千不得為小冠但當選擇將宜攻宜守臨時制變無不

可著上以為然頃之遷翰林侍講學士兼左諫議大夫大

理卿同修國史如故再閱月兼知審官院正職外兼四職

自思忠始宋人請和賜銀五十兩畫絹十端丁母憂起復

侍講學士兼諫議修史知審官院輔侍讀兼兵部侍郎貞

祐初胡沙虎請殺衛紹王為廉人思忠與奧屯忠孝阿附

胡沙虎曰竊人之財猶謂之盜況偷天位以私已乎宣宗

不從頃之遷太子太保兼待詔修國史二年春享于太廟

思忠攝太尉醉歐禮直官御史章劾奏降秘書監兼同修

國史頃之遷翰林學士同修國史卒

紇石烈胡失門上京路猛安人明昌五年進士累官補尚

書省令史除中都路廄支判官調河北東路都勾判官累

官翰林直學士大理卿右諫議大夫興定二年伐宋充元

帥左都監紇石烈牙吾塔參議官牙吾塔至楚州不待行

省僕散安貞即制軛進兵宋人堅壁不出野無所掠軍士

疲之餓死相望直前至江而復安貞勍壽之牙吾塔坐不

奉詔約胡失門不矯正特詔原之改同知彰德府事五遷

吏部尚書五年拜御史大夫元光元年農二年薨

宣宗輟朝百官致奠

完顏寓本名訛出西南路猛安人大定二十八年進士累

調河東北路提刑司知事改同知遼州軍州事召為國史

院編修官邊應華翰林文字南京路轉運副使丁父憂起
後太府監丞改吏部員外郎大安初除知登聞檢院遷
右司郎中翰林待制兼御史貞祐初議衛紹王事語在
衛紹王紀中都留守……置招賢所內外士庶皆
得言事或不次除官由是間閭細民往往詣省求管王守
信者本一村夫敢為大言以諸葛亮自比為不知兵寓屬千朝
詔署其軍都統募市井無賴為兵教閱進退跳擲大潔似
童戲其陣法大書古今相對四字於旗上作黃布袍緇巾
鐵牌各三十六軍牛闘雷環六十四枚欲以怖敵而走之
大果皆誕妄因與其猶出城殺百姓之憔採者以為功實
耐兄者本故路小說人俚語誑朝以取衣食製運粮車千
兩是時材木甚艱所費浩大觀者皆竊笑之草澤李棟在
衛紹王時嘗書司天監李天惠依附天文假託占卜趙走
貴臣俱為司天官條晉索奏白氣賁紫微主京師兵亂走
不貴徹得不成禍既而高琪殺胡沙虎宣宗愈益信之左
讒譖大夫張行信奏曰往千庸流很蒙拔擢參預機務甚
無謂也司天之官占見天象據經陳奏使人主紛已修政
輻楅為禍如有天象乞令諸監官公同陳奏所見或其則
各以狀聞不宜偏聽也上召行信與萬面訂守信奏復興
近侍就決于高琪高琪言守信不可用上乃以行信奏之言

為然頃之……遷禮部侍郎改東京副留守……龍州防禦使遷
安化軍節度使兼山東路統軍副使興定元年四月詔寓
以本官權行元帥府事和輯苗道潤移剌鐵
哥軍事語在道潤傳十二月密州破寓為亂軍所殺
斡勒合打蓋州本得山猛安人以陰補官充親軍調陰山
本縣令縣升為忠州本得山合打充……史州被兵久耕桑俱廢詔
尉縣當兵衝合打遷……豪官兵身先行陣充親軍廢詔
従其民千太和鎮南合打遷授同知太原府事仍領其眾
俄以本官遙授彰國軍節度使權河東北路宣撫副使督
糧餉往代州合打不欲行因與官無使完顏伯嘉爭辨合
打恐伯嘉奏聞乃先奏伯嘉己御史臺廉得其事未及
奏伯嘉合打皆改遷合打改武寧軍節度使數月召為勸
農使父之……為金安軍節度使興定元年復為勸農勸知
河間府權元帥右都監行元帥府事駐氏蔡息間權同簽
河間府事守河清改知歸德府事合打屢守邊要無他將
樞密院事守河清改知歸德府事合打屢守邊要無他將
蒲察移剌都東京猛安人父……太子太傅致仕移剌都
勇健多力充護衛十人長調同知泰州防禦使移剌軍
轄輻以愛去官起復武器署令從軍兵潰被執員祐二年
與降兵萬餘人俱脫歸遼隆安府治中賜銀百兩重幣六

端遇稜信州剌史有功邊將浦與路節慶便兼同知上京留

守事進三階改知隆安府事逾年充遼東上京等路宣撫

使兼左副元帥再閱月就拜尚書右丞移剌都與上京行

省蒲察五斤爭權及賈隆安戰馬搜造銀牌眥殺人已

而矯稱宣召棄隆安赴南京宣宗背靜不間除知河南府

事俄改元帥左副元帥充陝西行省參議官無

何兼陝西路統軍使興定二年四月改簽樞密院事權右

副元帥行樞密院於鄧州御史臺奏移剌都在軍中買沙

援道盜用官銀矯制收禁書指斥縱與使親軍守門護衛

押宿擬前後衛仗婿妾劾内人粧飾等數事認吏部尚書

阿不罕斜不失鞠之坐是誅

贊曰讀金史至張行信論奧屯忠孝曰嗟乎宣宗之不

足與有為也如此夫進退宰執豈無其道也哉語其親知

諷之求去豈禮邪是故奧屯忠孝蒲察思忠之黨比紀石

烈胡失門之疲衆完顏寓之輕信誤國斡勒合打之詆訟

上官於是豈不之罪失政刑羊豈小懲大誡之道哉

勅修

閲修傳三司上柱國錄當事都督十等總裁相攝　翰林　經筵嘉都總裁　厳　奉

程寀　　任熊祥　　孔璠 子拯

范拱　　張用直　　劉樞

王翛　　楊伯雄 兄伯淵　蕭貢

溫迪罕締達　張翰　　任天寵

程寀字公弼燕之析津人祖某仕遼廣德軍節度使寀四穆之季子也自幼如成人及冠篤

六男父子皆擢科第士族羨其家為程一舉寀次子四穆

遼崇義軍節度使寀

學中進士甲科累遷殿中丞天輔七年太祖入燕授尚書

都官員外郎錦州安昌令累加起居郎為史館修撰以從

軍有勞加少府少監熙宗時歷翰林待制兼右諫議大夫

寀上疏言事其略曰殿前點檢司古殿巖瑣瑋之任所以

蕭禁藥比見陛下備不虞也臣幸得近清光從天子觀時畋

之禮比申百官始出沙漠獨不知車駕何在瞻望女之始

自卯及申聖駕崎嶇沙磧之地加之林木藂蔚易以迷失是日

有騎來報皇帝從數騎已至行在竊惟古天子出入大陳兵衛以警蹕非

清道而行至於楚畋西夢漢獵長楊皆大陳兵衛以備非

常陛下脣肩祖宗付託之重奈何獨與數騎出入林藂沙漠

之中前無斥候後無羽衛甚非蕭禁藥之意也臣願陛下

凡計之後老復獵當預戒有司圖上獵地具其可否然後

下令清道而行擇衝要之地為駐蹕之所簡忠義爪

牙之士統以親信腹心之臣警衛左右俟其麋鹿既來然

後馳射仍先遣搜閱林藂明立標幟為出入之馳道不然

牙恐貽宗廟社稷之憂又曰臣伏讀唐史追尊高祖以下

諡號或加至十八字前宋大中祥符間亦加至十六字

遂因之近陛下亦受崇天體道欽明文武聖德十字臣竊

謂人臣以歸美報上為忠天子以追崇祖考為孝太祖武

元皇帝受命開基八年之間奄有天下功德茂盛振古無

前止諡武元二字理或未安何以示將來臣願詔有司定

議謹號庶幾上慰祖宗在天之靈使耿光丕烈傳于無窮

又曰古者天子皆有巡狩無事者或省察風俗或審理

寃獄或問民疾苦以布宣德澤皆然狩之名也國家肇興

誠恐郡國新民疾苦以末習薄染之汙奢侈詐偽或

明之獄僖或力役無時四民失業今鸞輅省方將

憲古行事臣願天心洞照委之長貳籲古恐狩之事昔漢昭

以申寃枉臣遣使郡國問民疾瘼如此則和氣通天下丕平可坐而

帝問疾苦光武求民瘼

待也又曰臣聞善醫者不視他人之肥瘠察其脈之病否
而已善計天下者不視天下之安危察其紀綱理亂而已
天下者人也安危者肥瘠也紀綱者脈也脈不病雖不
害脈病而肥者危矣是故四肢雖無故不足恃也脈不病
矣天下雖無事不足矜也紀綱雖亂不足恃也脈不病而已
之官紀綱在焉臣願詔尚書省戒勵百官各揚其職以立
綱紀如吏部天官以進賢退不肖為任誠使升黜有科任
得其人則綱紀理而民安賜前代興替未始不由此者
虞舜不告而娶二妃帝嚳取而妃法天之四星周文王一
后三夫人嬪御有數選求淑媛以充後官帝王之制此然

女無美惡入寫見如陛下欲廣嗣續不可不知而告戒之
又曰臣伏見本朝寫有四海禮樂制度莫不一新官禁之
制尚未嚴密胥吏健卒之輩皆得出入笑有呵止至淆混
而無別雖有闚之之法久尚未行甚非嚴禁備明法令之
意陛下不可不知而必行疏奏上嘉納之於是始命有司
橫海軍節度使移彰德軍節度卒官年六十二贈剛直
議贈上太祖尊諡皇統八年十二月由翰林侍講學士為
耿介不諧奉權貴以希苟進有古君子之風云
任熊祥字子仁八代祖園為後唐宰相園孫隨石晉北
遷逐為燕人熊祥登遼天慶八年進士第為樞密院令史

大祖平燕以其地入界宋熊祥至汴授武當丞宋法新附官
不肯務熊祥言於郡守揚語曰既不與事請止給半俸以
養親皆雖不許而喜其廉金人取均府州熊祥歸朝優為
樞密院令史時西京留守高慶裔擅院事無敢忤其意者
熊祥未嘗阿意事之其後杜充劉豫擬試主少尹
未一日有異論熊祥為折衝之歷深磁州刺史行省法制
行臺工部郎中同知汴京留守事天德初為山東東路轉
運使遷鎮西軍節度使是時詔徐文張弘信討東海縣弘
信迫遛稱疾不進決杖二百熊祥被詔為會試以文以事
不避難臣之職為賦題及御題熊祥復以賞罰之令信如

四時為賦題海陵大喜以為翰林侍講學士大定初起為
太子少師時契丹賊竊竊北鄙用兵未息上以為憂
詔公卿百官議所以招代之宜衆皆異議熊祥進曰陛
下以勞民為憂用兵為重其若以恩信招懷之上問執可
使者對曰臣雖老憑國威靈尚堪一行上曰卿老矣無煩
為此七年復致仕熊祥母以葬聞毋沒時熊祥年已七
十不食三日人皆稱之卒于家
孔璠字文老至聖文宣王四十九代孫故宋朝奉郎襲封
端友弟端操之子齊阜昌三年補迪功郎襲封聖公
管把事天會十五年燕國廢熙宗即位興制度禮樂立孔

子廟於上京天眷三年詔求孔子後加璵承奉郎襲封衍
聖公奉祀事是時熙宗頗讀論語尚書春秋左氏傳及諭
史通歷唐律乙夜乃罷皇統元年三月戊午上謁奠孔子
廟北面再拜顧謂侍臣曰朕勉勵年游佚不知志學歲月逾
邁深以為悔大凡為善不可不勉孔子雖無位其道可尊
萬世高仰如此皇統三年璵卒于弟拯襲封加文林郎
拯字元濟父之加拯承直郎大定元年卒弟總襲封加
文林郎總字元會大定二十年召總至京師欲行之官尚
書省奏總主先聖祀事若加任使守奉有關上曰然乃授
歲立國子監攵之加拯襲封聖公候典之官尚
文林郎總字元德二年定襲封衍聖公拯襲封加文林郎
得三年四月詔曰衍聖公視四品附止八品不稱可超遷
中議大夫求著于令四年八月丁未章宗行釋奠禮北面
再拜親王百官六學生員陪位承安二年正月詔九措兼
曲阜縣令仍世襲充措歷事宣宗京宗後歸
大充終焉四十八代瑞甫者明昌初學士党懷英薦其年
德俱高讀書樂道該通古學召至京師特賜王澤榜及第
除將仕郎小學教授以主簿奉致仕
范拱字清叔濟南人九歲能屬文深於易學宋末登進士
第調廣濟軍書權邦彥辟為書記攝學事劉豫鎮東拱撰

列傳　《金史百卷》　五　曆觀

謁廟文豫奇之深加賞識拱獻六箴齊國建累擢中書舍
人上初政錄十五篇一曰得民二曰命將三曰簡禮四曰
納諫五曰遠圖六曰治亂七曰舉賢八曰守令九曰延問
十曰畏慎十一曰節祥瑞十二曰戒雷同十三曰用人十
四曰御將十五曰御門下侍郎豫以什一稅民名為古法
尚書右丞進左丞兼門下侍郎豫納其說而不能盡用也久之
陷罪者根境內苦之右丞相張孝純及拱侍郎巽極言
其弊果歛而刑法嚴急吏貪緣為暴民久罹兵革益窮困
其實請仍因履畝之法豫自是無復敢言
者拱曰吾言之則為黨兄不言則百姓困弊吾執政也寧
為百姓言之乃上疏其大略以為國家懲亡宋重歛弊什
一稅民本務優恤官吏奉行太急驅民犯禁非長久計也
豫雖未即從而亦不加譴拱令刑部條上諸路以稅抵罪
者凡千餘人豫見其多乃更為五等稅法民猶以為重也
齊殿梁王宗弼領行臺省事拱為官屬宗弼訪求百姓利
病拱以減稅為請宗弼從之減舊三分之一民始蘇息拱
慎許可而推轂士李南張輔劉長言皆拱薦也長言自汝
州郊城酒監擢省郎人不知其所以進拱亦不自言也以
火病乞近郡除淄州刺史皇統四年以疾求退以通議大
夫致仕齋居讀書率對妻子世宗在濟南聞其名大定初

列傳　《金史百五卷》　六　詹觀

拱上封事七年召赴闕除太常卿議郊祀或有言前代都
長安及汴洛以太華嵩山列為五岳今徙都燕當別議五
岳名寺潦取嵩高流周都酆鎬以吳嶽為西岳拱以為非
是議略曰軒轅居上谷在恒山之西舜居蒲坂在華山之
北以此言之未嘗據所都而改岳祀也後遂不改拱聲言
陵與其兄充皆從之學天卷二年以教宗子賜進士及第
除禮部郎中皇統四年為覓覺徽刑官歷橫海軍節度副使

列傳　金史百卷　七　傳宛觀

禮官當守禮法官當守法若漢張釋之可謂能守法矣故
其議論確然不可移奪九年復致仕卒于家年七十四
張用直臨潢人少以學行稱遼王宗幹聞之延置門下海
詹事海陵嘗謂用直曰朕雖不能博通經史亦粗有所聞
皆卿平昔輔導之力太子方就學宜善道之朕父子並受
卿學亦儒者之榮也為賀宗國旦使卒于汴海陵深悼
惜之遺使迎護其喪官給道途費喪至親臨莫賜錢千萬
其養子居七歲特矣武義將軍
劉樞字居中通州三河人以良家子從軍屯河間同軍
皆騎射獨樞刻意經史登天春二年進士調唐山主簿改
飛狐令蔚州刺史恃功貪汙無所顧忌屬邑皆厭苦之樞
一無所應乃撫以他事繫獄將致之死郡人有憐樞者道

樞脫走訴於朝會廉察使至守倅而下皆抵罪廢獨樞治
狀優等蹌蹌奉直大夫張浩營建燕京宮室選樞分治
工役遷尚書刑部貟外郎輔治太原尹徒單阿里虎出反
狀旬日獄具轉工部郎中進本部貟外郎正隆末從軍還自
江上大定初與左司郎中王蔚右司貟外郎王全俱出補
外樞為南京路轉運使事初世宗欲復用樞等御史臺奏
樞等在正隆時皆以巧進敗法盡政人多惡嫉之上以樞
等頗幹濟猶用之曰能悛心改過必加升擢不然則
斥汝等矣是時阿勒根忠為南都轉運使不開吏事
故用樞以佐之遷山東路轉運使改中都路轉運使大定
四年卒于官

列傳　金史百五　八　唐要

王翛字翛然涿州人也登皇統二年進士第由尚書省令
史除同知霸州事累遷刑部貟外郎坐請喝故人姦罪扶
四十降授泰定軍節度副使四遷大興府治中樞戶部侍
郎世宗謂宰臣曰王翛前為外官聞有剛直名今闕專務
出粟為陰德事多非理從輕又巧偷安若果剛直則當
忘身以為國屢正以無偏何必費法以徼福耶尋命賑濟
密雲等三十六縣猛安人戶冒請粟三萬餘石為尚書省
奏奪官一階出為同知北京留守事上曰人多言王翛能
官以朕觀之九事不肯盡力直一老姦耳二十四年遷邊

東路轉運使歲餘改顯德軍節度使以前任轉運使搜屠
舍使王祺致死追兩官解職勒杖七十降授鄭州防禦使
章宗即位擢同知大興府事審錄官奏偹前任顯德勝廉
剛直軍吏歛迹無訟獄遷禮部尚書兼大理卿使宋還會
前後羽葆鼓吹武賁班劒百人以來大駕鹵簿有班劒
改葬太師慶平郡王徒單貞貞章宗母孝懿皇后父也帝
宗誅死意難之於是詔下禮官議偹言晉葬丞相王道給
欲用前代故事班劒鼓吹羽葆等儀衛宰臣以貞與祇
其王公以下鹵簿並無班劒兼羽葆非臣下所宜用國朝
葬大臣亦無鹵簿之上先知唐葬火臣李靖等皆用班劒羽葆

怒曰典故所無固可從然礼一日詔偹及諫
議大夫兼礼部侍郎張暐詣殿門論之曰朝廷之事汝諫
官礼官即當辯析且小民言可採朕尚從之況卿等乎自
一百死京師蕭然後坐出人罪復削官解職明年特授
今議事毋但附合尚書省明昌二年改知大興府事時僧
徒多游貴戚門倈惡之乃禁僧午後不得出寺嘗一僧犯
禁皇姑大長公主為請偹曰奉宣命即令出之立召僧杖
定海軍節度使論旨曰卿賦性太剛率意行事乃自陷於
刑若殷年降敘念卿入仕久頗有執持故特起於罪謫之
中授以見職此彼歲歉民飢盜賊多須用篤人鎮撫庶得

安治處盡心以圖後效未幾表竒致仕上曰偹能幹者
得力為多不許復申請從之泰和七年卒年七十五偹性
剛嚴臨事果決吏民憚其威雖豪右不敢犯承安間知大
興府事關詔諭宰臣曰可選極有風力如王偹輩者用之
其為上所知如此

楊伯雄字希雲真定藁城人八世祖彥桐後唐清泰中為
定州兵馬使後隨晉主北還遂居瀛父丘行太子左衛
率府率伯雄登皇統二年進士海陵留守中京軍事判
官府伯雄來省視之深加器重父之調韓州軍事判
官有二盜詐稱賈販旅主人見欺至州署陳訴實欲劫

取伯雄伯雄心覺其詐執而詰之弁獲其黨十餘人一郡
駭服遷應奉翰林文字是時海陵執政自以舊知伯雄為
之使時時至其第伯雄諾之而不往也日海陵怪問之對
曰君子愛知於人當以礼進附麗奔走非素志也由是愈
厚待之海陵篡立數月遷右補闕改修起居注海陵銳於
求治講論每至夜分嘗問曰人君治天下其道何貴對曰
貴靜海陵默然明日復謂曰我遷諸部猛安分屯邊戍前
夕之對豈指是為非靜邪對曰乙夜復問鬼神事伯雄進曰
策也所謂靜者乃不擾之耳
漢文帝召見賈生夜半前席不問百姓而問鬼神後世頗

識之陛下不以臣愚陋奉及天下大計兇神之事未之學
也海陵曰但言之以釋求夜倦思伯雄不得已乃曰臣家
有一卷書記人死復生或問冥官何以免罪咎曰汝置一
曆曰汝為幕夜書之不可書者是不可為也海陵為之
改容夏曰海陵登瑞雲樓納涼命伯雄賦詩其卒章云六
月不知炎燠到清涼會與萬方同海陵忻然以示左右曰
伯雄出語不忘規戒為人臣當如是矣再遷兵部員外郎
丁父憂起復翰林待制兼修起居注還直學士再遷右諫
議大夫兼著作郎修起居注如故皇子慎思阿不覩伯雄
坐與同直者竊議被責語在海陵諸子傳海陵議征江南

伯雄奏晉武平吳皆命將帥何勞親總戎律不聽乃落起
居注不復召見大定初除大興少尹丁母憂顯宗為皇太
子選東宮官屬張浩薦伯雄起復少詹事兄子蟠為左贊
善言聽諫從時論榮之集古太子賢不肖為書號琊山往
鑒進之及進羽獵保成等箴皆見嘉納復為左諫議大夫
翰林直學士會太子詹事闕宰相複舉伯雄上曰伯雄不
可去朕而東宮亦須暑伯雄遂以太子詹事兼諫議六
年上幸西京因往涼陘避暑伯雄率衆諫官入諫上曰
朕徐思之伯雄言之不已同列皆引退久之乃起是年至
涼陘微延果有踈䟽上恩伯雄之言及還遷禮部尚書謂

近臣曰群臣有幹局者衆矣如伯雄忠實皆莫及也上謂
伯雄曰龍逄比干皆以忠諫而死使遇明君宣有是哉伯
雄對曰魏徵願為良臣正謂遇明君耳因顧謂宰相曰書
曰汝無面從退有後言與卿等共治天下有事可否即
當面陳卿等致位卿相正行道揚名之時偷安自便徼倖
召為翰林學士承旨丞相萬歲十二年改沁南軍節度使
一時如後世何群臣皆稱萬歲得其人後擢慶事以愧之除
對曰伯雄可時論以琚舉得其人後擢慶事以愧之除
言匡救弘多後宮僚有詭隨者人必稱楊詹事伯雄知無不
定武軍節度使改平陽尹先是張浩治平陽有惠政及伯

雄為尹百姓稱之曰前有張後有楊徙河中尹卒年六十
五謚莊獻弟伯傑伯仁族兄伯淵
伯淵字宗之父立文遼中書舍人伯淵旱孤事母以孝聞
疏財好施喜收古書天會初以名家子補尚書省令史十
四年賜進士第歷吏禮二部主事御前承應文字秩滿除
同知永定軍節度使知泰安軍有惠政百姓刻石紀其事四遷
平州路轉運使正隆末群盜蜂起州郡徃徃罹害獨濟
山東東路轉運使大定三年致仕卒于家
南賴伯淵保全大定正隆
蕭貢字真卿京兆咸陽人大定二十二年進士調鎮戎州

月乃補用貢至數日執政以爲能即用之擢監察御史提
刑司奏涇州有美政遷北京轉運副使親老歸養左丞董
師中右丞楊伯通薦其文學除翰林修撰上書論比年之
弊人才不以器識操履巧于案牘不涉吏議者爲工用人
不務才實民懼其害伏望擢真才以振澆俗核功能以理
職業愼名器以抑僥倖重守令以厚邦本然後政化可行
百事可舉矣詔詞用董重質誅郭誼得失論貢爲
第一賜重幣四端貢論時政五弊言路四難詞意切至改

列傳
金一百五　　十三 ▼　　六付

治書侍御史丁父憂起復改右司員外郎尋轉郎中遷國
子祭酒兼太常少卿與陳大任刊修遼史改刑部侍郎歷
同知大興府事德州防禦使三遷河東北路按察轉運使
大安末改彰德軍節度軍節度使兵興不能守城亡失百姓降
同知通遠軍節度御史中丞改靜難軍節度使歷河東北路
南京路轉運使御史中丞戶部尚書南京戒嚴坐之軍儲
詔釋不問興定九年致仕光二年卒諡文簡喜好學讀
書至老不倦有注史記一百卷

温迪罕締達該習經史以女直字出身累官國史院編修
官初丞相希尹制女直字設學校使誂離剌等教之其後

學者漸盛轉習經史故納合椿年紇石烈良弼皆由此致
位宰相締達最號精深大定十二年詔締達所教生員習
作詩策若有文采量才任使其自願從學者聽十三年設
女直進士科是歲徒單鎰等二十七人登第十五年締達
遷著作佐郎與編修官宗璧尚書省譯史阿魯吏部令史
張克忠譯解經書累遷祕書丞十九年改左贊善以母老
求養顯宗使內直丞曰締達曰贊善當令輔汝德義旣
子謂孤曰朕得一出倫之才學問該貫典書累官左
難于懷久之轉翰林待制卒明昌五年贈翰林學士承旨

列傳
金一百二　　十四 ▼　　六付

諡文成子二十章宗即位以爲符寶典書累官左諫議大
夫貞祐四年上疏略曰今邊備未撤征調不休州縣長吏
不知愛養其民督責徵科鞭管迫急於星火文移重複
不勝其弊宜敕有司務從簡易遷武勝州節度使改吏部尚書知
順孫義夫節婦湮沒無聞者其衆乞遣使一員廣爲采
訪以議褒嘉興定元年遷武勝州節度使改吏部尚書知
開封府坐縱軍人家屬出城當杖詔解職四年復知開封
府復坐以事鴞翼驚巡使完顏金僧奴降爲鄭州防禦使未
幾復爲知開封府事

張翰字林卿忻州秀容人大定二十八年進士調隰州軍

事判官有誰昆第三人為劾者微行廉得其狀白千州
釋之歷東勝義豐會川令轉令史除户部主事遷
監察御史丁母憂服闋調山東路鹽使丁父憂起復尚書
省都事户部員外郎大安開平章政事獨吉思忠參知政
之改知登聞鼓院兼前職遷待御史貞祐初為翰林直學
士充元帥府經歷官中都戒嚴調度方殿改户部侍郎宣
屢遷汴翰規措砲草至貞定上書言五事一曰強本
宗遷當襄兵徒從豪民以實南京二曰足用謂當按汴舊
之歷通漕運三曰防亂謂當就集義軍擬之官印使相統
攝以安反側四曰省事謂縣邑不能自立者宜析併之既
以省官且易於備盜五曰推恩謂當推恩以示天子所在
稱幸之意上略施行之翰雅有治劇才所至輙辦遷河平
軍節度使都水監提控軍馬使改户部尚書是歲卒諡達義
南京庶事草略翰經度區處皆有條理
任天寵字清叔曹州定陶人也明昌二年進士調老城主
簿再遷威戎縣令縣故堡寨無文廟學舍天寵以嚴骨建
有兄弟訟田者天寵諭以理義委曲周至皆感泣而去調
泰定軍節度判官丁父憂服闋調崇義軍節度判官補尚

書省令史右三部檢法司正遷監察御史改右都事遷
員外郎改左司諫轉國子祭酒貞祐初轉秘
書監吏部侍郎改中都路都轉運使時京師戒嚴粮運
艱阻天寵悉力管辦曲盡勞瘁出家貲以濟飢者全活甚
眾監察御史高夔劉元規舉天寵二十八公勤明敏有材
幹可安集百姓遷户部尚書三年中都不守天寵繼走南
京中道遇兵死之諡純肅
贊曰程寀任熊祥達之進士孔璠范拱父子並列舊學劉
見禮遇而金之文治遠矣張用直父子齊太祖皆
樞之練達王翛之敏於事楊伯雄之善諷諫工辭源蕭
貢温迪罕締達之父藝善適時之敏人者選用於正隆大定
明昌之間張翰任天寵之經理調度宣宗南遷猶賴其用
焉金源氏百餘年所以培植人才而獲其效者於斯可覩
見矣

列傳第四十三

列傳第四十四

開府儀同三司上柱國録軍國重事中書右丞相監修國史領經筵事都總裁臣脫脫奉
敕修

張暐　張行簡　賈益謙
劉炳　朮虎高琪　塔不也

張暐字明仲莒州日照縣人博學該通登正隆五年進士調陳留主簿淄州酒稅副使課增羨遷昌樂令改永清令補尚書省令史除太常博士兼國子助教丁父憂服除調山東東路轉運副使入爲太常丞兼左贊善大夫章宗封原王兼原王府文學章宗冊爲皇太孫復爲左贊善轉左

諭德兼太常丞充宋國報諭使至盱眙宋人請赴宴暐曰大行在殯未可及受賜不舞蹈宋人服其知禮使還遷太常少卿兼修起居注改禮部郎中修起居注如故遷右諫議大夫兼禮部侍郎明昌元年太傅徒單克寧薨章宗欲親爲燒飯是時孝懿皇后梓宮在殯暐奏仰惟聖慈追念勳臣恩禮隆厚孰不感勸太祖時享尚且權停若爲大臣燒飯禮有未安今已降恩旨聖意至厚人皆知之乞俯從典禮則兩全矣章宗從之上封事者言提刑司可罷暐上疏曰陛下即位因民所利更法立制無慮數十百條提刑之設政之大者若爲浮議所搖則內外無所取信唐開元

中或請選擇守令停採訪使姚崇奏十道採訪猶未盡得人天下三百餘州縣多數倍安得守令皆稱其職然則提刑之任誠不可罷擇其人而用之生民之大利國家之長策也因舉漢刺史六條以奏上曰卿言與朕意合禮部尚書孫即康鞫治鎬王永中事還奏有詔復訊羣臣舉暐及兵部侍郎烏古論慶壽上使參知政事馬琪諭暐曰百官舉閱實鎬王事要勿屈抑其人亦不可虧損國法上因謂宰臣曰鎬王視永蹈爲輕馬琪曰人臣無將由是永中之獄決矣霍王從彝母早死溫妃石抹氏養之明昌六年溫妃薨上問從彝喪服暐奏慈母服齊衰三年桐杖布冠禮

也從彝近親至尊壓降與臣下不同乞於未葬以前服白布衣絹巾既葬止用素服終制朝會從吉上從其奏承安元年八月壬子上召暐至內殿問曰南郊大祀今用度不給俟他年可乎暐曰陛下即位于今八年大禮未舉宜亟行之上曰北方未寧致齋之際有不測奏報何如對曰豈可逆度而妨大禮今河平歲豐正其時也上復問曰僧道三年一試八十而取一不亦少乎對曰此輩浮食無益有損不宜滋益也上曰周武帝唐武宗後周世宗皆賢君其壽不永雖曰偶然似亦有因也對曰三君矯枉太過今不毀除不崇奉是爲得中矣是歲郊見上帝爲頃之翰林修

撰路鐸論愛肯持國不可拜用因及董師中趨走持國及丞
相裏之門上曰張暐父子必不如是也三年爲御史大夫
懇辭之不許明年坐奏事不實奪一官解職起爲安武軍節
度使致仕例給半俸之暐不復請遂止暐自妻卒後不
復娶亦無姬侍齋居與子行簡講論古今諸孫課誦其側
至夜分乃罷以爲常應太常禮部二十餘年最明古今禮
學家法爲士族儀表行簡行信行信自有傳

行簡字敬甫頴悟力學淹貫經史大定十九年進士第一
除應奉翰林文字丁毋憂歸葬蓋都杜門讀書人莫見其
面服除復往章宗即位轉修撰進讀陳言文字擢太常博
士夏國遣使陳慰欲致祭大行靈殿行簡曰彼陳慰非專
祭不可廷議遣使橫賜高麗比遣使報哀彼以細故邀阻
且出媵言俟移問還報橫賜未晚徒單克寧韙其言深器
重之轉翰林修撰與路伯達俱進
郎中司天臺劉道用改進新曆詔學士院更定曆名行簡
奏乞覆校測驗俟將來月食無差然後賜名詔翰林侍講
學士党懷英等覆校懷英等校定道用新曆明昌三年不
置閏即以閏月爲三月二年十二月十四日金木星俱在
卷十三廢道用曆在十三日差一日三年四月十六日夜
月食時刻不同道用不曾考驗古今所記比證事迹輒以

上進不可用道用徒一年收贖長行彭徽等四人名杖
八十罷去舉臣慶請上尊號章宗不從將下詔以示四方
行簡奏曰往年飢民棄子或鬻以與人其後詔書官爲收
贖或其父母衣食稍充即識認官亦斷自之自此以後礙
歲流離道路人不肯收養肆爲捐棄餓死溝中伏見近代
衒災部書皆以後乞取今乞依此施行上是其言
詔書中行之久之兼修國史政禮部侍郎提點司天臺
直學士同修史如故行簡言唐制僕射宰相上日百官通
班致賀降階苔拜國朝皇太子元正生日三師三公宰執
以下須拳官同班拜賀皇太子立受冊苔拜今尚書省宰
執上日分六品以下別爲一班揖賀寧執坐苔揖左右司
郎中五品官廷揖子之臣謂身坐舉手苔揖近於坐
受也宰執受賀其禮乃重於皇太子恐於義未安別嫌明
微禮之大節伏請宰執上日令三品以下官同班賀寧執
起立依見三品官儀式通苔揖上曰此事何不早辦正之
如都省擇行簡對曰奏下尚書省議遂用之
典禮擬定儀式省廷不從輒以奏下尚書省議遂用之
宰執上日三品以下置檢閱官二員
轉對因論典故之學乞於太常博士之下置檢閱官二員
通禮學資淺者使爲之積資乃遷博士又曰今雖有國朝

集禮至於食貨官職兵刑沿革未有成書乞定會要以示

無窮承安五年遷待講學士同修史提點司天如故泰和

二年為宋生生日副使上召生日使完顏璹戒之曰卿過

界勿飲酒海事聽於行簡謂行簡宋人行禮好事末節

苟有非是皆湏正之舊例所有不可不至上復曰頗聞前

奉使者過淮每至中流即所有以分界爭渡船此殊非禮卿自

戒舟人且語宋使曰兩國和好久矣不宜上細故傷大體

丁寧諭之使悉此意也四年詔曰每奏事之際湏行

簡常在左右五年摹請上尊號上不許詔行簡對曰司馬

荅因問行簡宋范祖禹作唐鑑論尊號事行簡對曰批

光亦嘗諫尊號事若祖禹之詞深至以謂臣子生謚君

父頗似慘切上曰卿用祖禹意荅之仍曰太祖雖有尊號

太宗未嘗受也行簡乞不拘對偶引祖禹以微見其意從

之其文深雅甚得代言之體改順天軍節度使上謂行簡

曰卿未更治民今至保州民之情偽卒難臆度如何治之

則可對曰臣奉行法令不敢違失獄訟之事以情察之餘

制公吏禁抑豪猾以鎮靜為務庶幾萬分之一上曰在任

半歲或一年所得利害上之行簡到保州上書曰比者已

官田給軍既一定矣有告欲別給者輒從其告至今未已

名曰官田實取之民以與之奪彼與此徒啓爭端臣所管

〔金史一百六 五〕 六付

已撥深澤縣地三百餘頃復告水占沙鹹者三之二若悉

從之何時可定臣謂當限以月日不許告為便下尚書

省議奏請如實有水占河塌不可耕種本路及運司佐官

按視尚書省下按察司覆同然後改撥若沙鹹埳薄當準

已撥為定制曰可六年召為禮部尚書兼待講同修國史

秘書監進太一新曆詔行簡校之七年上遣中使馮賢童

以實封御扎賜行簡詔曰朕念鎬鄭二王誤干天常自貽伊

戚葬郊野多歷年所朕甚悼焉欲追復前爵備禮改葬

卿可詳閱唐貞觀追贈隱巢并前代故事密封以聞又曰

欲使石古乃於咸州擇地營葬歲時祭奠兼命衛王諸子

中立一人為鄭王後謹其祭祀此事既行理湏降詔卿草

詔文大意一就封進行簡乃具漢淮南厲王長楚王英唐

隱太子建成巢剌王元吉燕王重福故事為奏并進詔草

遂施行為累遷太子太傅上書論議和事其略曰東海郡侯嘗

貞祐初轉太子太保翰林學士承旨尚書俗進史如故

詔約和較計細故遷延不決今都城危急豈可拒絕臣願

更留聖慮包荒含垢以救生靈或如遼宋相為敵國歲奉

幣帛或二三年以繼選忠實辦捷之人往與議之庶幾有

成可以紓患是時百官議者雖有異同大凞以和親為主

為莊獻太子葬後不置官師官升承旨為二品以寵行簡

〔金史一百六 六〕 六付

兼職如故三年七月朝廷循防秋兵械令內外職官不以
丁憂致仕皆納弓箭行簡上書曰已簡非通有之物比清
貧之家及中下監當丁憂致仕安有所謂如法軍器今繩
以軍期補弊修壞以來應命而已與倉猝製造何以異哉
若於隨州郡及猛安謀克之戶拘括擇其佳者買之不足
則令職輸所買之價庶不擾而事可辦左丞相僕散端平
章政事高琪盡忠右丞賈益謙皆曰丁憂致仕與以來曾無
寸補況事已行而復改天下何所取信是議也丁憂致仕
官竟得免是歲辛贈銀青榮祿大夫謚文正行簡端愨慎

州傳

《金史一百六》 七付 六付

密為人主所知自初入翰林至太常禮部典貢舉終身緝
紳以為榮與其信同居數十年人無間言所著文章十
五卷禮例纂一百二十卷會同朝獻褅祫袞葬皆有記錄
及清臺皇華戒嚴為壽自公等記藏于家

贊曰張暐行簡世為禮官世習禮學其為禮也行於家庭
講於朝廷施用於鄰國無不中慶古者官有世掌學有專
門金諸儒臣唯張氏父子庶幾無愧於古平

賈益謙字彥亨沃州人也本名守謙避哀宗諱改為大定
十年詞賦進士歷仕州郡以能稱明昌聞入為尚書省令
史累遷左司郎中章宗諭之曰汝自知除至居是職左司

事不為不練凡百官行止資歷固宜照勘勿使差繆若武
庫署直長移剩郝自平完州軍事判官召為典與副在
職才五月降授門山縣簿尉比閱貼黃行止乃俱書作
一十三月行止尚如此失實其如選法何蓋是汝不用心
致然爾今姑杖知降斥犯汝勿復犯之五年為右諫議大夫
官若不稱職眾所共知且其職官清暑守謙連上疏極諫之
能否而升黜之曰卿之言是故言之上提刑
上言提刑司官不須遣監察訪其任內行事考其

列傳

《金史一百六》 八 六付

上御後閣召守謙入對稱肯進兼尚書吏部侍郎時鎬王
嘉納為是年夏上將幸景明官清暑守謙入對稱肯
無橫議此何等語固當罪汝以汝前言事亦有當勵故免
言極懇切上諭之曰汝言諸王皆有覬心而游其門者不
以疑忌下獄上怒其朝臣無敢言者守謙上章論其不可
既而以議衛王事有違上意解職削官二階承安元年七
月降為寧化州刺史五年四月改為山東路按察使轉河
北西路轉運使泰和三年六月復為御史中丞四年三月
出為定武軍節度使八年六月召見於香閣諭之曰朕選
部尚書九月詔推排民戶物力上召諸路與本路按察
卿等隨路推排除推收外其新強銷乏戶雖集眾推唱然
司官一員同推排等一十三員分詣諸路

銷之者勿銷不盡如一戶元物力三百貫會臨戒二百五
十貫猶有不能當新強者勿添盡量存氣力如一戶添三
百貫而止添二百貫之類卿等宜各用心百姓應當賦役
十年之間利害非細苟不稱所委治罪當不輕也尋出知
濟南府移鎮領河南大安未拜參知政事貞祐二年二月改
河東南路安撫使俄知彰德府三年召為尚書省右丞會
宣宗始遷汴河北織益謙乃建言汴沔之形勢惟特大河今河朔
者勿聽渡是時河北民遷避河南者甚眾待御史劉元規
上言僑戶宜與土民均應差役上留中而自以其意問宰

臣丞相端平章盡忠以為便益謙曰僑戶應役甚非計也
蓋河北人戶本避兵而來兵稍息即歸矣今旅寓倉皇之
際無以為生若又與地著者並應供億必騷動不能安居
矣豈主上矜恤流亡之意乎上甚嘉賞曰此非朕意也因
居鄭州亦宜依海陵庶人實錄纂集成書以示後世可初
出元規章示之三年八月進拜尚書在丞四年正月致仕
事迹亦宜於王立宣宗一時朝臣皆謂衛王失道天命絕
胡沙虎弒衛王立宣宗一時朝臣皆謂衛王失道天命絕
之虎實無罪且有推戴之功獨張行信抗章言之不能舉
朝遂以為諱及是史官謂益謙當事衛王宜知其事乃遣

嘻其失傳曰不有廢者其何以興
醜史不絕書誠如益謙所言則史亦可為取富貴之道乎
子不無慚為益謙於衛紹王可謂盡其罪大者斯亦足矣中籌之
贊曰賣益謙於衛紹王之義笑海陵之事君之正
而已設欲飾吾言以實其行事中材不及者多所附會衛王
陵藝惡者輒得美仕故當時史官修實錄多所附會衛王
為人勤倫偷惜名器軼其行事中材不及者多亦知此
然我聞海陵被弒而世宗立大定三十餘年禁近能暴海
編修一人就鄭訪之益謙知其肯謂之曰知衛王莫如我
大三年年八十薨三子賢卿顒卿翔卿皆以門資入仕

劉炳葛城人每讀書見前古忠臣烈士為國家畫策應變
世安歎息景慕貞祐三年中進士第即日上書條便宜
十事其一曰任諸王以鎮社稷臣觀往歲王師屢戰屢刦
率皆自敗承平日久人不知兵將帥非才既無靖難之謀
又無效死之節外託持重之名而內為自安之計擇驍果
以自隨委疲懦以臨陣陣勢稍動望塵先奔士卒從而大
潰朝廷不加詰問報為益兵是以法廢日案畬庚日虛閒
井日周土地日蹙自大駕南巡遠近相望益無固志吏往
河北者以為不幸遂匔退避莫之敢前昔唐天寶之末洛
陽潼關相次失守皇輿夜出向非太子迥趙靈武率先諸

將則西行之士當終老於劍南矣臣願陛下擇諸王之英
明者總監天下之兵比駐重鎮移檄遠近戒以軍政則四
方聞風者皆將自奮前死不避折衝厭難無大於此夫人
情可以氣激不可以力使一卒先登則萬夫齊奮此古人
所以先身教而後威令也三曰結人心以固基本天子惠
人不在於施予在於除其同患因所利而利之今艱危之後
易於為惠因其欲安而慰撫之則忠誠親上之心當益加
於前日臣願寬其賦役信著老問其疾苦選廉正黜貪殘
時遣重臣按行郡縣延見耆老凡事不便者一切停罷
拯貧窮卹孤獨勢来還定則効忠徇義無有二志矣故曰

劉傳　金史一百六　十一　六付

安民可與行義惓民易與為亂惟陛下留神三曰廣攻人
材以備國用備歲寒者必求貂狐適長塗者必畜騏驥河
南陝西車駕臨幸當有以大慰士民之心其有操行為民
望者稍權用之平居可以勵風俗緩急可以備驅馳昭示
新恩易民觀聽陰係天下之心也四曰選守令以安百姓
郡守縣令天子所恃以為治百姓所依以為命者也今眾
庶巳弊官吏庸暗無安利之才貪暴貪與姦為市公有
斗粟之賦私有萬錢之求遠近囂囂無所控告自令非才
器過人政迹卓異者不可使在此職親勳故舊雖望隆資
高不可使為長吏則賢者不可專於殊用益盡其能不肖者愧

慕而思自勵矣五曰袋忠義以勵臣節忠義之士奮身效
命力盡死城破而不屈事定之後有司略不加省棄職者
顧以恩賞死不見錄天下何所慕憚而不自安
之討使為臣者皆知殺身之無益臨難可以苟免甚非
國家之利也六曰務農力本以廣蓄積此最強兵富民之
要術當今之急務也七曰崇節儉以紓生民之急用今海內虛耗
田疇荒蕪廢奢從儉以省財用者八曰去
冗食以助軍費兵革之後人物凋喪者九曰修軍政以習守戰自
署置如故甚非審權救弊之道也
古名將料敵制勝訓練士卒故可使赴湯蹈火百戰不始

劉傳　金史一百六　十二　六付

孔子曰以不教民戰是謂棄之兵法曰器械不利以其卒
與敵也卒不服習以其將不知兵以其主與敵
也主不擇將以其國與敵也可不慎哉十曰修城池以備
守禦保障國家惟都城與附近數郡耳比地不守是無河
朔矣黃河豈足恃哉書奏宣宗異為復試之曰河北城邑
何術可保兵民雜居何道可和鈞法如何而通物價如何
而平炳對大略以審擇守將則城邑固兵不侵民則兵民
和欽散相權則鈞法通勤農薄賦則物價平宣宗雖異其
言而不能用但補御史臺令史而巳
論曰劉炳可謂能言之士矣宣宗召試既不失對而以一

術虎高琪或作高乞西北路猛安人大定二十七年克護
衛轉十人長出職河間都總管判官召爲武衛軍鈐轄遷
宿直將軍除建州刺史改同知臨洮府事泰和六年代宋
與彰化軍節度副使把回海偸鞏州諸鎮宋兵萬餘自擊
州轄轕嶺入高琪奮擊破之賜銀百兩重緣十端青宜可
內附詔知府事石抹仲溫與高琪俱出界與青宜男朕其嘉
進取詔高琪曰汝年尚少近聞與宋人力戰奮勇朕其嘉
之今與仲溫同行出界如其成功高爵厚祿朕不吝也詔
封吳曦爲蜀國王高琪爲封冊使詔戒諭曰卿讀書解事

金史一百六 列傳 十三 六什

蜀人亦識威名勿以財賄動心失大國體如或隨去奉職
有違禮生事卿與喬宇體察以聞使還加都統號平南虎
威將軍宋安兩遣李孝義率步騎三萬攻泰州先以萬人
圍皂角堡高琪赴之宋兵列陣山谷以武軍爲左右翼伏
弩其下來逆戰旣合宋兵陽却高琪軍見宋兵伏不得前
退整陣宋兵復來凡五戰宋兵益堅不可以得志高琪分
騎爲二出者戰則止者俟止者出則戰者還出以
更久之遣蒲察桃思刺潛兵上山自山馳下合擊大破之
兵斬首四千級生擒數百人李孝義乃解圍去宋兵三千
致馬連寨以窺湫池遣夾谷福壽擊走之斬七百餘級大

安三年累官泰州刺史以糺軍三千屯玄門外未幾升
繕山縣爲鎮州以高琪爲防禦使權元帥右都監所部糺
軍賞養有差至寧元年八月尚書左丞完顏綱將兵十萬
行省於繕山敗績貞祐初遷元帥右監軍閏月詔高琪曰
聞軍事皆由中覆得無失機會乎自今當即行行之朕但責成
功耳是月被詔自鎮州移軍守禦中都迤南次良鄉不得
前乃還中都每出戰輒敗紇石烈執中持其首詣闕待
若再不勝當以軍法從事及出果敗高琪懼誅十月辛亥
高琪自軍中入遂以兵圍執中第殺執中持其首詣闕待
罪宣宗赦之以爲左副元帥一行將士遷賞有差丙寅詔

金史一百六 列傳 十四 六什

曰胡沙虎畜無君之心形迹露見不可盡言武衛副使提
點近侍局慶山奴近侍局使斜烈直長撒合輦纍曾陳秦
方慎圖之斜漏此意於按察判官胡魯胡魯以告翰林
待制訛出訛出達於高琪今月十五日將胡沙虎戰訖惟
茲臣庶將恐有疑肆降札書不匿厥旨論者謂高琪專殺
故降此詔頤之拜平章政事宣宗論馬政顧高琪曰
市馬西夏余肯市否對曰木波富馬甚多市之可得括三
邊部落馬亦不少矣宣宗曰盡括邊急馬緩急如之何閭三
日復奏曰河南鎮防二十餘軍計可得精騎二萬緩急亦
足用宣宗曰馬雖多養之有法習之有時詳諭所司令加

意也貞祐二年十一月宣宗問高琪曰所造軍器徒往不
可用此誰之罪也對曰治之且將敗事宣宗問惕安兒事高琪
匠則工部宣宗曰令主將以石牆圍之勢不得出擒在旦
對曰賊方擾險陷入見屏人密奏請裁抑
夕矣宣宗曰可以急攻或力戰突圍我師必有傷者應奉
翰林文字完顏素蘭自中都議軍事還上書求見乞屏左
右故事有奏宻輒屏左右先是太府監丞游茂嘗間見
之宣宗曰既委任之難安得不重茂退不自安後欲結
威權太重中外叚之常以為愛因入見屏人密奏請高
琪詰其第上書曰宰相自有體豈可以此生人主之疑招

〈金史一百六　十五　六付〉

天下之議恐高琪不相信復曰茂嘗間見主上實惡相公
權重相公若能用茂當使上不疑而下無所議高琪聞茂
嘗請間屏人奏事疑之乃具以聞游茂論死詔免死杖一
百除名自是凡屏人奏事必令近臣一人侍立及素蘭請
宻召至近侍局給筆札使書所欲言少頃宣宗御便殿見
之惟留近侍局直長趙和待立素蘭奏改除之命拒而不
議削伯德文哥兵權朝廷乃詔領義軍改隸元帥府不知
受元帥府方欲討捕朝廷復赦之且不令隸元帥府不知
誰為陛下畫此計者臣自外風聞皆出於高琪素蘭曰臣見文哥與永清副提
汝何以知此事出於高琪素蘭曰臣見文哥與永清副提

控令劉溫勝云差人張希韓至自南京道副樞平章勳分已
奏令隸大名行省毋遵中都帥府約束溫即其言於
帥府然則文哥與高琪計絍明矣上頷之素蘭復奏曰高
琪本無勳望望翶以畏死擅殺胡沙虎計出於無聊耳姤賢
能懟僝宻與竊弄威權自作威福去歲都下書生樊知一詣
行之社稷之禍也宣宗曰朕徐思之素蘭出後戒曰慎無
亂紀綱戕害忠良實有不欲國家平治之意惟陛下斷然
使敢言軍國利害者使其黨穢高琪以刀杖決殺之自是無
復敢言軍國利害不可信恐其黨穢高琪剌塔不也為武衛軍節度
高琪言紅軍已而無功後戒曰朕觀之此賊城

〈金史一百六　十六　六付〉

泄也四年十月
大元大兵取潼關次萬奴聞待闕臺院令史高嶷上書曰
向者河朔敗績朝廷不時出應此失機會一也及深入吾
境都城精兵無慮數十萬若効命一戰必無今日之憂此
失機會二也既退之後不議追襲此失機會三也今已廢
關不亟進禦惠盈深矣乞命平章政事高琪為帥以厭衆
心不報御史臺言兵踰潼關崤渑深入重地近抵西郊彼
知兵攻擊宿州縣是亦困京師之漸也若專以遊騎遮絕道路而
別兵攻擊宿州縣是亦困京師之漸也若專以城守為事中
都之危又將見於今日況公私蓄積視中都百不及一此

臣等所為寒心也不攻京城而縱其別攻州縣是猶大在
腹心撥置于手足之上均一身也願陛下察之請以陝西
兵扼拒潼關與右副元帥蒲察阿里不孫為掎角之勢選
在京勇敢之將十數人各付精兵數千隨宜伺察且戰且
守復諭河北亦以此待之詔付尚書省高琪奏曰臺官素
不習兵固州郡殘破不復恤也遂寢高琪止欲以重兵駐
南京以自衛未幾進拜尚書右丞相奏曰凡監察有失糾者
從本法若人使入國私通言語說知本國事情宿衛近侍
官承應人出入親王公主宰執之家災傷闕食體究不實
致傷人命轉運軍儲而有私載及考試舉人關防不嚴者

列傳 《金史卷一百》 十七 六付

並的狀在京犯至兩次者臺官誡監察一等論贖餘止坐
專差者任滿日議定升降若任內有漏察之事應的決者
依格雖任滿職止從平常若從降罰制可高琪請修
南京襄城宣宗曰此役一興民滋病矣城雖完固能獨安
平初陳言人王世安獻攻取盱眙楚州策樞密院奏乞以
世安為招撫使選謀勇二三人同往淮南招紅襖賊及淮
南宋官宣宗可其奏詔泗州元帥府遣人同往與定元年
正月癸未宋賀正旦使朝辭宣宗曰聞息州透漏宋人此
乃彼界饑民沿淮為亂宋人何敢犯我高琪請代之以廣

疆土上曰朕但能守祖宗所付足矣安安事外討高琪謝曰
今雨雪應期皆聖德所致而能包容小國天下幸甚臣言
過矣四月遣元帥左都監烏古論慶壽簽樞密院事完顏
賽不經略南邊然下詔罷兵然自是與宋絕矣興定元
年十月右司諫許古勸宣宗與宋議和宣宗命古草牒以
示宰臣高琪曰辭有哀祈之意自示微弱不足取故也臣
賢院諮議官呂鑑言南邊屯兵數十萬自唐鄧至壽泗沿
邊居民逃亡殆盡兵士亦多亡者亦以人煙稀少故也臣
嘗比監息州權場每場所獲布帛數千四銀數百兩大計
布帛數萬匹銀數千兩兵興以來俱失之矣夫軍民有逃

列傳 《金史二百六》 十八 六付

亡之病而國家失日攫之利非計也今隆冬沍寒吾騎得
騁當重兵也境上馳書諭之誠為大便若俟春和則利在
於彼難與議矣昔燕人獲趙王遺辯士說之不許一牧
豎請行趙王乃還孔子失馬馭卒得之人無貴賤苟中事
機皆可以成功臣雖不肖願效牧豎馳驟之智伏望宸斷
詔問尚書省高琪曰鑑狂妄無稽但其氣岸可尚宜付陝
西行省俾任使制可十二月胥鼎諫代宋語在鼎傳高琪
曰大軍已進無復可議遂薨二年胥鼎上書諫曰錢轂之
冗非九重所能兼天子總大綱責成功而已高琪曰陛下
法上天行健之義憂勤庶務夙夜不遑乃太平之府也鼎

言非是宣宗以南比用兵深以為憂右司諫呂造上章乞
詔內外百官各上封事直言無諱或時召見親訪問陛
下博采兼聽以盡群下之情天下幸甚宣宗嘉納詔集百
官議河北陝西守禦之策高琪心忌之不用一言是時築
汴京城裏城宣問高琪曰人言此役恐不能就如何高
琪曰終當告成但其濠未及浚耳宣宗曰無濠可乎高琪
曰苟防城有法正使兵來臣等得効力宣宗曰與其臨
城曷若不令至此為善高琪無以對高琪自為宰相力或與
權寵擅作威福與高汝礪相唱和而高汝礪掌
利權附已者用不附已者斥凡言事忤意及負材力或與
己頡頏者對宣宗陽稱其才使幹當於河北陰置之死地
自不兼樞密元帥之後常欲得兵權遂力勸宣宗伐宋置
河北不復為意凡精兵皆置河南苟且歲月不肯輒出一
辛以應方面之急平章政事英王守純欲發其罪密召右
司貟外郎王阿里知案蒲鮮石魯剌胡魯謀之
以告高琪英王懼高琪黨與遂不敢發頃之高琪使奴失
不殺其妻乃歸罪於賓不送開封府殺之以滅口開封府
畏高琪不敢劾其賓實不論死事魯宣宗久聞高琪姦惡
遂因此事誅之時興定三年十二月也尚書省都事僕散

奴失不以英王謀告高琪論死蒲察石魯剌胡魯各
杖七十勒停初宣宗將遷南欲置糺軍于平州高琪難之
及遷汴戒糺多厚撫此軍家多輒殺糺軍數人以至于敗
宣宗末年嘗曰壞天下者高琪家多也終身以為恨云
移剌塔不也東北路招撫使明昌元年累官西上閤門使
糺詳穩丁父憂起復西北路招討判官改尚輦局使曹王
傳貞祐二年遷武寧軍節度使應奉翰林文字完顏素
蘭省面奏高琪黨比語在高琪傳尋知河南府事無副統
高琪比之召為武衛軍都指揮使招徠中都路權副統
二年襲克泰和伐宋宋有功遷授同知慶州事權曹王
兵徙彰化軍節度使上言盡籍山東河間大名猛安人為
兵老弱城守壯者捍禦又言河東地險人勇歩兵為天下
冠可盡調以戍諸臨從之自是河東郡縣屯兵少不可守
矣改知睞洮府事無陝西副統軍貞祐三年十一月破夏
兵千熟羊寨平章高琪率臣入賀曰塔不也以少敗眾
蓋陛下威德所致宣宗曰自古興國特賴忠賢今茲立功
皆將卒之力也乃以塔不也為勸農威靈安會等州興
事進階銀青榮祿大夫四年代西夏攻威靈安會等州興
定元年知慶陽府事三年遷元帥左都監卒
論曰高琪擅殺執中宣宗不能正其罪又曲為之說以詔

臣下就其事論之人君欲誅大臣而與近侍密謀于官中
巳非其道謀之不審又為外臣所知以告敗軍之將因殺
之以為說此可欺後世邪金至南渡辟言之尪羸病人元氣
無幾琪喜吏而惡儒好兵而猒静沮遷幻之議破和宋之
謀正猶縲醫校以烏喙附子祗速其亡耳使宣宗於憧殺
之日即能伸大義而誅之何至誤國如是邪

列傳第四十四

開府儀同三司佐國鎮海軍事都督丞相……國領經筵軍都總裁　脫脫　奉
勅修

高汝礪　　張行信

高汝礪字巖夫應州金城人登大定十九年進士第蒞官
有能聲明昌五年九月章宗詔宰執舉奏中外可用者烈剌史
者上親閱關黜注蓋取兩貟同舉者升用之於是汝礪自
同知絳陽軍節度事起為石州刺史承安元年七月入為
左司郎中一日奏事紫宸殿時侍臣皆廻避上所御涼扇
忽隨案下汝礪以非職不敢取以進奏事畢上謂宰臣曰

列傳　金史一百七　一

高汝礪不進扇可謂知體矣未幾擢為左諫議大夫以賦
調軍須郡縣有司或不得人追脅走卒利其事急規取貨
賂深為民害言自今若因兵調發有犯者乞權依推排
受財法治之庶使小人有所畏懼二年六月定制因軍前
差發受財者一貫以下徒二年以上徒三年十貫處死從
汝礪之言也時過泰事臺臣亦令廻避汝礪乃上言國家
置諫臣以備侍從蓋欲周知朝政以參得失非徒使排行
就列而已故唐制凡中書門下及三品以上入閤必遣諫
官隨之偉預聞政事冀其有所開說本省臺以下遇朝奏
事則一切迴避與諸侍衛之臣旅進旅退殿廷論事初莫

得聞及其已行又不詳其始末遂事而諫斯亦難矣顧諫
職為何如哉若曰非材擇人可也當可罷之言責而疎遠
若此乞自今以從有司奏事諫官得以預聞庶望炎補且
修注之職掌言動俱當一體上從之又言章前十月嘗
舉行推排之法尋以踰時而止誠知聖上愛民之深也切
聞周制以歲時定民之眾寡辨物之多少入其數于小司
徒以施政教以行徵令三年則天下大比按為定法伏自
大定四年通檢前後迄今三十餘年其間雖兩經推排其
浮財物力惟憑一時小民之語以為增減有司惟務速定
不復推究其實由是豪強有力者符同而幸免貧弱寡援

列傳　金史一百七　二

者抑屈而無訴況近年以來邊方屢有調發貧戶益多如
止循例推排緣去歲條理已行人所通知恐新富之家預
為諸喝掠儈之人冀望至時同辭推唱或虛作貧乏故以
產業低價質典及將財物從置他所權止營運如此姦弊
百端欲望物力均一難矣欲革斯弊莫若據實通檢頭會
止徇例推排緣去歲條理已行人所……
有司照勘大定四年條理嚴立罪賞截日限閻防禁約
其間有可以輕重者甚酌行之去煩碎而就簡易息則賦稅
而事鎮靜使富者不得以苟避困者有望於火息行之是戕十
易辦人免不均之患矣詔尚書省嘖邊事息行之是戕十
月上喻尚書宿遣官詣各路通檢民力命戶部尚書賈執

剛與汝礪先推排在都兩警巡院令諸路所差官視以為
法焉尋為同知大興府事四年十二月為陝西東路轉運
使泰和元年七月改西京路轉運使二年正月為北京臨
潢府路按察使六年二月還河北西路轉運使十一月進
中都路都轉運使六年六月拜戶部尚書時鈔法不能流
轉汝礪隨事上言多所更定民甚便之語在食貨志上嘉
其議勑尚書省曰內外百官所司不同比應詔言事者不
百司各究利害舉明若可舉而不即申聞以致上司舉行
尚書高汝礪論本部數事並切事情皆已行之其喻內外
官千數俱不達各司利害漫說莫能詳盡近惟戶部

苦量制其罰貞祐二年六月宣宗南遷次邯鄲拜汝礪為
參知政事次湯陰上闕汴京穀價騰踴應寪從人至則愈
貴間宰臣何以處之皆請命留守司約束汝礪獨曰物價
低即朝夕或共然耀多耀少則貴賤蓋諸路之人輻湊河南
糴者既多安得不貴若禁止之有物之家皆將閉而不出
商旅轉販亦不復入城則糴者益急而貴益甚矣事有難
易不可不知令少而難得者穀也多而易致者鈔也自當
先其所難後其所易多方開誘務使出粟更鈔倒穀價自
平央上從之三年五月朝廷議從河北軍戶家屬於河南
留其軍守衛郡縣汝礪言此事果行但便於豪強家耳貧

戶豈能徙且安土重遷人之情也今使盡赴河南彼一旦
去其田園扶攜老幼驅馳道路流離失所豈不可憐且所
過百姓見軍戶盡還必將蹂踐謂國家分別彼此其心安
得不搖況軍人已去其家而護衛他人以情度之其不
肯盡心必矣民至愚而神者也雖告以衛護之意亦將不
信徒令交亂民懼不得安此其利害所繫至重乞先令諸道
元帥府宣撫司總管府熟論可否如無可疑然後施行不
報軍戶既遷將括地分授之未有定論上勑尚書省曰比
兵將及河南由是盡起諸路軍戶共圖保守令既至矣糧
食所當必與然未有以處之可分遣官敦者老閒之其將

益賦或與之田二者孰便又以諭汝礪既而所遣官言農
民並稱比年以來租賦已重若更益之力實不足不敢復
佃官田願以給軍於是汝礪奏遷徙軍戶一時之事也民
佃官田父遠之計也河南民地官田計數相半又多全佃
官田之家墳塋莊井俱在其中率皆貧民一旦奪之何以
自活夫小民易動難安一時避賦遂有此言及其與人即
前日之主今還為客能勿悔乎悔則怨心生矣如山東撥
地時腴田沃壤盡入勢家今猶未已前事不遠足為明戒
民則有損至於五相憎疾今復以保官荒田牧馬草地
惟當倍益官租以給軍糧之半復以保官荒田牧馬草地

量數付之令其自耕則百姓免失業之艱而官司不必為
屬民之事矣且河南之田最宜麥今雨澤霑足正播種之
時誠恐民疑以誤歲計宜早決之從其請委邊尚書右
丞時上以軍戶地當撥付使得及時耕墾而汝礪復言彼知
曰在官荒田及牧馬地民多私耕者今正藝麥之時徒知
將以與人必皆棄去軍戶雖得亦已逾時徒成曠廢若俟
畢功而後撥量收所得以補軍儲則公私俱便乞盡九月
然後遣官十月汝礪言今河北軍戶徙河南者幾百萬口
人日給米一升歲率三百六十萬石半給其直猶支粟三
百萬石河南租地計二十四萬頃歲徵粟纔一百五十六

萬有奇更乞於經實之外倍徵以給官關田及牧
馬地可耕者畀之奏可乃遣右司諫馮開等分詣諸郡就
給之人三十畝以汝礪總之既而括地官還皆曰頃畝之
數甚少且膏惡不可耕計其可耕者均以與之人得無幾
又僻遠處不免就之軍人皆以為不便汝礪與之人得無幾
詔有司罷之但給軍糧之半而半折以實直焉四年正月
拜尚書左丞連上表乞致仕皆優詔不許會朝廷議發兵
職同罷之㽵何高琪等奏若令樞密院遣兵居其衝要鎮
河北讒民牧麥而民間流言謂官將盡取之上聞以問宰
邊上冠仍許收逃戶之田則軍民兩便或有警急軍士亦

必盡心汝礪曰甚非計也蓋河朔之民所恃以食者惟此
麥耳今已有流言而復以兵徵是益使之疑懼也不若聽
其自便令宣撫司禁戢無賴不致侵擾是矣逃戶田令有
司收之以充軍儲可也乃詔遺戶部員外郎裴滿蒲剌都
閱視田數及訪民願發兵以否還奏臣西由懷孟東抵曹
單麥苗亦無多訊諸農民性徃自為義軍臣即宣布朝
廷欲發兵之意皆感戴而不願也於是罷之汝礪以數乞
致仕不從乃上言曰立非常之功必待非常之人今大兵
既退正宜葺關隘簡練兵士之時須得通敏經綸之才
為壽畫俾濟中興伏見尚書左丞兼行樞密副使胥鼎才

撞狼長身兼數器乞召還朝省不從時高琪欲從言事者
歲關民田徵租朝廷將從之汝礪言臣聞治大國者若烹
小鮮最為政之善喻也國朝自大定通檢後十年一推物
力惟其實閒靜而重勞民耳今言者請如河北歲括實種
之田計數徵歛即是常時通檢無乃駭人視聽使之不安
乎且河南河北事體不同河北累經劫掠戶口亡匿田疇
荒廢差調難依元額故為此權宜之法蓋軍儲不加多且
地少而易見也河南自軍馬巡幸以來百姓湊集凡有閒
田及逃戶所棄耕墾殆徧各承元戶輸租其所徵歛皆準
通推之額雖軍馬益多未嘗闕誤誰宜一概動擾若恐豪

右蔽匿而通征賦則有司檢括亦豈盡實但嚴立賞許
其自首及聽人告捕犯者以盜軍儲坐之地付告者自足
使人知懼而賦恐入官何必為是紛紛也抑又有大不可
者三如每歲檢括則夏田春量秋田夏量中間雜種亦且
隨時量之一歲中略無休息民將厭避耕種失時或止耕
膏腴而棄其餘則所收仍舊而所輸益少一不可也檢括
之時縣官不能家至戶到胥吏得以暗通貨賂上下其手
或陰結軍人以相冒亂而朝廷止憑有司之籍儻使臨時
虛為文具轉失其真二不可也民田與軍田犬牙相錯彼
少於元額則資儲闕誤必矣三不可也夫朝廷舉事務在
必行既行而復中止焉是豈善計哉議遂寢興定元年十
月上疏曰言者請姑與宋人議和以息邊民切以為非計
宋人多詐無實雖與交移往來而邊備未敢遽撤備既不
撤則議和與否蓋無以異或復蔓以浮辭禮例之外別有
求索言涉不遜將若之何或曰大定間亦嘗先遣使今何
不可切謂時殊事異難以例言昔海陵師出無名曲在於
我是以世宗即位首遣高忠建等報諭宋主罷淮甸所侵
以修舊好彼隨遣使來書辭慢易不復奉表稱臣願還故
疆為兄國雖其樞密院與我帥府時通書問而侵軼未
嘗已也既而征西元帥令喜敗宋將具珪姚良輔於德順

原州右丞相僕散忠義右副元帥紇石烈志寧軍敗李世輔
于宿州斬首五萬兵威大振世宗謂宰臣曰昔宋人言遣故
使請和輕吾無備遂攻宿州今我軍大敗殺戮過當故
不敢復通間朕良南北生靈父因于兵本欲息民何較細
故其令帥府移書宋人以議和好宋果遣使告和以當時
盟議我邊鄙是曲在彼也彼若請和於理為順豈當先發
此議而自示弱耶恐非徒無益反招謗悔而已十一月汝
礪言閒國以民為基民以財為本是以王者必先愛養
基本國家調發河南為重所徵稅租率常三倍于舊今省
部計歲收通寶不敷所支乃于民間科斂桑皮故紙錢七
千萬貫以補之近以通寶稍滯又加兩倍河南人戶農民
居三之二今秋租猶多未足而此令復出彼不耀所當輸
租則必減其食以應之夫事有難易勢有緩急今急用而
難得者芻粮也出於民力其來有限可緩圖而易為者鈔
法也行于國家其變無窮向者大鈔滯更為小鈔小鈔弊
改為寶券寶券不行易為通寶從權制變皆由于上尚何
以煩民為哉彼恧力以奉軍儲一患不足而又添徵通寶
苟不能給則有逃亡民逃亡則農事廢兵食何自而得有
司不究遠圖而貪近効不固本原而較末卹誠恐軍儲鈔

法兩有所妨非於鈔法不爲憲也非惟省部故相違也
但以鈔法稍滯物價稍增之害輕民生不安軍儲不給之
害重耳惟陛下外慮事勢俯察臣言特命有司減免則群
心和悅而未足之租有所望矣時朝廷以賈全黃道潤等
相攻不和將分畀州別署名號以慮之汝礶上書曰甚
非叛亡者非若素官於朝知禮義識名分之人也貪暴不
嘗叛計也蓋河北諸帥多本土義軍一時權爲隊長亦有先
法蓋無足恠惟朝廷以時方多寢弱勢力既弱則朝廷易制令
得安息彼互相攻劫則勢寖弱以時方多寢弱礶得擅徵收
若分地而與之州縣官吏得輒署置民戶稅賦得擅徵收
之地不可復得是朝廷愈難制也昔唐分河朔地授諸叛
將史臣謂其讓養醇萌以成其禍此可爲今日大戒也不

朕每見卿待遇貴在誠實不任其勢羸下而卿然不從何哉
稍息氣力漸完若軍又何足患哉議遂寢上嘗謂汝礶曰
若姑令行省韝原和輯萌之不得逞異時邊事
則地廣者日益強狹者日益弱久之強者皆併於強者
夫君臣相遇貴在誠實小謹區區朕固不較也汝礶以君
臣之分甚嚴不敢奉命三年河南頻豐穩民間多積栗汝
礶乃奏曰國家之務莫重於食令所在屯兵益衆而修築
新城其費亦廣若不及此豐年多方嘗辦防秋之際或之

軍興乞於河南州府驗其物價低昂權宜立式凡內外四
品以下雜正班散官及承應人免當爆使監官功酬或僧
道官師德婆牒寺觀院額等並聽賣之司縣官有能勸
誘輸粟至三千石者將來注授升本牒首五十石以上遷
官一階萬石以上升職一等並注闗廟庶幾人知勸暴多
置鹽鐵酒榷均輸官以佐經費未流至於卒軍猶閒架
用度方無勤上從之汝礶上言曰古無榷法自漢以來始
其征利之術固已盡矣然亦未聞榷油也蓋油者世所共
用利歸於公則害及於民故古今皆置不論亦厭苛細而
所收獲上以同提擧榷貨司王三錫建議榷油高琪以
有領徵諸錢沒雜役無非出於民者而更議榷油歲收
銀數十萬兩夫國以民爲本此之際民可以重困乎若
從三錫議是以舉世通行之貨爲私家常用之物爲
禁物自古不行之法爲良法切爲聖朝不取也若果行之
其害有五臣請言之河南州縣當立務九百餘所設官千
八百餘員而胥隷工作之徒不與焉旣費官司有升
屋宇奪貿作其公私俱擾殆不勝言至於揀點官司有升
降決罰之法其課一虧必生抑配之弊小民受病益不能
堪其害一也夫油之貴賤所在不齊惟其兩旅轉販有無

相易所以其價常平人易得之今既設官各有分地輒相
侵犯者有罪是使貴糶常貴而賤糴常賤其害二也民家
日用不能躬自活之而轉鬻者增取利息則價不得不貴
而用不得不難其害三也鹽酒醋公私造者有刑捕告者有賞則
分別惟油不然莫可辨記今私攟良民柱隰於罪其害四也油戶所
置屋宇作具用錢已多有司按業推定物力以給差役今
奪其具廢其業而差賦如前何以自活其害五也惟罷之
無賴輩因之得以誣搆百官議于尚書省戶部
尚書高燮工部侍郎粘割荊山知開封府事溫迪罕二十

等二十六人議同高琪禮部尚書楊雲翼翰林侍讀學士
趙秉文南京路轉運使趙璹吏部侍郎趙伯成刑部郎中
烜世英右司諫郭著提舉倉場使時戩皆以為不可上曰
古所不行者而今行之是又生一事也其罷之十月賜金
鼎一重幣三四年三月拜平章政事俄而進拜尚書右丞
相監修國史封壽國公五年二月上表乞致政不許九月
上諭汝礪曰昨日視朝至午方罷卿老矣不任久立奏事
畢用寶之際可先退坐恐以勞致疾反妨議政也是月復
乞致仕上諭之曰丞相之禮盡矣然今廷臣誰如丞相者
而必欲求去乎姑留輔朕可也十月躐遷崇祿大夫仍諭

曰丞相數求去朕以社稷事重故黽留之丞相老矣而官
猶未至二品故特陞兩階十二月上復諭曰向卿以卿年
老視朝之日侍立為勞令卿退坐廊下向其意元光元年
四月汝礪跪奏事上命起曰卿大臣也所言皆朕意之復
侍立終朝豈有司不為設榻耶卿其勉從吾言七月上謂宰
臣曰昔世宗太儉書或曰不爾則安得廣畜積章宗
之責卿惟在盡誠何事小謹自今勿復爾也汝礪因
時用慶甚多而得不關之者蓋先朝有以遺之也九月上又
進言曰儉乃帝王大德陛下言及此天下福也
謂宰臣曰有功者雖有微過亦當賞之無功者豈可貸耶

然有功者人喜謗議凡有以功過言於朕者朕必深求其
實雖近侍為言不敢輕惜亦未嘗徇一己之愛惜也汝礪
因對曰公生明偏生暗凡人多徇愛憎不合公議陛下聖
明故能如是耳二年正月復乞致政上面諭曰今若從卿
始終之道俱盡於卿安在朕亦為美事但時方多故而
朕復不德正賴舊人輔佐故未能遽卿高志耳汝礪對曰
竟不許因謂曰朕每閒人有所毀譽必求其實汝礪對曰
昔齊威王封即墨大夫烹阿大夫及左右之嘗毀譽者由
是群臣恐懼莫敢飾非齊國大治陛下言及此治安可期
也二月上以汝礪年高免朝拜侍立久則慰于殿下仍勑

有司設榷為三月又乞致仕復優詔不許上謂群臣曰人

有才堪任事而慮心不正者終不足貴望人亦不正者

正而濟之以才所謂虎而翼者也難吉望人亦未嘗知

以為然他日後謂宰臣曰凡人慮心善良而行事忠實斯

為善若言巧心偽亦何用然善良者人又多目為平

常汝礪對曰人材必全亦臨其所長取之耳上然之五月

上問宰執以修完京城樓櫓事汝礪奏所用者皆大木顧今

難得方令計置上曰朕宮中別殿有可用者即用之汝礪

對以不宜毀上曰所居之外毀亦何害不愈於勞民遠致

列傳 ◤金史一百七◢ 十三

平章宗初即位諫官言汝礪欺君固位天下所共嫉黙

之以屬百官哀宗曰昔熙帝言我不如高帝當守先帝法

耳汝礪乃先帝立以為相者又可黜乎又有投匭名書云

高某不退當殺之汝礪因是告老優詔不許正大元年三

月薨年七十一配享宣宗廟為人慎密廉潔能結人主知

然規守格法循嘿避事故為相十餘年未嘗有譴訶令戀

不去當時士論頗以為譏云

張行信字信甫名行忠避讓獻太子諱改為行簡弟也

登大定二十八年進士第東官銅山令明昌元年以廉擢

授監察御史泰和三年同知山東西路轉運使俄簽河東

路按察司事四年四月召見于泰和殿行信因言二事一

依舊移轉吏目以除民害一徐邳地下宜麥來歲稅粟許納麥

以便民上是其言令尚書省議行之崇慶二年為左諫議

大夫時胡沙虎已除名為民賂遺權貴將復進用舉朝無

敢言者行信乃上章曰胡沙虎殘忍凶悖跋扈強梁媚結

近習以圖構譽自其廢黜士庶莫不快悅今若復用惟恐

為害更甚前日況利害之機更有大於此者書再上不報

又胡沙虎弒逆人貞祐行信坦然無以係天下之望上

宗即位改元貞祐行信以皇嗣未立也是歲九月宣

疏曰自古人君即位必立太子以為儲副必下詔以告中

列傳 ◤金史一百七◢ 四

外竊見皇長子每遇過朝用東官儀衛又至冊埋還列諸

王班況已除侍臣而今未定其禮可謂名不正言不順矣

昔漢文帝元年首立子啟為太子者所以尊祖廟重社稷

也願與大臣詳議酌前代故事雖下詔以定其位慎選

官僚輔成德器則天下幸甚上嘉納之胡沙虎誅上封事

言正刑賞辨戴胡沙虎傳又言自兵興以來將帥見敗顯其

人願陛下令重臣各舉所知才果可用即賜召見後顯獎

諭令其自效必有舊命報國者昔李牧為趙將軍功爵賞

皆得自專出攻入守不從中覆遂能北破大敵西柳強秦

今命將若不以文法拘絪中旨奉制委任責成使得盡其

智能則克復之功可望矣上善其言時方擢任王守信賈

耐兒者爲將皆郡俗不材不眠兵律行信懼其誤國上跣
曰易稱開國承家小人勿用聖人所以毖戒後世者其嚴
如此今大兵縱橫人情恟懼應敵與理非賢智莫能狂子
庸流很家援權參預機務甚無謂也然是上皆罷之權元
帥右都監內族訛可率兵五千護糧通州遇兵輒潰行信
上章曰御兵之道無過賞罰使其臨敵有所慕而樂於進
有所畏而不敢退然後將士用命而功可成若訛可敗衄
宜明正其罪朝廷寬容一切不問臣恐御兵之道未盡也
詔報曰卿所訛可等已下獄矣時中都受兵行信上言和
請和握兵者悉訛不敢壞且和事行信上言和與戰
二事本不相干奉使者自專議和將兵者惟當主戰豈得
以和事爲辭自崇廳來皆以和我軍時肯進戰稍挫
其鋒則和事成也火矣頃北使旣來猶破東京略河東
今我使方行將帥輒可入京師和議亦不日可成矣上
急劾糧益艱和之成否蓋未可知豈當閉門坐守以待弊
哉宜及士馬尚壯擇猛將銳兵防衛轉輸往來拒戰使之
少沮則附近蓄積皆可入京師
今大興府脅鼎便宜計畫軍食鼎因素許
言近日朝廷便令知大興府脅鼎便宜計畫軍食鼎因素許
知其善而不能行二年三月以朝廷括糧恐失民心上書
人納粟買官旣又遣參知政事與屯忠孝括官民糧广存

兩月餘悉令輸官酬以爵級銀鈔時有要者或先其數子
鼎來及入官忠孝復欲多得以明已功凡鼎所籍者不除
其斂民甚苦之今米價踴貴無所從糴民糧止兩月又奪
之將不獨歸各有司亦怨朝廷不察也大兵在邇人方危
懼若復無聊或生他變則所得不償所損矣上深善其言
即命與近臣往審慮焉仍諭忠孝曰極知卿盡心于公然
國家本欲得糧今旣得矣姑從人便可也四月遷山東東
路按察使兼轉運使仍權本路宣撫副使將行求入見上
御便殿見之奏曰伏見奧屯忠孝飾詐不忠臨事慘刻
與胡沙虎爲黨歷數其罪且曰無事時猶不容一相非才
況今多故可使斯人與政乎願即罷之上曰朕始即位進
退大臣自當以禮卿語其親知諷令求去可也行信以告
右司即中把胡魯白忠孝忠孝不恤也三年二月改安武
軍節度使兼冀州管內觀察使始至即上書言四事其一
曰楊安兒賊黨旦暮成擒蓋不足應今日之急惟在收人
心而已向者官軍討賊不分善惡一概誅夷劫其資產掠
其婦女重使居民疑畏逃聚山林今宜明勅有司嚴爲約
東母令劫掠平民如此則百姓無不安之心姦人誑惑之
計不行其勢漸消矣其二曰自兵亂之後郡縣官豪多善
斜集義徒權擊土寇朝廷雖授以本處職任未嘗遣人代

之夫舊者人所素服新者未必皆才緩急之間啓釁敗事
自今郡縣闕員乞令尚書省選人擬注其舊官民便安者
宜就加任使如資級未及令攝其職官敢進戰者十撫一二
人盡其才事易以立其三日掌軍官其四日山東軍
儲皆蓄爵所復及或持勑牒求仕選曹一旦軍餉不給復
其或有之即當責以立功其況海岱南
者性性職逃夫爵所復當有司罪也彼何責焉
地壘冠未平田野無所收舍原無所積一旦軍餉不給重
欲需爵其誰信之朝延多用其議八月召爲吏部尚書九
月改戶部尚書十二月轉禮部尚書兼同修國史四年二

【金史一百七　十七】

月爲太子少保兼前職時尚書省奏速東宣撫副使完顏
海奴言參議官王渥嘗言本朝紹堯黃帝之後也昔漢
祖陶唐氏祖老子皆爲立廟我朝迄今百年不爲火德
廟無乃愧於漢唐乎又云本朝初興旗幟尚赤其爲火德
明矣主德之祀闕而未議其事詔問有司行信奏曰按姐祖
滄者如此乞朝廷議其事亦非禮經重祭祀之意臣聞於
錄止稱自高麗而來未聞出於高辛今所攝欲立黃帝
黃帝高辛之祖惜日紹之當爲木德今乃言火德亦何謂
也況國初太祖有訓因先顏部多尚白又取金之不變乃
以大金爲國號來嘗議及德運近章宗朝始集百僚議之

而以繼亡宋火行之絕定爲土德以告宗廟而詔天下焉
顧滄所言特牽合土是之八月上將祔享大廟詔依
世宗十六年祫享之禮行信與禮官參定儀注上言宜從四十
四拜之禮上嘉納爲語在禮志祭畢賜行信寶券二萬貫
重幣十端諭之曰太廟拜禮初欲依世宗所行卿選奏
章備述隨宜讀祝辭向非卿言朕幾失之故特以
知政事時高琪爲相專權用事憨不附已者衣冠之士動
去官興定元年三月起復舊職權參知政事六月眞拜參
是歲賞自今每事要宜盡心是年十二月行信以父嘗辛
遺瓊歷惟行信屢引舊制力抵其非會宋兵侵境朝廷議

【金史一百七　十八】

遣使詳問高琪等以爲失體行信獨上疏曰今以遣使爲
不當臣切惑之議者不過曰遣使則或爲先示弱其或不
報而不遜則愈失國體臣獨以爲不然彼幸吾疊陷敷
侵掠邊臣以兵却之復來我大國不責而不遜曲自在彼何損於我
昔大定之初彼嘗犯順世宗遣丞相烏者行省于汴賫
書朝廷撒倉輦先亦丞相婁室獨以兵辭詰之彼遂伏罪其後宋主尊取國
令元帥府欲尋盟亦以往來最甚猶先理問而
寵衒命以往尋盟章宗時獨往最甚猶先理問而
後用兵然則遣使詳問正國家故事何失體之有且國步

多疑成兵災久不思所以休息之如民力何臣書生無甚
高論然事當機會不敢不聲其愚惟陛下察之上復令尚
書省議高琪等奏行信所言恫導舊制然今日之事與昔
不同詔省議姑待之已而高琪波礙上言先遣使不便議遂寢
語在次礙傳時監察御史多被的決行信乃上言曰大定
間監察坐罪大抵收贖或至奪俸重則外降而已間有的
決者皆有為而然當時執政程輝已嘗面論其非是又有
勑旨監察職主彈劾而或者徇者非謂見失察皆然也近
日無問事之大小情之輕重一概的決以為大定故實先
朝明訓過矣於是詔尚書省更定監察罪名制修章

○
宗實錄尚書省奏舊制九條史宰相執政皆預焉然文直
漢人各一員崇慶中既以參知政事梁瑾兼之復命翰林
承旨張行簡同事蓋行家嘗相傳多所考據今修章宗
實錄在丞汰礙已充兼修宜令參知政事行簡同修如行
簡例制可二年二月出爲彰化軍節度使兼涇州管內觀
察使詔之曰初朕以朝臣多稱卿才乃令參決機務而廷
議之際每多不協卿以異同甚非爲相之道復閩通來延
不以幹當爲意當欲求散地故耶今授此職當殊諸皇族
內族合周避敵不擊且詭言然奉朝旨下獄當誅諸皇族
多抗表乞從末滅高琪以爲自古犯法無善免者行信獨

曰事無古今但合周平昔忠孝或可以免又以行信族弟
行貞居山東受紅襖賊偽命樞密院得干涉行
信事故出之其子菖時爲尚書省令史亦命別加世宗勑
初行信言論罪多從的決伏見大定閩世宗勑三十餘年
旨行信犯故違聖旨令法職官論罪多從之事也乞詳定之行
信既出以其章付尚書省至是宰臣奏父杖數並之
有司論罪未嘗引用蓋非經父爲例之行
職官犯罪違聖旨徒年杖數可行者依大定制可行也
特奉詔旨遵制及諸條格當坐違制以其去未父上嘗論宰臣
所指揮及諸條格當坐違制例制行信陣默卿等遂緘默此殊非是行信事卿等具
曰自張行信陣默卿等遂緘默此殊非是行信事卿等具
知當以言之故耶自今宜各盡言毋復畏忌行信始至涇
即上書曰馬者甲兵之本方軍旅未息馬政不可緩也臣
自到涇閩陝右豪民多市於河州轉入內地利蓋百倍及
見省差買馬官平凉府判官烏古論桓端市于洮州以銀
百鋌幾得馬千疋云生羌木波諸部蕃族人戶蓄牧甚廣
蓋前所遣官或抑其直或以勢陵奪遂失其和且常患銀
少所以不能多得也又聞番地今秋薄收羌馬得銀輒以
易粟冬春之交必報食馬價甚低乞令所司董銀粟于洮
河等州選委知番情達時變如桓端者貿易之若捐銀萬
兩可得馬千疋機會不可失惟朝延亟圖之又曰比者

沿邊戰士有功朝廷遣使宣諭賜以官賞奚不感戴聖意
顧出死力此誠得激勸之方也然賜遺使者或爲或金帛
以爲常臣所未諭也大定間嘗立送宣禮自五品以上各
有定數竟停罷況今時務與昔不同而六品以下及止
遷散官者亦不免饋饮或吏能辦則欲所部以應之至有
因而獲罪者後軍士効死立功儻蒙恩賞而反以饋獻爲
苦是豈朝廷之善意哉乞令有司依大定例參以時務明立
等夷使取干有限無傷大體則上下兩得矣又曰近關保
裹錄令特增其徭此朝廷爲民之善意而有所不
未有到任者遠方之民不能無染豈豈舉者猶寡而有所不

敦耶乞詔内外職事官益廣選舉以補其闕使天下均受
其賜且丞薄尉亦皆親民而獨不增俸彼既不足以自給
安能禁其侵牟乎或謂國用方闕不宜重費是大不然夫
重吏祿者固使之不擾民也民安則國定宣爲霑蒙誠能
裁減冗食不養無用之人亦何患乎不足今一軍充役事
家原給軍既物故給其子弟感悦士心爲國盡力年至於
無男丁而其妻女猶給之此何謂耶自大駕南巡存聽者
已數年而其張顧待哺以困農民國家粮儲常患不及年
養此老初數千萬口冗食虛費正在是耳如即罷之恐其
失所宜限以歲月使自爲計至期而罷復將何辭上多採

納爲元光元年正月遷保大軍節度使兼鄜州管内觀察
使二月改靜難軍節度使兼鄜州管内觀察使未幾致仕
哀宗即位徵用舊人赵爲尚書左丞言事稍不及前人望
頗減尋復致仕家居惟以抄書教子孫爲事葺園池汴城
東築亭復靜隱時時與佳輩蓮游諫其間正大八年二月
乙丑薨于嵩山崇福官年六十有九初遊嵩山嘗曰吾意
欲终此山果終于此爲人純正真率不事修飾雖兩登相
位殆若無官然遇事輒發無所畏避每奏事上前旁人爲
動色行信恬如也及薨之日雖平昔甚媚忌者亦曰
正人亡矣初至汴父暇以御史大夫致仕猶康健兄行簡

官至翰林學士承旨行信爲禮部尚書諸子姪多中第居官
當世未之有也
贊曰高汝礪提身清慎練達事宜父居相位雖爲大夫士
所鄙而人主寵遇不衰張行信礪志蹇諤言無避忌然一
蓮政塗便多玖壞及其再用論事稍不及前且以汝礪爲
真可法耶宣宗伐宋本非萬全之策行信諫汝礪不諫又
沮和議耶沙虎之惡未著行信兩疏擊之汝礪與高琪共
事人疑其嘗附優劣可槩見於斯矣

列傳第四十五

欽定四庫全書　　　　殿本
　　　　　奉
勅修

師安石

胥鼎

侯摯

把胡魯

傳四十六

胥鼎字和之尚書右丞持國之子也大定二十八年權進
士第入官以能稱累遷大理丞承安二年持國卒去官四
年尚書省起復為著作郎上曰鼎故家子其才如何宰臣
奏曰為人甚幹濟上曰著作職閒緣今無他闕姑授之未
幾遷右司即中轉工部侍郎泰和六年鼎言急遞鋪轉送
文檄之制上從之時以為便至寧初中都受兵由戶部尚
書拜參知政事貞祐元年十一月出為泰定軍節度使兼
兗州管內觀察使未赴改知大興府事兼中都路兵馬都
總管二年正月鼎以在京貧民闕食者眾宜立法振救乃
奏曰京師官民有能贍給貧人者宜計所贈遷官升職以
勸獎之遂定權宜賞恩例格如進官升職丁憂人許應舉
束仕官監以從良之類入粟草各有數全活甚眾四月以
尚書右丞仍兼知府事五月宣宗將南渡留為汾陽軍節
度使兼汾州管內觀察使十一月改知平陽府事兼河東
南路兵馬都總管權宣撫使三年四月建言利害十三事

傳四十六

若積軍儲備黃河選官讞獄簡將練卒鈔法版籍之類上
頗採用焉又言平陽歲再被兵人戶散亡樓櫓修繕未完
衣甲器械極少庚廩無兩月食夏田已為兵蹂復不兩秋
種未下雖有復業殘民皆老幼莫能耕種宣撫足徵求比
北方劉伯林聚野狐嶺將深入平陽絳解河中遂抵河
南戰禦有期儲積未備不速錯置實關社稷生靈大計乞
降空名宣勅一千紫衣師德號牒三千以補軍儲上曰
鼎言是也有司其如數丞給之七月就拜本路宣撫使兼
前職朝廷欲起代州戍兵五千鼎上言頜外軍已皆南徙
代為邊要正宜益兵保守之更損其力一朝兵至何以待
之平陽以代為藩籬豈可撤去尚書省奏如所請詔供
之又言近聞朝廷令臣清野切謂臣所部乃河東南路太
原則北路也大兵若來必始於此故清野當先北而後南
況北路禾稼早熟其野既清兵無所掠則勢當自止不然
南路雖清而穀草委積於此是資兵而召之南也臣已秋
文比路宣撫司美乞更詔諭之既而大兵果出境賜詔獎
諭曰卿以文武之才臂兵民之寄性鎮方面武固邊防坐
釋朕憂軺如卿力益懋忠勤之節以收綏靜之功仰副予
心嗣有後寵尋以能諼方畧退兵進官一階十月鼎上言
臣所將義軍皆從來背本趨末勇猛克悍盜竊七命之徒

苟無訓練統攝官以制之則朋聚黨植無所不至乞許臣
便宜置總領義軍使使副及彈壓每五千人設訓練一員
不惟預為防闕使有畏忌且令武藝精熟人各為用上從
之四年正月大兵畧霍吉隰三州巳而步騎六萬圍平陽
急攻者十餘日鼎遣兵卻之且上言臣以便宜多方招誘
預張文牓招還質從人七千有奇續至者又六千餘俱令
復業牓謂凡被俘未歸者更宜多方招誘已歸者所居左
便優加存恤無致失所制可二月拜樞密副使權尚書左
丞行省諭曰卿父子皆朕所知向卿執政時因有人言遂
近待

河東事相委果能勉力以保無虞方國家多難非卿執可
倚者卿退易耳能勿慮社稷之計乎今特授卿是住咫尺
防秋更宜悉意時河南粟麥不令興販渡河鼎上言曰河
東多山險平時地利不遺夏秋籹熟猶常藉陝西河南通
販物斛況今累值兵戈農民渡少且無兩雪關食為善又
解州屯兵數多粮儲僅及一月見陝州大陽渡河中大
慶渡皆邀阻粟麥不令過河臣恐軍民不安或生內患伏
望朝廷聽其輸販以紓解州之急又言河東兵革之
東疲民稍復然丁牛既少莫能耕稼重以亢旱蝗蝻而飢
餾所須徵科頗急貧無依者俱已乏食富戶宿藏亦為盡

發蓋絕無而僅有為其憔悴亦已甚矣失有司宜奉朝廷德
意以謀安集而潞州師府道官於遼沁諸郡搜括餘粟懸
重賞誘人告許州縣憚師府鞭籍械繫所在駈然甚可憐
憫今大兵既去性宜決冗兵省浮費招集流亡勸督農事
彼不是務而使癃瘵之民重罹茲苦是兵未來而先自弊
也願朝廷亟止之如經費東關以恩例勸民入粟不猶愈
於強括乎又言霍州回牛鳳樓嶺諸院戍卒幾四千今兵
既去而農事方興一兵來亦足衞餘悉遣歸有警復徵既
休民力且省縣官萬一兵來而獲二利
臣敢以為請詔趣行之又言河東兩路農民渡少而兵戍
益多是以每歲粮儲常苦不繼臣切見潞州元帥府雖設
鹥賞恩例然條目至少未盡勸誘之術故進獻者無幾宜
增益其條如中都時仍許各路宣司俱得發賣庶幾多
復貯儲以濟不給於是尚書省更定制奏行焉又言交鈔
賣於通流令諸路所造了數所出苟不以術收之不無關
誤宜從行省行部量民力徵歛以裨軍用河中宣撫司亦
以賣券從所支中所有日湊于河東其與不歛何異又河
一體徵收則彼多民不貴乞驗民貧富徵之雖然陝西若
北賓券以不許行于河南由是愈滯將誤軍儲而啟釁端
時以河北賓券商旅貿販南渡致物價翔貴權限路分行

用因鼎有言罷之又言比者朝廷命擇義軍為三等臣即
檄所司而潞帥必蘭阿魯帶言自去歲初置帥府時已按
閱本軍去其冗者部分既定上下既親故能所向成功此
皆血戰之餘屢試可者且又父子兄弟自相援各顧其
家心一而齊勢不可析之將一而不相諸矣
國家粮儲常恐不繼豈容燒冒但本府兵不至是耳況潞
州北即為異境心懈而不可用慮恐因得測吾塵實且義
軍率皆農民已各散歸田畝趨時力作若徵集之動經旬
日農事廢而歲計失矣乞從本府所定無輕慮易臣切是

其言時阿魯帶泰亦至詔許之又言近偵知比兵駐同
耀竊慮梗吾東西往來之路遂委河中經署使陀蒲胡土
門領軍赴援分兵勢將叩關矣前此臣嘗奏聞北兵非止
欲攻河東陝西必將進取河南雖已移文陝州行院及陝
西鄰境俱令設備恐未即遵行宜議
所以禦備之策上以示尚書省宰臣奏乞詔河南行院統軍司議
賣所遣帥臣趨迎輕之及命鼎益兵渡河以掣其肘制可
既而鼎聞大兵已越關乃急上章曰臣叨蒙國恩擢列樞府
凡有我事皆當往之今入河南將及畿甸豈可安攖一方
坐視朝廷之急而不思自奮以少寬陛下之憂乎去歲頜

降聖訓以向者都城被圍四方無援為恨明勅將帥若京
師有警能各提兵奔赴其或不至自有常刑臣已奉詔先
遣潞州元帥左監軍必蘭阿魯帶領軍一萬孟州經署使
徒單百家領兵五千由便道濟河以趨關陝臣將親率平
陽精兵直抵京師與王師相合兼行矣上嘉其意詔平陽
省軍應之初鼎以身先士卒倍道入援須三旬而後能至得無
失其機耶臣以將率兵赴援京師奏乞委知平陽府事
王質權元帥左監軍同知府事完顏家奴權右監軍以
百餘里儻俟朝廷之命方圖入援三旬而後能至得無
鎮守河東從之至是鼎拜尚書左丞兼樞密副使是時大

兵已過陝州自關以西皆列營柵連亘數十里鼎慮近薄
京畿遂以河東南路懷孟諸兵合萬五千由河中入援又
遣遙授河中府判官僕散掃吾出領軍趨陝西併力禦之
且應比兵挽河中府移檄解吉隰孟州經署司相與會兵以
為夾攻之勢已而北兵果由三門集津比渡而去鼎復上
言自兵興以來河北潰散軍兵流亡人戶及山西河東老
幼俱徙河南在慶僑居各無本業易至動搖竊慮有司妄
分彼此或加迫遣以致不安全兵日益盛將及畿甸儻復
誘此失職之衆使為鄉導或驅之攻城豈不益資其力乞
朝廷遣官撫慰及令所司嚴為防關庶幾不至生釁上從

其計遣監察御史陳規等充安撫捕盜官巡行郡邑大兵
還至平陽鼎以拒戰不利乃去興定元年正月上命鼎
選兵三萬五千付陀滿胡土門統之西征至是鼎馳奏以
為非便署曰自此兵經過之後民食不給兵力未完若又
出師非獨饋運為勞而民將流亡愈至失所或宋人乘隙
而動復何以制之此蓋國家社稷大計方今事勢止當察
備南邊西征未可議也是月進拜平章政事封莘國
公又上奏曰近遣太原汾嵐管軍以備西征而太原
元帥左監軍烏古論德升甚言其失計而太原路
為德升所言可取敢具以聞詔付尚書省議之語在德升

郝仲淵

傳三月鼎以祖父名章乞避職詔不從朝詔鼎舉兵伐
宋且令勿復有言以沮成筭鼎已分兵由秦鞏鳳翔三路
進乃上書曰竊懼惠愚退不敢自默謹條利害以聞音秦
和聞蓋普南伐時太平日久百姓富庶馬蕃軍銳所謂萬
全之舉也然猶亟和以偃兵為務大安之後北兵大舉天
下騷然者累年然軍馬氣勢視舊纔十一耳至于器械之
為亦多損弊民間差役重繁寖以疲乏而日勤師旅遠近
動搖是未獲一敵而自害者眾其不可一也今歲西比二
共無入境之報此非有所懼而不敢也我意者以去年北還
姑自息養不然則別部相攻未暇及我如聞王師南征秦

隙併至雖有潼關大河之險殆不足恃則三面受敵者首
尾莫救得無貽後悔乎其不可二也凡兵雄于天下者必
其士馬精強器械犀利且出其不備而後能取勝也宋自
泰和再修葺好練兵峙粮繕修營壘十年于茲矣又車駕
至汴益近宋境彼必朝夕憂懼委曲為防況聞王師已出
唐鄧必從民渡江所在清野止留空城使我軍無所得徒
自勞費果何益哉其不可三也宋我世讎比年非無恢復
之志特畏威力不能窺其虛實故未敢
輕舉今我軍皆山西河北之人或招還逃軍費從
鸞疆洗雪前恥之志吾不
國大抵烏合之眾素非練習而遽使從我誓能保其決勝

哉雖得其城內無儲蓄亦何以守以不練烏合之軍深入
敵境進不得食退無所掠將復道逃嘯聚為腹心之患其
可四也發兵進討欲因敵糧此事不可必者隨軍輸則
又非民力所及沿邊人戶雖有恒產而賦役繁重不勝困
德又凡失業寓河南者類皆衣食不給貧窮之迫盜所由
生如宋人陰為招募誘以厚利便為鄉導伺我不虞突而
入寇則內有叛民外有勍敵未易圖之其不可五也全春
事將典進兵若還必違農時以誤防秋之用此社稷大
計堂堂特疆場利害而已哉其不可六也臣愚以為止當選
選材武將士分布近邊州郡敵至則追擊去則力田以廣

儲蓄至于士氣益強民心益固國用豐饒自可恢廓先業
成中興之功一區區之宋何足平乎詔付尚書省宰臣以
爲諸軍既進無復可議遂寢既而元帥承裔等取宋大散
關上諭曰所得大散關可保則保不可則焚毀而還於
是鼎奏臣近遣官問諸師臣皆曰散關至蕎關諸隘其地
遠甚中間堡塞關柵共欲分屯以守如舊緩急有事當復分散關
號縣所直數關宋共圖守如舊緩急有事當復分散關
之兵衆數少必不能支而鳳翔隴隴亦無應恐妨耕
之且比年以來民力困於調度今方春農事已急恐妨應
墮不若焚毀此關但屯邊隘以張其勢彼或來侵互相應

■金史一百八　九　四百四十七　吳文昌

援易爲力也制可
二年四月鼎乞致仕上遣近侍諭曰卿
年既耄朕非不知然天下事方有次第卿篤人也姑宜勉
力以終之鼎以宣宗多親細務非帝王體乃上奏曰天下
之大萬機之衆錢穀之冗非此所能兼則必付之有司
陛下委任大臣坐收成算則恢復之期不遠矣上覽其奏
不悅謂宰臣曰朕惟恐有怠而鼎言如此何耶高琪奏曰
聖主以宗廟社稷爲心夙夜勤勞庶政鼎言非是上喜之
不遑乃太平之階也鼎言非是上喜之三年正月上言沿
邊州府官既有減定資歷月日之格至于掌兵及守禦邊

陛者征行暴露備歷艱險宜一體減免以示激勸從之二
月上言近制軍前立功犯罪之人行省行院不得輒
行誅賞夫賞由中出則恩有所歸茲固至當至于部分犯
罪主將不得施行則下無所畏而令莫得行矣宰臣之
上以問樞密院官對如鼎言乃下詔自今四品以下皆得
決時元帥府內族承裔移剌粘合何伐宋所下城邑多所
掠於是鼎上言承裔等奉詔宣揚國威所謂弔民伐罪者
也今大軍已克武休將至興元興元乃漢中西蜀喉衿之
地乞諭師臣所得城邑姑無焚掠務慰撫之誠使一郡帖
然秋毫不犯則其餘三十軍將不攻自下矣若拒王師乃

■金史一百八　十　四百四十八　吳文昌

宣有戡上甚是其言遂詔諭承裔鼎以年老屢上表求致
仕上謂宰臣曰胥鼎以老求退朕觀其精力未衰遣人
往慰諭之鼎嘗薦把胡曾以爲過已遠甚欲以自代胡曾
固佳至于駕馭人材處決機務不及鼎多矣俄以伐宋有
功還官一階八月上言臣奉詔兼節制河東近晉安師府
令百里內止留桑棗果木餘皆伐之方今秋收乃爲此舉
以等其事既不能禦敵而又害民非計也且一朝驚急其
所伐木當能盡去使不資敵乎他木雖伐桑棗舍屋獨非
木乎此殆徒勞臣已下師府止之而左都監完顏圖山乃
言嘗奉旨清野臣不知其可詔從鼎便宜規畫是時

大元兵大舉入陝西鼎多科敵之策朝臣或中沮之上諭
樞密院官曰昏鼎規畫必無謬誤自今卿等不須指授也
尋又遣喻曰卿專制方面凡事得以從宜規畫又何必一
一中覆徒為逗遛也四年進封溫國公致仕詔謝曰卿屢
求退朕初不許者侯其安好復為朕用爾今從卿請仍可
來居京師或有大事得就諮決也五年三月上遣近侍論
鼎及左丞賈謙曰自去冬至今雨雪殊少民心不安軍
用或闕為害甚重卿等皆名臣故令當何以慮之欲召
赴尚書省會議恐與時相不合難於面折故令就第延問
其悉意以陳毋有所隱元光元年五月上勑宰相曰前平

《金史一百八》 十一

四百四十八字

章昏鼎左丞賈益謙工部尚書札里吉翰林學士字送皆
致政老臣經練國事當邀赴省與議利害仍遣侍官分詣
四人者諭意為六月晉陽公郭文振奏河朔受兵有年矣
向皆秋來春去今已盛暑不迴且不嗜戰殺恣民耕稼此
殆不可測也樞府每檄臣會合府兵進戰蓋公府雖號分
封力實單弱且不相統攝方自保不暇朝廷不即遣兵為
援臣恐人心以謂棄棄河北甚非計也伏見前平章政事
昏鼎才兼將相威望甚隆向行省河東人樂為用今雖致
政精力未衰乞付重兵使總制公府同力戰禦庶幾人皆
響應易為恢復惟陛下圖之明年宣宗崩哀宗即位正大

二年起復拜平章政事進封英國公行尚書省于衛州鼎
以衰病辭上諭曰卿向在河東朝廷倚重今河朔郡多
歸附須卿圖畫卿先朝大臣必濟吾事大河以北卿皆節
制鼎乃力疾赴鎮來歸者益眾鼎病不能自持復申前請
優詔不許三年復上章請老且舉朝賢練軍政者自代詔
荅曰卿往在河東殘破孤危殆不易保卿一至而定若
移鎮敵不復侵侵卿可為一體朕待下
亦豈自殊自外之語始為過計況餘人才力均可副卿者
卿年高久勞於外朕豈不知但國家百年積累之基河朔
億萬生靈之命卿當勉出壯圖同濟大事鼎奉詔惶懼不

《金史一百八》 十一

四百三十字

賢不肖皆得其懽心南渡以來書生鎮方面者惟鼎一人
敢退是年七月薨鼎通達吏事有度量為政鎮靜所在無
而已

侯摯初名師尹避諱改令名宇羊卿東阿人明昌二年進
士入官慷慨有為承安開積選山東路鹽使司判官泰和
元年以課增四分特命遷官二階八年七月追官一階降
授長武縣令初摯為戶部主事與王說規措西北路軍儲
以代張煒摯上章論本路財用不實至是降除為貞祐初
大兵圍燕都時摯為中都馳使請出募軍已而嬰城有功
權為右補闕二年正月詔摯與少府監丞李洄秀分詣西

山招撫宣宗南渡轉勸農副使提控紫荊等關俄遷行六
部侍郎三年四月同簽樞密院阿勒根訛論等以謂今車
駕駐南京河南兵不可易動且兵不在多以將爲本俠
有過人之才儻假以便宜之權使募兵轉粮事無不克可
升爲尚書以總制來錫慶壽兩軍於是以擊爲大常卿行
尚書六部事往來應給之擊遂上章言九事其一曰省部
所以總天下之紀綱今隨路宣差便宜從宜往往不遵條
商劚劄付六部及三品以下官其於紀綱豈不紊亂宜革
其弊其二曰近置四帥府所統兵校不爲不衆然而弗克
取勝者蓋一處受敵餘徒傍觀未嘗發一卒以爲援稍見

小却則棄戈遁去此師老將惰故也將之道惟陛下察
之其三曰率兵禦寇督民運粮各有所職本不可以兼行
而帥府每令雜進累遇寇至軍未戰而丁夫已遁行伍錯
亂敗之由也夫前陣雖勝而後必更者恐爲敵所料耳況
不勝哉用兵尚變本無定形今乃因循不改覆轍臣雖素
不知兵妄調率由此失其四曰雄保安蕭諸郡據白溝易
水西山之固今多關負又所任者皆畏懦不武宜亟選勇
猛才幹者分典之其五曰漳水自衛至海宜沿流設備以
固山東使力穡之民安服田畝其六曰近都州縣官吏往
往逋逃蓋以往來敵中失身者多兼轉輸頻併民力困弊

應給不前復遭責罰秩滿乃與他處一體計資考實當其
人乞詔有司優定等級以別異之其七曰兵威不振罪往
將帥輕敵妄舉如近日李英爲帥臨陣之際酒猶未醒是
以取敗臣謂英旣無功其濫注官爵並宜削奪其八曰大
河之北民失稼穡官無俸給上下不安皆欲逃寬加以潰
撫之其九曰從來掌兵者多用世襲之官此屬自幼驕惰
不任勞苦且心膽懦怯何足倚辦宜選驍勇過人衆所推
服者不考其素用之上略施行焉時元帥蒲察七斤以通

河叛界遣諜者間擊擊恐爲所陷上章自辯詔諭之曰卿
州縣危懼今防秋在邇甚爲可憂臣願其兵與舊部西山
忠義軍往來安撫之制可故有是命十一月入見壬申遷築
河神于宜村十二月復行省于河北四年正月進拜尚書
右丞掌上言宜開沁水以便饋運至是詔有司開之是時
河北大飢縶上言曰今河朔饑甚人至相食觀滄等州斗
米銀十餘兩殍殣相屬伏見沿河上下許販粟北渡然每
石官糴其八彼商人非有濟物之心也所以涉河往來者

特利其厚息而已利既無有誰復為之是雖有濟物之名
而實無所渡之物其與不渡何異昔春秋列國各列疆界
然晉饑則秦輸之粟及秦饑晉閉之糴千古譏之況今天
下一家河湖之民皆隆下赤子而遭催立革尤為可哀其
忍坐視其死而不救欺人心惟危臣恐弄兵之徒得以藉
口而起也願止其糴縱民輸販為便詔尚書省行之時紅
襖賊數萬人入臨沂費縣之境官軍敗之生擒偽宣微使
李壽甫訊之則云其衆皆楊安兒劉二祖散亡之餘令復
聚又六萬賊首郝定者兖州泗水人署置百官僭稱大漢
皇帝巳攻泰安兗單諸州及萊蕪新泰等十餘縣又破

《金史一百八》　十五

邳州碙子堌得船數百艘近遣人北構南連皆成約行將
河為亂摯以其言聞于上且曰今邳滕之路不通恐實
有此謀遂詔摯行省事于東平權本路兵馬都總管以招
誘之若不從即率兵捕討興定元年四月濟南泰安滕兗
等州土賊並起肆行剽掠摯遣提控棣州防禦使完
餘黨壯士二萬人老幼五萬口是年冬陞資德大夫兼三
顏愛率兵計之前後斬首千餘招降偽元帥石花五夏全
司使二年二月摯上言山東河北數罹兵亂遺民嗷嗷實
可哀郵近朝廷遣官分性撫輯其惠大夫然臣忝預執政
敢請繼行以宣布國家德信使疲瘵者得以少蘇是亦圖

報之一也宰臣難之無何詔遣摯行省于河北兼行三司
安撫事既行又上言曰臣近歷黃陵崗南岸多有貧乏老
幼自陳本河北農民因敵驚擾故南遷以避今欲復歸本
土及春耕種而河禁邀阻河本以防開自北來者
耳此乃由南而往安所容姦气令有司驗實放渡詔付尚
書省宰臣奏宜令樞府講究上曰民饑且死而尚為次第
何耶其令速放之四月招撫副使黃摑阿魯答賢兵討之
密州初賊首李全擾密州及膠西高密諸縣摯賢督兵討之
會高密賊陳全等四人默白招撫副使黃摑阿魯答頗為
內應阿魯荅乃遣提控朱琛率兵五百赴之時李全與其

《金史一百八》　十六

黨于忙兒者皆在城中閉官軍且西來全潛逸去忙兒不
知所為阿魯荅馳抵城下鼓譟逼之賊守陴者八百人皆
下乞降餘賊四千出走進軍擊之斬首千級俘百餘人
所獲軍實甚衆遂復其城是夜琛又用陳全計拔高密為
六月上遣諭摯曰卿勤勞王家不避患難身居職而往
來山堌水寨之間保庇農民收穫二麥忠恪之意朕所具
知雖然大臣也防秋之際亦須擇安地而處不可隨其計
中摯對曰臣蒙大恩死莫能報然承聖訓敢不奉行擬駐
兵于長清縣之靈巖等有屋三百餘間且連接泰安之天
勝寨介於東平益都之間萬一兵來足相應援上恐分其

兵粮乃詔權移邳州行省九月摯上言東平以東界經殘
毀至于邳海尤甚海之民戶曾不滿百而屯軍五千邳戶
權及八百軍以萬計夫古之取兵以八家爲率一家充軍
七家給之猶有傷生廢業疲於道路之歎今兵多而民不
足使蕭何劉晏復生亦無所施其術況於臣者何能爲哉
伏見邳海之間貧民失業者甚眾日食野菜無所依倚恐
因而嘯聚以益敵勢募選爲兵自十月給粮使充戍役
至二月罷之遠秋復隸兵伍且耕且戰日食之種粒而驗所收穫量數
取之遠秋復隸兵伍且耕且戰公私俱利亦望被俘之民
易子招集也詔施行之是時樞密院以海州軍食不足數

于韓翊奏乞遷于內地詔開摯奏曰海州連山阻海與
沂莒郯密管邊隅衝要之地比年以來爲賊淵藪者宋人
實給之故若棄而他徙則直抵東平無非敵境地大氣增
後難圖矣未見其可且朝廷所以欲遷者止願糧餉不
給耳臣請盡力規畫勸喻農民趁時耕種且令耋鹽易糧
或置場宿遷以通商旅可不勞民力而辦仍擇沭陽之地
沂莒郯密管邊隅衝要之地比年以來爲賊淵藪者宋人
可以爲營屯者分兵謹邏雖不遷無患也上是其言乃止

東東路轉運副使兼同知沂州防禦使程戩懼禍及已遂
與同謀因結宋兵以爲外應摯聞即遣兵捕之訊竟其伏
十月先是邳州副提控王汝霖以州廂將乏扇其軍爲山

汝霖及戩幷其黨彈歷崔榮繼韓松萬戶戚誼莘皆就
誅至是以聞三年七月以設汴京東西南三路行三司詔聲
居中總其事焉十月以裹城畢工遷官一階四年七月遷
榮祿大夫致仕天興元年正月起復爲大司農四月歸大
司農印復致仕八月復起爲平章政事封蕭國公行京東
路尚書省事以八月復起爲平章政事封蕭國公行京東
覺不能進諸將謀以軍三千護送就舟張家渡行至封丘敵兵
下馬坐語諸將卒謀倒戈南奔留張家渡行至封丘敵兵
彈死於汝曹之手不忍爲亂兵所蹂以辱君父之命諸將
諤而止得全師以還聞者壯之十一月復致仕居汴中有

國亭蔡水瀕日與耆德燕飲及崔立以汴城降爲大兵所
殺摯爲人威嚴御兵人莫敢犯在朝遇事敢言又喜薦士
如張文舉雷淵麻九疇輩皆由韓進用南渡後宰執中人
望最重

把胡魯不詳其初起貞祐二年五月宣宗南遷由左諫議
大夫權爲御前經歷官上面諭之曰此行軍馬朕自總之
軍有利害可因近侍局以聞三年五月出爲彰化軍節
度兵馬兼涇州管內觀察使興定元年三月授陝西路本
路兵馬都總管充行省參議官興定元年三月授陝西路
統軍使兼涇州管內觀察使兼前職二年正月召爲御史中丞三月上言國家

取人惟進士之選為重不求備數務在得賢竊見今場會
試考官取人泛濫非求賢之道也宜革其弊依大定舊制
詔付尚書省集文資官雜議卒依泰和例行之是月拜參
知政事六月詔權左副元帥與平章哀鼎同事防秋三年
六月平涼等處

詔權左副元帥胡魯因上言皇天不言以象告人災
害之生必有其故乞明諭有司敬畏天戒上言嘉納之遣右
司諫郭著往闕地震撫諭軍民為四年四月權尚書右丞
關東民力寢困胡魯上言若以舟楫自渭入河順流而下
庶可少紓民力從之時以為便五年正月朝議欲復取會
州胡魯上言臣竊計之月當費米三萬石草九萬秤轉運
丁夫不下十餘萬人使此城一月可拔其費已如此況未
必耶臨洮路新遭劫掠瘡痍未復所須芻粮決不可辦雖
復取之慶陽平涼鳳翔及邠涇寧原恒隴等州亦恐未能
無關今農事將興與沿邊常費已不暇給宜可更調十餘萬
人以餉軍果欲是飛輓之則數萬之役無時而已止宜令承裔
軍千定西鞏州之地護民耕稼倏敵意忽然後取之詔付
得不免留兵戍守是可也三月上言衛敵在乎強兵強
省院曰其言其當從之可也竊見自陝以西州郡置師府
兵在乎足食此當今急務也

者九其部眾率不過三四千而長校猥多虛縻廩給其無
謂也臣謂延安鳳翔鞏州邊隅重地固當仍舊德順平涼
等處宜皆罷去河南行院帥府存沿邊河者餘亦宜罷
之制可是年十月西北兵三萬攻延安胡魯遺完顏
合達元帥納合買住樂之遂保延安先是胡魯以西北兵
勢甚大屢請兵於朝上由是惡之元光元年正月遂罷胡
知政事以河中府事權安撫使於是陝西西路轉運使夾
谷德新上言曰臣伏見知河中府事權安撫使河中府遣
之利知無不為寔朝廷之良臣也去歲盜兵入延安胡魯遺
將調兵城賴以完不為無功今合達買住各授世封而胡

魯政知河中府切謂方今用人之時使謀略之臣不獲展
力緩急或失事機誠宜復行省之任使與承商共守京兆
令合達買住捍禦延安以藩衛河南則內外安矣不報六
月召為大司農既至汴遂上言邇求臺盜擾攘侵及內
地陳潁去京不及四百里民居稀闊農事半廢蔡息之間
十去八九甫經大赦賊起益多動計數百驅牛焚舍恣行
剽掠雖熟麥敢者所在屯兵率無騎士比報至而
賊已遁掠深惡敢難追襲則徒形跡而已今向秋成奈
何不為處置也八月復拜參知政事上謂之曰卿頃為大
司農巡行郡縣盜賊如何可息對曰盜賊之多以賦役多

也賦役省則盜賊息上曰朕固省之矣胡魯曰如行院帥
府擾之何上曰司襄官既兼採訪自今其令禁止之初胡
魯拜命曰巡護衡紹王宅都將把九斤來賀御史粘割阿
里言九斤不當遊行省陝西擅出繫囚此自人主當行非
敵人之銳不惟彼不能攻又可以伺其隙而敗之其所謂
臣下可專人苟有言其罪豈特除名朕之戒之乎今九斤
以彈眾口卿知之乎今九斤有職守且握兵柄而縱至門
下法當責降朕素有直氣故復曲留公家事但當屬
正而行要取人情何必爾也是年十二月進拜

尚書右丞元光二年正月上諭宰臣曰陝右之兵將退當

舊後圖不然今秋又至矣右丞胡魯溪悉彼中利害其與

共議之尋遷胡魯往陝西與行省賽不合遂從宜規畫為

哀宗即位以有用立功進拜平章政事正大元年四月薨

詔加贈右丞相平郡王胡魯為人忠實憂國奉公及七

朝延公宰下追吏民皆嗟惜之

師安石字子安清州人本姓尹氏避國諱更為承安五年

詞賦進士為人輕財尚義初補尚書省令史適宣宗遷

留平章完顏暉守燕都承暉將就死以遺表託安石使

赴行在安石闡道走汴以聞上嘉之擢為樞密院經歷官

將哀宗在春宮領密院事遂見知遇元光二年累遷御史

《金史二百八》

傳第四十六

中丞其七月上章言備禦二事其一曰自古所以安國家
息禍亂不過戰守避和四者而已為今之計守和為所
謂守者必求智謀之士使內足以得戍卒之心外足以挫
敵人之銳不惟彼不能攻又可以伺其隙而敗之其所謂
和則漢唐之君固嘗用此策矣置獨今日不可用乎令
有司詳議而行其二曰今敵中來歸者頗多宜豐其粮餉
厚其接遇彼背我者既眾彼必轉相猜貳然後徐起而圖之
以誘致其餘來者既眾彼必轉相猜貳然後徐起而圖之
則中興之功不遠矣上嘉納之九月坐擢為同簽樞密院
不實決杖追官及哀宗即位正大元年擢為同簽樞密院

事二年復御史中丞三年工部尚書擢左參政四年進尚

書右丞五年復御史中丞三年工部尚書擢左參政四年進尚

論列三人不已上怒甚有旨謂安石曰汝便承取賢相朕

為昏主止矣如是數百言安石騾蒙任用遂遭摧折疽發

腦而死上甚悼惜之

贊曰宣宗南還天命去矣當是時雖有忠良之佐謀勇之

將亦難為也然而汝礪行信拯救于內脣鼎俟勢守禦手

外乾使宣宗得免亡國而哀宗復有十年之久人才有益

于人國也若是哉胡魯養兵惜穀之論善矣安石不冐承

暉之託遂見知遇以論列近侍觸怒而死悲夫

《金史二百八》

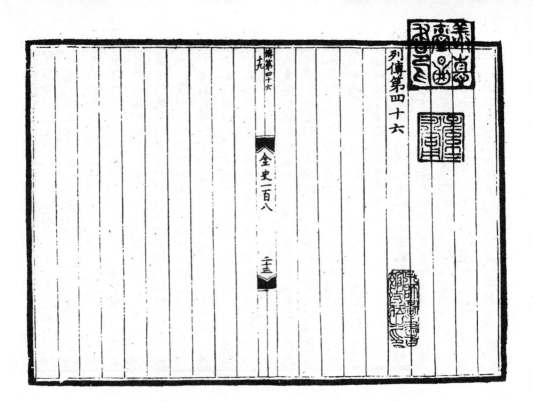

開府儀同三司上柱國錄國史院修撰兼經筵講官　國史領經筵章氏院事臣　脫脫　奉

勅修

完顏素蘭　陳規

　　　　　許古

完顏素蘭一名翼字伯揚至寧元年策論進士也貞祐初
累遷應奉翰林文字權監察御史二年宣宗遷汴留皇太
子於燕都既而色之素蘭以為不可平章高琪曰主上居
此太子宜從且汝能保都城必否素蘭曰固不敢必
恒太子在彼則聲勢俱重遷隆有守則都城可無虞庸
明皇幸蜀太子實在靈武蓋將以繫天下之心也不從竟

名太子從七月車駕至汴素蘭上書言車略曰苦東海在
位信用讒諂踈斥忠直以致小人日進君子日退紀綱紊
亂法度蓋斁頹風折城門之關火焚市里之舍蓋上天垂象
以儆懼之也言者勤其親君子遠小人恐懼修省以荅天
變東海不悟遂至亡減夫善救亂者必迹其亂之所由生
善革弊者必究其弊之所自起誠能大明黜陟以革東海
之政則治安之効可指日而待也陛下龍興不思出此輒
議南選韶下之日士民相率上章請留啓行之日容復追
自今九宜戒慎覆車之轍不可引轍而復蹈也又曰國家
時橋梁數壞人心天意亦可見矣此事既往堂容復追但

不可一日無兵亦不可一日無食陛下為社稷之計官中
用度皆從聥損而有司復多置軍官不恤妄費甚無謂也
或謂軍官之衆所以張大威群臣竊以為不然不加精選
而徒務其多緩急臨敵其可用乎且中都惟其糧之故便
未知有司復請陛下何之也三年正月素蘭自中都計議
軍事廻上書求見乞丹在右上遣人諭之曰屏人奏事朕
固常爾近以游戏因緣生隙聞之語及凡有所引見必令
一近臣立侍汝有封章亦無不患不密也尋色至近侍局給
紙割令書所欲言書未半上出御便殿見之悉去左右
惟近侍局直長趙和和在焉素蘭奏曰臣聞興衰治亂有
國之常在所用之人如何耳用得其人雖衰亂尚可扶持
一或非才則治安亦亂矣向者乩軍之變中都帥府自足
力既不能扼愈不可制矣至於伯德文哥之叛師府方議
勒減朝廷令令稅剌塔不也等招諭之使師府不敢盡其
削其權而朝廷偪領義軍文哥由是益肆改除之令
轍拒不受不臣之状亦顯矣帥府方且收捕而朝廷復赦
之且不令隷帥府國家付方面於重臣乃不信任顧養叛
賊之姦不知誰為陛下盡此計者臣自外風聞皆平章高
琪之意惟陛下裁察上曰汝言皆是文哥之事朕所未悉

誠如所言朕肯赦之乎且汝何以知此事出於高琪素蘭曰臣見文哥燦永清副提控劉溫云所差人張希韓至自南京道副樞平章勳分已奏令文哥隸大名行省勿復遣中都帥府約束溫即具奏曰高琪然則罪人與高琪計結明矣上領之素蘭續奏曰高琪本無勳勞亦無公望向以畏死故屢誅胡沙虎蓋去歲都下書生樊知一旦得志姤賢能樹姦黨竊弄國權自作威福遂以刀杖決殺之自是無復敢言矣故軍不可信恐終作亂下情之不達皆出此人罪也及凡軍為蠹以黨人塔不也為武寧軍節度使性抅之已而無成則俊以為武衛軍使塔不也何人且有何功而重用如此以臣觀之此賊變紀綱戕害忠良實有不欲國家平治之意昔東海時胡沙虎跋扈無上天下知之而不敢言獨臺官為古論德升張行信彈劾其惡東海不察卒被其禍今高琪之姦過於胡沙虎庶見其恣橫莫不扼腕切齒欲黨威噤不敢咋然內外臣庶見其恣橫莫不扼腕切齒欲一剚刃陛下何惜而不去之耶臣非不知言出而患至顧臣父子迭仕聖朝久食厚祿不敢偷安惟陛下斷然行之社稷之福也上曰此乃大事汝敢又之甚善素蘭復奏丞相福與國之勳舊乞色還京以鎮惟俗付左丞冢多以留

後事足矣上曰如卿所言二人得無相惡耶素蘭冢多同心同德無不愜者上曰下事殷恐丞相不可輟素蘭曰臣聞朝廷正則天下正不若令福與還以正其本上曰朕徐思之素蘭屢進直言命再任監察御史人慎無泄也厭後上以素蘭四年三月言臣近被命間外路官廉幹者擬不差遣若公之人難令罷去不過止以待關者代之其能否又未可知或反不及前官蓋徒有選人之虛名而無得人之實跡古語曰縣令非其人百姓受其殃今若後官更劣則為患懦弱不公者罷之具申朝廷別議擬注臣伏念彼懦弱不淑甚豈朝廷恤民之意哉夫守令治之本也乞令隨朝七品外路六品以上官各舉堪充司縣長官者仍明著舉官姓名他日察其能否同定賞罰庶幾其可議者或以關選法案資品為言是不知方今之事與平昔不同豈可拘一定之法坐視斯民之病而不權宜更定乎詔有司議行之時哀宗為皇太子春宮所設師保贊諭之官多非其人於是素蘭上章言臣聞太子者天下之本也欲治天下先正其本正本之要無他在選人輔翼之耳夫生于齊者能齊言而不能楚語未習之故也人之性亦在夫習之而已昔成王在襁褓中即命周召以為師保戒其逸豫之心告以

持守之道終之切光文武垂休無窮歟惟陛下順天人之
心預建春宮皇太子仁孝聰明出于天資總制樞務固巳
綽然有餘儻更選賢如周召之傅者使之夾輔則成周之
治不足侔矣上稱善未幾擢為內侍局直長尋遷諫議大
夫進侍御史興定二年四月以蒲鮮萬奴叛遣素蘭與近
侍進副使內族訛可同赴遼東詔諭之曰萬奴若復鐵山
果何如卿等到彼當得其詳然宜止居鐵山若復遠去則
朕難得其耗也又曰朕以訛可性頗率易故特命卿偕行
每事當詳議之素蘭將行上言曰臣近諭宣諭高麗復開
互市事聞以詔書付行省必蘭出若令行省就遣諭之不

《金史一百九》 五

從則其曲在彼然後別議圖之可也上是其言於是遣典
遺信使明持恩詔諭之儲糧開市二者必有一濟苟俱不
亦無由知朝廷本意也況彼世為藩輔未嘗關臣子禮如
過鄰境領受恐中間有所不通使聖恩不達於高麗高麗
客署書表劉丙從行又還授翰林待制正大元年正月詔
集群臣議修復河中府素蘭與陳規等奏其未可語在規
傳是月轉刑部郎中時南陽人布陳謀反坐繫者數百人
司直白華言於素蘭曰此獄註誤者多新天子方務寬大
他日必再詔推問比得昭雪死當免者素蘭以聞止坐首惡
命華及檢法遺澤分別當死當免者多矣素蘭

及擬偽將者數人餘悉釋之八月權戶部侍郎二年三
月授京西司農卿俄改司農大卿轉御史中丞七年七月
權元帥右都監察知政事行省於京兆未幾還金安軍節
度使無同華安撫使既而色還朝行至陝被圍久之亡奔
行在道中遇害素蘭蒞官以修謹得名然荷細不能任大
事較之輩流頗可稱自擢為近侍局直長每進言多有補
益其居母喪不飲酒廬墓三年時論以為難
陳規字正叔絳州稷山人明昌五年調賦進士南渡為監
察御史貞祐三年十一月上章言條政侯擊初以都西立
功獲不次之用遂自請鎮撫河北陛下遷授以執政盖欲

《金史一百九》 六

百姓流亡盜賊滋起而災變不息則當日夜講求其故啓告
責其報效也既而盤桓西山不能進退及名還關自當辭
避乃怡然安居至於按閱倉庫規畫攉豈大臣所宜親
方今疆土日蹙將乏人士不選鍊冗食猥多守令貪殘
陛下者也而擊未嘗及之伏願陛下特賜警巡使憑祥進由
別加任使無令負天下之謗不報又言警巡使憑祥進由
刀筆無他才能第以慘刻督責為事由是升職恐長殘虐
之分敢言如此朕甚嘉之四年正月上言伏見沁河悉禁
之風乞黜退以勵餘者詔即罷祥職且諭規曰卿知臣子
物解比渡遂使河北艱食人心不安昔秦晉為讎一遇年

饑則互輸之粟今聖主在上一視同仁豈可以一家之民
自限南北坐視困餒而不救我況軍民效死禦敵使復乏
食生亦何聊人心一搖為害不細臣謂宜於大陽孟津等
渡委官閱視河之物每石官收而往庶幾公私俱足宰執以河南軍儲為
利其厚息輻湊而往庶幾公私俱足宰執以河南軍儲為
重詔兩渡委官耿其八二以與民至春澤足大兵北還乃
民家屬為驅甚不可也乞明勅有司
盗起州遣即度副使紇石烈鶴壽將兵計之而乃大掠良
依規請制可三月上言臣因巡按至徐州去歲河北紅襖
之餘路軍人有掠本國人為驅者亦乞一體施行庶幾河
朝有所係望上恩無有極已事下尚書省命徐州歸德行
院拘括放之有隱匿者坐掠人為奴婢法仍許諸人告捕
彼令給賞被虜人自訴者亦賞之四月上言河北瀕河州
縣率距一舍為一寨籍居民為兵數寨置總領官一人並
以宜差從宜為名其人大抵皆閑官義軍之長偏裨之屬
尤多無賴輩徵宴飲取給于下日以為常及敵至則伏
匿不出敵去騷擾如初此輩小人假以重柄朝廷號令威
權無乃太輕乎臣謂宜罷之弟委官撫司從宜措畫足
矣制可七月上章言陛下以上聖寬仁之姿當天地否極
之運廣開言路以求至論雖狂妄失實者亦不坐罪臣忝

耳目之官居可言之地苟為緘默何以仰酬洪造謹條陳
八事願不以人微而廢之即無可採乞放歸山林以懲尸
祿之罪一曰大臣以身任安危今北兵起自邊陲深入
吾境大小之戰無不勝捷以致神都覆沒翠華南狩中原
之民肝腦塗地大河以北莽為盜區臣每念及此驚悸不
已況宰相大臣皆以安危者豈得不為陛
視利害泛然不問以安責不在己其於避嫌周身之計則
俱非救時之急也況近詔軍旅之務專委樞府尚書省坐
下憂慮每朝奏議不過目前數條特以碎末互生異同
得矣社稷生靈將何所賴古語云疑則勿任任則勿疑又
曰謀之欲斷之欲獨陛下既以宰相任之豈可使親其
細而不圖其大者乎伏願特出庸斷若軍伍器械常程文
牘即聽樞府專行至于戰守大計征討密謀皆須省院同
議以廣耳目人主有政事之臣有議論之臣二曰任臺
諫以否則為大臣者知有所責而天下不可為矣二曰任臺
議可否則為大臣者知有所責而天下不可為矣
宰相執政和陰陽遂萬物鎮撫四夷親附百姓與天子經
綸於廟堂之上者也議論之臣者諫官御史與天子辨曲
直正是非者也二者豈可偏廢我昔唐文皇制中書門下
入閣議事皆令諫官隨之有失輒諫國朝雖設諫官徒備
負耳每遇奏事皆令迴避或無他職或為省部所差有終

任不親天顏不出一言而去者雖有御史不過責以糾察
官吏貼刷案牘巡視倉庫而已其事關利害或政令更革
則皆以爲機密而不聞萬一政事之臣專任寵威福自
由或談兵者以爲敗事機陛下安得而知之伏願避選
學術談論通曉世務膚敢言者以私見敗者以爲臺諫凡事關利害選
皆令預議其或不當悉聽論列不許無職及兄省部委差
苟畏徇不言則從而默之三曰崇節儉以荅天意昔衛文
公乘狄人滅國之餘徙居楚丘繼華車三十兩乃爲富庶
約冠大帛之冠大布之衣季年致騋牝三千遂爲富庶
漢文帝承秦項戰爭之後四海困窮天子不能具鈞駟乃

列傳
▲金史一百九　九

示以敦朴身衣弋綈足履革舄馬未戰天下富安四夷威服
國家自兵興以來州縣殘毀存者復爲土冠所擾獨河南
稍完然大爲所在其費不貲舉天下所奉責之一路顧不
難乎賴陛下慈仁上天眷佑蝗災之餘而去歲秋禾今年
夏麥稍得支持夫應天者要在以實行儉者天必降福切
見宮中及東宮奉養與平時無異隨朝官吏諸局承應人
亦未嘗有所裁至於責臣豪族掌兵官吏不以奢修相
尚服食車馬惟事紛華令京師醫明金衣服及珠玉犀象
者日增於權倖非克已消厄之道願陛下以衛文公漢文
帝爲法凡所奉之物殫自撙節罷冗貪減浮費戒奢侈禁

戰明金服飾麻皇天悔禍太平可致四曰選守令以結民
心方今舉天下官吏寧兵之賞轉輸營造之勞皆仰給河
南陝西加之連年蝗旱百姓荐饑行販濟則倉廩之乏
征調則用度不足欲其實惠及民惟賢得守令省而已當賦
役繁則勞劾而得者十居八九其雜黠者乘時貪饕然以
慷者權歸猾吏除狼得虎也伏乞明勅尚書省公選廉
一戒罪諜有不勝其害者況縣令之弊無甚于今由軍衛
察無私才堪牧民者以補州府官仍请縣令之選及責隨

列傳
▲金史一百九　十

朝七品外任六品以上官各保堪任縣令者一負如他日
犯贓並從坐其資歷已保正七品及見任縣令者特聽寄
理俟秩滿升遷復令監察以時按有不法及不任職者
宪治之則實惠及民而民心固矣五曰博舉臣以定大
計比者徙河北軍戶百萬餘口于河南雖謀舉臣以冗濫而所
存猶四十二萬有奇歲支粟三百八十餘萬斛去冗濫一路
終歲之斂不能贍此不耕不戰之人雖無邊事亦將坐困
況兵事方興未見息期耶近欲分布汾河使自種殖然游
惰之人不知耕稼舉飲賭博習以成風是徒煩有司徵索
課租而已興歎百萬衆坐廳廩給緩之則用關急之則民

疲朝廷惟此一事已不知所勵又何以待敵哉是盖不審

於初不計其後致此誤也使初遷將去留從其所願則欲

來者是足以自賧之家何假官廪其留者必有避難之所

不必強遣當不至今日措畫之難古昔人君舉大事之所

謀及乃心謀及卿士庶人卜筮乞自今凡有大事必令省

院臺諫及隨朝五品以上官同議為便六曰重官賞以勸

有功陛下即位以來屢沛單恩以均大慶不吝官爵以激

人心至有未滿一任而併進十級承應未出職而已帶驃

騎榮禄者冗濫之極至于如此後開鬻爵進獻之門然則

被堅執鋭効死行陣者何所勸哉官本虛名特出於人主

之口而天下之人極意趨慕者以朝廷受重耳若不計勳

勞朝授一官暮升一職人亦將輕之而不慕矣然之事

既不可欲伏願陛下重惜將來無使公器為尋常之具

賞為僥倖所乘又今之散官動至三品有司艱於遷授宜

於減罷八資内量增階數易以美名庶幾歷官者不至于

太驟而國家恩權不失之太輕矣七曰選將帥以明軍法

夫將者國之司命天下所賴以安危者也舉萬衆之命付

之一人呼吸之間以決生死其任顧不重歟自北兵入境

野戰則全軍俱歿城守則闔郡被屠豈皆士卒單弱守備

不嚴哉特以庸將不知用兵之道而已古語云三辰不軌

列傳　金史二百九　十一　章宗

取士為相四歲交侵拔卒為將帥今之將帥大抵先論出身

官品叙門閥膏粱之子或親故假託之流平居則意氣自

高遇敵則首尾退縮將帥既自畏怯假士卒夫誰肯前又居

常寇劉納其饋獻士卒因之以擾良民而莫可制及卒之

應敵在途則前後亂行頓次則排門擇屋逼迫小民恣其

求索此之為將不難哉况今軍官數多自千

戶而上有萬戶有副統帥有都統有副提控十羊九牧號令

不一動相牽制切聞國初取天下元帥而下惟有萬戶所

統軍士不下數萬人專制一路豈在多哉多則難擇必則

易精今之軍法每二十五人為一謀克四謀克為一千戶

謀克之下有蒲輦一人旗鼓司火頭五人其任戰者纔十

有八人而已又為頭目選其壯健以給使令則是一千戶

所統不及百人不足成其隊伍矣古之良將常與士卒同

甘苦今軍官既有俸廪又有券糧一日之給無數十人之

用將帥則豐飽有餘士卒則飢寒不足昌者裁省冗食而

加之軍士矣伏乞明勅大臣精選通曉軍政者分詣諸路

編列隊伍要必五十八人為一謀克四謀克為一千五千

戶為一萬戶謂之散將萬人設一都統謂之大將總之師

府數不足者皆併之其副統副提控及無軍虛設都統萬

戶者悉罷省仍勅省院大臣及内外五品以上各舉方略

列傳　金史二百九　十二

優長武勇出衆材堪將師者一二人不限官品以充萬戶
以上都統元帥之職千戶以下選軍中有謀略武藝爲衆
所服者申明軍法居常教閱必使將帥明於奇正盧實
之數士卒熟于坐作進退之節至于弓矢鎧仗須令自備可
習於勞苦若有所犯必刑無赦則將帥得人士氣日振可
以待敵矣八曰練士卒以振兵威昔周世宗嘗曰兵貴精
而不貴多農夫不能養一戰士衆何以勸因大蒐軍卒遂下淮南取
三關兵不血刃選練之力也唐魏徵曰兵在以道御之而
已御壯健足以無敵于天下何取細弱以增盧數比者凡

戰多敗非由兵少正以其多而不分衆健懦故爲敵所乘
者先奔健者不能獨戰而遂潰也今莫若選
差習兵公正之官將已籍軍人隨其所長而類試之其武
藝出衆者別作一軍量增口糧時加訓練視等第而賞之
如此則人人激勸爭效所長而畏懦者亦有可用之漸矣
昔唐文皇出征常分其軍爲上中下凡臨敵則觀其强弱
使下當其上而上當其中中當其下軍不過本逐
數步而上軍中軍已勝其二軍用是常勝蓋古之將帥亦
有以懦兵委敵者要在預爲分別不使混淆耳上覽書不
悅詔付尚書省詰之宰執惡其紛更諸事謂所言多不當

於是規惶懼待罪詔諭曰朕始以規有放歸山林之語故
令詰之乃辭以不識忌諱意謂朕惡其言而怒也朕初無
意加罪其令御史臺諭之尋出爲徐州師府經歷官正大
元年名爲右司諫數上章言軍事尋權吏部郎中時詔舉臣
僚趙伯成坐銓選貟出身王京與進士王著填開封
巡判官見闕爲京所訟免官規亦坐之是年十一月改充
補闕十二月言將相非材且薦數人可用者二年正月規
待其可守即修之亦不能守不若以見屯軍士量力補治
西民力疲乏修之未晚也從之未幾坐遷防部尚

議修復河中府規與楊雲翼等言河中令爲無人之境陝
大臣爲宣撫使招集流亡以實邊防五選官置所議一切
省減略施行之四月以大旱詔規審理冤滯臨發上奏令
故事二簡留親衛軍三沙汰冗軍減行樞密院師府四選
及臺諫同奏五事一乞尚書省提控樞密院如大定明昌
河南一路便宜行院師府從宜凡二十勵陝西行尚書省
二帥府五皆得以便宜殺人冤獄在此不在州縣又曰雨
水不時則責審理然則職殊理者當何如上善其言而不
能有爲也十一月上名完顏素蘭及規入見面諭曰宋人
輕犯邊界我以輕騎䝍之事其懲創告和以息吾民耳宋
果行成尚欲用兵乎卿等當識此意規進曰帝王之兵貴

於萬金晉光武中興所征必克猶言每一出兵頭須爲曰
兵不妄動如此上善之四年三月上名擧臣喻以陝西事
曰方春北方馬漸羸瘠秋高大勢倂來何以支持朕已喻
合遂盡力決一戰矢鄉等以爲如何又言和事無益撤合
聲力破西兵將不言今已遺和使可中輟乎餘皆撤合
獨進曰兵難遽度言百聞不如一見臣當任陝西官近年又
厲到陝西兵將冗懦恐不可用未如聖料言未終爲古論
四和曰陳規之言非是臣近至陝西軍士勇銳皆思一戰
監察御史完顏習顯從而和之上首肯又泛言和事規對
曰和事固非上策又不可必成然方今事勢不得不然使

彼難從猶可以激厲將士以待其變上不以爲然明日又
令集議省中欲罷和事羣臣多以和爲便乃詔行省斟酌
發遣而事竟不行十月規與右拾遺李大節上章劾同判
大睦親事撒合輦詔侍招權納賄及不公事由是撒合輦
竟出帥出兵每爲近臣牽制不得專輒二近侍送宣傳言
公受略遺失朝廷體可一切禁絕三罪同罰異何以使人
一將出師中京留守朝廷寧制五年二月又與大節言三事
上嘉納焉初宣宗嘗名文繡署令王壽孫作大紅半身繡
衣且戒以勿令陳規知及成進名壽孫問曰曾令陳規輩
知否壽孫頓首言臣侍禁庭凡宮省大小事不敢爲外人

實畏其言蓋規言事不假借朝望甚重凡官由擧事上必
曰恐陳規有言一時近臣切議惟長陳正叔耳挺然一時
直士也後出爲中京副留守未赴卒士論惜之規博學能
文詩亦有律度爲人剛毅賞罰有古人風篤於學問至老
不廢渾源劉從益見其所上八事歎曰宰相材也每與人
論及時事輒憤惋蓋傷其言之不行也日宰南渡後諫官稱許
古陳規而規不以許自名尤見重云死之日家無一金
知友爲葬之子良臣

許古字道真汾陽軍節度使致仕安仁子也登明昌五年

詞賦進士第貞祐初自左拾遺拜監察御史時宣宗遷汴
信任丞相高琪無恢復之謀古上章曰自中都失守廟社
陵寢宮室府庫至于圖籍重器百年積累一朝棄之惟聖
主痛悼之心至爲深切夙夜思懼所以建中興之功者未
嘗少置也爲臣子者食祿受責其能無愧乎且閭閻細民
猶顧望朝廷整訓師徒爲恢復計而今纔開拒河自保又
盡徙諸路軍戶河南彼既棄其恒産業已如是但當議所以
復被其擾臣不知誰爲此謀者然矣臣聞安危所在
處之使軍無妄費民不至困窮則善矣臣聞安危所在
於一相孔子稱苞桑而不持顛而不扶則將焉用事勢至此

不知執政者每對天顏何以仰荅清問也今之所急莫若
得人如前御史大夫裴滿德仁工部尚書孫德淵忠諒明
敏可以大用近皆許當老願復起而任之必能有所建立
以利國家太子太師致仕孫鐸雖頗衰疾如有大議猶可
於理得無益失無損者縱其臨事尚壯亦安所用方時多難
賜名或就問之人才自古所難尻知治體者皆當重惜況
不容碌碌之徒備員尸素以塞賢路也惟陛下宸衷剛斷
黙陟一新必章天下
乞取臣前奏并今所言加審思爲臣又聞將者民之司命
國家安危所繫故古之君必重其選爲將者亦必以天
下爲己任夫將者貴謀而賤戰必也賞罰使人信之而不
疑權謀使人由之而不知三軍奔走號令以耴勝然後中
心誠服而樂爲之用邇來城守不堅臨戰輒北皆以將之
不才故也私於所睡賞罰不公至於衆怨而懼其生變則
撫摩慰籍一切姑息之事由是兵輕其將將懼其兵則
能使之出死力以禦敵乎願令腹心之臣及關於兵事者
各舉所知果得真才優之寵任則戰功可期矣如河東宣
撫使胥鼎山東宣撫使完顏阿里帶或忠勤勇幹或重厚有謀皆可任之
節度使必蘭阿懞帶使完顏謀涿州刺史內族從坦郘義

所謀可謂大戾矣又曰京師諸夏根本況今常宿重兵緩
清野計事無緩急惟期速辦令晚禾十損七八遠近危懼
若於敵役來者必多敵勢當自削有司不知出此而但爲
土之心別遣忠實幹濟者以文榜官招諸曾從人彼既
其心能耴一府者即授以府長官縣亦加之使人懷後
領軍職許擇軍中有才略膽勇者爲頭目或加爵命以收
北者亦聽陳請仍先錄用未嘗離任者議加恩賚如願自劾河
遣還邊者而棄之州縣官住迤往迤奔河南乞令所在根括立期
家舉方面又曰河北諸路以都城既失軍戶盡遷將謂國
急征討必由于此平時尚宜優於外路使百姓有所蓄積
雖在私室猶公家也今有司搜括餘糧致轉販者無復敢
入宜即止之臣頃看讀陳言見其盡心竭誠以吐正論者
平誠宜明勅中外使得盡言不諱則太平之長策出矣詔
皆草草澤疏賤之人況在百僚豈無爲國深憂進章疏者
付尚書省略施行焉尋遷尚書左司員外郎無起居注無
何轉右司諫曾剌上言曰禮義廉恥以治君子刑罰威獄
司諫抹撚胡曾剌時丞相高琪立法職官有犯皆的決及左
以治小人此萬世不易論也近者朝廷急於求治有司奏
請從權立法職官有犯應贖者亦多的決夫爵祿所以馭

貴也貴不免辱則卑賤者又何加焉車駕所駐非同征行
而凡科徵小過皆以軍期罪之不已甚乎陛下仁怒決非
本心殆有司不思寬可以措安而專事督責故耳且百
官皆朝廷遴選多由文行武功閥閱而進乃與凡庶等則
章爵祿者亦不足為榮矣抑又有大可慮者為上者將曰
官猶不免民何耻則陵犯之心益肆其弊豈勝言哉伏願依
亦然吾何耻復何辭則苟暴之政日行為下者將曰彼既
元年敕刑不上大夫之文前此一切之法幸甚上初欲御
行之而高琪固執以為不可遂寢四年以右司諫無待
史時大兵越潼關而東詔尚書省集百官議古上言曰兵

踰關而朝廷甫知此蓋諸將欺蔽罪也雖然大兵駐閣鄉
境數日不動意者恐吾河南之軍逆諸前陝西之眾議其
後我欲先令覘者伺趨向之便或以深入人境非其地利
而自危所以觀望既疑惑過敵必走我眾從而襲之其破
之且開其歸路彼踟躕未進也此時正宜選募銳卒併力擊
必矣上以示尚書省高琪沮其議遂不行是月始置招賢
所令古等領其事興定元年七月上聞宋兵連陷贛榆連
水諸縣且獲偽檄辭多詆斥因諭宰臣曰宋人構禍久矣
朕姑含容者衆應開兵端以勞吾民耳今數見侵將何以
顧卿等其與百官議於是集議于都堂古曰宋人屏弱

長我素深且知北兵方強將恃我為屏蔽雖時跳梁計必
不敢深入其謀市井屠活兒所為烏足較之止
當命有司移文諭以本朝累有大造及聖主無愛養生靈意
彼若有知復尋舊好則求其戎怡不悛舉兵討之
顧亦未晚此時預議者十餘人雖或小異而大略則一既
而丞相高琪等奏百官之議咸請嚴兵設備以逸待勞此
以策也上然之時朝廷有不和不聽更
相訴訟古上言曰臣以為善惡者有懲國之大法
此苟善惡不聞則上下相蒙懲勸無所施矣上嘉納之古
上策也上然之時諸路把軍官時有不和不聽更

而屢敗世宗料其不敢遽乞和乃勒元帥府道人議之自
是太平幾三十年泰和中韓侂冑妄開邊釁章宗遺駙
僕散揆討之撻應兵興貴重不能久支陰遺侂冑人貢
乃祖琦畫像及家牒偽為歸附以見立崇因之繼好振旅
而還夫以世宗章宗之隆實天下富庶章宗猶先俯屈
以即成功告之祖廟書之史冊為萬世美談今其可不務
乎今大兵少息若復南逼無事則太平遠矣或謂專用
威武可使宋人屈服此殆虛言不究實何惜一時獲一捷
亦不足多賀彼見吾勢大必堅守不出我軍倉猝無得須
還以就攫彼復乘而敝之使我欲戰不得欲退不能則休

兵之期殆未見也況彼有江南荊棘之餘我止河南一路
征歛之弊可為寒心願陛下隱忍包容速行此策果通和
則大兵一聞之亦將歛跡以吾無制肘故也河南既得息肩
然後經略朔方則陛下享中興之福天下賴涵養之慶矣
惟陛下略近功後患不勝幸慧上是其言即命古章議
遂不用監察御史粘割梭失劾權貨司提舉毛端卿貪
污不法古以詞理繁雜輒為刪定頗有脫漏梭失以聞削

官一階解職特免嚴年三年正月尚書省奏諫官闕員因
以古為請上曰朕昨暮方思古而卿等及之正合朕意其

列銜　金史二百九　王二

趙名之復拜左補闕八月削官四階解職初朝廷遣近侍
為直長溫敦百家奴暨刑部侍郎與屯胡撒合徙吉州之
民於卅以避兵鋒州民重遷道險訴百家奴諭以天子
恐傷百姓之意且令晉安兵將護老幼以行報意以至
則必見強也廼諜入州署家百家奴殺之胡撒合畏禍繡
徇眾情與之會飲歌樂盡其閱肩擁護呼拜謝而去
既還詔古與監察御史統石烈鐵論鞫之諭旨曰百家奴
之死皆胡撒合所賣也其閱實以聞與古胡撒合既下獄
上怒甚亟欲得其情以故出論罪遂宥是罰哀宗初即伍名為補
自縊死有司以故出論罪遂宥是罰哀宗初即伍名為補

關俄遷左司諫言事稍不及昔時未幾致仕居伊陽郡守
為起伊川亭古性嗜酒老而未衰每乘舟出村落間留飲
或十數日不歸及泲流而上老稚爭為挽舟數十里不絕
其為時人愛慕如此正大七年卒年七十四古平生好為
詩及書然不為士大夫所重論但稱其直云今日之事
右司諫陳㚖者遇事輒言無少隱上嘗面獎及汴京被兵
屢上諫書得失請戰一書尤為剴切其略云天興有
皆出陛下不斷將怯懦若因循不決一旦無如之何恐
君臣相對涕泣而已可謂切中時病而時相赤盞合喜等
洰之策為不行識者惜焉哥字和之滄州人大安元年進

士　列傳　金史二百九　王三

贊曰宣宗即位孜孜以繼述世宗為志而其所為一切
反之大定講和南北搆治貞祐用兵生民塗炭石琚為相
君臣之間務行寬政惡憸儒喜上下苟察完顏
素蘭首改琪惡政謂琪必亂紀綱陳規力言刀筆吏殘虐恐
壞風俗許古請與宋和辭極忠愛三人所言皆切中時病
有古諍臣之風為宣宗知其為直而不用其言如是而欲
比隆世宗難矣

楊雲翼　　趙秉文　韓玉
馮璧　　　李獻甫　雷淵
程震

列傳第四十八

金史卷二百十

楊雲翼字之美其先贊皇檀山人六代祖忠客平定之樂
平縣遂家焉曾祖青祖郁考恒皆贈官于朝雲翼天資穎
悟初學語輒畫地作字日誦數千言登明昌五年進士第
一詞賦亦中乙科特授承務郎應奉翰林文字承安四年
司事因召見章宗咨以當世之務拊旨大安元年翰林承
旨張行簡薦其材且精術數召授提點司天臺兼翰林修
撰俄兼禮部郎中崇慶元年以病歸提點司天臺兼翰林
士遷太常寺丞兼翰林修撰七年簽上京東京等路按察
出為陝西東路兵馬都總管判官泰和元年召為太學博
選宣宗閱之記其姓名起授前職兼吏部郎中三年轉禮
部侍郎兼提點司天臺四年
大元及西夏兵入鄜延潼關失守朝議以兵部尚書蒲察
阿里不孫為副元帥以禦之雲翼言其人言浮於實必誤
大事不聽後果敗興定元年六月遷翰林侍講學士兼修

金史卷二百十

國史知集賢院事兼職詔曰官制入三品者例外除以
卿遇事敢言議論忠讜故特留之時右丞相高琪當因人
有請榷油者高琪主之甚力詔集百官議戶部尚書高霖
等二十六人同聲曰可雲翼獨與趙秉文時戩等數人以
為不可議遂搭高霖後以事謫之雲翼不卹也二年拜禮
部尚書兼職如故三年築京師子城役兵民數萬是秋之
交病者相籍雲翼提舉醫藥躬自調護多所全濟四年改
吏部尚書凡軍與以來入粟補官及以戰功遷授者事定
之後有司苛為程式或小有不合輒罷去雲翼奏曰賞罰
國之大信此輩宜從寬錄以勸將來是年九月上召雲翼

列傳四百五十

及戶部尚書變翰林學士秉文於內殿皆賜坐問以講和
之策或以力戰為言上俯首不樂雲翼徐以孟子事大事
小之說解之且曰今日奚計哉使生靈恩肩則社稷之福
也上色乃和十一月叚御史中丞宗室承立權參知政事
行尚書省事於京兆大臣言其不法詔雲翼就鞫之獄成
延奏曰承立所坐皆細事不足問向大兵掠平涼以西數
州皆破承立擁彊兵瞻望不進而承立之罪如彼願陛
孤城當兵衝屢立戰績其功如此而承立之罪如彼願陛
下明其功罪以誅賞之則天下知所勸懲矣宗即位首命雲
足追咎承立由是免官合達遂掌機務及宗即位首命雲

金史一百十卷　列傳四十九　三　何元

翼攝太常卿尋拜翰林學士正大三年二月復爲禮部尚
書兼待讀詔集百官議省費雲翼曰省
足以辦之樞密專制軍政蔑視尚書尚書出政之地政無
大小皆當總領今軍旅大事社稷繫焉宰相乃不得預聞
欲使利病兩不相蔽得乎上嘉納之明年設益政院雲翼
爲選首每召見賜坐而不名時講尚書雲翼爲言帝王之
學不必如經生分章析句但知爲國大綱足矣因舉任賢
去邪與治同道與亂同事有言逆於汝心有言遜於汝志
等數條一皆本於正心誠意敷繹詳明上聽忘倦尋進龜
鑑萬年錄重學聖孝之類凡二十篇當時朝士延議之際
多不盡言顧望依違寖以成俗一日經筵畢因言人臣有
事君之禮有事君之義禮不敢蓝君之路馬蹴其芻者有
罰入君門則趨見君之几杖則起君命召不俟駕而行受
命不宿於家是皆君之禮人臣所當盡者也然國家之
利害生民之休戚一一陳之則向所謂禮者特虛器耳君
事可而有否者獻其否君曰否而有可者獻其可言有不
從雖引裾折檻斷鞅輪有不恤焉者當是時也姑徇事
君之虛禮而不知事君之大義國家何賴焉上變色曰非
卿朕不聞此言雲翼嘗患風痹至是稍愈上親問愈之之
方對曰但治心耳心和則邪氣不干治國亦然人君先正

金史一百十卷　列傳四十九　四　何元

其心則朝廷百官莫不一於正矣上矍然知其爲醫諫也
夏人既通好遣其徵獸閣學士李弁來議互市往返不能
決朝廷以雲翼往議乃定五年卒年五十有九諡文獻雲
翼天性雅重自律甚嚴其待人則寬與人交分一定死生
禍福不少變其於國家之事知無不言言之者不
能爲地則欲疑與之有謀至於宰執他事無不言者獨南伐
宋爲敵而欲取償於宋故頻歲南伐有言之者不得騁者矣
南之前而在於既得淮南之後蓋淮南平則江之北盡爲
戰地進而爭利於舟楫之間恐勁弓良馬有不得騁者矣
則一語不敢及雲翼乃建言曰國家之患不在於未得淮
彼若扼江爲屯潛師於淮以斷餉道或決水以瀦淮南之
地則我軍何以善其後乎及時全倡議南伐宣宗以問朝
臣雲翼曰朝臣皆諛辭天下有治有亂國勢有彊有彊
今但言治而不言亂言彊而不言弱非貪其土地
論所以偏言也臣請兩言之夫將有事於宋者非貪其土地
也第恐西北有警而南又綴之則我三面受敵來此戰勝
師乘勢先動以阻其進借使宋人失淮且不敢來此戰勝
之利也就如所料我有警而出師耶師耶戰而
雖無淮南豈不能集數萬之衆徊我彼江之南其地尚廣
勝且如此如不勝害將若何且我以騎當彼之步理宜萬

全臣猶恐其有不敢恃者蓋今之事勢與泰和
以冬征今我以夏往此天時之不同也冬則水潦而陸多
夏則水潦而塗淖此地利之不同也泰和舉天下全力驅
紅軍以為前鋒今能之乎此人事之不同也議者徒見泰
和之易于而不知今日之難請以夏人觀之向日弓箭之手
在西邊城而臂守臣敗吾軍而禽主將襄則晨我如彼今
則悔我如此夫以夏人既非前日奈何以宋人獨如前日
哉顧陛下思其勝之之利又思敗之之害無悅甘言無貽
後悔章奏不報時全果大敗於淮上一軍全没宣宗責諸

金史第一百十卷　五　何元

將曰當使我何面目見楊雲翼耶河朔民十有一人為游
騎所迫泗河南有司論罪當死雲翼曰法所重私渡者
防姦偶也今平民為兵所迫奔入於河為逭死之計耳今
使不死於敵而死於法後惟從敵而已宣宗悟盡釋之良
以河南旱詔遣官理冤獄而不及陝西雲翼言天地人
為一體今人一支受病則四體為之不寧豈可專治受
病之處而置其餘哉朝廷是之司天有以太乙新歷上進
者尚書省檄雲翼恭訂摘其不合者二十餘條續通鑑若干卷周
所著文集若干卷校大金禮儀若干卷稱焉
禮辨一篇左氏莊列賦各一篇五星聚井辨一篇縣象賦

一篇勾股機要象數雜說等著藏于家
趙秉文字周臣磁州滏陽人也幼穎悟讀書若鳳冒登大
定二十五年進士第調安塞簿以課最遷邯鄲令再遷唐
山丁父憂用薦者起復南京路轉運司都勾判官明昌六
年入為應奉翰林文字同知制誥上書論宰相胥持國當
罷宗室守貞可大用章宗召問言頗差異於是命知大興
府事內族瞻等鞫之秉文初不肯言既而曰臣僕歷數交游者
秉文乃曰初欲上言嘗與修撰王庭筠御史周昂省令史
潘豹鄭贊道高坦等私議庭筠等皆下獄決罰有差有司
論秉文上書狂妄法當追解上不欲以言罪人遂特免焉

金史第一百十卷　六　何元

當時為之語曰古有朱雲今有秉文朱雲攀檻秉文攀人
士大夫莫不恥之坐是久廢後起為同知岢嵐軍州事轉
北京路轉運司慶支判官承安五年冬十月陰晦連日宰
相張萬公入對上顧謂萬公曰卿言天日晦冥晦亦猶人君
用人邪正不分極有理若趙秉文曩以言事降授聞其人
有才藻工書翰又且敢言朕非棄不用以比邊軍事方與
姑試之耳泰和二年召為戶部主事遷翰林修撰十月出
為寧邊州刺史三年改平定州前政苛於用刑每闋赦將
至先培賊死乃拜赦而盜愈繁秉文為政一從寬簡旬月
盜悉屏跡歲飢出祿粟倡豪民以賑全活者甚衆報大安初

比兵南徇召秉文與待制趙資道論備邊事秉文言今我
軍聚於宣德城小列營其外涉暑雨器械弛敗人且病侯
秋敵至將不利矣可道臨潢一軍擣其虛則山西之圍可
解兵法所謂出其不意攻其必捄者也衛王不能用其秋
宣德果以敗聞尋為兵部郎中兼翰林修撰俄轉翰林直
學士貞祐初建言時事可行者三一遷都二導河三封建
朝廷悉施行之明年上書願為國家守殘破一州以宣布
朝廷惠民之意且曰陛下勿謂書生不知兵顏真卿張巡
許遠輩以身許國亦書生也又曰使臣死可尚然方今翰
苑尤難其人卿宿儒當在左右不許四年拜翰林待講學
士言實券滯塞蓋朝廷初議更張市肆已妄傳其不用因
之抑過漸至廢絕臣愚以為宜立回易務令近上職官通
市道者掌之給以銀鈔粟麥縑帛之額懲其低昂而出納
部有司議行之興定元年轉侍讀學士拜禮部尚書兼侍
讀學士同修國史知集賢院事又明年知貢舉坐取進士
盧亞重用韻削兩階因請致仕金自泰和大安以來科舉
之文其弊益甚有司惟守格法所取之文甲陸陳腐苟
合程度而已稍涉奇峭即遭絀落於是文風大衰貞祐初
秉文為省試得李獻能賦雖格律稍踈而詞藻頗麗擢為

第一舉人遂大喧噪怒於主司以為趙公大壞文格且作
詩謗之父之方息俄而獻能復中宏詞入翰林而秉文竟
以是得罪五年復為禮部尚書入謝上曰卿春秋高以文
章故須復用卿秉文以身受厚恩無以自效願開忠言廣
聖慮每進見上嘉納焉從容為上言人主當儉勤慎兵刑
求命者上嘉宗即位再乞致仕不許改翰林學士
同修國史兼益政院說書官以上嗣德在初當日親經史
以自裨益進無逸直解貞觀政要申鑒各一通正大九年
正月汴京戒嚴上命秉文為赦文以布宣悔悟哀痛之意
秉文指事陳義辭情俱盡及兵退大臣欲稱賀且命為表
秉文曰春秋新宮火三日哭今圜陵如此酌之以禮當慰
不當賀遂已時年已老日以時事為憂雖食息頃不能志
每聞一事可便民一士可擢用大則拜章小則為當路者
言殷勤鄭重不能自已三月草開興改元詔閭巷間皆能
傳誦洛陽人拜詔畢舉城痛哭其感人如此是年五月壬
辰卒年七十四積官至資善大夫上護軍天水郡侯正大
間同楊雲翼作龜鑑萬年錄上之又因進講與雲翼共集
自古治術號君臣政要善善為一編以進為秉文自幼至老未
嘗一日廢書著易叢說十卷中庸說一卷揚子發微一卷
太玄箋贊六卷文中子類說一卷南華畧釋一卷列子補

注一卷剛集論語孟子解各二十卷資暇錄二十五卷所
著文章號澄水集者三十卷秉文之文長於辨析極所欲
言而止不以繩墨自拘七言長詩篇勢縱放不拘一律律
詩壯麗小詩精絕多以近體爲之至五言古詩則沈醇頓
挫字畫則草書尤遒勁朝使至自河湟者多言夏人聞秉
文及王庭筠起居狀其爲四方所重如此爲人至誠樂易
與人交不立崖岸未嘗以大名自居仕五朝官六卿自奉
養如寒士楊雲翼嘗與秉文代掌文柄時人號楊趙然晚
年頗以禪語自汚人亦以爲秉文之恨云

贊曰楊雲翼趙秉文金士巨擘其文墨論議以及政事皆
有足傳雲翼諫伐宋一疏宣宗雖不見聽此心何愧景略
之累文炘爲故事大恨高允

韓玉字溫甫其先相人魯祖錫仕金以清南尹致仕玉明
昌五年經義辭賦兩科進士入翰林爲應奉制一日百
篇文不加點又作元勳傳稱旨章宗嘆曰勳臣何幸得此
家作傳耶泰和中建言開通州潞水漕運至都陞兩
階授同知陝西東路轉運使事大安三年都城受圍夏人
連陷鄜延陝西安撫司檄玉以鳳翔總管判官爲都統府
募軍旬日得萬人與夏人戰敗之獲牛馬千餘時夏兵五
萬方圍平涼又戰于北原夏人疑大軍至是夜解去當路

者忌其功屢奏玉與夏冦有謀朝廷疑之使使者授玉河
平軍節度副使且覘其軍先是華州李公直以都城隔絕
謀寧兵入援玉特其軍有可用亦欲爲勤王之舉乃傳
檄郡云入援又云裹糧坐費盡赤血於生民葉甲復來
二帥貪固威權又云襄糧坐費盡赤血於生民葉甲繼來
竭資儲備於國計要權力而望形勢連歲月而守妻挈子
人誰無死有臣子之當然事至于今忍君親之弗顧勿謂
百年身後虛有日笑將有違約朝人有不從者報以軍
法從事京兆統軍便謂公直撓華州反遣都統楊珪襲取
之遂實極刑公直曾爲書約玉玉不預公直之謀即實其罪乃爲安撫
所得及使者覘玉軍且旋公直之詩壁間士論冤之子不逸
華州被囚死於郡學臨終書二詩壁間時手書云此
宇居之以父死非罪普不禄仕藏其父臨終時手書云此
去真路吾心皓然剛直之氣必不下沉兒可無慮世亂時
駁務力自護幽明雄異寧人不見爾讀者惻然
馮璧字叔獻其定縣人幼穎悟不凡弱冠補大學生承安
二年經義進士制策復優等調莒州軍事判官宰相奏留
校祕書未幾調遼漕主簿縣有和糴粟未給價者餘十萬
斛散於民居以富人掌之有虧欠則責價於民誅若之

壁白溝司即日罷之民大悅四年調廊州錄事明年伐蜀
行部撥充軍前檢察帥府以書撒委之章宗欲招降旲曦
詔先以文告曉之然後用兵蜀人守散關不下金兵殺獲
甚眾壁言彼軍拒守而并禍其民無乃與詔旨相戾乎主
帥憾之以壁招兩當潰卒壁即日率鳳州巳降官屬洮剛使歸
其家偕行道達軍士則以遣制決遣之比到兩當軍民三萬餘眾皷
舞迎勞壁以朝旨慰遣之及還主帥嘉其能奏遷一官五
年自東阿丞召補尚書省令史用宗室承暉薦援奉翰
林文字兼韓王府記室參軍俄轉太學博士至寧初忽沙

察御史汰逐之總領撒合問冒券四百餘口劾案以聞詔
狀殺之故所至爭自首減幾及於半復進一官初監察
史本溫被命汰宗室從坦軍沈思以下四將屯衛州餘眾果
軍六十餘萬口仰給縣官庫不遲輦虜名其聞詔監
虜弒逆去官宣宗南還壁時避兵東方由單父渡河詣
汴梁時相復前職貞祐三年遷翰林修撰時山東朔
不知所為尋有旨比軍士欲謀變本溫竟
叛入太行於是密院奏以壁代本溫馳至衛召
四將喻以上意思忠等挾叛者諸遷奏之壁責以大義將
士慙服不日就汰者三千人六月改大理丞輿臺官行關

中劾奏姦贓之尤者商州防禦使宗室重福等十數人自
是權貴側目四年以宋人拒使者於淮上遣兵南伐詔京
東總帥紇石烈牙吾塔攻盱眙牙吾塔不從命乃率精騎
由滁州晝化縱兵大掠故兵無所至原野蕭條絕無所資
宋人堅壁不戰乃無功而歸行省奪其金符牙吾塔故違御制詔
壁佩金符歸之壁馳入牙吾塔之壁怒責牙吾塔故違御制詔
牙吾塔入獄以吾帥譖諜以吾帥無罪為言壁怒責牙吾塔
曰元帥欲以兵抗制使耶待壁曰兵法進退自專有失機
獄能竟乎牙吾塔伏地請死壁曰兵法進退自專有失機
會以致覆敗者斬即擬以聞時讒壯之十月改禮部員外

郎權右司諫治書侍御史詔問時務所當先者壁上六事
大略言冗食備選鋒緩疑似以懼刑擇公廉以檢吏屯
道遠從行道遠發求城令薄姦贓伯嘉與令有連付令有
體按信賞罰聽覽以通下情既損以謹天戒詔以東方飢
賢安信賞罰聽覽以通下情既損以謹天戒詔以東方飢
戎草腹削之弊權貴嚴請託之科又條自治之策四調別
司釋薄不問燕語之際又許參佐克忠等言河朔叛軍有
伯嘉竟得罪去初謀者告歸德行樞密院言河朔叛軍昔勤之
竊謀南渡者行院事胡土門都水監使毛花輦易其人不
為備一日紅衲數百聯筏南渡殘下邑而去命壁鞫之壁

以二將託疾嘗私聞冠竟備且來不戰去不追在法皆當
斬或以為輕典二將皆寵臣而都水者貲累何益耶璧若求攘禁
近必從君徒結怨擁貲果何益耶璧嘆曰睢陽行闕
東滿重兵所宿門廷四年還刑部郎中關中旱詔璧與吏部侍
平即具所擬閱四年還刑部郎中關中旱詔璧與吏部侍
郎畏竹審理寬獄時河中師阿虎帶及僚屬十數人皆以
襄城罪當死繫同州獄待報同州官僚承望風旨問需之平居
以風之璧曰河中今日重地朝議擬為駐蹕故使之鎮何
則河南陝西有層亡之憂以彼宗室勳貴望故使之鎮南
無事竭民膏血為沒築計一旦有警乃遠莫蕩而去此而

不誅三尺法無用矣竟以無寬上之冬十月出為歸德治
中未幾改同知保靜軍節度使又改同知集慶軍節度使
學為人有幹局心所到則絕人遠甚故時人稱其精神滿
本獻甫字欽用獻能從弟也博通書傳尤精左氏及地理
興定五年登進士第歷咸陽蒲碎行臺令史正大初夏
腹興定五年登進士第歷咸陽蒲碎行臺令史正大初夏
使來請和朝廷以翰林待制馮延登往議時獻甫為書表
官從行夏使有口辯延登不能折姓復數日不定至以歲
幣為言獻甫不能平從旁進曰夏國與我和好百年今雖

到官即上章乞骸骨進一官致仕正大九年河南破比歸
又數年卒年七十有九

易君臣之名為兄弟之國使者曰兄
弟且不論宋歲輸吾國幣二十五萬定典故具在君獨不
知耶金朝必欲修舊好非此例不可獻甫作色曰使者尚
忍言耶宋以歲幣餌君家而賜之姓岸然以君父自居夏
國君臣無一悟者誠謂使者當以為諱乃今公言之使者
果能主此議以從歲幣五十萬獻甫請
奧之常若有餘縣民賴之以安入為尚書省令史天興元
師府經歷官尋碎長安令京行臺所在供億其繁獻甫總
以身任之夏使語塞和議乃定後朝廷錄其功遷慶陽總
章號天倪集留汴京獻甫死其家亦破同年華陰王元禮
軍節度副使兼右警巡使死於蔡州之難年四十所著文
年充行六部貞外郎守備之策時相倚任之以功邊鎮南
贈得之傳于世

雷洲字希顏一字季默應州渾源人父思名進士仕至同
知北京轉運使註易行于世淵庶出年最幼諸兄不齒父
歿不能安於家乃發憤入太學衣弊履穿坐榻無席自以
賦為辯之且關邯為後從李之純游遂知名登至寧元年詞
跣露兀坐讀書不迎送賓客人皆以為惰其友商衡每
進士甲科調涇州錄事坐高庭王獄幾死後改東平河

朔重兵所在驕將悍卒倚外敵為重自行臺以下皆摩撫

之淵出入軍中偃然不為屈不數月間巷間多畫淵像雖
大將不敢以新進書生遇之尋遷東阿令轉徐州觀察判
官與定末召為英王府文學兼記室參軍轉應奉翰林文
字拜監察御史言五事稱旨又彈劾不避權貴出巡郡邑
所至有威譽奸豪不法者立籍殺之至蔡州狀殺五百人
時號曰雷半千坐此為人所訟罷去久之用宰相俠蟄薦
起為太學博士南京轉運司戶籍判官還嘗上書破朝臣
暴卒年四十八止大庚寅倒廻谷之役淵嘗上書破朝臣
孤注之論引撰切灼然易見主兵者沮之策竟不行為
人軀幹雄偉軼張口哆顏淮卅眼如望洋遇不平則疾惡
之氣見於顏間或嚼齒大罵不休雖痛自戀創然亦不能
變也為文章詩喜新奇善結交凡當塗貴要與布衣名士
無不往來居京師賓客踵門未嘗去舍家無餘貲及待賓
客甚豐腆莅官喜立名初登第謀遂平縣事年少氣銳召
豪右簽姦伏一邑大震稱為神明嘗擅笞州卹吏州檄召
之不應罷去後九君一職輒震耀亦坐此不達
程震字威卿東勝人與其兄鼎俱擢第震入仕有能聲要
定初召百官舉縣令震得陳留治為河南第一召拜監察
御史彈劾無所撓時皇子荊王為宰相家僮童席勢侵民
震以法劾之奏曰荊王以陛下之子任天下之重不能上

贊君父同濟艱難顧乃專恃權勢蔑棄典禮開納貨賂進
退官吏縱令奴隸侵漁細民名為和市其實賤取諸所不
法不可枚舉陛下不能正家而欲正天下難矣於是上責
荊王出內府銀以償物直奴尤不法者數人未幾坐
為故吏所訟罷官歲餘嘔血卒震為人剛直有材幹志身
徇國不少私與及為御史臺綱大振以故小人側目者眾
不能久留於朝士論惜之
贊曰韓玉馮璧李獻甫雷淵皆金季豪傑之士也邪涇之
變玉慕兵旬日而得萬人牙吾塔之凶暴璧以王度繩之
卒不敢動夏人援宋賜以歲幣用以宋賜夏姓一事
折之夏使語塞而和議定淵為御史權貴欲避古之國士
何加焉玉以疑見寬璧淵疾惡太甚議者以酷譏之璧豈
可以掩瑜哉程震劾荊抵罪比縱馮雷然亦以群小齟齬
而死直士之不容於世也久矣吁

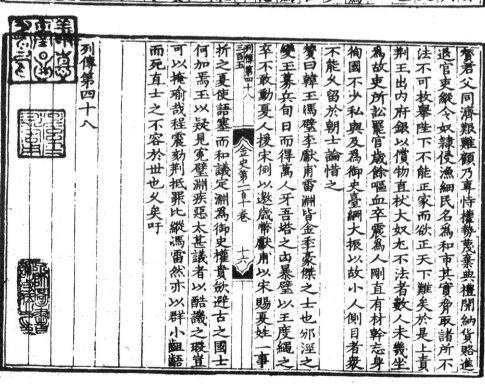

列傳第四十八

古里甲石倫隆安人以武舉策第為人剛悍頗自用所在
與人不合宣宗以其勇善戰每佳用之貞祐二年累遷副
提控太原府判官與從宜都提控振武軍節度使完顏速
剌都議拒守不合措置乖方敵因大入軹不可禦既乃交

統石烈牙吾塔

古里甲石倫　　　　　　內族訛可
強伸　　　　　　　　　撒合輦
　　　　　烏林荅胡土　內族恩烈

章論列以自辨其無罪上惡其不和詔分統其兵未幾遷
同知太原府軍奏請招集義軍設置長校各立等差都統
正七品職副統正八品萬戶正九品千戶正班任使都統
搜雜班伤三十人為一謀克五謀克為一都統外謀一總
一萬戶四萬戶為一副統兩副統為一都統外謀一總領
提控制可四年遷河東宣撫副使上章言宣撫使為古論
種不肯分兵禦敵且所行多不法詔罷職石倫遷絳陽軍
節度使權經略使尋知延安府事無廓延路兵馬都總管
軍民甚眾興定元年七月改河平軍節度兼衛州管內觀
大元兵圍忻州石倫率兵往援以兵護其民入太原所保

察使詔謝曰朕初謂汝勇果為國盡力故倚以濟事壽聞
汝嗜酒不法而太原知府烏古論德升亦屢當為朕言之
然皆瑣屑乃若不牧汾州甚細事哉有司議罪如此汝其
悉之盇當戮力以掩前過是年十一月遷鎮西軍節度使
比兵破太原游兵時入嵐州境而官民將士憤甲實以資儲視邊
無嵐州管內觀察使行元帥府事二年四月石倫言去歲
城尤為完富然兵一至相繼淪沒嵐兵寨而食不足惟其
上下協同表裏相應遂獲安帖以精甲實以資儲視邊
此帥府控制則陝管保德可嵐空化皆不知矢全防秋
不遠乞朝廷量加旌賞務令益盡心力易以鎮守詔有功
者各遷官一級仍給降空名宣勅令樞密院遣授之三年
二月石倫泰向者幷汾既破兵入內地臣謂必攻平陽平
陽不守將及潞州其還當由龍州谷以入太原故臣嘗詣
兵欲扼其歸路朝廷不以為然既而皆如臣所料始敵入
河東時郡縣民皆攜老幼從居山險後雖至也今敵居半歲
辛不從其意謂敵不久留且望官軍竟無至者民其能父抗平夫太
遼步騎擾諸保聚而官軍竟無至者民其能父抗平夫太
原河東之要郡平陽陝西河南之藩籬也若敵兵久不去
居民盡從屯兵積粮以固基本而復援吾郡縣未殘者則

邊城指日皆下矢此路不守則南路為邊去陝西河南益
近臣竊憂之故復請兵以圖戰守而樞府檄臣借將權太
原治中郭適義軍李天祿等萬餘人就其粮五千石會
其衆言之未嘗尋得胡剌報曰嘗問軍數於通祖祖欲釋天
祿等言之未從尋得胡剌報曰散在數厫蓋其情本欲也
朝廷以已有兵糞或見用以取重職不可指為實用也
雖然臣已遣提控石盞吾里忻等領軍以往失但敵勢頗
重而往者皆新集白徒絕無精銳恐不能勝乞於河南陝
西量分精兵以增臣力仍令陝西州郡近河東者給之資

金史二百十一

粮更令南路諸軍綴敵之南以分其勢如此庶幾太原可
復也詔陝西河東行省分粮與之請兵之事以方代宋不
從三月石倫復上言曰頃者大兵破太原招民耕稼為久
駐之基石以太原要鎮所當必爭遣提控石盞吾里忻引
官兵義兵共圖收復又以軍士有功者宜速賞之故擬令
吾里忻得注授九品之職以是請于朝而執政以為賞切
罰罪皆須中覆夫河東去京師甚速移報往返不暇數十
日官軍皆敗亡之餘鋒銳盡而義兵亦不習行陣無異
烏合以重賞誘之猶恐敵不為用況有功而久不見報乎夫
衆不可用則不能退敵敵不退則太原不可復太原不可

復則平陽之勢日危而境土日蹙失今朝廷抑而不許不
過慮其濫賞耳借使有濫賞之弊其與失太原之害孰重
於是詔從其請自太原治中及他州從七品以下職四品
以下散官並聽石倫遷調焉是月石倫復言曰且倫嵐州
攬敵墨欲分石州兵五百權屯方山勤敕土冠而倫嵐州
而同知蒲察桓端拒而不發又召同知寧邊軍節度使姚
里鴉鶻與之議兵不聽命近領兵將取太原分易武州剌
史納合萬家之議兵不聽命近幾誤軍粮約以他故幾誤軍
史郭憲率所領併進邊意亦不至臣狠當方面之任而忻統

金史二百十一

官屬並不稟從乞朝廷嚴為懲誡庶人知職分易以責辦
宰臣惡之乃奏曰桓端鴉鶻已經表改無復可譏石倫身
無行部不自規畫而使萬家往來應給石州無人恐亦有
失武州邊郡正當兵衝使惡平軍離城敵或乘之執與中
察萬家等不從未為過也上以為然因遣諭石倫曰卿嘗
行院于歸德衛州防備之事非不素知乃屢以疾騎為讀
何耶比授卿三品且數免罪謫卿嘗自誓以死報國今所
為如此豈報國之道哉意謂河南之衆必不可分但圖他
日得以藉口耳卿果赤心為國盡力經畫亦足自効萬家
等若必懲戒彼中誰復可使者姑為容忍可也閏三月石
倫等駐兵太原之西俟諸道兵至進戰闕糧從人頗有萆心

上言于朝乞降空名宣勑金銀符許使宜遷注以招誘之
上從其請並給付之仍聽注五品以下官職六月保德州
振威軍萬戶王章瞥軍萬戶齊鎮殺其刺史李术魯銀术
哥仍減其家脅官吏軍民同狀白崴州帥府言銀术哥專
恣慘酷造甲仗將謀不軌石倫密令同知州事撫安
其眾爲六月遷金安軍節度使行帥府事於葭州時廊州石
是朝廷命行省之蒲剌都乃與兵吏置酒召章等飲撊而族誅之至
都圖之蒲剌都乃與兵吏置酒召章等飲撊而族誅之至
倫輒分留買住兵千八百人令以餘兵屯綏德而後奏之
元帥内族承立慮夏人入冦遣納合買住屯綏德而後奏石

有司論罪當欲既而遇赦乃止除名元光元年起爲鄜州
同知防禦使與防禦裴滿羊哥部内酤酒不償直皆除
名三月上諭元帥監軍内族訛可曰石倫令以罪廢欲再
起之恐生物議汝軍前得無用之乎此人頗善戰果可用
便當遣去古亦有白衣領職者渠難除名何害也十月
大元兵圍青龍堡詔以石倫權左都監將兵會上黨公晉
陽公往援之兵次彈平寨東三十里敵兵梗道不得進會
青龍堡破召還既而復以罪免正大八年大兵入河南州
郡無不下者朝議以權昌武軍節度使粘葛全周不知兵
事起石倫代之石倫初赴昌武詔諭曰卿先朝宿將甚有

之有所甄別上以語窘臣而丞相高琪等奏時方多難急
頗濫市井道路黃白相望恐非所以示信於下也上
節也其上有太祖御畫往年得佩者甚難兵興以來乞寳惜
典器不可假人自古帝王廉不爲重今之金銀牌即古符
策論進士與定閒爲徐州行樞密院參議官上章言惟名
單獻門然亦怒其不迎軍而降亦殺之全周名暉字子陽
頗開門之謀何魏輩欲保全之故言於大將曰監軍令我
即殺之石倫捉卸後并中全周自縊州廨武監軍者初不
人無力故降我歸國得爲大官何謂反耶大將怒其不屈
大元軍入城擒蘇椿問以大名南奔之事椿曰我本金朝
太守開西門

既而大元監軍偏禆何魏輩開東門内族按春開南門夾谷
遺歸順軍提控嵐州人高珪往斥候珪因持在州軍馬粮
孫持檄招降言三峰敗狀石倫蘇椿不詰問即斬之市中
大元軍仍告以城池深淺俄大兵至城下以鳳翔府韓壽
章數日本
爲游騎所獲戮曰知兩省軍敗來有忠孝軍完顏
副統入城兩手皆折血污滿身州人憂怖不知所出石倫
宜與同議勿復不睦失計也時止兵巳至許石倫赴鎮爹
威望故起拜是職元帥蘇椿武監軍昔晚兵事令在昌武

於用人駕馭之方此其一也如故爲便蘇椿大名人初守
大名歸順于

大元正大二年九月自大名奔汴詔許州至是見殺
完顏訛可內族也時有兩訛可皆護衛出身一曰草火訛
可每得賊好以草火燎之一曰板子訛可嘗誤以宮中牙
牌報班齊者爲板子故時人各以是目之正大八年九月
大兵攻河中初宣宗議還都朝臣謂可遷河中河内背貳
關陝五路士馬全盛敵兵不敢輕入應三鎮郡縣之民
絳陽平陽太原三大鎮敵兵不敢輕入應三鎮郡縣之民
皆恐之山寨敵至則爲薑攻夜刦之計屯重軍中條則行
在有萬全之固兵主議者以河中在河朔又無宮室不及
汴梁謀遷寢宣宗既遷河南三二年之後詔九帥都監內
族阿禄帶行帥府事阿禄帶惟怯不能軍竭民膏血爲浚
築之計未幾絳州破阿禄帶益懼馳奏河中孤城不可守
有旨親視果不可守則弃之無至資敵阿禄帶遂弃河中
燒民戶官府一二日而盡尋有言河中重鎮國家基本所
在弃之爲失策誤以爲敵人所攝則大河之險我不得專恃
奏宣宗悔悟繫阿魯帶同州撤累命完復之隨守隨破至
是以內族兩訛可將兵三萬守之大兵謀取宋武休關未
然鳳翔破

庸宗分騎兵三萬入散關攻破鳳州徑過華陽屠洋州攻
武休關開生山截焦崖出武休東南遂圍興元興元軍民
散走死於沙窩者數十萬分軍而西西軍由別路入沔州
取大安軍路開魚鱉山撤屋爲筏渡嘉陵江入關堡並江
趨護萌略地至西水縣而還東軍止屯興與九洋州之間遂
趨饒峯攻兵一萬枚之十二月河中破初河中主將知
遣王敢率步兵攻汴梁故自將不守大兵乃得入初大兵期以明年正
月合南北軍攻汴梁故自將不守大兵乃得入初大兵期以明年正
築松橹高二百尺下瞰城中土山地穴百道並進至十一
月攻愈急自王敢教軍至軍士殊死鬭日夜不休西北樓
橹俱盡白戰又半月力盡乃陷草訛可戰數十合始被擒尋
被之板訛可提敗卒三千奔船走北兵追及鼓噪止岸上
矢石如兩蔽里之外有戰船橫截之敗軍不得過船中有賞
火砲名震天雷者連發之砲火明見止船軍無繫人力所
橫船開得至潼關遂入閿鄉尋有被詔將佐以責訛可以
不能死車載入陝州決杖二百謫者以爲河中城守不下
德順力竭而陷非戰之罪故訛可之死人有寃之者初訛
可以元帥右監軍鄜涇總帥權參知政事奉旨於郊迎鳳
翔往來防秋奉御六見監戰於訛可爲孫行而訛可勤爲

所制意頗不平漸生猜隙七年九月召赴京師改河中總

帥受京兆節制此時六兒同赴召謂訛可奉旨往來防秋

而乃畏怯避遠正與朝旨相違上意頗罪訛可及河中陷

苦戰力死盡而比兵百倍之人謂雖至不守猶可以自贖

竟杖而死蓋六兒先入之言主之也劉祈曰金人南渡之

後近侍之權尤重蓋宣宗喜用其人以為耳目伺察百官

故奉御覃採訪民間號行路御史或得一二事即入奏之

上因所責臺官漏泄皆抵罪又方面之柄雖委所

一奉御在軍中號曰監戰每臨機制覆多為所牽制過敵

輒先奔故師多喪敗哀宗因之不改終至亡國

論曰古里甲石倫善戰而好犯法故見廢者屢晚起為將

卒死於難金運將終又用數奇之李廣其乏絕不亦宜乎

草訖可力戰而死板訖可亦力戰不死於陣而死於刑論

者以為有近侍先入之言夫以瞽御治軍既制之肘又信

其譖以殺人金失政刑矣唐之亡坐以近侍監軍金蹈其

輟哀哉

撒合輦字安之內族也宣宗朝累遷同簽樞密院事元光

二年十二月庚寅夜宣宗病篤英王盤都先入侍哀宗後

至東華門已閉聞英王在宮遣樞密院官及東宮親衛軍

總領移剌蒲阿勒兵東華門都點檢尉馬都徒單合住

奏中官得旨領符鑰啟門合住見上命撒合輦解合住

刀佩之哀宗遂入明日即位由是見親信正大元年正月

庚申以輦同判大睦親府事兼前職刑部完顏素蘭言把

胡魯策功第一非趙拜右丞相無以酬之然同功數人亦

有不次之望故胡魯之命中輟輦猶升二品云四年

大元既滅西夏哀宗陝西四月丙申召尚書溫迪罕壽孫

中丞烏古孫卜吉祭酒裴滿阿虎帶直學士蒲察世達右

司諫陳規監察烏古論四和完顏習顯同判睦親府事撒

合輦同議西事上曰已諭合達盡力決一戰矣群臣本多主

和亍輦獨奮力破和議語在陳規傳八月朝廷得清水之報

令有司罷防城及修城丁壯九軍需租調不急者權停初

闔大兵自鳳翔入京兆關中大震以中丞卜吉祭酒阿忽

帶燕司農卿蕘民兵督秋稅令民入保為避遷計當時議

者以謂大兵未至而河南先亂且曰御史監察城洛陽治

書供帳使中丞下燕司農輦督稅臺政可知矣至是

上謂撒合輦曰謗云水深見長人朝臣或欲我一戰汝獨

言當靜以待之與朕意合今日有太平之望皆汝謀也先

帝嘗言汝可用可謂知人矣未幾右拾遺李大節右司諫

陳規言撒合輦諂佞納賄及不公事奏帖留中不報明惠

皇后嘗傳旨戒曰汝諂事上上之騎輜皆波所教尉忻亦

河南府為金昌府號中京又擬少室山頂為御營命移剌
極言之上頗悟出為中京留守兼行樞密院事初宣宗改
粘合築之至是撒合輦為留守九年正月止兵從河清徑
渡分兵至洛出沒四十餘日二月乙亥立砲攻城洛中初
無軍得三峯潰卒三四千人與忠孝軍百餘騎入使宅強
擁守禦時輦直發于背不能軍同知溫迪罕斡雜羅主軍
務有大事則就輦稟之三月甲申忠孝軍百餘人馬多死
傷輦知不能出南襄城門城上軍覺閉之甕城中矢石亂
下人馬多死傷輦知不能出仰呼求救軍士知出奔非輦
意以繩引而上送入其宅不敢

列傳四十九　金史百十一　十一　謝成

出鎮撫官縛出奔之黨欲殺之巳斬三人輦親為乞命得
免乙酉斡雜羅賞金帛出址門如前日巡城犒軍之狀既
出即沙城而西直出外壕城上人呼曰同知講和去矣軍
士及將領隨而下者三四百人少之輦傳令云同知叛降
有羿下城者斬九斬三四人乃定丙戌夜城東北角破輦
奪南門出不得投濠水死巳而大兵退強伸復立帥府
強伸本河中射糧軍子弟貌寢隨而贅力過人興定初
從華州副都統安寧復潼關以勞任使嘗監部陽醋後客
洛下選充官軍戍陝嶺嶺軍潰被虜從都尉兀林荅胡土
軍歸中京時中京已破留守無行樞密院使內族撒合輦

死之元帥住守真復立府事以便宜署伸警巡使後守真
率部曲軍從行省思烈入援鄭州之敗守真天興元年
八月中京人推伸為府簽事領所有軍二十五百人傷殘
老幼半之甫三日北兵圍之東西止三面多樹大砲伸往
來救應其勢與衆無異兵
衣帛為幟立之城上率士卒亦身而戰以壯士五千人往
盡以錢為鏃得大兵一箭截而為四以簡鞭發之又創過
砲用不過數人能發大石於百步外所擊無不中伸奔走
四應所至必捷得二馳及所乘馬皆殺之以犒軍士人不
過一啗而得者如百金之賜九月大兵退百里外閏月復

列傳四十九　金史百十一　十二　謝成

攻兵數倍於前又一月不能援事闉哀宗降詔褒諭以伸
為中京留守元帥左都監世襲謀克行兀帥府事十月參
知政事內族思烈自南山領軍民十餘萬入洛行省事二
年二月伸建一堂於洛川驛之東名曰報恩刻詔文於石
願以此自效三月中使至以伸便宜從事是月大兵自汴
驅思烈之子於東門下誘思烈降思烈即命左右射之既
而知崔立之變病不能語而死總帥忽林荅胡土代行省
事伸行總帥府事月餘糧盡軍民稍稍散去五月大兵復
來陣於洛南伸陣水北有韓帥者四馬立水濱招伸降伸
謂帥曰君獨非我家巨子耶一日勤王摘遺令名于世君

既不能乃欲誘我降那我本一軍卒全貴為留守誓以死
報國耳逐躍而射之帥奔陣率步卒數百奪橋伸軍一旗
手獨出拒之殺數人伸乃手解都統銀符與之佩士卒氣
復振初築戰壘於城外四隅至五門內外皆有屏謂之迷
魂墻大兵以五百騎來奪東門出轉戰至僵師力盡就
六月行省胡土率衆走南山鷹揚都尉廝西門以降伸知
城不能守率數十人突東門出大兵退
軼戴以一馬擁迫而行伸宛轉不肯進強掖之將見大帥
塔察及中京七里河伸語不遜兵卒相謂曰此人平角如
此若見大帥其能降乎不若殺之因好語誘之曰汝能址

面一屈膝吾賞汝命伸不從左右乃持使比而伸揚頭南向逐殺之
烏林答胡土正大九年正月戊子北兵以河中一軍
由洛陽東四十里白坡渡河白坡故河清縣河有石
底歲旱水不能尋丈國初以三千騎由此路趙汴是後縣
廳為鎮宣宗南遷河防上下千里常以此路為憂每冬日
命洛陽一軍戍之河中破有言此路可徒涉者已而果然
址兵既渡奪河陰官丹以濟諸軍時胡土為破虜都尉
直趨少室夜至少林寺時登封縣官民已遷太平頂御塞
潼關以去冬十二月被旨入援至僵師聞白坡徑渡之耗
明日胡土使人紿縣官云吾軍中家屬輻重欲留山即

率兵赴汴京因攝縣官下山使之前導一軍隨之而上山
既險固粮亦充足遂有火住之意尋繼軍下山刦掠居民
甚於盜賊旁近一二百里無不被害胡土畏愛知而不禁
又所刦牛畜粮糒亦分有之七月恒山公武仙參政思烈
兩行省軍屯粮登封城南大林下遺人約之入京胡土百計
不肯下不得已乃分其軍四千與思烈俱東八月三日兩
行省軍潰於中年胡土狼狽上山殘辛三二十人外偏裨
無一人至者十二月思烈自留山行省於中京徵兵同保
洛陽又遷延不行思烈以憾來言若依前逗遛自有典憲
吾不汝容矣胡土懼乃挈妻子及軍往中京留其半山上

以為巢穴天興二年三月思烈病卒留語胡土代行省事
六月敵勢益重強伸方盡力戰禦而胡土即領輕騎挈妻
于棄城南奔遂失中京初胡土在太平頂既顧望不進又
懼人議已乃出榜募人為救駕軍云一旅之衆可以興復
國家諸人有能奮發許國捐軀者豈不濟大事乎於是不
遠之徒隨募而出得潭人緝麻嵩武錄事等二十餘人促
令赴京行及盧店即行刦械至杖之二百人無不竊笑既
而走蔡州上召見慰問而心薄之會宋人攻唐州九帥烏
古論黑漢屢遣人告急即命胡土領忠孝軍百人就徵西
山招撫烏古論撻住黃八兒等軍赴之胡土率兵至唐宋

人歛避縱其半入城夾擊之胡土大敗僅存三十騎以還
換住死焉既而以胡土為殿前都點檢罷權參知金牌圍
蔡分軍防守胡土守西面十一月胡土之奴竊其金牌夜
縋城降朝士喧播謂胡土縱之往將有異志胡土聞之內
不自安乞解軍職上疏之曰卿父子昆弟皆為帥臣受恩
降於蔡豈人情也哉聞卿遇奴太察且其衣食不常給之
不為不厚觀肯降耶且卿向在洛陽不即降而千里遠來
此蓋往求溫飽耳卿何懍焉因賜饌以安其心初胡土罷
機政頗有怨言左右勸上誅之上不聽及令守西城尤快
快不樂至是始感恩無他應矣尋以總帥字術魯襄堂典

胡土皆權參政襄室與右丞仲德同事胡土防守如故復
以都尉承麟為東面元帥權總帥先是攻東城襄室隨機
備禦二日移攻南城俄而四面受敵仲德砲擊城樓什右丞
仲德率軍救援乃罷攻而四面受敵仲德跟於獨援遂
薦承麟代襄室東面而乞與襄室同救應初胡土失外城
頗謝恨聲言力小不能令眾仲德亦薦之故有是命蔡城
破投汝水死

贊曰撒合輦本以倈進烏林荅胡土戰陣不武付以孤城
望其捍禦大難豈得為知人平強伸一射粮辛耳及授以
兵乃能愿夢制勝速通二人力盡乃斃擒有烈丈夫之風

馬古人有言四郊多壘拔士為將使金運未去伸足以建
功名矣夫

內族思烈南陽郡王襄之子也資性詳雅頗知書史自五
六歲入宮充奉御甚寵幸號曰自在奉御當宣宗入
承大悅胡沙虎跋扈思烈尚在襁褓嘗潛泣抱抱帝膝致
說曰願早誅權臣以靖王室帝急顧左右掩其口自是被
甚器重之後由提點近侍局遷都點檢天興元年汴京被
圍袁宗以思烈權參知政事行省事于鄧州會武仙引兵
入援於是思烈率諸軍發自汝州過密縣遇

大元兵不用武仙阻澗之策遂敗績于京水語在武仙傳
中京留守元帥左監軍任守真死之上聞罷思烈行省之
職以守中京無何大兵圍中京未能下崔立遣人監思烈
于於中京城下招之使降思烈不顧令軍士射之既而知
崔立已以汴京歸順數日而死初思烈會武仙等軍入
援即與仙論議不同仙以思烈方得君每假惜之思烈謂
仙本無入援意特以朝廷遣一參政名兵迫於不得已乃

行耳然仙知兵頗以持重為事思烈急於入京不聽仙策
於是左右司負外郎王渥乃勸思烈疑其與仙有謀欲斬之
經涉不為不多兵事當共議思烈疑其與仙有謀欲斬之
渥自以無愧於內不懼也已而思烈果敗渥殆於陣渥宇

仲澤後名仲澤太原人性明俊不羈博學善談論工尺牘
字畫清美有晉人風少游太學長於詞賦登興定二年進
士第為時帥奧屯邦獻完顏斜烈所知故多在兵間後辟
寧陵令有治迹入為尚書省令史因使宋至揚州應對敏
給人重之及選為太學助教轉樞密院經歷官俄遷右
司都事稍見信用及思烈往鄧州以渥為左右司員外郎
從行

贊曰思烈凤惠請誅權奸以立主威有甘羅辟疆之风所
謂茂良不必父祖者也中京之圍崔立脅其子使招之降
不顧而趣射之何愧乎橋玄至如不從武仙之言以至於
敗此盖時人因惜王仲澤之死而有是言仙無入援之意
則非誣也

石烈牙吾塔一名志本出親軍性剛悍喜戰貞祐間僕
散安貞為山東路宣撫使以牙吾塔為軍中提控是時山
東群盜蜂起安貞追牙吾塔破巨蒙等四堌又破馬耳山
寨殺劉二祖賊黨四千餘人虜其偽宣差程寬
招軍大使程福又降脅從民三萬餘人貞祐四年六月積
功累遷欄通渡經略使十月為二元帥左都監十二月行山
東西路兵馬都總管府事兼武寧軍節度使徐州管内觀
察使興定二年正月宋立萬餘攻泗州牙吾塔赴援至臨

淮過宋人三百梅被殆盡及泗州宋兵八千圍甚急皆奔
進戰大破之溺水死者甚衆獲馬三百餘伏五十餘人
又圍肝眙宋人閉門堅守不敢出以騎兵分掠境內而時
遣羸卒薄城誘之宋人出騎數百來拒牙吾塔麾兵伴北
殺一太尉斬首二百宋人復出步騎八千來掩合擊敗之
發伏擊之斬首二百尋獲青平宋兵甚衆將救盱
盱眙牙吾塔移兵赴之宋兵步騎七千人突出兵少郤旋以
輕騎挽其後初遇不與戰縱之走東南薄諸河斬首千
餘溺死者無筭獲馬牛數百甲伏以千計師還遇宋兵三
千於連塘村斬首千餘級俘五十人獲馬三十五疋宣宗
以其有功賜金帶一三年正月敗宋人於濠州之香山村

二月又歐於滁州斬首千級捃小江寨斬首數千俘五百
人獲馬百餘疋五年正月上以紅襖賊助宋為害邊兵
敗之獲馬百餘粮萬斛三月提控奧敦吾里不大敗宋人
千上津縣兵還至濠州宋人以軍八千拒戰牙吾塔迎擊
火勞苦詔牙吾塔遺宋人書求戰略曰宋與我國為害邊兵
年於山頃歲以來納我叛亡絕我貢賦又遣紅襖賊乘間
竊出跳梁邊疆使吾民不得休息彼國若以此曹為足恃
請悉衆而來一決勝負果能當我之鋒沿邊城邑當以相

奉度不能即宜安分保境何必孤號鼠竊乘陰伺夜以為

此態耶且彼之將帥亦自受鉞而臨敵則望風遠道

被攻則閉壘深藏遺吾師還然後現形耀影以示武夫小

民尚氣死女子有志者猶不爾也切為彼國蓋之先是宋將

時青襲破泗州西城二月牙吾塔將兵取之宋兵拒守甚

力乃募死士以梯衝並進大敗宋兵時青乘城指麾射中

其目遂拔眾南奔乃陳兵橫絕路擊之宋兵大潰諸

泗州西城三月復出兵以報其役破圍山山遂復

寨進逼濠州牙吾塔憲州人出拒躬率勁兵逆之遇遷驍乃西掠

二百于城東擊殺過半會偵者言前路芻粮甚艱

定遠由渦口而還九月又率兵渡淮大破宋兵於圍山詔

遷官升職有差元光元年五月以京東便宜總帥無行戶

工部事上因謂宰臣曰牙吾塔性剛人皆畏之委之行部

無不辨者至於御下亦頗有術提控有胡論出者渠厚待

之常同器而食其人感奮遂以戰死英王守純曰凡為將

帥駕馭人材皆當如此上曰然未銖宋人三千潛渡淮至

聊林盡伐隄柳塞汴水以斷吾粮道牙吾塔遣精甲千餘

破之獲其舟及渡者七百人汴流由是復通二年四月上

言賞罰國之大信帝王所以勸善而懲惡其令一出不可

中變向官軍戰歿者皆賻給其家恩至厚也臣近抵宿州

乃知例以楮幣折支往往不給至于失所殂有司出給

之客不能奉行朝廷德意之過也自今願支本色令得賠

濟以粮儲方艱詔有司給其半紅襖賊寇壽潁剽掠數日

而去牙吾塔聞之率兵渡淮偵知朱村塢蓴義村有賊各數

百分兵攻之連破兩柵及焚其村塢數十還遇宋兵數百

先是納合六哥殺元帥蒙古綱據邳州以叛十月牙吾塔

陣淮南岸擊殺其半尋有兵千餘自東南來追復大敗之

團之焚其樓櫓斬首百餘於是宋鈴轄高顯統侯進正

將猶拒守方督兵進攻宋總領劉斌提控黃溫等縛首亂

眾陳榮等知不能守共誅六哥持其首繼城降六哥既誅

顏俊戚誼完顏乞哥及梟提控金山八打首遣其校馬俊

吳珪來獻既而紅襖監軍徐福統制王喜等亦遣其總領

孫成總押徐琦納欵劉斌等率軍民出降牙吾塔入城

撫慰其眾各使安集又招獲紅襖統制十有五人將官訓

練百三十有九人十一月遣人來報仍函六哥首以獻宣

宗大喜進牙吾塔官一階賜金三百兩內府重幣十端將

士遷賞有差正大三年十一月北兵擀入西夏攻中興府

甚急召陝西行省及陝州靈寶二總帥議可牙吾塔議兵

又詔諭兩省曰懷邊方有警內地可憂者不早圖恐成嘆

臍旦夕事勢不同隨機應變若逐旋申奏恐失事機並從

行省從宜規畫四年牙吾塔復取平陽獲馬三千是歲大
兵既滅夏國進攻陝西德順秦州清水等城遂自鳳翔入
京兆關中大震五年圍慶陽六年十月上命陝省自鳳翔入
及帶遣赴慶陽犒北帥計北中亦遣唐慶等往來議
知和尋遣幹骨藥為小使徑來行省十二月詔以牙吾塔與
副樞蒲阿權簽樞密院事內族訛可將兵救慶陽
之圍志氣驕滿乃遣還謂使者曰我已準備軍馬可戰關
兆初幹骨藥來行省圍解詔以牙吾塔為左副九帥北京
月戰于大昌原慶陽圍解詔以牙吾塔為左副九帥北京
來語甚不孫幹骨藥以此言上聞

太宗皇帝大怒至應州以九日拜天即親統大兵入陝西
八年還居民於河南棄京兆東還五月至閿鄉得寒疾汙
不出死塔亦作太亦曰牙忽帶蓋女直語無正字也是歲
九月國信使內族乘慶自此使還始知牙吾塔不孫激怒
之語且言慶等在旁心魄震蕩殆不忍聞當時以帥臣不
知書愊惧國乃耳塔為入鷙狠戾好結小人不聽朝廷節
倜嘗入朝詣省堂詆毀宰執亦不敢言而上倚其鎮
東方亦優容之尤不喜文士僚屬有長裾者輒以刀截去
又喜凌侮使者凡朝廷遣使來必以酒食困之或辭以不
飲因併食使者不給使餓而去司農少卿張用章以行戶部過

宿塔飲以酒張辭以寒疾塔笑曰此易治耳趙左右持丈
來卧張於床炙之數十又以銀符佩妓屢往州郡取隣州
將之妻昏逆迎逆號省差行首厚賄御史康錫上章劾
之且曰朝廷容之適所以害之欲保全其人宜加裁制朝
廷竟不治其罪以屢敗宋兵威震淮泗好用鼓椎擊人世
呼曰廬鼓椎其名可以怖兒啼大聚如呼麻胡云有子名
阿里合合世曰小鼓推嘗為元帥從哀宗至歸德元年進士正大
官奴作亂伏誅康錫字伯祿趙州人至寧元年進士正大
初由省掾拜御史劾忤權勢安石非相材近侍局宗室撒
合輦數熏灼請托公行不可使在禁近時論韙之轉右
司都事京南路司農丞為河中路治中河中破從時帥郡
兵南奔濟河船敗死為人氣質重厚公家之事知無不為
與雷淵奧禹錫齊名

贊曰金自胡沙虎高琪用事風俗一變朝廷矯寬厚之政
好為苛察然為之不果反成姑息將帥鄙儒雅之風好為
粗豪然用非其宜終至跋扈牙吾塔戰勝攻取威行江淮
而矜暴不法肆侮王人此豈可制者乎棄陝而歸死於道
粗豪然用非其宜終至跋扈牙吾塔戰勝攻取威行江淮
倘君子乃知康錫之言不

完顏合達　移剌蒲阿

勅修

完顏合達

完顏合達名瞻字景山少長軍開習弓馬能得人死力貞
祐初以親衛軍送岐國公主充護衛三年授臨潢府推官
權元帥右監軍時臨潢遷遷與全慶兩州之民共壁平州
合達隸其經畧署使烏林荅乞住乞住擁合達還平州
景遷提控佩金符未幾會燕南諸帥將兵復中都城行至
平州遷安縣濱全慶兩軍纔殺乞住以便宜授軍中都統
為帥統乞住軍合達以計誅首亂者數人其年六月北兵
大將城得不遣監戰提軍至平州城下以州人黃裳入城
招降父老不從合達引兵逆戰知事勢不敵以本軍降於
陣監戰以合達北上留半歲令還守平州已而謀自拔歸
乃遣奉先縣令紀石烈布里哥北京教授蒲察胡里安
右三部檢法蒲察女涉海來報四年十一月合達果率
所部及州民並海西南歸國詔進官三階升鎮南軍節度
使駐益都與元帥蒙古綱相應接充宣差都提控十二月
大元兵徇地博興樂安壽光東涉濰州之境蒙古綱道合
達率兵屢戰於壽光臨淄興定元年正月轉通遠軍節度

元傳第五十
金史一百十二　一

使兼晉州管內觀察使七月改平西軍節度使蕭河州管
內觀察使二年正月知延安府事兼鄜延路兵馬都總管
三年正月詔伐宋時又以合達為元帥右都監三月破宋兵於
梅林關捕斬統領張佃幹辦官郭守紀四月夏人犯通泰合
達出兵安塞堡抵隆州夏人自城中出步騎二千逆戰進
兵擊之斬首數十級俘十人遂攻隆州陷其西北隅會日
暮乃還六月行元帥府事於唐鄧上遺諭曰以卿才幹故
委卿無使敵人侵軼第固吾圉可也四年正月復為元帥
右都監屯延安十月夏人攻綏德州駐兵于柱天山合達
將兵擊之別遣先鋒提控樊澤等各率所部分三道以進
軍會于山顛見夏人數萬餘傳山而陣即繼兵分擊澤先
管權其左軍諸軍將繼攻其右敗之五年五月知延安府事
蕭前職上言諸軍官以屢從故往往不知所居地形迂直
險易緩急之際恐至敗事自今乞勿從又言河南陝西鎮
防軍皆分屯諸路在瞀惟老稚而已乞選老成人為各路
統軍以鎮撫之且督其子弟習騎射將來可用皆從之十
一月夏人攻安塞堡其軍先至合達與征行元帥納合買
住樂之合達策之曰比北方兵至先破夏人則後易為力
於是潛軍裹糧倍道兼進夜襲其營夏人果大潰追殺四

列傳第五十
金史一百十二　二

十里墮善崖谷死者不可勝計上聞之賜金各五十兩重幣
十端且詔謝曰卿等克成大功朕聞之良喜經畫如此彼
當知晨期之數年卿等可以休息矣仍詔以合達之功編
謝河南帥臣是月與元帥買住又戰延安皆被重創十二
月以保延安功賜金帶一玉吐鶻一重幣十端元光元年
正月遷元帥左監軍賜金帶山東西路吾改必剌世襲謀克權
參知政事行省於京兆未幾真拜是年五月上言頃河
中安撫司報北將按察兒率兵入隰吉翼州寢及榮權之
境今時巳暑猶無回音蓋將踐吾禾麥償如此則河東之
土非吾有也又河南陝西調度仰給解鹽今正瀉鹽之時

而敵擾之將失其利乞速濟師臣巳擬分兵二萬與平陽
上嘗晉陽三公府兵同力禦之編見河中榮解司縣官與
軍民多不相諳守禦之間或失事機乞從舊法凡司縣官
使兼軍民廢弛上下相得易以集事又言鹽利令方敵兵
迫境不厚以分人孰肯冒險而取之者自輪運者十與其
八則人事赴以濟國用從之蔥州樞浮梁河上公佐寓泊州北
上嘗破蔥州樞浮梁河上公佐寓泊州北
石山子招集餘眾得二千餘人欲復州城以士卒皆自北
逃歸者且無鎧伏故嘗請兵於帥府將焚其浮橋以取夏
州帥府不聽又請兵援護老幼稍從內地而帥府亦不應

今蔥州之民迫於敵境皆有動搖之心若是秋敵騎復來
則公佐力屈死於敵手而遺民亦俱屠矣合達乃上言臣
領馳至延安與元帥買住議以兵護公佐取蔥州行至郿
伺隙而動詔省院議之於是命合達率兵取蔥州巳勤兵為
州千戶張子政等殺萬戶陳紋將掠城中合達巳撤兵東
備子政等乃出城走合達追之眾復歸斬首惡數十
人軍乃定六月合達上言累獲謀者皆云北方巳約夏人
將由河中蔥州以入陝西防秋在近宜預為計令陝西旱甚
兵兩行省分制之然京兆抵平涼六百餘里萬一敵梗其
間使不得通是自孤也宜令平涼行省內族曰撒領軍東

下與臣協力禦敵以屏潼陝敵退後復議分司為便詔許
之二年二月以保鳳翔之切進官賜金幣及通犀帶一是
時河中巳破合達提兵復取之正大二年七月陝西旱甚
合達令戒請兩兩澍是歲大稔民立石頌德延安巳殘毀
合達蘇復耕稼之利八月蔥州田瑞反合達討之諸軍
安之民稍復耕稼之者招集散亡助其耕墾自是延
進攻合達移文諭之曰罪止田瑞一身餘無所問不數日
瑞弟濟殺瑞以降合達如約撫定二州民賴以寧三年詔
遷平涼行省四年二月徵還拜平章政事芮國公七
月庚寅朔以平章政事妨職樞密副使初蒲阿面奏合達

在軍中久今日多事之際乃在於省用達其長臣等欲與樞密協力軍務權之相位似亦未晚故有此授十月己未朝詔合達及樞密副使蒲阿救衛州初朝廷以恒山公仙屯衛州公府節制不一欲合而一之至是河朔諸軍圍衛內外不通已連月但見塔上時舉火而巳合達等既至先以親衛兵三千嘗之北兵小退翼火而巳合達等既至先軍皆投世襲謀克賜良馬王帶全給月俸本色蓋異恩也未幾以蒲阿權參知政事同合達行省親征中策使陝西關先是陝省言備禦策朝官集議上策親征中策使陝下策棄秦保潼關議者謂止可助陝西軍以決一戰使陝西

不守河南亦不可保至是自陝以西亦不守矣八年正月北帥速不解攻破小關殘盧氏朱陽散漫百餘里間潼關總帥納合買住率夾迪烈都尉高英拒之求救於二省帥以陳和尚忠孝軍一千都尉夾谷渾軍一萬往應北軍退追至谷口而還兩省輒稱大捷以聞既收兵入關翔二省提兵出關二十里與渭北軍交至晚復收兵攻鳳鳳翔遂破二省遂棄京兆與牙古塔起遷居民於河南留慶山奴守之九月北兵入河中時二相防秋還陝量以軍馬出冷水谷以為聲援十一月鄧州報北兵道饒峯關由金州而東於是兩省軍入鄧遣提控劉天山以劉付下襄

陽制置司約同禦北兵且索軍食兩省以前月癸卯行留楊沃衍軍守關鄉沃衍尋被旨取洛南路入商州屯豐陽川備上津與恒山公仙相掎角合達復留禦侮中郎將完顏陳和尚於閿鄉南十五里乃行陳和尚亦隨而往沃衍軍八千及商州之木瓜平一日夜馳三百里入桃花堡知北兵由豐陽關而東亦會大軍於鎮平恒山公仙萬人北兵由豐陽關而東亦還會大軍於鎮平恒山公仙萬人軍八千及商州之木瓜平一日夜馳三百里入桃花堡知元駐胡陵關至是亦由荊子口順陽來會十二月朔朝至鄧下屯順陽乃遣天山入宋初宋人於國朝君之伯之叔之納歲幣將百年南渡以後宋人於國朝君之伯之叔故宣宗南伐士馬折耗十不一存雖攻陷淮上數州徒使

驕將悍卒恣其殺虜飽其私欲而巳又宣徽使奧敦阿虎使北方北中大臣有以與地圖指示之曰商州到此中軍馬幾何又指與元云我不從商州則取與元路次汝界矣阿虎還奏宣宗甚憂之宗即位羣臣建言可因國喪遣使報哀副以遺留物因與之講解盡撤邊備共守武休之險遂下省院議之而當國者有仰而不能俯之疾皆以朝廷先遣人則於國體有虧為辭元年上諭南鄙諸帥遣人往滁州與宋通好宋人每以奏票為辭和事遂不講然十年之間朝廷屢勑邊將不妄侵掠彼我稍得休息宋人始信之遂有繼好之意及天山以劉付至宋劉付者指揮之

宋制使陳該怒辱天山且以惡語復之報至識者皆
為竊嘆漢戊辰北兵渡漢江而北諸將以為可乘其半渡擊
之蒲阿不從丙子兵畢渡戰於禹山之前北兵小却營於
三十里之外二相以大捷戰百官表賀諸相置酒省中
五丞李蹊起且喜且泣曰非今日之捷生靈之禍可勝言哉
蓋以為實然也先是河南聞北兵出饒峰百姓往往入城
至人無所逃及聞敵已退至有晏然不動者不二三日游騎
陽翟之三峯山初禹山之戰兩軍相拒北軍散漫而北金
壁保險固及聞敵悉為捷書所誤九年正月丁酉兩省軍潰於

巳二十餘日泌陽南陽方城襄陝至京諸縣皆破所有積
聚焚燬無餘金軍由鄧而東無所仰給乃並山入陽翟既
行北兵即襲之且行且戰北兵傷折亦多恒山一軍為突
騎三千所衝軍殊死鬪北騎退走追奔之際忽大霧四塞
兩省命收軍少之霧散方前前一大澗長闊數里非此霧
則北兵人馬蒲中矣明日至三峯山遂潰事載蒲阿傳合
達知大事已去欲下馬戰而蒲阿已失所在合達以數百
騎走鈞州北兵塹其城外攻之走門不得出匿窰室中城
破此兵發死殺之時朝廷不知其死或云已走京兆賜以
手詔募人訪之及攻汴乃揚言曰汝家所恃惟黃河與合

達耳今合達為我殺黃河為我有不降何待合達熟知敵
情習於行陣且重義輕財與下同甘苦有俘獲即分給遇
敵則身先之而不避衆亦樂為之用其為人亦可知矣左
丞張行信嘗薦之曰完顏合達令之良將也

移剌蒲阿本契丹人少從軍以勞自千戶遷都統領元光二
年冬十二月庚寅宣宗疾大漸皇太子異母兄英王守純
先入侍疾哀宗即位坐言近臣言向非蒲阿何至於
此遂自遙授同知睢州軍州事權樞密院判官自是軍國
為皇太子控制樞密院選充親衛軍總領佩金符元光宗
民獄以備非常哀宗選充親衛軍總領佩金符自東宮扣門求見令蒲阿裹甲聚兵屯於

大計多從決之正大四年十二月河朔軍突入商州殘朱
陽盧氏蒲阿逆戰至靈寶東至游騎十餘獲一人即退
蒲阿輒以捷聞賞世襲謀克仍厚賜之人共知其困上而
無歇言吏部郎中楊居仁以微言取怒六年二月丙辰以
蒲阿權樞密副使自去年夏北軍之在陝西者毀驛至涇
州且阻慶陽糧道蒲阿奏陝西設兩行省本以藩衛河南
今北軍之來三年於茲行省統軍馬二三十萬未嘗對壘
亦未嘗得一折箭何用行省院官俱奏將來須用密院
軍馬勾當上不語者久之是後以丞相賽不行尚書省軍
於關中召平章政事合達還朝白撒亦召至關蒲阿率完

顏陳和尚忠孝軍一千駐邠州且令觀此勢八月丙申蒲阿
阿舜復遊州十月乙未朔蒲阿東還十二月乙未朔蒲阿
與觀帥牙吾塔權簽樞密院事訛可救慶陽七年正月戰
北兵於太昌原北軍還慶陽圍解詔以訛可屯邠州蒲阿
牙吾塔退京北未幾以權參知
八年正月比軍入陝西鳳翔破兩行省于棗京兆而東至洛
陽驛被召議河中事語在白華傳十二月北兵濟自漢江
兩省軍人鄧州議敵所從出謂由光化截江戰我腹空虛能不為
渡而戰為便張惠以截江為便縱之渡我腹空虛能不為
所潰乎蒲阿慮之曰汝但知河南事於北事何知我向於裕

州得制旨云使彼在沙磧且當往求之況今自來乎汝等
阿此言為然合達力問按得未末以為不然我軍中以木北
人知其軍情此言為有理然不能奪蒲阿之議順陽留二
十日光化探騎至云千騎已盡濟西北兩省將近兩省立軍高
髙山各分撥地勢步迎於山前騎屯於山後甲戌日未出北
兵至大帥以兩小旗前導來觀竟不前散如鴈翅轉山
麓出騎兵之後分三隊而進輜重外餘二萬人合達令諸
軍觀今日事勢不當戰且待之俄而北騎突前金兵不得

不戰至以短兵相接戰三交此騎少退北兵之在西者望
蒲阿親綰甲騎後而突之至於三峰蒲察定住力拒而退
天帥以旗聚諸將議良久合達知北兵意向時高英軍方
此顧而北兵出其肯擁之英軍動合達斬英復督軍
力戰北兵稍卻觀變英軍定復擁樊澤軍合達斬一千夫
長軍珠死聞乃卻之北兵面陣南向來路兩省復議彼雖
號三萬而輜重三之一焉又相持二三日不得食乘其卻
退當擁之張惠主議蒲阿言江路已絕黃河不冰彼入
重地將安歸乎何以速為不從乙亥北兵忽不知所在營
火寂無一耗兩省及諸將議四日不見軍又不見督邠州
乃知北軍在光化對岸棗林中畫作食夜不下馬望林中
往來不五六十步而不聞音響其有謀可知英初禹山戰
罷有二騎迷入營問之知北兵九七頭項大將統之復有
詐降者十人弊衣羸馬泣訴艱苦兩省信之易以肥馬飲
之酒及煖衣食而置之陣後十人者皆顏馬而去始悟其
為硯騎也庚辰兩省議入鄧就糧辰巳間到林後北兵忽
來突兩省軍迎擊交綏之際北兵以百騎邀輜重而去金
兵幾不成列遂夜乃入城懼軍士迷路鳴鐘招之樊澤屯
城西高英屯城東九年正月壬午朔耀兵於鄧城下北兵

不與戰大將使來索酒兩首與之二十瓶癸未大軍發鄧
州趣京師騎二萬步十三萬騎帥蒲蔡定住蒲察合吉卜
郎將按忒木忽孛菫總領夾谷愛薈內族達魯歡總領夾
谷移特剌提控步軍臨淄郡王張惠殄冠都尉完顏阿排
高英英澤中軍陳和尚與恒山公武仙楊沃衍軍合是日
而東伏發北兵南避是日雨宿竹林中庚寅安阜辛卯
次五朵山下取鴉路北兵以三千騎尾之遂駐營待楊武
我彼止知申裕兩州已降七日至夜議北騎襲之
楊武至知申裕明日軍行北騎襲之如故金以萬人擁之
五十於鄧州道明日軍行北騎襲之示以弱將當與之戰乃伏騎
通值之奪其牛半餉軍癸卯望鈞州至沙河北騎五千待
於河北金軍奪橋以過北軍即西首欲避金軍縱擊北軍
不戰復南渡沙河金軍欲盤營北軍復渡河來襲金軍不
能得食又不得休息合昏雨作明旦變雪北兵增及萬人
且行且戰至黃榆店望鈞州二十五里雪不能進盤營
省軍愿赴京師我御門襴軍換易御馬然後出戰未曉復
三日丙申一近侍入軍中傳旨集諸帥聽麾分制旨云兩
有密旨云近知張家灣透漏二三百騎已還衞孟兩州兩
省當常切防備領旨記蒲阿拂袖而起合達欲再議蒲阿

言止此而已復何所議蓋已奪魄軍即行比軍自北渡
者畢集前後以大樹塞其軍路沃衍軍奪路得之合達又
議陳和尚先擁山上大勢比再整頓金軍已接竹林去鈞
州止十餘里矣金軍遂進北軍果却三峯之東北西南武
高前鋒擁其西南楊樊擁其東北比兵俱却止有三峯之
東張惠按得木立山上望北兵二三十萬約厚二十里按
得木與張惠謀曰此地不戰欲何為耶乃率騎兵萬餘乘
上而下擁之北兵却須臾雪大作白霧瞑空人不相覩時
雪已三日戰地多麻田往往耕四五過人馬所踐泥淖沒
脛軍士被甲冑僵立雪中槍槊結凍如椽軍士有不食至
三日者比兵與河北軍合四外圍之熾薪燔牛羊肉更迭
休息乘金困憊乃開鈞州路縱之走而以生軍夾擊之金
軍遂潰聲如崩山忽天氣開霽日光皎然金軍無一人得
逃者武仙率三十騎入竹林中楊樊張二軍爭路北兵圍
之數重及高英殘兵共戰於柿林村南沃衍澤英皆死惟
張惠步持大槍奮戰而歿蒲阿走京師未至追及擒之七
月械至官山召問降否往復數百言但曰我金國大臣惟
當金國境內死耳遂見殺
贊曰金自南渡用兵克捷之功史不絕書然而地不加闢
殺傷相當君子疑之異時伐宋唐州之役喪師七百主將

訛論匿之而以捷聞御史納蘭斜之宣宗將奬御史而不罪
訛論是君臣相率而爲塵聲也禹山之捷兩省爲欺遂致
誤國豈非宣宗前事有以啓之耶至於三峯山之敗不可
收拾上下睽貽而金事已去十九
天朝取道襄漢懸軍深入機權若神又獲天助用能犯兵
家之所忌以建萬世之偉功合達雖良將何足以當之蒲
阿無誄獨以一死無蠅猶足取焉爾

開府儀同三司權國祿軍國重事前翰林學士承旨撰　國史院編修官臣脫脫奉

敕修

完顏賽不　白撒一名承裔　赤盞合喜

列傳第五十一　〈金史百十三〉　一　宗文

左副都點檢及平章政事傔散撥代宋為右翼都統六年六月

轉胡里改路節度使未幾遷武衛軍副都指揮使泰和二年

初補親衛軍章宗時選死護衛明昌元年八月由宿直將

軍為寧化州路節度使四年升武衛軍都指揮使尋為殿前

局使蒱鮮萬奴灤州刺史完顏達吉不等以騎七千往擊

之會潨水灅宋兵扼橋以拒賽不等謀潛師夜出達吉不

以騎潨水出其右萬奴等出其左賽不等不度其軍畢渡乃率

副統阿魯帶以精兵直趨橋宋兵不能過比明大潰萬奴

以兵斷貞陽路諸軍追擊至陳澤斬首二萬級獲戰馬無

倬李爽之敗阻潨水不敢進於是搲遣賽不及副統尚厥

宋將皇甫斌遂率步騎數萬由礶山襲信分路侵蔡闊郡

畜千餘級賜金幣甚厚貞祐初拜同簽樞密

院事三年遷知臨洮府事兼陝西路副統軍上召見諭曰

卿向在西京盡心為國及治華州亦嘗宣力今始及三品

特升授汝此職者以陝西安撫副使烏古論兗州不尊安

撫使達吉不節制多致敗事今已責罰兗州命卿副之宜

益務盡心其或不然復當別議行之八月知鳳翔府事兼

本路兵馬都總管俄為元帥右都監四年四月調兵拔宋

禾陂關五月夏人於來羌城界河修折橋以兵守護賽不

遣兵焚之八月夏人寇耶蒲川遣兵擊走之尋又破其

眾于車兒堡興定元年二月轉簽樞密院事時上以宋歲

幣不至且復侵詔賽不討之四月與宋人戰於信陽人於

首八千生擒統制周光復六戰斬獲甚眾斬首萬餘獲馬

隴山七里山等處前後六戰斬獲馬數千牛羊五百又破其

渡店授光山羅山定城等縣破光州兩闊斬首萬餘獲馬

牛及布分給將士詔賜玉兔鶻一內府重幣十端七月上

章言京都天下之根本其城池宜極高深今外城雖堅然

周六十餘里倉猝有驚難於拒守籲城中有子城故基

宜於農隙築而新之為國家久長之利及九河南陝西州

府皆乞量修從之二年正月破宋人於鐵山及上石店唐

縣四月進兼西南等路招討使西安軍節度使陝州管內

觀察使奉詔攻棗陽宋出兵三萬拒戰稍誘擊之宋兵敗

走城卒萬來援逆戰後大敗之七月還行山東西路兵馬

千步卒萬來援逆戰後大敗之七月還行山東西路兵馬

都總管兼武寧軍節度使三年二月奪宋白石關殺其守

鶻倉獲粮九千石兵仗三十餘萬是月復敗宋兵三千于

石鶻崖四年三月奉詔出兵河北招降晉安權府事皇甫

珪正平縣令席求堅守堡寨力戰破敵者報賽不上章言河北

所在義軍官民堅守堡寨力戰破敵者報賽不上章言此

頻忠赤可嘉若不旌酬無以激人心乞朝廷量加官賞萬

此奏甚稱朕意其令有司遷賞之是年四月遷樞密副使

一敵兵復來將爭先效用臾上覽奏召樞密官曰朕與卿

等亦嘗有此議以不見彼中事勢故一聽帥臣規畫今觀

五年五月奉詔引兵救河東戰屢捷復晉安平陽二城監

列傳 〈金史百二十三〉 三 〈蒲察〉

功詔勿問元光二年五月復河中六月詔謝宰臣曰樞密

察御史言其不能檢束士眾繼之虜略請正其罪上以有

副使賽不本皇族先世偶然脫道陡重其獲人且久勞王

家巳命睦親府附于屬籍矣卿等宜知之正大元年五月

拜平章政事未幾轉尚書右丞相雅與參知政事李蹊相

得及踌以公罪出尹京洛賽不數為蹊此唐魏徵以故賽

得復相三年宣宗廟成將棟祭議配享功臣論者紛紜賽

不為大禮使因言丞相與死王事七斤謹守河南以迎

大駕宜擇人配享議遂定四年吏部郎中楊居仁上封事言

宰相宜擇人上語大臣曰相府非其人御史諫官當言彼

吏曾何與于此尚書左丞顏盞世魯素嫉居仁亦以為僭

賽不徐進曰天下有道庶人猶得獻言況在郎陛下有

寬弘之德故不應言者猶言耶使其言之大與令行之不可用

不必示臣下也上是之居仁字行之大與泰和三年進

士天興末時北渡舉家投黄河苑五年行尚書省于京兆

謂都事章衡曰古來宰相必用文人以其知為相之道賽

不何所知使居此位吾恐他日史官書之其時以其為相

而國乃亡即促衡草表乞致仕平章政事俟舉朴直無蘊

籍朝廷鄙之天興九年兵事急自致仕起為大司農未幾

復致仕徐州行尚書省無敢行者復拜平章政事都堂

列傳 〈金史百二十三〉 四 〈寬乃〉

撒日俟相言甚當白撒迸含憤而罷時

會議摯以國勢不支因論數事曰只是更無壁劃白撒怒

曰平章出此言國家何望耶意在置之不測賽不顧謂白

大元兵薄汴白撒策後曰講和或出質必首相當行力請

賽不領省事拜為左丞相樞密使

起復為右丞相樞密使兼左副元帥封壽國公従以行

事於徐州既至以州乏粮遣郎中王萬慶會徐宿靈壁兵

河北兵潰從至歸德又請致仕二年七月復詔行尚書省

取源州令元帥郭恩統之九月至源州城下敗績而還

再命卓翼攻豐縣破之初郭恩以敗為恥託疾不行乃密

與河北諸叛將郭野驢等謀歸國用安執元帥商璠父子
元帥左都監緫石烈善佳併殺之又逐都尉斡轉留奴泥
庖古桓端蒲察世謀元帥右都監李居仁員外郎常忠自
是防城與守門者皆以賊黨所制束手聽命而已初源自
不視事每重爲賊黨所制束手聽命而已初源自恣賽不
匿者每辭疾不行賽不逮授野驢徐州節度副使兼防城
驅士以朝命阻絶且襲破徐州時蔡巳被圍徐州叛將麻
都緫領實轟爲之也野驢既見徐州空虛乃約源州交攻郭野
琮內外相應十月甲申詰旦襲破徐州時蔡巳被圍徐州
將士以朝命阻絶且通大兵議出降賽不弗從恐被軌至
是投河求死流三十餘步不沒軍士援出之又五日自縊

于州第麻琮乃道人以州降
大元子按春正大中充護衛坐與宗室女姦杖一百收係
居許州大兵至許按春開南門以降從攻京師曹王出質
朝臣及近衛有從出著按春梗口大罵以至指斥是冬復
自北中逃廻詔令押入省問事情按春隨近侍階作揮
沸之狀詔問丞相云按春自北中來丞相好與問彼中息
耗賽不附奏曰老臣不幸生此賊事至今日恨不手刃之
恐與對畫語平十二月車駕東狩留後二相下開封捕楊
斬之獄中
贊曰賽不臨陣對壘既有將略洎委釣衡觀其救解楊居

仁俟羣臣等言殊有相度按春之事尤有古人之風焉晚以
老病受制叛臣致修匹夫四婦之節此猶大廈將傾非一
木之所能支也迓夫
內族白撒名承裔末帝承麟之兄也系出世祖諸孫自幻
爲奉御貞祐間累官知臨洮府事兼本路兵馬都緫管與
定元年爲元帥左都監行帥府事於鳳翔西行
兵千天水軍捶擊宋兵大潰二年四月後敗宋兵又遇宋
山遂拔西和州宋帥羅參政統制李大亯焚廬舍棄城遁
不率軍趨成州宋帥羅參政統制李大亯焚廬舍棄城遁
省伐宋白撒出鞏州遇宋兵於皂郊堡敗之又至難公

留千餘人城守督兵赴之遂克焉獲粮七萬斛錢數千萬
河池縣守將楊九鼎亦焚舍走保清野原統制高千據
黑谷關甚固遣兵襲之千遁去獲粮二萬斛器械是因
夷其險而還三年破虎頭關敗宋兵千七盤子雞冠關要
城縣官民自焚城守遂因取其城興元府提刑兼知府事
趙希昔聞兵將至率官民遁於是白撒遂取興元以駐兵
馬命提控張秀華馳視洋州官民亦遁又取其城尋聞漢
江之南三十里宋兵二千據山而陣遣提控唐括移失不
擊是之行省以捷聞宣宗大悅進白撒官一階時朝議以
蘭州當西夏之衝父爲敵據將遣白撒復之白撒奏曰臣

近入宋境略河池下鳳興元抵洋州而還經涉險阻
數千里士馬疲弊未得少休而欲重為是舉甚非計也不
若息兵養士以備從之未幾權參知政事行省事于平涼
四年上言宋境山州宇昌東上拶一帶蕃族昔嘗歸附分
廞德順鎮我之間其後有司不能存撫相繼亡去近間復
有歸心然不招之亦無由自至誠得其報可以助兵臨諡
命遣人招之其所遣及諸來歸者皆當甄奬請預定賞格
以待之上是其言是年夏兵三萬由高崖嶺入冠定西州
節廞副使溫敦求昌出戰大敗之斬首千餘獲馬伏甚眾五年
長壽溫敦求昌遣詔臣遣官諭諸蕃族以討西夏臣即令臨
洮路總管女奚烈古里間計約喬家丙令族首領以謝餘
族又別遣權左右司都事趙梅委差官邊授合河縣尉剌
真同往撫諭未幾梅員報漢哥城等處諸族與先降族共
願助兵七萬八千餘人本國蕃族願助兵九千若更以官
軍繼為聲援勝夏必矣臣已令古里間將華州兵三萬宜
更擇易略之臣副之梅其等既委事勢當假以軍前之職
善僧納林心波亦招誘有功乞遷官授職以奬勵之上皆

從其請元光元年二月行省上言近與延安元帥完顏合
達納合買住議河北郡縣俱已殘毀陝西河南亦經抄掠
比者西北二敵併攻廓延城邑隨隨惟延安孤壘僅得保
全若今秋復至必長驅而深入雖京兆鳳翔慶陽平涼已
各益軍而率皆步卒且相去闊遠西北少休宜乘此隙
不支則河南亦不安矣今二敵遠去西北少休宜乘此隙
徑取蜀漢寔國家基業萬全之計詔樞密議之先是夏兵
數十萬分冠龍谷廊延大通諸城上召白撒等授以方略
命發兵襲其浮橋迻趙西涼別遣將取大通城出溪哥路
略夏地白撒徐出鎮戎合達出環州以報三道之役白撒

馳至臨洮遣總管女奚烈古里間積石州剌史徒單牙武
各攝帥職率兵西入遇夏兵千餘於踏南寺擊走之夏人
據大通城因圍之分兵奪其橋與守兵七千人戰大敗之
幾殺其半入河死者不可計餘兵焚西橋西道乃遷軍攻
大通克之斬首三千因招來諸寺族被脅僧俗人皆按堵
如故以河渭既焚塞外地寒少草師遂還十二月行省言
近有人自比來者稱國王木華里悉兵汒渭而西謀攻鳳
翔鳳翔既下乃圖京兆京兆卒不可得留兵守之至春踪
蹺二麥以困我未幾大兵果圍鳳翔師府遣人告急臣以
為二鎮脣齒也鳳翔蹉跌則京兆必危而陝右大震矣然

平川廣野寒騎兵馳騁之地未可與之爭鋒已遣提控羅
樞將兵二千循南山而進伺隙攻其柵墨以舒城圍之
發河南步騎以備潼關詔付尚書省樞密院議之二年冬
哀宗即位邊事益急正大五年八月召白撒還朝拜尚書
右丞未幾拜平章政事白撒居西再幾十年當宋夏之交
事頗慎貴鄙及入為相專慎尤甚嘗悲寢食不適口每以
家膳自隨國家顛覆初不恤也九年正月諸軍敗績於三
峯山大兵與白坡兵合長驅趨汴令史楊居仁請乘其遠
至擊之白撒不從且陰怒之遂遣完顏麻斤出邵公戊等
部民萬人開短堤決河水以圍京城功未畢而騎兵奄至
麻斤等皆被害丁壯無二三百人得反者壬辰棄衛州運
守具入京初大兵破衛州宣宗南遷移州治於宜村渡河
新城於河北岸去河不數步惟此面受敵而以石包之歲
屯重兵於此大兵屢至不能近至是棄之隨為大兵所據
甲午修京城樓櫓初宣宗以京城關遠難守詔高琪築裏
城公私力盡僅乃得成至是議所守朝臣有言裏城決不
可守外城或不測可用於是決計守外城時在城諸軍不
出裏城決不可棄大兵先得外城先得一人不
四萬京城周百二十里人守一垜口尚不能徧故議避遷

之民充軍又召外在京軍官於上清宮平日防城得功者如
内族按出虎大和兒劉伯綱等皆隨名而出截長補短假
借而用得百餘人又集京東西沿河萬屯兩都尉及衛州
已起義軍建威得四萬人益以丁壯六萬分置四城每
面別選一千名飛虎軍以專救應然亦不能軍矣三月京
城被攻大臣分守四面白撒居西南受攻最急樓櫓毎就
輒權傳令取竹為護簾所司馳入城大索竟無所得白撒
怒欲斬之貪外郎張奎附所司懷金多則濟矣胡不
即平章府求之所曰金多則濟矣胡不
已而兵退朝廷議罷白撒白撒不自安乃謂令史元好問
曰我妨賢路父矣得退是辜為我撰乞致仕表頃之上巳
遣使持詔至其第令致仕既廢軍士恨其不戰誤國揚言
欲殺之白撒一夕數遷上以親軍二百陰為之衛軍士
無以泄其憤遂相率毀其別墅而去其黨元帥完顏斜捻
阿不領本部軍戍汴之徑詣其所斬經其垣下者一人
以鎮之是時速不觸等兵散屯河南汴城粮且盡累召援
兵復無至者冬十月乃復起白撒為平章政事權樞密使
兼右副元帥於是羣臣為上畫出京計以賽不為右丞相
樞密使兼左副元帥内族訛出右副元帥兼樞密副使權
參知政事李蹊兵部尚書權尚書左丞徒單百家元帥左

監軍行總帥府事東面元帥高顯副以
住兵五千南面元帥完顏猪兒副以建威都尉完顏斡論
出兵五千西面元帥劉益上黨公張開副以安平都尉
綱軍五千比面元帥內族襄室副以振威都尉張閣軍五
千中翼都尉賀喜軍四千隸總帥百家都尉內族住
副都尉王簡總領王福繼神臂軍三千左翼元帥內
馬軍一百五十郡完顏按出虎親衛軍一
千總領完顏長樂副帥完顏溫敦昌孫馬軍三百郡王王義深
族小襄室親衛軍一千右翼元帥完顏

帥百家飛騎都尉兼合剌合
總領求虎只魯歡總領夾谷

之授以印及金虎符釐臣議以河朔諸將前導鼓行入開
州取大名東平豪傑當有響應者破竹之勢成矣溫敦昌
孫曰太后中宮皆在南京比行萬一不如意聖主孤身欲
何所為便若歸德奏曰聖體更五六月不便鞍馬且不可令大兵先取衛州還
京為便白撒奏曰聖體不便鞍馬且不可令大兵
在今可駐歸德臣等率降將往東平俟諸軍到可一鼓而
下因而經略河朔且空河南之軍上以為然時上已遣官
奴將三百騎探邏麻岡未還上將御船賜白撒劍得便宜

從事決東平之策官奴遂委衛州有粮可取上召白撒問
之曰撒曰京師且不能守就得衛州欲何為耶以臣觀之
東平之策為便上主官奴之議明年正月朔次黃陵岡是
日歸德守臣以粮糒三百餘船來餉遂就其舟以濟南岸
未濟者萬人
大元將回古乃率四千騎追擊之賀都喜揮一黃旗督戰
身中十六七箭軍殊死鬥得卒十餘人大兵少卻上遣送
酒百壺勞之須史比風大作舟皆吹著南岸諸兵復擊之
溺死者近千人元帥猪兒都尉紇石烈訛論等死之建威
都尉完顏訛論出降於

大元上於比岸望之寰懼率從官焉猪兒等設祭哭之皆
贈官錄用其子姪斬訛論出二弟以徇遂命白撒攻衛州
上駐女河上留親衛軍三千護從都尉高顯步軍一萬元
帥官奴忠孝軍一千郡王范成進王義深上黨公張開元
帥劉益等軍總帥百家總之各賫十日粮聽承裔御制發
自蒲城上時已遣賽不將馬軍比向矣白撒以三十騎追
及謂賽不曰有旨令我將馬軍賽不謂上曰比行議已決
不可中變上曰承相當與平章和同完顏仲德持御馬銜
苦諫曰存亡在此一舉衛州決不可攻上麾之曰蒙政不
知白撒遂攻衛州兵至城下御旗黃織招之不下其夜比

騎三千奄至官奴和速嘉兀地不按出虎與之戰比兵却
六十里然自發蒲城邊延八日始至衛而猝辦攻具縛槍
為要楙州人知不能攻中益嚴九攻三日不克及聞河南
大兵濟自張家渡至衛西南遂劉益踵其後戰於白
公廟敗績白撒等棄軍通劉益開勦為民家所殺車駕
遂次蒲城東三十里白撒孫時使人密奏劉益一軍叛去點撥
當決戰何遽退平山頂白撒去歸德白撒收潰兵大橋
末撚兀典總領溫敦昌孫時行帳中請上登舟上曰正
驚如故時夜巳四更兵疲狼狽入歸德

金史卷百三十　十三　劉伏

得二萬餘人懼不敢上關遣近侍局提點移剌粘古統
石烈阿里合護衛二人以舟往迎之旣至不聽入見并其
子下獄諸都尉司軍以白撒不戰而退發慣出怨言上乃
暴其乘曰惟汝將士明聽朕言我初提大軍次黃陵岡得
渡白撒即奏宜渡河取衛州可得粮十萬石乘勝恢復河
比我從其計令遂諸軍攻衛去蒲城二百餘里白撒遷延
八日方至又不預備攻具以致敗衂白撒棄軍竄還蒲城
便言諸軍已潰比兵勢大不可當信從登舟幾死于水若
當時知諸軍未嘗潰只河北戰死亦可垂名於後今白撒
已下獄不復錄用籍其家產以賜汝衆其盡力國家無效

此人凶狠白撒七日而餓死其弟承麟子狗兒徐州安置
當時讖者衛州之舉本自官奴歸之白撒則亦過矣初潤
河居民聞官軍北渡築垣塞戶潛伏洞宂及見官奴一軍
餉令明肅撫勞周悉所過無絲駭之犯老幼婦子坦然相
視無復畏避俄白撒轟繼軍四出剽掠俘虜挑掘焚炙靡
所不至哭聲相接屍骸盈野都尉高樑謙苗用秀輩仍掠
人食之而白撒誅斬在口所過官吏殘虐不勝一飯之費
人啗呴然好貨殖能押闍中人主心迹浸潰以取將接人
不知書姦黠有餘簿書政事聞之即解後善談議多知目
有數十金不能給者公私皇皇日皆大兵至矣奧白撒則
奴隸月廩與列將等猶以為未足也上嘗遣中使責之曰
卿汲汲於此將無比歸意耶白撒終不懌以及於禍

金史卷百三十　十四　劉伏

富貴起第於汴之西城規模擬宮掖婢姜百數皆衣金縷
贊曰白撒本非將才慆怯誤國徒能阿合以取富貴性慘

不悟者歟

赤盞合喜性剛愎好自用朝廷以其有才幹任之宣宗時
累遷蘭州刺史提控軍馬貞祐四年十一月夏人四萬餘
騎圍定西羣致攻具將取其城合喜及楊幹烈等率兵鏖
戰走之斬首二千級俘數十人獲馬八百餘匹器械稱是

興定元年正月以屢敗夏人遇授同知臨洮府
軍事削職是冬陝西行省奉詔代宋合喜權行元帥府駐
來遠案以張聲勢既而獲捷二年四月宋兵數千優臨洮
合喜擊走之斬獲其眾三年四月還元帥左都監行元帥
府事子輩州四年四月夏人犯邊合喜討之師次鹿兒原
遇夏兵千人遣提控為吉論世鮮卑偏師敗之都統王定
亦破其報一千五百于新泉城九月夏人攻輩州合喜遣
兵擊之一日十餘戰刼打甲王等訊知夏大將你思丁元名

金史二百二十三　主　月前

二人謀以為輩帥府所在輩既下則臨洮積石河洮諸城
不攻自破故先及輩具構宋統制程信等將兵四萬來攻
合喜聞之飾兵嚴備俄而兵果至合喜督兵搏戰却之殺
數千人攻益急將士殊死戰殺傷者以萬計夏人焚其攻
具扳栅而去合喜已先伏甲要地邀之復率眾驅其後斬
首級眾十月以功遙授平西軍節度使元光元年大將萌
古不花攻鳳翔朝廷以主將完顏仲元孤軍不足守輗命
合喜閱兵援之二年二月木華黎國王斜里吉不花等及
夏人步騎數十萬圍鳳翔東自扶風岐山西連汧隴數百
里間皆其營栅攻城甚急合喜盡力僅能禦之於是合喜
以同知臨洮府事顏盞蝦蟆戰尤力遂以便宜升為通遠

軍節度使上嘉其功許之是歲升簽樞密院事袁宗即位
拜參知政事權樞密副使正大八年十一月鄧州馳報
大元兵破峣峯關由金州東下報至時日已暮省院官入
奏上曰事至於此奈何上即位至是八年從在東宮日立
十三都尉每尉不下萬人彊壯趫捷極為精練發卒萬八千
器甲糧重至六七十一日夜行二百里之捷二百里忠孝軍
人皆回紇河西及中州人被掠而逃歸者人有從馬以騎
射選之乃得補親衛騎兵武衛護衛選外諸軍又二十餘
萬故頻年有大昌原倒回谷之捷遂有一戰之
資至是院官同奏比軍冒萬里之險歷二年之久方入武

列傳第五十七　金史二百二十三　十六　古通

休其勞苦已極為吾計者以兵屯雕鄭昌武歸德及京畿
諸縣以大將守洛陽潼關懷孟等處嚴兵備之京師積粮
數百萬斛令河南郡縣堅壁清野百姓不能入城者聚保
山砦彼深入之師欲攻不能欲戰不得師老食盡不擊自
歸矣上太息曰南渡二十年所在之民破田宅粥妻子以
養軍士且諸軍無慮二十餘萬全敵至不能迎戰徒以自
保京城雖存何以為國天下其謂我何又曰存亡有天命
惟不負民可也乃詔合達蒲阿等屯軍襄鄧九年正月兩
省軍潰于三峯山比兵進薄京師三月庚子議曹王出質
大兵比行留速不解攻城攻具已辦既有納質之請即又

云我受命攻城但曹王出則退不然不罷也壬辰曹王入
辭宴於宮中癸卯北兵立攻具沿壕列木柵以新草填壕
頃列平十餘步主兵者以議和之故不敢與戰但於城上
坐視而已城中喧闐上聞之從六七騎出端門至舟橋時
新雨漲軍駕忽出人驚愕失措但跪於道傍亦有望而拜
者上自麾之曰勿出人歸其家老幼遮擁至有懼觸御衣者
於地上勑從官皆至進笠不受曰軍士暴露我何用此為
少頃宰相從軍士皆踴躍稱萬歲臣等戰死無所恨至有感
泣者西南軍士五六十輩聚而若有言者上就問之跪曰

大兵努土填壕功已過半平章傳令勿放一鏃恐壞和事
想宣有計耶上顧謂其中長者云朕為生靈稱臣進奉無
不從順止有一子養來成長今徃作質子矣汝等略忍待
曹王出大兵不退汝等死戰未晚復有拜泣者曰事急矣
聖主母望和事乃傳旨賊臣盡大兵退矣衛士欲擊之
馬仰視曰醉矣勿問是曰曹王出諸軍前大兵併力進攻
上止之曰聖主無信賊臣賊臣城上放箭西水門千戶劉壽控御
所欲言曰臣等皆太學生令執砲夫之役恐非國家百年
甲辰上復出撫東門將士太學生楊奐等前曰恐非國家百年
以來待士之意勑記姓名即免其役過南薰門值被劉壽

親傳以藥手酌之巵酒以賜且出內府金帛以待有功者是
日大兵驅漢俘及婦女老幼負新草填壕斬城上箭鏃四
下如雨頃刻壕為之平龍德宮造砲石取宋太湖靈壁假
山為之小大各有斤重其圓如燈毬之狀有不如度者杖
其工大兵用砲則不然破大碪或礎磚為二三皆用之
攢竹砲有至十三稍者拆大木為之合抱之木隨擊而碎
皆故宮及芳華玉嵹所拆砲百餘日石幾盡則不復城上樓櫓
以馬糞麥秸布其上絙索旍旌固護之其懸風板之外皆
以牛皮為障遂謂不可近大兵以火砲擊之隨即延爇不

可撲救父老所傳周世宗築京城取虎牢土為之堅密如
鐵受砲所擊唯凹而已大兵壕外築城圍百五十里城有
乳口樓櫓壞深丈許闊亦如之約三四十步置一鋪鋪置
百許人守之初白撒命築門外短牆委曲隥隥容二三人
徑渡燒其砲坐城上懸紅紙燈為應約燈起渡壕又為壕
得過以防大兵奪門及被攻諸將請束夜斫營軍乃不能
猝出比出已為北兵所覺後又夜募死士千人完城由壕
者所覽又放紙鳶置文書其上至北營則斷之以誘被俘
若識者謂前日紙燈令日紙鳶為宰相以此退敵難矣若丞
世魯命作江水曲使城上之人靜夜唱之蓋河湖先有此

曲以譎峹之思其謀計如此合喜先以守鳳翔自誇又
令守西北隅其地受攻最急而合喜當之語言失措面無
人色軍士特以車駕效出薪勞人自激昂爭為效命耳其
攻城之具有火砲名震天雷者鐵罐盛藥以火點之砲起
火發其聲如雷聞百里外所薪圍半畝之上火點著甲鐵
皆透大兵又為牛皮洞直至城下掘城為龕間可容人則
城上不可奈何矣人有獻策者以鐵繩懸震天雷者順城
而下至掘處火發人與牛皮皆碎迸無迹又飛火搶注藥
以火發之輒前燒十餘步人亦不敢近大兵惟畏此二物
云四月罷攻至是十六晝夜矣內外死者以百萬計大兵

知不可下乃謀為好語云兩國已講和更相攻耶朝廷亦
就應之明日遣戶部侍郎楊居仁出宜秋門以酒炙犒師
於是營幕稍哨外遷遂退兵壬午合喜以大兵退議入賀
諸相皆不欲獨合喜以守城為已功持論甚力呼令史元
好問曰罷攻已三日而不入賀何也速召翰苑官作表好
問以白諸相權合喜怒內族思烈曰城不亡帝后免為庶
況以罷攻為可賀歟合喜怒曰社稷不亡之盟諸侯以為恥
不以為喜耶明日近侍局直長張天任至省好問私以賀
讓告之天任曰人不知恥乃若是耶因謂諸相曰京城以
兵上深以為厚聞百官欲入賀譏有此否會學士趙秉文

不肯撰表議遂寢是月以尚書省兼樞密院事合喜罷樞
密合喜既失兵柄意殊不樂欲鍍院印諸相謂院事仍在
印有用時不宜毀合喜怒答其撻有投匭有書於御路
云副樞合喜總帥撒合國賊訕朝廷不殺報軍
亦須殺之為國除害衛士以聞撻合飲藥死訕出稱疾不
出惟合喜坦然若無事者上亦無所問由是軍國之事盡
決于合喜既大敵我當世世與若為奴聞者無不竊笑
蓋不識岢字至分為兩耳天興元年七月權參知政事思
中時病合喜初大兵圍汴入省呼其名責之曰子為陳山可耶
果如子言能退大敵我當世世與若為奴聞者無不竊笑

烈恒山公武仙合軍自汝州入援詔以合喜為樞密使統
京城軍萬五千應之且命賚不為之助八月己酉朔駐於
近郊候益兵乃進屯中牟古城凡三日聞思烈軍潰即夜
棄輜重馳還熒明至鄭門聚軍乃入言者謂合喜始夜
命不出中則逗遛不進終則棄軍先遁委葉軍資不可勝
計不斬之無以謝天下上貸其死免為庶人既而籍其家
以賜軍士合喜即治裝欲行崔立邀至省酌酒餞送且以
招之合喜既慶居汴中常欷歔不樂會大將速不解遺人
二百兩為贐明日復詣省別立方對語適一人自歸德持
文書至發視之乃行省傳袁宗語以諭合喜者其言曰卿

朕老臣中間雖廢出未嘗忘卿今崔立已變卿故舊人尚多若能反正與卿世襲公相立怒叱左右繫之獄是日斬之

論曰合喜初年用兵西夏屢著勞效要亦諸將石盞蝦蟆等功也既當大任遂自矜伐汴城之役舉措煩擾貿出兵退即圖稱賀此豈有體國之誠心者乎中牟之潰衆怒所歸幸逭一死猶懷異圖卒殞猜疑天蓋假手於崔立也

列傳第五十一

開府儀同三司在闕攝軍國重事前署名稱推　國初經筵韋都總管　脫脫　奉

勑修

白華　斜卯愛實今周附　石抹世勣

白華字文舉澤州人貞祐三年進士初為應奉翰林文字

正大元年累遷為樞密院經歷官二年九月武仙以真定

來歸朝廷方經理河北宋將彭義斌乘之遂由山東取邢

洺磁等州華上奏曰比兵有事河西故我得少寬今彭義

斌招降河朔郡縣驛騷及於真定宜及此大舉以除後患

時院官不欲行即遣華相視彰德實撫之也事竟不行三

年五月宋人掠壽州次州沐州桃園軍失利死者四百餘人時

夏全自楚州來奔十月庚申集百官議和宋上聞全所以

來奏全初在沐州從宋帥劉卓住楚州人訛言劉大

帥來欲屠城中北人耳纍軍怒殺卓以城來歸全終不自

安跳走沐州沐人不納城下索妻孥又不從計無所出乃

狼狽而北止求自免無他慮也華因是為上所知至後

盱眙楚州王義深張惠范成進相繼以城降詔改楚州為

平淮府以全為金源郡王平淮府都總管張惠臨淄郡王

義深東平郡王成進勝西郡王和宋議寢四年李全據楚

州根皆調盱眙不可守上不從乃以淮南王招全全曰王

義深范成進皆我部曲而使王封何以處我我竟不至是歲

慶山奴敗績于龜山五年秋增築歸德城擬工數百萬宰

相奏遣華往相役使華見行院溫撒辛語以民勞朝廷愛養

之意減工三之一溫撒及華諭之曰李全據有楚州盱眙山東久必為患今

判官上召忠孝軍總領蒲察定住經歷王仲澤戶部郎中

刁璧及華謫令定住權監軍事所統軍一千別遣

比事稍緩合乘此隙令定住都尉司步軍萬人以壁仲澤等謀同往海界招之不

從則以軍馬從事鄉等以為何如華對曰臣以為李全借

大兵之勢宋人供給餉特一猾寇耳老狐沈塚待夜

而出何足介懷我所慮者北方之強耳今北方有事未暇

南圖一旦事定必來攻矣與我爭天下者此也全何預焉

若北方事定全將聽命不自暇設不自量更有非望天下之

人寧不知逆順其肯去順而從逆乎為今計者始養士馬

以備北方使全果有不軌之謀亦當發於北朝息兵之日

當此則我易與矣上沈恩良久曰卿等且退容我更思明

日邊定住還屯尉氏時陝西兵大勢已去留脫或蔡駐慶

陽以擾河朔且有攻河中之耗而衛州帥府與恒山公府

並立應一旦有警節制不一欲合二府為一又恐其不和

命華往經畫之初華在院屢承面諭云汝為院官不以軍

馬責汝汝辭辯特以合喜蒲阿皆武夫一語不相入便為
齟齬審事非細令以汝調停之或有乖忤罪及汝矢院中
事當二人一奏我汝之職也今衛州之委亦前日調停之意
國制凡樞密院上下所倚任者名奏事官其日有三一曰
承受聖旨二曰奏事三曰省院議事皆以一人主之承受
聖旨者凡院官奏事或上與分獨召奏事官付之多至一
二百言或直傳上旨辭多者即與近侍局官批焉奏事者
謂事有區處當取奏其奏每嫌辭費必欲言簡
而意明退而奉行即立文字謂之撤目省院殿上議事
則熙記之議定歸院亦立檢目呈覆有疑則復票無則付

操史施行其赴省議者議既定留奏事官與省左右司官
同立奏草圓覆諸相無異同則右司奏上此三者之外又
有難者曰備顧問如軍馬糧草器械軍帥部曲名數與夫
屯駐地里阨塞遠近之類凡省院一切事務顧問之際一
不能應輒以不用心被譴其職為甚難故以華處之五月
以丞相賚不行尚書省事於關中蒲阿率完顏陳和尚忠
孝軍一千駐邠州且令審觀北勢如是兩月上謂白華曰
汝往邠州六日可往復否華自量曰可馳三百應之曰可
上令密諭蒲阿纔候春首當事慶陽華如期而還一日
顧謂華言我見汝從來凡語及征進必有難色今此一舉

特銳於平時何也華曰向日用兵以南征及討李全之事
梗之不能專意北方故以北向為難今日異於平時況事
至於此不得不一舉大軍入界巳三百餘里若縱之令下
秦川則何以救終當一戰擢之與其戰於近裏之平川不
若戰於近邊之險隘上亦以為然七年正月慶陽圍解大
軍還白華上奏凡軍足為一戰之資此外應河南府州亦
及馬軍都尉司步軍足為一戰之計兵食為急除密院已定忠孝軍
華真授樞密判官上遣近侍局副使七斤傳旨云朕用汝
濱簽揀防城軍秋聚春放依古務農講武之義令各防本
州府城必令見在九十七萬無致他目為資敵之用五月
為院官非責汝將兵對壘第欲汝立軍中綱紀發遣文移
和睦將帥究察非違至於軍伍之閒習器仗六修整皆汝
所職其悉力國家以稱朕意八年大軍自去歲入陝西翔金
翔京兆同華之閒破南山砦柵六十餘所巳而攻鳳翔金
軍自閴鄉屯至渑池兩行省晏然不動宰相臺諫皆以上
院瞻望逗遛為言京兆庶幾橫議蜂起以至諸相力奏上
前上曰合達蒲阿必相慶機會可進而進耳若賢之使戰
終出勍強恐無益而反害也因遣白華與右司郎中夾谷
八里門道宰相百官所言介閒以且今二月過半有意歸
之形諸軍何故不動且詔華等往復六日華等既到同論

兩行省以上意合達言不見機會見則動耳浦阿曰彼軍
絕無糧餉使欲戰不得欲留不能將自敗矣合達對浦阿
及諸帥則言不可動見士大夫則言可動人謂合達近嘗
得罪又畏浦阿方得君不敢與抗而亦言不可動華等觀
二相見比兵勢大皆有懼心遂私問樊澤定住陳和尚以
為何如三人者皆曰他人言比兵疲困故可攻此言非也
大兵所在豈可輕料是真不怯不敢動華等還以二相及諸將
意奏之上曰戎故知其力不敢動矣即復遣華傅旨諭二
相云鳳翔圍久恐守者力不能支行省當領軍出關浦華
陰界次日及華州略與渭比軍交手計大兵

《金史百二十四》　五

閉之必當奔赴且以少紓鳳翔之急我亦得為掣肘計耳
二相遇奏領官華東還及中年已有兩行省納奏人追及
華取報密院副本讀之言領旨提軍出關二十里至華陰
界與渭比軍交是晚收軍入關華為之仰天浩嘆曰事至
於此無如之何矣華至京奏章已達知所奏為徒然不二
三日鳳翔陷兩行省以遂棄京兆與牙古塔起遷居民於河
南留慶山奴守之夏五月楊妙真以夫李全皆於宋構浮
橋於楚州之北就北帥楼魯胡吐乞師復雜朝廷覘知之
以詣比軍果能渡淮淮與河南跬步間耳遣合達浦阿駐
軍桃源界激河口備之兩行省乃約宋帥趙范趙葵為夾

攻之計二趙亦遣人報聘俱以議和為名以張聲勢二相
屬以軍少為言而省院難之因上奏云向來附關屯駐半
年適還舊喘不交息又欲以暑月東行實無可圖之事
徒自疲而已況兼桃源青口蛟虵漱溢之地不便牧養自
今非征進時月決不敢妄動且我之所慮特楚州浮溪耳
姑以計圖之已遣提控王銳往視可否奏上上遣白華以
此傳諭二相兼領王銳行二相不悦浦阿遣水軍虹縣所
屯王提控者以小船二十四隻令華順河而下必到八里
坐徒事口吻今樞判親來可以相視可否歸而奏之華力

《金史百二十四》　六

辭不獲遂登舟及淮與河合流處遶及八里莊城門相直
城守者以白鵲大船五十泝流而上占其上流以截華歸
路華幾不得還昏黑得徑先歸乃悟兩省怒朝省不益軍
遣人送款云早者主將出城開船截大金歸路其等商議
主將還即閉門不納渠已奔去楚州乞發軍馬接應二相
即簽兵騎開船赴約明且入城安慰又知楚州大喜接應
河朔宋將燒浮橋二相附華納奏上大喜初合達謀取宋
淮陰五月渡淮淮陰主者胡鈴性楚州計事於楊妙真
比還提正官郭恩送款于金胡還不納慟哭而去合達遂

22-1073

入淮陰詔改歸州以行省烏古論葉里哥守之郭恩爲元
帥右都監既而宋人以銀絹五萬兩匹來贖盱眙龜山宋
使留館中郭恩謀劫而取之或報之于盱眙帥府即以軍
至恩不果發明日宋將劉忠湯孝信以船三十艘燒浮梁
因遣其將夏友諒來攻盱眙未下泗州總領完顏矢哥利
謂之曰容我拜辭朝廷然後死遂取朝服望闕拜慟良久
館中銀絹遂反防禦使徒單塔剌聞變把罕山亭甬路好
投亭下水死矢哥遂以州歸楊妙真總帥納合買住亦以
盱眙降宋九月陝西行省防秋時大兵在河中

唐宗已領兵入界慶山奴報糧盡將棄京兆而東一日白

【金史百二十四】 （七）

華奏偵候得
唐宗所領軍馬四萬行營軍一萬布置如此爲今計者與
其就漢禦之諸軍比到可行半月不若徑往河中目今必
河也守一日可渡如此中得利襄漢軍馬必當遲疑不進
在北爲投機在南爲掣肘臣以爲如此平日猶於武事闇
之爲得之他人曰恩見如此上曰此策汝言
言若欣快者然竟不行未幾合達自陝州進奏帖亦爲此
事上得奏甚喜蒲阿時在洛陽驛召之蓋有意於此將出
阿至奏對之間不及此止言大兵前鋒忞木解統之將出
冷水谷口且當先禦此軍上曰朕不問此只欲問河中可

擣召蒲阿不護已始言
唐宗所領兵騎雖多計皆冗雜大兵軍少而精無非選鋒
金軍北渡大兵必遣輜重屯於平陽之比恐其選鋒百里
之外放我師渡必遣輜重屯於平陽之比恐其選鋒百里
朕料汝如此我師渡然後斷我歸路與我決戰恐不得利上曰
密使所言此間一面華撥忽亦未盡乞召至上
日見得合達亦止此而已性復遲滯轉致惶懼事華奏合達
必見機會召至同議華奏蒲阿曰合達
之言爲是上乃從之召達至同議爲便副樞赤盞合喜達

【金史百二十四】 （八）

入見既議華執合達奏帖舉似再三竟無一先發言者移
時蒲阿言且勾當冷水谷一軍何如合達曰是矣遂入見
上問卿等所議若何合達敷奏其言甚多大槩言河中之
事與前日上奏時勢不同所奏亦不敢自主議遂寢二相
還陝量以軍馬出冷水谷奉行故事而已十二月河中府
破九年京城被攻四月兵退改元天興是月十六日併樞
密院歸尚書省以宰相兼院判白華權院判完顏忽斜剌
惟平章白撒院判白華權院判完顏忽斜剌
罷忽曾有口辯上愛章之朝議罪忽斜剌而書生輩姑退
得君先當以語撤之用是而罷金制樞密院雖主兵而鄭
制在尚書省兵興以來如制漸改凡在軍事省官不得預

院官獨任專見性佷佗敗事者多以為將相權不當分至
是歲併之十二月朔上遣近侍局提㸃曳剌粘古即自華
所居問事勢至於此計將安出華附奏今耕穮已廢糧餉
將盡四外援兵皆不可指擬車駕當出就外兵可留皇兄
荊王使之監國任其裁處聖主既出遣使告語
北朝我出非他處收整軍馬止以軍卒撞誅唐慶和議從
此斷絕京師今付之荊王乞我一二州以老耳如此則太
后皇族可存正如春秋紀季入齊為附庸之事聖主亦得
少寬矣於是起華為右司郎中初親巡之計決諸將皆預
其議將退首領官張亥罪天驥奏尚有舊人諳練軍務著

列傳二　金史百十四　（九）

乃置而不用今所用者皆不見軍中事體此為未盡上問
未用者何人皆上領之故有是命明日召華
論之曰親巡之計已決但所徙臺議未定有言歸德四面
皆水可以自保者或言可汸西山入鄧或言設欲入鄧大
將速不解今在汸州不如取陳蔡路轉徙鄧下卿以為如
何華曰歸德城雖堅父而食盡坐以待斃決不可徙欲徙
鄧下既汸州有速不解斷不能徙以今日事勢惶徒所謂
孤注者也孤注云者止有背城之戰為今之計當直赴汸
州與之一決有楚則無漢有漢則無楚汸州戰不如出
戓半途戰又不如出城戰所以然者何我軍食力猶在焉

則豆力猶在若出京益遠軍食日減馬食野草事益難矣
若我軍便得戰存亡此一舉外則可以激三軍之氣內
則可以慰都人之心或止為避遷之計人心顧戀家業未
必毅然從行可詳審之遂召諸相及首領官同議未速嘉
兀地不元帥猪兒高顯王義深俱主歸德之議丞相賽不
主鄧議竟不能決明日制旨京城食盡今擬親出聚集軍
士於木慶殿諭以此意諭諸帥將佐合辭奏曰聖旨不
可親出正可命將三軍欲然願為國家効死上猶豫欲以
官奴為馬軍帥高顯為步軍帥劉益副之蓋操與議也而
三人者亦欲奉命權參政內族訛出大罵云汝軰把鋤不

列傳二　金史百十四　（十）

知高下國家大事敢易承邪衆默然惟官奴曰若將相可
了何至使我軰事亦中止明日民間關傳車駕欲奉皇太
后及妃后性歸德軍士家屬的後目食食盡坐視城中俱
餓死矣縱能至歸德軍馬所費支吾復得幾日上閤之
忍賽不合周訛出烏古孫卜吉完顏正夫議餘人不預移
時方出見首領官丞相前日巡守之議已定止為一白
華都改卻今性汸州就軍馬索戰去矣遂擇日祭太廟晉
師擬以二十五日啟行是月晦軍駕至黃陵岡復有北幸
之議語在白撦傳天興三年正月朔上次黃陵岡就歸德
傳船北渡諸相共衾京師及河南諸州闔上幸河北恐生

他襄可下詔安撫之是時在所父老僧道獻食及牛酒犒
軍者相屬上親為拊慰人人為之感泣乃赦河朔招集兵
糧赦文條畫十餘款分道傳送二日或有云昨所發河南
詔書儻落大軍中奈洩事機何上慮委近侍局官傳旨謂
之是時衛州軍兩日至蒲城而大軍徐蹕其後十五日宰
相諸帥共議上前郎中完顏胡魯剌秉筆書畢惟不言所住
軍前後餘事皆有條畫書畢惟不言所住華私問胡魯剌
託以不知是晚平章上前諸帥還蒲城軍中夜半訛可袞就
華帳中呼華云華遂問其由訛可不知之耶華遂問其由訛可

云我昨日已知上欲與李左丞完顏郎中先下歸德令諸
軍並比岸行至鳳池渡河令夜平章及禾速嘉元帥官奴
等來言大軍在蒲城曾與金軍接戰鞜鞜莫能支遂擁主上
暫舟軍資一切委棄止令忠者軍上船馬悉留營中計舟
已行數里矣華又問公何不從往云昨日擬定首領官止
令胡魯剌登舟餘悉隨軍用是不敢往歸德三月崔立以
軍舟往鳳池大軍覺之兵遂潰上在歸德三月崔立以汴
京降右宣徽提點近侍局粘古謀之鄧上不聽時粘之
古之兄瑗為鄧州鄧庚便兼行樞密院事其子與粘古
子並從駕為衛士適朝廷將召鄧兵入援粘古因與華謀

同之鄧且拉其二子以往上覺之獨命華行而粘古改之
徐州華既至鄧以鄧以事久不瀕淹留于館遂若無意於世者
會瑗以鄧入宋華亦從至襄陽宋署為制幹又改均州提
督後范用鄧入宋華殺均之長吏更送款于
北朝遂用吉殺吉者本姓亭禾魯名父住初歸入宋謂制
自勦為聚云用吉用士大夫以華鳳儒貴顧國危不能以義
置趙范將以計動其心故更姓名范用吉趙慾其觸諱乍
之用吉猶應對如故遂易其姓曰花使為太尉改
置左右凡所言動略不加疑遂以家人誼以欲叛為同列所害
鎮均州未幾納款于北後以家人誼以欲叛為同列所害

贊曰白華以儒者看吏事以經生知兵其所論建廬中事
機然三軍敗衄之餘士氣不作其言果可行乎從歸宋
聲名掃地而猶得列於金臣之傳者擾蜀誰周等例云
斜卯愛實字正之策論進士也正大閒累官翰林直學士
兼左司郎中天興元年正月閒大兵將至以點檢夾谷撒
合為總帥率步騎三萬巡河渡命宿直將軍內族長樂權
近侍局使監其軍行至封立而還入自梁門樞密副使合
喜遇之笑語撒合曰吾言信矣當為我作主人蓋世俗酬
謝之意也明日金兵遂合朝廷置而不問於是愛實上言
曰撒合統共三萬本欲乘大兵遠至喘息未定而擊之

出京繞數十里不逢一人騎已畏縮不敢進設過大兵其
肯用命乎乞斬二人以肅軍政不報蓋合喜寧以京師倚
此一軍為命初不敢俾之出戰特以外議闞然故斬出以
應之云衛紹鎬鷹二王家屬皆以兵防護且設官提控卹
警之嚴過於獄犴至是衛紹宅四十年鎬鷹宅二十年正
大間朝臣屢有言及者不報愛實乃上言曰二族衰微無
異四庶欲為不善執與同惡男女婚嫁人之大欲豈有
幽囚終世求無亢僞之望在他人尚且不忍況骨肉乎哀
宗感其言始聽自便未幾有青城之難愛實憤時相非其
人嘗歷數曰平章白撒固權市恩擊丸外百無一能丞相

金史百十四　十三

賽不荄麥不分更謂乏材亦不至此人為相參政兼樞密
副使赤盞合喜麁暴一馬之材止矣乃令兼將相之權
右丞顏盞世魯居相位巳七八年碌碌無補備負而巳惠
難之際倚注此類欲冀中興難矣於是世魯罷相賽不乞
致仕而白撒合謀和議遂絕於是再簽民兵為守禦八月
而以害唐慶事和議完顏珠俊張俊民曳剌克忠等置局
括京城粟以轉運使完顏珠俊張俊民曳剌克忠等置局
以推舉為名珠顆諭民曰汝等當從實推唱果如一旦糧
盡令汝妻子作軍食復能齊否既而罷括粟令復以進獻
取之前御史大夫內族合周復冀進用建言京城括粟可

得百餘萬石朝廷信之命權參知政事與左丞李蹊總其
事先令各家自實壯者存石有三斗仍書其數
門首敢有匿者以升斗論罪京城三十六坊各選深刻者
主之內族完顏父住尤酷暴有賽婦二口實豆六斗內有
蓮子約三升父住笑曰吾得之矣執而以令于鄰婦泣訴
曰妾夫死於兵姑老不能為養故雜蓮以自食耳非敢
以為軍儲也且三升之餘于糞圃中或白於李蹊蹊愍之
蹊粟盡投其餘于糞圃又不損妻孥感曰白之參
政其人即白合周周曰人云欲存杜稷耶存百姓耶當
不損何由成稷且京師危急今欲存杜稷耶存成子謂花

金史百二十四　十四

時皆莫敢言愛實遂上奏大懸言罷括粟則敗虐政為仁
政散怨氣為和氣不報時所括不能三萬斛而京城益蕭
然矣自是之後死者相枕貧富束手待斃而巳上聞之命
出太倉米作粥以食餓者愛實聞之歎曰與其食之寧如
勿奪為奉御把奴所告又近侍干預朝政愛實止章諫曰
今近侍權太重將相大臣不敢與之相抗自古僕御之臣
不過供給指使而巳雖名僕臣亦必選擇正人今不論賢
否惟以世胄或吏員為之夫給使令之材使預杜稷大計
此輩果何所知乎章既上近侍數人泣訴上前曰愛實大
臣等為奴隸置至尊何地耶上益怒送有司近侍局副使

孚天節從容開導乃赦之出為中京留守後不知所終合
周者一名求錫真祐中為元帥左監軍失援中都宣宗削
除官爵枚之八十巳而復用四年以御史大夫權尚書右
丞總兵陝西合周留泗池數日進及京兆而大兵巳至合
周竟不出兵遂失遺關有司以敵至不出兵當斬潰使宗
百餘人上章乞赦之上曰向合周收中都未至而軍潰除名
至是為參知政事性好作詩詞語鄙俚人來其語以為戲
陝西所犯乃爾國家大法豈敢私耶遂壽奪爵免死除名
廟山陵失守罪當誅朕特寬貸以全其命尋軍重職令鎮
笑因自草括粟榜文有雀無翅蚝蛇無頭兒不飛等
哀宗用而不悟竟致敗事
語以而作兒掾史知之不敢易也京城目之日雀兒參政

列傳

石抹世勣宇景略幼勤學為文有體裁承安二年以父元
敕死王事枚充奪執五年登詞賦經義兩科進士第貞祐
三年累官為太常丞預講議所事時朝廷徒河北軍戶河
南室職議給以田世勣上言曰荒閒之田及牧馬地其始
耕墾費力當倍一歲斷不能艱者奪民素蒔者與之則民
將失所且唐不和之端況軍戶牟無耕牛雖或有之而廩
給未敢遠減彼既南來所捐田宅為人所有一旦比歸能
無事奪切謂宜令軍戶分人歸守本業枚其曉禾至春復

還為困守計會侍御史劉元規亦苦給田不便上大悟乃
罷之未幾邊同知金安軍節度使興定二年選為華州元
帥府參議官初右都監行府初于楨州嘗以前
同知平涼府事卓魯田蒲乃速為參議及移駐華州陝西
行省請復用蒲乃速令世勣副之上曰蒲乃速但能承奉
人耳餘無所樂未籍入為吏省而輕用其
光元年奪一官解職初世勣任華州有鷹其深通錢穀者
人或致敗事遂獨用世勣焉尋入為尚書省左司郎中元
覆察不如所樂此中後主者興賞平章英王以世
勣避都司之繁私屬沿籍吏冀改他職泰下有司故有是

列傳

青之起為禮部侍郎轉司農改太常卿正大中為禮部
尚書兼翰林侍講學士天興元年冬哀宗將北渡世勣率
朝官劉蕭田芝等二十人求見仁安殿上問卿等欲何言
世勣曰臣等聞陛下欲親出切謂此行不便上曰我不出
軍分為二一軍守一軍出戰我出則軍合為一世勣曰陛
下出則軍分為三一守一戰一中軍護從不若不出為愈
也上曰卿等不知我意我若得完顏仲德恒山公武仙付之兵
事何勞我出我豈不知今將兵者官奴統馬兵三百止
矣劉益將步兵五千止矣欲不自將得乎上又指御榻曰
我此行豈復有還期但恨我無罪亡國耳我未嘗奢後未

當信任小人世勣應聲曰陛下用小人則亦有之上曰小
人謂誰世勣歷數曰移剌粘古溫敦昌孫兀撒惹完顏長
樂皆小人也陛下不知為小人所以用之蕭與世勣復多
有言良久君臣沸泣而別蕭等求見本欲數此四人至
是世勣獨言之於是哀宗以世勣從行自蒲城至歸德明
年六月走蔡州次新蔡縣之姜寨世勣子嵩時為縣令拜
上於馬前兵亂後父子始相見上嘉之授嵩應奉翰林文
字以便養親蔡城破父子俱死嵩宇企隆興定二年經義
進士

贊曰愛實言衛鑑家屬禁錮之慮京城括粟之暴近侍干
政之橫世勣言河北軍戶給田之不便親出渡河之非計
甘藥石之言也然金至斯時病在膏肓間矣雖扁何施焉
其為忠讜則不可廢也

列傳第五十二

脫脫　奉

勑修

完顏奴申　崔立　嗣天驥

赤盞尉忻

完顏奴申字正甫襄簡之弟也登策論進士第仕歷清要
正大三年八月由翰林直學士充益政院說書官五年轉
吏部侍郎監察御史烏古論石魯剌劾近侍張文壽仁壽
李璮之愛敕帥領道部奴申糾問得其姦狀上曲赦其罪
皆斥去朝論快之九月改侍講學士以御史大夫奉使
大元皇帝至龍駒河朝見
太宗皇帝十二月還明年六月遷吏部尚書復往八年春
還朝廷以勞拜參知政事天興元年春太兵駐鄭州海灘
遣使招哀宗降復以奴申性乞和不許改汴益急汴受
圍敕月窵庫厚之召武仙等入援不果亥宗懼以曹王訛
可出質請罷攻冬十月養宗議親出捍禦以奴申參知政
寺道使挹密副使完顏習捏阿不樞密副使兼知閣封府權
參知政事總軍留守京師又以翰林學士承旨烏古孫
上吉提控諸王府同判大睦親府事兼都統檢內族合周
等宮掫事左副點檢完顏阿撒右副點檢溫蒮兼阿里副之

户部尚書完顏珠顆兼裏城四面都總領御史大夫裴滿
阿虎帶兼鎮撫軍民都彈歷諫議大夫近侍行省左右司
郎中為古孫奴申兼知宮省事又以把撒合為外城東面
元帥术甲咬住南面元帥崔立西面元帥李蹊貫奴北
面元帥乙酉除拜定以京城付之又以戶部侍郎刀鑿為
安撫副使總招撫司規運京外糧餉設講議所受陳言文
字以大理卿納合德輝戶部尚書絳紲辭有詔撫諭仍如常
等總其事十二月辛丑上出京服絳紲抱乘馬導從如鞭
儀留守官及京城父老徙至城外奉辭有詔撫諭仍以鞭
拥之速不關聞上巳出會兵圍汴初上以東面元帥李

辛酉庵出怨言罷為兵部侍郎將出密諭奴申等為繫之
上既行奴申等召辛辛懼謀欲出降棄馬蹄城而走奴申
等遣人追及之斬於省門汴民以上親出師日聽報且
以二相持重幸以無事俄聞軍敗衞州蒼黃走歸德民大
恐以為不救時汴京內外不通米升銀二百兩粮盡殍
者相望縉紳士女多行乞於市至有自食其妻子者至於
諸皮器物皆美食之貴家第宅市樓酒館皆撤以薪及歸
德遷使迎迓宮人情益不安於是民間有立荊王監國以
城歸順之議而二相皆不知也天興二年正月戊辰省令
史許安國詣講議所官吉者有大疑謀及卿士謀及庶人

今事勢如此可樂百官及僧道士庶問保社稷活生靈之
計左司都事元好問以安國之言白奴申奴申曰此論甚
佳可與副樞議之副樞亦以安國之言為然好問曰自車
駕出京今二十日許又遣使迎兩宮民間洶洶皆謂國家
欲棄京城何以處之阿不曰吾吾二人惟有一死耳好
問曰死不難誠能安社稷救生靈死而可也如其不然徒
欲一身飽五十紅袄軍亦謂之死耶阿不歇語曰今日惟
吾二人何言不可好問乃曰聞中外人言欲立二王監國
以全兩宮與皇族耳阿不曰我知之矣即命召
京城官民明日皆聚省中諭以事勢危急當如之何有父
老七人陳詞云云二相命好問愛其詞曰之奴中顧曰亦
為此事也且問副樞此事謀讓今敕曰矣阿不屈指曰七
日矣奴申曰歸德使求去慎勿泄或曰是時外圍不解如
在隨輦議者欲擁立荊王以城出降是亦春秋紀季入齊
之義況北兵中已有曹王也衆憤二人無策但曰死守而
已忽聞召京城士庶計事奴中拱立無語獨阿不反覆申
諭國家至此無可奈何凡有可行當共議之且繼以涕泣
明日戊辰西面元帥崔立與其黨李賢長哥韓鐸樂安
國等寫變卒甲午二百橫刀入省中捩絪指二相曰京城
危困已極二公坐視百姓徒死恬不為應何也二相大駭

相僕散七斤近來朝廷紀絪安在七斤不能對退謂郎官
日上問紀絪安在汝等自來何嘗使紀絪見我故正人君
子多不見用繼用亦未久而遽退也祚字京叔渾源人
賛曰劉京叔歸潛志與元裕之壬辰雜編二書雖微有異
同而金末喪亂之事猶有足徵著焉哀宗北嚮以孤城弱
且竟至亡國又多取渾厚少文者置之台鼎宣宗嘗貴必
殺上發長吁而已兵退則大張具會欽黃閤中矣因循苟
熟無聲鰲易制者用之每北兵壓境則君臣相對泣下或
而復然或有言當改革者輒以生事抑之故所用必擇懦
奏必相謂曰恐聖主心困事輒罷散曰俟再議已
緩語互相推讓以為養相體每每有四方災異民間疾苦將

壁有辜孝寬必有以處此
卒託之奴中阿不二人可謂難矣雖然即墨有安平君王
崔立將陵人少貧無行嘗為寺僧貢欽歆乘兵亂從上賞
公開為都統提控積階遷領太原知府正大初求入仕為
選曹所駁每以不至三品為恨圍城中投安平都尉天興
元年冬十二月上親出師授西面元帥性潑姣常思亂以

狄其欲藥安國者嘗州人年二十餘有勇力嘗為嵐州招
撫使必罪繫開封獄既出資無以為食立將為變潛結納
之安國健啖日飽之以無遂與之謀先以家置西城上章
不勝則契以逃日與都尉揚善入省中候動靜布置已定
名善以早食殺之二年正月遂師甲辛二百擁省門而入
甲殺之即論百姓曰吾為二相開門無謀令殺之汝一
省二相遂遇害其黨張信之字術魯長哥之二
相闖變趨出立後翻往東華門道遇點檢溫之阿里見其哥出
城生靈請命報皆稱快是日御史大夫裴滿阿忽帶諫議
百官議所立曰衛紹王太子承恪其妹公主在北兵中
可立之乃遣其黨韓鐸以太后命往召承恪須遣更入以太
忙哥講議蒲察琦戶部尚書完顏珠顆皆死立還省中集
大夫左右司郎中烏古孫奴申左副點檢完顏阿散奉御
后誥命梁王監國百官拜舜山呼承恪以監國為辭立二相
所佩虎符詣速不解納欽凡除拜皆以監國為辭立二相
太師軍馬都元帥尚書令鄭王出入御乘輿稱其妻為王
妃弟衛術為平章政事俔俄殿前都點檢其黨孛术魯長哥
御史中丞韓鐸都元帥師兼知開封府事折希顏藥安國張
軍奴進元帥師蕭左右司郎中賈良兵郎中兼右司都

事內府之事皆主之初立假安國之勇以濟事至是復息
之關安國納一都尉夫人數其遵納斬之壬申速不解至
青城立服御衣儀衛往見之大師喜飲之酒立以父事之
既還惡燒京城樓櫓火起大師大喜始信其實降也以
以軍前索隨駕官吏家屬聚之省中人自閣之日亂數人
猶若不足又禁城中嫁娶有以一女之故殺數人者未幾
遷梁王府為私第括在城金銀搜索薰灑訊掠慘酷百苦備至
荊王府為私第取內府珍玩實之二月乙酉以天子袞冕
后服上進又括在城金銀薰灑訊掠慘酷百苦備至
鄘國夫人及內侍高祐京民李民望之屬皆死杖下溫也
衛尉親軍八人不任箠毒皆自盡白撒夫人右丞李璵妻
子皆被掠死同惡相濟視人如儺期於必報而後已人人
鍋相謂曰攻城之後七八日之中諸門出葬者關封府計
之凡百餘萬人恨不早預其數而值此不幸也時與其
妻入宮兩宮賜之之徒爭接劉齊荊王及諸宗
事道皇乳母招歸德當時冒進之妻陳天時以冀
室皆赴青城甲午北行立妻王氏備仗衛送兩宮至開陽
門是日官車三十七兩太后先中宮次之如嬪又次之宗
族男女凡五百餘口次取三教醫流工匠繡女皆赴此四

月北兵入城立時在城外兵先入其家取其妻妾寶王以
出立歸大慟無如之何李琦者山西人為都尉在陳州與
粘哥奴申同行省事陳州變入京附崔立姝壻折希顏要
夾谷元之妻妻年二十餘有姿色立初拘隨駕官之家屬
妻興病而往得免琦要之後有言其美者立欲強之琦每
見立欲奪人妻必差其夫遠出一日差琦出京琦以妻自
隨如是者再三立送欲殺琦琦又數為折希顏所折辱乃
首建殺立之謀每憤立不道欲仗義殺之李賤奴者燕人
姿容深沉有謀李伯淵者每憤立不道欲仗義殺之李賤奴者燕人

當以軍功遷領京兆府判壬辰冬車駕東狩以都尉權東
與琦等合三年六月甲午傳近境有宋軍伯淵等陽與立
面元帥立初反以賤奴舊與敵體煩貌敬之數月之後勢
已固遂視賤奴如部曲然賤奴積不能平數出怨言至是
立殊不安一夕百卧起比明伯淵等燒外封丘門以警動立從
謀備禦之策翌日晚伯淵等燒外封丘門以警動立是夜
苑秀折希顏數騎徃諭京城民十五以上七十以下男子
皆詣太廟集既還行及梳行街伯淵欲送立還二王
府立辭數四伯淵必欲親送立不疑倉卒中就馬上抱立
立顧曰汝欲糶我耶伯淵曰殺汝何傷即出匕首橫刺之
洞而中其手之抱立處再刺之立墜馬死伏兵起元帥黃

摑三合殺苑秀折希顏後至不知見立墜馬謂與人鬥欲
前解之隨為軍士所斫被割走梁門外追斬之伯淵係立
屍馬尾至內前號于報曰立殺害我賊刦奪丞涓暴虐大逆不
道古今無有當殺之不離口斬應曰寸斬丞涓暴虐大逆不
立首望承天門祭宗伯淵以下軍民皆慟或剖其心生
啖之以三尸挂闕前槐樹上樹忽扳人謂樹有靈亦厭其
為所汙巳而有告立匿宮中珍玩遂籍其家以其妻王花
兒賜丞相鎮海帳下士立之變也前護衛浦鮮石魯貟
祖宗御容五走蔡前御史中丞蒲察世達西面元帥吏部侍
合契其家亦自拔歸蔡七月己巳以世達為尚書

郎權行六部尚書世達嘗為左司郎中同簽樞密院事克
益政院官皆稱上意及上幸歸德遣世達督陳糧運陳變
世達亦與膂從尋間道之汴至是徒往行在上念其舊錄
用之左右司官因奏把合石魯亦宜任用上曰世達曲
從非出得已然朕猶少降資級以示薄罰彼散合掌軍一
面石魯宿衛九重雖立之變曾不聞發一矢束手於人全
雖來歸待以不死足以示恩又安得與世達等撒合撒合
量用其子可也石魯但當酬其勞御容之勞未幾以撒合
為北門都尉其子為本軍都統石魯復充護衛世達守正

夫泰和三年進士

論曰崔立納款使其封府庫籍人民以俟
大朝之命可也乘時憯竊大肆淫虐徵索暴橫飄以供備
大軍爲辭遂欲由己斂慾歸國其爲罪不容誅矣而其志
方且要求劉豫之事我
後適啟崔立之狂謀以成青城之烈禍曾子曰戒之戒之
大朝豈肯效尤金人者乎金伴人之主帝人之臣百年之
出乎爾者反乎爾者也當不信哉
司候封立令興定初辟爲尚書省令史時胥吏擅歷雖州
往往附之獨天驥不少假借彼亦不能害也尋授吏部主
轟天驥字元吉五臺人至寧元年進士調汝陰薄歷雎州
事權監察御史夏使賀正旦互市於會同館外戚有身貿

方遂忤太后出爲同知洲州防禦使兼行尚書省都事
書省驛召特旨遙領金安軍節度副使事未赴陝西行尚
未幾入爲右司貞外郎轉京兆治中尋爲衛州行尚書六
易于其間者天驥上章曰大官近利失朝廷體且取輕外
部事慶陽圍急朝廷遣宿州總帥牙古塔救之以天驥充
經歷官圍解從別帥守邠帥欲棄州而東天驥力勸止之
不從帥坐是被繫速天驥降京治中尋有訟其寬者即
召爲開封簽事旬月復右司貞外郎丁母憂未卒哭奮哀
復職哀宗遷歸德天驥留汴中崔立憂天驥被劍甚卧一

十餘曰其女舜英詡醫救瘵天驥歎曰吾幸得死兒女曹
乃爲謁醫尚欲我活耶竟斷辭以死舜英葬其父明日亦
自縊歷臺計天驥沉靜寡言不妄交起於田畝能以雅道自
娛歷省若素官然諸人多自以爲不及也
赤盞尉忻字彥章人嘗釀克不願就中明昌
五年策論進士第後選爲尚書省令史吏部主事監察御
史言諸王駙馬至京師和買諸物失朝廷體有詔楚止遷
鎮南軍節度諭改丹州遷鄭州防禦使權許州統軍使丞相
朝特詔褒諭州刺耕鞠場種未禾合穗進於
高汝礪嘗薦其才可任宰相元光二年正月召爲戶部侍

郎未幾政事參知政事二月爲戶部尚書權職如故三月拜
參知政事認謝近臣曰累忻資票純質事可倚任且其
性孝友今相之國家必有望汝輩當效之也正大元年五
月拜尚書右丞哀宗欲修官室尉忻極諫至以卧薪嘗膽
爲言上悚然從之同判睦親府內族撒合輦諫之
在禁近哀宗爲太子有定策功由是頗惑其言復倚信日
深嘗堂諫每以爲太后有戒敕曰上之騎翰舉樂皆波諫
之再犯必杖汝哀宗終不能去尉忻諫曰撒合輦姦諛之
最日在天子左右非社稷福上悔悟出爲中京留守朝論
快之五年致仕居汴中崔立之變明日召家人付以後事

望睢陽慟哭以弓弦自縊而死時年六十三一子名董乞

没於兵間弟秉甫字正之

贊曰轟天驥素履清慎赤盞尉竹天資忠諒在治世皆足

為良臣不幸仕亂離之朝以得死為顧欲哀哉

閑閑（司）在閣襲封事刪舊訂補　國禎　解釋編定官脫脫　奉

勅修

徒單兀典　　石盞女魯歡　　蒲察官奴

内族承立（一名慶山奴）

徒單兀典不知其所始累官爲武勝軍節度使駐鄧城尋

遷中京留守知金昌府事駐洛陽鄧及洛陽元兵皆破之

且招亡命千人號熊虎軍以剽掠南鄙爲事宋人亦時時

報邊民爲之擾動兀典資性深刻而以大自居好設耳

目凡諸將官屬下及民家細事令親睹日報之務爲不可

欺正大間以兵部尚書參知政事行省事於徐州自恃

得君論議之際不少假借同列皆畏之天興元年正月朝

廷聞大兵入饒風移兀典行省閿鄉以備潼關徒單百家

爲關陝總帥便宜行事百家馳入陝州民云淮南透漏

軍馬慮其道由潼關勢不能守縣鎮遷入大城糧斛輜重

衆之陝州近山者入山寨避兵會阿里合傳旨召兀典入

援兀典遂與潼關總帥納合合閏泰藍總帥都點檢完顏

重喜高平都尉苗秀薄冦都尉木甲某振武都尉張翼及

諸陝之備從號入陝同華閿鄉一帶軍糧數十萬斛備關

虎威鷹揚殿州劉赳二帥軍十有一萬騎五千盡撒秦藍

船二百餘艘皆順流東下俄聞大兵近糧皆不及載船悉

空下復盡起州民運靈寶硤石倉粟游騎至發掠速也以船八

又遣陝州觀察副使兼規措轉運副使抹撚速不勝計

十往運潼關閿鄉糧行及靈寶比河夾灘義軍張信侯三

集壯士三百餘保老幼立水柵比將忽魯罕只乘淺攻之

不能克遇速也船至即降大兵得此船遂破侯張殺戮之

盡是時陝州同知内族探春願從行省征進兀典授以帥

職聽招在城民充軍探春厚擬官賞毅日無一人乃以兀

典命招之得壯士八百當差趙三三名偉亦依探春招募

傳偉所知識不二日得軍八百餘號破敵軍兀典盡傳得

亂欲挾詐坑之完顏素蘭時爲同華安撫使力諫乃止尋

以偉權與賞軍節度使兼行元帥府事領軍三百屯金鷄

堡大兵既知潼關梵棄長驅至陝賀都甚不待命出城迎

戰馬蹴幾爲所獲兀典亦去自此潼關諸渡船筏俱盡偉

大兵亦去自此潼關諸渡船筏俱盡偉亦無船可渡矣初

軍資器械爲之一空期日進發巳而不行日造銀器及兵

兀典發閿鄉拜天賞軍人白金三兩將校有差州之庫藏

軍牌印陝州及鹽司牌亦奮取之又欲刼州民財物以資

幕素蘭諫之而止二月戊午乃行有李先生者諫曰方今

大兵俱在河南河比空虛相公可先取衛州出其不意彼

知我軍在此必分兵比渡京師即得少寬相公入援亦易
為兵兀典大怒以為泄軍機斬之於市遂行軍士各以老
幼自隨州中亦有關中遷避商賈老幼亦倚兵力從
行婦女皆嫁士卒軍中亦有驅要奪者是日軍出兩東門
及南門不遵洛陽路乃由州西南徑入大山冰雪中歃州
劉趙兩師即日叛去大兵以數百騎追蹚其後明日張翼
兵潛召洛陽大軍從西三縣過盧氏所至燒官民廬舍積
輕泥淖及脛隨軍婦女棄擲幼稚哀號盈路軍至鐵嶺大
軍叛徙朱陽入鹿盧關大兵追及降者聚廬為金軍所擄又反守鐵嶺以斷歸路金兵知必死皆

有關志然已數日不食行二百里許困憊不支顧亦散走
於是完顏重喜先降大軍斬於焉前鄭個刼萬英降英不
從救之勢以降於是士卒大潰兀典皆為鄧州提數十騎
走山間追騎禽得皆殺之先是兀典皆為鄧州節度使世
襲謀克黃摑三合時為醫差都總領與兀典親厚故決計
入鄧是役也安平冠颺振威諸都尉及西安金雖等
省至百家欲出迎父老遮馬前衷訴云行省後來吾州碎
兵願無出迎百家曉之曰前日兀典欲刼此州為素蘭力
勸而止此行省非兀典乃素蘭也父老乃聽百家出城陝

州自軍出日有逃遷者百家皆撫納之所得及萬人百家
又募收所棄甲伏若獲二副即以一與之其一官出直買
之由是軍稍振五月總師
師華州人王其立虢州權刺史七月制旨召百家入援以
權西安軍節度使行元帥府事阿不罕奴十刺為金安軍
州詔拜行省知政事行尚書省事以河中總帥府經歷李獻
能充左右貟外郎獻能字欽叔貟祐赴南陽留山寺以
寨安撫軍民十月朔制旨召忽斜虎行省時趙偉為河解元帥也阿
不罕奴十刺權參知政事

雜堡軍務隸陝省行省月給糧以贍其軍明年五月麥熟
省劉令偉計置兵食權能月給十月偉軍食又盡屢百陝
省云無糧可給偉私謂其軍言我與李貟外郎有隙坐視
我軍飢餓不為存恤於是自往永寧勸諭偉頗為小民所
信往往獻糧或導其發藏南縣把監軍提控以偉橫恣言
於行省行省遵趙提控者權元帥守永寧元村寨偉還金
難十一月冬至大兵已攻破元村寨元帥守永寧不能下於
是密遣總領召偉王茂軍士三十人入陝州匪萊圍中凡三四
日乘夜王茂殺此城遷卒舉號召偉軍八百渡河入城刼
敕阿不罕奴十刺李獻能提控蒲鮮其總領來道安因誣

寡奴十剌等欲反臣誅之矣朝廷知其黨而莫敢詰就授

偉元帥左監軍兼西安軍節度使行總帥府事食盡括粟

裹又盡以明年三月降大兵或謂偉軍餉不繼以刼掠自

資一日諸李獻宴飲不設備獻斬之曰從口破敵不易由是憾之

乃乘奴十剌宴飲開門納軍校行省以下官劉二十一人夜由後河灘

逾城而上取餅爐碎石擲屋瓦門翁為幣鐵弊州人疑之

軍多不敢動遂開門選死士二十八人夜由後河灘

能為所恨故被害尤酷偉之絳州錄事張升字進之

大同人戶工部令史出身曹為漁陽簿遷絳州錄事謂知

識者曰我本小人受國家官祿今日國家遭不幸我不能

從反賊訖赴水死岸上數百人皆嗟惜之及徒單百家

鄭西之敗單騎間道數百里入京為上言兀典為罪首牓通衢云

狀於是籍重嘗合閭兀典家貲貲暴合閭兀典為罪首牓通衢云

石盞女魯歡本名十六興定三年以河南路統軍使為元

帥右都監行平涼元帥府軍先是陝西行省脅菲言平涼

控制西蕃實為要地都監女魯烈古里間材識凡庸不閑

軍務且以入粟補官遂得升用擇軍兵當方面豈能服眾

防秋在邇宜選才諝有宿望善將兵者代之故以命女魯

歡十一月女魯歡上言鎮戎赤瓢川東西四十里地無險

阻當夏人往來之衝比屢侵突金兵常不得利明年春當

城鎮戎彼必出兵來挏乞於二三月間徵傍郡兵聲言防

護且令廓蕃各屯境上示進代之勢以掣其肘臣領平

涼之救由鎮戎而入攻其心腹彼自救之不暇來及我

如此則鎮戎我可城而彼亦不敢來犯又所在官軍多河北

山西失業之人其家屬仰繪縣官每患不足鎮戎土壤肥

沃又平行桿桿將所統幾八千人每以選徒不常為病

若授以荒田使耕且戰則可以禦備一方縣官省費而食

慶元光二年九月又言商洛重地西控陝東接河南

亦足矣其餘邊郡亦宜一體措置上嘉納焉遷昌武軍節

軍務繁密宜選才幹之士為防禦使攝帥職以鎮之又舊

來諸隘守禦之官並從帥府辟置其所辟者多其親眤殖

產貪私專事漁獵及當代去又復保留此最害之甚宜

令樞府選舉以革其弊又州之戍兵艱於饋運亦合依上

屯田以免轉輸之費每言之皆留上不報上

人餘眾盡屯安石門大剌洛南以為應援中間相距迀

至百里若狹差能徵集近隘築營從見兵居之以待緩

急又南邊狄所設巡檢十員宜近隘築營從見兵居之以待緩

者已有大軍宜悉罷去朝廷略施行之正大九年二月以

大元將忒木觥率真定信安大名東平益都諸軍來攻是

日無雲而雷有以神武祕略占之者曰其城無害人心稍
安適慶山奴潰軍亦至城中得之頗有鬬志已巳提控張
定夜出所營發數砲而還定平日好談兵女魯歡令自冀
一軍使爲提控小試而勝上下遂悃以爲可用初思砲少
欲以泥或壒爲之議者恐爲敵所輕不復用也老有言北
門之西一萊圃中時得古砲云是
千有奇上有刻字或大吉宇者大兵盡夜攻城駐營于南
城外其地勢稍高相傳是安祿山將尹子奇於此攻城
得雎陽時經歷冀萬錫及官屬王璧李琦傳瑜極力守禦
城得不拔方大兵圍城議決鳳池大橋水以護城都水官

金史卷百十六 七 刑會

言去歲河決敖游堰時曾以水平量之其地與城中龍興
塔平累決此口則無城矣及大兵至不得已遣招撫陵貴
往決之繞出門爲游騎所鈔無一返者三月壬午朔攻城
不能下大軍中有歐決河之策者主將從之河既決水從
西北而下至城西南入故灘水道城反以水爲固來歐水
者欲殺之而不知所在四月以安慶歡爲總帥佩金虎符
罷司農司以其官蒲察世達爲僕慶軍節度使行六部侍
郎溫特罕道僧歸德府同知李無黨府判五月圍城稍緩
頗遷民出城就食十二月哀宗次黃陵岡遺奉職木甲搭
失不奉職權奉御粘合斜烈來歸德徵糧女魯歡遺侍郎

世達治中王元慶權郎中儀封完顏胡土權元帥護
送載糧千五百石是月晦三更發船二年正月達蒲城東
二十里六軍給糧盡因留船不聽歸且命張布爲幄上遂
用此舟以濟及上來歸德隨駕軍往往出城就糧縱遣之
止有舟一軍近七百人用山西人與李辛同鄉里營爲
復有官奴忠孝軍四百五十人河北潰軍至者皆被之
辛軍彈壓在歸德權果毅都尉軍駕至授以帥職遣往城外
異心朝廷
故城中惟此兩軍上時召用計事而不及官奴故官奴有
錫宴省中和解之是夜用撤備官奴以兵乘之爲亂明日

金史卷百十六 八 刑會

攻用軍用敗走被殺衆下城按水奪船而去者斯須而盡
官奴在雙門驅知府女魯歡至言汝自車駕到府上供不
給好醫亦不與汝罪何辭遂以一馬載之令軍士擁至其
家檢其家雜質凡二十甕且出所有金貝然後殺之即提
兵入見言石盡女魯歡等反臣殺之矣上不得已就赦其
罪且暴女魯歡之惡後其姪大安入蔡上言求瀉雪上復
其官語在烏古論鎬傳禾速嘉兀底代女魯歡爲總帥軍
各以金十星與之同見官奴二卒召之道官奴有善意兀底喜
齎官奴無意害之二卒召之道恐受金事泄亦殺之
初河北潰軍至歸德糧餉不給朝廷命掌本魯阿海行總

帥府事以親軍武衛皆隸之往宿州就食軍士有不願者

諜語道中朝廷聞之使問其故或言願入京或陳州阿海得

請從其願以券給之軍心稍定既而令求諜語者阿海得

四人斬之國子監前由是諸軍洶洶二月庚子夜却府民

武邦傑及蒲察歡佳等凡九家一軍遂散數日遂有官奴

之變

蒲察官奴少嘗為北兵所虜往來河朔後以姦軍繫燕城

獄初夏津殺回紇使者得鞍馬貲即自拔歸朝廷以

其種人特恩收充忠孝軍萬戶此軍月給甚優官奴日與

聲不逞博為有司所劾事聞以其新自河朔來未知法禁

詔勿問移剌蒲阿攻平陽官奴請行論功第一遷本軍提

控佩金符三峯山之敗走襄陽說宋制使以取鄧州自効

制使信之至與同燕飲已而知汴城軍為北歸計留遣移

剌留哥入鄧說鄧帥粘合稱欲却南軍議事粘合欲就甕城

情告粘合官奴繼以騎卒十餘入城制使得騎兵五百掠之

中擒之官奴知事泄即馳還見制使掩宋軍得馬三百

過面小城獲牛羊數百宋人不疑官馬於鄧而去乃縛忠

至鄧州城下移書粘合辨理屆直留北行隨營帳坂供給

孝軍提控姬旺詐為唐州太守械送北行

因得入汴有言其出入南北軍行數千里而不懼其智略

有可取者宰相以為然乃使權副都尉未幾提軍數百馳

入此軍獵銃中生挟一回紇而還遂巡黃陵八谷等處却

牛羊貲衆尋轉正都尉又以軍至黃陵幾獲鎮州大却

將於是中外皆以為可用遂用為元帥統馬軍天興元年

十二月從哀宗北渡上次黃陵岡平章白撒率諸將戰官

奴之功居多及渡河朔惟官奴一軍號令明肅秋毫無犯

明年正月上至歸德知府石盞女魯歡以軍衆食寡懼不

能給請於上令河北潰軍至者就糧於徐宿陳三州親衛

軍亦遣出城就食上不得已從之乃召諭官奴曰女魯歡

盡散衛兵卿當小心是時惟官奴忠孝軍四百五十八人馬

用軍七百人入留府中用本果毅都尉上至歸德始有圖用之

帥又嘗召之謀事而不及官奴故官奴始有圖用之志

時

大元將忒木䱐守歸德官奴既總兵柄私與國用安謀欲

邀上幸海州及近侍局直長阿勒根兀惹再圖恢復女魯歡沮之自

帖謂海州可就山東豪傑以圖恢復且已具舟楫可通遼

東上覽奏不從又嘗請上北渡再圖恢復官奴不之禁於是

是有異心矣且一軍倚外兵肆為剽掠官奴

左丞李蹊左右司郎中張天綱近侍局副使李大節俱為

上言官奴有反狀上竊憂之以馬軍總領紇石烈阿里合為

內族習顯察其動靜與朝臣言及則曰我從官奴微賤
中起為大帥何預卿等勿過慮阿里合習顯知官
奴漸不能制反洩上意而反耶卿亦懼官奴馬用相圖因以為亂
命宰執置酒和解之用撤備俄官奴乘隙率其軍攻用
軍敗走官奴亂殺軍民以卒五十八守行官劫朝官皆聚
於都水毛花輦宅以兵監馬驅參知都尉石盞女魯歡至
其家悉出所有金具然後殺之乃遣都尉劫於於地曰為我
劫直長把朝官左丞李蹊巳下三百餘人軍將藥衛民庶死
言於元帥我左右止有此人且留恃我實不敢迫逐而
退凡殺朝官左丞李蹊巳下三百餘人軍將藥衛民庶死
者三千郎中完顏胡魯剌都事冀禹錫赴水死禹錫字京
甫龍山人至寧元年進士住歷州郡有能督歸德受兵禹
錫為行院都事經晝守禦一府倚重閉愛或勸以微服免
不從見害是日薄暮官奴挾兵入見言亦盡女魯歡等反
臣殺之矣上不得巳赦其罪以為樞密副使權參知政事
初官奴之母自河北軍潰北兵得之至是上乃命官奴因
其母以計請和故官奴窓典忒木諫信之還其遣來使者二十餘輩皆女
言欲劫上以降忒木諫議和事合往阿里合往
往來講議或乘舟中流會欲其還令官奴以金銀牌與之勿令還管因知王
直契丹人上密令官奴以金銀牌與之勿令還管因知王

家寺大將所在故官奴晝研營之策先是忠孝軍都統張
姓者謂官奴決欲劫上北降遂率本軍百五十人圍官奴
之第數之曰汝欲獻主上我豈忍
大朝不赦者使安歸乎官奴懼乃以其母出質云汝等若
以吾母自比中束疑我與北有謀即殺之我不恨張意稍
解即以好語與之約曰果如殺之今後勿復言講和
此使至即當殺之官奴曰殺亦可不殺亦可奏所言勿疑
也遂晝研營之策五月五日祭天軍中陰備火搶戰具率
忠孝軍四百五十人自南門登舟由東而北夜殺外堤邏
卒遂至王家寺上御北門繫舟待之慮不勝則入徐州而
適四更接戰忠孝初小卻奔進官奴以小船分軍五七十
出柵外腹背攻之持火搶突入北軍不能支即大潰溺水
死者凡三十五百餘人盡奪其柵而還遂真拜官奴參知
政事兼左副元帥仍以御馬賜之勅黃紙十六重
為簡二尺許實以柳灰鐵滓破末硫磺之屬以繩
繫搶端軍士各懸小鐵鑵藏火臨陣燒之焰出槍前丈餘
藥盡而簡不損並汴京被攻巳嘗得用今復用之兵既退
官奴入亳州留習顯總其軍上御照碧堂無一人敢衰對
者曰悲泣云自古無不亡之國不死之君但恨我不知用

人故為此奴所四耳於是內局令宋乞奴與奉御吾古孫
愛實納蘭坨苔女婆烈完出密謀誅官奴或言官奴寂令
兀慈計搆國用安脅上傳位恢復山東事不成則獻上於
宋自贖反復之罪官奴以已未往蔡事官奴慎慎而出至
再召乃以六月已卯邏上諭上以幸蔡官奴以已未往至
於扼腕頓足意趣叵測上決意欲誅之遂與內侍宋乞奴
處置令裴蒲抄合召宰相議事出伏照其碧堂閂官奴
進見上呼參政官奴即應完出從後刺其肋上亦拔劍斫
之官奴中創授城下以走完出伏誅必貴追殺之忠孝
軍閂難皆撤甲完出請上親撫慰之名呼李泰和授以虎

待使往勞軍因召范陳僧王山兒白進阿里合進先至殺
之堂下阿里合中路聞其事悔發之晚為亂箭所射而死
乞奴愛賣恍蒼皆授節廢使世襲千戶完出兼殺前右衛
將軍范陳僧王山忠孝軍元帥於是上御雙門赦忠孝
軍以安反側除推立不赦外其餘常所不原者咸赦之初
官奴解雕陽之圍侍從官屬久苦飢窘聞蔡州城池堅固
兵衆糧廣咸勸上南幸惟官奴以嘗從點檢內族斜烈過
蔡知其備禦不及雖陽力爭以為不可故號於眾曰敢言
南遷者斬報以官奴為無君諷上早為計會其變遂以計
誅之後遺為古論蒲鮮如蔡還言其城池兵糧果不足恃

上已往道無可奈何及蔡受兵始悔不用官奴之言特詔
尚書省月給其母妻糧俾無失所冒顯既黨官奴日率
忠孝軍劫官庫金四千兩上命歸德治中溫特罕道僧帥
府經歷把奴申鞫問顯伏罪下獄官奴憑顯脫走救總領
完顏長樂於宮門殺道僧奴申於其家遂奔亳州及官奴伏
誅詔點檢使用安未還伺於中路數其罪殺之
人兀慈使官奴名承立字獻甫統軍使拐山之子平章白撒
之從軍也為人儀觀甚偉而內惟慊無所有至掌初宣宗
內族慶山奴迎見于臺城宣宗喜遣先還中都觀
自彭德赴闕慶山奴迎見于臺城宣宗
壞袞宣宗既即位以承立為西京副留守權近侍局直長進
官五階賜錢五千貫且詔曰汝雖授此職姑留侍衛遇闕
赴之仍給汝副留守祿此朕特恩宜知悉也貞祐初選武
衛軍副指揮使兼提點近侍局胡沙虎專權僭竊嘗為
宣宗言之後胡沙虎伏誅慶山奴愈見寵幸以為殿前右
副都點檢三年

大元兵圍中都詔以慶山奴為宣差便宜都提控率所募
兵往操俄為元帥右都監行帥府事兼前職四年知慶陽
府事兼慶原路兵馬都總管以所獲馬馳進詔謝曰此皆
軍士所得即以與之可也朕安用哉後勿復進因令徧諭

諸道師府焉與定元年正月

大元兵及夏人迎經寧州慶山奴以兵邀擊敗之以功進

元帥左都監兼保大軍節度使行帥府事於鄜州二年五

月夏人率步騎三千由段州入寇慶山奴遣提控納合買住計

之夏人以步騎二萬逆戰買住擊敗之慶山奴率兵與戰于

馬吉筭救百餘人斬首首二級生擒數十人獲馬三十餘

疋三年四月夏人攻通泰塞慶山奴遣提控納合買住計

去凡斬首八百級俄而復攻塞據之慶山奴率兵與戰斬

首五千級復詔賜慶山奴金幣一將士賞賚有差四

年四月破夏兵于宥州斬首千餘級遂圍神堆府慶山奴

四面攻之士卒方登陴摸兵大至復擊走之正大四年李

全據延州詔以慶山奴為元帥同總帥完顏訛可將兵守

盱眙且令城守勿出戰已而全軍盱眙界二帥迎敵大敗

死者萬餘人委棄資仗甚跟時軍無見糧轉輸不繼兵疲

奔命愁嘆盈路諸相不肯正言言樞判官白華拜章乞斬

之以謝天下不報降為定國軍節度使又以受略等一官

八年正月鳳翔破兩行省從京兆居民於河南令慶山奴

以行省守之時京兆行省止有病卒八百瘦馬二百承立

懼不能守慶上奏請遣每奏一帖附其兄白撒一書令為

地朝廷不許十月慶山奴葬京兆還朝留同知乾州軍州

列傳　《金史百十六》　圭　劉貴

事保義軍提控荀琪守之慶山奴行至閿鄉哀宗遺近侍

裴滿七斤授以黃陵岡從宜不聽入見未幾代徙單元典

行省事於徐州九年正月自徐引兵入援選精銳一萬五

千與徐帥完顏訛論統之將趨歸德義勝軍總領侯進杜

政張與等率所部三十八人降大兵以一

帥郭恩都尉烏林荅阿督率三百餘人走歸德大兵以一

驛店遇小乃觧軍遂潰死論戰慶山奴馬蹶被擒惟元

敢進聞大兵旦至懼此州不可守退保歸德二月行次楊

馬載慶山奴擁迫而行道中見真定史帥承立問曰君為

誰史帥言我真定五路史萬戶也承立曰是天澤乎曰然

曰吾國已殘破公其以生靈為念及見大帥忩木觧誘之

使招京城不從又偃蹇不屈左右以刀斫其足折亦不降

即殺之議者以承立累敗不能解其軍職死有餘責而能

以死報國亦足稱云初雎州刺史張文壽聞大兵將至遷

旁縣居民入城大聚芻粟然無固守意日夜謀走以自便

既而聞承立入援即以州事付其僚佐託以應徐兵夜

啟關挈家走歸德慶山奴以為行部郎中死楊驛俄大兵

圍雎州以無主將故殘破之甚也元論丞相簑不之姪元

光聞例以諸帥為總領之論以丞相故獨不罷金朝防近

族而用踈屬故白撒承立元論蓋皆腹心倚之

列傳　《金史百十六》　夫　劉貴

贊曰官奴素行反側候南懷北若龍斷然哀宗一旦倚爲
腹心終爲所制照碧之厄何異幽囚其事與梁武侯景大
同而小異徒單兀典慶山奴爲將皆貪官數取敗女奚歡
無大失行而死於官奴哀宗猶暴其罪寬哉

關傳三司在國錄署國事第前中書右丞相監修
國史　經筵事都總裁　脫脫奉

勅修

徒單益都　　粘哥荊山 劉伯玠附　王賓 王進等附
國用安　　　時青

即令移刺長壽率甲士千人迎大兵長壽畏無紀律大兵
辛丑大兵守徐張益都渡益都到官才三日懼兵少不能守
徐邳義勝軍總領侯進杜政張興率本軍降大兵於永州
月行省事於徐州時慶山奴撒東方之備入援未至雎州
徒單益都不詳其履歷嘗累官為延安總管正大九年正

《金史第二百七》

省進遂請千人家率二月庚申未明大兵坎南城而上守
者皆散走城中大呼曰大兵入南門矣益都聞之不及甲
由是軍勢稍振復奪張金渡取蕭縣破白塔戰於土山
軍州署夜直兵三百由黃樓而南力戰禦敵亂定遷賞有
乙巳大兵傳城危甚益都籍州人及運糧埽兵得萬人
掩之一軍皆獲徐危甚燒南關而去侯進既降址即以為京東行

敕被停老幼五千還徐既而侯進亡命駐軍徐杜政張興
亦應為杜所害窮窘自歸益都撫而納之興留徐杜政還
邳州益都資稟仁厚持大體二子兩姓為軍將頗侵漁軍
民青州人王祐為埽兵總領將兵千七百人益都常僑之

雖有過亦不責以故祐亦橫恣與河間張柞下邑令李閻
義勝都統封仙遙授永州刺史成忠聲軍政廢弛城
中空虛以六月丁巳夜燒草場作亂時張興與臥病祐愁事
不成起興與與同行益都疑左右皆叛擊興妻子繼城而出就
安以行山東路尚書省事率兵至徐張益都竄
復懼祐圖己遂誅祐弁張祚殺之因大掠城中壬戌國用
從宜衆僧奴及東面總領劉安國軍張興推祐為都元帥
元帥石烈阿虎以益都為人所逐不納乃與諸將駐于城
安輕騎而入執主徐州益都竄無所歸乃奔宿州節度使
紀石烈阿虎以益都為人所逐不納乃與諸將駐于城南

《金史弟百十七》

時宿之鎮防軍有逃還者阿虎以為叛歸亦不納城中
中請益都主帥府事益都不從曰吾國家舊人為將帥亦
久以資性踈迂不能周防遂失重鎮今大事已去方逃罪
防千戶高臘哥結小吏鄭仲安謀就門納徐州將士內外相應
以取宿因歸揚妙真甲戌夜半開門納徐州將士內外相應
及妻弟高元哥軍劉安國尋亦入城縛阿虎父子殺之州
不暇豈有政易醫辰奪人城池以降外方乎即日率官吏
而行至穀熟東遇大兵不屈而死徐州既歸海州邳帥兀
林荅其亦讓印於杜政遂送款於用安已而宿州王德全
劉安國亦送款海州惟安國不改醫辰以至於死云

粘哥荊山不知其所始正大中累官亳州節度使九年正
月巳丑游騎目鄧至亳鈔鹿邑嘗於衛真西北五十里鹿
邑令高昂霄知太康巳降即夜趨亳道出衛真呼縣令楚
珩約同行珩知勢不支即明諭縣人以避還之意遂同走
亳丁未二邑皆降是日軍至亳州城下州止有單州兵四
百人號鎮安軍提控楊春邢其都統戴興也巳六年荊山
悉籍之民往往不肯留而遁數日城為之空荊山遺將
民而北城閉不壯為軍修守具而大兵亦不暇攻四月擁降丁
領各詣所屬招之并將領亦不返鎮安者皆紅襖餘黨力
領統之既至鎮安疑其謀巳乃乘將士新到不設備至夜
蓋防之也及召外兵不至乃請於歸德得甲騎百餘兩總
盡來歸憂詐反覆朝延終以盜賊待之荊山以遷民為軍
掩殺殆盡荊山出走衡真城父與之馬而去州中蔡貴恐
被剽略劉堅者初為大兵守城父乙巳大兵石總管入州
楊春謀欲北降乃出之使為宣差乙巳大兵石總管入州
改州為順天府春為總管戴興為同知劉順治中留党項
軍千人戍之○縣皆下惟城父李用宜不降其妻子在
亳春以為愧竟不屈而死春既據州與劉堅坐樓上召副
提控邢其邢剛直循理將士嚴憚之時肥病聞春亂流涕

不自禁春遣人異致之邢指春大罵春慚恚無言春欲殺
荊山家邢力省止之且令給道路費送之出城邢尋病卒
二年夏四月北省感木觸攻歸德春以戴興提精卒以往
獨與疲弱者守城州之民召大兵來攻州竟為春所破是年六
單州軍以州人殺其家屬召大兵來攻州竟為春所破民
七斤為亂殺王賓遂反正春渡河北適正春渡河北適既而崔
仗入蔡入月劉順攻亳州破之七斤以七斤為節度使就其兵
而去既渡河知亳人不疑復來攻州竟不能援殺亳州民
月宋人來攻春出降劉堅北走劉均者林應人時為亳州
觀察判官春既逡荊山納款大兵脅均同降均為伴應之歸
其家取朝服服之顧謂妻子曰我起身刀筆仰荷上知始
列朝著又佐大藩死亦足矣今顧巳如此儌使有十年
壽何以見先帝於地下乎即仰藥而死
王賓字德卿亳州人貞祐二年進士外若曠達而深有謀
其初調蘭陵主簿群虹縣人為尚書省令史坐事罷
歸卿里天興元年正月亳州軍擁節度使粘哥荊山出走
楊春以州出降既而自以羸兵守之賓與前轄縣尉王進
觀節享昌釣約城中軍民復其州楊春遂遁還節亭節度
德以聞哀宗嘉之授進節度使賓同知節亭節度使詣歸
副使釣觀察判官楊春復以兵來攻月餘不能援即渡河

而北六月哀宗遷蔡賓奉迎於州北之高安上與語大悦
恨用之晚擢為行部尚書世襲謀克上初至亳賓等適徵
民丁負鐵甲入蔡及會計忠孝軍家屬口糧故留參知政
事張天綱董之就遷有功將士時亳之糧儲不廣賓等常
客惜軍士以此歸怨及運甲之役復哥王不欲行會天綱與賓
等於一樓上銓次立功等第鎮防軍崔復哥王六十之徒
擺甲譁諜登樓天綱聞曰即欲見殺容我但望闕拜辭賊曰
無預相公即摟賓及呂鈞往市中鈞且行且跪涕淚俱下
賓岸然不懼大叫曰不過殺我但殺但殺乃並害之節度
副使魏節亨節度判官孫良觀察副使孫九住皆被害又
數日殺節度使王進賢應管荊山之募由間道入汴以勞
賣賞以物不受又散家所有瀚貧民以死自勵至汴稱之有李喜
遷本州節廢判官賜以白金亦不受一時甚稱之
住者本宿州衆僧奴下宣差天興二年四月進糧入歸德
將遂聞亳州王進友正制旨以喜住為振武都尉將兵三
千應援是時太赤團亳步騎十萬喜住以衆寡不敵獨興
三人間道入城王進方議遷至軍林喜住不可進即以兵
付喜住大兵攻八日不能下五月壬子兵退已未與諸將議遷可否以為不可
阿里合提忠孝軍百人至亳與諸將議
當留輜重於蔡選軍扈從入聖斊就武仙軍遂入關中闢

中地利可恃又有郭蝦蟆等軍在西可恃五月甲子召官
奴還歸德不赴再召留其軍半於亳乃赴六月壬辰車駕
舟行至亳王進本軍伍不知治體如李喜住為集慶軍節度使
蔡則亳不守矣乞留治此州詔以喜住為集慶軍節度使
便宜從事進領帥職七月進死喜住先往城父督糧鐘聞
亂遂不敢入亳後投求
論曰金季之亂軍士欲代其偏裨偏裨欲代其主將即舉
起而償之無復忌憚益荊山皆惠亮之士賓進才略九
足取焉而並不免於難惜哉

國用安先名安用本名咬兒淄州人紅襖賊楊安兒李全
余黨也嘗歸順
大元為都元帥行山東路尚書省事天興元年六月徐州
埚兵總領王祐義勝軍都統封仙總領張興等夜燒草場
作亂逐元帥單益都安用率兵入徐執張興與其黨十
餘人斬之以封仙為元帥安用節度使主徐州宿州鎮防軍
千戶高腸哥與東面總帥劉安國攝徐州總帥王德全殺
宿帥紇石烈阿魔以其州歸海州邳州從宜兀林荅其亦
讓州於杜政送歘海州既而皆歸安用北大將阿朮魯聞
安用攝徐宿邳大怒曰此三州我當攻取安用何人輒受
降遣信安張進等率兵入徐欲圖安用奪其軍安用懼謀

於德全胡殺張進及海州元帥田福等數百人與楊妙真
絕乃還邳州會山東諸將及徐宿邳主帥刑馬結盟誓歸
金朝既盟諸將皆散去安用無所歸遂同德全安國託從
宜衆僧奴自通於朝廷衆僧奴遣人上奏安用以數州反
正功甚大且其兵力強盛材略可稱國家果欲衛用非極
品重權不足以堅其許國之心未報安用率兵萬人反赤心歸國亦自
知反復失計事已無可奈何於是復金朝衣冠妙真怒其
叛已又懼為所圖惡屠安都安用家走益都安用遂選兵分將
期必得妙真自此淮海之上無慮歲矣未幾朝廷遣近侍

屈直長因世英都事高天祐持手詔至邳以安用為關府
儀同三司平章政事兼都元帥京東山東等路行尚書省
事特封充王賜號英烈載難保節忠臣錫姓完顏附屬籍
改名用安賜金鍍銀印馳金印金虎符宣敕千戶宣命
勅樣牌御盡體宣空頭河朔山東赦文便宜從事且以
彭王妃誥妙真用安始聞安姑聞使者至猶豫未決以
總領楊燃迎使者入監于州廊間所以來世英對以封建
事意顧順諸帥王杜墮皆不欲宣言欲殺使者以封
乃出見使者跪揖如等裏坐定語世英曰予向隨大兵攻
汴嘗於關陽門下與俟奪議內外夾擊此時大兵病死者

衆十七頭項皆在京城若從吾計出軍中興父矣朝廷乃
無一人敢決者今日悔將何及言竟而起既而選人取朝
廷賜物遍觀之喜見顏色復與使者私議欲不以朝禮受
之世英等不可即設宴拜授如儀以主事常謹等隨使者
奉表入謝世英復遣世英天祐賜以鐵券以主事常謹等隨使者至邳
宣大信牌王兔鶻有入援意及聞上將遷蔡州乃遣人以
用安迎受如禮始有六不可大率以謂歸德環城皆水卒難攻
一王帶一弓矢二封贈同盟可賜者賜之使者至邳
蠟書言遷蔡有六不可大率以謂歸德雖之糧儲而魚麥可以取足蔡若
擊蔡無此險一也歸德雖之糧儲而魚麥可以取足蔡若

受圍凜食有限二也大兵所以去歸德者非畏我也縱之
出而躡其後舍其難而就其易者攻馬三也蔡去宋境不
百里萬一資敵兵糧禍不可解四也歸德不保水道東行
猶可以去蔡若不守去蔡之五也時方暑雨兩千里泥淖
聖體豐澤不便鞍馬卒遇敵非臣子所敢言六也雖然
陛下必欲去歸德莫如權幸山東山東富庶甲天下臣略
有其地東連沂海西接徐邳南扼吁楚北控淄齊若鑒輿
少停臣仰賴威靈河湖之地可傳檄而定惟陛下審察上
以其言示宰臣宰臣奏用安反復本無匡輔志此必參議
張介等議之業已遷蔡議遂寢初世英等過徐王德全劉

安國說之曰朝廷恩命宣出自用安郡王宣吾二人最
當得者乞就留之世英乃留郡王宣世襲宣王帶各二由
是與用安有陳又懼為所圖皆不聽其節制十郡王德全劉安
明德封仙張瑪卓寶虞琮杜政吳歪頭王德全劉安
國也用安必欲取山東累徵徐宿兵止以勤王為辭二帥
不應用安怒令杜政率兵三十以取粮為名襲徐宿既
入城德全覺之就留杜政封仙不遣用安怒謂德全安
國必有謀乃執桃園吳其等八九人下獄鞫問二帥遣
溫特罕張奇以襲取徐州白用安不聽吳
詔徵兵東方故用安假朝命聲言入機橄劉安國為前鋒
親率兵三千駐徐州城下招德全終疑見圖不出係
罪之人全雖死當與汝辨於地下矣會上遣臧國昌以密
寸功受國家大封爵何翦於汝而從杜政等變亂又殺無
帥張奇輩九人併斬之張將死大呼曰國咬兒汝無尺
國還安國不從獨與眾僧奴赴援行及臨渙龍山寺用安
封仙於微殺之遺杜政出城安國既至宿州用安復召安
使人刼殺之遂攻徐州踰三月不能下退歸渙水於是因
世英以用安終不赴援乃還朝至宿州西遇大兵不屈而
死英聞贈汝州防禦使既而安軍食不給乞粮於宋多
陽許之即改從宋衣而私與朝使相覘尋益乏食軍民多

亡去乃命蕭均以嚴刑蔡士者血流滿道
大元東平萬戶查剌至連水遂降焉查剌
萊州用安以詭計還連水復叛歸於宋受浙東總管忠州
國練使隸淮關甲午正月間大兵圍沛用安往救之敗走
子游日擊鞠衝市闒顧眄自矜無將帥大體小無須
怨家田福一軍儇食而盡用安形狀短小無須喜與輕薄
徐州會移兵攻徐用安投水死求得其尸剮剮
出汴微服間行經比軍營幕至通許崔橋始有義軍招撫
州人正大元年經義進士第一時為用安參議初天祐等
司官府去京師二百里矣至陳州防禦使粘葛奴申始立
至泰和縣縣令王義立縣已五月矣八月至宿州眾僧奴
州事留二日至項城縣令朱珎立縣事有士卒千二百人
得報且知朝廷授以攜宿州節度使兼元帥左都監之命
且彩輿儀衛出城五里奉迎時東方不知朝廷音問已八
月矣官民見使者至且拜且哭有張顧者任俠尚氣知義
理即謂天祐曰東方不知朝廷音問已數月今見使者百
姓皆感動若不以聖旨撫慰之恐失東民之心我欲矯稱
制旨宣諭如何天祐書生守規矩不敢從但以宰相旨集
州民慰撫之州民復大哭明日往徐州
時青藤陽人初與叔父全俱為紅襖賊及楊安兒劉二祖

敗承敕來降隸軍中興定初青為濰州義軍萬戶是時叔
父全為行樞密院經歷官興定二年冬全馳驛過東平青
來見因告全叛入宋祕之頃之青率其報入于宋宋
人置之淮南屯龜山有散數萬鄉官更不明此心目以叛逆
遣時亂離扶老攜幼避地車養夫鄉邑豈人情之所樂哉僕
無所逃死竄匿淮海雖親舊亦
雖偷生寄食他國首丘之念未嘗一日忘之如朝廷赦青
之罪乞假邳州以屯老幼當襲取肝貽盡定淮南以贖往
昔之過牙吾塔復書曰公等初亦無罪誠能為國建功全
軍來歸即吾人也邳州吾城以吾人居之亦何不可易曰
君子見幾而作不俟終日公其亟圖之生還父母之邦富
貴終身傳芳後世與其纍虜與域目以兵虜觀愈哉牙吾
塔奏其事十月詔加青銀青榮祿大夫封滕陽公仍為本
樞兵馬總領元帥兼宣撫使青潛表陳謝後以邳州為請
樞密院奏恐青意止欲得邳州可諭牙吾塔若青誠實來
歸即當授之如嚮其詐可使人入宋境往來之言及
所授官爵亦行間之術也青既不得邳州復為宋守興定
五年正月二十五日夜青襲破泗州西城提控王祿過害
是時全為同簽樞密院事朝廷不知青襲破西城止稱

宋人而已詔全往督泗州兵取西城全至泗州護紅襖賊
一人詰問之乃知青為宋京東鈐轄襲破西城全頗喜乃
殺其人以滅口牙吾塔盡夜力戰募死士以攻城益急青以
緫兵出拒不得前牙吾塔遣提控王應孫宄城東北陽青
夜出兵來襲擊郡之越二日復出又郡之攻城設梯衝城以
舟兵二千合城中兵來犯牙吾塔管提控幹魯孫先知設
伏掩擊青兵大敗溺淮水死者千人自是不復出矣王應
孫宄城將及城中青隊地然薪過出之青乘城指麾流矢
中其目餘衆徃往被創樓堞相繼摧壤城中恟懼遂無可
志二月二十六日夜青援兵走遂復西城元光元年二月
全與元帥左監軍訛可節制三路軍馬伐宋詔曰卿等盡
任毋致不和以貽後敗其資糧可取規取失宜不能得之
罪在訛可既已得之不能運致以為我用罪在全全與元
可由頻壽進渡淮敗宋人于高塘市攻圍始縣破宋廬州
將焦思忠兵無何獲生口言時青受宋詔與全矯稱密詔諸
匿其事五月兵還距淮二十里諸軍將渡下令人襓麥三石以
軍且留收淮南兵遂下令留三日訛可謂全曰今淮水淺
可及諸將佐勳之不聽軍遂
狹可以速濟時方暑兩若值暴漲宋乘其後將不得完歸
矣全力拒之從宜遠阿移失不斜烈李幸稍稍不平全怒

曰訛可一帥耳汝專黨之汝曹致身至此皆吾之力吾院
官也於汝無不可者報乃不敢言是夜大雨明日淮水暴
漲乃爲橋渡軍宋兵襲之軍遂敗績橋壞全以輕舟先濟
士卒皆沒復宣宗乃下詔誅之遺官招集潰軍詔曰大軍
渡淮每立功劾諸將謬誤部曲散士流離憂苦朕甚閔焉
各歸舊營勉圖自効又詔曰陣士把軍品官子孫十五以
上者依品官子孫例隨冒承應十五以下十歲以上者依
品從隨局給傳至成人體局差使無子孫官依例給傳應
贈官賻錢軍人家口當養贍者並如舊例

贊曰金自章宗季年宋韓侂胄搆難招誘隣境士命以挑

金史卷百十七

十三

列傳

中原事竟無成而青徐淮海之郊民心一稔歲過饑饉盜
賊蠭起相爲長雄又自屠滅害又無拳十餘年靡沸未息
宣宗不思靖難復爲伐宋之舉迄金之亡其禍尤甚閭書
所載國用安時靑等遺事李全仁人君子讀之猶疚頰終
日當時承籍如魚在金其何以自存乎兵凶器也金以兵
得國亦以兵失國可不慎哉可不慎哉

勑修

都總裁監修國史……脫脫……奉勑撰

苗道潤
王福　　移剌衆家奴
武仙　　張甫　　靖安民
郭文振　胡天作　張開
燕寧

苗道潤，貞祐初為河北義軍隊長。宣宗遷汴，河北土人往往圍結為兵，或為群盜。道潤有勇略，敢戰鬥，能得眾心，比戰有功，略定城邑，遣人諸南京求官封宰相，難其事。宣宗召河南轉運使王擴問曰：「卿有智慮，為朕決道潤事。今即以其眾使為將，肯終為我盡力乎？」擴對曰：「道潤得眾有功，天下為度，道潤因而封之，使自為守，豈使便之策之上也。全不許，彼負其眾，何所不可？為守顧謂宰執之策之上也。」……曰：「王擴之言實契朕心。」於是除道潤宣武將軍、同知順天軍節度使。貞祐四年，復以功遷大將軍、同知中山府事。再閱月，復戰有功，遷驃騎上將軍、中都路經略使，道潤前後撫定五十餘城。興定元年，詔道潤倰後中都，以山東兵益之。道潤奏：去年十一月，臣遣總領張子明招降蠡州獨吉七斤

近日河北東路兵馬都總管移剌鐵哥移軍蠡州襲破子明軍，殺數百人，子明亦被創。臣將提兵復取都城，乞無罪鐵哥。鐵哥自援來歸罪，相備之而已。今欲復取都城，乞無罪鐵哥，重以鐵哥真令受臣節制，庶可集事。宣宗以聞，宰相奏曰：道潤……行元帥府事，督道潤後中都……可相統屬。詔以完顏……鐵哥軍初與道潤，道潤與順天軍節度使李琰不相能，兩軍士兵因之相攻。琰遣兵攻蒲城、完州，道潤軍拒戰，殺琰兄榮及弟明等。恣橫如此，將為後患。又奏乞令河北州府官不相害。山東行省數奏諭道潤與臣通和，竟不見從，且殺臣兄弟明等，恣橫如此，將為後患。又奏乞令河北州府官不相統攝，並聽帥府節制，仍遣官增減諸路兵力，使權均勢敵，無相併吞，則百姓安農畝矣。道潤奏李琰以眾叛，陷蒲城，攻完州。琰亦奏道潤叛。延議以為兩人失和，故至于此，令山東行省樞密院諭琰，行省在彼，自當俱……城寨遂相併吞。府土兵本以義團結，且耕且戰，今乃聚之城寨，戰為約束，使之然也。嚴百姓不安，皆由官長無所忌憚，使之聚……時樹藝無致生事。有詔道潤與移剌鐵哥合兵撫定河北，令諸道兵互相應援。既而道潤與移剌鐵哥合兵撫定河北令……攻完州，亦奏道潤叛……各路元帥府控制之，彰德衛潤、賈全、王福、武仙、賈瑀分畫各路元帥府控制之，彰德衛輝招撫司隸樞家院。賈瑀既與道潤相攻，已而詐為約和

道潤信之遂伏兵刺殺道潤朝廷不能問一軍行復無所
依提控靖安民乞權隸潞州行元帥府聽其節制時興定
二年也右丞僕散鐵乞以權隸完三州隸真定而蠡州舊受
移刺衆家奴節制一旦改隸真定恐因而交爭靖安民等
頗隸潞州乃令河北行省審處之經略副使張柔奏賈瑀
攻易州寨殺之道潤既死靖安民代領其衆是後乃封
張柔攻賈瑀殺之道潤既死靖安民代領其衆是後乃封
建矣初貞祐四年右司諫術甲教乞封建河朔詔尚書
省議事寢不行定三年太原不守河北州縣不能自立
詔百官議所以為長久之利者翰林學士承旨徒單鎬等
十有六人以謂制兵有三一曰戰二曰和三曰守今欲戰
則兵力不足欲和則彼不肯從唯有守耳河朔郡縣既殘
毀不可一隅守之宜取願就遷徙者屯于河南陝西其不
願者許自推其長保聚險阻刑部侍郎奧屯胡撒合三人
從者徙徙者願之河南或晉安河中及諸險隘量給之食
衆遷徙者願之河南有輜車之勢蒲解於陝西有橫嗟之要
徙其民是撤其藩籬也宜令諸郡選才幹衆所推服能斜
曰河北於河南有輔車之勢蒲解於陝西有橫嗟之要
以曠土盡力耕稼置僑治之官以撫循之擇其壯者教之
戰陣勑晉安河中守臣懊石嵐汾霍之兵以謀恢復莫大
之便兵部尚書烏林荅與等二十一人曰河朔諸州親民

決四年二月封滄海公河間路招撫
多乎伯嘉曰若事定以三公就節鎮何不可者宣宗意乃
統衆守土雖三公亦何惜焉宣宗曰他日事定公府無乃
承完顏伯嘉曰宋人以虛名致李全遂有山東實地之能
募民大縣同光祖議宰臣欲置公府宣宗嘉未央御史中
能各保一方使百姓復業提點尚食局石抹褘請以高爵
復一道即以本道總管授之能捍州郡即以方面重權能克
之須亦可復當募士人假以方面重權能克
則耕種宣徽使移剌光祖等三人曰廣太原之勢雖暫失
掌兵之職專擇土人當居官有材略者授之急則走險無事

使移刺衆家奴為河間公真定經略使武仙為恆山公中
都東路經略使張甫為高陽公中都西路經略使靖安民
為易水公遼州從宜郭文振為晉陽公平陽招撫使胡天
作為平陽公昭義軍節度使完顏開為上黨公山東安撫
副使燕寧為東莒公九公皆兼宣撫使階銀青崇禄大夫
賜號宣力忠臣總帥本路兵馬署置官吏徵歛賦稅賞罰
號令得以便宜行之仍詔曰乃者邊防不守河朔失寧
御等自總戎事宜備彈忠力若能自效彊復何憂宜廣茅土
之封復賜忠臣之號除已畫定所管州縣外如能收復鄰
近州縣者亦聽管屬

王福本河北義軍積戰功累遷同知橫海軍節度使滄
州經略副使興定元年福遷提控張聚王進復濱棣二
以界攜棣州防禦都統張林進攝濱州刺史失之福與聚有隙聚
以棣州附於益都張林興定三年九月福上言滄
滄海西連其定北備大兵可謂要地乞選重臣為經略使
州張聚皆為鄰境令利溥已不守遼東道路艱阻且其意
集殘民令為使但託詞耳因而授之使招集濱棣之人通
術慞宜從事以鎮撫軍民朝廷以福初率義兵與益都張林操
本欲自為使若不許宋人或以大軍迫脅或以官爵招之將

貽後悔宣宗以福為然乃以福為本州經略使仍令自擇副
使會福有戰功遷選授同知東平府事權元帥右都監經
略節度如故興定四年封為滄海公以清滄觀州鹽山無
樂無棣陵東光寧津具橋將陵阜城脩縣隸焉四月紅襖賊
李二太尉冠樂陵棣州張聚來攻福皆擊却之李二復攻
墨山經略副使張文興戰李二大敗擒其統制二人斬首
二千級獲馬三十四七月宋人與紅襖賊入河北福嬰城
固守益都張林棣州張聚日來攻掠滄危應福將南奔
為眾所止遂納款於張林東平元帥府請討福乞益河南
步卒七千騎兵五百渭游衛州貲助芻糧先定賞格以待

有功朝廷以防秋在近河南兵不可往東平兵少不能獨
成功待至來年春使東平帥與高陽公併力討之乃止
移剌眾家奴積戰功累官河間府招撫使遷授開州刺史
權元帥府右都監賜姓完顏氏興定四年與張甫俱封眾家
奴封河間公以獻蠱安深州河間寧安平武強饒陽六
家雅郎山寨隸焉定末所部州縣皆不可守元光元年
移屯信安本張甫境內張甫因奏信安本臣北境地當衝
要乞權改為府以重之部政信安府是歲興定甫合
兵復取河閒府及安曇當一面別遣總領提

夫二年眾家奴及張南閒保鎮安容當
領孫汝楫楊壽提控袁德李成分保外垣遊全鎮安來幾
眾家奴奏鎮安距迎樂堌海口二百餘里實邊東往來之
衝高陽公甫有海船在鎮安西北可募人直抵遼東以通
中外之意若賞不重不足以使人今擬應募者特遷忠顯
校尉授八品職仍賞寶泉五千貫如官職已至忠顯八品
以上者遷兩官升職一等回日再遷兩官升職二等詔從
之

武仙威州人或曰嘗為道士時人以此呼之貞祐二年仙
率鄉兵保威州西山附者日報詔仙攝威州刺史興定元
年破石海于真定宣差招撫使惟宏請加官賞真授威州

剌史蕭真定府治中權知真定府事遷洺州
知真定府事遷授河平軍節度使興定四年遷知真定府
事兼經略使遷領中京留守權元帥右都監無何封恒山
公以中山真定府沃美威鎮空平定州抱犢寨孌城南宮
縣隸焉同時九府財富兵強恒山最威是歲歸順于
大元副史天倪治真定仙兄貴為安國軍節度使史天祥
擊之貴亦歸順于
大元仙與史天倪治真定且六年積不相能懼天倪圖
己嘗欲南走宣宗聞之詔樞密院牒招之仙得牒大喜正
大二年仙賊殺史天倪復以其定來降

大元大將笑乃觧討仙仙走闕月乘夜復入真定笑乃觧
復擊之仙乃奔汴京五年召見哀宗使樞密判官白華導
其禮儀褫封為恒山公置府衛州七年仙圍上黨巳而大
兵至仙避歸未戰衛州被圍内外不通詔平章政事合達
樞密副使蒲阿救之徒仙兵屯胡嶺關扼金州路八年十
一月
大元兵涉襄漢合達蒲阿駐鄧州仙由荆子口會鄧州軍
天興元年正月丁酉合達蒲阿敗績於三峯山仙從四十
餘騎走密縣趨御寨都尉烏林荅胡土不納競為追騎所
得乃會嶺步登高山扼頂清凉寺謂登封蘭若寨招撫使

密[幕]僧秀曰我豈敢入汴京一旦有急縛我獻
大國矣遂走南陽留山收潰軍得十萬人屯留山及威遠
寨立官府聚糧食修器仗兵勢稍振三月汴京被圍哀宗
以仙為參知政事樞密副使河南行省詔與鄧州行省思
烈合兵入救八月至密縣東遇
大元大將速不觪兵過之仙即按軍眉山店報思烈曰阻
澗結營待仙至俱進不然敗矣思烈急欲至汴不聽行至
京水大兵乘之仙至戰而潰思烈亦令其軍散走期會留山仙
至留山潰軍至者益叛哀宗罷思烈為中京留守詔仙曰
思烈不知兵向使從卿阻澗之策豈有敗哉軍務一以付

卿日夕以待勤力一心以圖後舉十一月遣刑部主事烏
古論忽魯召仙仙不欲行乃上疏陳利害請緩三月生死
入援初思烈至鄧州仙承制授宣差總領黃摑三合五朵山
一帶行元帥府事兼行六部尚書及仙選留山惡三合權
威政為征行元帥屯比陽三合守裕州三合乃詐以書約仙取
裕州可以得志仙信之三合乃報
大元大將遺兵交擊敗仙于柳河仙跳走聖朵寨初沈立
尉書政承制召兵西山裕州防禦使李天祥不用命政斬
之以徇仙至聖朵謂政曰何故擅誅吾將政曰天祥違詔

逼迫不行政用便宜斬之仙怒曰今日宣差來明日
宣差來起軍因此軍卒戰士殆盡矣自今選甚人來亦不
聽郎衆山中休息又曰天祥果有罪否不知存亡天祥遂
汝何人輒敢殺之又仙敗始得釋與楊全俱降宋是時
詔何爲不殺仙大怒叱左右奪政所佩銀牌令總領楊全
城繫之會赦遺□猶囚之又仙敗始得釋與楊全俱降宋
哀宗走歸德遺詔招集潰軍以待仙仍璹
月仙關兵選鋒尚十萬璹曰主上旦夕西首望公公不宜
又留於此仙怒幾殺璹及忽魯剌還歸德仙乃奏請誅
敗子柳河璹璹詔招集魏璹撰魏璹璹

瑃哀宗不聽以璹爲歸德元帥府經歷官璹字邦彥渾源
人貞祐二年進士云仙部將董祐有戰功詔賜虎符仙晨
其偏已父不典佩祐憾之乃結官奴欲殺仙猶豫未敢發
近傳詔使完顏四和有謀敢斷瑃徵兵鄧州畀牧使移剌
某合有異志四和以計誅惟君爲國家圖之四和曰仙終不肯入
援祐等位甲力不能誅惟君力不從仙知祐嘗有此
合復殺武仙他日使者來人誰肯信不從仙知祐嘗有此
謀使祐使河北其後竟殺之三月仙以聖旨朵軍食不足徙
軍鄧州仰給于鄧州總帥移剌瑗鄧州倉廩亦乏乃分軍
新野順陽淅川就食民家道謹讓官朱粲劉璘往襄陽借

糧于宋制置使史嵩之琰棨持兩端羈留廷廷以情告史嵩
之曰仙兵勢不復振矣且曰名爲借糧實欲納款待將軍
一諾耳嵩之以爲實然遣田俊邁報仙四月仙遣大理
少卿張伯直取糧于襄陽屯軍小江口以待之留伯直不
伯直至大喜謂仙送款矣發書報仙謝狀也大怒留伯之益
遣仙自順陽入鄧州裒剌瑗盡於瑗仙五月瑗仙軍于順陽是時仙令
乃還順陽鄧州糧盡瑗於瑗仙五月瑗仙軍于順陽是時仙令
知仙軍虛實使孟珙供軍頃軍士稍始覺仙寨帳下百餘人迎擊
士卒刈麥供軍未至二里許緝有五六百人大敗珙兵
之孟珙不敢前俄軍士稍始覺有五六百人大敗珙兵

與數百人脫走擒其統制統領數十人獲馬千餘至是
棨琰妄謂將納款于嵩之語泄矣仙皆誅之移剌瑗本
名粘合字廷王世襲奚府猛安累功鄧州便宜總帥既至
襄陽使更姓名曰楊歸正人劉介旦將校禮謁制置使瑗大
悔恨明年三月疽發背死孟珙雖敗而去仙悒悒宋兵挼來
七月從詔淅川之石穴是時哀宗在蔡州道近仙待元顏賣仙
赴難詔曰朕平日未嘗負卿國家免難至此忍擁兵自情
坐待滅亡邪將士聞之相視哽咽皆願赴難與國同生死
仙懼衆心有變乃殺馬牛與將士三千人歃血盟誓不負
國家衆乃大喜無何仙復謂衆曰蔡州道梗吾兵食少恐

不能到且蔡不可堅守縱到亦無益近遺人覘視宋金州
百姓據山為柵極險固廣袤百里積糧約三百萬石今與
汝曹共圖之可不勞而下留老弱守此寨以為根本然後
選勁勇趨蔡迎上西辛未晚也衆未及應即令戒行李取
淅川泝流而上山路險阻霖雨旬日水湍悍老幼溺死者
不可勝計楊全已降宋留秋林十日乃遷大和九月至黑谷
聞總領楊食絕軍士亡者八九仙計無所出八月乃由
荆子口東還自內鄉將入聖朵寨至峽石左右八疊秋林
泊進退失據遂謀北走行部尚書盧芝侍郎石玠不從芝
李庭瑞河東人住子補官以西安軍節度使行尚書玠

子堅河中人崇慶二年進士以汝州防禦使行侍郎二人
相與謀曰吾等知仙不郵國家久矣諫之不從去之未可
率至今日正欠蔡州一死耳假者不得到蔡州死於道中
猶勝死於仙也既去仙始覺追玠殺之芝走至南陽為土
賊所害甲午蔡州破糧且盡將士大怨皆散去仙無所歸
乃從十八人北渡河又亡五人五月趨澤州為澤之戌兵
所殺

張甫賜姓完顏氏初歸順
大元涿州刺史李瘸驢招之與定元年正月甫與張進俱
來降東平行省蒙古綱承制除甫中都路經略使進經略

副使二年苗道潤死河北行省侯摯承制以李瘸驢權道
潤中都路經略使使甫與張柔為副頃之苗道潤之衆請以
靖安民代道潤是時張柔安民實分掌道潤部衆朝廷乃
以瘸驢為中都東路經略使自雄霸以東皆隸之甫進與賈
求定軍節度使賈全不協以兵相攻奪據全地取全馬以
遺經略使李瘸驢瘸驢受之朝廷怪瘸驢不能和輯州府
乃有向背及瘸驢別與官職東平蒙古綱講睦甫與賈
全綱道同知安武軍主都博野令高常住往平之輒留瘸
驢不遺因奏曰張甫本受瘸驢招降情意厚善今遺郁先
與瘸驢議所以平之者然後可況甫等不識禮義之人瘸

驢就徵則皆自疑恐生他變故不避專擅之罪詔從綱奏
未幾賈全俊以兵捕甫部民殺甫參議官邢璘甫率兵攻
之賈全敗走遂自縊死甫請符印以安輯部衆詔與之無
何李瘸驢歸順

大元甫為中都東路經略使遙授同知彰德府事權元帥
右都監三年張進為中都南路經略使甫奏真定兵衝乞
遺重臣與恒山公武仙併力守之不報及真定不守甫復
奏權元帥右都監柴茂保冀州水寨孤立無援若不益兵
非臣之所知也四年甫封高陽公以雄莫霸州高陽信安
文安大成保定靜海寶坻武清安次縣隸為元光元年移

刺來求奴不能守河間棄君之信安民既以功進金紫光
祿大夫始賜姓完顏二年二月脫進來遷元帥左監軍賊

姓完顏

靖安民德興府永興縣人員祐初充義軍應謀克千戶繼
領萬戶都統皆隸苗道潤麾下以功遷授定安縣令遷涿
州刺史遷授順天軍節度使充摸控興定元年遷授定安
軍節度使興定二年遷知德興府事中都路總領招撫使
是歲苗道潤死安民代領其眾行省承制以涿州刺史武
衛軍節度使遷中都路經略使以東為武
東路經略使自易州以西安民為中都西山
雅驩權中都路經略使劉鐸嫉其
功反閒賣珤李琛與道潤不協嘗相攻伐竟以陰謀殺道
潤彈令所部劉智元等掠領海嵩資孫招撫楊德勝家人
二十餘口鐸之山寨者鐸帶居此恐致敗事劉鐸亦遭拜
左監軍行中都西路元帥府事三月安民上書曰苗道潤
招定州縣五十餘城其功甚大西京路經略使劉鐸嫉其
義軍忠臣諸招撫練守練為四年通授知德興府事權元帥

諫惑人心強抑總領馮栗索拒之輒殺害彥暉等曰
使劉鐸諸南京自訴且言安民侵入飛狐之境冒濫封拜
元竟驅彥暉而去又言經略職甲以致從宜李柏山等曰

謀見寧乞許罷去延議劉鐸本行招誘逃亡今乃與安民
互相論列以起爭端苗道潤死安民實代領其眾彥暉等
軍本隸道潤嘗聽安民節制乃名鐸遷頃之封易水公以
涿易安肅保州君氏川李霆三保河北江礬山寨青白口
朝天寨水谷懷谷東安寨練為十月安民出兵至礬山復
取檀平寨

大元兵圍安民所居山寨守寨提控馬豹等以安民妻子
及老弱出降安民軍中閒之駭亂眾議欲降以保妻子安
民及經歷官郝端不肯從適遇害詔贈金紫光祿大夫

郭文振字拯之太原人承安二年進士累官遼州刺史貞
祐四年昭義節度使必蘭阿魯帶請外遼州為節鎮廷議
遼州城耶人戶不稱節鎮而文振有功當遷乃以本官充
宣差從宜都提控興定元年詔文振接洽遼州深得眾心
都會道潤與賈全相攻而止文振治遼州深得眾心興定
三年遷遙授中都副留守權元帥左都監行河東北路元
帥府事刺史從宜如故文振把降太原東山二百餘村選
老幼于山寨得壯士七千分駐營柵防護秋穫文振奏若
秋高無兵直取太原河東可復慢詔許之十月權元帥右
都監行元帥府事與張開合堅臺州兵復取太原四年詔
外樂平縣為皇州壽陽縣西張寨為晉州從文振之請也

文振上疏曰揚子雲有言御得其道則天下狙詐咸作使御失其道則天下狙詐咸作敵有天下者審所御而已河朔自用兵之後郡邑蕭然並無官長武夫悍卒因緣而起以為得志僣越名位瓜分角競以相侵攘雖有內除之官亦不得領其職所為不法可勝言哉乞行帥府擅請便宜妄自誇張以尊大其權包藏之心蓋可知也朝廷因而撫之假攬傳授至與各路帥府力伜勢均不相統屬陝西行省總為節制相去遼遠道路梗塞卒難聞知故飛揚跋扈無所畏憚鄉道相望莫敢誰何自平陽城破以來河北不置行省朝廷信臣不復往來布揚聲教俾令曳刺行報而

巳所司勞以酒食悅以貨財借其聲譽共欺朝廷姦倖既行遂至驕恣硬故之生何所不有此臣所以夙夜痛心而為之憂懼也乞分遣公廉之官徧詣訪察庶知所在利害之實後置行省皆聽節制上下相維可臂指使之則國勢重臣後伏見澤潞等處芻糧猶廣人民猶眾地多險阻乞選日重姦惡不萌矣是時澤潞已詔張開規劃不能盡用文振之言但令南京兵馬使术甲賽也行帥府於懷孟而已不逞之人攝行州事朝廷重於更代就令主之去年伯德是歲封晉陽公河東北路皆隸焉文振奏每以彊猾和攜刺史提控伯德安殺之奪其職河東行省以陳景瑶

代安安內不能平因誣告景瑶死罪朝廷未及按問安輒逐之恥受臣節制宣言于眾待道路稍通當隸恆山公輒制令真定巳不守安猶向慕不巳臣徵兵諸郡安有女臣不遣臣若興師是自生一敵非國家之便也聞安有女臣輒遣律令為姪孫述娶之安遂見許臣非願與安為姻為公家計屑就之耳自結親以來安循率以從王事法不撫之乞更選之敢以此罪為請宣宗嘉其意遣近臣慰諭之文振復奏武仙所統境土甚大雖與林州元帥府共招宣宗用其策五年文振奏臣所統嵐管隩石寧化保德諸

州境土濶遠不能周知利害恐誤軍國大計伏見葭州刺史古里甲蒲宗智勇過人深悉河東事勢乞令行元帥府事或為本路兵馬都總管與臣分治詔文振就擇可者處之便地仍受文振節制上黨公張開以厚賞誘文振將士頗有亡歸者詔分遣隩粟賑太原饑民張開不與文振奏其事詔遣使慰諭之文振復申前請以葭州刺史古里甲蒲察分治嵐管以西諸州制可仍令防秋後再度頃之詔振請分上黨粟以贍太原詔文振與張開計度頃之詔以石州隸晉陽公府元光元年林州行元帥府惟良得罪召還文振奏近聞惟良召還臣竊以為不可惟良在林州五

歲政尚寬厚大得民心今茲被名軍民遮路泣留其去未
幾義夫之衆作亂逐招撫使康瑭乞遺惟良還林州為便
不許文振上書乞遺前平章政事舅鼎行省河北諸公府
帥府並聽節制詔諭百姓使知不忘遺孰之意然後以河
南陝西精銳併力恢復不報文振復奏河朔百姓引領南
望臣冊四請於樞府但以會合府兵為言公府雖號分封
力實單弱且不相統攝所在被兵朝廷不即遺兵復河北
人心將以為舉河朔而棄之甚非計也文振大抵欲起督
鼎為行省以定河北朝廷不許頃之文振應援史詠而已
河東是歲遼州不能守徙其軍于孟州以部將都安等為
徙衛州然亦不可以為軍迄正大閒寓于衛而
汾州招撫使王遇與孟州防禦使納蘭謀古魯不相能後
文振副護汜山諸寨文振辭公府詔不許頃之文振部將

胡天作字景山管州人初以鄉兵守禦本州累功少中大
夫管州置帥府平陽大鎮令稍完後所管州縣不下十萬戶
歲管州失守改同知平陽天作言汾
潞皆置帥府平陽大鎮令稍完後所管州縣不下十萬戶
復業者相繼不絕其過汾潞遠甚宜一體置之是時晉安
嵐州皆有帥府乃以天作便宜招撫使權元帥左都監
四年封平陽公以平陽晉安府隰吉州隸馬天作請以晉

安府之翼城縣為翼州以垣曲絳縣隸為置平水縣于汾
河之西朝廷皆從之初軒成本隸程琢塵下琢死成率衆
保隰州以為同知隰州軍州事兼提控軍馬成增繕器甲
招納亡命頗有他志是時隰州方用兵未可制天作請增
置要害州縣以分其隸隰州之境蒲縣最居其衝可改為
州隸川之仵城鎮為仵城縣天作守平陽凡四年屢
以大寧縣隸可改為縣選官守備詔升蒲縣為州隸蒲
有功詔錄其子定哥為奉職元光元年十月青龍堡危急
詔遣古里甲石倫會張開郭文振兵救之次彈平寨東三
十里不得進知府術虎忽失來總領提控王和各以兵
忽失來子之南京者命天作子定哥承應如故天作已
受
大元官爵佩虎符招撫懷孟之民定哥為質執天作出天作已經死贈
信武將軍同知睢州軍州事詔張開郭文振招天作
歸順臨城索其妻子兵民皆潰執天作出天作已歸順詔
誅忽失來子之南京者命天作子定哥承應如故天作
大元大將惡其反覆遂誅之天作死後宣宗以同知平陽
至濟源欲脫走先遣人奏表南京
府事史詠權行平陽公府事後封平陽公平陽初破詠父
祚毋蕭氏藏於窟室索出之使祚招詠祚乃自縊死蕭氏
逃歸詠妻梗氏亦自死宣宗贈祚榮祿大夫京兆郡公謚

成忠蕭氏封京兆郡太夫人賜號歸義梗氏贈京兆郡夫
人謐義未幾誅乞內徙徙其軍于解州河中府
張開賜姓完顏氏景州人至寧末河北兵起開團府結鄉兵
為固守粟功遇授同知清州防禦事兼同知觀州軍事貞祐
四年開率所部復取河間開府又滄獻二州十有三縣開有
宣撫司詔付空名宣勅二百道奏乞從權署置就住所復
賜姓完顏氏開奏之糧還觀州刺史權本州經略使至是始
輸鹽司糧詔安陽黎陽皆作堰
州縣為權官補之詔還觀州刺史權軍州事開復清州乞
塞水河運不通乞開鑿水道不報觀州糧盡是歲秋徙軍
輝州乞家種三千石鱸贏三百或寶券二百貫戶部不與
以自給有司計小費拒不與乞斷自宸乘與之麥種若無
御史臺奏開自觀州轉戰來此久著勞績今其軍耕種
定元年遷授澤州刺史二年遷授同知彰德府兼總領提
控三年充潞州招撫使林州元帥府徙潞人實林州旣復
遣還開乞隸晉安元帥府或與林州元帥府並置元帥府各自為
牛可與給以寶券制可是歲潼關不守被召入衛南京興
左都監行元帥府事與郭文振共復孟州防禦使權元帥
治十月開以權昭義軍節度使遺授孟州防禦使權元帥
遺還開乞隸晉安元帥府與郭文振共復太原四年封上黨公元
以澤潞沁州隸為五年詔後以涉縣為崇州從開請也元

光元年復取高平縣又澤州二年大戰壺關有功旣而潞
州危急開奏封建公府以固皋翰令胡天作出平陽郭文
振南徙河東公府獨臣與史諜而已乞升澤沁二州為節
鎮以重守禦詔以澤為忠昌軍沁為義勝軍林州羑尖寨
眾亂遂招撫使康琚雄杜仙為招撫使開請以盧芝瑞為
副代領其眾又奏比閭郭文振就食懷孟史諜徙觀州高
倫遷蔦伯寨各自保守民安所仰哉臣軍內無儲峙
外無應援臣不敢遽失守之罪恐益重朝廷之憂正大間
潞州不守開居南京郭曲離散名為舊人與四夫無異天
興初起復與劉益為西面元帥領安平都尉紀綱軍五千
攻衛州敗績于白公廟是時京宗走歸德開與劉益謀收
潰兵從衛不果遂與承齋西走皆為民家所殺初置公府
開與恒山公武仙最強後駐兵馬武山遺人間道請糧二
萬石用事者難之止給二千石公府將佐得報皆不敢白
開開置酒名諸將開曰與諸君一醉諸
將問故曰頃以糧竭為請祈二萬而得二千是吾君相不
以武仙輩待我也是時郭文振亂開西北當兵之衝民貧
地瘠開又不奉命以糧振文振竟開勢愈孤以
燕寧杨為莒州提控守天勝寨與益都田琢東平蒙古綱
至於敗

相伏為輔車之勢山東雖殘破猶恃三人為重紅襖賊五

公喜據注子烟率衆襲掠沂州寧軼走之遂復沂州語在

田琢傳寧既曼破紅襖賊招降胡七胡八引為腹心賊中

聞之多有欲降者累官遷授同知安化軍節度使事山東

安撫副使興定四年封東莒公益都路皆隸馬五年與

蒙古綱王庭玉保全東平以功遷金紫光祿大夫還天勝

戰死蒙古綱奏寧克盡忠孝雖位居上公祖考未有封爵

身没之後老稚無所衣食乞降異恩以勸節義之士詔贈

故祖皇銀青榮祿大夫祖母張氏范陽郡夫人父希遷金

紫光祿大夫母彭氏繼母許氏妻霍氏皆為范陽郡夫人

族屬五十二人皆廩給之自益都張林逐田琢繼而寧死

蒙古綱勢孤徙軍邳州山東不復能守矣

贊曰苗道潤死中分其地靖安民有其西之半中分以東

者其後張甫有之然無北境矣大凡九公封建宣宗實錄

所載如此他書載滄海公張進河間公移剌中哥易水公

張進晉陽公郭楝此必正大閒繼封如史詠繼胡天作者

然不可玫矣

朝請郎南司徒縣章國書書計中書文和縣修　團領　總裁軍國重事臣　脫脫奉

物修

粘葛奴申　劉天起附

烏古論鎬　張天綱　完顏婁室

　　　　　　完顏仲德

【金史百十九　一】

倉廩備器械未幾衆流亡數十萬口米一斛直白金四兩

皆避遷他郡奴申爲之擇官吏明號令完城郭立廬舍寶

不通奴申受命翻然兼孤騎由間道以往陳自兵興軍民

以嚴幹稱其年五月擢爲陳州防禦使時兵戈搶擾道路

粘葛奴申由任子入官戍入陳州明年哀宗走歸德改陳州爲金興軍馳

使褒諭以奴申爲節度使我稟委知政事行尚書省于陳

於是奴申立五都尉以將其兵建威來者猪糞虎威蒲察合

達振武李順兒振威王義果毅完顏其凡招撫司至者皆

使隸都尉司是時交戰無慮十日至而吾州糧有盡奈何乃減軍所給

興官屬謀曰大兵日至作一斛又作八斗又作六斗將領則不給

月一斛五斗著作一斛又作八斗又作六斗將領則不給

人心稍怨故李順兒崔都尉因而有異志劉提控及完顏

不如哥提控者預爲奴申知其謀常以兵自防及聞

【金史百十九　二】

大元兵往朱仙鎮市易奴申遣五都尉軍各二百人以李

順兒副都尉崔其將之龐頂城寨令孫鎮撫者名順兒議

順兒至其家順兒已擐甲孫欲觀其刀順兒授示之孫

兵事孫至其家順兒已擐甲孫欲觀其刀順兒授示之孫

色動即出門奔去順兒追殺之乃上馬引兵二百人入省從

行省曰行省尅減軍糧汝輩欲飽食則從我我不欲則從

人王都尉順兒加害解其虎符以與順兒并殺其子姪及鄉

提控劉其於是省中軍士皆坐不起奴申開壁走後堂再

說軍士曰行省尅減軍糧汝輩欲飽食則從我我不欲則從

之選歟于汴崔立乃遣其弟倚就加順兒淮陽軍節度使

帥都尉以劉提控語不順斬之坐中明日遂遺冠石烈正

兒亦窶初奴申聞崔立之變遣人探其事情而順兒崔都

尉亦窶令人結構崔立適與奴申所遣首同往遂順兒

懼其謀泄故發之益速奴申亦知其謀故遣龐頂城欲因

其行戕殺之然已爲所先劉天起者趄於匹夫初甚庸副

兒之徒樂城走蔡州大兵覺追及孫家林老幼數十萬少

有脫者初奴申聞崔立之變遣人探其事情而順兒崔都

行省如故未幾虎威都尉蒲察合達與高元帥者盡殺順

汴京戒嚴嘗上書以干君相願暫假一職以自効每戰

國兵法平軍曰撒等信之令景德寺監造革車三千兩天

興元年授都招撫使佩金符召見乞往陳州運糧上從之

人不如哥提控者預爲奴申知其謀常以兵自防及聞完顏

一時皆斃焉其僥倖及至陳行軍殊有方略每出戰數有

功陳人甚衙軍之順兒之禮天起偃塞不從為所殺同時
一唐括襄室三人皆內族也時以其名同故各以長幼別之
完顔襄室三人皆內族也時以其名同故各以長幼別之
正大八年慶山奴葦京兆適潼揚都尉大婁室運軍器至
白鹿原過大兵與戰兵為既盡以條繫掉金牌力戰而死
九年正月大兵至襄城元帥中婁室小婁室以馬軍三千
遇之於汝墳時大兵以三四十騎入襄城驅驟馬而出又
入東營殺一千夫長走歸德中婁室為北面總帥小婁室
皆醉不能軍遂敗退走許州會中使名人京師天興二年
正月河朔軍潰良宗覺之兩婁室以正旦飲將校

左翼元帥牧潰辛及將軍夾谷九十舞蔡州蔡帥烏古論
桷椊知其跋扈不納遂走息州息帥石抹九住納之時白
華以上命选虎符於九住為息州行帥府事九住出近侍
好自標致驅從盈路三人者妳之各以招集勤王軍士為
名得五六百人州以甲仗給之父漸生猜貳九住使
自版牙儈數百人為虎子軍夜則擐甲為備一日九住使
一萬戶巡城三帥執而駈之便大呼云勿學我欲開西門
反即斬之乃力名九住欲不住懼云禍乃從三百
卒以仕三帥令甲士守衝曲九住從之過慮慮執之九住
獨入三帥間汝何為欲友九住曰我何緣友三帥怒欲殺

者父之小婁室愈稍解頗為敕護得不殺使人鎖之以夾
谷九十為帥無權息州蔡帥桷椊開九住為三帥所詬上
奏辨之三帥亦捃撫九住之過上聞朝迁主桷椊之辨且
不直三帥六月救至蔡撫捗懼九住師
馳选詔書於息乃得免及上將華蔡密召中婁室引兵來
迁婁室遲疑久之乃率所招卒奉迎七月上遣近侍局使
入息州牧馬即名九住至與中婁室辨於上前時中
婁室已授同簽樞密院事上不欲使之終訟乃罷九住師
職授戶部郎中以烏古論忽魯為息州刺史時有土豪劉
禿兒馬安撫者自蔡朝選以軍儲不給叛入宋州之比關

窺息之意息師懼上奏請益兵為備抹
撚元典行省事于息州中婁室以同簽樞密院軍為總帥
小婁室以副點檢為元帥王進為彈壓帥夾谷九十為都
尉以忠孝軍二百步軍五百屬之行省院於息州行上
諭之曰北兵所以常取金勝者恃北方之馬力就中國之
技工耳我實難與之敵至於宋人何足道戟朕得甲士三
千縱橫江淮間有餘力矣卿等勉之八月壬辰行省遣人
秦中渡店之戰初元典等赴息既至之夜潛潰忠孝軍百
餘騎讓宋營於中渡我軍皆北語又散漫似之宋人望之

駈愕奔潰斬獲甚衆復奏元帥張闓不遵約束失亡軍士
乙正典刑戮其妻孥表閭無罪上遣人赦之比至已死獄中蓋
闓為妻室腹心九住之獄皆閭發之兇典廉得其事囚其
失律而誅之也九月以忽魯退縮不能撫御民多叛去奪
其職以次谷九住權息州事十一月宋人以軍二萬來攻
城中食盡乃和糴既而括之每石止留一斗并括金帛衣
物城中皆無聊矣前兩月蔡州以軍護老幼萬口來就食
比兵覽之追及於二十里之外至息者才十餘人至是蔡凶
閭不通行省及諸帥日以歌酒為事聲樂不絕下及軍士
強聚寡婦幼女絕滅人理無所不至三年甲午正月蔡凶

問至諸帥殺之以滅口然民間亦頗有知者初諸帥欲北
降而迹相猜息無敢先發者數日蔡信閭然諸帥屏人聚
議皆言送款南中為便時李裕為睦親所同僉桓端國信
使下經歷官乃使送款于宋遂發役設祭謚哀宗曰昭宗
州民遷宋人焚州摟櫓州人老幼渡淮南行人羅山委曲
之信陽北兵見火起追及之無有免者且誅索行省已下
官屬于宋宋人令官屬人城託以犒賞從萬戶以上六七
百人皆殺之軍中亦有奪命死敵者宋人諭諸軍行省而已
下有罪已殛置汝等就迷魂寨安屯遂以軍防之既而輿

比軍接南軍欲避一軍慈為所殺
為古論鎬本名栲栳東北路招討司人由護衛起身累官
慶陽總管天興初遷蔡息陳頹等州便宜總帥二年哀宗
在歸德蒲察官奴國用安欲上章海州未決會鎬饋米四
百餘斛至歸德且鎬上意遂決汲直學士鎬為來迓以
蒲鮮如蔡告蔡人以臨華之意六月徵蔡息軍馬來來迓
蔡重鎮且慮有不測詔遠迎辛卯車駕發歸德待久
兩朝士庶從者徒行泥水中掇青棗皂莢飽數日足歷應
掌政天綱亦然壬辰至亳上黃衣皂笠金兜鍪帶以青黃
旗二導前黃徽擁後從者二三百人馬五十餘四五而已行

次城中僧道父老拜伏道左上遣近侍諭以國家涵養汝
輩百有餘年今朕無德令爾塗炭朕亦無足言者汝輩無
忘祖宗之德可也皆呼萬歲泣下留一日進亳之南六十
里避兩雙蒲寺中萬安滿目無一人迹上太息曰生靈盡
矣為之一慟是日小婁室自息來迓得馬二百已夾入蔡
蔡之父老千人羅拜於道見上儀衛蕭條莫不感泣上亦
歔歔者父之七月以鎬為御史大夫總帥如故初鎬守蔡
門禁其嚴男女稚采必以墨識其面人有以鏡出者十取
一分有半以贍軍上至蔡或言其非便即弛其禁時大兵
去遠商販頗集小民鼓舞以為復見太平公私宿釀一日

〔上〕

俱盡郿城土豪廬進殺其長吏自稱招撫使以前關陝帥
府經歷范天保為副至是天保來見進秦三百石及麞鹿
脯茶窖等物遂賜進金牌加天保官自是進物者踵至既
而遣內侍殺頭宋珪與鎬妻選室女備後官已得數人右
承旨斜睨諫曰小民無知將謂陛下駐蹕以來不聞恢復
遠略而先求處女以示久居民間愚而神不可不畏上曰朕
以六官失散在外人滿其欲日夕交諸於上甚以尚食
闕供為言上怒雖擢拜大夫而色見特踈小妻室之在息

州也與石抹九住有隙怒鎬為九住辨曲直及上華蔡婁
室見於雙溝困厚部鎬眾上頗信之鎬自知被譖憂情群
抑常稱疾在告會剗奪知政事石盏女魯懽姪大安來以
女魯懽無反快為官奴所殺白尚書省以
閒上曰朕肯謂女魯懽反邪而無迹可辭謂不反邪朕方
暴露遣人徵援兵彼留精銳自防發有關朕方以來既到
雖陽彼厚自奉養使朕醲醬有關朕為人君不當語此細
事但四海郡縣默非國家所有坐保一城臣子之分彼乃
自負而有驕君上之心反而何然朕方駕馭人材以濟
艱難錄功总過此其時也其釐正之壁臣知上意之在鎬

也數為若丞仲德言之仲德每見上必稱鎬功業宜令預
參機務又薦以自代上怒少解及象政抹撚元典行省息
州鎬遂以御史大夫權參知政事九月大兵圍蔡鎬守南
向忠孝軍元帥蔡八兒副之未幾城破被執以招璋鎬不
下殺之烏古論先生者本貴人家奴羊僧道遮使居之
捕已逃去正大末從鎬來官沒南人皆知與其妻通而
裸顛露足緝麻為衣人亦謂之麻帔先生宣宗嘗名入官
問出入大長主家有穢迹上微聞之紿有司
鎬不知生不自安求出鎬為管道宇親率僧道遮使居之
車駕將至蔡上欲適無所往困自言能使軍士服氣不畏

一真人之號旋出奇計比兵信亞必駭興之或可以有成
糧若丞仲德知其妄乃奏欲如田單假神師退敵之意授
之
時郎中移剌克忠貫外郎王鶚具以向麻帔為言上怒
殺之
敵及兒長揖不拜且多大言欲出說大師貴室死計
功象政天網以為不可遂止後求入見言有詭計可以退
陳州之事殆類之矣
所其兩婁室讒賊人也襄城事急醉不能軍乃逭一死得其
贊曰晉劉越石長於撫納短於禦駭以故取敗粘葛奴甲
失政刑一至於是烏古論鎬華蔡之請雖非至謀區區勠

忠必讖見忌哀宗之明蓋可知矣

張天綱字正卿霸州益津人也至寧元年詞賦進士性寬
厚端直論議醇正造次不少慶累官咸寧臨潢令入補尚
書省令史拜監察御史遷左右司員外郎中庭從至歸德改吏部侍
貞外郎哀宗帥東平遷左右司郎中庭從上不從官奴果遂
郎知元帥官奴有反狀屬為上言之上不從官奴果遂
權天綱權參知政事及從上遷蔡轉御史中丞仍權參以
便宜授作亂者知政事劉昌祖上封事請大舉伐宋其略
政扶溝縣在後南踐江淮西入巴蜀頗合上意

云官軍在前饑民在後南踐江淮西入巴蜀頗合上意

命天綱面詰其蘊藉名與語無可取者然重違上命且恐
閉塞言路奏以為尚書省參差官護衛女奚烈完出近侍
古論先生者自言能使軍士服氣可不費糧右承仲德援
住所往才出及汝南岸遇北兵皆見殺時人快之
為直長粘合斜列奉御陳謙權近待局直長內族泰和四
人以食長不給出怨言乙住陳天綱幾為此職所誑
田單故事欲假其術以駭敵語在烏古論傳上頗然之天
綱力辨以為不可遂止且曰向非張天綱為此職所誑
軍吏石抹虎兒者求見仲德自謂有奇計退敵出馬面具
如獅子狀而惡別制青麻布為足尾因言比兵所恃者馬

而已欲制其人先制其馬如我軍進戰尋少卻彼必來追
我以馴騎百餘皆此狀仍縶大鈴于頸壯士乘之必突彼
騎騎必驚逸我軍既繼其後此田單所以破燕也天綱
曰不可彼報我寡此不足恃繼使驚去安保其不復來乎
恐徒費工物祗取敵人笑耳乃罷之蔡城破為宋將孟拱
得之檻車械至臨安備告廟既而命臨安知府薛瓊問
曰有何面目到此天綱對曰國之興亡何代無之我金之
亡比汝二帝何如瓊大叱曰我主天子也去明日遂奏其語中泰
問曰天綱真不畏死耶對曰大丈夫患死之不中節爾何
畏之有析死不已宋主不聽初有司令供狀必欲書虜
畏王天綱曰殺即殺焉用狀為有司不能屈聽其所供天綱
但書故主而已聞者壯之後不知所終

完顏仲德本名斜虎合懶路人必顧悟不羣讀書習策
論有文武才初試補親衛軍難備宿衛而業不報中泰
和三年進士第歷仕州縣身佑用兵辭充軍職等為
大元兵所俘不踰年盡解其語尋遂諸降人萬餘來歸宣
宗名見奇之授邠州刺史兼從宜增築城壁匯水之州
由是可守哀宗即位遷授同知歸德府事同簽樞密院事
行院於徐州徐州城東西北三面皆黃河而南獨平陸仲
德壘石為基增城之半復浚隍引水為固民賴以安正大

五年詔關陝以南行元帥府事以備小關及扇車回時北
兵叩關仲德適興前帥輿之阿里不酌酒更代而兵猝至
遂驅而東阿不里素無守樂之策為有司所劾罪當死仲
德上書引咎以謂址兵越關之際符印已交安得歸罪前
帥臣請受戰上義之止杖阿里不而貰其死六年移知鄜
昌府燕行總帥府事時陝西諸郡已殘仲德招集散亡得
軍數萬依山為柵屯田積穀人多歸焉一方獨得小康號
令明蕭至路不拾遺八年四月詔授仲德華昌行省及虎
符銀印天興元年九月拜工部尚書象知政事行尚書省
事於陝州時兀典新敗陝州殘破仲德復立山寨安撫軍

民會上以鐵丸書徵諸道兵入援行省帥府性生觀望
不進或中道遇兵而潰惟仲德提孤軍千人歷泰藍商鄧
攧果菜為食開關百死至汴臣之日適上東遷妻子在京
師五年矣仲德不入其家趨見上於宋門闕東華之意知
欲北渡力諫云北兵在河南而上遠徇河址萬一無功得
完北關山巖深固糧餉豐驍不若西幸依險固以居命帥
之關出戰然後進取與元經略巴蜀此萬全策也上已
臣分撤議定不從然素重仲德且嘉其赴難進拜尚書省
與白撒無樞密副使軍次黃陵二年正月車駕至歸德以仲

德行尚書省省于徐州既至遣人與國用安通問沛縣卓翼
孫璧冲者初授用安封翼為東平郡王璧冲博平公
升沛縣為源州璧冲已而翼璧冲來歸仲德界之舊職令統河
址諸砦行源州帥府安翼累帖云徐德已入援不赴仲德
至徐德全大怒求赴歸德仲德留之遣人納奏帖云徐州
重地德全不宜離鎮仲德盧州廂不居亦無兵得自防曰
以觀書局事而德全自縊益甚二月魚山總領張璘作亂
殺元帥完顏胡土降址仲德撫慰軍民而還有曹總領者盜御馬東行
下十許人親勸民兵得三百人徑往魚山而從宜嚴祿已
誅職及正仲德撫慰諸御馬作亂

制音諭行省討之仲德既殺戰德全欲功出已殺曹黨四
十八人三月阿术魯攻蕭縣游騎至徐德全馬悉為所邀
仲德時往宿州德全以失馬故始議救蕭縣遣張元哥苗
秀昌率騎八百以徒未及交戰元哥退走址兵掩之皆為
所擒殺之餘黨之外一無所聞闔郡稱快
迎就執德全并其子殺之四月仲德陽以闋糧往邳州州官出
初完顏胡土以遙授徐州節度使帥嚴祿軍於永州址保
安鎮時祿辺窩從宜在砀山數年又得士心忽土到軍士
不悅二月辛卯夜遂為總領張璘崔振所害吏部郎中張
敏修忽土下經歷官乃以軍變贅嚴祿降址祿佯應之陰

名永州守陳立副招撫郭界會諸義軍赴保
者軍夜至禄遣敏修名職振計事二人不疑介冑而至及
其賞與皆為禄所殺徐州去保安百里行省聞之求討會
禄巳反乃以便宜按禄行元帥在都監就佩忽士虎符
朝廷復授禄遷領歸德知府無行帥事未幾
時官奴巳殲官屬懼為所給勸勿住仲德曰君父之命豈
辭真偽耶死亦當行事件至果官奴之詐六月官奴誅
詔仲德議遷蔡仲德雅欲奉上西幸因賛成之及蔡餉賞

院事無罪細率親為之選士括馬繕治甲兵未嘗一日無
西志近侍左右久困睢陽即汴陽之安皆聚蓄營業不
願遷徙日夕為上言西行不便未幾大兵梗路竟不果行
仲德每深居藥坐瞑目太息以不得西遷為恨是月上至
蔡命有司修見山亭及同知衙為游息之所仲德諫曰自
古人君遭難播越于外必痛自刻苦眠然後可以克復
舊物況今諸郡殘破保完者獨一蔡耳蔡之公廨固不及
宮闕萬一方之野處露宿則有加矣且上初行幸已嘗勞
民葺治今又興土木之役以求安逸恐人心解弛不足以
濟大事上遠命止之八月定進馬遷賞格每申馬一四或

二四以上遷賞有差自是西山帥臣范真姬汝生作等以
馬進凡得千餘四以末撫阿典領之又遣使分諸道徵
兵赴蔡得精銳萬人又以器甲不完命工部侍郎术甲咬
住監督修繕不踰月告成軍威稍振彪從諸人茍一時之
安遂以蔡為可守矣魯山元帥元志領軍千餘來援時諸
帥往往擁兵自固志獨冒險數百里日戰且行比至蔡幾
盡其半上表異之賜以大信牌升忠孝軍提控李德率十餘人
蔡八兒王山兒亦來援上月糧不優幾於罵署郎中移剌克忠與
乘馬入省大呼以月糧不優幾於罵署郎中移剌克忠與
之仲德仲德大怒縛德堂下杖之六十上諭仲德曰此軍

得力方欲倚用鄉何不容忍責乃爾仲德曰時方多故
錄功隱過自陛下之德至于將帥之職則不然小犯則決
大犯則誅強兵悍卒不可使一日不在紀律蓋小人之情
縱則驕驕則難制雎陽之禍獨官奴之罪亦有司縱之
太過耳今欲更易前轍不宜愛克厥威賞必由中罰則臣
任其責軍士間之至于國亡不敢有犯九月蔡城戒嚴行
六部尚書蒲蔡世達以大兵將至請諭民併收晚田不及
者踐毀之毋資敵制可丙辰詔裁宂軍及定官吏
軍兵月俸自宰執以下至于皁隸人月支六斗初有司定
減糧人頗怨望上聞之欲分軍為三上軍月給八斗中七

斗下六斗人復然不均乃立射格而上中軍輒多受賞連
中者戒面賜酒人益為勸且陰有所增而人不知仲德之
謀也甲子分軍防守四面十月壬申朔大兵壞壘成耀兵
城下旗幟徧天城中駭懼及養於四關冀其墻而退十一
月辛丑大兵以攻具傅城有司盡籍民丁防守不足則括
婦女壯徤者假男子衣冠使運木石祭既受圍仲德營晝
德備未嘗一至其家村存軍上無不得其懼心將校有戰
亡者親為瞻祭哭之不能已丑西城破城中前期築柵後
濠為備雖克之不能入也但於城上立柵南北相去百餘
步而已仲德摘三面精銳日夕戰禦終不能援三年正月

庚子朔大兵以正旦曾歙鼓吹相接城中飢窘愁嘆而已
閉城以來戰歿者四帥三都尉其餘總帥以下不可勝紀
至是盡出禁近至於舍人牌印省部攀鷹亦皆供役戍申
大兵繁集已西城為五門整軍以父將軍鏖戰及養乃退聲言
來日復集已西大兵界來仲德率精兵一千巷戰自如
及已餓見子城火起聞上自縊謂將士曰吾君已徇吾何
以戰為吾不能死於亂兵之手吾君死諸君可善為計諾
赴水死將士皆曰相公能死吾輩獨不能
以戰為吾不能死於亂兵之手吾君死諸君
耶於是參政烏字术魯婁室元林苍胡土總帥元志元帥王
山兒統右烈柏壽烏古論桓端及軍士五百餘人皆從死

為仲德狀貌不踰常平生吾怒未嘗妄發聞人過常護
諱之雖在軍旅手不釋卷門生故吏每以名分教二家素
貧救衣糲食終其身晏如也雅好賓客及薦舉人材人有
寸長極口稱道其掌軍務賞罰明信號令嚴整故所至軍
民為用至危急死生之際無一士有異志者南渡以後將
相文武忠亮始終無瑕仲德一人而已

贊曰金之亡不可謂無人才也君臣
將相之器乎昔者智伯死又無後其臣豫讓不忘國士之
報君相之器乎其無所為而為之真義士也金亡矣仲德天綱
諸臣不變所守豈愧古義士哉

列傳第五十七

開府儀同三司上柱國錄軍國重事兼修 國史領□經筵都總裁 脫脫奉

勅修

世戚

石家奴　　裴滿達

徒單恭　　烏古論蒲魯虎　唐括德溫
　　　　　忽覩

烏古論粘没曷　蒲察阿虎迭　烏林荅暉

蒲察鼎壽　　徒單思忠　　徒單繹

烏古論忠　　烏古論元忠子詛　唐括貢

烏林荅復

烏林荅琳　　徒單公弼　徒單銘

徒單斜　四喜

列傳

《金史百二十》

（一）　　庶子德

金昭祖娶徒單氏后妃之族自此始見世祖時烏春為難
世祖欲求昏以結其雛心烏春曰女直與胡里改當可為
昏世宗時賜夾谷清臣胡里改人也然則
四十七部之中亦有不通昏因者矣其故則莫能詰也然則
國家者昏因有恒族能使風氣淳固親義不渝而貴賤等
威有別焉蓋良法也歟作世戚傳
石家奴蒲察部人世居案出虎水祖斜魯短世祖外孫桓
赧散荅之亂昭蕭皇后父母兄弟皆在敵境斜魯短以計
迎還之石家奴自幼時撫養于太祖家及長太祖以女妻

之年十五從攻寧江州敗遼主親軍攻臨潢府皆有功襲
謀克其後自山西護齊國王謀良虎之喪歸上京道由興
中是時方攻興中未下石家奴置樞于驛率其所領猛安
兵助王師遂破其城從宗望覽再從宗翰伐宋宗翰
聞宗望軍已圍汴遣石家奴計事抵平定軍遇敵兵數萬
敗之遂見宗望已還報宗翰聞其平定之戰甚嘉之明年
復伐宋石家奴隸貴室軍畫討陝西未下石家奴領所
部兵援之既而以本部屯戊西京會契丹大石世弟舉以余
睹為元帥石家奴為副帥諸部族以還未幾有疾退居鄉
里天眷間授侍中駙馬都尉冊以都統定遠部熙宗賜御

列傳

《金史百二十》

（二）　　庶子德

書鞍轡之封蘭陵郡王除東京留守以病致仕卒年六十
三加贈鄆王正隆奪王爵封鄆國公
裴滿達本名忽撻婆盧木部人為人淳直孝友天輔六年
從蒲家奴追叛冠於鐵呂川力戰有功熙宗娶忽撻女具
為悼平皇后天眷元年授世襲猛安明年以皇后父拜太
尉封徐國公皇統元年除會寧牧居數歲以太尉奉朝請
九年悼后死非罪於是封忽撻為王天德三年薨子忽覩
悼后死非罪無何海陵弑熙宗欲遨飛揚熙宗過惡以
京留守以罪免居中都海陵命馳驛赴之及葬使秘書監
納合椿年致奠賻銀五百兩

忽覩天眷三年擢猛安皇統元年為行軍猛安歷橫海崇
義軍節度使以后戚恬勢贓汙不法其在橫海富人為
父及死為之行服而分其資在崇義寺僧設而受其施
及留守中京益驕恣苟可以得財無不為者選諸猛安富
人子弟為扎野規取財物時號閞郎君朝廷忽覩與徒單
恭等汙濫至其命秉德黜陟天下宵吏忽覩以贓罷海陵
恭覩所至繼家奴擾民乃定禁衞外官任所閞雜人條約
天德三年復起為鄭州防禦使改安國軍節度使卒年三
十九

徒單恭本名斜也天眷二年為奉國上將軍以告只十反
嘗見佛其像如此當以金鑄之遂賦屬縣金而未嘗鑄佛
封譚國公復出為太原尹斜也貪黷使工繪一佛像自稱
軍起授龍虎衞上將軍為戶部侍郎出為濟南尹遷會寧牧
盡入其家百姓號為金總管秉德廉訪官吏斜也以贓免
海陵簒立海陵后徒單氏女由是復用為會寧牧封
王未幾拜平章政事海陵徵於胡剌渾水斜也編列圍場
凡平日不相能者輒杖之海陵謂宰相曰斜也為相朕非
私之今閞軍國大事凡斜也所言宰相等一無取䓁千慮
一得乎他宰相無以對溫都思忠䓁數事對曰某事本當
如此斜也輒以為如彼皆妄生異議不達事宜臣遠事康

宗室朝宰相未嘗有如斜也者東怒者海陵默然斜也於都
堂春秋令史馮仲尹御史臺劾之海陵杖之二十斜也猛
安部人撒合出者言斜也強率取部人財物海陵命侍御
史保嘗鞫之保嘗鞫不以實海陵杖保嘗而以撒合出為
強納兀魯嘗怒兀魯嘗為室而不相能兀魯嘗斜也妻忽魯
定哥死無子以季弟之子查剌為後斜也謀取其妻家財
符寶祗候改隸兀魯嘗斜也曰兀書尚太祖長女兀魯
其兄宗敏有怨望語會韓王耳改廣窒尹諸公主宗婦性
賀其母兀魯嘗以言慰藉每忽撻亦以怨望指斥兀魯海
陵使蕭裕鞫之忽撻得幸于徒單后左驂皆不敢言遂殺
兀魯嘗斜也因而盡奪查剌家財大定閞追正之海陵以
兀嘗有怨望語斜也不奏遂杖斜也免所居官俄復為司
徒進拜太保領三省事兼勸農使再進太師封梁晉國王
日罷獵聽其喪親為擇葬地遣使營治及葬閞改封趙國公冊進齊
貞元二年九月斜也從海陵獵于順州方獵閞斜也麓即
及后率百官祭之賜謚曰忠正隆閞改封趙國公冊進齊
國公其妻先斜也卒海陵嘗至其葬所致祭起復其子率
府率吾里補為諫議大夫大定閞海陵降為庶人徒單氏
為庶人妻斜也降特進韓國公

烏古論蒲魯虎父當海國初有功蒲魯虎通契丹大小字

娶宋王宗望女昭寧公主什古熙宗初為護衛改牌印常

侍左右轉通進襲父謀克再遷臨海軍節度使改衛州防

禦使海陵賜食內殿謂之曰衛州風土甚佳勿以防禦為

俾也對曰頤闕衛州官署不利守封即日改汾陽軍節度

使賜衣服佩玉帶鈒入為太子詹事卒年四十一海陵親

臨哭之后妃皆弔紫贈賻其庫有司給喪事贈特進駙馬

都尉正隆例贈光祿大夫

臘醅麻產領謀克祖脫寧曾領其父謀克從太祖伐遼攻

唐括德溫本名阿里上京寧河人也曾祖石古從太祖平

寧江泰州戰有功父捷懶尚康宗女從宋王宗望以軍

高收平州至城東十里許遇敵兵甚衆戰敗之太祖賞

甚厚授行軍猛安皇統初遷龍虎衛上將軍慶興平臨海

導軍節慶使德溫善射尚齊宗皇帝女楚國長公主天春

戰遷廣威將軍德溫

三年授宣武將軍皇統元年從都元帥宗弼南征以善突

點檢天德初改親軍前左副都點檢遷兵部尚書出為大名

路兵馬都總管世宗即位封橫海軍節度使延安尹兼廓延

尹兼本路兵馬都總管改橫海軍節度使延安尹兼廓延

都尉大定二年以父祖功授按出虎猛安所管世襲謀克

三年九月九日世宗以故事出獵謂德溫曰邑邑從軍士二

千飲食窮稔能無擾百姓乎嚴為約束仍以錢一萬貫分

給之四年為勸農使出為西京留守賜犀弓玉帶十八年追

皇太子太傅卒上輟朝親臨喪奠祭贈甚厚其長子駙馬

錄其父捷懶并德溫前後功授其長子駙馬都尉鼎襲

烏古論粘沒曷里山猛安徙隸泰州

西北路沒里山猛安徙隸泰州

祖伐遼常侍左右追逐主延禧却夏人擾兵皆有功授世

襲謀克父歡親官至廣威將軍粘沒曷尚齊宗女興國長

公主初為護衛天德二年襲謀克海陵伐宋為押軍猛安

歷左副都點檢被酒不視視為鏑技四十遷右宣徽使

世宗即位軍還授侍衛親軍步軍都指揮使加駙馬都尉

宗安戒諭之上謂宗安曰汝能繼修前政朕不忘汝勉之

昌至廣寧嗜酒不視事上以兵部貲外郎宗安為少尹詔

勸襄使出為興平軍節度使改廣寧尹賜錢三千貫粘沒

大定中粘沒曷卒上聞之遣其子駙馬都尉公說馳驛奔

喪賜錢三千貫泛路祭物並從官給

蒲察阿虎迭初授信武將軍尚海陵姊遼國長公主迪鉢

為駙馬都尉遼國雋尚鄧國長公主崔哥皇統三年為

右副都尉檢五年使宋為賀正旦使改左副都點檢禮部工部

八海陵親臨葬贈譚王正隆例贈特進楚國公

烏林荅暉本名謀良虎明德皇后兄也天眷初充護衛以

捕宗磐宗雋功授忠勇校尉遷明威將軍從宗弼北征遷

慶威將軍賞以金幣尚厩整轡馬父之除殿中侍御史毎

慶至中都將遣使於宋以暉行在除中都兵馬指揮使世

宗曰暉嘗指揮用官錢

滿群牧使世宗即位召見行在除中都兵馬指揮使世

陳蒲速輾所假惜果公廉辦治雖素所不喜必加升擢

五百貫廼數其罪而罷之道高忠建徒因謂宰臣曰朕於

貲罰家殆無所假惜果公廉辦治雖素所不喜必加升擢

列傳五十八

金史百二十

七

侯子德

若抵冒公法雖至親不少怒遷都縣愉兼侍衛親軍副都

指揮使卒遺官致祭皇太子諸王百官會喪賻銀千兩重

絲四十端絹四十匹詔以暉第三子天錫世襲納鄰河猛

安親管謀克

蒲察鼎壽本名和尚上京速河人欽懷皇后父也賦性

沈厚有明鑒通契冊漢字長於吏事尚熙宗女鄭國公主

貞元三年以海陵女弟慶宜公主加定遠大將軍為尚

衣局使累官器物局使大定二年加駙馬都尉職如故歷

將寶郎為孟州刺史滁州防禦使有惠政兩州百姓刻石紀

之遷泰寧軍節度使歷東平府橫海軍入為右宣徽使改

左宣徽授中都路昏得渾山猛安曷速末單世襲謀克改

河間尹號令必行豪右屏跡有宗室居河間侵削居民鼎

壽妻徙其族于平州郡內大治名官上聞之深加悼惜喪

至香山皇太子往莫百官致祭賻銀絲絹明昌三年以皇

后父贈太尉越國公鼎壽旣世連姻戚女為皇后長子辭

不失凡三尚定國景國道國公主其寵遇如此未嘗以寫

貴驕人當時以爲外戚之冠云

徒單思忠字良弼本名窩斡撼比邊賽一與戰死之大定初贈

代遼戰殁于臨潢之渾河父賽一尚熙宗妹景祖女從太祖

攍群牧使冊賜窩斡撼比邊賽一與戰死之

列傳

金史百二十

八

侯子德

養之賦性寬厚十有二歲從上在濟南一日與姻戚公子

金吾衛上將軍思忠通敏有才頗通經史世宗在潛邸撫

出遊近郊有醉人腰弓矢箭馬突過諸公子怒欲鞭之思

忠曰醉人昏昧又何足責遽釋之其人行數十步忽執弓

矢思忠恐傷人速馳至其傍奪其弓弛而還之上聞之

嘉有識量由是常使侍側尚皇第二女唐國公主大定初

世宗使思忠迎南征萬戶高忠建壽于遠口察其

丟就思忠知其誠意乃與俱至東京世宗即位如中都思

忠從行軍國庶事補益弘多大定元年十月拜殿前左衛

將軍二年加駙馬都尉卒上為輟朝即喪所臨莫命有司

備禮葬之營費從官給十九年上追念思忠輔立功贈驃
騎衛上將軍仍授其子鐸武功將軍世襲中都路烏獨渾
謀克

徒單繹本名术虎其先上京按地虎達阿人祖撒合謀國
初有功授隆安府路合扎謀克奪古阿隣猛安繹美姿儀
通諸國語尚熙宗第七女瀋國公主充符寶祗候遷御院
通進授符寶郎歷宣德泰安淄州刺史有廉名改同知廣
寧府事以母鄂國公主憂不赴世宗特許襲制中龍虎封
眼關授同知濟南府事二十六年遷棣州防禦使以政迹
聞升臨海軍節度使辛繹家世貴寵自曾祖照至繹尚公
主者凡四世云

烏林荅復本名阿里剌東平人也奉御出身大定七年尚
世宗第七女宛國公主授駙馬都尉改引進使繼符寶郎
出為蔚州刺史三遷歸德軍節度使明昌三年轉知中興
府事父之為為懶路兵馬都總管承安四年拜絳陽軍節
度使卒

烏古論元忠本名訛里也其先上京獨拔古人父論尚
太祖女畢國大長公主元忠幼秀異世宗在潛邸以長女妻之
後封鄭國大長公主正隆末從海陵南伐世宗即位遼陽
時太保昂為海陵左領軍大都督追元忠朝于行在遼陽授

定遼大將軍擢符寶郎諭之曰朕初即位親密無如汝者
侍從宿衛宜戒不虞大定二年加駙馬都尉除近侍局使
還殿前左衛將軍從世宗獵上欲射虎元忠諫止之進殿
前右副都點檢為賀宋正旦使還轉左副都點檢十五年比
結攬民稅免官十一年復舊職明年升都點檢十五年比
遷進獻命元忠卿去以選詔諭曰朕每遇卿直宿其寢
必安分夏幸景明宮卿往受之及選詔諭曰朕思之會大興府守臣闕
遂以元忠知府事有僧犯法吏捕得真徵皇姑梁國大長
公主屬侍釋之元忠不聽主奏其事世宗召謂曰卿不拘
情甚可嘉也治京如此朕復何憂秩滿授吏部尚書以其

子誼尚顯宗長女醉國公主十八年擢御史大夫授撒巴
山世襲謀克世宗問左丞相紇石烈良弼孰可相者良弼
以元忠對乃拜平章政事封任國公進尚書右丞相策論
進士之科設元忠贊成之世宗將幸會寧元忠進諫不聽
出知真定府尋復認為右丞相世宗欲駕上京城元忠曰
此邦遭正隆軍興百姓凋弊陛下休養二十餘年尚未完
復況土性踈惡歷父風雨摧壞歲歲繕完民將
益困矣駕東幸父之未選元忠奏曰饡輿駐此已閱歲會
儲日必市買漸貴禁衛暨諸局署多逃者有司捕買諸法
惡傷陛下仁愛世宗嘉納之壽出為北京留守責諭之曰

汝強悍自用顓權而結近密汝心叵測其速之官後左丞
張汝弼奏事世宗怒其阿順謂左右曰卿等每事依違苟
避不肯盡言高爵厚祿何以勝任如爲古論元忠爲相剛
直敢言義不顧身誠可尚也於是改知真定府軍事移知河
順義軍節度使乞致仕不許特加開府儀同三司北京留
閱明昌二年知廣寧府以河間修築堤埸擾民會赦下除
守徙知濟南府過闕令預夏班平章政事之上承安二年
移守南京尋改知彰德府卒訃聞上遣宣徽使白琬燒飯
賻物甚厚奴素貴性麁蒙寡而內深忌世宗嘗責之又所
至不能戢奴僕世以此爲訾云子詡

列傳
金史百二十　　土
　　　　　　庚子得

詡本名雄名大定八年尚海陵女寡宗室及六品以上官
命婦預爲上曰此女亦太祖之曾孫猶朕之女乃父廢亡
非其女之罪也海陵女卒大定二十一年上謂原王
郡主詡歷仕官衛爲人麁蒙類其父二十六年上謂平
曰元忠勿娶其可復相也雄名又不及乃父朕嘗有待殊
不知恩汝宜知其爲人謂平章政事襲百雄名可令補外
自今宮披官已有吉補外者比及庭授即母令入官於吏
謹除同知澄州軍州事宗即位廣平郡主進封鄴國長
公主詡除改順天軍節度副使加駙馬都尉承安元年男遷
祕書監兼吏部侍郎改刑部遷工部尚書泰和元年遇父

元忠憂二年以本官起後三年知東平府事改知真定府
事六年代宋遷元帥左都監七年轉左監軍八年拜御史
大夫大安中知大名府至寧初以謀逆伏誅
公主授駙馬都尉達哥太傅阿里之子也尚世宗第四女其國
刑部侍郎坐擅離職削官一階出爲德州防禦使升順天
軍節度使移鎮海召爲左宣徽使遷兵部尚書改吏部
轉禮部尚書兼大理卿先是大理卿闕世宗命宰臣選可
授者左丞張汝弼舉横舉大理副留守揚子益法律詳明上曰
子益雖明法而用心不正豈可任之以分別天是非也

大理溉用公正人右丞粘割幹特剌舉貢可任以開闔部
分而兼領是職遂以貢爲之二十八年拜樞密草宗
立爲御史大夫會貢生曰右丞相襄參知政事劉瑋吏部
郎中冑中都兵馬都指揮使徒彈德勝劾其事下刑部遂
遣軍人迭襲至第監察御史徒彈德勝劾其事下刑部遂
亶等間狀上以襄璋大臣釋之而貢等各解職尋知大興
府事復爲樞密副使乞致仕不許進擅密使封莘國公改
封蕭君何遂優詔許之尋起知真定府軍事泰和二年薨
將復君何遂優詔許之尋起
爲林苔珠本名留住尚部國公主加駙馬都尉貞祐元年

列傳
金史百二十　　土
　　　　　　庚子德

金史 卷一百二十 列傳 庹子德・庹子撰

為靜難軍節度使夏人犯邠州琳降會延安府遺通事張
福孫至夏國夏人使福孫見琳時巳中風公主令人以狀
付福孫屬以銀傳朝廷真卒未平得還娜之意福孫其以
聞詔賜以藥物

徒單公弼本名習烈河北東路轉運主簿猛安人父府君奴
大定二十七年尚世宗女息國公主加定遠大將軍駙馬
都尉改駙物局直長轉副使兼近侍局直長丁父憂起復
弼不動虎亦隨艷詔責侍衛而慰諭公弼除濱州刺史再
遷兵部侍郎累除知大名府簿時伐宋軍興有司督通
租及牛頭稅甚急公弼奏軍古從戎民亦疲弊可緩徵以
紆民朝廷從之大安初知大興府事讞武清盜疑其有冤
巳而果獲真盜歲餘拜參知政事進右丞轉左丞至寧初
拜平章政事封定國公貞祐初進拜君丞相罷知中山府
河中善乃改知河中府歷定國軍節度使事興定五年竟
判大睦親府事興定五年竟宣宗賜朝聘贈謚恪愿
從軍銘字國本顧宗賜名重泰祖貞別有傳父特進涇國
公性重默寡言粗通經史軍毋講學大定末充奉御董宗

即位特勅襲中都路渾特山猛安明昌五年授尚醞署直
長累遷侍儀司令宿直將軍尚衣局使兵部郎中與大理
評事孫人鑑為採訪使覆按提刑司事改名衛將軍轉左得
出為孫人鑑軍節度使移河東河北北路宣撫使至寧元年三
北東西大名路宣撫使至寧元年九月奉迎宣宗于彰德
年改知大定軍節度使陞河北東西北路安撫府復充河
重圍乞大出交鈔以販之崇慶初移知河
府俄拜尚書右丞出為北京留守以路阻不能赴貞祐二
年卒

贊曰天子娶后王姬下嫁豈不重哉秦漢以來無世婿
舅之家關雎之道缺外戚驕盈何彼襛矣不作王姬蕭雖
之義幾希矣蓋古者異姓世爵公侯與天子為昏固他姓
不得爹焉為女為王后而自貴其富貴厚未加焉
寵榮不與自漢唐則無呂氏王氏武氏之難公
主下嫁各安其分各得其所矣金之徒單蒲懶唐括蒲察
裴滿紇石烈僕散皆貴族也天子娶后必于是公主下嫁
必于是與周之齊紀無異此昏禮之最得宜者咸於漢唐
矣

徒單四喜袞宗皇后之弟也正大九年正月丁酉夜四喜
內侍馬福惠至自歸德時河湖巳失利京城猶未知二人

被旨迎兩宮遠託以報捷執小黃旗以入至則奏兩宮以

奉迎之意是日名二相入議二相及烏古孫奴申諫不可

行從事作色曰我奉制旨迎兩宮有敢言不行者當以別

勑從事矣二相不復敢言行議遂決制旨所取兩宮柔妃

裴滿氏及令人張秀藥都轄承御湯藥皇母鞏國夫人

賜忠孝黄者七千枚生金山一龍腦板二及信瑞御璽仍許

珠如粟黄金七十枚兩宮隨行物之半壬寅太后御仁安殿出旋

金及七寶金洗分賜忠孝軍是夜兩宮騎而出至陳留見太

城外二三處火起疑有兵遷迴間奴申初不欲行即承太

后盲馳還癸卯入京頓四喜家少頃還宮復議以其夜再

往太后備於鞍馬不能動遂止明日崔立變四喜术甲塔

失不及塔失不之父咬住四喜妻完顏氏以忠孝卒九十

七騎奪曹門而出將性歸德不得出轉陳州門亦為門卒

所止門帥裕州防禦使阿不罕斜合已遍歷官完顏

合住權帥職塵門卒放塔失不等去且曰罪在我非汝等

之過明日立以數十騎咬住自分必死易衣冠而

住立左右把腕欲加刃立遇見問汝此放忠孝軍出門者

耶合住曰然天子使命甚實忽若有所省

顧群卒言此官人我識之前築襄城時與我同事我所部

十餘卒盜官木黥爲死此官人不之問但笞數十而已此

家能殺人能救人因好謂合住曰業已放出吾不汝罪也

四喜等至歸德上權間兩宮何如二人奏京城軍變不及

入宮上曰汝父汝妻獨得出耶下之獄皆斬於市

贊曰四喜奉迎兩宮而值崔立之變智者居之與兩宮周

旋兵間以俟事變之定而徐圖之萬一不然以一死徇之

耳他無策也四喜奉其私親以歸而望人主貸其死豈非

馬乎

列傳第五十八

忠義一

宋宸　烏古論榮祖　烏古論仲溫
九住　李演　劉德基
王毅　王晦　齊鷹揚
術甲法心　高錫
和速嘉安禮　王維翰　移剌古與涅
伯德梅和尚　烏古孫兀屯　高守約
鄠陽　央谷守中　石抹元毅
訛里也　納蘭綽赤　覩全
粘割韓奴　曹珪　溫迪罕蒲覩
胡沙補　特虎雅　僕忽得

欒共子曰民生於三事之如一唯其所在則致死焉公卿
大夫居其位食其祿國家有難在朝者死其官守郡邑者
死城郭治軍旅者死行陣市井草野之臣餕慎而死皆其
所也故死得其所則所欲有甚於生者焉金代褒死節之
臣既贈官爵仍錄用其子孫貞祐以來其禮有加立祠樹
碑歲時致祭可謂至矣

聖元詔修遼金宋史史臣議凡例凡前代之忠於所事者
請書之無諱
朝廷從之烏庫仁哉
聖元之為政也司馬遷記豫讓對趙襄子之言曰人主不
掩人之義而忠臣有成名之義至哉斯言
聖元之為政足為萬世訓矣作忠義傳
胡沙補完顏部人年三十五從軍頗見任用太祖使僕刮
剌往遼國請阿踈實觀其形勢僕刮還言遼兵尚未大集及
數太祖疑之使胡沙補往報曰遼方調兵調波軍且反故為
見統軍使其孫被甲立於傍統軍曰人謂波軍且反故為
備耳及行道中遇渤海軍渤海軍向胡沙補且笑且言曰
聞女直欲為亂汝輩是邪具以告太祖又曰今舉大事不
可後時若侯河凍則遼兵盛集來攻矣乘其未集而圖伐
之可以得志太祖深然之及破寧江州戰于達魯古城皆
有功賜以旗鼓并御器械高永昌請和胡沙補往招之取
胡突古以歸高永昌訴降于斡魯斡魯使胡沙補撒八往
報會高楨降言永昌非真降者斡魯乃進兵永昌怒殺
胡沙補撒八皆支解之胡沙補就執神色自若罵永昌曰
汝叛君逆天今日殺我明日及汝矣罵不絕口至死年五
十九天會中與撒八俱贈遙鎮節度使

特虎雅瀾水人軀雄偉敢戰鬭達魯古城之役活女
陷敵特虎救出之攻照散城遼兵三千來拒特虎先登敗
之攻盧盆葛營麻吉墮馬特虎獨殺遼兵披而出之賞
資渥自臨潢班師至遼河余睹來襲婁室與數騎止之曰我以一
獨殿捍敵公勿來俱斃無益遂没于陣皇統間贈明威將軍
死捍敵戰于達魯古城皆有功寧江州渤海乙塞補叛僕
招降燭偎水部族酬斡僕為謀克改伐蕭海里有功與酬斡
僕忽得敵戰室子初軍國相撫改伐蕭海里有功與酬斡
僕忽得追復之天輔五年九月酬斡僕忽得往豔古河橋軍

馬燭偎水部實里古達等七人救酬斡僕忽得投其尸水
中俱死年四十三太祖悼惜遣使弔賻加等六年正月斡魯
伐寮里古達于石里罕河追及於合撻剌山殺四人撫定
餘衆詔酬斡魯求酬斡僕忽得尸以葬天眷中贈酬斡魯國
上將軍酬斡僕忽得昭義大將軍酬斡亦合宗室子也年十五隸
軍從太祖伐遼寧濤溫路兵招撫三坦石里很跋苦三水
照古城之敗室韋五百于阿良葛城獲其民衆至
黏割韓奴以護衛挑宗彌征伐賜鎧甲弓矢戰馬初太祖
入君庸關遣林牙耶律大石自古比口亡去以其衆來襲
是死焉

奉聖州壁于龍門東二十五里妻室徙取之獲大石并降
其衆宗望襲遼主輔重于青塚以大石為嚮導詔曰遼趙
王習泥烈林牙大石北王喝里質節度使訛里孛童赤
狗兒招討迪六詳穩六斤同知海里及諸官民並釋其罪
復詔斡魯曰林牙大石稱王於北方雖非降附其為嚮導有勞可明諭
之時天輔六年也既而亡去不知所徃天會二年行營有戰
撻不野來降言大石稱王於北方詔曰追襲遼主必酌
石須俟報下三年都統完顏宗望詔曰追襲遼主諸軍皆將歸矣宜合兵以取山西諸

馬萬四高產甚衆詔曰
約曰大金既獲遼主諸軍皆將歸矣宜合兵以取山西諸
部詔苔曰夏人或與大石合謀為釁不可不察其嚴備之
七年泰州都統婆盧火奏大石已得北部二營恐後難
制且近群牧宜列屯戌詔苔曰以二營之故發兵諸部必
擾當謹守候而已八年遼耶律余睹石家奴至兀納水而還余睹
大石微兵諸部不從石家奴至兀納水而還余睹必
元帥府曰聞耶律大石在和州壤地不相接且不知大石所
窠之夏國報曰小國與和州壤地不相接且不知大石所
性也皇統四年面紇遣使入貢言大石與其國相鄰大將軍
已死詔遣韓奴與其使俱徃因觀其國風俗加武義將軍
奉使大石韓奴去後不復聞間大定中面紇移習覽三人

至西南招討司貿易自言本國回紇鄰部所居城名
骨斯訊魯朵俗無兵器以田為業所獲十分之一輸官者
老相傳先時契冊至不能拒因臣之契冊所居屯營乘馬
行自旦至日中始圍匝近歲契冊使其女壻阿本斯領兵
五萬比攻葉不肇等部族不克而還至今相攻未已詔曰
受朝廷牌印詔西南招討司遣人慰問且觀其意堯里余
中安置毋令失所是歲粘拔恩君長撒里雅寅特斯率廉
此人非隸朝廷番部不須發遣可於咸平府舊有回紇人
睹遇事阿魯帶至其國見其國乞納前大石所降牌印

列傳四百五十一

金史第一百二十一卷　五

楊濟之

印無他意也因曰往年大國嘗遣粘割韓奴自和州往使
大石既入其境大石方適野與韓奴相遇問韓奴何人敢
不下馬韓奴曰我上國使也奉天子之命來招汝降汝當
下馬聽詔大石曰汝單使來欲事口舌耶使人捽下使韓
奴跪韓奴罵曰反賊天子不忍於爾加兵遣招汝縱不
能面縛請罪闕下亦當盡敬天子之使乃敢反加厚乎大
石怒乃殺之此時大石林牙巳死子孫相繼西方諸部仍
以大石呼之余睹阿魯帶還奏并奏韓奴事世宗嘉詳古浚州韓奴
忠節贈昭武大將軍召其子求和縣商酒都監詳古浚州
巡檢妻室諭之曰汝父奉使萬里不辱君命能盡死節朕

甚閔之以詳古為尚輦局直長遷武義將軍妻室為武器
署直長
曹珪徐州人大定四年州人江志作亂珪子弼在賊黨中
珪謀誅志并弼殺之尚書省議當補二官雜班叙詔曰珪
赤心為國大義滅親自古罕聞也法雖如是然未足以當
其功又進一官正班用之
溫迪罕蒲睹為兀者群牧使西北路契冊撒八等反諸群
牧皆應之蒲睹聞亂作選家奴材勇者數十人給以兵仗
陰為之備賊不得發乃紿諸奴曰官閱兵器顧借兵以
應閱諸奴以為實然遂借與之明旦賊至蒲睹無以禦之

列傳四百十

金史第九十三卷　六

楊濟之

賊執蒲睹而問之曰今欲反未蒲睹曰吾家世受國厚恩
子姪皆仕宦不能從汝反而累吾族也賊怒嚍而殺之子
與孫皆與害是時迪罕群牧使徒單賽里骨副使赤盞胡失
荅耶魯庬群牧使鶴壽歐里不群牧使徒單賽里骨副使
顏蘚不失卜迪不部副使赤盞胡失賴速木典紇詳穩加
古買住胡睹紇詳穩完顏速葛轄木紇詳穩高彭擔等
皆遇害鶴壽鄆王昂子本名吾都不五院部人老和尚率
眾來招鶴壽與俱反鶴壽曰吾宗室子受國厚恩寧殺我
不能與賊俱反遂與二子皆被殺
訛里也契冊人為尚廄局直長大定初招諭契冊胡睹吧

令詵里也詵見詵里也不從謂曰我朝廷使也豈可屈節

於汝汝等早降可全性命若大軍至汝輩悔將何及離斡

怒曰汝本契丹人而不我從敢出是言遂害之從行驍騎

軍士閻孫史大習馬小底頗著皆被害三年贈詵里也宣

武將軍錄其子阿不沙為閤小底閤孫史大皆贈修武

校尉縡著贈忠翊校尉

納蘭縡赤咸平路伊改河猛安人契丹使人招之縡

赤不從括里且至綽赤遂圍結旁近村寨為兵出家馬

百餘四給之教以戰陣擊刺之法相與拒括里兵于改渡口

由是賊衆月餘不得進既而括里兵四萬人大至綽赤拒

廡

戰賊兵十倍遂見執懼而殺之詔贈官兩階二子皆得用

魏全壽州人泰和六年宋李爽圍壽州刺史徒單義盡籍

城中兵民及部曲廝役得三千餘人隨機拒守堅其義善

撫御得衆情雖婦人往所蒸鬱皆樂為用同知蒲烈古中流矢卒義

益勵不衰募人往選中為蒸兵所執義謂全

曰若為我罵不絕口僕散挞遣河南統軍判官乞住及買哥等

至死罵不絕金主免若死全至城下反罵宋主爽乃殺之

以騎二千人救壽州去壽州十餘里與爽兵遇乞住分兩

翼夾擊爽兵大破之斬首萬餘級追奔至城下拔其三柵

焚其浮梁義出兵應之爽兵大潰赴死者甚衆爽與其

副田林僅脫身去餘兵脫者十之四詔還義防禦使乞住

同知昌武軍節度使買哥河南路統軍判官蒙城縣令乞住

昭勇大將軍官其子圖剌贈全宣武將軍蒙城縣令封其

妻為鄉君賜在州官舍三間錢百萬俟其子年至十五歲

收充八貫石正班局分承應用所贈官蔭仍以全死郤送

史館雙版頒謝天下

都陽宗室子為符實候完顏石古乃百萬候其子圖剌贈全

寧元年八月紀石烈執中作亂入自通玄門是日變起倉

猝中外不知所為都陽石古乃往天王寺召大漢軍五百

人赴難與執中戰於東華門外執中揚言曰大漢軍反矣

殺一人者賞銀一定執中兵衆大漢軍少二人不勝而死

須吏執中兵殺五百人殆盡執中死詔削官爵詔曰宣武

將軍護衛十人長完顏石古乃修武校尉符寶郎都陽

忠孝勇果沒于王事石古乃贈鎮國上將軍順州刺史都

陽贈宣武將軍順天軍節度副使皆從拒戰猛安賞錢五

百貫謀克三百貫蒲辇散軍二百貫各選兩階戰沒者贈

賞付其家石古乃子尚幼以八貫石俸給之俟年十五以

夾谷守中咸平人本名阿土古大定二十二年進士歷清

池聞喜主簿補尚書省令史除刑部主事監察御史修起
居注轉禮部員外郎大名治中歷蕭璟北京臨洮路按察
副使以憂去官起復同知曷懶路兵馬都總管府事坐事
謫韓州刺史尋復同知平京府事大安二年為泰州防禦
便還通遠軍節度使至寧末移彰德軍未行夏兵數萬入
肇州守中乘城節度使至寧末益堅遂載而西至平京獨
不屈夏人壯之且誘且脅守中益堅遂載而西至平京獨
矣慎勿降夏人少不能支城陷官吏盡降守中獨
以招降府人交刃殺之興定元年監察御史郭著按行
秦中得其事以聞詔贈資善大夫東京留守仍收其子兀
母為筆硯承奉
石抹元毅本名神思咸平府路酌赤烈猛安莎果歌仙謀
克人也以廕補吏部令史再調景州寧津令有劇盜白晝
恣刼為民害元毅以術防捍賊散去人為大理知法除同
知亳州防禦使事被省檄錄右五路刑獄無冤人復委
受宋歲幣故事有私遺物元毅一無所受明昌初驛召為
大名等路提刑判官以最遷汾陽軍節度使時石嵐開
賊嘯聚肆行剽掠朝廷命元毅捕之賊畏而遁元毅追
擊盡殲之二竟以安遷同知武勝軍節度使事別郡有殺
人者屢鞫不伏元毅訊不數語即其服河東北路田多山

坂磽瘠大比時定為上賦民力久困朝廷命相地更賦元
毅以三壤法平之民賴其利政彰德府治中尋改以邊警授
撫州刺史會遇失守錫糧馬牛焚剽殆盡元毅率吏卒卒
三十餘人出州經畫軍餉卒與敵遇遇州倅暨從吏堅請還
元毅曰我輩任遷守遇敵而奔其如百姓何縱得自安
復何面目朝廷乎遂執弓矢令來衆感其忠爭為效死元
毅力戰射無不中敵去而後合元毅氣愈厲鏖戰久之
寡不敵遂遇害時年四十七事聞上深驚悼贈信武將軍
召用其子世勣侍儀司承應世勣後登進士第奏名之日
上謂宰臣曰此神思子耶歎賞墓喜動顏色
過人每讀書見古人忠義事未嘗不咨歎賞喜動顏色
故臨難能死所事云
伯德梅和尚泰州人也性鯁直尚氣節正隆五年收克護
衛授曷魯椀群牧副使未幾復召為護衛十八長改尚廐
局副使遷本局使轉右衛將軍拱衛使典尚廐者十餘年
積勞特遷官二階除復州刺史明昌初為西北路招討
改泰州防禦使升武勝軍節度使六年移鎮崇義軍時有
事比邊左丞相夾谷清臣行省于臨潢撤為副統會敵入
臨潢梅和尚暨護衛關合土等領軍逆擊之敵積陣以待
梅和尚直擣其陣殺傷甚衆敵知孤軍無繼聚兵圍之度

不能免乃下馬相背射復殺百餘人矢盡猶以弓提擊為流矢所中死鬭合土等皆沒上聞之震悼詔贈龍虎衛上將軍謚遷十階特賜錢二十萬命以禮葬之物皆官給以其子都奴為軍前猛安中奴護喪就差權同知臨潢府事奉遷可為勑祭軍節慶使事石抹和尚為勑葬使承安五年上論尚書省曰梅和尚死王事其子都奴從軍速頻路節度使事以憂去官起復歸德府治中還唐

為古孫兀屯上京路人大定末襲猛安明昌七年以本兵充萬戶備邊有功除歸德軍節度副使改盤安軍察廉還州剌史泰和六年四月宋皇甫斌步騎萬人侵唐州兀屯兵甚少遣泌陽尉白撒不延檄蒲關各以五十人乘城拒守兀屯見宋兵在城東北者可破令軍事判官撒虎帶以精兵百人自西門出繞出東北宋兵營後掩擊之殺數十百人宋兵大亂殆夜乃適去五月皇甫斌復以兵數萬來攻行省遣泌陽副巡檢納合軍勝救唐州兀屯出兵興軍勝合兵宋城東北設伏兵以待之乃分騎兵為三一出一入以致宋兵宋兵陷于淖伏兵發中衝宋兵為二遂大潰追奔至湖陽斬首萬餘級獲馬三百四宋別將以兵三千來襲遇之竹林寺殲之納合軍勝手殺宋將取其金帶印章

以獻詔遷兀屯同知河南府事軍勝遷梁縣令各進兩階元屯實銀三百五十兩重綵十端為右副元帥完顏匡右賜金吐鶻重綵十端以強弩拒岸兀屯分兵奪其三橋自辰至午連拔十三柵冀都統匡取棗陽遣兀屯襲神馬坡宋兵五萬入夾水陣遂取神馬坡從攻襄至漢江兀屯亂流復進一階號平南虎威將軍宋人請和遷西南路招討使留守兀屯御下嚴酷軍節度使副統軍如故兀帥右都監轉左都監兼北京留守如故貞祐元年軍士多亡杖六十除同知上京留守事大安三年留守有功閏月以兵入衛中都詔以兵萬六千人守定興軍敗兀屯戰沒

高守約字從簡遼陽人大定二十八年進士累官觀州剌史大元兵徇地河朔郭邦獻已歸順從至城下呼守約曰從簡當計金家室守約弗顧至再三守約厲聲曰吾不汝識也城破被執使之跪守約不屈遂死詔贈崇義軍節度使謚忠敬

和速嘉安禮字子敬本名酚大名路人穎悟博學涉貫經史大定二十八年進士至寧末為泰安州剌史貞祐初山

東被兵郡縣望風而遁或勤安禮去之安禮曰我

與守且避難負國家之恩乎乃圍練縑完爲禦守計已而

大元兵至戰旬日不能下謂之曰此孤城破被執耳內無糧儲外

誰或妄以酒監對安禮曰我刺史也何以謟爲使之跪安

無兵援不降無遺類矣安禮不聽城破被執初不識其爲

禮不屈遂以戈撞其臂而殺之詔贈泰定軍節度使謚堅

貞

王維翰字之翰利州龍山人父庭遼季率縣人保縣東山

後以衆降維翰好學不倦中大定二十八年進士調貴德

州軍事判官察廉遷走霸令縣豪欲嘗試維翰設軍陳訴

維翰窮竟之遂伏其訴狀殺之健訟衰息歷弘政護嘉令

佐胥持國治河決有勞遷一階改北京轉運戶籍判官補

尚書省令史除同知保靜軍節度使事檢括戶籍一郡稱

平屬縣有奴殺其主之弟殺之刑部疑之維翰

審讞乃微行物色之得其狀奴遂引服改中都轉運副使

攝侍御史奏事殿中章宗曰佳御史就除侍御史改左司

員外郎轉右司郎中僕散揆伐宋維翰行省左右司郎中

泰和七年河南旱蝗詔維翰體究田禾分數以聞七月兩

復詔維翰曰兩雛霑足秋種過時使多種蔬菜猶愈於荒

菜也蝗蝻遺子如何可絕舊有蝗處來歲宜敷麥諭百姓

使知之八年宋人受盟還爲右司郎中進官一階上問宋

人請和復能持盟否維翰對曰宋主息于政事南兵怯弱

兩淮兵後千里蕭條其臣懲偞宵侂胄且無復敢執其

咎者不足憂也唯北方當勞聖慮耳父之遷大理卿兼正

王傅同知審官院事新格敎坊樂工階至四品換文武正

資服金紫維翰奏佁優賤工衣繡之服非所以尊朝廷

也從之大安初權右諫議大夫三司欲稅間架維翰諫不

聽轉御史中丞無何遷工部尚書兼大理卿改刑部尚書

拜參知政事奧祐初罷爲定海軍節度使是時道路不通

維翰舟行遇盜呼謂之曰闓章本良民因亂至此財物不

惜勿恐吾家盜感其言而去至鎮無兵備鄰郡皆望風奔

潰維翰謂吏民曰孤城不可守此州阻山浮海當有生地

比山結營堡自守力窮被執不肯降其妻姚氏亦不肯屈與

無俚爲魚肉也乃縱百姓被難維翰率吏民願從者奔東

維翰俱死詔贈中奉大夫姚氏茹國夫人謚貞潔

移刺古與涅安化軍節度使貞祐初

大元兵取密州古與涅率兵力戰流矢連中其頸旣援去

復中其類死焉眞祐三年詔贈安速大將軍知益都府事

宋衷中都宛平人也正隆五年進士歷辰州寧化州軍事

判官書王府記室參軍陝西西路轉運都勾判官補尚書

省令史除武定軍節度副使中都右警巡使時固安縣丞
劉昭與部民裴原爭買鄰田辰用昭屬抑原使毋爭御史
臺劾奏奪一官解職降寧府推官改遼東路臨使丁父
憂起復吏部員外郎歷蘇曹景州刺史同知中都路轉運
使事遷北京漓等路按察使改安國軍節度使河東南
路轉運使御史劾其前任按察使侵民舍不稱職降沂州防
禦使移濟州遷山東西路轉運使改定海軍節度使貞祐
二年改泌南軍正月
大元兵至懷州城破死焉辰天資刻酷所至不容物以是
蹭蹬於世云

烏古論榮祖本名福興河間人明昌二年進士歷官補尚
書省令史除都轉運司都勾判官轉弘文校理升中都總
管府判官察廉除震武軍節度副使彰德府司馬累遷戶
部員外郎寧海州刺史貞祐二年城破榮祖猶力戰死之
贈安武軍節度使賜謚毅勇
烏古論仲溫本名胡剌蓋州按春猛安人大定二十五年
進士累官太學助教應奉翰林文字河東路提刑判官改
河北東路轉運副使御史薦前任提刑判官事改遷同知順天
軍節度使事簽上京東京等路按察司事改提舉肇州漕
運兼同知武興軍節度使事東勝州刺史坐前在上京不

二年十一月
大元兵取九住子姪抵城下謂之曰山東河北今皆降我
汝之家屬我亦得已苟不速降且殺之也九住曰當以死
報國遣恤家為無何城破力戰而死李果速亦不屈死焉
詔贈九住臨海軍節度使加驃騎衛上將軍李果速建州
刺史加鎮國上將軍仍令樹碑歲時致祭
九住宗室子為武州刺史唐括字果速為軍事判官貞祐
總管謚忠毅歲時致祭
大元兵大至城破不屈而死贈資德大夫婆速路兵馬都

稱職降寧軍節度副使改滑州刺史河東南路按察副
使壽州防禦使貞祐初遷鎮西軍節度使是時中都被圍
遂至太原移書安撫使賈益讓約以鄉兵救中都因馳驛
如平陽將與益讓會于絳不能進抵平陽而還仲溫嘗治
平陽史民爭留之仲溫曰平陽巨鎮易為守禦於私計得
笑如嵐州何遂選鎮已而
李演字巨川任城人泰和六年進士第一除應奉翰林文
字再丁父母憂居鄉里貞祐初任城被兵李演墨衰為濟州
刺史盡守禦策召集州人為兵搏戰三日衆皆市人不能
戰逃散演被執大將見其冠服非常且知其名間之曰汝
非李應奉乎演答曰我是也使之跪不肯以好語撫之亦

不聽許之官祿演曰我書生也本朝何負於我而利人之
官祿哉大將怒擊折其脛遂曳出殺之時年三十餘贈灤
州刺史詔有司為立碑云
劉德基大興人貞祐元年特賜同進士出身守官邊邑夏
兵攻城德基坐廳事積薪其傍謂家人曰城破即焚我及
城破其家人不忍縱火遂被執脅使跪降德基不屈同僚
故人給夏人曰此人素病狂故敢如此德基曰為臣子當
如此爾豈狂耶夏人壯其義乃繫諸獄冀其改圖已而
召問德基大罵終不能從曰吾豈苟生者哉遂害之贈朝
列大夫同知通遠軍節度使事

王毅大興人經義進士累官東明令貞祐二年東明圍急
毅率民兵願戰者數百人拒守城破殺猶率眾抗戰力窮
被執與縣人王八等四人同驅之郭外先殺二人王八即
前跪將降殺以刃斫其脛毅不屈而死贈曹州刺史
王晦字子明澤州高平人少負氣尚意常慕張詠之為人
妻與人有私晦手習殺之中明昌二年進士調長葛主
簿有能聲察廉除遼東路轉運司都勾判官提刑司舉其
能轉北京轉運戶籍遷安陽令累除簽陝西西路撥
察司事政平涼治中召為少府少監遷戶部郎中貞祐初

中都戒嚴或舉晦有將帥才俾募人自將得死士萬餘統
之率所統衛兵入中都有功遷霍王傅以部兵守
順州通州圍急晦攻牛欄山以解通州之圍賜賚優渥遷
翰林侍讀學士加勸農使九月順州受兵晦有別部在滄
景遣人突圍召之眾皆踊躍思奮而主者不肯發王臻晦
之故部曲也免冑出見且拜曰事急矣自苦何為苟能相
從可不失富貴晦叱曰吾臻汝致位三品死則吾分詎從
貞公因泣下晦曰吾年六十致仕牛斗曰若能死乎曰斗
汝耶將射之臻掩泣而去無何貞鎚負國不忍
肯降遂就死初晦就執謂其愛將牛鎚城出降晦被執不
蒙公見知安忍獨生併見殺詔贈榮祿大夫樞密副使仍
命有司立碑歲時致祭錄其子汝賽為筆硯承奉
齊鷹揚淄州軍事判官楊敏中屯留縣尉致仕張乞鑪淄
州民貞祐初
大元兵取淄州鷹揚等募兵備禦城破率眾巷戰鷹揚等
三人創甚被執欲降之鷹揚伺守者稍息即起奪槊殺數
人敏中乞鑪皆不屈以死詔贈鷹揚嘉議大夫淄州刺史
仍立廟于州以時致祭敏中贈昭勇大將軍同知橫海軍
節度使事乞鑪特贈宣武將軍同知淄州軍州事
術甲法心薊州猛安人官至北京副留守貞祐二年為提

撻與同知順州軍州事溫迪罕咬查剌俱守密雲縣法心
家屬在薊州

大元兵得之以示法心曰若速降當以付汝否則殺之法
心曰吾事本朝受厚恩戰則速戰終不能降也豈以家人
死生為計耶城破死于陣咬查剌被執亦不屈而死醫安
軍節度判官蒲察糺舍與雞澤縣令溫迪罕十方奴同守
薊州衆潰而出糺舍十方奴死之詔贈法心開府儀同三
司樞密副使封宿國公咬查剌鎮國上將軍順州刺史糺
舍金紫光祿大夫薊州刺史十方奴鎮國上將軍薊州刺
史仍命樹碑以時致祭

高錫字永之德基子以蔭補官積勞調淄州酒使課最遷
萍鄉令察廉遷遼東路轉運度支判官太倉使法物庫使
兼尚林署直長提舉都城所歷北京遼東轉運副使同知
南京路轉運使事員祐初累遷河北東路按察轉運使城
破遂自投城下而死

列傳第五十九

勑修

開府儀同三司上柱國錄軍國重事前中書右丞相監修 國史領 經筵事都總裁臣脫脫奉

忠義二

吳僧哥　　烏古論德升　張順
馬驤　　　伯德窊哥　　奧敦醜和尚
從坦　　　字木魯福壽　吳邦傑
納合蒲剌都　女奚烈斡出　時茂先
溫迪罕老兒　梁持勝　　　賈邦憲
移剌阿里合　完顏六斤　　紇石烈鶴壽

金史百二十二　一　元仲

兀顏畏可　　兀顏訛出虎　粘割貞
烏林答乞住　驍滿斜烈
侯小叔　　　王佐　　　　尼厖古蒲路虎
　　　　　　黃摑九住
蒲察婁室　　女奚烈資祿　趙益

列傳二百六十

其僧哥西南路唐古乙剌亂上沙聾部落人拳勇善騎射
大安間選籍山西人為兵僧哥充馬軍千戶有功貞祐初
遷萬戶權順義軍節度使朔州失守僧哥復取之真授同
知節度使事弟權同知節度使迪剌僧哥授節度副使權
節度副使事燕曹兒真授節度判官提控馬壽兒以下遷授
有差衆苦乏食僧哥乞賜糧十五萬斛朝廷以為應州已

破朔為孤城其勢不可守乃遷朔之軍民九萬餘口分屯
於嵐石隰吉嶺解之間未行
大元兵至朔州戰七晝夜有功加遙授同知嵐州府事兼
同知節度使事迪剌石州刺史曹兒同知嵐州防禦使
事四年始遷其民南行且戰且行者數十里僧哥力戰馬
蹶死焉時年三十詔贈鎮國上將軍順義軍節度使
烏古論德升本名六斤益都路猛安人明昌二年進士累
官補尚書省令史知管差除除吏部主事絳陽軍節度副
使丁父憂起後改常博士東平治中大安初知弘文院改
侍御史論西京留守紇石烈執中姦惡衛紹王不聽遷肇

金史百二十二　二　元仲

州防禦使宣宗遷汴召赴關上言泰州殘破東北路招討
司猛安謀克人皆屬于肇州凡徵調往復甚難乞升肇州
為節度使以招討使兼之置招討副使二員分治泰州及
宜春詔從之進翰林侍讀學士兼戶部侍郎俄以翰林侍
讀權參知政事與平章政事抹撚盡忠論近侍局預政宣
宗怒語在盡忠傳無何出為集慶軍節度使改汾陽軍節
度使河東北路宣撫副使復改知太原府事權元帥左監
軍興定元年
大元兵急攻太原糧道絕德升屢出兵戰糧道復通詔遷
官一階德升上言皇太子聰明仁孝保訓之官已備更宜

遷德望素著之士朝夕左右之日聞正言見正行此社稷
之洪休生民之大慶也宣宗嘉納之二年真授左監軍行
元帥府事
大元兵復圍太原璹之數币巳破濠垣德升植柵為拒出
其家銀帶及馬賞戰士比軍壞城西北隅以入德升聰面
璹之三却三登矢石如雨守陴者不能立城破德升至府
署謂其姑及其妻曰吾守此數年不幸力窮乃自縊而死
其姑及其妻皆自殺詔贈翰林學士承旨子兀里偉尚幼
詔以奉御傳養之

張順淄州士伍淄州被圍行省侯摯遣總領提控王庭玉
將兵救之庭玉慕順等三十人往覘兵勢且欲令城中知
授兵之至衆夜潜至城下順為所得執之使宣言行省軍
敗績庭玉亦死宜速降順陽許諾既乃呼謂城中曰外兵
無多王節度軍且至堅守母降兵刃交下順曰得為忠孝
鬼足矣遂死淄人知救兵至以死守城賴以完後贈宣武
將軍同知棣州防禦使事詔有司給養其親且訪其子孫
優加任用

馬驤萬城人也登進士歷官有聲貞祐三年為曹州濟陰
令四月
大元兵克曹州壞被執軍卒掠求金驤曰吾書生何從得

是又使跪驤曰吾膝不能屈欲即授得死為大金鬼足
矣遂死贈朝列大夫泰定軍節度副使仍樹碑于州時致
癸貞祐四年七月詔以其男惟賢子八贇石局分收補

伯德窊哥西南路郯郡官降德升聰不屈貞祐五年東勝
州巳破窊哥與姚里鴉胡姚里鴉兒招集義軍披荊棘復
立州事河東北路行元帥府承制除窊哥武義將軍寧遠
軍節度副使姚里鴉胡義將軍節度判官姚里鴉兒武
義將軍觀察判官以恩不出朝廷頗懷觖望縱兵
剽掠興定元年詔窊哥遙授武州刺史權節度使姚里鴉
胡權同知節度使事姚里鴉兒權節度副使各遷官兩階
興定三年窊哥特遷三官遙授同知晉安府事尋真授東
勝軍節度使東勝被圍城中糧盡授兵絕窊哥率衆潰圍
走保長寧寨詔各進一官戰没者贈三官九月後被圍家
哥死之

奥屯醜和尚為代州經略使貞祐四年八月
大元兵攻代州和尚禦戰敗貞被數創被執欲降之不
屈遂死

從坦宗室子大安中尚書省祗候郎君貞祐二年自募
義兵數千充宜差都提控詔從提舉奉先范陽三都統兵

除同知涿州軍事遷剌史佩金牌經略海州頃之充宜差都
提控安撫山西軍民應援中都上書曰絳解二州僅能城
守而村落之民皆嘗被兵重以連歲不登人多艱食皆恃
鹽布易米令大陽等渡乃不許粟麥過河願罷其禁官稅
十三則公私皆濟矣又曰絳解河中必爭之地惟令實官
勢陝洛之襟喉也可分陝州步騎萬二千人為一提控四
軍節度使從宜規畫臨地之利以實二州則民受其利兵
易米募工鍊冶可以廣財用備戎器小民備力為食可以
息盜又曰河北貧民渡河逐食巳而復還濟其饑者艱若

都統分戍四縣此萬全之策也又曰平陸產銀鐵若以鹽
造給降廄可父行又曰河北職任雖除授不次而人皆不
殊甚苛暴之吏抑止誅求弊其大焉又曰河南調度
願者蓋以物價十倍河南祿廩不給飢寒且至若實給俸
粟之半少足養廉則可責其効力又曰河北之官朝廷威
未急擇騎軍牝馬群牧不二三年可增數萬騎軍勢自振
矣又曰諸路印造實劵久而益多必將積滯止於南京印
資遷秩蹔等以荅其勞聞河南官吏更以黜逐目之彼若
為信然誰不解體書省議惟許放大陽等渡宜
撫司盡民力給河北官俸目河北為賊所者有禁而巳四

年行樞密院于河南府上書曰用兵累年出報無功者兵
不素屬也士庶且充行伍況於皇族與國同休戚哉皆當
從軍親冒矢石為士卒先少寬聖主之憂族人道哥實同
此心願隸臣麾下宣宗嘉其忠許之興定元年改輝州剌
史權河平軍節度使孟州經略使初御史大夫權尚書右
丞永錫被詔經略陝西宣宗曰敵兵強則謹守潼關毋使
得東永錫飲行留沔池數日至京兆駐兵不動頃之潼關
破

大元兵次近郊由是永錫下獄父不決從坦乃上跡救之
略曰竊聞周祚八百漢享國四百餘載皆以封建親戚犬
牙相制故也孤秦曹魏亡國不永晉八王相魚肉猶歷過
秦魏自古同姓之親未有不與國存亡者本朝胡沙虎之
難百僚將士無敢誰何鄗陽石古乃奮身拒戰盡節而死
御史大夫永錫才不勝任而必用之是朝廷之過也之
枝葉巳無幾矣伏惟陛下審圖之於其宗室富四百餘人上
書論永錫皆不報父之永錫杖一百除名當是時諸路兵
方令河朔惟真定河間之眾可留扞城其餘府州皆當為
皆入城自守百姓耕稼失所從坦上書曰養兵所以衛民
屯于外以為民防侯稼穡畢功然後移于屯守之地其為
長葉從之加遙授同知東平府事權元帥左監軍行元帥

府軍與參知政事李革守平陽興定二年十月從坦上

奏太原已破行及平陽河東郡縣皆不守大抵屯兵少援

兵不至故耳行省兵不滿六千平陽河東之根本河南之

藩籬也乞併懷孟衛州之兵以實潞州調澤州沁水端氏

高平諸兵並山焉管焉平陽聲援惟祈聖斷以拨倒懸之

急是月壬子

大元兵至平陽提控耶律朵戰于城北豪垣被執不屈而死

癸丑城破從坦自殺贈昌武軍節度使

李木魯福壽焉唐邑主簿

大元兵攻唐邑福壽與之戰死之贈官三階賻錢五百貫

其邦傑登州軍事判官邦傑寓居日照吾國恩詎忘攻吾君

大元兵所得驅令攻城邦傑曰吾荷吾國恩詎忘攻吾君

三阿九十字　金史百二十二　七　王太師

之城與之酒食不顧乃殺之詔贈朝列大夫定海軍節度

副使

納合蒲剌都大名路猛安人承安二年進士調大名教授

景除比陽令補尚書省令史除彰德軍節度副使以憂去

官貞祐二年調同知西安軍節度使事歷同知臨洮平涼

府事河州防禦使三年夏人圍定羌蒲剌都擊走之以功

加通授彰化軍節度使四年升河州焉平西軍就以蒲剌

都焉節度使上言古者一人從軍七家奉之興十萬之師

不得擅事者七十萬家令籍諸道民焉兵者十之七八奉

之者纔二三民安得不因夫兵貴精不在眾募擇勇敢謀

略者焉兵脆懦之徒使歸農斯是亦紓民之一端也又請

補官贖罪以足用及請許人射佃陝西荒田開採礦冶不

報改知平涼府事入焉户部尚書是時伐宋大捷蒲剌都

泰宋人屢敗其氣必沮可乘此遣人諭說以尋舊盟若宋

人不從然後伐之成功朝廷不能用蒲剌都

又言諸軍當汰去老弱妙選精銳庶可取勝陝西弓箭

手不習騎射可選善騎者代之延安屯兵甚眾分徙萬人

駐平涼關中元帥猥多除京兆重鎮其餘皆可罷籤縣以

列傳百四十　八　金史百二十二　沈元

比黃河南岸及金鈎弗橋虎牢關虢州崤嶺凡斜徑僻路

俱當置兵防守詔下尚書省樞密院議竟不施行未幾改

元帥右監軍兼昭義軍節度使行元帥府事興定二年潞

州破力戰而死贈御史大夫

女奚烈幹出仕至楨州刺史被行省牒徙入于金勝堡

已而大兵至幹出拒戰中流矢病創卧枕帽軍張提控言

兵勢不可當宜速降幹出曰吾曹坐食官祿可忘國家恩

乎汝不聞趙坊州乎以金帛子女與敵人終亦不免我軍

但當力戰而死耳至夜張提控引數人持兵仗以入幣幹

出使出降幹出曰聽汝所焉吾終不屈也遂殺之執其妻

遺散之衆別屯周安堡周安堡不繕完樓堞置戰守之具
兵至謹拒戰十餘日內潰被執不屈而死詔幹出謹各贈
官六階升職三等

時茂先日觀縣沙溝酒監寓居諸城紅襖賊方郭三擄密
州過其村居民相率迎之賊以元帥自稱茂先怒謂衆曰
此賊首耳何元帥之有方郭三聞而執之斷其腕罵武節
罵賊不勝忿復剔其目亂刃刲之至死罵不絕詔贈武節
將軍同知沂州防禦使事

溫迪罕老兒爲同知上京留守軍蒲鮮萬奴攻上京其子

四官
鐵哥生獲老兒脅之使招餘人不從鐵哥怒亂斫而死贈
龍虎衛上將軍婆速兵馬都總管以其姪黑厮爲後特授

四官
梁持勝宇經甫本名詡諱避宣宗嫌名改爲保大軍節度
便裏之子多力善射泰和六年進士復中宏詞累官太常
博士遷咸平路宣撫司經歷官興定初宣撫使蒲鮮萬奴
有異志欲棄咸平徙昌懷路持勝力止之萬奴怒杖之八
十持勝走上京告行省太平是時太平已與萬奴通謀口
稱持勝忠而心實不然罝持勝左右司員外郎既而太平
受萬奴命焚毀上京宗廟執元帥承充奪其軍持勝與提

控咸平治中裴滿賽不萬戶韓公恕約殺太平復推承充
行省事共伐萬奴事泄俱被害詔贈持勝中順大夫韓州
刺史賽不鎮國上將軍顯德軍節度使公恕明威將軍信
州刺史

賈邦獻霍州霍邑縣陳村人也舉進士第質直有勇略
大元攻河東邦獻集居民爲守禦計既而兵大至居民悉
降邦獻棄其家獨與子懿保於松平寨是時權知州事劉
珍在寨與之共守竟能成功珍每欲辟之邦獻輒以衰老
爲辭興定四年十月兵復大至病不能避與懿俱被執
以爲鎮西元帥且持刃脅之邦獻不屈密遣懿歸松平遂

自剄贈奉直大夫本縣令
移剌阿里合遼人興定間累遷霍州刺史治好義堡
大元兵至阿里合力戰不能敵兵敗被執誘使降阿里合
曰吾有死無貳叱使跪但向闕而立於是叢矢射殺之賞
昌軍節度副使孔祖湯同時被擒既又令祖湯跪祖湯不
從亦死詔贈阿里合龍虎衛上將軍泰定軍節度使祖湯
資善大夫同知平陽府事祖湯泰和三年進士
完顏六斤中都路胡土受剌猛安大夫中以蔭補官
選充親軍調阜平尉還方城令改通州軍事判官以功遷

本州刺史項之元帥右都監蒲察七斤執之以去未幾軍
家脫歸除同知臨洮府事從慶陽遷保大軍節度使興定
五年鄜州破六斤自投壍下死焉贈特進知延安府事詔
陝西行省訪其子孫以聞

統石烈鶴壽河北西路山春猛安人性淳質軀幹雄偉初
充親軍中泰和三年武舉調襄信縣副巡檢六年宋人圍
蔡州鶴壽請于防禦使與勇士五十人夜斫宋營使諸軍
諜于解圍去鶴壽追之使殿中柴宋人顧軍起以為大兵
宋人解圍去斬三百餘級宋兵自相蹂踐死者千餘人遲明
且至遂舞追至陳寨而還已而宋兵復據新蔡新息軍
三縣鶴壽皆復取之得馬三百四充行軍萬戶從大軍出
壽春敗宋人于渦口奪馬千餘四攻下真滁二州及盱眙
軍軍還進九官遷同知息州軍州事改萬寧宮同提舉大
安三年充西南路馬軍萬戶夏人五萬圍東勝鶴壽救之
突圍入城夏兵解去遷兩階賜銀百兩重繫十端遷尚方
署令充行軍副統升充行省左翼都統鶴壽充
馬軍副提控轉鈐轄充都城東面宣差副提控貞祐二年
丁父憂起復武寧軍節度副使破紅襖賊于蘭陵石城堌
所獲俱從放免詔徐州歸德行院拘括放之鶴壽遙授同知
一切掠良人為生口監察御史陳規奏乞勅有司凡鶴壽

武衛軍節度使兼慶陽節度副使坐出獵縱火延燒官草杖
一百改同知河平軍節度使興定元年充馬軍都提控
入宋襄陽界遙授同知武勝軍節度使改遙授睢州刺
史二年攻襄陽三敗宋兵改遙授同知鄧州軍馬從宜
宋石渠寨決去襄陽濠水加宣差鄧州路軍馬從宜遙授
汝州防禦使四年宋屯太尉步騎十萬圍鄧州鶴壽分兵
拒守出府庫金帛賞士許以遷官加爵自將餘眾日出搏
戰宋兵焚營去鶴壽被創不能騎馬遺道招撫金帛勿問將
剌答追及之殺數十人奪其俘而還詔所散金帛勿問將
士優遷官爵鶴壽遷金紫光祿大夫遙授武勝軍節度使
俄丁母憂以本官起復權元帥左都監行元帥府于鄜州
興定五年十月鄜州破鶴壽與數騎突出城追及之鶴壽
據土山力戰而死諡果勇

蒲察婁室東北路按出虎割里罕猛安人泰和三年進士
調慶都牟平主簿以廉能選中都右警巡副使補尚書省
令史知管差除貞祐初除吏部主事監察御史丁母憂服
闋充行省經歷官改京兆泠中遙授定西州刺史充元帥
府經議官興定二年與元帥承裔攻下西和州白撒由秦州
進兵抵棧道宋人悉銳來拒妻室乘高立幟策馬旋走楊
塵為疑兵別遣精騎掩出其後宋兵大潰乘勝遂拔興元

進一階除丹州刺史再遷同知河中府事權元帥右都監
河東路安撫使復取平陽晉安優詔襃寵進一階賜銀二
百兩重幣二十端遙授孟州防禦使權都監如故將兵救
鄜州轉戰而至城破死之贈資德大夫定國軍節度使諡
襄勇勅行省求其尸以葬

女奚烈資祿本姓張氏咸平府人泰和伐宋從軍有功調
易縣尉遷潞縣主簿貞祐初遙授同知德州防禦事改秦
州三年遷授同知通遠軍節度事興定元年改西寧州刺
史賜令姓久之遙授同知臨洮府事兼定西州刺史從元
帥右都監完顏阿鄰破宋兵于梢子嶺三年攻破武休關
資祿功最詔比將士遷五官職二等外資祿更加官職一
等遙授通遠軍節度使刺史如故五年遙授隴安軍節度
使俄改金安軍詔曰陝西行省奏軍官負卿久在行陣
御下有法舊隸士卒多在京兆今正防禦關河要衝悉心
備禦將兵救鄜州閱十二月鄜州破被執不肯降遂死贈
銀青榮祿大夫中京留守元光元年言事者謂資祿贈
尚書詔錄其二子烈山林泉升職一等陝西行省軍中用
之

趙益太原人讀書辭業
大元兵入境益鳩合土豪保聚山陝屢戰有功晉陽公郭

文振署為壽陽令駐兵楡次重原寨遂率衆收復太原夜
登其城斬馘甚衆所獲馬牛不可計護老幼二萬餘口以
出升太原治中復權同知府事兼招撫使元光元年八月
大元兵至攻城益急知不可支廼自焚其府庫糧妻子
沉其符印于井遂自殺宣宗聞之嘉歎贈銀青榮祿大夫
河東北路宣撫使仍諭有司求其子孫錄用

俠小叔河東縣人為河津水手貞祐初籍充鎮威軍以勞
補官元光元年遷河中府判官權河東南路安撫副使小
叔盡護農民入城以家財賞戰士河中圍解遷治中安撫
如故樞密院奏小叔才能可用權位輕不足以威衆乞假
符卽十二月詔權元帥左都監便宜從事大兵提控吳德
叔出降叱出斬之表兄張先從容言大兵勢重可出降以
保妻子小叔怒謂先曰我舟人子致身至此何謂出降縛
先於柱而殺之飯僧祭葬以盡戚黨之禮項之樞密院道
都監訛論與小叔議兵事小叔出城與訛論會石天應衆
之取河中府作浮橋通陝西出小叔駐樂本山寨衆兵畢會
夜半坎城以登焚樓櫓火照城中天應大驚不知所為盡
棄輜重輝印馬牛雜畜死于雙市門小叔燒絕浮橋安定
其衆遷昭毅大將軍遙授孟州防禦使同知府事監軍安
撫如故二年正月

大元軍騎十萬圍河中總帥訛可遣提控孫昌率兵五千
樞密副使完顏賽不遣奉仁智率兵三千俱救河中小叔
斮以夜入鳴釭內外相應及期小叔出兵戰昌不敢
動小叔欲衆入城圍益急衆議出保山寨小叔曰去何之
竟遣經歷官張思祖潰圍出奔告于汴京明日城破小叔
死不得其尸總帥訛可以河中府推官籍阿外代小叔權
右都監樞密院奏小叔功卓異或疑尚在邊令阿外代之
絕歸向之路至是小叔已七十四十餘日中條諸寨無所統
領乃詔阿外權領宣宗思小叔功下詔襃贈切責訛可不
救河中之罪

列傳四百三十二　金史百三十二　十五

王佐字輔之霍州農家子豁略不事產業輕財好施善騎
射興定中聚兵數千人權領霍州事平陽胡天作承制加
忠勇校尉趙城丞遷霍邑令同知蒲州軍事權招撫副使
蒲州經略使詔遷宣撫司武將軍遙授昌軍節度副使
大元兵取青龍堡佐被獲多霍州守將隸元帥崔環質其
妻子招撫天祐與環有隙佐與天祐謀殺環天祐曰
君妻子為質奈何佐曰佐直顧家邪元光二年七月因
環出獵殺之率軍民數萬請命加龍虎衛上將軍元帥右
監軍兼知平陽府事佐與平陽公史詠素不協請徙沁州
王女寨詔從之仍令聽上黨公完顏開節制是歲七月救

襄垣中流矢卒贈金吾衛上將軍以其子為符寶典書
黃摑九住臨潢人大定間以廕補部令史轉樞密院令史
調安肅州軍事判官明昌四年為大理評事同知蓟州軍
軍再遷潞王府司馬累官河東北路按察使轉運使改知
彰德府事戰殘贈榮祿大夫南京留守仍錄用其子孫
烏林答乣住大名路提刑判官英王府司馬御史臺前
尚書省令史除山東路提刑使遷蒲陝西按察司事歷汝州沁
在山東補職改太原府治中籤陝西按察使末幾以罪
州刺史北京臨潢路節度使與平軍就充東面經略使尋罷
經略司改元帥右都監赴援中都戰殘贈榮祿大夫秦知

列傳四百三十四　金史百三十二　十六

奪三官解職降德昌軍節度副使崇慶初戍邊有功邊一
官賞銀百兩重幣十端轉利州刺史貞祐初改同知咸平
府事遷歸德軍節度使改與平軍節度使徙知彰德
政事以參政平俸給其家
陀編斜烈咸平路猛安人襄父猛安人明昌五年進士累官補尚
押軍萬戶戍邊承安中討契丹有功除陳州防禦使遷知
平涼府事改保大軍節度使徙知彰德府事貞祐四年
大元兵復取彰德斜烈死焉
尼厖古蒲魯虎中都路猛安人明昌五年進士累官補尚
書省令史從平章政事僕散揆伐宋女罷除同知崇義軍

節度使事察廉改東平府治中歷環州裕州刺史翰林待
制開封府治中大理卿尋權知河南府事兼河南路副統
軍貞祐四年急備京西為陝州宣撫副使兼西安軍節度
使是歲

大元兵取潼關戊卒皆潰蒲魯虎禦戰兵敗死焉

元顏畏可隆安路猛安人補親軍死護衛除益都總管府
判官中都兵馬副都指揮使累官會州刺史貞祐初為左
衛將軍拱衛直都指揮使山東副統軍安化軍節度使土
賊掾九仙山為巢穴畏可擁眾不擊賊愈熾東平行省蒙
古綱劾奏畏可不任將帥朝廷不問改鎮西軍權經略副
使歷全安武勝軍興定四年改泰定軍是歲五月兗州破
死焉

元顏訛出虎隆安府猛安人大定二十八年進士累官補
尚書省令史除順天軍節度副使召為治書侍御史刑部
員外即單州刺史戶部即中河東北路按察副使同知大
興府事泰州防禦使丁母憂起復泗州防禦使遷武當軍
節度使徙河平軍兼都水監坐前在武當奏軍功不實降
沂州防禦使遷汾陽軍節度使兼經略使興定二年九月
城破死焉

粘割貞本名抄合西南路招討司人大定二十八年進士

歷教授主簿用薦舉除河北大名提刑知事察廉遷都轉
運戶籍判官累官泰定軍節度副使丁父憂服闋除德興
冶中宣德州刺史貞祐元年十二月貞以禮部即中攝國
子祭酒與恩州刺史攝武衛軍副都指揮使粘割合達河
間府判官攝同知順天軍節度使事梅只乞奴保州錄事
攝求定節度副使伯德張奴出議和事二年和議成賞銀
二百兩重幣十端玉吐鶻改戶部侍郎歷沁南河平鎮南
集慶汾陽軍節度使貞祐四年改昭義軍充潞州經略使
興定二年入為工部尚書由壽州伐宋攻正陽有功權元
帥左都監守晉安府興定三年十一月城破貞與府官十

餘人皆死之

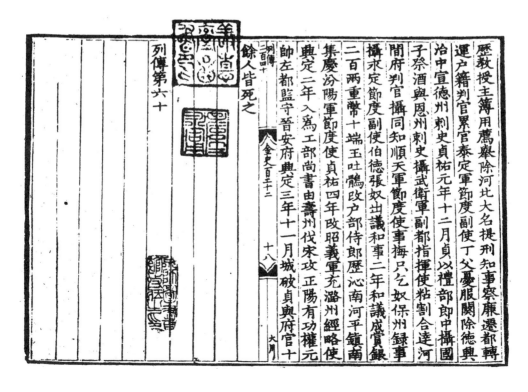

金史卷一百二十三　　國史總裁經筵都總裁臣脫脫奉

忠義三

徒單航　完顏陳和尚　楊沃衍
愛申 附 馬肩龍　烏古論黑漢
禹顯　駞滿胡土門　姬汝作

列傳第六十一　《金史卷百二十三》

徒單航一名張僧駙馬樞密使會北兵大至城下聲言都城
王有事北邊改授都元帥仍權平章事殊不允人壁張僧時
為吏部侍郎勤其父請辭帥職遂拜平章至寧元年胡
沙虎弒逆降航為安州刺史會北兵大至城下聲言都城
已失守汝可速降航謂其民曰城守雖嚴萬一攻破沙
無子遺裔兩世駙馬受國厚恩決不可降汝等計將
安出其民曰太守不屈我輩亦何忍降顧以死守航乃盡
出家財以犒軍民軍民皆盡力備禦又五日城危航乃
可支謂其妻孥曰今事急矣惟有死爾乃先縊其妻孥
其家人曰我死即撤屋焚之遂自縊死城破人猶力戰曰
太守既死我輩不可獨降死者甚眾
完顏陳和尚名彝字良佐世以小字行豐州人系出蕭王
諸孫父乞哥兼和南征以功授同知階州軍事及宋復階

州乞哥戰歿於嘉陵江貞祐中陳和尚年二十餘為北兵
所掠大帥甚愛之置帳下時陳和尚母留豐州從兄安平
都尉斜烈事之甚謹陳和尚在北歲餘託以省母乞還大
帥以斜烈事之至豐乃與斜烈謀奪馬奉其母南奔
大兵覺合騎追之由他路得免既而失馬母老不能行載
以鹿角車兄弟共輓南渡河宣宗奇之斜烈以世官授都
統陳和尚試補護衛未幾轉奉御及斜烈行壽泗元帥府
事奏陳和尚自隨詔以充宣差提控佩金符斜烈能辟太原
王渥為經歷渥字仲澤文章論議與雷淵李獻能相上下
故得師友之陳和尚天資高明雅好文史自居禁衛日人
以秀才目之至是渥授以孝經小學論語春秋左氏傳略
通其義軍中無事則窗下作牛毛細字如寒苦之士其視
世味漠然正大二年斜烈落帥職例為總領屯方城陳和
尚隨以往凡軍中事皆預知之斜烈時在病軍中事大
和者與方城鎮防軍為宜翁事相毆訴於陳和尚宜翁事不
直即量笞之宜翁素凶悍恥以理屈受枉竟毆斃以死
語其妻必報陳和尚以私忿侵官故殺其夫
訴於臺省於近侍積新龍津橋南約不得報則自焚以謝
其夫以故陳和尚繫獄議者疑陳和尚獨於禁近倚兵闌
之重必橫恣違法當以大辟奏上久不能決陳和尚聚書

獄中讀之凡十有八月明年斜烈病愈詔提兵而西入朝
哀宗怪其瘦甚問卿寧以方城獄未決耶卿但行吾今
赦之矣以臺諫復有言不敢赦未幾斜烈卒上聞始馳
陳和尚曰有司奏汝以私慾殺人汝兄死失吾一名將
以汝兄故曲法赦汝天下必有議我者他日汝奮發立功
名國家得汝力始以我為不妄赦矣陳和尚且泣且拜悲
前鋒者陳和尚出應命先已沐浴易衣若將就木然者撫
轉忠孝軍提控五年比兵入大昌原平章合達問誰可為
動左右不能出一言謝乃以白衣領紫微軍都統諭年
甲上馬不反顧是日以四百騎破八千眾三軍之士踴躍

金史二百二十三　三　楊師律

思戰蓋自軍興二十年始有此捷奏功第一手詔褒諭授
定遠大將軍平涼府判官世襲謀克一日名動天下忠孝
一軍皆回紇乃蔩羌渾及中原被俘避罪來歸者鷙狼凌
突貌難制陳和尚御之有方坐作進退皆中程式所過州
已常料所給外秋毫無犯街曲間不復喧雜每戰則先登
陷陣疾若風雨諸軍倚以為重六年有衛州之勝八年有
倒回谷之勝自刑徒不四五遷為禦侮中郎將副樞移剌
蒲阿無持重之略嘗一日夜馳二百里趍小利軍中莫敢
諫止陳和尚私謂同列曰副樞以大將軍為剽略之事今
日得生口三百明日得牛羊一二千士卒喘死者則不復

計國家數年所積一旦必為是人破除盡矣或以告蒲阿
一日置酒會諸將飲酒行至陳和尚蒲阿曰汝曾短長我
又謂國家兵力當由我盡壞誠有否陳和尚飲畢徐曰我有
蒲阿見其無懼容漫為好語云有過當面論無後言也九
年正月三峯山之敗走釣州城破大兵入衛州之勝陳
回谷之勝亦我也我死亂軍中人將謂我負國家今日明
白死天下必有知我者時欲其降所不足脛折不為屈豁口
和尚趨避隱廁殺掠稍定乃出自言曰我金國大將欲見
白事兵士以數騎夾之大昌原之詣行帳前問其姓名曰我忠孝軍
總領陳和尚也我死亂軍中人將謂我負國家亦我也倒

金史二百二十三　四　楊師律

吻至耳嗔血而呼至死不絕大將義之醉以馬溷祝曰好
男子他日再生當令我得之時年四十一是年六月詔贈
鎮南軍節度使壞像褒忠勒石紀其忠烈
斜烈名鼎字國器單車海世襲猛安年二十五以善戰知名
自壽泗元帥轉安平都尉鎮商州威望甚重敬賢下士有
古賢將之風初至商州一日搜伏於大竹林中得歐陽僑
子孫問而知之併其族屬鄉里三千餘人皆縱遣之
楊沃衍衡一名斡烈賜姓兀林荅朔州靜邊官莊人本屬慶
括迪剌部族少嘗為北邊屯田小吏會
大元兵入境朝命從唐括族內地沃衍留不從率本部族

願從者入保朝州南山茶杞講有眾數千推沃衍為招撫
使號其講日府故殘破鎮縣徒黨日集官軍不能制又與
大兵戰連養小捷及乏食遂行剽劫官軍捕之拒戰不下
轉走寧陝武朔寧遍諸州民以為病朝廷遣人招之沃衍
即以眾來歸時宣宗遍南還淇門開之甚喜遂以為武
州刺史武州屢經殘毀沃衍入州未幾而大兵來攻武
二十七晝夜不能披乃退時貞祐二年二月也既而朝廷
以武州終不可守令沃衍還其軍駐嵐州以武州功
擢為本州防禦使俄升岢嵐軍鎮以沃衍為節度使仍
詔諭曰卿於國盡忠累有勞績今特升三品恩亦厚矣其
益勵忠勤與宣撫司輯睦以安軍民沃衍自奉詔即以身
許國日為人不死王事而死於家非大丈夫也三年奉旨
屯涇邠隴三州沃衍分其軍九千人為十翼五都統親統
者十之四是冬西夏四萬餘騎圍定西州元帥右都監宪
頗賽不以沃衍提控軍事率兵與夏人戰斬首幾二千生
擒數十人獲馬八百餘定器械稱是餘悉遁去詔陝西行
省視功賞之興定元年春上以沃衍累有戰功賜今姓
未幾遷授通遠軍節度使兼鞏州管內觀察使是冬詔陝
西行省伐宋沃衍與元帥左都監內族白撒通遠軍節度
使溫迪罕婁室同知通遠軍節度使事烏古論長壽平西

軍節度副使和速嘉兀迪將兵五千出鞏州鹽井至故城
逢夏兵三百擊走之又入西和州至岐山堡遇兵六千凡
三隊遣軍分擊逐北三十餘里斬首四百級生獲十人馬
二百匹甲仗不勝計尋復得散關二年正月捷報至上大
喜詔遷沃衍官一階遙授知臨洮府事三年正月遙授中京留守
沃衍功遷元帥右監軍仍世龍襲納古胡里愛必剌謀克二
年春北兵游騎數百掠延安而兵大至駐德安沃衍率兵追之未幾
六月進拜元帥右監軍俄而南沃衍率兵追之戰于野
猪嶺獲四人而還俄兵至駐德安追之戰于野
大兵攻鳳翔還道出保安沃衍遣提控顏查剌破千石
樓臺前後獲馬二百符印數十詔有司論賞初聞野豬嶺
有兵沃衍約陀滿胡土門以步軍會戰胡土門宿將常輕
沃衍至是失期沃衍戰還會諸將欲斬胡土門諸將衰請
乃釋之時大兵贊勢益振陝西行省欲撤沃衍清野不從日
我若清野明年民何所得食遂靖大間持勢使民畢來事
正大二年進拜元帥左監軍遍領中京留守八年冬平章
下問兵政蒲阿由鄧州而西沃衍自豐陽川遇於五朵山
合連眾政蒲阿如何合連日我軍雖勝而大兵已散漫趣
京師兵沃衍憤去平章來政蒙國厚恩握兵柄失事機不
能戰禦乃縱兵諜入尚何言耶三峯山之敗沃衍走鈞州

其部曲皆留烏景劉勝既降請于大帥願入烏招沃衍大帥質留奴令勝入沃衍見道大帥意降則富授大官沃衍善言慰撫之使前拔綱斫之曰我起身細微蒙國大恩汝欲以此污我耶遂遺語部曲後事望汴京拜且哭曰無面目見朝廷惟有一死耳即自縊部曲舉火并所寓屋焚之從死者十餘人沃衍時年五十二初大兵破西夏長驅而至關輔千里皆兵沃衍與其部將劉興哥者率兵往來邨隴間屢戰屢勝故大軍粹不能東下與哥鳳翔虢縣人呼曰熱劉後於清忙戰死大兵至酹酒以弔西州耆老語之至為泣下

陳政

烏古論黑漢初以親軍入仕嘗為唐鄧元帥府把軍官天興二年唐州刺史內族斜魯病卒鄧州總帥府以蒲察都尉權唐州事宗軍兩來圍唐又唐之粮多為鄧州所取以故乏食六月遺萬戶夾谷定住入歸德奏請軍粮不報七月鎮防軍馮總領甄改住為變殺蒲察都尉時朝廷有歸帥府承制以黑漢權刺史行帥府事既而鎮防軍有歸宗之謀時裕州大成山嘯聚統一軍五百人在州獨不欲歸宋與鎮防軍為敵鎮防不能勝棄老幼奔棄陽宋人以故知唐之虛實會鄧帥移璦以城叛歸千宗遺書招黑漢黑漢殺其使者不報宗王安撫率兵攻唐鄧司王太尉繼至

攻益急黑漢聞哀宗遷蔡遣人求救上命權參政元林答胡土將兵以往宋人設伏縱其半入城邀擊之胡土大敗僅存三十騎以還城中糧盡人相食黑漢與蕭都統執議堅士爭殺其妻子官屬聚飲黑漢殺其愛妻益堅馮總領乃私出城與王安撫會飲約明日宋軍入城馮歸宋軍不得入蕭都統請馮議事即坐中斬之及其黨皆死漢率大成山軍巷戰自辰至午宋軍大敗而出殺傷無數總領趙醜兒初與馮同謀內不自安開西門納宋軍宋人城下大呼趙醜兒約併力殺大成山軍敗而宋人獲黑漢脅使降黑漢不屈為所殺其得脫走者十餘人總領移剌望軍女奚烈軍醜兒走蔡州皆得遷賞後俱死於甲午之難

陀滿胡土門字子秀策論進士也累官翰林待制貞祐二年遷知中山府三年改知臨洮府兼本路兵馬都總管叛賊蘭州程陳僧等誘夏人入寇圍臨洮城中兵數千而粟且不支眾皆危之胡土門日為開諭遂順禍福皆自奮因捕其黨欲為內應者二十人斬之擲首城外賊四面來攻乃夜出襲賊壘夏兵大亂金軍乘之遂大捷夏人遁去四年知河中府事權河東南路宣撫副使十月進元帥右監軍兼前職與定二年為絳陽軍節度使兼絳州管

內觀察使十月遷元帥左監軍行元帥府事兼知晉安府
河東南路兵馬都總管於是修城池繕甲兵積芻粮以備
戰守民不悅行省晉鼎聞之遺以書曰元帥始鎮河中惠
愛在民移蒔晉安遠近忻仰去歲兵入平陽不守河東保
完者惟絳而已蓋公坐籌制勝威德素著故不動聲氣以
至無虞也邇來傳聞治政太剛科徵太重罪切憂之古人
有言御下不寬則人多懼禍用人有疑則士不盡心況大
兵在邇境巳慮小人易動誠不可不慮也願公以諫廬
待下忠孝結人明賞罰平賦稅上以分聖主宵旰之憂下
以為河東長城之託胡土門得書懼民不從且或生變乃

金史百十三　九

上言臣本瑣材猥膺重寄方治隍陴積芻粮為捍禦之
計而小民難與慮始以臣政令頗急皆有怨言遂貽行省
之憂自聞訓諭措身無所內自悔悟加寬撫庶幾少慰
眾心而近以朝命分軍過河則又謹言帥臣不益兵保守
而反助河南將棄我也人心如此恐一旦遂生他變向者
李革在平陽人不安之而革隱忍不言以至于敗臣實恥
繾無以服人敢以鼎書上聞惟朝廷圖之朝廷以鼎書遣
吏部尚書完顏闖山代之或曰胡土門欲以計去晉安乃
大興役恣為殺戮務失民心故鼎言及之未幾晉安失守
死者幾百萬人遂失河東三年八月改太常卿權簽樞密

院事知歸德府事元先二年二月坐上書不實削一官正
大三年七月復為臨洮府總管四年五月城破被執誘之
降不應使之跪不從以刀亂斫其膝脛終不屈遂殺之
五年詔贈中京留守立像褒忠廟錄用其子孫其妻烏古
論氏亦死節有傳

姬汝作字欽之汝陽人全州節度副使端脩之姪孫也父
懋以蔭試部掾轉尚書省令史汝作讀書知義理性豪宕
不拘細行平日以才量稱正大末避兵近侍局使烏古論四
家眾以長事之後徒居交牙山砦會近侍局使烏古論數百
和撫諭西山以便宜授汝作北山招撫使佩銀符遂遷入

金史百十三　十

汝州初汝州殘破之後天興元年正月同知宣徽院事張
特授防禦使自沁率襄郟縣土兵百餘人入青陽黎時呼
延寶者領青陽砦事實趙衍部曲以戰功至
實昌軍節度使間居汝之西山楷自揣不能服眾乃以州
事託實孝輩往鄧州從恒山公武仙後
大元兵至城破殺數千人乃許降以張宣差者管州事三
月鈞州潰軍柳千戶者入州張逃去柳遂擄之未幾城復
破及汝作至北兵雖去但空城爾汝作招集散已復自市
井北兵屢招之不從數戰互有勝負已而北兵復來攻汝
作親督士卒招之以死拒之兵退間道納奏哀宗宣諭此州無

隰固可惜汝乃能為國用命令授以同知汝州防禦使便
宜從事是時此州南通鄧州西接洛陽東則汴京使傳所
出供億三面傳通音耗然呼延實在青陽為總帥忌汝作
城守之功不能相下州事動為所制實欲遷汝入山謂他
日必為大兵所破汝之皆可用朝廷倚我守此州總帥乃欲棄
此舉經百死激之旨可用朝廷倚我守此州總帥乃欲棄
之何心哉讒間既行有相圖之隙詳議官楊鵬釋之欲棄
難来解而顧私怨語甚詳切實乃還山鵬因勸汝作納奏
乞死守此州以堅軍民之心其冬戰于襄郊得馬百餘士
氣頗振遂以汝作為總帥不復與實相關矣天興二年六
月哀宗在蔡州遣使徵兵入援州人為避騎所擾農事盡
廢城中粮亦垂盡是月中京破部曲私議有唇亡之懼謀
以城降懼汝作不敢言乃以遷州入山白之汝作怒曰吾
家父祖食禄百年今朝廷又以州事帥職委我吾生為金
民死為金鬼汝輩欲避於山非欲降乎有再言者吾必
斬之八月塔察將大兵攻蔡經汝州作亂奥故
吏溫澤王和七八人徑入州廨汝作不為備遂為所殺時
宣使石珪體究洛陽所以破及強伸死節事以路阻留汝
州驛楽殺既殺汝作走告珪曰汝作私積粮斛不邮留汝
衆怒殺之矣卑不圖汝作官職惟宣使裁之珪懼乃以卑

權汝州防禦使行帥府事脫走入蔡以卑殺汝作事聞哀
宗甚嗟惜之遣近侍張天錫贈汝作昌武軍節度使子孫
世襲襲克仍詔峴山帥呼延實登封范真併力討卑天
錫避峴山遠先約范真真以麾下李其者往以撫諭軍民
為名卑率軍士迎於東門知朝廷已陰為之備李其猶豫
不敢發卑館天錫于望嵩樓隱毒於食天錫遂中毒而死
卑後為
大元兵所殺楊鵬字飛卿能詩
愛申逸其族與名或曰一名忙哥本兗州鎮防軍累功遷
軍中總領李文秀據泰州宣宗詔鳳翔軍討之軍圍泰州
城時愛申在軍中有罪當死宣宗問之樞帥有知其名者可
使此人將帥材忠實可倚宣宗命馳赦之以為德順節度
使行元帥府事正大四年春大兵西來擬以德順為節度
之所德順無軍人甚危之愛申識鳳翔肩龍舜卿為坐夏
與謀事乃遺書招之愛申識鳳翔馬肩龍舜卿者可
鑑以大兵方進吾城可恃德順決不可守勸勿往肩龍曰
愛申平生未嘗識我一見許為知已我知德順不可往
則必死然以知已故不得不為之死耳乃舉橐付族父
明為死別冒險而去既至不數日受圍城中惟有義兵卿父
軍八九千人大兵舉天下之勢攻之愛申假舜卿鳳翔總

管府判官守禦一與共之凡攻百二十晝夜力盡乃破愛
申以劔自刎時年五十三軍中兼生致肩龍而不知所終
臺諫有言當贈德順死事者官以勤中外詔各贈官配食
襄忠廟肩龍字舜卿宛平人先世遼大族有知與中府者
故人號與中馬氏祖大中金初登科軍司判節度全錦兩州父成
誼明昌五年登科仕為誥宗室從坦殺人將置之死時年
學有獻聲宣宗初有誥宗室從坦有將帥材少出其右者
言其寬肩龍上書大略謂從坦留死為天子將其兵書奏詔
問汝與從坦交分厚興肩龍對曰臣知有從坦從坦未嘗

一介書生無用於世願代從坦授
識臣從坦寬人不敢言臣以死保之宣宗感悟赦從坦授
肩龍東平錄事委行省試驗宰相侯摯與語不契留數月
龍歸將渡河與排岸官紛競搜篋中得軍馬粮料名數及
利害數事疑其為姦人偵伺者繫歸獄根勤適從坦至
立赦出之正大三年客鳳翔元帥愛申深器重之至是同
死於難

禹顯鳳門人貞祐初隸上黨公張開累以戰功授義勝軍
節度使兼沁州招撫副使元光二年四月大帥達兒解按
賓見攻河東張開道顯抱龍豬谷夾攻敗之擒元帥韓先
國獲輜重甲仗甚衆追至祁縣而還所歷州縣悉復之顯

攻之至於數四不能援既而戰於玉女寨大獲開言於朝
權元帥右都監正大六年冬十二月軍內變城破被擒師
義之不欲加害初以鐵繩鈴之既而密興舊部曲二十人
遁去關上黨公軍復振將徙從之大兵四向來追顯適興
負釜一兵相失乞飯山寺中僧走報為被執不屈死時年
四十一秦州人張邦憲字正叔登正大中進士第為永固
令天興二年避兵徐州卓翼率兵至城邦憲被執將驅之
北邦憲罵曰我進士也惊紫朝廷用為邑長可從汝曹反
耶遂遇害劉金為鄉隣數百避兵沐濼為

督主北兵至徐盡俘其老幼全父亦在其中北兵質之以
招全全緯其人送徐州因竊其父以歸徐帥益都嘉其忠
承制以為昭信校尉遙領彭城縣尉後遇國用安恕其不
附已見殺

列傳第六十一

關傳醫司莊圖錄章舉事前中書右丞相權國史領經筵事都總裁脫脫奉

勅修

忠義四

馬慶祥	商衡	術甲脫魯灰
楊達夫	馮延登	烏古孫仲端
烏古孫奴申	蒲察琦	蔡八兒
溫敦昌孫	完顏絳山	畢資倫
郭蝦蟆		

列傳　三百十四　金史二十四　一　王清刊

馬慶祥字瑞寧本名習禮吉思先世自西域入居臨洮狄
道以馬爲氏後徙家淨州天山泰和中試補尚書省譯史
大安初衛王始通問
大元選使副上曰習禮吉思智辨通六國語往必無辱也
使還授開封府判官內城之役充應辦使不擾而事集未
幾
大元兵出陝右朝廷命完顏仲元爲鳳翔元帥舉慶祥爲
副上曰此朕志也且築城有勞即拜鳳翔府路兵馬都總
管判官元光元年冬十一月閒大將萌古不花將攻鳳翔
行省檄慶祥與治中胥謙分道清野將行命畫工肖其貌
付其家人或曰君方壯何乃爲此不祥慶祥曰非汝所知

也明日遂行遇先鋒于渭水戰不利且戰將及城會
大兵邀其歸路度不能脫令其騎曰吾屬荷國厚恩竭力
效死乃其職也諸騎皆曰諾人殊死戰良久矢盡大兵圍
數匝欲降之軍擁以行語言不屈而死年四十有
六元帥郭仲元與其尸以歸葬鳳翔普門寺之東事聞詔
贈輔國上將軍恒州刺史諡忠愍胥謙及其子嗣亨亦不
屈死謙贈輔國上將軍節度使嗣亨死贈威遠將軍
鳳翔府判官楨州金勝堡提控僕散胡沙亦死贈銀青榮
祿大夫正大二年哀宗詔褒死節士若馬習禮吉思王清
田榮李貴王斌馮萬奴張德威高行中程濟姬邧張山等
十有三人爲立褒忠廟仍錄其孤二人者逸其名餘亦無
所考

列傳　四百二十九　金史百二十四　二

商衡字平叔曹州人至寧元年特恩第一人授鄜州洛郊
主簿以廉能換鄜縣尋碎威戎令興定三年歲飢民無所
於糶衡白行省得開倉賑貸全活者甚衆後因地震城圯
縣人爲立生祠再碎原武令未幾入爲尚書省令史轉戶
部主事兩月拜監察御史哀宗姨郇國夫人不時出入宮
閤干預政事督跡甚惡衡上章極言自是郇國被召乃敢
進見內族慶山奴將兵守盱眙與李全戰敗朝廷置而不
夏人乘釁入侵衡率蕃部土豪守衡不應敵保以無虞秩滿

問衡上言自古敗軍之將必正典刑不爾則無以謝天下
詔降慶山奴為定國軍節度使戶部侍郎權尚書曹温之
女在掖庭親舊干預權利其家人填委諸司貪墨彰露臺
臣無敢言者衡歷覈其罪詔罷温戶部改太后府衛尉再
上章言温果可罪當賊逐無罪詔則臣為妄言堂有是非不
別而兩言之理哀宗為之動容乃出温為汝州防禦使未
幾為右司都事改同知河平軍同知節度使事丞相完顏賽不領陝西經
於得人可從丞相奏衡明年召還行省
行省奏衡為左右司貟外郎密院表留有旨行省地重急
歷官遷領昌武軍改同知河平軍同知節度使事正大八年

以毋喪還京師十月起復為秦藍總帥府經歷官天興元
年二月關陝行省徒單元等敗於鐵嶺衡未知諸帥存
殘招集潰軍以須其至遂為兵士所得欲降之不為屈監
至長水縣東岳祠前誘之使招洛陽衡識何人
為汝招之耶兵知不可誘欲捽其巾衡瞋目大呼曰汝欲
降從我耶終不肯降望闕拜曰臣亡兵失利一死報國耳遂引佩刀自刎年四
十有六正大初河間許古詣闕拜章言八座率非其材者
之罪責亦無所逃但以一死報國主將無狀
寺小臣有可任宰相者不大升黜之則無以致中興章奏
詔古赴都堂間軄為可相者古以衡對則衡之材可知矣

术甲脫魯灰京人世為北京路部長其先有開國功授
北京路宗阿荅阿猛安脫魯灰自幼襲爵貞祐二年宣宗
還汴率本部兵赴中都屢從上喜特授御前馬步軍都總
領宗人略南鄙命同簽樞密院事時全將大軍南伐脫魯
灰率本部屢權宗兵破城寨以功遷授武昌軍節度使元
帥右都監行蔡息等路元帥府事既而宋人有因畜牧越
境者邏卒擒之法當械送朝廷脫魯灰曰國家自遷都以
來嘗復生兵連禍彫耗幸邊無事人稍得息若戮此曹則
邊釁復生民力彫耗矣不如釋之以絕兵端哀宗即位授
鎮南軍節度使蔡州管內觀察使行戶工部尚書時

大元兵入陝西乃上章曰宋人與我為讎敵頃以力屈自
保非其本心今陝西被兵河南出師轉戰連年不絕兵死
于陣民疲于役國力竭矣壽泗一帶南接肝楚紅襖賊李
全巢穴也萬一宋人謀知與我乘虛而入腹背受敵非計
之得者也臣已令所部沿邊警斥以備非常宜飭壽泗師
臣謹斥候嚴烽燧常若敵至此兵法所謂無恃其不來特
吾有以待之之道也是而行之二年秋宋人將入
優農司令民先秋成而已今使秋無所獲國何以仰事俯育
及農事聽民待熟而刈宋人卒不入寇諜者又
以給遂道軍兼邏聽民待熟而刈宋人卒不入寇諜者又

報光州汪太尉將以八月發兵來取其陽議者請籍丁男
以備脫魯灰曰汪太尉怯人耳寧敢為此必姦人聲言
來寇欲使吾民廢務也不可信已而果然叛人焦風子者
汎河南比屢為反覆朝廷授以提控之職令將三千人戍
遂平四年春風子謀率其衆入宋脫魯灰策之以兵數千
伏鄧陽道兩果夜出此途伏發殪之七年
大元兵攻藍關至八渡倉賊以為無事脫魯灰
獨言宋人不知守國家亦不能逾宋境屯戍大兵若由
重複宋日潼關險陰兵精足用然商洛以南瀕於宋境大山
關入與元下金房統出襄漢址入鄧鄾則大事去矣宜與
年春從行省衆政徒單吾典將潼關兵入援至商山遇雪
以備不然必敗是秋改授小關子元帥屯商州大吉口九
宗人釋懑諭以輔車之勢屠亡齒寒彼必見從據其險要

列傳　晉廿五　金史百二十　五　陳大用

大兵邀擊之士卒饑凍不能戰而潰脫魯灰被執不屈拔
佩刀自殺
楊達夫字晉卿耀州三原人泰和三年進士有才幹所至
可紀召補省掾草奏章坐字誤降平涼府判官管主鄭縣
簿事一從簡吏民樂之達夫亦愛其山水之勝因家焉日
以詩酒自娛了無宦情會有詔徙民東入關達夫與衆行
及部避兵于州比之橫嶺為游騎所執將梳衣害之達夫

挺然直立馬首略無所懼稍侵侮之即大言曰我金國臣
子既為汝所執不過一死忍裸祖以黷天日耶遂見殺兩
山潛伏之民竊觀之者皆相告曰若此好官異日祠之當
作我橫嶺之神
馮延登字子俊吉州吉鄉人世業醫延登紉悟既長事
舉業承安二年登詞賦進士第調臨真簿德順州軍事判
官泰和元年轉寧過令大安元年秋七月霜害民稼于
食延登發栗賑貸全活甚衆貞祐二年補尚書省令史尋
授河中府判官兼行尚書省左司員外郎興定五年入
為國史院編修官改太常博士元光二年知登聞鼓院兼

列傳　晉廿千　金史百二十四　六　大用

翰林修撰奉使夏國就充接送伴使正大七年十二月還
國子祭酒假翰林學士承旨充國信使以八年春奉國書
朝見於虢縣御營有旨問汝識鳳翔帥否對曰識之又問
何如人曰敏於事者也又問汝能招之使降即賞汝死不
則殺汝矣曰臣奉書請和招降豈使職平招降亦死還
亦死不若今日即死為愈也明日復問汝曾思之不對如
前問至再三執義不回又明日乃諭旨云汝罪應死但古
無殺使者理汝愛汝須髯猶汝命也叱左右以刀截去之
延登岸然不動乃監之豐州二年後放還哀宗撫慰父之
復以為祭酒歷禮吏二部侍郎權刑部尚書明年

大元兵圍汴京倉猝逃難為騎兵所得欲擁而北行延登
辭情悽慘慨義不受辱遂躍城旁井中年五十八
烏古孫仲端本名卜吉字子正承安二年策論進士宣宗
時累官禮部侍郎與翰林待制安延珍奉使乞和于
大元詔見太師國王木華黎於是安延珍留止仲端獨往
權參知政事正大五年十二月知開封府事完顏麻斤出
太祖皇帝致其使事乃還自興定四年七月啟行明年十
二月還至朝廷嘉其有奉使勞進官兩階歷
裕州刺史正大元年召為御史中丞奉詔安撫陝西及歸
幣誅之奏上麻斤出等免死除名會議降大軍事及諫太
支部郎中楊居仁以奉使不職尚書省具獄有旨釋之備
再使仲端言曰麻斤出等免死臣節大不敬宜償禮
歸德召為翰林學士承旨兼同簽大睦親府事留守汴京
大元兵圍汴日父食盡諸將不相統一仲端自度汴中事
變不測一日與同年汝州防禦裴滿恩忠小飲談太學同
舍事以為笑樂因數言人死亦易事耳恩忠曰吾兄何故
頗出此語仲端因寫一詩示之其詩大槩謂人生大似巢
及

燕或在華屋杏梁或在村居茅茨及秋社甫臨皆當逝去
人生雖有富貴貧賤要之終有一死耳書畢連飲數
杯送恩忠出門曰此別終天矣恩忠去仲端即書一妻
亦從死明日崔立變仲端為人樂易寬厚知大體奉公好
善獨得士譽一子名愛實嘗為護尉奉御以誅安切授
節慶世襲千戶恩忠名正之本名蒲剌篤亦承安二年進
烏古孫奴申字道遠由譯史入官性伉特敢為有直氣嘗
為鹽察御史時中丞完顏百家以酷烈聞奴申以事糾罷
朝士贊然後為左司郎中近侍局使皆有名袁宗東遷為
於臺中是日戶部尚書完顏珠顆亦自縊阿虎帶字仲字
京居守崔立變之明日御史大夫裴滿阿虎帶自縊死
諫議大夫近侍局使行省左右司郎中兼知宮省事留汴
大睦親府事吾古孫端大理裴滿德輝右副點檢完顏阿
珠顆字仲平皆女直進士時不辱而死者奉御完顏忙哥
撒察政完顏奴申之子孫大睦親府事吾古孫端因可知者數人餘各有傳
蒲察琦本名阿懀字仁卿棣州陽信人試補刑部掾兄世
襲誅克兄死琦承襲正大六年秦藍總師府辟琦為安平
都尉粘葛合合下都統兼知事其冬小關破事勢已迫琦
常在合典左右合典令避矢石琦不去曰業已從公死生

當共之高安所避耶律宗遷歸德汴京立講議所受陳言
文字其官則御史大夫納合寧以下十七人皆朝臣之選
而琦以有論議預焉晤左司都事元好問領講議兼看讀
陳言文字與琦甚相得崔立變後令改易巾醫琦謂好問
曰今日易巾醫在京人皆可獨琦不可琦即死則部譯史製
言亦剩矣因泣涕而別琦既至其家母氏方畫寢驚寤而審
先兄世爵安忍作此令以一死付公然死則即死付公一
曰君不念老母歟母止之曰勿勒見所厲是矣即自縊時
琦問阿母何爲母曰適夢三人潛伏梁間故驚竊仁卿琥
日梁上人鬼也兄意在懸梁阿母夢先見耳家人葦泣勤
年四十餘琦性沉靜好讀書知古今事其母完顏氏以孝
謹稱
蔡八兒不知其所始趫捷有勇性純質可任時爲忠孝軍
元帥天興二年自息州入摞曾大將奔蓋遣數百騎駐城
東令人大呼曰兒率挍強兵百餘潛出暗門速降當免殺戮戰不然無類矣於是
上登城遣八兒率挍強兵百餘潛出暗門遶汝水左交
射之自是兵不復薄城築長壘爲父困計上令分軍防守
四城以殿前都點撿冗林荅胡土守西面八兒副之已而
哀宗慶蔡城不守傳位承麟群臣入賀班定八兒不拜謂
所親曰事至於此有死而已安能更事一君乎遂戰死

毛佺者恩州人貞祐中爲盜宣宗南渡率衆歸國署爲義
軍招撫哀宗遷蔡以佺爲都尉圍城之戰佺力居多城破
自縊其子先佺戰歿時死事者則有閤忠郝乙王阿驢樊
喬爲忠滑州人衛王時開州刺史賽哥叛忠單騎入城縛
賽哥以出由是漸被擢用乙磁州人同日戰死哀宗贈官
阿驢樊喬皆河中人初爲砲軍萬戶鳳翔破此降從軍攻
汴司砲如故即紿主者曰砲利於短不利於長信之使藏
其木數尺練十餘竪人無死事者長公主言於哀宗曰
近來立功劾命多諸色人無事時則自家人爭強有事則
他人盡力爲得不怨上默然餘各有傳
溫敦昌孫皇太后之姪衛尉七十五之子爲人短小精悍
性復豐弟累遷諸局分官上幸蔡撫殿前左副點撿圍城
中數引軍潛出巡遶時尚食溴魚汝河魚大且多往捕必軍衛乃
洋尸惡之城西有積水曰練江魚大且多往捕必軍後御其
可昌孫常自領兵以往所得動千餘斤分賜將士後卻其
出左右設伏伺而邀之之力戰而死蔡城破前御史鹽蔡納
短胡失打開之慟哭投水而死
完顏絳山哀宗之奉御也繫出始祖天興二年十月蔡城
被圍城中飢民萬餘訴於有司求出有司難之民大呼於

道上聞之遺近侍官分監四門門日出千人必老稚羸疾
者聽其出絳山時在北門憫人之飢出過其數命杖之四
十然出者多泄城中虛實尊止之三年正月己酉蔡城破
哀宗傳位承麟即自縊于幽蘭軒權點內族斜烈矯制
上前曉以名分大義及侍從官巴良猻阿勒根文卿皆從
死斜烈將死遺言絳山收遺骸其骨耳兵笑曰若狂
為誰絳山曰吾奉御絳山也兵曰報皆散走而獨後何也
突入近侍左右皆走避獨絳山留不去兵所執問曰汝
日吾君終于是吾候火滅灰寒收瘞其骨耳兵笑曰若狂
者即汝命且不能保能瘞而君耶絳山曰人各事其君吾
君有天下十餘年功業弗終身死社稷忍使暴露骸與
士卒等耶通知君輩必不遺吾死是以留果瘞吾君之
後雖寸斬吾不恨矣兵以告其帥帥奇男子也許
之絳山乃掇其餘燼裒以弊衾瘞于汝水之旁再拜號哭
將赴汝水死軍士救之得免後不知所終

畢資倫緒山人也泰和南征以儒雇從軍軍例授進義
副尉崇慶元年改緒山為鎮州木虎高琪為防禦使行元
帥府事子是州選資倫為防城軍千戶至寧元年秋
大元兵至鎮州高琪棄城遁資倫行及昌平收避遷民兵

轉戰有功擢授都統軍軍數千與軍中將領沈思忠審子
都輩同隸一府屯鄭州及衞州時號沈軍積功至都總
領思忠為副都尉僕散阿海南征軍次梅林關不得過阿
海問諸將誰能取此關者資倫首出應命問順軍士幾何
曰止用資倫所統足矣不煩餘軍明日遲明出宋軍不意
引兵薄之萬衆崩遂取梅林關阿海軍得南行留提控王
復出應命以本軍再奪梅林阿海斬黃按軍而還論功
資倫第一授遙領同知昌武軍節度使宣差總領都提控
為敵據計無所出復問誰能取梅林者以帥職賞之資倫
禄軍萬人守關不數日宋兵餘軍以梅林歸途

既而樞密院以資倫思忠不相能恐敗事以資倫統本軍
屯泗州興定五年正月戊戌提控王祿湯餅會軍中宴飲
宋龜山統制時青乘隙襲破泗州西城資倫知失計隨南
城求死為宋軍所執以見時青青說之曰畢宣差我知爾
好男子亦宜相時達變金國勢已衰弱爾肯降我宋亦不
負爾若不從我出身至貧賤結柳器為生自征南始得一官今
聽我言我出身至貧賤結柳器為生自征南始得一官今
職居三品不幸失國家城池甘分一死尚不能報肯從汝
反賊求生即青知無降意下吁胎獄時臨淮令李某亦
被執後得歸為泗州從宜移剌羊哥言其事羊哥以資倫

惡語罵時青必被殺即以死不屈節聞于朝時資倫子牛
兒年十二居宿州收充皇后閤舍人宋人亦賞資倫
忠憤不挠欲全活之鈴以鐵繩四于鎮江府土獄略給衣
食使不至寒餓脅誘百方時一引出問去汝降否資倫或
罵或不語如是十四年及肝眙將士降宋宋使總帥納合
買住己下北望哭拜謂之辭故主驅資倫在旁觀之資倫
見買此甏鼻合買住俯首不敢仰視及蔡州破哀宗自縊
作如此甏鼻耶買住國家未嘗負汝何所求死不可乃
宋人以告資倫資倫數曰吾無所望奏容我一祭吾君乃
設祭鎮江南岸資倫祭畢伏地

疏而黃資票質直然諾其堅忍守節卓卓如此宣宗
州城陷資倫被執事且曰資倫長身面赤色顴頰微高鬚
立祠鎮江之四有方士者親嘗見之以告元好問及言四
大哭乗其不防授江水而死宋人羲之宣示四方仍議為

金史二百十四 、 十三
列傳 四四八

實錄載資倫為亂兵所殺當時傳聞不得其實云
郭蝦蟆會州人世為保甲射生手與兄祿大俱以善射應
募興定初祿大以功遷遙授同知平凉府事兼會州刺史
進官一階賜姓顏盞夏人攻會州祿大遇見其主兵者人
馬皆衣金出入陣中約二百餘步一發中其吭殪之又射
一人矢貫兩手於樹斬大駭城破祿大蝦蟆俱被禽夏人

憐其技四之兄弟皆誓死不屈朝廷聞之議加優獎而未
知存没乃特遷祿大子伴牛官一階授巡尉職以旌其忠
其後兄弟謀奔會自援其顙事覽祿大竟為所程蝦蟆獨
拔歸上思祿大之忠命復遷伴牛官一階授會州軍事
判官蝦蟆遙授鞏州鈴轄會言者乞獎用祿大弟遂遷蝦
蟆官兩階授同知蘭州軍州事與定五年冬夏人萬餘侵
府事元光二年夏人步騎數十萬攻鳳翔甚急元帥赤盞
定西蝦蟆敗之斬首七百獲馬五十匹以功遷同知臨洮
合喜以蝦蟆總領軍事從巡城濠外一人坐胡床以箭力
不及氣貌若蔑視城守者合喜指似蝦蟆六汝能射此人
否蝦蟆測量遠近曰可蝦蟆平時發矢伺腋下甲不掩虞
射之無不中即持弓矢伺坐者舉肘一發而斃兵退升遙

金史二百十四
古
列傳 四五十

授靜難軍節度使尋改通遠軍節度使授山東西路軻可
必刺謀克仍遣謫諭諸郡焉是年冬蝦蟆與鞏州
元帥田瑞攻取會州蝦蟆率騎兵五百皆被赭衲敝州之
南山而下夏人瞷望之以為神城上有舉手柼懸風版者
蝦蟆射之手與版俱貫凡射死數百人夏人震恐乃出降
州叛詔陝西兩行省併力擊之蝦蟆率衆先登瑞撝鼙
蓋會州為夏人所據近十年至是復為正大初田瑞擾鞏
出為其弟濟所殺斬首五千餘級以功遷遷授知鳳翔府

事本路兵馬都總管元帥左都監兼行蘭會洮河元帥府
事六年九月蝦蟆進西馬二匹詔曰卿武藝超絕此馬可
充戰用朕乘此嘗能盡其力既入進即尚廄物也就以賜
卿仍賜金鼎一玉免髀一并所遣郭倫哥等物有羞天興
二年哀宗遷蔡州應孤城不能保擬遷蕈昌以粘葛完展
爲蕈昌行省三年春正月完展聞蔡已破欲安衆心城守
以待嗣立者乃遣人稱使者至自蔡有旨宣諭緩德州帥
兵圍之然懼蝦蟆塁乃遣使約蝦蟆併力破蕈昌詔事因以

列傳
〈金史二百四〉
三
沙又佝列

汪世顯者亦知蔡凶問且嫉完展制已欲發矯詔以
至蝦蟆謂之曰粘葛公奉詔爲行省號令轍敢不從全王
上受圍於蔡擬遷蕈昌國家危卷之際我軍既不能致死
赴援又不能叶衆奉迎乃欲攻粘葛公先歷還幸之地上
至何所歸乎波帥若欲背國家任自爲之何及於我世顯
即攻蕈昌破之翊殺完展送歇於
大元復遣使者二十餘輩論蝦蟆以禍福不從甲午春金
國已亡西州無不歸順者獨蝦蟆堅守孤城丙申歲冬十
月大兵併力攻之蝦蟆度不能支集州中所有金銀銅鐵
雜鑄爲砲以擊攻者殺牛馬以食戰士又自焚廬舍積薪
者衆乃命積薪於州厮呼集家人及城中將校妻女閉諸
曰無至資兵日與血戰而大兵亦不能卒拔又軍士死傷

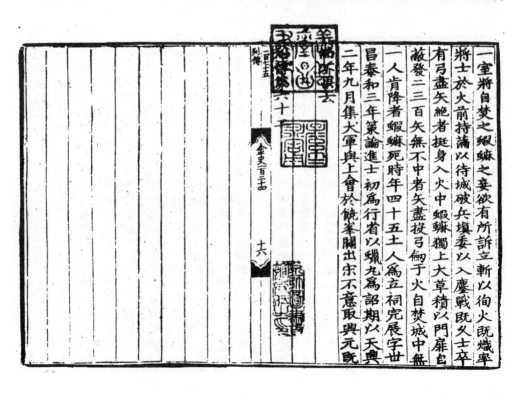

一室將自焚之蝦蟆之妾欲有所訴立斬以徇火既熾率
將士於火前持滿以待城破兵塡委以入塵戰既久士卒
有弓盡矢絕矢挺身入火中蝦蟆獨上大草積以門扉自
蔽發二三百矢無不中者矢盡投弓仞于火自焚城中無
一人肯降者蝦蟆死時年四十五士人爲立祠完展字世
昌泰和三年策論進士初爲行省以獼凡爲詔期以天興
二年九月集大軍與上會於饒峯關出宋不意取與元既

列傳
一百二十五
〈金史二百四〉
六十
十六

國史領修經筵都總裁……脫脫奉

勅修

文藝上

韓昉　蔡松年 子珪　吳激
馬定國　任詢　趙可
郭長倩　蕭永祺　胡礪
王競　楊伯仁　鄭子聃
党懷英

金初未有文字世祖以來漸立條教太祖既興得遼舊人
用之使介往復其言已文太宗繼統乃行選舉之法及伐
宋取汴經籍圖宋士多歸之熙宗款謁先聖北面如弟子
禮世宗章宗之世儒風丕變庠序日盛士繇科第位至宰
輔者接踵當時儒者雖無專門名家之學然而朝廷典策
鄰國書命藻然有可觀者矣金用武得國無以異於他而
一代制作能自樹立唐宋之間有非遼世所及以文而不
以武也傳曰言之不文行之不遠文治有補於人之家國
豈一日之效哉作文藝傳

韓昉字公美燕京人仕遼累世通顯昉五歲喪父哭泣能
盡哀天慶二年中進士第一補右拾遺轉史館修撰累遷

少府少監乾文閣待制加衛尉卿知制誥充高麗國信使
高麗雖舊通好天會四年奉表稱藩而不肯進昉表累使
要約皆不得要領而昉復至高麗移督再三高麗徵國中
讀書知古今者商榷辭旨使酬答專對比涉旬乃始置對
謂昉曰小國事遼宋二百年無昔表未嘗失藩臣禮今事
上國當與事遼宋同禮而屢盟長亂聖人所不與必不敢
用誓表昉曰貴國必欲用古禮舜五載一巡狩羣后四朝
周六年五服一朝又六年王乃時巡諸侯各朝于方岳今
天子方事西狩則貴國當從朝會矣高麗人無以對乃曰
徐議之昉曰誓表朝會一言決可於是高麗乃進誓表如
約昉乃還宗幹大說曰非卿誰能辦此因謂昉事者曰自
今出疆之使皆宜擇人明年加昉文館直學士兼堂後官
再加諫議大夫遷翰林侍講學士改禮部尚書遷翰林學
士兼太常卿修國史昉自天會十二年入禮部
在職凡七年當是時朝廷方議禮制度或因或革故昉在
禮部兼太常甚久云除濟南尹拜參知政事皇統四年表
乞致仕不許六年再表乞致仕乃除汴京留守封鄆國公
復請如初以儀同三司致仕天德初加開府儀同三司薨
年六十八昉性仁厚待物甚寬有家奴誣告昉以馬資送
叛人出境昉之無狀有司以奴還昉昉待之如初曰奴誣

主人以罪求爲良耳何足怪哉人稱其長者防雖貴讀書

永嘗去手善屬文最長於詔冊作太祖睿德神功碑當世

稱之自使高麗歸後高麗使者至必問防安否去

蔡松年字伯堅父靖宣和末守燕山府敗靖以燕山

撻懶文字宗望至白河郭藥師敗靖以燕山松年從父

府辟松年爲令史天會中遷宋舊有官者皆撻授松年爲

太子中允除真定府判官自此爲真定人嘗從元帥撻授松年爲

齊俱伐宋松年力爲辨論竟得不坐齊國慶置行臺尚書省

千餘家松年爲行臺刑部郎中都元帥宗弼領行臺事伐宋

松年兼總軍中六部事宋稱臣師選宗弼入爲左丞相薦

松年爲刑部貟外郎皇統七年尚書省令史許霖告田穀

黨事松年素與穀不相能是時宗弼當國穀性剛正好評

論人物其黨皆君子韓企先爲相愛重之而松年許霖構成穀

望之欲與穀相結穀拒之由是構怨故松年許霖構成穀

等罪狀勸宗弼誅之君子之黨廢焉是歲松年遷左司

外郎松年前在宗弼府而海陵以宗室子在宗弼軍中任

使用是相厚善天德初擢吏部侍郎俄遷戶部尚書海陵

遷中都徙權貨務以實都城復鈔引法皆自松年啓之海

陵謀伐宋以松年家世仕宋故丞擢顯位以聳南人觀聽

遂以松年爲賀宋旦使使還改吏部尚書尋拜參知政

事是年自崇德大夫進銀青光禄大夫遷尚書右丞未幾

爲左丞封鄭國公初海陵愛宋使人山呼聲使神衛軍習

之及孫道夫賀正隆三年正旦入見山呼聲不類往年來

者道夫退海陵謂宰臣曰宋人知我使神衛軍習其聲此

必蔡松年恐對曰臣若懷此心便當族

滅父蔡松年胡礪泄之松年皇恐對曰宋人知我使

年五十三海陵悼惜之奠于其第命作蔡文以見意加封

吳國公謚文簡起復其子三河主簿珪爲翰林修撰瑾賜

進士弟遣翰林待制蕭顗護送其喪歸葬真定四品以下

官離都城十里送之道路之費皆從官給松年事繼母以

孝聞喜周恤親黨性復豪俊不計家之有無文詞清麗尤

工樂府與吳激齊名時號吳蔡體有集行于世子珪

珪字正甫中進士弟不求調父乃除澄州軍事判官遷三

河主簿丁憂憂起復翰林修撰同知制誥在職八年改戶

部貟外郎兼太常丞珪號爲辨博凡朝廷制度損益皆爲

編類詳定檢討刪定官初兩燕王墓舊在中都東城外海

陵廣京城圍墓在東城內前嘗有盜發其墓大定九年詔

改葬於城外俗傳六國時燕王及太子丹之葬及啓壙

其東墓之枢題其柏曰燕靈王舊舊古柩字通用乃西漢

高祖子劉建葬也其西墓蓋燕王劉嘉之葬也珪作兩
燕王墓辯擾葬制名物款劉甚詳安國軍節度判官高元
鼎坐監臨姦事決撥於太常博士田居實大理司直具長
行吏部主事高震耳大理評事王元忠震耳以屬翰門官
御史臺典事李仲柔仲柔發之珪與刑部員外郎王脩宛
平主簿任詢前衛州防禦判官闇愁承事郎高復耳文林
郎翟詢敦武校尉王景晞進義校尉任師望坐與居實等
轉相詢教或令元鼎逃避居實行震耳元忠各杖八十
脩珪詢怒復耳翟詢各答四十景晞師望各徒二年官贖
外並的決久之除河東北路轉運副使復入為脩撰選禮
部郎中封真定縣男珪已得風疾失音不能言乃除濰州
刺史同輩已奏謝珪獨不能入見世宗以讓右丞唐括安
者乎又謂中丞劉仲誨曰蔡珪風疾不能奏謝卿等何不
斜之人言卿等相為黨蔽今果然邪珪乃致仕尋卒珪之
禮參政王蔚曰卿等閱書史亦有不能言之人可以從政
文有補正水經五篇合沈約蕭子顯魏收宋齊北魏志作
文集五十五卷補正水經晉陽志文集今存餘皆已
南北史志三十卷續金石遺文跋尾十卷晉陽志十二卷
吳激字彥高建州人父拭宋進士官終朝奉郎知蘇州激
米芾之壻也工詩能文字畫俊逸得芾筆意尤精樂府造

語濟婉哀而不傷將命至金以知名留不遣命為翰林
待制皇統二年出知深州到官三日卒詔賜其子錢百萬
粟三百斛田三頃以周其家有東山集十卷行于世東山
其自號也
馬定國字子卿茌平人自少志趣不群宣政末題詩酒家
壁坐譏訕得罪亦因以知名阜昌初遊歷下以詩撼齊王
豫豫大悅授監察御史仕至翰林學士石鼓自唐以來無
定論定國以字畫考之云是宇文周時所造作辯萬餘言
出入傳記引據甚明學者以比蔡正甫燕王墓辯初學詩
未有入處夢其父與方寸白筆從是文章大進有集傳于
世
任詢字君謨易州軍市人父貴有才幹善畫喜談兵宣政
間游江浙詢生於虔州為人慷慨多大節書畫為當時第一
畫亦入妙品評者謂畫高於書書高於詩詩高於文然王
庭筠獨以其才具許之登正隆二年進士歷益都都勾
判官北京鹽使年六十四致仕優遊鄉里家藏法書名畫
數百軸年七十卒
趙可宇獻之高平人貞元二年進士仕至翰林直學士博
學高才卓犖不羈天德貞元間有辭場屢後入翰林一時
詔誥多出其手流輩服其典雅其歌詩樂府九工號玉峰

郭長倩字要卿文登人登皇統丙寅經義乙科仕至秘書
少監兼禮部郎中修起居注典施朋望王無競劉嵒老劉
無黨相友善所撰石決明傳為時輩所稱有崑崙集行于
世

蕭永棋字景純本名蒲烈少好學通契丹大小字廣寧尹
耶律固奉詔譯書辟置門下因盡傳其業固卒永祺率門
弟子服齊衰回作遷史未成永祺繼之作紀三十卷志
五卷傳四十卷上之加宣武將軍除太常丞海陵為中京
留守永祺特見親禮天德初權左諫議大夫遷翰林侍講

學士同修國史再遷翰林學士明年遷承宣尚書左丞耶
德安禮出守南京海陵欲以永祺代之名見于內閣論以
盲意永祺辭曰臣材識甲下不足以厚職政海陵曰今天
下無事朕方以文治卿為優矣永祺固辭既出或問曰
公遇知人主進取爵位以道佐時何多讓也永祺嘗選廷十
擊天下休戚繼欲貪冒榮寵如著生何海陵嘗選廷十
人備諮訪獨永祺議論寬厚時稱長者卒年五十七

胡礪字元化磁州武安人少嗜學天會間大軍下河北礪
為軍士所掠行至燕亡匿香山寺與備厥處韓昉見而
異之使賦詩以見志礪操筆立成思致清婉昉喜甚因館

卷六十三　　金史卷一百二五　　七　　黑十六

置門下使與其子處同教育之自是學業日進昉嘗謂人
曰胡生才器也他日必將名世十年舉進士第一
授右拾遺權翰林修撰久之改定州觀察判官定之學校
為河朔冠士子驟居者常以百數礪督教不倦經指授者
悉為場屋上游稱其程文為元化格皇統初為河北西路
轉運都勾判官礪性剛直無所屈行臺平章政事高禎
深州軍州事加朝奉大夫郡守暴戾蔑視僚屬礪以禮
禮絕百僚今日之會自有賓主禎曰汝他日為省吏當
汴道真定燕于漕司礪欲就坐禎責之礪曰公在政府則
何如礪曰當官而行亦何所避禎壯其言改謝之改同知
何女礪曰盜賊之多正坐此輩亦何所避其言改謝之
貧如此何備為是夕令公署撤關竟亦無事再補翰林修
撰遷禮部郎中一時典禮多所裁定海陵拜平章政事學士
官賀於廟堂礪獨不晚海陵問其故礪以令對且曰朝服
而晚見君父禮也海陵泝器重之天德初再遷侍講學士
同修國史以世憂去官起復為宋國歲元副使刑部侍郎
曰彥恭為使海陵謂礪曰彥恭官在卿下以其舊勞故使

列傳六十三　　金史卷一百二五　　黑十六

卿副之遷翰林學士改刑部尚書扈從至汴得疾海陵數
遣使臨問卒深悼惜之年五十五

王競字無競彰德人警敏好學年十七以廕補官宋宣和
中太學兩試合格調屯留主簿入國朝除大寧令歷寶勝
睢管轉河內令時歲饑盜起競設方略以購賊不數月盡
得之夏秋之交沁水泛溢歲費幾半縣民為之
兩人半蓋以前政韓希甫與競相繼治縣皆有幹能絳州
正平令張元亦有治績而差不及故云然天眷元年轉固
安令皇統初參政韓昉薦之召權應奉翰林文字兼太常
博士詔作金源郡王完顏婁室墓碑競以行狀盡其實乃
請國史刊正之時人以為法二年試館閣競文居最遂為
真遷尚書禮部員外郎時海陵當國政由己出欲令百官
避遼尚授遼故事親王用紫羅傘金事下禮部競與中書
封王欲授遼故事親王用紫羅傘金事下禮部競與中書
永固明言其非是事竟不行海陵由是重之大德初轉翰
林待制遷翰林直學士改禮部侍郎還翰林侍講學士改
太常卿同修國史權禮部尚書兼修國史如故大定二年
春從太傅張浩朝京師詔復為禮部尚書兼歲奉遷慶宗
山陵儀注不應典禮競削官兩階詔改劂五龍車兼翰林

學士承旨修國史四年卒官競博學而能文善草隸書工
大字兩都宮殿牓題皆競所書士林推為第一云

楊伯仁字安道伯雄之弟也天性孝友讀書一過成誦登
皇統九年進士第事親不求調天德二年除應奉翰林文
字初名伯英避太子光英諱改名海陵嘗夜召賦詩傳曰
趣獲烏詩以諷丁父憂起復賜金帶襲衣及賜白金伯仁
獻歌烏詩以諷丁父憂起復賜金帶襲衣及賜白金伯仁
母歿左拾遺進士呂忠翰廷試已在第一未唱名海陵曰
忠翰程文示伯仁自以知忠翰姓名在第一遂宿諫省
此令試狀元也伯仁問其優劣伯仁對曰當在優等海陵曰
俟唱名乃出海陵嘉其慎密轉翰林修撰孟獻慤解第弟
一伯仁讀其程文稱之此人當成大名是歲宗獻府試
試廷試皆第一號孟四元時論以為知文故事狀元官從
七品階承務郎世宗以宗獻異等從六品階授起居
大夫改著作郎居母喪服除調鎮西節度副使入為直
注兼左拾遺上書論時務六事改大名少尹郡中豪民横
恣甚莫可制民受其害伯仁窮竟黨四境帖然讒館陶
大辟得其寬狀館陶人為立祠府尹荊王文坐賊削封降
德州防禦使同知裝滿子寧及伯仁判官謝奴皆以不能
匡正解職伯仁降南京留守判官改同知安化軍節度使

到官三日召為太子右諭德兼侍御史改翰林待制復兼
右諭德除濱州刺史郡俗有遺奴出之捕之以規賞者伯
仁至責其主而杖殺其奴如是者數輩其弊遂止入為左
諫議大夫兼禮部侍郎翰林直學士故事諫官侍郎直學士如故鄭子
聨卒宰相舉伯仁代之其次未見能文者呂忠翰
聨中上閔其勞特免入直改吏部侍郎直學士如故鄭子
草降海陵庶人詔點竄再四終不能盡朕意状元雖以詞
張景仁鄭子聨今則伯仁而已
賦甲天下至於辭命未必皆能凡進士可令補外考其能
至臨潢池寒因感疾還中都明年上還幸中都遣使勞問
可修起居注者數人上以伯仁領之從
文者召用之不數月兼左諫議大夫兼太常卿大臣舉

賜以丹劑是歲卒
鄭子聨字景純大定府人父宏遷金源令二子京子聨
楊立行曾謂人曰金源二子鳳毛也小者九特達後必名
世子聨及冠有能賦聲天德三年立行
率延試明日海陵以子聨程文示立行對曰可入甲乙及
折卷果中第一甲第三人調冀城丞遷贊皇令召為書畫
直長子聨頗以才望自負常慊不得為第一甲第一人正

隆二年會試畢海陵以第一人程文問子聨子聨少之海
陵問作賦何如對曰甚易因自矜且謂他人莫已若也海
陵不悅乃使子聨與翰林修撰蒲察楊伯仁宣徽判官張
汝霖應奉翰林文字李希顏同進士雜試七月癸未海陵
御寶昌門臨軒觀試以不貴異物民乃足為論題上謂讀卷官蒲察永固曰
孝子為詩題憂國如飢渴為論題廳戒臣下
朕出賦題能言之或能行之未可知也詩論題廳戒臣下
陵奇之之頃進官三階除翰林修撰改侍御史京畿縣詔
丁亥御便殿親覽試卷中第者七十三人子聨果未海陵
子聨決囚遂澍雨人以比顏真卿遷待制兼吏部郎中改

祕書少監遷翰林直學士兼太子左諭德顯宗深器重之
以疾求補外遂為沂州防禦使皇太子幣賵甚厚命以安
與之官召還為左諫議大夫兼直學士改吏部侍郎同修
國史直學士如故遷侍講兼修國史上曰修海陵實錄知
其詳無如子聨者蓋以史事專責之也二十年卒年五十
五子聨英俊有直氣其為文亦然平生所著詩文二千餘
篇
党懷英字世傑故宋太尉進十一代孫馮翊人父純睦泰
安軍錄事參軍卒官妻子不能歸因家焉應舉不得意遂
朕略世務放浪山水間單飄屢空晏如也大定十年中進

士弟調莒州軍事判官累除汝陰縣尹國史院編修官應

奉翰林文字翰林待制兼同修國史懷英能屬文工篆籀

當時稱為第一摩字者宗之大定二十九年與鳳翔府治中

郝俣充遼史刊修官應奉翰林文字移剌渢等七人

為編修官凡民間遼時碑銘墓誌及諸家文集或記憶遼

舊事悉上送官是時章宗初即位好尚文辭旁求文學之

士以備侍從謂宰臣曰翰林闕人如之何張汝霖奏曰郝

俣能屬文官業亦佳上曰近日制詔惟党懷英最善移剌

履進士擢第後止習吏事更不復讀書近日始知為

學矣上曰今時進士甚滅裂唐書中事亦多不知朕殊不

喜上謂宰臣曰郝俣賦詩頗佳舊時劉迎能之事曼不及

也明昌元年懷英再遷國子祭酒二年遷侍講學士明年

議開邊防濠塹懷英等十六人請罷其役詔從之遷翰林

學士六年有事于南郊攝中書侍郎讀祝冊上曰讀冊至

朕名聲微少雖曰尊君然在郊廟禮非所宜當平讀之承

安二年乞致仕改泰寧軍節度使明年召為翰林學士承

官有改除者以書自隨久之致仕大安三年卒年七十八

諡文獻懷英致仕後章宗詔直學士陳大任繼成遼史云

列傳第六十三

劾修

文藝下

趙渢　周昂　王庭筠
　　劉昂　劉從益
李經　王鬱
呂中孚（興建附李純甫）
宋九嘉　龐鑄
　　李獻能
王若虛　王元節
李汾　　麻九疇
元德明子好問

〈金史百二十六卷〉一

趙渢字文孺東平人大定二十二年進士仕至禮部郎中
性沖澹學道有所得尤工書自號黃山趙東文渢之正
書體兼顏蘇行草備諸家體其超放又佀楊凝式當勗蘇
黃伯仲間党懷英小篆李陽冰以來鮮有及者時人以渢
配之號曰党趙有黃山集行於世

周昂字德卿真定人父伯祿字天錫大定進士仕至同知
沁南軍節度使昂年二十四權第調南和簿有異政遷良
鄉令入拜監察御史路鐸以言事被斥昂送以詩語涉謗
訕坐停銓久之起爲龍州都軍以邊功復召爲三司官大
安兵興權行六部員外郎其甥王若虛嘗學於昂昂教之

日文章工於外而拙於內者可以爲四遶而不可以適獨
坐可以取口辯而不可以得首肯又云文章以意爲主以
言語爲役主強而役弱則無令不從今人性佷驕其所役
至跋扈難制甚者反役其主雖極辭語之工而益文之正
哉昂孝友喜名節學術醇正文筆高雅諸儒皆師尊之旣
歷臺省爲人所擠竟坐詩得罪謫東海上十數年始入翰
林言事愈切出佐三司非所好從宗室承裕軍承裕失利
跳走上谷衆欲徑歸昂獨不從城陷與其從子嗣明同死
於難嗣明字晦之

〈金史百二十六卷〉二

王庭筠字子端河東人生未期視書識十七字七歲學詩
十一歲賦全題稍長涿郡王翛一見期以國士登大定十
六年進士第調恩州軍事判官臨政即有聲郡民鄉四者
謀爲不軌事覺逮捕千餘人而鄰四竄匿不能得朝廷遣
大理司直王仲軻治其獄庭筠以計獲鄉四分別誣坐
預謀者十二人而巳再調館陶主簿明昌元年三月章宗
諭旨學士院曰王庭筠所試文句太長朕不喜此亦恐四
方傚之又謂平章汝霖曰王庭筠文藝頗佳然語句不
健其人才高亦不難改也四月召庭筠試館職中選御史
臺言庭筠在館嘗犯贓罪不當以館閣處之遂罷乃卜
居彰德買田隆慮讀書黃華山寺因以自號是年十二月

上因語及學士歎其之材參政守貞曰王庭筠其人也三
年召為應奉翰林文字命與秘書郎張汝方品第法書名
畫遂分入品者為五百五十卷五年八月上顧謂宰執曰
應奉王庭筠朕欲以詔誥委之其人才亦豈易得近黨懷
英作行止為儆大抵讀書人多口頰或相當昔東漢之士
顧以行止為儒者而互相排毀何耶遂遷一官
與筐官分朋固無足恠如唐牛僧孺李德裕宋司馬光王
安石均為儒者而互相排毀何耶遂遷庭筠為翰林修撰

列傳六十四　金史二百二六　三　庚子記

在秉文傳二年降授鄭州防禦判官四年起為應奉翰林
承安元年正月坐趙秉文上書事削一官詔以赦前事削
餘戫八十萬以給喪事求生平詩文藏之秘閣又以御製
詩賜其家其引云王遵古朕之故人也乃子庭筠復以才
選直禁林者首尾十年今茲雲亡玉堂東觀無復斯人矣
庭筠儀觀秀偉善談笑外若簡貴人初不敢與接既見和
氣溢於顏間殷勤慰藉如恐不及少有可取極口稱道他
日雖百負不恨也從游者如韓溫甫路元亨張進卿李公
人許之為文能道所欲言暮年詩律深嚴七言長篇尤工

文字泰和元年復為翰林修撰扈從秋山應制賦詩三十
餘首上甚嘉之明年卒年四十有七上素知其貧詔有司

險韻有藏辦十卷文集四十卷書法學米元章與趙渢趙
秉文俱以名家庭筠尤善山水墨竹云子曼慶亦能詩并
書仕至行省右司郎中自號鄧漪游云
劉昂字之昂興州人大定十九年進士嘗舉高第而下七世登
科昂天資警悟律賦自成一家作詩得晚唐體尤工絕句
李純甫敘其外傳云昂早得仕年三十三為尚書省令史調
平涼路轉運副使時術者言其業擢為左司郎中會掌書大丞
章宗慶去職連蹇十年卜居洛陽有終焉之志有薦其才於
母慶鉉

列傳六十四　金史二百二六　四　庚子記

與賈鉉編言除授事為言者所劾獄辭連昂章宗震怒一
政昂降上京留守判官道卒竟如術者之言
時聞人如史蕭李菴著王宇宗室從郁皆讒逐之鉉亦罷
政昂
李經字天英歸州人作詩極刻苦喜出奇語不蹈襲前人
李純甫見其詩曰真季世太白也由是名大震再舉不第
佛衣去南渡後其詩不知所終
劉從益字雲卿渾源人其高祖橋天會元年詞賦進士子
孫多由科第入仕從益登大安元年進士第東官監察御
史坐與當路辯曲直得眚去父之起為葉縣令修學勵俗
有古良吏風葉自兵興戶減三之一田不毛者萬七千畝

英筆也朝議以武功就命俸其州後不知所終

22-1171

有奇其歲入七萬石如故從益讀於大司農為減一萬民
甚頓之流亡歸者四千餘家未幾被召百姓詣尚書省乞
留不聽入攃應奉翰林文字踰月以疾卒年四十四葉人
聞越以端午罷酒為位而哭且立石頌德以致哀思從益
博學強記精於經學為文章長於詩五言尤工有逢門集
翰林文字以老請致仕章宗愛其純素不欲令去授同知
子祁字子京為太學生甚有文名值金末喪亂作歸潛志
以純金事修金史多採用焉
呂中孚字信臣冀州南宮人張建字吾用蒲城人皆有詩
名中孚有清漳集建明昌初授絳州教官召為宮教應奉
李純甫字之純弘州襄陰人祖安上皆魁西京進士父來
卒於益都府治中純甫幼穎悟異常初業詞賦及讀左氏
春秋大愛之遂更為經義舉擢承安二年經義進士為文
法莊周列禦寇左氏戰國策後進多員上奇之文喜談兵慨然
有經世心章宗南征兩上疏策其必敗以毋老
後多如所料牢執愛其文薦入翰林及
大元兵起又上疏論時事不報宣宗遷汴冊入翰林時承
相高琪擅威福柄擢為左司都事純甫審其必敗以毋老
辭去既而高琪誅復入翰林連知貢舉正大末坐取人踰

新格出倅坊州未赴改京兆府判官卒於汴年四十七純
甫為人聰敏少自貢其材謂功名可俯拾作矮柏賦以諸
葛孔明王景略自期由小官上萬言書授宋為證甚切當
路者以迂闊見柳中年度其道不行益縱酒自放無仕進
意得官未成考旋即歸隱日與禪僧士子游以酒自放事
嘯歌祖楊出禮法外或欲數月不醒人有酒見招不擇貴
賤必往往輒醉錐沉醉亦未嘗廢著書然晚年喜內藻探
其興義自類其文凡論性理又關佛老二家者自號中庸集
餘應物文字外意棻又解榜嚴金剛經老子莊子中庸集
解鳴道集解號中國心學西方父教數十萬言以故為名
教攸貶云
王鬱字飛伯大興人儀狀魁奇目光如饜少居釣臺開門
讀書不接人事父之為文法柳宗元關肆奇古勳輒數千
言歌詩俊逸放李白自敘以自當作王子小傳以自興元汴
京被圍上書言事不報四月圍稍解挺身突出為兵士所
得其將遇之甚厚鬱經行無機防為其下所忌救臨終
懷中出書昌是吾平生著述可傳付中州士大夫曰王鬱
死矣年三十餘歲同時以詩鳴者雷琯侯冊王元粹六
宋九嘉字飛卿夔津人為人剛直豪邁少遊太學有能賦
聲長從李純甫讀書為文有諸氣與雷淵李經相伯仲中

至寧元年進士第歷藍田高陵扶風三水四縣令咸以能
補入為翰林應奉正大中以疾夫沒于癸巳之難
龐鑄字才卿遼東人少擢第仕有聲南渡後為翰林待制
遷戶部侍郎坐游貴戚家出倅東平改京兆路轉運使卒
博學能文工詩造語奇健不九世多傳之
李獻能字欽叔河中人先世有為金吾衛上將軍者時號
李金吾家迫獻能昆弟皆以文學名從兄獻誠從弟
李獻甫相繼擢第故李氏有四桂堂獻能苦學博覽於文尤
長於四六貞祐三年特賜詞賦進士廷試第一人宏詞優
等授應奉翰林文字在翰苑凡十年出為廊州觀察判官
充河中帥府經歷官
用薦者復為應奉俄遷修撰正大末以鎮南軍節度副使
大元兵破河中奔陝州行省以權左右司郎中值趙三三
軍變遇害年四十三獻能為人眇小而墨色頗有鬚善談
論每歎說今古聲鏗亮可聽作詩有志於風雅又刻意樂
章在翰院應機敏捷號得體趙秉文李純甫嘗曰李獻能
天生一世翰林材故每薦之不令出館家故饒財盡於貞
祐之亂在京師無以自資其母素豪奢厚於自奉小不如
意則必詬讓人視之殆不堪變獻能處之自若也時人以
純孝稱之嘗謂人云吾幼養官至五品壽不至五十後竟

如其言
王若虛字從之藁城人也幼穎悟若風昔在文字間者擢
承安二年經義進士調鄜州錄事歷管城門山二縣令皆
有惠政遷應奉翰林文字奉使夏國還授同知泗州軍州事
脩官遷應奉翰林文字奉使夏國還授同知泗州軍州事
未幾召為著作佐郎正大初章宗實錄成遷平涼府判官
留為著作佐郎正大初章宗實錄成遷平涼府判官
哀宗走歸德明年春召若虛為文時奕輩恃勢作威人或少
崔立以尚書省命召若虛為文時奕輩恃勢作威人或少
忤則讒構立見屠滅若虛自分必死私謂左司員外郎
元好問曰今召我作碑不從則死作之則名節掃地不若
死之為愈雖然我姑以理論之乃謂奕輩曰丞相以京城降活生靈百萬非
當指何事為言奕輩怒曰丞相以京城降活生靈百萬非
功德乎學士代王言功德碑謂之代王言可乎且丞相
既以城降則朝官皆出其門自古豈有門下人為主帥誦
功德而可信乎後世哉奕輩不能奪乃召太學生劉祁麻
革輩赴省好問張信之喻以立碑事曰眾議屬二君且已
白鄭王矣二君其無讓祁等固辭而別數日促迫不已祁
即為草定以付好問好問意未愜乃自為之既成以示若
虛乃共刪定數字然止直叙其事而已後兵入城不果立

忙金亡微服北歸鎮陽與渾源劉郁東游泰山至黃峴峰
憩華美亭顧謂同游曰泪没塵土中一生不遇晚年乃造
仙府誠得然此山志願畢矣乃令子忠先歸道子怨前
行視夷險因垂足坐大石上良父瞑目而逝年七十餘著
文章號懶夫集若干卷濟南遺老若干卷傳於世
王元節字子元弘州人也祖山甫遼戶部侍郎父詡謹渾
源劉撝變其才俊以女妻之途傳其賦學登天德三年詞
賦進士第雅尚氣節不能隨時俯仰故仕不顯又遷密州
觀察判官既罷即逍遙鄉里以詩酒自娱號曰逍齋年五

金史二百二十六卷　九　列傳

十餘卒有詩集行於世弟元德亦第進士有能名於時終
南京路提刑使孫國綱字正之業儒術尤長史事為人端
重樂易或有忤者畧不與校亦未嘗形于怒色大安三年
試補尚書吏部掾未幾轉御史臺宣宗聞其材幹與
定三年特召為近侍奉職承應甚見寵遇勤留凡三考出
同知申州事無何召為筆硯直長擢監察御史秩滿勑
留再任盡知其材器故也開興元年關陝完顏總帥屯河
中府與
大元軍戰敗續哀宗道國綱乗上廄馬經詣河中問敗軍
之由還至中途值

大兵見殺時年四十四
麻九疇字知幾易州人三歲識字七歲能草書作大字有
又數尺者一時目為神童章宗召見閉汝入宮殿中亦懼
怯否對曰君臣父子也子寧懼父耶上大奇之弱冠入太
學有文名南渡後寓居鄢蔡間入遂平西山始以古學自
力博通五經於易春秋為尤長興定末試開封府詞賦第
二經義第一再試南省復然聲譽大振雖婦人小兒皆知
其名又廷試以誤出士論惜之已而隱居不為科舉計正
大初門人王說王来苓俱中第上以其年幼怪而問之乃
知掌師九疇平章政事侯摯辟掌國林學士趙秉文連章薦之

金史二百二十六卷　十　列傳六十四

特賜盧亞牓進士第以病未拜官告歸再授太常寺太祝
權博士俄遷應奉翰林文字九疇性資野逸高褰自便與
人交一語不相入則邈去不返顧自度終不能與世合頃
之復謝病去居鄢城天興元年
大元兵入河南望家走礒山為兵士所得驅至廣平病死
年五十九疇初因經義學易後喜邵堯夫皇極書因學筭
數又喜卜筮射覆之術晚更喜醫與名監張子和游盡傳
其學且為潤色其所著書為文精密奇健詩尤工緻後以
避諱忌持戒不作明昌以來稱神童者五人大原常添壽
四歲能作詩劉涤劉微張漢臣後皆無稱獨知幾能自樹

立名舊如趙秉文以微君目之而不名

李汾字長源太原平晉人為人尚氣跌宕不羈性褊躁觸
之輒怒以是多為人所惡喜讀史工詩雄健有法避亂入
關京兆尹子容愛其材招致門下留二年去之涇州調在
丞張行信一見即以上客禮之元光間游大梁舉進士不
中用薦為史館書寫官寫抄書特抄書寫錄潔本呈翰表進
錄纂述既定以書授書寫官長為之
隙紛在旁正襟危坐學太史公左丘明一篇或數百言音
殊不自聊時趙秉文為學士雷淵李獻能皆在院刊修之
吐洪暢旁若無人既罷顧四坐漫為一語云看秉筆諸人

積不平而雷李尤切齒乃以譖寫管長訟于有司然時論
亦有不直雷杰者事龍入關明年來京師上書言事不
合去客鄧間恒山公武仙署行尚書省議官既而仙
奧參如政事完顏思烈相異同頌謀之鎮養馬平絕欲除
之汾覺通泌陽仙令總帥王德追獲之鎖養馬平絕欲除
死年末四十汾平生詩甚多不自收集世所傳者十二三
而已

元德明系出拓拔魏太原秀容人之自幼嗜讀書口不言
俗鄙事樂易無畦畛布衣蔬食奧之自若家人不敢以生
產累之累舉不第放浪山水間飲酒賦詩以自適年四十

八卒有東嵓集三卷子好問最知名好問字裕之七歲能
詩年十有四從陵川郝晉卿學不事業湛貫經傳百家
六年而業成下太行渡大河為其山琴臺等詩禮部趙秉
文見之以為近代無此作也於是名震京師中興定五年
第歷內鄉令正大中為南陽令天興初擢尚書省掾頃之
除左司都事轉行尚書省左司貞外郎金亡不仕為文有
繩尺備眾體而絕雕劌劂綺麗五言高
古沈鬱七言樂府不用古題特出新意歌謠慷慨挾幽并
之氣其長句愉揚新聲以爲恩怨者又數百篇兵後故
老皆盡好問蔚為一代宗工四方碑板銘志盡趣其門其
所著文章詩若干卷杜詩學一卷東坡詩雅三卷錦機一
卷詩文自警十卷晚年尤以著作自任以金源氏有天下
典章法度幾及漢唐國亡史作尚所當任時金國實錄在
順天張萬戶家乃言於張願為撰述既而為樂夔所沮而
止好問曰不可令一代之迹泯而不傳乃搆亭於家著述
其上因名曰野史九金源君臣遺言往行采摭所聞有所
得輒以寸紙細字為記錄至百餘萬言今所傳者有中州
集及壬辰雜編若干卷年六十八卒纂修金史多本其所
著云

贊曰韓昉其激楚材而晉用之亦足為一代之文矣纂鑫

馬定國之該博胡礪楊伯仁之敏贍鄭子聃麻九疇之英

偉王競翼宋九嘉之遒往三李卓犖純甫知道汾任氣獻能

尤以純萃見稱王庭筠黨懷英元好問自兄知名異代王

競劉從益王若虛之吏治文不掩其所長蔡松年杜文藝

中爵位之最重者進金人言利興嶽獄殺田猷文不能掩

其所短者歟事繼毋有至行其砲家無餘貲有足取云

開府儀同三司上柱國錄軍國重事前中書右丞相監修國史領經筵都總裁　脫脫　奉

勅修

孝友

溫迪罕斡魯補　陳顏　劉瑜
孟興　王震　劉政

孝友者人之至行也而恒性存焉有子者欲其孝有弟者
欲其友豈非人之恒情乎為子而孝為弟而友又豈非人
之恒性乎以人之恒情責人之恒性而不副所欲者恒有
為有竭力於是豈非難乎天生五穀以養人五穀之有恒
性也服田力穡以望有秋農夫之有恒情也五穀熟人民
育豈異事乎然以唐虞之世黎民阻飢不免以命稷百姓
不親五品不遜不免以命契以是知順成之不可必猶孝
友之不易得也是故有年大有年以興書於聖人之經孝
友以至行傳於歷代之史冊者僅六人為作孝友傳
政孝弟力田自漢以來有其科章宗嘗言孝義之人素行
已備雖有希覬猶不失為行善歷我世宗章武二帝王之薦訓
世孝友見於旌表載於史冊者十五人
溫迪罕斡魯補西北路宋葛斜斡渾猛安人年十五居父
喪不飲酒食肉廬于墓側母疾割股肉療之疾愈詔以為

護衛
陳顏衛州汲縣人世業農父光宋季擢武舉第調壽陽尉
未赴值金兵取汴光病圍城中顏艱關渡河徃省其父因
扶疾北歸光家奴謀良不可誑告光與賊殺人光繫獄榜
掠不勝因自誣服顏詣郡以其狀白帥曰此真孝子也遂併釋之天
決適師臣至郡以代父死太守徐其哀之不敢
會七年詔旌表其門閭
劉瑜棣州人家貧甚母喪不能具葬乃質其子以給喪事
明昌三年詔賜栗帛復其終身
孟興蚤喪父事母孝謹母沒喪葬盡禮事兄如事其父明
昌三年詔賜帛十四粟二十石
王震寧海州文登縣人為進士學母患風疾割股肉雜飲
食中疾遂愈母沒哀泣過禮目生瞖服除日不瘳而愈皆
以為孝感所致特賜同進士出身詔尚書省擬注職任
劉政滄州人性篤孝母老喪明政每以舌舐之母目逾旬母
能視物母疾晝夜侍側衣不解帶割股肉啖之者再三母
死負土起墳鄉鄰欲佐其勞政謝之葬之日飛鳥哀鳴翔
集立木間廬於墓側者三年防禦使以聞除太子掌飲丞

隱逸

褚承亮　王去非　趙質

杜時昇　薛繼先
郝天挺
高仲振　張潛
宋可　辛愿
王汝梅
王予可

傳

孔子稱逸民伯夷叔齊虞仲夷逸朱張柳下惠少連其立心造
行之異同各有所稱謂柳下惠則又嘗仕於當世者也
長沮桀溺之徒則無所取焉爲後世凡隱遯之士其名皆列
於史傳何歟蓋古之仕者其志將以行道其爲貧而仕下
列者猶必先事而後食爲後世干祿者多其先人尚人之
志與默老嗟甲之心能去是者鮮矣故君子於士之遠引
高蹈者特稱述之廉開其風猶足以立懦廉頑也作隱逸
傳

諸承亮字茂先真定人宋蘇軾自定武謫官過真定承亮
以文謁之大爲稱賞宣和五年秋應鄉試同試者八百人
承亮爲第一明年登弟調易州户曹未赴會金兵南下天
會六年斡離不既破真定拘籍境內進士試安國寺承亮
名亦在籍中匿而不出軍中知其才嚴令押赴與諸生對
策闕上皇無道少帝失信興人秋風貞極口詆數承亮
諸生文劉侍中曰君父之難豈臣子所得言耶長揖而出
劉爲之動容徐恣放第凡七十二人遂號七十二賢榜狀
元許必仕爲郎官一日出左掖門墮焉菌中闇石砌餘皆

縣有聲
十終門人私諡曰玄員先生子席珍正隆二年進士官州
無顯者劉多承亮之譚鷗知棄城縣漫應之即棄去年七

王去非字廣道平陰人嘗就舉不得意即屏去督襄夢薪
纖以給伏臘家居教授束修有餘輒分惠人弟子班坋資
不能朝夕一女及筓去非家去非壞嬬室使喪南出遂
出西典北皆人居南則去非家去非壞嬬室…
得葬焉大定二十四年卒年八十四

趙質字景道遼相思溫之齋大進士不弟隱居燕
城南教授爲業明昌間章宗遊春水過焉聞絃誦聲其
蔡畬見壁閒所題詩諷詠父之賞其志趣不凡忍至行殿
命之官圖辭曰臣僻性野逸志在長林豐草金鑣玉絡非
所願也況聖明在上可不容業由爲外臣乎上益奇之賜
田畝千後之終身泰和二年卒年八十五

杜時昇字進之霸州信安人博學知天文不肯仕進承安
泰和閒宰相數薦時昇可大用時昇謂所親曰吾觀正此
赤氣如血東西亘天天下當大亂亂而南北當合爲一消
息盈虛循環無端察往者來執能違之是時風俗偸靡紀
綱大壞世宗之業遠衰時昇乃南渡河隱居嵩洛山中從
學者甚衆大抵以伊洛之學教人自時昇始正大閒

大元兵攻潼關拒守甚堅衆皆相賀時昇曰大兵皆在秦
鞏聞若假道於宋出襄漢入宛葉鐵騎長驅勢如風雨無
高山大川為之阻土崩之勢也頃之
大元兵果自饒峰開涉襄陽出南陽金人敗績于三峯山
沐京不守皆如時昇所料云正大末卒
郝天挺字晉卿澤州陵川人早衰多疾厭於科舉遂不復
充賦為功六經百家分碎緝綴或篇章句讀不之知幸而得
售為好問嘗從學進士業天挺曰今人賦學以速
之不免為庸人又曰讀書不為藝文選官不為利養唯通
人能之又曰今之仕多以貪敗皆苦飢寒不能自持耳史
夫不耐飢寒一事不可為子以吾言求之科舉在其中矣
或曰以此學進士無乃戾乎天挺曰正欲渠不為舉子爾
貞祐中居河南往來淇衞間為人有崔岸耿耿自信寧路
魄困窮終不一至豪富之門年五十終于舞陽
薛繼先字曼卿南渡後隱居洛西山中課童子讀書童母
孝興人交謙遜就方叔所居化之子純孝字方叔有父風有
不知其為曼卿而以為方叔也而與之書曼卿如所取付
之監察御史石珤行部過曼卿曼卿不之見或言君何無
卿曲情曼卿曰君未之思耳凡今時政未必皆著御史一

有所劫將謂自我發之同惡相庇他日弁鄰里必有受禍
者其畏甚皆此類壬辰之亂病沒宜陽
高仲振字正之遼東人嘗開封鎮兵仲振依之以居
既而以家業付其兄翌妻子入嵩山博極羣書尤深易皇
極經世學安貧自樂不入城市山野小人亦知敬之嘗與
其弟子張潛王汝梅行山谷間人罕之翻然如仙或自仲
振嘗遇異人教以養生術嘗終日燕坐骨蔓晨有聲所
談皆世外事有扣之者輒不復語云
張潛字仲升武清人幼有志節慕荊軻罪政為人年三十
始折節讀書時高其行誼曰張古人後客松山從仲
振受易年五十始娶曾山孫氏亦有賢夫婦相敬如賓
貧新拾穗行歌自得不知其貧也鄰里有為潛種瓜者及
熟讓潛潛弗許竟分而食之嘗行道中拾一斧夫婦計度
移時乃持歸訪其主還之里有兄弟分財者其弟曰我家
如此獨不畏張先生耶遂如初天興間潛挈家避兵少
室乃不食七日死孫氏亦投絕澗死焉
王汝梅字大用大名人始由律學為伊陽簿秩滿遂隱居
不仕性嗜書動有禮法生徒以法經就學者兼授以經學
諸生服其教無敢為非義者同業嘗憫其貧時周之皆謝
不受後不知所終

宋可字予之武陟人其姑適大族棄氏貞祐之兵夫及子
皆死於難姑以白金五十兩遺可可受不辭其後姑得棄
氏赓族立為契之省外家可乃置酒會鄉鄰謂姑曰姑
往時遺可以金可以棄氏無子故受之今有子矣此金棄
氏物也可何以名取之因呼妻子晜金歸之鄉里舊有
競勸之往可皆謝不從曰吾有子無子與吾晜兒死生皆有
其子使人招之曰從我者禍福共之不然汝子死矣親舊
是重之未幾北兵駐山陽軍中有聞可名者訪知所在質
命為蓋以一子故併平生所守者亡之後竟以無子

辛應字敬之福昌人年二十五始知讀書取白氏諷諫集
自試一日便能背誦乃聚書環堵中讀之至書伊訓詩河
廣頗若有所省欲罷不能因更致力焉由是博極書史作
文有繩尺詩律精嚴有自得之趣性野逸不修威儀賞人
延家麻衣草屩足脛亦露坦然於其間劇談豪飲傍若無
人嘗謂王檝曰王侯將相世所共嗜者聖人有以得之亦
不避得之不以道與夫居之不能行已之其志聖人有以得之亦
而伏於廁也是難與他人道子宜保之其志趣如此後為
河南府治中高廷玉客廷玉為府尹溫迪罕福與所誣願
亦被訊掠幾不得免自是生事益狼狽怨雅貧高氣不能
從俗俯仰迫以飢凍流離往往見之子詩有詩數千首常

貯竹簟中正大末歿洛下其詩有云黃綺暫來為漢交果
由終不是唐臣真虞士語也
王子可字南雲河東吉州人父本軍校予可亦嘗隸籍年
三十許大病後忽變狂久之能把筆作詩文及說世外怳
惚事南渡後居上蔡遂平鄧城之間兩頰以青涅之為翠
軍於佛前則稱諦摩龍什於道則稱青游則稱大成將
雙帶若牛耳一金鐶環在頂額之間新舊戴青後垂
鬁衣長不能掩脛落魄嗜酒每入城市人爭以酒食遺之
夜宿土室中夏月或尸穢往傍蛆蟲狼藉不恤也與之
經中語及韻學家古文奇字字畫峭勁本遇宋諱亦時避之
或問以故事本其應如響諸所引書守世所未見談說之際
稍若有條貫則又以誕幻語亂之麻九疇張數與之游最
狎言其詩以百分為率可曉者才二三耳壬辰兵亂為順
天將領所得知其名竄議欲望之北歸館於州之瑞雲觀
子可明日見將領自言曰我不能住君家瑞雲觀也不數
日卒後復有見於淮上者

贊曰金世隱逸不多見今於簡冊所有得十有二人焉其
卓爾不羣者三人褚承亮宋人勒試進士主司覺第間宋

徽欽之罪承亮長揖而去之方金人重興業杜時昇居山
中首以伊洛之學教後進宋可不願仕人執其子爲質審
棄而不就遂以無子雖制行過中豈不賢於殺妻以求大
將者乎大夫士見善明用心剛故能爲人所難爲者如此

……都總裁右丞相……國史領……經筵事……監修　脫脫……奉……

循吏

盧克忠　牛德昌　范承吉
王政　　張奕　　李瞻
劉敏行　傅慎微　劉煥
高昌福　孫德淵　趙鑑
蒲察鄭留　女奚烈守愚　石抹元
張彀　　趙重福　武都

紀石烈德　張特立　王浩

《金史百二十八》〔一〕　陳

金自穆宗號令諸部不得稱都字童於是諸部始列於統
屬太祖命三百戶為謀克十謀克為猛安一如郡縣置更
之使循行四方世宗承海陵彫剝之餘休養生息迄于明昌
承安之間民物滋殖循吏迭出為泰和用兵郡縣多故吏
治襄矣宣宗尚刀筆之習嚴考核之法能吏不乏而豈弟
之政罕見稱述焉金百餘年吏治始終可攷於是作循吏
傳

盧克忠貴德州鳳集人高永昌據遼陽克忠走詣金源郡

王翰曾管降遂以撒屋出為鄉導斡魯克東京永昌走長
松島克忠與渤海人撻不也追獲之牧國二年授世襲謀
克其後定燕伐宋皆與有功除登州刺史改澶州天德
間同知保大軍節度使綏德州軍卒數人道過廓城求宿
民家是夜有賊剽主人財而去有司報假宿之卒遂
掠誣服克忠察其冤不肯署未幾果得賊假宿之卒有
釋大定二年除北京副留守會民艱食克忠下令凡民有
菑積者計留一歲悉平其價糶之由是無捐瘠之患轉鄜
州防禦使後以靜難軍節度使致仕卒

牛德昌字彥欽蔚州定安人父鐸遼將作大監德昌少孤
其母教之學有勸以就蔭者其母曰大監遺命不使作承
奉也中皇統二年進士第調肇山簿遷萬泉令屬蒲陝將
饑群盜充斥州縣城門晝閉德昌到官即日開城門繼為
姓出入謗曰民苦飢寒剽掠鄉聚以偷旦夕之命甚可憐
也能自新者一不問賊皆感激解散縣境以安府尹王伯
龍嘉之禮待甚厚累官刑部吏部侍郎中都路都轉運使
廣寧太原尹卒贈中奉大夫

范承吉字寵之好學問屬遼季盜起難避地未嘗廢書
天慶八年中進士丙科授秘書省校書郎至大定府金源
令歸朝為御前承應文字天眷初遷殿中少監四年從攻

太原運少府監五年宗翰克宋所得金珠承吉司其出入
論俸其自實凡繫千人具白元帥府許自贖為良籍貧無
降州先是軍興民有為將士所掠而逃歸者承吉使吏遍
贍者以公廚代之
震壞民廬舍有欲爭工匠過取其直承吉命官
弊賦既足而民有餘歷同知平陽尹西京副留守遷河
東南路轉運使改同知順天軍節度使屬地
屬董其後先以次不問貧富民賴以省費歷鎮西軍節
度使行臺禮部尚書春寧軍節度使復鎮順天美卒散居
境內率數千人為盜承吉繩以法不少貸懼而不敢犯宜
元二年以光祿大夫致仕卒年六十六

王政辰州熊岳人也其先仕渤海及遼皆有顯者政當遼
李亂浮沈州里高永昌據遼東知政材略欲用之政獨逡
無成辭謝不就永昌敗渤海人爭縛永昌以為功政
巡引退與吳王闍母閏而興之言於太祖授盧州渤海軍謀
克從破白霫下燕雲及金兵伐宋宗守及是人以為政憂政
前此黟州既降復殺守將反為宋守及足
曰苟利國家雖死何避宋王宗望壯之曰身沒王事烈及

子孫汝言是也政從繫騎入州是時民多以纖為盜坐繫
政皆釋之發倉廩以賑貧乏柈是州民皆悅不復叛傲郡
聞之亦多降者宋王召政至轅門撫其背曰吾以汝為苑
奕乃復成功耶尉諭者久之天會四年為燕京都麹院同
監未幾除同知耶律諝軍節度使改權侍衛親軍都指揮
使燕掌軍資是時軍旅始定筦庫紀綱未立掌吏皆因緣
為姦政明會計嚴局鏑金帛山積未出納無錙銖之失
吳王闍母戲之曰汝為官久矣而貧不如富何也對曰政
以楊震四知自守安得不貧吳王笑曰前言戲之耳以黃
金百兩銀五百兩及所乘馬遺之六年授左監門將軍歷
節度使致仕卒年六十六政本名南撒里嘗使高麗因政
安州刺史檀州軍州事戶吏房主事天眷元年遷保靜軍
通判齊國廢齊兵之在邪者二萬人謀為亂約夜半舉燭
張奕字彥微其先澤州高平人以廳補官仕齊為歸德府
名政子遵仁遵義遵古有傳

相應奕知之選市人丁壯授以兵結陣扼其要巷開小南
門以示生路亂不得作比明已歷略盡擒其首惡誅之後
五日都統完顏魯補以軍至歸德欲根株餘黨奕以闍門
保郡人無他遂止行臺承制除同知歸德尹天眷元年以
河南與宋改同知沂州防禦使事三年宗弼復取河南徵

奕赴行省既定汴京授汴京副留守歷陳秦州防禦使同
知太原尹晉寧軍報夏人侵界詔奕往征之奕至境上按
籍各歸所侵土還奏曰折氏世守麟府以杭夏人本朝有
其地遂以與夏人夷折氏墳壠而殘其屍折氏怨之入骨
髓而不得報也今復使守晉寧故欲怒夏人使為鼠侵而
條上其罪茍欲開邊釁以雪私讎耳獨可徇折氏他郡則
夏人自安朝廷從之遂移折氏守青州正隆間同知西京
留守事還河東北路轉運使大定二年徵為戶部尚書甫
視事得疾卒

李瞻薊州玉田人遼天慶二年進士為平州望雲令張覺
據平州叛以瞻從事宗望復平州覺已去城中復叛瞻踰
城出降其子不能出為賊所害宗望嘉之承制以為
平府判官天會三年遷大理少卿從宗望伐為漢軍
種科使四年金兵圍汴宋人請割河北三鎮瞻與禮部侍
郎李天翼安撫河北東西兩路略定懷潛衛等州衛湯陰
等縣七年知寧州景運德州防禦使為政寬平民懷其惠
相率詣京師請留者數百千人貞元三年還濟州路轉運
使改忠順軍節度正隆末盜賊鑫起瞻增築城壘為備
薊人賴之以安大定初卒于官

劉敏行平州人登天會三年進士除太子校書郎累遷肥

鄉令歲大饑賊人為食諸縣老弱入保郡城不敢耕
種農事廢矣歃荒燕敏行白州借軍士三十護縣民出耕
盜不敢犯而耕稼滋殖高平令縣城把壞父不修大盜
橫恣掠縣鎮不能禦敏出已俸率鄉吏出錢顧後繕治
百姓欣然從之凡用二千人版築遂建昌慎微遷居妻
至不能犯凡九遷為河北東路轉運使宗翰已克汴京使

傳慎微字幾先其先秦州沙溪人後徙鄉村百姓入保賊
安宗末盜進士累官河東路經制使宗翰慎微還居長
室定陝西慎微卒歸宗迎戰兵敗被擄送至元帥府元宗
翰愛其才學弗食糶奪置歸化州希尹收置門下宗獨復取
河南地起為陝西經略使尋權同州節度使事明年陝西
大旱饑死者十七八以慎微為京兆鄜延環慶三路經濟
使許以便宜報改同知京兆尹權陝西諸路轉運使復修
餓者全活甚眾滇以瀦田募民入粟得二十餘萬石立養濟院餇
三白龍首等渠以種子以濟之民
頼其利轉中京副留守用廉改忻州刺史累遷太常卿除
定武軍節度使移靜難軍件用事者蘇保衡教之得免大
定初復為太常卿遷禮部尚書典翰林侍講學士徒單子
溫翰林待制移刺儼戴俱燕同修國史卒官年七十六慎

談兵時人以為迂闊云

劃煥字德文中山人宋末兵起城中久乏食煥尚細煮糠
麩而食之自欲其清者以釀厚者供其母鄉里異之稱長
之煥初除市令過謝鄉人吏部侍郎石琚琚不悅曰京師
就學天寒擁養火讀書不急登天德元年進士調任丘尉
縣令貪汙煥每規正之秩滿令持盃酒謝謝曰尉廉慎使我
獲考調中都市令密使儕徹忽土家有係結工年利礼
市不肯從市籍役煥繁之忽土召煥煥不往暴工罪而皆

廉升京兆推官再遷北京警巡使捕二惡少杖于庭中戒
之曰孝弟敬慎則為君子暴戾隱賊則為小人自今以往
毋狎于故習國有明罰吾不得私也二惡皆畏憚毋敢
犯者召為監察御史父老數百人或即車下或挽其靴鐙
曰我欲復留使君期年不可得也以本官攝戶部員外郎
代州錢監雜青銅鑄錢錢色惡類鐵錢民間盜鑄抵罪者
報朝廷惠之下尚書省議煥奏曰錢貴純用黃銅精治之
中濟以錫著青銅可鑄歷代無綠不用自代州取二式與
四六分青黃雜樣務省銅而功易就由是民間盜鑄陷罪
者報非朝廷意也必欲為天下利宜純用黃銅得數少而

列傳二十九

【金史百二十八】七

利逮其新錢已流行者宜驗數輸納准換從之再遷管州
刺史著老數百人疏其著蹟十一事詣節鎮請齒煥曰刺
史守職奉法乞留之以廉升鄭州防禦使遷官一階轉同
知北京留守事世宗幸上京所過州郡大發民夫治橋梁
馳道以希恩賞煥所部惟平治端好而已上嘉其意遷遼
東路轉運使卒

高昌福中都宛平人父履遼御史中丞致仕太宗聞其名
召之未及入見而卒特詔昌福釋服應舉登天會十年進
士第補樞密院令史明年辟元帥府令史皇統初宗弼復
河南元帥府治汴人有疑似被獲皆目為宋諜者即殺之
諸更遂怨昌福欲構害之是時方用兵淙楚間夜多陰雨
昌福識得其實釋去者甚眾許州都統韓常用法嚴好殺
人道介送四於汴或道亡監更自度失囚恐得罪欲盡殺
之以滅口昌福識眾更意竟竊其狀免死罪者十七八而
元帥府選人偵宋兵動靜諸更是時方用兵淙楚間得
獻軍虛實報元帥師還除震武軍節度副使轉臺
禮部員外郎天德間行臺罷改絳陽軍節度副使為兵
部員外郎改河間少尹世宗即位上書言事可以知人材優劣
再三因謂侍臣曰內外官皆上書言事可以知人材優劣
不然朕何由知之三除同知東京留守事治最遷山東西

河南元帥府治汴

【金史百二十八】八

路轉運使工部尚書改彰德軍節度使上書言賦稅太重
上問翰林學士張景仁曰今之稅比近代為輕而以為重何
也景仁曰今之稅殊輕名後輕之國用且不足事遂寢景
遷河中尹致仕卒

孫德淵字資深興中州人也大定十六年進士調石州軍
事判官淶水丞察廉遷沙河令有盜秉者主逐捕之盜
以義自刺其足面曰秋禁採波何得刺我主懼遂
而求免盜不役訴之縣德淵曰若逐捕而傷瘡必在後
在前乃自刺也盜遂引服尚書省令史不就丁父憂去
官民為刺石祠之察廉起復比京轉運司都勾判官以累
薦遷中都左警巡使監察御史山東東路轉運副使界官
大理丞燕左拾遺審院察德淵剛正幹能可任繁劇遂
再任丁母憂服除特遷恩州刺史入為右司郎中滕州刺
史遷同知河間府事歷大興治中同知府事大安初遷盤
安軍節度使改河北西路按察轉運使改昭義軍節度使
潞州破被執俄有舜于前者皆沙河舊民也密謀德淵由
是得脫貞祐二年拜工部尚書攝御史中丞是時山東之
兵食有司請驀詔恩例舉人居喪者亦許納錢就試德淵奏
此大傷名教軍逐尋致仕監察御史許古論德淵忠亮
明敏可以大用近許告老士大夫竊歎里朝廷起後必能

建明以利國家宣宗嘉納未及用而卒

趙鑑字擇善濟南章丘人宋建炎二年進士調廬州司理
參軍是時江淮方用兵鑑兼軍官還鄉里齊國達除歷城丞
轉長清令皆劇邑難治鑑政甚著劉豫召見遷直秘閣提
舉漯原路弓箭手自用以鑑年少易之既將本路刑獄公事誠之曰邊將多
不法可痛繩之原州守將武悍自用以鑑年少相欲以美
其姦守將坐免郡縣閒風無敢犯者齊廢除知城陽軍改
山東東路轉運副使攝行臺左司郎中行臺宰相欲以故
宋臣者權都水監曰誤國罾汴人視為冦讎付以美
官將失人里遂不用以母憂辭職天德初起為濟州刺史
移涿州海陵名鑑入朝應對失旨遣還郡俄除知火山軍
以病免大定初知寧海軍秋禾方熟子方蟲生鑑出城
行視蟲乃自死再遷鎮西軍節度使改河北西路轉運使
致仕卒

蒲察鄭留字文叔東京路斡底必剌猛安人大定二十二
年進士調高苑主簿澶州司候補尚書省令史除監察御
史累遷北京臨潢按察副使戶部侍郎御史臺奏除鄭留前
任北京稱職遷陝西路按察司移鄭留平理月餘不
李安兄弟爭財府縣不能決按察司改順義軍節度使西京人
問會釋奠孔子廟鄭留乃引安兄弟與諸生叙齒列坐會

陳說古之友悌數事安兄弟感悟謝曰節使父母也誓
不復爭乃相讓而歸朔州多盜鄭留禁絕游食多畜兵器
因行春撫諭之盜乃衰息獄空賜錫宴錢以褒之改利涉
軍節度使詔括馬鄭留使百姓飼養以須御史勃之旣而
伐宋諸路括馬皆瘠惟隆州馬肥乃釋鄭留大安初徙安
國軍二年知慶陽府是時平涼新被兵夏人復來攻鄭留
致仕貞祐四年卒鄭留重厚寡言笑人不見其喜慍臨終
取奏槀盡焚之

列傳六　金史百二十八　十一

讀卒貞祐二年改東京留守

女奚烈守愚字仲晦本名胡里改門貞定府路吾直克猛
安人也六歲知讀書旣亂或詬食肉辱神識乃戒而不食
性至孝父沒時年十五營葬如禮治家有法鄉人稱之中
明昌二年進士調深澤主簿治有聲遷懷仁令改弘文校
理秩滿為臨沂令有不逞輩五百人結為黨社大擾境內
守愚下車其黨懾去蝗起莒密間獨不入臨沂境先是朝
遷括河朔山東地隱匿者沒入官告者給賞莒州刺史教
其奴告臨沂人冐地積賞錢三百萬先給官錢乃徵于民
民甚世之守愚列其寃狀白州州不為理即聞于戶部而
徵還之流民歸業縣人勤其事于石改秘書郎母喪匄飲

不入口三日終喪未嘗至內寢太常寺勸農司交辟守愚
皆不聽服除除同知登聞檢院改著作郎永定軍節度副
使泰和伐宋守愚為山東行六部貞外郎改大興都總管
判官大安元年除修起居注轉刑部貞外郎戶部郎中太
子左諭德貞祐初除戶部侍郎數月拜諫議大夫提點近
侍局二年除大軍節度使改翰林學士參議陝西路安
撫司事安撫完顏弼重其為人每事咨而後行未幾有疾
詔賜御藥三年卒守愚為人忠實無華改孜于公蓋天性
然也

列傳　金史百二十六　十二

石抹元守希明懿州路胡土虎猛安人七歲喪父號泣不
食者數日十三居母喪如成人嘗為擊鞠戲馬蹶歎曰生
無兄弟而數乘此險設有不測奈何由是終身不復為之
補樞密院尚書省譯史調同知恩州軍州事遷監察御史
為同知淄州軍州事劇盜奇父為民患一日捕獲方郡
鞫聞救將至亟命杖殺之闔郡稱快改大興府判官沂王
府司馬沁南軍節度副使河內民家有多羨樓者歲獲厚
利仇家夜入殘毀之主人捕得乃以胡財誣其人仇家引
服賦不可得元攝州事究得其情尋改河北西路轉運副
使累遷山東西路按察轉運使貞祐初黃摑吾典徵兵東
平擁眾不進大括民財衆皆忿怨副統傑散掃合殺吾典

於坐取其符佩之繼慫恿尤甚元密疏劾掃合擅殺近臣無

上不道掃合坐誅移知濟南府到官六月卒元生平寡言

笑尚節儉居官自守不交權要人以是稱之

獲穀字伯英許州臨潁人大定二十八年進士調寧陵縣

主簿改泰定軍節度判官率儒士行鄉飲酒禮改同州觀

察判官是時出兵備邊州徵箭十萬限以鵰鶚羽為之其

價翔躍不可得穀曰矢去物也何羽不可節度使曰當須

省報穀曰州距京師二千里如民急竟如所請補尚書省

令史除同知鄭州防禦使事改此京監使丁父憂服除冊

任其弟一日之間價減數倍尚書省身委

其弟掌之未嘗問有無云

遷監察御史從伐宋遷武寧軍節度副使居母憂貞祐二

年改惠民司令歷河南治中隰州刺史刑部郎中同知河

南府事遷河東南路轉運使權行六部尚書安撫使興定

元年以疾卒穀天性孝友任子悉先諸弟俸入所得亦委

趙重福字顧祥豐州人通女直大小字試補女直誥院令

史轉兵部譯史陝西提刑知法遷陝西東路都勾判官右

藏庫副使同知陳州防禦軍宋謙人蘇泉入河南重福述

之至魚臺將渡河見前一舟且渡令從者大呼泉姓名前

舟中忽有蒼惶失措者執之果泉也改滄州鹽副使歲饑

民者鹵為鹽賣以給食鹽官往往杖殺之重福曰寧使課

殿不忍殺人歲洲課殿當降尚書右丞完顏匡三司使按

出虎知其事乃以歲荒其罰除織染署令大安三年佐

戶部尚書張煒調兵食于古北口遷都水少監行西北路

六部郎中治密雲縣俄兼戶部員外郎貞祐二年以守密

雲功遷同知河間府事行六部侍郎權清州防禦使攝河

北東路兵馬都總管三年河間被圍有劉中者審與重福

密事聯事勸重福出降重福不聽是時河間兵少多羸疾

不任戰欲亡去重福勸其父老率其子弟強者戰弱者守

會久兩圍乃解去重福遷河東北路轉運使致仕元光二年卒

武都字文伯東勝州人大定二十二年進士調陽穀主簿

遷商水令縣素多盜凡姦民嘗繼火行剽椎埋竊家者都

皆麾得姓名牓之通衢約毋再犯悉奔他境察廉遷南京

路轉運度支判官累遷中都路都轉運副使以親老與弟

監察御史郁俱乞侍養丁憂服除調太原治中復為都轉

運副使遷灤州刺史充宣差北京路規措官都拘括散逸

官錢百萬入為戶部郎中權右司郎中奏事稱旨差行六部

海道漕遼東粟賑山東都高其價直募人入粟招海賈船

致之三遷中都西京按察副使大安三年充宣差行六部

侍郎以勞遷本路按察使行西南路六部尚書佐元帥抹

撚盡忠儘禦西京有勞名為戶部尚書賞銀二百兩絹一
百匹宣宗即位議衛紹王降封諡在衛紹王紀頃之中都
戒嚴都知大興府佩虎符行事彈壓中外軍民都醉
酒以襲衣見詔使坐是解職起為刑部尚書中都為
河東路宣撫使俄以參知政事胥鼎代之興定元年以疾
卒

紇石烈德字廣之真定路山春猛安人明昌二年進士調
南京教授察廉能遷嚴次令補尚書省令史除同知泗州
防禦事監察御史大名治中安曹裕三州刺史歷同知臨
潢大興府事員祐二年遷肇州防禦使是歲肇州升為武
興軍節度德為節度使宣撫司署都提控肇州圍急食且
盡有糧三百船在鴨子河去州五里不能至德乃浚濠增
埤築甬道導濠水屬之河鑿隍馬穽伏甲其傍以拒守一
日兵數接士殊死戰成下兵食足圍乃解改遷
東路轉運使軍民遮道挽留乘夜乃得去蒲鮮萬奴逼上
京德與部將劉子元戰却之遷東京留守歷保靜武勝軍
節度使興定二年以本官行六部事三年以節度權元帥
右都監與左都監軍州經略使完顏仲元俱行元帥府于
宿州四年遷工部尚書明年名還中都是歲卒
張特立字文舉曹州東明人泰和三年中進士第調宣德

別傳四百四十五字 ◤金史百二十八◢ 十五 陳慵

州司候郡多皇族巨室特立律之以法闔境蕭然調萊州
節度判官不赴躬耕杷之葦城以經學自樂正大初左丞
侠摯參政師安石薦其才授洛陽令四年拜監察御史拜
章言鎬屬二宅久加禁錮棘圉警如防寇盜近降赦恩
謀反大逆皆蒙滌雪彼獨何罪幽囚者是世宗神靈在天
得無傷其心乎聖嗣未立未必不由是也又言方今三面
受敵百姓凋敝宰執非才臣恐中興之功未可以歲月期
也又言尚書石丞顏盞世魯遺其奴與小民爭田失大臣
體參知政事徒單兀典謫事近習得居其位皆宜罷之富
路者忌其直陰有以擠之因劾省掾高楨輩受請託飲娼
家時平章政事白撒僑軍陝西歸楨等泣訴于道以當時
不實并治特立及賓張為其進士故不劾白撒以其私且
亦勒停士論皆惜特立之去後卒癸丑歲年七十五
王浩由吏起身初辟巡陽令廉白為關輔第一時西臺徹
州縣增植棗果督責嚴急民甚被擾浩獨無所問主司將
坐之浩曰是縣所植已滿其數若欲增植必盜他人所有
取彼置此未見其利其愛民如此類所在有善政民絲毫
無所犯秦人為立生祠歲時思之南遷後為扶溝令開興
元年正月民錢大官等執縣官送歇于北大亨以浩有恩

別傳四百四十八字 ◤金史百二十八◢ 十六 陳福列

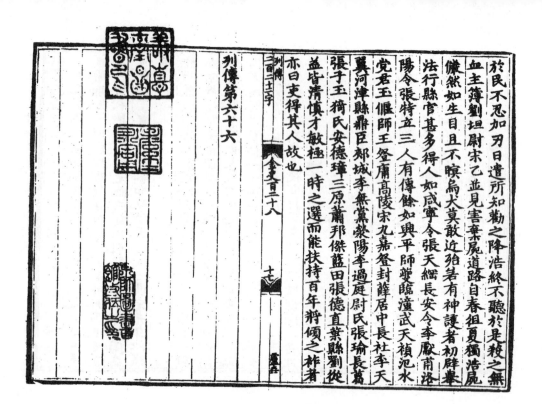

於民不忍加刃曰遣所知勸之降終不聽於是殺之無
血主簿劉坦尉宋乙並見害棄屍道路自春徂夏獨浩屍
儼然如生且不瞑烏犬莫敢近殆若有神護者初辟舉
法行縣官甚多得人如咸寧令張天綱長安令李獻甫洛
陽令張特立三人有傳餘如興平師夔臨潼武天禎汜水
黨君玉偃師王登庸高陵宋九嘉鞏封薛居中長社李天
翼河津縣鼎臣郟城李無黨縈陽李過庭尉氏張瑜長葛
張子玉猗氏安德璋三原蕭邦傑藍田張德直蔡縣劉從
益皆清慎才敏極一時之選而能扶持百年將傾之祚者
亦曰吏得其人故也

酷吏

高閭山　蒲察合住

金史多闕逸擾其舊錄得二人焉作酷吏傳

太史公有言法家嚴而少恩信哉斯言也金法嚴密律文雖因前代而增損之大抵多準重典熙宗迄與大獄海陵篡殺宗室鈎棘傅會告訐姦上變者實以不次於是中外風俗一變咸尚威虐以為事功而讒賊作為流毒遂遍慘夾

高閭山澄州析木人選充護衛調順義軍節度副使轉唐括移剌都乣詳穩改震武軍節度副使曹王府尉大名治中遷汝州刺史改單州制禁不依法用杖決人者閭山見之笑曰此亦難行是日特用大杖杖死部民楊仙坐削一官解職久之降鳳翔治中歷原州濟州泗州刺史改鄭州防禦使還蒲與路節度使移臨海鹽安軍寧昌軍貞祐二年城破死之

蒲察合住以吏起身火為宣宗所信聲勢烜赫性復殘刻人知其蠹國而莫敢言其子充護衛先逐出之繼而合住為恒州刺史需次近縣後大兵入陝西關中震動或言合住赴恒州為比走計朝廷命開封羈其親屬合住出怨言曰殺卻我即太平矣尋為御史所劾議管贖宰相以為情理斬於開封府門之下故當時有宣朝三賊之目謂王阿里蒲察咬住合住其一也興定中駙馬僕散阿海之獄京師宣勘七十餘所阿里董乘時起事以肆其毒朝士喘喘莫克自保惟獨吉文之在開封府幕明其不反竟不署字阿海誅文之亦無所間咬住初宣宗喜刑罰朝士往往被管楚至用變與其家皆被殺刀杖決殺言者高琪用事威刑自恣南渡之後習以成風雖士大夫亦為所移如徒單右丞思忠好用麻椎擊人號麻椎相公李運使特立號半截劒劒言其短小鋒利也馮內翰璧號馮創淵為御史至蔡州得姦豪杖殺五百人號曰雷半千又有完顏麻斤出皆以酷聞而合住王阿李渙之徒屑屑吏中尤狡刻者也

佞幸

屑持國　馬欽　蕭肄　李通　張仲軻　高懷貞　蕭裕

世之有嗜慾者何嘗不被其害哉龍天下之至神也一有嗜慾見制於人故人君亦然嗜欲不獨柔曼之傾意也征

代畋獵土木神仙彼爲佞者皆有以投其所好爲金主內蠱聲色外好大喜功莫甚於熙宗海陵次之金史自蕭裔至胥持國得佞臣之尤者七人皆被寵遇於三君之朝以亡其身以蠱其國其禍皆始於此可不戒哉作佞倖傳

列傳 三十　金史百二十九　三　周

蕭裔本奚人有寵於熙宗復詔事悼后累官參知政事皇統九年四月壬申夜大風雨雷電震壞寢殿鴟尾有火自外入燒內寢帳慢帝徙別殿避之欲下詔罪己翰林學士張鈞視草鈞意欲奉答天戒當自貶損其文有曰惟德弗類上干天威及顧茲寒昧眇予小子等語蕭譯奏曰弗類是大無道寡者孤獨無親則於人事弗曉眇則目無所見小子嬰孩之稱此漢人託文字以罵主上也帝大怒命衛士拽鈞下殿榜之數百不死以手劍劙其口而醢之賜建通天犀帶憑恃恩倖睥視同列遂與海陵有惡及纂立加大臣官爵例加銀青光祿大夫數日召肆詰之曰學士張鈞何罪被誅爾何功受賞彝不能對海陵曰朕殺汝無難事人或以我報私怨也於是詔除名放歸田里禁錮不得出百里外

張仲軻幼名牛兒市井無賴說傳奇小說雜以俳優談諧語爲業海陵引之左右以資戲笑海陵封歧國王以爲書

列傳 三十　金史百二十九　四　周

表及即位爲秘書郎海陵嘗對仲軻與妃嬪謔浪濟仲軻但稱死罪不敢仰視又嘗令仲軻倮形以觀之侍臣往往令倮褫雖徒單貞亦不免此兵部侍郎完顏普連大興少尹李惇皆以賊敗海陵置之要近伶人于慶兒官五品大氏家奴王之彰爲秘書郎之彰置珠偏僻海陵親視之不以爲藝唐括辯家奴和尚烏帶家奴蒨溫葛魯皆置宿衛有饒倖至一品者左右或無官職人或以名呼之即授以顯階海陵語其人曰爾復能名之乎常置黃金褥間真之者令自取之其濫賜如此宋余唐弼賀登寶位且還海陵以玉帶附賜宋帝使謂宋帝曰此帶卿父所常服今以爲賜使卿如見而父當不忘朕意也使退仲軻曰此希世之寶可惜輕賜上曰江南之地他日當爲我有此置之外府耳由是知海陵有南伐之意俄遷秘書丞轉少監是時營建燕京宮室有司取真定府潭園村木仲軻乘間言其中材木不可用海陵意仲軻受官未幾後用爲少監海陵獵于途你山次于鐔尾爵天而拜謂群臣曰朕幼時習射至一門下黙祝曰若我異日大貴當使一矢橫加門脊上又射果橫加門脊上後爲中京留守嘗大獵于此地園未合檮曰我若有大位百步之內當獵三鹿若止爲公相獲一而已於是不及百步連獲三鹿又祝曰若統

一海內當優獲一大鹿於是果獲一大鹿此事當與蕭裕
言之朕今復至此地故拜真馬海陵意欲取江南故先設
襓祥以諷羣臣是以仲軻每先逢其意導之南伐貞元二
年正月宋賀正旦使施臣朝辭海陵使左宣微使敬嗣暉
問施臣曰宋國樂科取士對曰檜為尚書左僕射中書門下
事三年正月宋賀正旦使孫道夫陛辭海陵使左宣微使敬

列傳四十九　金史百二十九　五　陳垚刊

二年仲軻為左諫議大夫修起居注但食諫議俸不得言
平章事年六十五矣後謂之曰我聞秦檜故問之正隆
嗣暉諭之曰歸白爾帝事我上國多有不誠今略舉二事
戰陣二也且馬待人而後可用如無其人得馬百萬果亦奚
者有司廩之往往託辭不發一也爾於沿邊盜買鞍馬備
爾民有逃入我境者邊吏皆即發還我民有逃叛入爾境
難事我聞接納叛亡盜買鞍馬皆爾國楊大尉所為常固
以為我亦豈能無備且我不取爾國則已如欲取之固非
仔獲問知其人無能為者也又曰爾秦檜已死果否道夫
對曰檜實覺矣陪臣亦檜所薦用者又曰爾國比來行事
珠不似秦檜時何也道夫曰容陪臣還國一一具聞宋帝
海陵蓋欲南伐故先設納叛亡盜買馬二事而雜以他辭
言定海陵召仲軻右補闕馬欽校書郎田與信直長習夫

入便殿侍坐海陵與仲軻論漢書謂仲軻曰漢之封疆不
過七八千里今吾國幅員萬里可謂大矣仲軻曰本朝疆
土雖大而天下有四主南有宋東有高麗西有夏若能一
之乃為大耳海陵曰彼且何罪而伐之仲軻曰臣聞宋人
買馬修器械招納山東叛士豈得為無罪海陵喜曰向者
果琮嘗為朕言宋有劉貴妃者姿質艷美蜀之華葉吳之
西施所不及也今一舉而兩得之俗所謂行掉手也江
南聞我舉兵必遠竄耳欲與之為敵矣海陵曰彼將出兵何
皆知道路彼安往欽與信俱對曰海陵島嶺越臣等以
知也海陵謂習失曰汝敢戰乎對曰受恩日久死亦何避

列傳四百四十七　金史百二十九　六　陳刊

海陵曰汝料彼敢出兵乎汝果能死敵乎習失
良久曰臣雖懦弱亦將與之一為敵矣海陵曰彼將出兵何
地曰不過淮上耳海陵曰然則天興我也既而朕舉兵
滅宋遠不過二三年然後討平高麗夏國一統之後論功
還秩分賞將士彼必忘勞矣四年三月仲軻死冬至前一
夕海陵夢仲軻求酒既覺嗟悼良久遣使者真其墓
李通以便辟側媚得幸於海陵累官右司郎中遷吏部尚
書請調賄賂輻湊其門正隆二年正月乙酉詔左右司御
史中丞以下奏事便殿海陵曰知子莫若父知臣莫若君
朕嘗試之矣朕詢及人材汝等若不舉同類必舉其相善

【金史百二十九】 七一 楊明

者朕聞女直契丹之仕進者必賴刑部尚書烏帶簽書樞
密遣設爲之先容左司員外郎阿里骨列任其事渤海漢
人仕進者必賴吏部尚書李通戶部尚書許霖爲之先容
左司郎中王蔚任其事凡在仕版奉職無怠尚書侍郎之
非人臣豈有遠近親踈之異哉苟奉職忠藎故有是命候江南
度使便可得萬一推罪必罰無赦頃之拜參知政事海陵
可以爲正統通揣知其意遂與張仲軻馬欽官者梁琇近
恃厚小董盛談江南富庶子女玉帛之多逢其意而先道
縣渤海丁壯充軍仍括諸道民馬於是遣使分往上京遼
之海陵信其言以通爲謀主遂議與立伐江南四年二月

海陵諭宰相曰宋國雖臣服有誓約而無誠實比聞沿邊
貿馬及招納叛亡不可不備遣使籍諸路猛安部族及州
頻路胡里改路昌懶路蒲與路泰州咸平府東京婆速路
昌蘇館臨潢府西南招討司西北招討司北京河間府真
定府益都府東平府大名府西京路凡年二十以上五十
以下者皆籍之雖親老丁多求一子留侍亦不聽五年十
一月使益都尹京等三十一人押諸路軍器於軍行要會
處安置候軍至分給之其分給之餘與繕完不及者皆最
而焚之六年正月海陵使通諭旨宋使徐度等曰朕昔從

梁王嘗居南京樂其風土帝王巡狩自古有之淮右多階
地欲校獵其間從兵不踰萬人汝等歸告汝主令有司宣
諭朕意使淮南之民無懷疑懼二月通進拜右丞詔曰卿
典領繕完兵械今已畢功朕嘉卿忠謹故有是命候江南
事畢別當旌賞四月發書樞密院事高景山爲賜宋帝生
日使右司員外郎王全副之海陵謂全曰汝見宋主即面
數其焚南京宮室沿邊賈馬招致叛亡之罪當令大臣其
人甚人來此朕將親詰問之且索漢淮之地如不從即面
聲誠責之彼必不敢害汝海陵蓋使王全激怒宋主以
爲南伐之名也謂景山曰回日以全所言奏聞全至宋一

【金史百二十九】 八 楊明

如海陵之言誚責宋主宋主謂全曰聞公比方名家何乃
如是全復曰趙桓今已死矣宋主遽起發哀而罷海陵至
南京宋遣使賀遷都海陵使韓汝嘉就境上之曰朕始
至此比聞北方小警欲後歸中都無虜起發衰而歸於
是大括天下驊馬官至七品聽留一馬等而上之并舊籍
民馬其在東者給西軍在西者給東軍東西交往來晝
夜絡繹不絕死者狼籍千道其七失多者官吏懼罪或自
殺所過躪踐民田調發牽馬夫役詔河南州縣所貯糧米
以備大軍不得他用而鬻馬所至當給芻粟無可給有司
以爲請海陵曰此方比歲民間諸畜尚多禾稼滿野麤

為可就牧田中借令再歲不穫亦何傷乎及徵發諸道工
匠至京師疫死者不可勝數天下始騷然矣調諸路馬以
戶口為率富室有至六十四者凡調馬五十六萬餘匹仍
令本家養飼以俟師期海陵因出獵遂至通州觀造戰船
籍諸路水手得三萬餘人及東海縣人張旺徐元反遣都
水監徐文等率師浮海討之海陵意不在一邑將試
浮遣護衛普連二十四人各授甲士五十八人分往山東河
比河東中都等路節鎮州郡也駐軍捕捉盜賊以護衛頑庫
為定武軍節度副使尚賢為安武軍節度副使蕭甲為昭

義軍節度副使皆給銀牌使督責之是時山東賊犯沂州
臨沂令胡撒力戰而死大名府賊王九等擾城叛眾至數
萬契丹邊六斤王三輩皆以十數嗣張旗幟白晝公行官
軍不敢誰何所過州縣開卻府庫物置于市令人攫取之
小人皆喜賊至而良民不勝其害太府監高彥福大理正
那律道韓林待制大顥出使還朝皆言盜賊事海陵惡聞
怒而杖之顥仍除名自是人人不復敢言海陵自將分諸
道兵為神策神威神捷神銳神毅神勇神果神略神
鋒武勝武定武信武勝威捷威烈威毅威震威略威
翼武麾威定威信威勝威捷武烈威毅武銳武揚武

勇三十二軍置都總管副總管各一員分隸左右領軍大
都督及三道都統制府置諸軍巡察使副各一員以太保
奔睹為左領軍大都督通為副大都督海陵以奔睹舊將
使帥諸軍以從人望實使通專其事海陵召諸將授方略
賜宴于尚書省海陵曰太師梁王連年南伐淹延歲月今
舉兵必不如彼遠則百日近止旬月惟爾將士無以弛慢
為勞戮力一心以成大功當厚加旌賞其或弛慢刑者莫
赦海陵恐糧運不繼命軍渡江無以僮僕從行閭者莫
不怨恣徒單后與太子光英居守尚書令張浩左丞相蕭
玉參知政事敬嗣暉詔治省事九月甲午海陵戎服乘馬

具裝啟行明日妃嬪皆行宮中慟哭父之十月乙巳陰晦
失路是夜二更始至蒙城丁未大軍渡淮至中流海陵拜
而酹之至宿次見築繚垣者殺四方館使張永鈴將至廬
州見白兔馳射不中餒而後軍穫之以進海陵大喜以金
帛賜之顧謂李通曰昔武王伐紂白魚躍於舟中今朕獲
此亦吉兆也癸亥海陵至和州百官表奉起居海陵謂其
使汝等欲伺我動靜邪自今勿復來俟平江南始進賀表
是時梁山濼水涸先造戰船不得進乃命通更造戰船以
貢奇急將十七八日夜不得休息壞城中民居以為材木
竟死人責為油用之遂築臺於江上海陵被金甲登臺殺

黑馬以祭天以一羊一豕投於江中召都督昂副都督蒲

廬渾謂之曰舟楫巳具可以濟江矣蒲廬渾曰臣觀宋舟

其大我舟小而行遲恐不可濟海陵怒曰爾昔從梁王追

趙構入海海島當皆大舟邪明日汝與昂先濟昂聞令巳渡

江悲懼欲亡去至善海陵使謂昂曰前言一時之怒耳不

須先渡江也明日遣武平軍都總管阿隣武捷軍副總管

阿撒平舟師先濟宿直將軍溫都奧剌國子司業馬欽武

庫直長習失皆從戰海陵置黃旗紅旗於岸上以號令進

止紅旗立則進黃旗仆則退既渡江兩先逼南岸水淺

不得進與宋兵相對射者良久兩舟中矢盡遂為所獲亡

一猛安軍士百餘人海陵遂還和州於是尚書省使右司

郎中吾補可負外即王全奏報世宗即位於東京改元大

定海陵前此巳遣護謀良虎特離補往東京欲害世宗

行至遼水遇世宗詔使遼遷軍中海陵拊

解嘆曰朕本欲平江南改元大定此豈非天乎乃出素所

書取一戎衣天下大定政元大定示羣臣曰陛下親師深入異境

比歸且分兵渡江議定通後入奏曰陛下遂召諸將帥議

無功而還諸將亦將解體今燕比諸軍近遼陽者恐有異

車駕比還若衆散於前敵乘於後非萬全計若留兵渡江

志宜先發兵渡江欲舟焚之絕其歸望然後陛下比還南

比皆指日而定矣海陵然之明日遂趨揚州過烏江縣觀

項羽祠嘆曰如此英雄不得天下誠可惜也海陵至揚州

使符寶郎律沒荅護神果軍抿淮渡凡自軍中還至淮上

無都督府文字皆殺之乃出內箭飾以金龍題曰御箭繫

昂書其上使人乘之南岸其書言宋國遣人焚毀南

京官室及沿邊買馬招誘軍民今典師問罪義在弔伐大

軍所至必無秋毫之犯以此招諭宋人於是宋將王權亦

縱所獲金軍士三人齎書數海陵罪通姦其書亡者刃

海陵怒亟欲渡江驍騎高僧欲誘其當以亡事覺命衆刃

劉之乃下令軍士七者殺其蒲里衍蒲里衍七者殺其

克謀克七者殺其猛安猛安七者殺其總管由是軍士益

危懼甲午令軍中運鵶鶻船及糧船於瓜州渡期以明日

渡江敢後者死乙未完顏元宜等以兵犯御營海陵遇弑

都督府以南伐之計皆通等贊成之徒里永年乃其姻戚

郭安國衆所共惡皆殺之大定二年詔削通官爵人心始

快

馬欽幼名韓哥嘗仕江南故能知江南道路正隆三年海

陵將南伐每召用欽自責德縣令為右補闕欽為人輕脫

不識大體海陵每召見與語欽自責德縣令為右補闕以語人曰上與我

論其軍將行之矣其視海陵如儕友然累遷國子司業海

陵至和州欲遺蒲盧渾渡江蒲盧渾言舟小不可濟海陵
便人召欽先戒左右曰欽若言舟小不可渡江即殺之欲
至問曰此舟可渡江否欽曰臣得梶亦可渡也大定二年
除名是日起前翰林待制大頼爲秘書丞頼在正隆間嘗
言山東盜賊海陵惡其言杖之除名世宗嘉頼忠直惡欽
巧佞故復用頼而放欽焉

高懷貞爲尚書省令史素與海陵狎昵海陵久蓄不臣之
心嘗與懷貞各言所志海陵曰吾志有三國家大事皆自
我出一也帥師伐國執其君長問罪於前二也得天下絕
色而妻之三也由是小人佞夫皆知其志爭進諛說大定

縣丞張忠輔謂海陵言夢公與帝擊毬公乘馬衝過之帝
墜馬下海陵聞之大喜會熙宗在位久委政大臣海陵以
近屬爲宰相專威福遂成弑逆之計皆懷貞單小人從
更導之海陵纂立以懷貞爲修起居注懷貞故父濱州刺
史贈中奉大夫懷貞累遷禮部侍郎大定二年降奉政大
夫放歸田里汰等在正隆時姦倖賜起復懷貞爲定國軍節度
便上戒之曰汝等無以自新則無以不恕必不貸汝矣

蕭裕本名遏斡美初以猛安居中京海陵爲中京留守
與裕相結每與論天下事裕揣海陵有覬覦心密謂海陵

曰留守先太師太祖長子德望如此人心天意宜有所屬
誠有志舉大事願竭力以從海陵喜受之遂與謀議海陵
竟成弑逆之謀者裕啟之也海陵領行臺尚書除裕兵部侍郎
政同知南京留守事政北京海陵領行臺尚書省事道過
北京謂裕曰我欲就河南兵建立位號先定兩河舉兵而
此君爲我結諸猛安以應我定約而去海陵雖自良鄉召
宗諸子欲除之與裕密謀裕傾險巧詐因構致太傅宗本
秉德等反狀海陵殺宗本唐括辯遣使殺秉德宗懿及太
還不能如約遂弑熙宗篡立以裕爲秘書監海陵
宗室子孫七十餘人秦王宗翰子孫三十餘人宗本已死裕
乃求宗本門客蕭玉教以具欵反狀令作主名上變海陵
既詔天下天下冤之海陵賞誅宗本功以裕爲尚書左丞
加儀同三司授猛安賜錢二千萬馬四百四十四百頭羊
四千口再閱月爲平章政事監修國史薦制首相監修國
史海陵以命裕謂裕曰太祖以神武受命豐功茂光於
四海恐史官有遺逸故以命卿父之裕爲右丞相兼中書
令裕在相位任職用事頗專恣威福在已勢傾朝廷海陵
倚信之他相仰成而已裕與高藥師善嘗以海陵召裕戒
藥師藥師以其言奏海陵且曰裕有怨望心海陵召裕者
謂之而不以爲罪也或有言裕德權者海陵以爲忌裕著

泉不之信又以爲人見裕弟蕭柭作爲左副點檢妹夫耶律
闢离剌爲左衛將軍勢位相憑藉遂生忌嫉乃出柭爲益
都尹闢离剌爲寧軍節度使以絶泉疑裕不知海陵意
還見出其親表補外不令已知之自是深念恐海陵意
海陵弟太師死領三省事共在相位以裕多自用顧防闕
之裕乃謂海陵使竟備之也而海陵猜忍嗜殺裕恐及禍
遂與前真定尹蕭鵆家奴前御史中丞蕭柭博州同知
遙設裕女夫遇剌補謀立七遼豫王延禧之孫裕使親信
蕭屯納往結西北路招討使蕭好胡好胡即懷忠懷忠俠
邊未決謂屯納曰此大事汝歸遣一重人來裕乃使招柭

往招柭前爲中丞以罪免以此得諸懷忠懷忠間招柭與
謀者復有何人招柭當上五院節度使耶律期亦是也懷忠
莞與朗有隙而招柭當上捷懶憂事懷忠疑招柭反覆因
親招柭收朗繋獄道使上變遙設亦與筆硯令史白苔書
使白苔助裕以取富貴白苔奏其書海陵信裕不疑謂白
苔攜詔之命殺白苔於市執白苔出宣華門點檢徒單貞
得蕭懷忠上變事入奏遇見白苔問其故因止之徒單貞
已表雙事以白苔爲請海陵邊使釋之海陵使宰相間之裕
裕即欷伏海陵甚驚愕猶未能盡信引見裕親問之裕曰
大丈夫所爲事至此又豈可諱海陵復問曰汝何怨於朕

而作此事裕曰陛下凡事皆與臣議及除柭等乃不令臣
知之領省國王每事謂臣專權頗有限防恐是得陛下指
意陛下與唐括辯及臣約以同生死辯以強忍果敢致之死
地臣皆知之恐不得死所以此謀反幸苟免耳太宗子孫
無罪皆死臣手臣之死亦晚矣海陵復謂裕曰朕爲天子
若於汝有疑雖汝弟輩在朝豈不能施行以此疑我終身
守汝祖先墳壠裕曰臣臣子既犯如此罪逆何面目見天下
與彼相好雖有此罪貸汝性命惟不得作宰相左臂取血
錯誤太宗諸子豈獨在彼朕諸子計也海陵遂以刀剌
人但願絞死以戒其餘不忠者海陵遂以刀剌左臂取血

塗裕面謂之曰汝死之後當知朕本無疑汝心裕哭送
陛下非常眷遇仰戀徒切自知錯愛雖悔何及海陵哭送
裕出門殺之并誅遙設及馮家奴馮家奴妻豫王女也與
其子穀皆與反謀遙設遣護衛厰哥往西北路招討司
誅朗及招柭而屯納過剌補皆出走捕得屯納章市過剌
補自縊死屯納出走過河間少尹蕭之詳之詳初不知
事留之三日屯納遣之他所茶扎家奴發其事吏部侍郎公
引得之付屯納宿二日而去法家以之詳隱其間欺
尚書省罪當贖海陵恕命殺之枝衆產及議法者茶扎枝

四百死庵萬殺招折等并殺無罪四人海陵不問杖之五
十而巳以裕等罪詔天下賞上變功懷忠還樞密副使以
白荅為牌印云高藥師遷起居住進階顯武將軍藥師嘗
奏裕有怨望至是賞之云

胥持國字秉鈞代州繁畤人經童出身累調博野縣丞上
書者言民間冒占官地如太子孫大王莊非私家所宜有
部委持國按籔之持國還言此地自異代巳為民有不可
取也事送寢尋授太子司倉轉掌飲令兼司皇太子識
之擢柢應司令章宗即位除宫籍副監賜宫籍錢五十
萬宅一區俄改同簽宣徽院事工部侍郎並領宫籍監閣

事趙樞密同知定海軍節度使事張光庭戶部主事高元甫
刑部員外郎張嚴吏尚書省令史傳汝梅張翰裝元郭邪
皆趨走權門人藏謂胥門十哲復耳嘉貞尤早使苟進不
釋職職俱宜韓魯奏可於是持國以通奉大夫致仕嘉貞
語及董師中張萬馬公優劣鐸曰師中附胥持國進持國數
邪小人不宜典軍馬以臣度之不惟不允人望亦必不能
服軍心若四日再相必亂天下上曰人臣進退人難人君
進退人易朕堂以此人復為相耶第遷官二階使之致仕
使裹治軍於北京一日上召翰林修撰路鐸問以他事因
等皆補外項之起知大名府事未行政樞密副使佐樞密

三月遷工部尚書使宋明昌四年拜參知政事賜孫用康
陛下進士第會河決陽武持國請瞀役迷行尚書省事明
年進士尚書右丞持國為人柔佞有智術初李妃起微賤得
幸於上持國火在太子宫素知上好色陰以祕術干之又
多賂遺妃左右妃亦自嫌門地薄欲藉外廷為重
乃數稱譽持國能由是大為上所信任與妃表裏黨朝
政誅鄭王永蹈鎬王永中罷黜完顏守貞等皆起於李
妃持國士之好利躁進者皆趨走其門下四方為之語曰
經童作相監婢為妃惡其早賤庸鄙也承安三年御史臺
勅奏有司諫張復于右拾遺張嘉貞同知安豐軍節度使

耳壽卒于軍諡曰通敏後上問平章政事張萬公曰持國
本已死其為人竟如何萬公對曰持國素行不純謹如貨
酒平樂樓一事可知矣上曰此亦非好利如馬琪位參政
私篦省眼乃為好利也子鼎別有傳

金史卷百三十

勒修

列女

阿鄰妻　　李寶信妻　韓慶民妻
雷婦師氏　康住住
李英妻　　相琪妻
撒合輦妻　許古妻　　阿魯真
蒲察氏　　烏古論氏　素蘭妻　馮姑真
忙哥妻　　尹氏
　　　　　白氏

哥舅女
仲德妻

漢成帝時劉向始述三代賢妃淑女及孽嬖亂亡之戒，分類別號，因以諷諫，范曄始載之漢書。古者女子生十年有女師，漸長有祭祀助真之事，既嫁以無儀爲賢。若夫婦人之事，既職在中饋而已，故以無儀爲賢者。女子漸長在中饋而已，故以無儀爲賢者。乃蒙居家，廳惠顛沛，是皆婦人之不幸也，一過不幸卓然能自樹立，有烈丈夫之風，是以君子異之。

阿鄰妻沙里質者，金源郡王銀朮可之妹，天輔六年黃龍府叛，卒攻劍旁近郡族，是時阿鄰從軍，沙里質料集附近居民，得男女五百人，樹營柵爲保守，計賊千餘來攻沙里

李英妻張氏英初爲監察御史在中都張居濰州貞祐元
年冬
大元兵取濰州入其家張氏盡以所有財物與之旣而令
張氏上馬張曰我盡以物與彼猶不見贖邪苔曰汝品官
妻當俘爲夫人張曰我死則爲李氏鬼頓坐不起遂見殺
追封隴西郡夫人謚莊潔
相琪妻藥邑氏有姿色琪爲萊州掖縣司吏貞祐三年八月
紅襖賊陷掖縣琪與興氏子俱爲所得賊見琪有
琪及其子而誘致藥奮起以頭觸賊而仆罵曰我当爲犬
藏所汙者哉賊竟殺之追封西河縣君謚莊潔

阿魯真宗室承充之女胡里改猛安夾谷胡山之妻夫亡
寡居有報千餘興定元年承充爲上京元帥上京行省太
平執承克充萬奴阿魯真治蒲鮮萬奴兵恨臨城積穀以自
守萬奴遣人招之不從乃射承克書入城阿魯真得而碎
之曰此詐也萬奴急攻之阿魯真衣男子服與其子蒲
帶督衆力戰殺數百人生擒十餘人萬奴兵乃解去後復
遣將擊萬奴兵獲其特一人蒲謂其二子蒲速乃曰吾起身
遼東寅承克已被執乘間謂其二子詔封郡公夫人子蒲
宿衛致位一品死無恨矣若輩亦皆通顯未嘗有一日報國
家當思自厲以爲後圖二子乃冒險自援南走是年四月

至南京
獨吉氏平章政事千家奴之女護衛銀术可妹也自幼勤
有禮法及適內族撒合輦闔門肅如撒合輦爲中京留守
大兵圍之撒合輦發背不能軍獨吉氏度城必破謂撒
合輦曰公本無功能徒以宗室故嘗在禁近以至提點
侍局同判睽親府令又爲留守外路第一等官受國家恩
最厚今大兵臨城公不幸病不能戰禦設若城破公當坐
精銳奮門而出攜一子走京師不能則獨吉氏又不能
戰而死死猶可報國孛無以我爲應撒合輦出城獨吉氏
乃取平日衣服粧具玩好布之卧榻資貨悉散之家人

焚之年三十有六少頃城破撒合輦率死士欲奪門出不
果投壕水死有傳
面四圍舉火焚之無使兵見吾面言訖閉門自經而矩家
人如言卧尸榻上以衾覆之撒合輦從外至家人告以夫
人之死撒合輦扶置榻上以衾覆
許古妻劉氏定海軍節度使仲沫之女也貞祐初古挈家
僑居蒲城後留劉氏母子于蒲仕于朝旣而兵圍蒲劉謂
二女曰汝父在朝而兵勢如此事不可保若城破被驅一
爲所汙奈何不若俱死以自全已而攻城益急於是劉氏

興二女相繼自盡有司以聞于朝四年五月追封為劉氏為

郡君謚曰貞潔其長女謚曰定姜次蕭義以其事付史館

馮妙真刑部尚書延登之女也生十有八年適進士張惲

興定五年惲為洛川主簿

大元兵破霞州綏德遂入鄜延鄜人震恐具守備守臣以

西路輸餉粟不時至檄惲詣平涼督之時延登為平涼行

省貪妙真恊欲俟妙真以往妙真辭曰舅姑老矣雖有叔

妙妾能安乎子行妾留奉養十一月洛川破妙真從舅姑

匿窟室兵索得之妙真泣與舅姑訣曰婦生不辰不得終

執箕箒義不從辱即携三子赴井死縣人從而死者數十

人明年春僬發井得屍殣于縣之東郭外死時年二十四

蒲察氏字明秀鄜州帥訥申之女完顏長樂之妻也哀宗

遷婦德以長樂為總領將兵居從行屬蒲察氏無他

言夫人慎母辱此旬明秀致身事上無以妾為念

妻必不得長樂一子在幼出妻紫氏所生也明秀撫育如

己此出崔立之變驅從官妻子于省中人自闕之蒲察氏聞

以幼子付婢僕且與之金幣親具衣棺祭物與家人訣曰

崔立不道強人妻女兵森城下吾何所逃惟一死不負吾

夫耳波等惟善養吾幼子遂自縊而死欣然若不以死為難

者時年二十七

烏古論氏伯祥之妹臨洮總管陀滿胡土門之妻也伯祥

朝貴中聲素貴其甚胡土門死王事崔立之變衣冠家婦女

多為所汙烏古論氏謂家人曰吾夫不辱朝廷我敢厚看

兄及吾夫乎即自縊一婢從死

妻政完顏素蘭妻亡其姓氏當崔立之變謂所親曰吾夫

有天下重名吾豈肯隨穀隨身以辱吾家而死即自縊于室

當但不可無名而死亦不可離身以辱吾子也

溫特罕氏夫完顏忙哥五朵山宣差提控四里不之子也

系出蕭王忙哥叔父益都節度蔡州為

大元兵所攻適病不能軍忙哥為提控獨當一面兵退而

忙哥死忙哥義不受辱與其妻訣曰君能為國家御敵死我不能為

君死乎一婢曰主死婢將安歸是曰夫婦以一繩同縊婢

從之

益都死忙哥以城守切世襲謀克收兄妻白君

哀宗為南面元帥戰死黃陵岡其妻金源郡夫人聞豬兒

死聚家資焚之遂自縊年三十一豬兒贈官弟長住即日

詔補護衛

尹氏完顏豬兒之妻也豬兒系出蕭王天興二年正月從

白氏蘇嗣之母許州人宋尚書右丞子由五世孫婦也

初東坡頻濱叔黨俱葬郟城之小峨嵋山故五世皆居許

葛自氏年二十餘即寡居服除外家近歸兄嫂竊議改醮

葛氏微聞之牽車徑歸曰我為蘇學士家婦又有子乃欲

便我失身乎自是外家兼有大故不往也嘗於宅東北為

齋室畫兩先生像圖黄州龍川故事塵間香火嚴潔躬自

洒掃士大夫求瞻拜者往往過其家負之天興元年正月

東戌許州被兵嗣之為汴京廂官曰拜辭兩先生前曰兒

子往京師老婦死無恨矣敢以告即自縊於室側家人弁

屈焚之年七十餘嗣之本名宗之避諱改焉

鼎孝女宇舜英尚書左右司員外郎天驥之長女也年二

十三適進士張伯豪伯豪卒歸父母家及哀宗遷歸德天

驥留汴崔立劫殺宰相天驥被創甚日夜悲泣恨不即死

舜英謁醫救藤百方至割其股雜他肉以進而天驥竟死

時京城圍已食盡間巷間有嫠妻易一飽者重以崔立之

變劇奪囊橐凌辱無復人理舜英讀書知義理自以年尚少

艾夫既亡父又死非命比為兵所汗何若從吾父子地下

子葬其父之明日絕脰而死一時女賢之有為泣下者

其家以舜英合葬張伯豪之墓

完顏仲德妻不知其族氏崔立之變囊自毀其容服攜妾

及二子繼以采蔬自汴走蔡被圍丁男皆乗城拒守謂

仲德曰事勢若此丈夫能為國出力婦人獨不能耶率諸

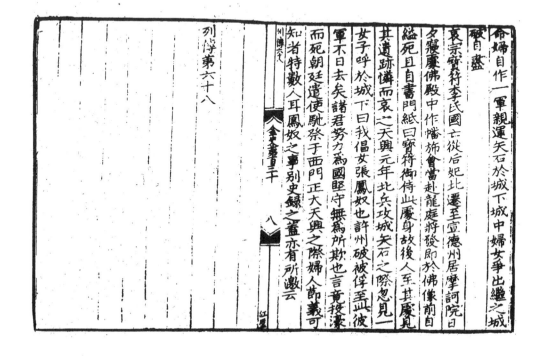

命婦自作一軍親運矢石於城下城中婦女爭出縋之城

破自盡

哀宗賫符李氏國亡從后妃北遷至宣德州居摩訶院日

夕饗廬佛殿中作幡施會嘗赴龍庭將發即於佛像前自

縊死且自書門紙曰賫符御侍山廬身故後人至其慶見

其遺跡憐而哀之天興元年北兵攻城矢石之際忽見一

女子呼於城下曰我倡女張鳳奴也許州破被俘至此彼

軍不日去矣諸君努力為國堅守無為所欺也言竟投漿

而死朝廷遣使馳祭于西門正大天興之際婦人即義可

知者特數人耳鳳奴之事別史錄之蓋亦有所激云

列傳第六十八

閔閔　重言司者福蕃之四卷東即喜孫秦推　題領　經筵採修勸　臉肥　奉

敕修

宦者

梁珫　宋珪〔潘守恒附〕

古之宦者皆出於刑人刑餘不可列於士庶故掌宮寺之
事謂之婦寺馬東漢以來宦者參子以繼世唐世儒者皆
為閹人其初進也性多巧慧便僻善固恩寵及其得志黨
比糾結不可制東漢以宦者三唐又甚馬世儒論宦者之
害如毒藥猛虎之不可拯也金法置近侍局當與政事而

宦者少與焉惟海陵時有梁珫董宗時有梁道李新喜干
政二君為所誤多矣世傳梁道勤董宗納李妃後宮金史
不載梁道始末弗得而論次之惟宋珪潘守恒頗能諷諫
宣哀時有褅信傳制宦者惟掌採建宮閣之事天德三
梁珫本大臭家奴隨元妃入宮以閹堅高海陵性便使

年始以王光道等曰人以軍竟立大功此中宜無人乎卿等宜恐
善迎合特見寵信傳制官者惟掌採建宮閣之事天德
莊宗委張承業以軍竟立大功此中宜無人乎卿等宜恐
藏海陵謂光業等曰人言官官不可用朕以為不然後唐
此意特藏之物皆出民力費十致一當糾察姦弊犯者必

司無赦官者始與政事而珫委性任尤甚累官近侍局使及
營建南京宮室海陵數數使珫性視工役是時一殿之費
已不可勝計珫或言其未善即盡撤去雖丞相張浩亦曲
意事之與之均禮海陵欲伐宋珫因極言宋妃貯貨褓之
傾國海陵大喜及南征命珫兒高師姑　　劉貴妃絕色亦

新橐者偽得劉貴妃用之議者言珫與宋通謀勸帝伐宋
徵天下兵以疲弊中國海陵至和州聞珫與宋人交通有
狀謂珫曰聞汝與宋國交通傳洩事情汝本娼隸朕披擢
至此乃敢爾耶若至江南詢實迹殺汝亦未晚也又謂
校書郎田與信曰爾面目亦可疑必與珫同謀者皆命執

於軍中海陵遇弒珫與信皆為亂軍所殺
宋珪本名乞奴燕人也為內侍殿頭宣宗實以元夕欲觀
燈戲命乞奴監作乞奴諫語云社稷棄之中都南京作燈
戲有何可看耶宣宗微聞之狀之二十既而悔之有盲宣諭
近侍放鴿後珫逸去物近侍追訪之市中一農民臂此

讕乃得事聞哀宗惡其大許又狀之尋亦悔殺左
直懷人豈可宣示四方哀宗欲歸德馬軍元帥濟察官奴為變殺左
高譏人豈可宣示四方哀宗至歸德馬軍元帥濟察官奴為變殺左
丞李蹊參政石盞女魯歡以下從官三百餘人君皇之際
物慰遣之及哀宗惡其大許又狀之尋亦悔殺左

哀宗不得巳以官奴權參知政事既爲所制含欲誅之
未能也及官奴往亳州珪陰與奉御吾古孫愛實納蘭忆
荅護衛女奚烈完出范陳僧王山兒等謀誅之官奴自亳
還哀宗御臨獵亭召參政張天綱及官奴議事官奴入見
珪等哀宗殺之及其黨珪與完顏斜烈焦春和等皆從死有潘
宗自縊於幽蘭軒珪與完顏斜烈焦春和等皆從死有潘
守恒者亦内侍也素稱知書南遷後規益甚多及哀宗自
蒲城走歸德道次民家守恒進㗅曰願陞下還宮之日無
忘此草廬中更加儆素以濟大業上聞其言慷慨涕嗟久
之

方伎

劉完素　張從正　李慶嗣
紀天錫　張元素　馬貴中
武禎　子元　李懋　胡德新

太史公叙九流述方技載之七略後世史官作方技傳蓋祖其意
書以術數方枝載之七略後世史官作方技傳蓋祖其意劉歆校中秘
以傳其秘奥耳秦人致以周易言之筮斯豈易言哉第
馬或曰素問内經言天道消長氣運嬴縮假醫術託岐黃
古之爲術以吉凶導人而爲善後世術者或以休咎導人
爲不善古之爲醫以活人爲功後世醫者或因以爲利而

誤殺人故爲政於天下雖方技之事亦必慎其所職掌而
務旌別其賢否爲金世如武禎武元之信而不誣劉完素
張元素之治療燮學其術者皆師尊之不可不記云
劉完素字守真河間人嘗遇異人陳先生以酒飲守真大
醉及寤洞達醫術若有授之者乃撰運氣要旨論精要宣
明論廬庸醫或出妄說又著素問玄機原病式特舉二百
八十八字注二萬餘言然好用涼劑以降心火益腎水爲
主自號通元處士云

宗劉守真用藥多寒涼然起疾救死多取效古醫書有汗
張從正字子和睢州考城人精於醫貫穿素之學其法
下吐法亦有不當汗者汗之則死不當下者下之則死不
當吐者吐之則死各有經絡脉理世傳黃帝歧伯所爲書
也從正用之最精號張子和汗下吐法妄庸淺術習其方
劑不知察脉原病往往殺人此庸醫所以失其傳之過也
其所著有六門二法之目存於世云
李慶嗣洛人少舉進士不第而學醫讀素問諸書洞曉
其義天德間歲大疫廣平尤甚貧者往往閉門臥病所
携藥與米分遺之全活者衆慶嗣年八十餘無疾而終所
著傷寒纂類四卷攺證活人書三卷傷寒論三卷針經一
卷傳於世

紀天錫字齊卿泰安人早棄進士業學醫精於其術遂以
醫名世集註難經五卷大定十五年上其書授醫學博士

張元素字潔古易州人八歲試童子舉二十七試經義進
士犯廟諱下第乃去學醫無所知名夜夢有人用大斧長
鑿鑿其心開竅納書數卷於其中自是洞徹其術河間劉完
素病傷寒八日頭痛脉緊嘔逆不食不知所為元素往候
完素面壁不顧元素曰何見待之卑如此哉既為診脉謂
之曰脉病云云元素曰然初服某藥用某味平曰汗不能出
誤矣其味性寒下降走太陰陽亡汗不能出今脉如此當
服某藥則效完素大服如其言遂愈元素自此顯名平

素治病不用古方其說曰運氣不齊古今異軌古方新病
不相能也自為家法云

馬貴中天德中為司天提點興校書郎元素曰
異伫旬海陵皆杖之黙貴中為大同府判官高守之奏天象災
監正隆三年三月辛酉朔日食當食不須頒示內外海陵代宋
貴中曰自今凡遇日食皆面奏不食海陵謂

飛大風海陵以問貴中對曰伏陰遏陽所以震也又問曰
當震大風何也對曰土失其性則地震風為號令人君命
令嚴急則有烈風之物之災六年二月甲辰朔日前年八月二十九
日太白入太微右掖門九月二日至端門九月二日至左掖門
戴貴海陵間近日天道何如貴中對曰前年八月二十九
日太白入太微右掖法太微為天子南宮太白兵將之象其占
兵入天子之廷海陵曰今將征伐而兵將出入太微正其
事也貴中又曰使者或為兵或為賊海陵曰兵興之際小
受事此當有出使者或為兵或為賊海陵曰兵興之際小
盗固不能無也及被害于揚州貴中之言皆驗大定八年

世宗擊毬於常武殿貴中上疏諫曰陛下為天下主守宗
廟社稷之重圍徽擊毬皆危事也前日皇太子墜馬可以
為戒臣願一切罷之上曰祖宗以武定天下豈以承平遽
忘之邪皇統嘗罷此事當時之人皆以為非朕所親見故
示天下以習武耳十年十一月皇太子生日世宗宴百官
于東宮上飲歡甚貴中被酒前跪欲言事錯亂失次上不
之罪但令扶出

武禎宿州臨渙人祖官太史靖康後業農後畫界屬金禎
深數學貞祐間行樞密院僕散安貞聞其名召至徐州以
上客禮之每出師必貲馬其占如響正大初徵至汴京待

詔東華門其友王鉉問禎曰朝廷若修短子何以
對禎曰當以實告之但更言周過其應泰不及期亦在修
德耳時父旱祈禱不應朝廷為憂禎忽謂鉉曰足下今日
早歸恐為雨阻鉉萬里無雲赤日如此安得有雨禎笑
曰若是則天不誠也天何甞不誠既而東南有雲氣潤失
蔽天平地雨注二尺衆皆驚嘆尋除司天臺管勾子亢寡
言笑不妄交甞與一學生終日相對挫簒畫目烔烔若
有所營見者莫測也哀宗至蔡州右丞完顏仲德薦其術
召至屏人與語大悅除司天辰行賞賚甚厚上書曰比者
有星變于周楚之分彗星起于大角西掃軒之左軸蓋除
舊布新之象又奇鄭楚周三分楚當赤地千里兵凶大起
王者不可居也又曰蔡城有兵喪之兆楚有亡國之徵三
軍苦戰於西垣前後有日矣城雖傾頹內無見糧外無應
兵君臣數盡之年也聞者悚然奪氣哀宗惟嗟嘆良久不
以為罪性頗倨傲朝士以此非之天興二年九月蔡州被
圍元奏日十二月三日必攻城及期果然末帝問曰解圍
當在何日對日明年正月十三日城下無一人一騎矣帝
不知其由乃喜圖解有期日但密計糧草使可給至其日
不關者明年甲午正月十日蔡州破十三日
大元兵退是日亢赴水死云

李懋不知何許人有異術正大間游京兆行省完顏合達
愛其術與之俱至汴京薦於哀宗遣近侍問國運吉凶言
無忌避居之繁臺寺朝士日走問之或能道隱事及吉凶
之變人以為神帝惡其言太洩道使之使者乃持酒
肴入寺懋出迎笑曰是矣使者曰何謂也我數甞盡
今日尚復何言遂索酒痛飲就死
胡德新河北士族也寓居南陽徃來宛葉間酤酒落魄不
聽言禍福有奇驗正大七年夏與燕人王鉉避寇於葉縣
村落中與鉉初不相識坐中諼以兵官對胡曰此公在吾
法中當登科甲何以謂之兵官衆愕然遂以實告二人相
得甚歡即命家人具雞酒以待酒酣樂大白相屬曰君此
去事業甚遠不必置問其有所見父不敢對人言今欲告
子遂邀至野田密謂曰其人去年來行宛禁道中見往來
者十且八九有死氣至陳許間見其人亦有太半當
死者若吾目可用則時事可知矣鉉驚問應驗遲速曰不
過歲月間耳其亦不逃此厄請察誌之明年
大元兵由金房入取峭石灘漢所過廬金簫然胡亦畢
家及雜其精驗如此

脫脫　奉敕撰

逆臣

秉德　本名乙辛　唐括辨　　烏帶

大興國

僕散師恭　本名土徒單員

完顏元宜

紇石烈執中　本名胡沙虎

徒單阿里出虎

李老僧

〈金史百三十二〉

善也。作逆臣傳。

昔者孔子作春秋，而亂臣賊子懼，其法有五焉：微而顯，志而晦，婉而成章，盡而不汙，懲惡而勸善。夫德惡乃所以勸

秉德本名乙辛。初為西南路招討使，改汴京留守。丁母憂，起復為兵部尚書，拜參知政事。皇統八年，與烏林荅蒲盧虎等廉察郡縣，使還，拜平章政事。延議欲徙遼陽渤海人，虎等廉察郡縣使還，合議其事。近侍高壽星在徒中，壽星訴於悼后，右以白帝，帝怒杖秉德而殺三合。是時熙宗在位，父悼后，右干政，而繼嗣未立，帝無聊不平，屢殺宗室，甚厲大臣。秉德以其故懷怨，乃與唐括辨烏帶烏土阿里忽出大興國等謀廢立。烏帶辱以其謀告海陵，海陵乃與秉德謀弒熙宗。皇統九年十二月九日，遂與唐括辨烏帶烏土阿里忽出大興國

〈金史百三十二〉

李老僧海陵妹夫特厮弒熙宗于寢殿，殺秉德。初意不在海陵。巳弒熙宗，未有所屬，忽土奉海陵坐，秉德等位在海陵上，因被杖，怨望謀廢立，而海陵因之以為亂。既立，以秉德位在海陵，賜鐵券與錢二千萬絹一千。歲殺國王宗敏，左丞相奉海陵，時秉德坐秉德位在海陵上。殺熙宗不即勸。

四馬牛各三百羊三千父之限十日內發行，會海陵欲除省事。時秉德方在告，巫召之，為烏帶所譖，出領行臺尚書。太宗諸子并除，秉德以秉德與宗本謀反有狀曰，昨來秉德賣進街之烏帶，因言秉德與宗本謀弒熙宗，有福貌類趙太祖。於宗本家飲酒，海州刺史子忠言秉德嘗指斥主上語皆不。

秉德偃仰笑受其言，冊秉德妻嘗指斥主上語，皆不順。及秉德與宗本相別時，指斥尤甚，且謂曆數有歸。秉德招刑部侍郎漫獨曰，巳前曾說那公事頗記憶否，漫獨曰，不存性命，事何可對眾便說，似此逆狀甚明，贊謀遺使就，行臺殺秉德，并殺前行臺左丞溫敦思忠，乘是并誅贊。思忠殺秉德并殺前行臺左丞溫敦思忠，乘是并誅贊。秉德顥貨無厭，贊謀與前行臺，初贊謀薄之，由是有隙，故思忠同在行臺，謀及其子殺之，贊謀不肯跪受刑，行刑者立而縊殺之，以口語致。陵以贊謀家財奴婢盡賜思忠而縊殺之海。既死遂并殺其弟特里乣里及宗翰子孫死者三十餘人

宗翰之後遂絕世宗即位追復秉德官爵贈儀同三司初
撒改薨宗翰襲其猛安親管謀克秉德死海陵以賞烏帶
傳其子兀朮補大定六年世宗憫宗翰無後詔以猛安謀
克還撒改曾孫盆買遣使改葬撒改宗翰於山陵西南二
十里百官致奠其家產給近親以奉祭祀秉德既死其中
都宅第左副元帥昴居之呆死海陵遷都迎其嫡母徒單
氏居之徒單遇害世宗惡其不祥施爲佛寺

唐括辯本名斡骨剌尚熙宗女代國公主爲駙馬都尉累
官參知政事尚書左丞與右丞相秉德謀廢立而烏帶以
王子阿楞海陵曰阿楞屬疎安得立辯曰公豈有意邪海
陵曰若不得已捨我其誰於是旦夕相與密謀護衛將軍
特思疑之以告熙宗熙宗怒召辯責之曰爾與亮謀何事
誰可立者辯曰無乃肝王常勝乎海陵問其次辯曰鄧
事悼后以告熙宗熙宗怒召辯責之曰爾與亮謀何事
其母悼后作佛事居入寺中故海陵秉德等俱會於辯家至
夜辯等以刀藏護衣下相隨入宮門者以辯詗馬不疑皆以
之至殿門直宿護衛覺之辯舉刀呵之使無動既弒熙宗
立海陵辯爲尚書右丞相兼中書令封王賜錢二千萬緡

千四馬牛名三百羊三千并鐵劵進拜左丞相父彰德軍
節度使重國遷東平尹初辯與海陵謀逆辯嘗言其家奴
多可用者海陵固已懷之及行弒之夕會於辯家待與國
出宮辯因設饌衆皆惟懼不能食辯獨飽食自若海陵指
此知其忮忍畏忌之及即位嘗與辯觀太祖畫像海陵由
宗辯曰此眼與爾相似辯色動海陵亦色動由是疑辯益
忌之及與蕭裕謀致宗本罪并致辯嘗與宗本謀反即教
之重國坐奪官正隆二年起爲沂州防禦使改清州防禦
使大定初重國與徒單拔改俱以政跡著聞歷安國彰化
橫海軍節度使後辯子孫上書言辯死天德間祖重國亦
已降爲庶人以辯與弒逆不許言本名

坐追削正隆初重國已復官職乞追復辯官爵是時海陵
烏帶行臺左丞相阿魯補子也熙宗時累官大理卿熙宗嘗怒
不常大臣往往危懼右丞相秉德左丞唐括辯謀廢立烏帶即詣
海陵啓之送與俱弒熙宗海陵即位烏帶爲平章政事封
許國王賜鐵劵辯馬牛羊鐵劵並如其黨烏帶嘗妻唐括氏濟
洪舊與海陵通又私其家奴閭乞兒秉德對熙宗斥其
事烏帶銜之未發也時海陵多忌會有疾少間烏帶遂詣
妻秉德有指斥語曰嬰兒豈能勝天下大任必也
者臣曰主上有指斥語曰主上數日不視朝若有下謀誰當繼

萬王手海陵以為實然故出秉德已而殺之以秉德世襲
猛安謀克授烏帶進右丞相兼親海陵以烏
帶告秉德事故宗本之禍烏帶獨免送以秉德千戶謀克
及其子婦家產盡賜之進司空左丞相兼侍中居數月烏
隨之去已而海陵御殿使知烏帶率百官出朝先趨出朝惡之遂落司
空出為崇義軍節度使後海陵思慕宗唐括容色因其侍婢
傷使其子兀荅補佩金符乘驛起衰追封為王仍詔有司
送其靈車賜縜三百為道途費納唐括於宮中封為貴妃兀

荅補襲猛安謀克大定六年以猛安謀克還撒改曾孫以
阿魯補謀克授兀荅補終同知大興尹子瑭本名烏也阿
補以曾祖阿魯補功充筆硯袛候
大興國事熙宗為寢殿小底權近侍局直長最見親信未
嘗去左右每遽夜熙宗就寢興國時從主者取符綸歸家
主者即以付之聽其出入以為常皇統九年海陵生日熙
宗使興國以宋司馬光畫像及他珍翫賜海陵悼居亦以
物附賜熙宗不悅杖興國一百海陵謀弒意先得興國迺
可伺間入宮行大事且度興國無罪被杖必有怨望心可與謀乃
乘此說之乃因李老擋結興國既而知無異心可與謀

乃至卧內令解衣欲興之俱卧内意有所屬者興國固辭不
敢曰即有使惟大王之命海陵曰上無故殺常勝又殺
皇后乃以常勝家產賜阿楞既又殺我我深
以為憂奈何興國曰是固可應之海陵又殺阿楞送以賜我旦夕危懼
皆不自保向者我生日因皇后附賜物君皆將不免寧坐待死何如
舉大事我與大臣數人謀議已定爾以為如何興國取
疑主上審言須殺君我與君皆不免寧坐待死何如
大王言事我不可緩也乃約十二月九日夜起事興國先取符
鑰開門矯詔召海陵入夜二更海陵秉德等入熙宗求
佩刀於御榻上是夜興國先取授桷下及亂作熙宗常置

刀不得遂過弒海陵既立以興國為廣寧尹賜奴婢百口
犀玉帶各一鋄絹馬牛鐵券如其黨進階金紫光祿大夫
再賜興國錢千萬黃金四百兩銀千兩良馬四四驅車一
乘橐駝三頭真珠巾王鈎帶玉佩刀及王校鞍轡天德四
年改崇義軍節度使賜名邦基再授絳陽武寧節度使改
河間尹世宗即位廢于家凡海陵所賜皆奪之大定中邦
基兄邦傑自京兆判官還世宗曰大邦傑因其弟進讒廟
紳豈可復用併罷其子弟與所贈父官及海陵降為庶
人詔曰大邦基興海陵同謀弒逆通誅至今為幸多矣逐
磔于思陵之側

徒單阿里出虎會寧蒲魯渾斡合葛忽中人徙懿州父拔改太祖
時有戰功領謀克昌速館軍帥皇統四年爲兵部侍郎歷
天德軍節度使改興中尹與宗幹世爲姻家皇統九年阿
里出虎與僕散忽土俱爲護衛十人長海陵將弒熙宗欲
得二人者爲内應忽土遂許以女妻阿里出虎子而以逆謀告
之阿里出虎素凶暴聞其言甚喜曰阿家此言何晚邪廢
立之事亦男子所爲主上不能保天下人墊所屬惟在阿
家今日之謀乃我素志也遂與忽土俱以十二月九日直

忽土次之熙宗頓仆海陵復刃之血濺其面及衣海陵既
立以阿里出虎爲右副點檢賜銀絹馬牛羊如其黨朮
斯剌尚榮國公主合女加昭毅大將軍駙馬都尉天德二
年留守東京加儀同三司八月改河間尹世襲臨洮府路
斜剌阿猛安領親管謀克以臺去職起復爲太原尹封王
阿里出虎自謂有佐立功受鐵券凶狠盆甚奴視僚屬少
忤其意輒箠撻屢無所恓常問休咎於卜者高鼎遂以少
占問張王乞王乞以謂當有天命阿里出虎喜以王乞部
告鼎鼎上變阿里出虎伏誅并籍其妻及王乞海陵使其
子朮斯剌焚其尸投骨水中枝改自西京留守歷西南路
招討使忠頓軍節度使入爲勸農使復爲河間尹改臨洮

尹入爲工部尚書改與平軍節度使濟南尹卒
僕散忽土本名忽土上京老海達萬人本微賤宗幹嘗周
恤之權置宿衛爲十人長海陵謀逆以忽土出自其家有
恩欲使爲内應謂之曰我有一言欲告君父恐泄於人
未敢也忽土曰肌肉之外皆先太師所賜茍有補於國王
死不敢辭先太師謂宗幹也海陵曰主上失道吾將行廢
立事必得君爲助乃可忽土曰事至此乃相與排闥而入熙
宗妻德等尚未有所屬忽土曰始者議立平章今復何與
海陵因之入宮至寢殿熙宗聞步屧聲知之衆皆先立熙

乃舉海陵坐衆前稱萬歲遂召曹國王宗敏至即使忽土
殺之既即位忽土爲左副點檢賜銀絹馬牛羊鐵券都
點檢改名思恭遷會寧牧拜太子少師工部尚書封王頑
之以憂解職起復爲樞密副使進拜樞密使貞元三年爲
右丞相正隆初拜太尉復爲樞密使無何以憂去起復爲
太尉樞密使海陵至汴京賜忽土第一區鄰軍官官徙
里太右所居也忽土時時入見太后及契丹撒八反海陵
命忽土與蕭懷忠比伐比行忽土入辭寧德官宮徒父
之海陵聞而惡之疑其與太后有異謀是時蕭玆剌幹盧
補與契丹撒八連戰皆無功糧運不繼乃退軍臨潢而撒

八聞師恭以大軍且至乃誣歸大石沿龍駒河西去師恭
至臨潢追之不及海陵遣樞密副使白彥敬等討撒八師
恭遂遣其子忽殺虎乘傳逆之至則執而戮于市師臨
刑繩枚室口不能言但舉首視天日而已遂族滅之并誅
滅蕭禿剌蕭懷忠家大定初皆復官爵及海陵降爲
庶人師恭以預弒復削之世宗幸上京過老海達蔑師恭
族人臨潢尹守中定遠大將軍阿里徒等皆奪師恭
臣在軍中忽土願有精甲一萬三千有餘賊軍雖多皆曾
不及皆坐誅遂虐其族虐之甚也平章政事裹對曰是時
年上謂宰臣曰海陵遣僕散師恭蕭禿剌蕭懷忠對曰是時
上曰審如是則誅之可也兄渾坦
族之人以艷縱爲甲易與也忽土等惟怯遷延職乃遁去

徒單貞本名特思忒黑闕剌人也祖抄從太祖伐遼有功
授世襲猛安父婆盧火以戰功累官開府儀同三司貞娶
遼王宗幹女海陵同母弟也皇統九年貞與海陵俱弒
熙宗海陵既立以貞爲左衛將軍封貞妻平陽長公主
爲駙馬都尉殿前左副點檢轉都點檢兼太子少保封王
改大興尹都點檢如故俄授臨潢府路晉斯昏猛安居二
年海陵召貞最之曰汝自幼常在左右頗著微勞而近日
乃息忽縱有罪樹私恩凡人富貴而驕皆死徵也汝若不

制沴心將無所不至賜之死復何辭朕念弟襄及公主與
朕同胞故少示懲戒貞但號泣即日解職仍爲大興
尹復戒之曰今而後能以勤自勵朕當思之不然黜爾例伐宋
田里矣逾月復爲都點檢轉同判入宮轉正大興尹如故正隆二年例封藩
遷樞密副使賜佩刀入宮世宗正隆海陵將伐宋
詔朝官除三國人使宴飲其餘飲金吾太重固當諫古人三
立春節益都尹京安武節度使奭金吾上將軍阿速飲於
貞第海陵使周福兄賜土牛至貞第見之以告海陵召貞
語之曰戎事方殷禁百官飲酒卿等若以飲酒殺人太重固當諫古人
死海陵數之曰汝以飲酒殺人太重固當諫古
諫不聽亦勉從君命魏武帝軍行令曰犯麥者死巳而所
乘馬入麥中乃割髮以自刑犯麥微事也然必欲以示信
朕爲天下主法不能行于貴近屬曲貸死罪於是杖貞七十
惟朕與公主各杖一百貞皆近屬曲貸死罪於是杖貞七十
京等三人各杖一百貞爲安武軍節度使奭州刺
史奭歸化州刺史無何拜貞御史大夫以本官爲左監軍
從伐宋至揚州海陵死北還見世宗于中都詔以貞爲左監軍
皇太子妃除貞爲太原尹改咸平貞在咸平貪汙不法累
贓鉅萬徒貞定尹事覺世宗使大理卿李昌圖鞫之貞即
引伏昌圖還奏上問之曰貞僨職否對曰柔也上怒抵昌

圖罪復遣刑部尚書移剌道往真定問之徵其贓還主有
司徵給不以時詔先以官錢還其主而令貞納官凡還主
贓皆準此例降貞為博州防禦使降貞與妻為清平縣主頃
之遷鎮武節度使遣使者往戒勑之詔曰朕念卿懿戚不
待終考更遷大鎮非常之恩不可數得卿勿蹈前過轉河
中尹封其妻為任國公主賜王吐鶻魯弓矢賜貞妻錢萬
貞擊毬馬二匹改東京留守賜王其子孫及諸女皆降貞降
貫有司奏海陵已貶為庶人宗幹不當猶稱帝於是以宗
幹有社稷功詔追封其子孫及諸女皆降貞妻降
永平縣主貞自儀同三司降特進奮猛安不稱駙馬都尉

譚州　金史百三十二　十二　章

再徙臨潢尹初與弒熙宗凡九人海陵以暴虐自斃秉德
辯忽土阿里出虎以疑見殺言以妻殯裕老僧以反誅至
是貞與大興國尚在而興國擄棄不用獨貞以世姻籍恩
寵雖夫婦降削爵號而世宗廬久遠終不以私恩曲庇
之詔誅貞及其妻與二子陸補火慎思十六而宥其諸孫俄而興
國亦誅皇統逆黨盡矢章宗即位尊母皇太子妃為皇太
后追封貞為太尉梁國公貞祖抄司空魯國公公父婆盧火
司徒齊國公貞妻梁國夫人子陸補火慎思十六俱為鎮
國上將軍無何再贈貞太師廣平郡王謚莊簡貞妻進封
梁國公主

本老僧舊為將軍司書吏與大興國有親素相厚海陵秉
政與國屬諸海陵海陵以為省令史及將舉事使老僧結
興國終為海陵取符鑰納海陵宮中成弒逆者老僧
為之也海陵既立以老僧為同知廣寧尹事賜錢千萬絹
僧由是不忍致其死罪遲疑者久之海陵再使小底詰論
促老僧乃與弒身家奴六斤謀殺弒疑中語在貞傳及
耶律安禮自廣寧還朝海陵謂之曰李迭三罪伏其一已

傳　金史百三十二　十三

求其罪不可得遂以廣寧常尹再任老僧傳待之甚厚
亨攜致其罪耳喜博及至廣寧常與老僧使伺察
五百四馬牛各二百羊二千餘之海陵惡輮王耳將殺之
見斂望爾乃梁王故吏若耳伏辜必罪及親族故榜殺之
海陵以老僧於身有遲回意遂降老僧為易州刺史父之
還同知大興國賜名性忠惡傳待小底詰論
部尚書可喜謀反誅

論曰書曰王左右常伯常任準人綴衣虎賁周公曰嗚呼
休茲知恤鮮哉穆王告伯問曰慎簡乃僚其無以巧言令
色便辟側媚其惟吉士金人所謂寢殿小底猶周之綴衣
所謂護衛猶之虎賁也則皆羣僕侍御之臣夫海陵弒
逆而大興國忽土阿里出虎為之扼聚皆出于小底護衛
之中熙宗固不知恤之也一日熙宗與近侍飲酒會夜稽

古殿火上欲往視都點檢解不失引帝裾止之奏曰臣在
此陛下何患願無親往熙宗謂解不失酒甚怒之明日
杖而出之巳而思其忠復召用海陵與唐括辯時時屏
人私語護衛特察其非常海陵擁而殺之皇統末年羣
臣解體無尊君謹上之心而羣姦竊發僕御之臣不復有
如觧不失特思者矣綿之詩曰予有趺附于曰有先後
予曰有奔走先後曰有禦侮嗚呼先後禦侮之臣豈可少哉
完顏元宜本名阿列一名移特輦本姓耶律氏父慎天
輔七年宗望追遼主至天德還來降且言夏人以兵迎
遼主將渡河去宗望移書夏人諭以禍福夏人乃止賜

思姓完顏氏官至儀同三司元宜便騎射善擊毬皇統元
年充護衛累遷邇里本群牧使入為武庫署令特符實
海陵[宜復姓耶律氏歷順義昭武軍都總管以大名路騎兵
農使海陵伐宋以本官領神武軍都總管以大名路騎兵
萬餘盡之前鋒渡淮援昭關遇宋兵萬餘于柘皋力戰卻
之至和州宋兵十萬來拒元宜麾軍力戰抵暮而罷宋人
乘夜襲營元宜擊走之黎明追及宋兵斬首數萬以功遷
銀青光祿大夫海陵增置浙西路都統制使元宜領之督
諸軍渡江佩金牌賜衣一襲是時世宗巳即位于遼陽軍

中多懷去就海陵軍令慘急丞欲渡江衆欲亡歸決計於
元宜猛安唐括烏野曰前阻淮渡皆成擒矣比闚遼陽新
天子即位不若共行大事然後舉軍北還元宜曰待王祥
至謀之王祥者元宜子為驍騎副都指揮使元宜在別軍元宜
使人密召王祥旣至遂約詰旦渡江衆皆懼乃以舉事
告之皆許諾十月乙未黎明元宜子為驍騎副都指揮
率衆犯御營海陵聞亂以為宋兵起大慶山曰事急矣當出避之
欺其衆曰有令爾輩皆去馬詰旦渡江衆入帳
徒單守素猛安唐括烏野謀克斡盧保妻薛溫都長壽等
中取視之愕然曰乃我兵也大慶山曰事急矣當出避之

海陵曰走將安往方取弓矢中箭仆地延安少尹納合斡
魯補先刃之手足猶動遂縊殺之驍騎指揮使大磐整兵
來救王祥出語之曰無及矣大磐乃止軍士攘取行營服
用皆盡乃取大磐衣巾裹海陵尸焚之遂收尚書右丞李
通浙西路副統制郭安國監軍徒單永年近侍局使梁琀
副使大慶山皆殺之元宜行在領軍副大都督使使者
殺皇太子光英于南京大軍北還大定二年春入見拜御
史大夫不正亦被科舉職事有大於此者爾宜勉之未幾拜
衣冠不正亦被科舉職事有大於此者爾宜勉之未幾拜
平章政事封翼國公賜玉帶甲第一區復賜姓完顏氏往

泰州路規措討契丹事元宜使忠勇校尉李萃招寄幹寄

斡殺萃詔追贈萃進官四階五月上聞元宜將還遣使止

之契丹已平元宜還朝奏請益臨潢戍軍士馬詔給馬六百四

牧盆二十副元宜復請益諸群收鎧甲詔從之每群

父之罷為東京留守乞還所賜甲第上從之賜以鎧甲吐

鶻廐馬海東青鶻未樂致仕薨于家上聞之遣使致祭贈

贈甚厚大定十一年尚書省奏擬納合斡曾補除授上曰

官使其世襲謀克姑聽仍舊大定十八年扎里海上言凡

為人臣能捍災禦祟悔有功者宜錄用之今弑海陵者以為

有功者宜以高爵非所以勸事君也宜削奉以為人臣之戒

臣在當時亦與其黨如正名定罪請自臣始上曰扎里海

自請其罪以勸事君此亦人之所難遂以扎里海充趙王

府柢候郎君元宜子習涅阿補大定二十五年為符寶郎

候乞依女直人例遷官上曰賜姓一時之權宜令習涅阿

補還本姓

論曰春秋書齊公子商人弑其君舍又曰齊人弑其君商

人嘆乎弑舍者商人也弑商人者邴歜閻職去之海陵之

宗完顏元宜弑海陵商人之弑也邴歜閻職去之海陵之熙

弑也元宜歸于世宗郱閻賊役元宜都將也握君之親兵

窺利以弑之其罪豈容誅乎世宗惟能不大用之而已扎

里海猶殺人而自首免者也在律殺人未聞惟首免罪而又

予賞者也況弑逆乎海陵弑五十三年復有胡沙虎之事

紇石烈執中本名胡沙虎阿踈喬孫也世徙東平路猛安大

定八年充皇太子護衛太子僕丞陂鷹坊直長再遷

鷹坊使拱衛直指揮使丁母憂起復德軍節度使改開遠軍

兼西南路招討副使儀知大名府事永安二年召為殿嚴

還興平軍節度使後時飲以酒酒味薄執中怒毆傷移剌年

五十未幾遷右副點檢薛傲不奉職降肇州防禦使勤年

保迎謁時拱衛直指揮使明昌四年使過居監酒官移剌

密院事詔佐丞相襄征伐執中不欲行奏曰臣與襄有隙

旦殺臣矣上怒其甚不遜事下有司既而被之出為永定

軍節度使政西北路招討使復為永定軍坐奪部軍馬解

職泰和元年起知大興府事詔契丹人立功官賞恩同女

直人許存養焉匹得充司吏譯人著為令執中格詔不下

上責之曰汝雖意在防閑而不知朝廷自有定格自今勿

復如此煩碎生事也乃下詔行之淶州人魏廷實祖住兒

舊為靳文昭家放良天德三年編籍正戶巳三世矣文昭

孫勳誣廷實為奴及妄訴歐署警巡院鞫對無狀法當訴

本貫勳訴于府執中使廷實納錢五百貫與勳廷實不從

還淶水執中徑遣鐫致廷實御史臺請移問執中轉奏御
史臺不依制府未結斷令移推詔吏部侍郎李炳戶部侍
郎粘割合沓推閱炳執中貪殘御史臺理直詔乃切責執中
御史中丞孟鑄奏彈執中貪殘專恣不奉法令冒支
累過不愧既業恩賚轉生跋扈如雄州詐認馬平州冒支
俸破魏廷實發其家墓拜表不稱京尹之任上曰執中以
擅令停職輒鑄對曰明天子在上豈容有跋扈之臣上意似
有跋扈輒鑄對曰明天子在上豈容有跋扈之臣上意以
政事僕散揆宣撫河南執中除山東東西路統軍使揆行
取閱奏章詔尚書省問之由是改武衛軍都指揮使平章

省汴京伐宋升諸道統軍司為兵馬都統府執中為山東
兩路兵馬都統定海軍節度使完顏撒剌副之執中分兵
駐金城胸山請益發東平路兵屯密沂寧海登萊以過兵
衡詔從之時泰和六年四月也五月宋兵犯金城執中遣
巡檄使周如以騎兵三百禦之會宋益兵轉趨沭陽謀克
三合伏卒五十人篁竹中伺宋兵過突出擊之殺十數人
追至縣城宋兵不敢出會周如以兵入城宋兵蹴城走三
合已焚其舟合擊大破之斬首五百餘級殺宋統領李瓊
橋忠義軍將呂璋十月執中率兵二萬出清口宋以步騎
萬餘列南岸戰艦百艘拒上流相持累日執中以舟兵二

千搏戰過宋舟兵遣副統移剌古與涅墜率精騎四千自下
流徑渡宋兵望騎兵登南岸水陸俱潰追斬及溺死者甚
衆盡獲其戰艦及戰馬三百遂克淮陰進兵圍楚州還元
帥左監軍執中繼兵虜掠官民之杖其經歷官阿里不孫
放還所掠未幾宋人請和詔罷兵除西南路招討使改西
京留守大安元年授世襲謀克復知大興府事出知太原
府復為西京留守行樞密院兼安撫使以勁兵七千遇大
兵戰于定安之北薄暮先以遊去衆遂潰行次蔚州私人
入紫荊關杖殺淶水令至中都朝廷皆不問乃還右副元
擅取官庫銀五十兩及衣幣諸物奪官民馬與從行私人

師權尚書左丞執中盡無所忌憚自請步騎二萬屯宣德
州與之三千令駐嫣川崇慶元年正月執中乞移屯南口
或屯新莊移文尚書省曰大兵來必不能支一身不足惜
預議軍事左諫議大夫張行信上書曰胡沙虎專遷私意
三千兵為可愛十二關建春萬寧宮且不保朝廷惡其言
下有司按問詔數其十五罪罷歸田里明年復召至中都
枉害平民行院山西出師無律不戰先退擅取官物杖殺
縣令屯駐嫣川乞移內地其謀畧可見矣欲使改易前
不循公道萬省部以示強梁媚近臣以求稱譽詭法行事
非以收後效不亦難乎才誠可取雖在微賤皆當擢用何

必老舊始能立功一將之用安危所係惟朝廷加察天下
幸甚丞相徒單鎰以為不可用參知政事璫跪奏其姦惡
乃止執中善結近倖交口稱譽五月詔給閤守半俸預議
軍事張行信復諫曰伏聞以胡沙虎老臣欲起而用人之
能否不在新舊彼向之敗朝廷既知之矣乃賜金牌權右副元帥將
不可乎遂止上終以執中為可用用之賜金牌欲起而用乃
武衛軍五千人屯中都城北執中乃與其黨經歷官文繡
周直長完顏醜奴提控宿直將軍蒲察六斤武衛軍鈴轄
烏古論奪剌謀作亂是時
天元大兵在近上使奉職即軍中責執中止務馳獵不恤
軍事執中方飼鷹怒攦殺之遂妾稱知大興府徒單南平
及其子刑部侍郎駙馬都尉浞烈謀反奉詔討之南平姻
家福海別將兵也於城北遣人以好語招之福海不知既
至乃執之八月二十五日未五更分其軍為三軍由童義
門入自將一軍由通玄門入執中恐城中出兵來拒乃遣
一騎先馳抵東華門大呼曰大軍至比闗已接戰矣既而
再遣一騎亦如之使徒單金壽召知大興府徒單南平
平不知行至廣陽門西宮義坊馬上與執中相見執中手
槍刺之墮馬下金壽研殺之使烏古論奪剌長完顏石古乃開亂遂召漢軍
符寶祗候繼陽護衛十人長完顏石古乃開亂遂召漢軍

五百人赴難與執中戰不勝皆死之執中至東華門使呼
門者軍百戶冬兒五十戶蒲察六斤皆不應許以世襲
猛安三品職事官亦不應呼都點檢徒單渭河渭河即徒
單鎰也渭河縋城出見執中命聚新柴東華門立梯中執
登城護衛斜烈乞兒親軍春山共搭鑲開門納執中
入宮盡以其黨易宿衛自稱監國都元帥居大興府陳兵
自衛急召都衛邸誘左丞完顏綱至軍中宣宗執中及軍官
軍士大興府興隸是夜召聲妓與親黨會飲明日以兵過
上出居衛邸諸左丞完顏綱至軍中立宣宗執中然之是時莊太子
測丞相徒單鎰勸執中立宣宗執中然之是時莊太子
在中都執中以皇太子儀伏迎莊厥入居東宮召符寶郎
徒單榅壽取符寶郎自古無異姓監國者乃止遣奉御完顏忽
一守東華門不肯從亂者召禮部令史張好禮欲鑄監國
元帥印好禮曰自古無異姓監國者乃止遣奉御完顏忽
失來等三人護衛蒲鮮班底完顏醜奴等十人迎宣宗於
彰德使宦者李思忠弒上於衛邸盡徹泚邊諸軍赴中都
平州騎兵屯薊州以自重遂戍皆不守矣九月甲辰宣宗

即位拜執中太師尚書令都元帥監修國史封澤王授中
都路和尚忽土世襲猛安以其弟安以為
都點檢兼侍衛親軍都指揮使子猾冀除濮王傳兵部侍
郎都點檢徒單渭河為御史中丞烏古論奪剌遷知平
定府事完顏醜奴同知河中府事權宿直將軍詔以烏古
論誼居第賜執中儀鸞局給供張妻王賜紫結銀鐸車戍
屯忠孝侍讀學士蒲察思忠附詔執中議眾相視莫敢言獨
降衛紹王爲庶人奏弆上詔百官議于朝堂太子少傅奧
申執中侍朝宣宗賜坐執中就坐不辭無何執中奏請

文學田廷芳奮然曰先朝素無失德尊號在禮不當削於
是從之者禮部張敬甫諫議張信甫户部武文伯廉才卿
石抹晉卿等二十四人宣宗曰朕適東平適西平豈以東海郡侯
十人曰西行是行道之人果適東平適西平豈以百人十
人爲是非哉既而讓宰執曰吾以聞宣宗使人問執中曰計
畫已定矣既而讓宰執曰吾以尚書令豈得不先與議而
大元遊騎至高橋宰臣遜謝而已提點近侍局慶山奴副使惟彌奉
御惟康請除執中宣宗念援立功侍局慶山奴副使惟彌奉
術虎高琪屢戰不利執中戒之曰今日出兵果無功當以

軍法從事矣高琪出戰復敗自度不免顧聞慶山奴諸人
有謀十月辛亥高琪逐率所將紅軍入中都圍執中第執
中聞變彎弓注矢外射不勝登垣後欲走衣結墮而傷股
軍士就斬之高琪持執中首詣闕待罪宣宗遣近侍撫諭之
詔有司量加賻贈衆乃稍安明日除特贈知德
使烏古論奪剌授知濟南府事授知平陽府事徒單金壽真授知平
陽府事蒲察六斤真授知平陽府事甲寅左諫議大夫張行
信上封事曰春秋之法國君立不以道若弑君與諸侯盟會

即列爲諸侯東海在位巳六年矣爲其臣者誰敢干之胡
沙虎握兵入城躬行弑逆當是時惟鄯陽石古乃率衆赴
援至于戰死論其忠烈在朝食祿者皆當愧之陛下始親
萬機海內望化褒顯二人延及子孫庶幾少慰貞魂激天
下之義氣宋徐羲之傳亮謝晦弑營陽王立文帝文帝誅
之以江陵奉迎之誠免其妻子胡沙虎國之大賊世所共
惡雖已死而罪名未正合暴其過惡宣布中外除名削爵
坐其家然後爲快陛下若不忍援立之勞則依做元嘉
故事亦足以示懲戒宣宗乃下詔暴執中過惡削其官爵
緣坐其家然後爲快陛下若不忍援立之勞則依做元嘉
贈鄯陽石古乃加恩其子慶山奴惟彌惟康皆遷賞近侍

局自此用事矣

論曰金九主遇弑者三其逆謀者十人熙宗之弑惟大興
國一人世宗聲其罪而磔之思陵之側徒單貞雖誅未聞
暴其罪狀後以戚晼又復贈官追封餘秉德唐括辯等六
人皆以他罪誅海陵之弑其首惡爲完顏元宜則令終焉
衛紹王之弑曰胡沙虎不死於司敗之誅而死於高琪之
手古所謂弑君之賊人得而討之者謂請于公上而以致討
焉如孔子之請討陳恒是也豈有如琪之擅殺而以爲功
者乎金之政刑其亂若此國欲不亡其可得乎

開府儀同三司右柱國錄軍國重事中書右丞相總裁官臣……脫脫奉

勅修

叛臣

張覺　子僅言
耶律余睹　禹幹

古書畔與叛通畔之爲言界也左氏曰政猶農之有畔是
也君臣上下之定分猶此疆界之截然違此向彼即爲
叛矣善惡判於咫步禍患極於懷襄吁可畏哉作叛臣傳

張覺亦書作愨平州義豐人也在遼第進士仕至遼興軍
節度副使太祖定燕京時立覺以平州降當時宋人以海
上之盟求燕京及西京地太祖以燕京涿易檀順景薊與
之平州自入契丹別爲一軍故舉與而以平州爲南京覺
爲留守既而聞覺有異志上遣使劉彥宗及斜睹諭之詔
曰平山一郡今爲南京節度使今爲留守恩亦厚矣或言
汝等陰有異圖何爲當此農時輒相扇動非去危就安之
計也其諭朕意立愛因降表留言及之及以燕京與宋而
心多不安故時立愛因降表留言及之及以燕京與宋而
遷其人獨以空城與之遷者道出平州故覺因之以作亂
天輔七年五月左企弓廣仲文曹勇義康公弼赴廣寧過
平州覺使人殺之于栗林下遂擁南京叛入于宋宋人納

之太祖下詔諭南京官吏詔曰朕初駐蹕燕京嘉爾吏民
率先降附故升府治以爲南京減搖役薄賦稅恩亦至矣
何苦輒爲叛逆今欲進兵取時方霖月不忍以一惡人
而害及衆庶且遼國舉之已敗覺兵有孤城自守時暑
四州闔母自錦州近郊欲乘勝攻南京時暑欲復與戰于兎
坐首惡餘並釋之覺兵五萬屯潤州近郊欲發遠來潤隔
耳山闔母大敗覺報捷于宋宋建平州爲泰寧軍以覺爲
節度使張敦固等皆加徽猷閣待制以銀絹數萬犒軍宗
望軍至南京城東覺兵大敗宵遯遂奔宋入于燕京宗望
以納叛責宋安撫司索張覺宣撫王安中匿之於甲仗庫
給曰無之宗望索愈急安中乃斬貌類覺者一人當之金
人識之曰非覺也安中不得已引覺出數以罪覺罵宋人
不容口遂殺覺函其首以與金人燕京降將及常勝軍皆
泣下郭藥師自言曰若來索藥師當奈何自是降將卒皆
解體及金人伐宋竟以納平州之叛爲執言云子僅言
僅言幼名元奴宗望攻下平山僅言在襁褓間里人劉舜
仁識之養於家其隣韓夫人甚愛之年數歲因隨韓夫人
宣得之養於家其隣韓夫人甚愛之年數歲因隨韓夫人
得見貞懿皇后留之藩邸稍長侍世宗讀書遂使僅言主
家事緫檢部曲一府憚之世宗留守東京海陵用兵江淮

將上往往亡歸詣東京願推戴世宗為天子僅言勸進世
宗即位除內藏庫副使權發遣官籍監事海陵死揚州僅
言與禮部尚書烏居仁殿前左衛將軍阿虎帶御院通進
劉珫發遣六宮百司圖書藏在南京者還以本職提控
尚食局轉少府監丞仍主內藏參劄委之世宗嘗任之
凡宮室營造府庫出納行幸頓舍皆心計世宗怙任之
應司選少府監提控官籍祗應如故護作太寧官引
宮左流泉漑田歲獲稻萬斛十七年復提點內藏典領昭

傳七十一　金史百三十三　三

德皇后山陵遷勸農使領諸職如故僅言雖舊臣出入左
右然世宗終不假以權任二十一年尚書省奏宮苑司直
長黎偏在職十六年請與遷叙上曰此朕之家臣質直人
也今已老矣如勸農舊臣言亦朕純實頗解事凡
朝廷議論內外除授未嘗得干預朕觀自古人君為謊諂
蒙蔽者多矣朕雖不及古人然近習憸言未嘗入耳宰臣
曰誠如聖訓此國家之福也世宗欲以橫海軍節度使
而不可去左遂止僅言始得疾猶扶杖視事族丞詔大
醫診視近侍問訊相屬及卒上深惜之遣官致祭賻銀五
百兩重綵十端絹二百四柏㮬衣衾銀彔歛物葬地皆官

給贈輔上將軍

耶律余睹遼宗室子也遼主近族父祖仕遼貝載遼史初
太祖起兵遼人來拒余睹請自効以功累還金吾衛大將
軍為東路都統天輔元年與都統耶律馬哥軍于渾河銀
朮哥希尹拒之余睹等不敢戰比銀朮哥等至馬哥軍余睹
巳邀去銀朮哥希尹坐稽緩太祖皆罰之余睹復取
之遼以遼不野為節度使未幾應古等逐遼不野自効太
入于官天輔二年龍化州人張應古等來降而余睹收
祖於國中以問遼主龍化州巳經降附何為問罪而殺其
主者遼主託以大盜蜂起使余睹收之太祖巳取臨潢府

傳七十一　金史百三十三　四

賜詔余睹曰汝將兵在東路前後戰未嘗不敗今聞沒收
合散亡以拒我將巳於今月十五日克上京今將往取
遼主矣汝若治兵一決勝負可指地期日相報若知不敵
當率衆來降無貽後悔及太祖班師闍母等還至遼河方
渡余睹來襲完顏杲杲烏塔等戮力戰卻之獲甲馬五百
四天輔五年都統斜也于咸州路都統以聞詔曰余睹
接于桑林渡都統司以聞詔到日使與其官屬偕
旗幟等與將吏韓福奴阿八謝老太師奴蕭慶醒和尚高
來餘衆屬之便地無何余睹送上所受遼國宣誥及器甲
佛留蒲苔謝家奴五哥等來降余睹作書具言所以降之

意大樂以謂邊主沈湎荒于遊畋不恤政事好佞人遠忠
直滿刑客賞政煩賦重民不聊生又言樞密使得里底本
無材能但阿諛取容其子磨哥任以軍事又言晉
晉王素係人望宜為儲副得里底以元妃諸子已粗更軍事進策
使晉王出繼文妃為妃又言晉王與駙馬乙信謀復其樞密使
睹灼知天命遂自去年春與耶律慎思等欲發兵之際不及收合四
遼主得里底亦不省察又曰大金疆土日闢余
來告余睹共定太計而所圖不成又言定議約以全夏
遠但聰銜近部族戶三千車五千兩畜產數萬遼北軍都
戶畜產之數遣韓福奴具錄以聞遼與其將吏來見上撫
慰之遂賜坐班同宰相賜宴盡醉而罷上命余睹以舊官
領所部且諭之曰若能為國立功別當獎用自余睹隆益
知遼路都統司曰余睹家屬善監護之復詔曰余睹降時
咸州路都統斜而來者恐在遼生釁宜徙之內地都統泉取
其民多強卒而來者恐在邊生釁宜徙之內地都統泉取
中京余睹為鄉導與希尹等招撫奚部奉聖州降其官吏
皆避去余睹舉前監酒李師藥奴為節度使進士沈璋為副
使州吏裴順為觀察判官沈璋招集居民還業者三千餘

遼太常少卿父之耶律麻者告余睹吳十鐸剌結黨謀叛
及其未發宜先收捕上乃召余睹從容謂之曰今聞汝當叛
誠然邪其各無隱若果去必須鞍馬甲冑器械之屬當為
付汝吾不食言若再被擒無祈免死欲留事我則無懷異
志吾不汝疑余觀其戰慄不能對乃杖鐸剌七十餘皆不
統制馬忠殺萬餘人宗翰伐宋余睹留西京天會十年余
太原余睹屋里海遊擊手汾河北擒其師郝仲連張關燕
睹謀反雲內節度使耶律奴哥告之余睹亡去其黨燕
京統軍蕭高六伏誅薊州節度使蕭特謀自殺邊部斬余
睹及其諸子函其首以獻耶律奴哥加守太保兼侍中趙
公鑑劉儔信劉君輔等並授遠鎮節度使以賞之
移剌窩幹西北路契丹部族先從撒八為亂受其偽署後
殺撒八遂有其眾撒八者初為招討司譯史正隆五年海
陵徵諸道兵伐宋使牌印燥合楊畠徵西北路契丹丁
壯契丹人曰西北路接近鄰國世世征伐相為讎怨若男
丁盡從軍彼以兵來則老弱必盡係累笑掌使者入朝言
之燥合畏罪不敢言楊畠深念後西比有事得罪遂以憂
死燥合復與牌印耶律娜尚書省令史沒答涅合督起西
北路兵契丹聞男丁當盡起乃是撒八掌特補與部眾殺

招討使完顏沃側及㷍合而執耶律娜没荅涅合取招討
司斯甲三千遂反議立豫王延禧子孫衆推都監老和尚
為招討使山後四群牧山前諸群牧皆應之迪㪿群牧使
徒單賽里耶魯尾群牧使鶴壽等皆遇害語在鶴壽傳中
五院司部人老和尚那也亦殺節度使术甲兀者以應撒
八會寧安牧馬千山後至迪謀殺賊盡奪其馬關沙
河千户十哥等與前招討使完顏麻潑殺烏古迪列招討
使烏林荅浦離虎以所部趨西北路宻啟節度使阿厮
列追擊敗之十哥與數騎邀去合于撒八咸平
里與所部自山後逃歸咸平少尹完顏余里野欲攴捕括
里家屬括里與其黨招誘富家奴隸數日得衆二千遂攻
陷韓州及柳河縣遂趨咸平余里野發兵迎擊之兵敗賊
遂擾咸平於是繕完器甲出府庫財物以募兵賊益張
權曹家山猛安緝齊集兵千餘扼千夜河賊不得東繇
兵敗括里遂犯濟州會宿直將軍李木曾貢括剌兵于
速頻路遇括里于信州與猛安烏延查剌兵二千擊敗括
里括里收餘衆趨京是時世宗為東京留守以兵四百人
拒之括至常安縣開空中擊鼓聲如數千鼓亦以其衆合于撒
薮野傳言留守以十萬兵至矣即引還亦以其衆合于撒
八海陵使樞密使僕散忽土西京留守蕭懷忠將兵一萬

與右衛將軍蕭秃剌討平之秃剌與之相持數日連與戰
皆無功而糧餉不繼秃剌退歸臨潢秃剌雖不能克敵而
撒八自度大軍必相繼而至勢不可支謀歸于大石乃率
衆沿龍駒河西出及僕散忽土懷忠等至與秃剌合
兵追至北河上不及而還忽土懷忠遏不即追賊
皆誅死北京留守蕭頹不能制其下殺降人而取其婦女
亦坐誅於是白彦恭為北面兵馬都統石烈志寧副之
完顏敞英為西面兵馬都統西北路招討使唐括孛姑
的副之以討撒八等撒八既西行而舊居山前者皆不欲
往傷署六院節度使移剌窩幹兵官陳家殺撒八執老和
尚李特補等至是窩幹始自為都元帥陳家為都監擁衆
東還至臨潢府東南新羅寨世宗移剌窩幹八前押軍謀
克播幹前牌印麻䮾利涉軍節度判官馬腦等招之扎八
等見窩幹兵衆彊盛以上意諭之窩幹已約降已而復謂扎八曰若
降爾能保我輩無事乎平扎八曰我
誠扎八見窩幹兵衆彊甚晨滿野意其可以有成因說之
曰我之始來以沒輩不能有為全觀兵勢彊盛如此波等
欲如群羊為人所驅去乎將欲待天時平若果有大志吾
亦不復遂矣賊將有前尊特本部族節度使遂幹者言昔
谷神丞相賢能人也嘗說他日西北部族當有事今日正

含此語恐不可降也於是窩斡遂決意不復肯降矣札八
亦留賊中惟麻駭播窩斡選歸窩斡乃引兵攻臨潢府總管
移室懣出城戰兵少被執賊遂圍臨潢衆至五萬正隆六
年十二月己亥窩斡稱帝改元天正是時比面都統
宗使元帥左都監吾扎忽同知北京留守事完顏骨只救
彥敬副統紇石烈志寧在此京開世宗卽位以兵來歸世
窩斡遇烏里雅兵復敗懼以數騎脫歸賊勢愈振與
臨潢晝夜兼行比至臨潢賊巳解圍吾攻泰州吾扎忽追
及于衆歷兩軍巳陣將戰押軍猛安契丹忽剌叔以所部
兵應賊吾扎軍遂敗泰州節度使烏里雅率千餘騎與
駭莫敢出戰賊四面登城押軍猛安烏古孫阿里補率軍
士數人各持刀以身率先循城擊賊力戰斫刈甚衆賊乃
退走城賴以完泰州司吏顏盞蒲香奏捷除忠翊校尉賜
銀五十兩鞍絹十端二年正月右副元帥完顏謀衍率諸
軍此征窩斡二月壬戌詔曰應諸人若能於契丹賊中自
拔歸者更不問元初首從及被威脅之由奴婢良人罪無
輕重並行免放曾有官職及料率人衆來歸者仍與官賞
依本品量材叙使其同來人各從所願處收有才能者
亦與錄用內外官負郎君群牧直撥百姓人家驅奴宮籍
監人等並放為良亦從所願處收係與免三年差役或能

捕殺首領而歸者准上施行仍驗勞績約量選賞如捕獲
窩斡者猛安加三品官授剌史詔曰尚書省如節度使謀克加四品官授防禦
使庶人加五品官授剌史詔曰尚書省如節度使防禦使捉
獲窩斡者與世襲猛安剌克加驅奴宮
籍監人亦與庶人同復詔宰臣編諭將士能捕殺窩斡者
加特進授真定總管於是括里將犯韓州閒元帥兵至不
南征迤還軍士就往屯戍如不足量于富家簽調就近地
平縣奏請糧運窩道人護送兵仗乞選精良者付之詔以
簽步軍給伏護送糧運詔平章政事移剌元宜往泰州規
措邊事前安遠大將軍韓里裊猛安七斤庶人阿里萬麿
哥等自窩斡中來降韓里裊七斤加昭武大將軍阿里萬哥
武義將軍磨可忠勇校尉窩斡遂自泰州往攻潢州欲邀
糧運元帥完顏謀衍與右監軍完顏福壽左都監吾扎忽
合兵甲士萬三千人昂懶路總管徒單克寧廣寧尹僕散
渾坦同知廣寧尹完顏嚴雅肇州防禦使唐括烏也為左
翼臨海節度使統紇石烈志寧島速館節度使神土懣同知
北京留守完顏骨只淄州剌史尼麿古斜兀為右襄至本
丹亂者與其弟寧送授剌皆棄家自賊中來降亂者謂諜

衍曰賊中馬肥健官軍馬疲弱此去賊八十里比遇賊馬
已憊賊輜重去此不遠我所攻之賊必救以逸待勞者也謀衍從
之乘夜亟發會大風路暗不能辦遲明行三十里許與賊
輜重相近整兵少憩窩幹趨濟州知大軍取其輜重乃還
救遇于長樂既陣謀衍別設伏于左翼之側賊留餘騎突
出左翼伏兵之間徒單克寧射却之是日別部諸將與賊
射者二十騎率衆自賊後擊之賊不能支乘勢麾軍擊其

大金史三十三
十二

一偏賊遂却襄遂與大軍合而別部諸將皆至整陣力戰
忽反風揚砂石賊陣亂官軍馳擊大破之追比十餘里斬
獲甚衆詔以乣者為武義將軍送昭信校尉忠翊
校尉乣者除同知建州事未之官李送取家賊中遂被
害上憫之後以授剌為汝州都巡檢使窩幹率其衆西走
謀衍追及之于霧靄為疑兵以夾谷清臣徒單海羅兩萬
先至不克渡乃對岸為港兩岸斗絕且寧淖命軍士東柳填
戶於下流渡河值支港賊衆奮至志寧軍急鑿陣
賊自南岡馳下衝陣者三志寧力戰流矢中左臂戰自若

大軍畢至左翼騎兵先與賊接賊據上風縱火乘煙擊官
軍官軍步兵亦至併力合戰凡十餘合軍士苦風風皆植
立如凝會天降兩風止官軍奮擊大敗之徒單克寧軍亦渡
十五里賊前陷溪澗不得遂渡多殺傷賊既渡官軍亦射賊
少憩賊反布來攻克寧以大軍不繼令軍士皆下馬射賊
賊引却而南克寧亦將引而北大軍至賊遂引去四月詔元帥府曰
官軍少郤渡湡北士未及戰賊馬復來衝突
應契丹賊人與大軍未戰已前投降者不得殺傷仍加安
撫已走以後招誘來降者除奴婢准已虜為定外親屬分
付圓聚仍官為收贖窩幹既敗謀衍不復追討駐軍白溝

傳七十一
金史百五十三
十三

窩幹攻懿州不克遂殘破川州將遁于山西而北京亦不
遂擊之於是發驍騎軍二千曷懶路留屯京師軍三千號
總兵二萬會濟州史烏林荅剌撒為濟州押軍萬戶右驍騎副都指揮使為
驍騎萬戶祁州刺史宗寧為會路押軍萬戶邢州刺
亨為北京路都統吏部郎中完顏達吉為副統會元帥府
討擊之詔使尚廏局副使蒲察蒲盧渾往懿州戒數將帥
上曰朕委卿等討賊乃聞不就賊趨戰而駐兵開級經涉
累月雖會追襲乃不由有水草之地以致馬疲弱不能百

里而還後雖破賊而縱諸軍劫掠數日後方追北霧霽河
亦不乘勝輒復引還賊遂入涉近地北口懿州由此受兵
朕欲重譴汝等以方任兵事且圖後功當盡心一力毋得
似前怠弛上謂蒲盧渾曰卿若聞賊約量遷賞無或承徇
用命力戰者跡記以聞朕將勿縱虜掠以紀石烈志寧為
有功激署無功者善戰士卒勿縱虜掠以即當監督討伐
窩斡使所親招卹廢使移里菫董域竄域執其使送官與
窩斡連戰有功遷宣武將軍賜銀五百兩衣二襲起連在

元帥帶復舊職謀衍男斜哥在軍中多桑橫詔押歸本管
顏元帥右監軍完顏福壽乃還京師咸平路總管完
副元帥謀衍為兵部尚書各賜弓矢具鞍勒馬出內府金
中都弓萬五千箭一百五十萬趙懿州平章政事移剌元
宜寧昌軍節度使宗叙以見詔使自中道郤還軍中宣諭
元宜謀衍注意經略邊事師久無功尚書右丞僕散忠義
顏効死力除邊患世宗嘉歎六月忠義拜平章政事兼右
路統軍使河南路統軍都監蒲察世傑為西北路副統賜
軍法約量決責有功者依格還賞以大名尹宗尹為河南
銀十萬兩佐軍用詔曰軍中將士有犯除連職奏聞餘依
路統軍都統軍都監蒲察世傑為西北路副統賜
弓矢佩刀諭馬從忠義征行詔諭諸軍將士曰兵久駐邊
陸轂費財用無成功百姓不得休息今命平章政事僕散

石門關等處各以五百人守之海陵末年阿窩曾帶為猛安
移剌娜為瀋州押軍萬戶移剌娜為同知瀋州事
世宗以阿窩帶為同知契丹部族兵被執至是挺身來降
西南路招討使完顏思敬為都統賜金牌一銀牌二西北
路招討使唐括古底副之以兵五千往會燕子城舊戌
軍視地形衝要或于狗濼屯駐遠斥候賊至即戰不以眾
夜為限詔思敬曰契丹賊敗必走山後可選新馬三千加
忠義兼右副元帥同心戮力以底戡定右副元帥謀衍罷
為同判大宗正事詔居庸關古北口識察契丹姦細捕獲
者加官賞萬戶溫迪罕阿窩帶以兵四千屯古北口瀋州
尚入萬忠義高忠建軍與賊遇萬戶查剌蒲查為左翼宗
亨統之宗亨剌撒為右翼宗叙之世傑亦在左翼查剌以六
百騎奮擊敗之四萬眾與右翼軍戰宗亨世傑七謀克
賊夾河為陣賊渡河以兵四萬餘先犯左翼軍查剌以
享統之宗寧剌撒為右翼宗叙之世傑亦在左翼宗
剌軍查剌軍宗叙以右翼軍來救賊乃去詔曰自契丹
作逆有為賊誅誤者不問如何從賊但能復業與免本罪
指畫失宜陣亂敗于賊世傑挺身授千查剌軍中賊圍查
如能率眾來附或能殺捕首領而降或執送賊所扇誘作
亂之人皆與量加官爵朕念正隆南征猛安七者招還被

戰巳命其子孫襲其職爾等勿懲前事故懷遲疑賊軍今
既破散山後諸處爾命將士過其逃路爾等雖欲不降終
將安往若猶疑貳俱就焚滅悔無及矣窩斡自花道西走
僕散忠義統石烈志寧以大軍追及于犖嶺西陷泉明日
賊軍三萬騎涉水而東大軍先據南岡左翼軍自岡爲陣
步軍居中騎兵據其兩端使賊不見首尾是日大霧晦冥
迤邐而北比步軍繼之右翼軍繼步軍北引而東作偃月陣
烏延查剌力戰賊稍卻志寧與夾谷清臣烏林荅剌撒鐶
既陣霧開少頃睛霽賊見左翼據南岡不敢擊右翼軍
剌合戰賊大敗將賊稍卻志濘不得函渡大軍逐北人馬

相蹂踐而死不可勝數陷泉皆平餘衆歐籍而過或奔潰
寬匿林莽間大軍踵擊之俘斬萬計生擒其弟偽六院司
大王裊窩斡僅與數騎脫去鈔元清臣追四十餘里不及
斬千餘級獲車帳甚衆其毋徐輦擊營自落括岡西走志
寧追之盡獲輜重甚衆其毋徐輦擊營自落括本部馬規辦
六及其部族皆降詔北京副統完顏達吉恐或衝突也僕散
賜糧仍使達吉爲監軍錄有功者聞奏詔選中都西京
兩路新舊軍萬人備守禦以窩斡敗走恐或衝突也僕散
忠義使使奏捷詔署曰平章政事右副元帥忠義使使來
奏大捷或被軍停獲或自能來服或無所歸而投羣或將

全屬歸附或分領家族來降或嘗受僞命及自來曾與官
軍關敵皆釋其罪其散亡人內除窩斡一身不以大小官
貴是何名色卻來歸附著亦釋放有能率衆誅捕窩斡或於
不從招納已去人內誅捕以來及或能率衆於捕窩斡及
隨處官司投降者並給官賞各路撫納來者毋得輒加侵
損無窩斡者不以是何路分隨有糧處安置仍官爲養酒
窩斡收合散卒萬餘人遂入奚部以諸窪自益時時出兵
與戰敗焉詔完顏謀衍蒲察烏里雅蒲盧渾以兵三
寇速魯古淀古北口興化之間溫迪罕阿魯帶守古北口
千合舊屯兵五千擊之詔完顏思敬以所部共入奚地會

大軍討窩斡賊黨霧鞍河猛安蒲運越遣人至帥府約降
詔令擒捕窩斡許以官賞賊將降者甚嚴其散走者聞詔
詔招降亦多降著其餘多疾疫而死無復鬥志窩斡自慶
勢窮乃謀自羊城道西京奔夏國大軍追之蓝急其衆復
多亡去慶不得西乃走沙陀間詔尚書省凡身從之家
被停擄遂致離散宜從改正官將士往往藏匿其人有司檢
括分付監軍志寧獲賊稍合住釋而弗殺縱還賊中使誘
其親近捕窩斡以自效許以官賞九月庚子稍合住與神
獨斡執窩斡詣右都監完顏思敬并獲其毋徐輦及其妻
子子婦弟姪盡收僞金銀牌印棗括孛吉底獲前胡里改

節度使使什溫及其家屬西北路招討使李家奴獲偽樞密
使逐斡等三十餘人復與猛安泥本婆果追偽都那也
至天成縣那也乃降仍獲偽都元帥齸哥又金牌一銀牌
五志寧與清臣宗寧速哥等追餘黨至燕子城盡得其黨
前至抹拔里達之地悉獲之逆黨遂平甲辰皇太子粹百
官上表賀乙巳詔天下辛亥完顔思敬獻俘于京師窩斡
襲首于市磔其手足分縣諸京府其母徐輦及妻子皆戮
之契丹降人皆拘其器仗資不能自給者官為養濟括里
扎八率衆南走詔左宣徽使宗亨追及之扎八詐稱降宗亨
事信其言遂不與戰扎八紿之曰括里扎八定願追之宗亨

縱扎八去益都猛安欲以所部追括里扎八宗亨恐分其
功不聽而縱軍士取城所棄資糧人畜而自有之括里扎
八由是得亡去遂奔于宋宗亨降寧州剌史其後宋李世
輔用括里扎八遂取宿州頗為邊患神獨斡除同知安化
軍節度使稍合住除同知震武軍節度使事大定六年點
檢司奏親軍中有逆黨子弟詩一切罷去詔曰身預逆黨
者罷之餘勿問

贊曰金人以燕山與宋降驍覺跳梁之心覺釁為宋者
哉蓋欲乘時以微利耳耶律余睹從宗望追天祚曾不遺
餘力功成驕溢自取誅滅豈正隆佳兵契丹作難傳曰

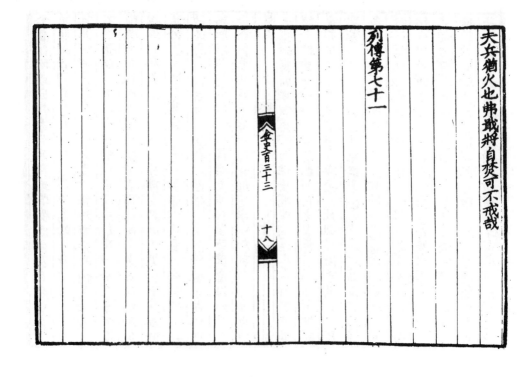

脩

外國上

西夏

夏國王李乾順其先曰拓跋思恭唐僖宗時為夏綏銀宥
節度使與李克用等破黃巢復京師賜姓李氏唐
末天下大亂藩鎮連兵惟夏州未嘗為唐患歷五代至宋
傳數世至元昊始稱帝遠人以公主下嫁李氏世修朝貢
不絕事具遼史天輔六年金破遼兵遠主走陰山夏將李
良輔將兵三萬來救遼次天德境野谷幹魯畢室敗之于
宜水追至野谷澗水暴至漂沒者不可勝計宗望至陰山
以便宜與夏國議和其書曰奉詔有之夏王遠之自出不
渝終始危難相救令兹已舉遼國若能如事遼主之日以效
職貢當聽其來母致疑若遠主至彼可令執送天會二
年始奉哲宗表以事遠之禮稱藩請受割賜之地宗翰承制
割下寨以北陰山以南乙室耶刮部吐祿灤之西以賜之
天會二年乾順遣把里公亮等來上誓表曰臣今
月十五日西南西北兩路都統遣左諫議大夫王介儒等
齎牒奉宣若夏國追悔前非捕送遠主立盟上表仍依遠

國舊制及賜誓詔將來或有不虞交相救援者臣與遠國
世通姻契名係藩臣輒為援以啟端曾犯威而結釁既連
違天之咎果罹敗績之憂蒙降德音以實前罪仍賜土地
用廣藩離載惟含垢之恩常切戴天之望自今已後凡於
援助其或徵兵即當依應至如殊方異域朝覲天闕合經
當國道路亦不阻節以上所敘數事臣固誠傳嗣不
歲時朝貢進表章使人往復等事一切永依臣事遠國
舊例其契丹昏主今不在臣境至如奔竄到此不復存泊
即當執獻若大朝知其所在以兵追捕無敢為地及依前
謂西北西南兩路都統者宗翰也蓋宗望以太祖命與之
通書而宗翰以便宜割地議和云太宗使王阿海楊天吉
往賜誓詔曰維天會二年歲次甲辰閏三月戊寅朔皇帝
賜誓詔於夏國王乾順先皇帝誕膺駿命肇造鴻圖而卿
國據夏臺境連遠右以效力於昏主致結釁於王師先皇
帝以謂忠於所事務施恩而釋過追悔躬之慕紹仰遺訓
以遵行卿乃深念前非樂從內附飭使輶而奉貢效臣節
以稱藩載錫寵光用彰復好所有割賜地土使聘禮節相
為援助等事一切恭依先朝制詔其依應徵兵所請宜允
三辰在上朕豈食言苟或變渝亦如卿誓遠垂戒謝母替

厥誠於是宋人與夏人俱受山西地宋人使取之乾順遣
使表謝賜誓詔并論宋所侵地詔曰省所上表具悉已命
西南西北兩路都統斡曾宋人侵略是時宗翰朝京師未還
錄夏國奏付樞都統斡曾宋人侵略新受疆土及使人王
阿海率儀物事與夏通問以便宜決之初以山西九州與
宋人而天德遠在一隅緩急不可及割以與夏後破宋都
獲二帝乃盡畫陝西分界自麟府路洛陽瀟東距黃河西岸
西歷曖泉堡廊延路米脂谷至黑勝寨環慶路威邊寨過
九星原至委布谷口涇原威川寨略古蕭關至比谷川秦
鳳路通懷堡至古會州自此直距黃河依見今流行分熙

河路盡四邊以限封城復分陝西比鄙以易天德雲內以
河為界及婁室定陝西邊廬火率兵先取威戎城軍至威
戎東與敵過擊走之生致二人問之乃知為夏將李遇取
威戎也乃還其人而與李遇通問軍威戎西蒲察軍
威戎乘而使使議事于婁室婁室報曰元帥府約束若兵
近夏境則與夏人相為犄角毋相侵犯曰李遇使人來曰夏
國既以天德雲內歸大國大國許我陝西比鄙之地是以
至此蒲察等遂旋軍慶所既定陝西元帥府不欲以陝西
比鄙與夏國詔曰卿等審屬所宜從事天眷二年國王乾
順薨子仁孝立道使冊命加開府儀同三司上柱國皇統

元年請置榷場許之初王阿海等以太宗誓詔賜夏國乾
順以契丹舊儀見使者阿海不肯曰契丹與夏國舅男也
故國王坐受使者以禮進今大金與夏國君臣也見大國
使者當如儀爭數日不能決於是始起立受閱詔書責讓之及
賜生日使至是始遣使賜之初慕洧以環州降及割陝西
定陝西洧熙宗歸夏國夏人以洧首領乂撒離喝
河南與宋人洧奔夏國夏人問曰聖德皇帝何為
海陵弒熙宗遣使報謝至境上夏人以為山訛首領詐誘之故移文報之天德
見廢不肯納朝廷乃使御史中丞雜辣公謀等來賀如禮正隆
二年七月夏使乃御史中丞雜辣公謀等來賀如禮正隆

末伐宋宋人入秦隴夏亦乘隙攻取邊堡通峽九羊會川
等城寨宋亦侵入夏境世宗即位夏人復以城寨來歸且
乞兵復宋侵地詔書嘉與仍遣吏部郎中完顏達吉不
究陝西利害邊吏奏夏人已歸城寨而所侵掠人口財畜
尚未還請賀萬春節入見附狀奏告略曰衆軍破蕩之時大定四年二月甲申夏遣其直武刄大夫細
卧文忠等請賀萬春節入見附狀奏告略曰衆軍破蕩之時
幸而免者十無一二繼以凍餒死亡其存幾何兼夏國與
宋夾交人畜之被俘僇亦多連歲勤勞士卒暴露昏膠
削又坐為宋人牽制使忠誠之節無繇自達中外咸知顧
止約理索聽納臣言不勝下國之幸其後屢以為請詔許

之父之其臣任得敬專國政欲分割夏國國困賀大定八年
正旦遣奏告使殿前太尉芭里昌祖等以仁孝章乞良醫
為得敬治疾詔保全郎王師道佩銀牌往焉詔師道曰如
病勢不可療則勿治詔保全郎一月歸得敬疾有瘳遣
恩使任得聰來得敬亦附表進禮物上曰得敬自有定分
附表禮物皆不可受並郤之初仁孝嗣位其臣屢作亂任
得敬抗賀有功遂相夏國二十餘年陰蓄異志欲圖夏國
詔殺宗親大臣其勢漸通仁孝不能制大定十年乃分西
南路及靈州羅龐領地與得敬自為國且上表為得敬求
封世宗以問宰相尚書令李石等曰夏國我何預焉

金史一百三十四　五　王予文

不如因而許之上曰有國之主豈背無故分國與人此必
權臣逼奪非夏王本意況夏國稱藩歲久一旦迫於賊臣
朕為四海主寧容此邪若彼不能自正則當以兵誅之不
可許也乃郤其貢物賜仁孝詔曰自我國家戡定中原懷
柔西土始則畫疆於乃父繼而錫命於爾躬恩厚一方年
垂三紀藩臣之禮既務踐修先業所傳亦當固守今茲請
命事頗靡常未知措意之由來續當遣使以詢所有貢
物已令發回得敬審通宋人求助宋人欲以蠟丸書各得敬
人得之得敬始因求醫附表進禮物欲以嘗試世宗既
可行而求封又不可得仁孝乃謀誅之八月晦仁孝誅得

敬又其黨與上表謝并以所執宋人及蠟丸書來上其謝
表曰得敬初受分土之後曾遣使赴大朝代求封建蒙詔
書不為俞納此朝廷憐愛之恩今既賊臣誅託大朝妄煩
朝廷冒求賊臣封建深訴菲愛之恩令既賊臣誅訖大朝不用
遣使詢問得敬所分之地與大朝熙秦路接境恐自分地
以來別有生事已根勘禁約乞朝廷亦行禁約十二年上
謂宰臣曰夏國以珠玉易我絲帛是以無用易有用也
乃減罷保安蘭安榷場仁孝深念世宗恩厚十七年獻方
國所造百頭帳上曰夏國貢獻自有方物可郤之仁孝再
以表上曰夏國進帳本非珍異使人亦已到邊若不蒙包納

金史一百三十四　六　王

則下國深誠無所展效四方鄰國以為夏國不預大朝眷
愛之數將何所安乃許與正旦使同來先是尚書省奏夏國
與陝西邊民私相越境盜竊財畜姦人託名榷場貿易得
以往來恐為邊患使人入境與富商相易亦可禁止於是
復罷綏德榷場止有東勝環州而已仁孝表請復置蘭州
保安綏德榷場如舊并乞使人入界相易用物詔曰保安
蘭州地無絲臬惟綏德建關市以通貨財使副往來聽留
都亭貿易章宗即位詔曰夏使舘內貿易且已明昌二年
復舊頒之夏人入畀牧於鎮我之境遷卒遂之夏人輙遷卒
而去邊將阿魯帶率兵詰之夏廟官具明與信陵都上祥

徐餘立等伏兵三千於澗中阿睹帶口中流矢而死取其
弓甲而去詔索殺阿睹帶者夏人震以徒刑詔索之不已
夏人乃殺明契等明昌四年仁孝薨子純佑嗣立承安二
年復置蘭州保安榷場承安六年純佑母病遣使求醫詔太
醫判官時德元及王利貞往仍賜御藥八月再賜醫藥泰
和六年三月仁孝弟仁友子安全純佑自立再閱月死
詔許否館伴官曰此不當聞也復使省諭以許所祈之意
若又不答則升殿奏讀上聞之使客省

于廢所七月使純佑母羅氏為表言純佑不能嗣守與大
臣定議立安全為王乃賜羅氏詔誚其意夏人復以羅氏
表來乃封安全為夏國王大安三年安全
薨族子遵頊立遵頊先以狀元及第
充大都督主立在安全亮前一月衛紹王無實錄不知
其故然是時金兵敗績于會河堡夏人乘其兵敗侵略邊
境而通使如故崇慶元年三月攻鞏州至寧元年六月攻
保安州貞祐元年十一月攻會州都統徒單醜兒擊走之
十二月陷涇州二年八月歸國人喬成齎夏國書大樂言
金遠吏侵略乞葉戰詔移文咎之宰臣言既非夏人攻慶
責問彼必飾詞徒為虛文無益于事乃止未幾夏人攻慶
原延安積石州乃詔有司移文責問十一月蘭州譯人程

陳僧結夏人以州叛遣將敗其兵三千
武延川宣宗曰此不足慮由他道入也既而聞邊吏侵
夏境夏人乃攻環州詔治邊吏罪夏兵攻積石州都統姜
伯通敗之夏兵入安鄉關都統曹記僧萬戶忽三十卻之
三月攻環州刺史烏古論延壽敗之于境上三月詔議通
遠軍節度使完顏狗兒討程陳僧夏人援之九月遂破西
軍實多不完沿邊地寒草始生未可匆遽牧兩界無煙火
者三百餘里不宜輕舉從之四月詔河州提控曹記僧通
夏陝西宣撫司奏往者夏人侵我環慶河蘭積石以兵應
之悉皆遁去遷逐巢穴春草始生未可輕舉今蘭州潰兵

關堡夏人復攻第五將城萬戶楊再興擊走之詔陝西宣
撫司及沿邊諸將降空名宣勑臨陣立功五品以下並聽
邊授十月攻保安及延安都統完顏國家奴破胡失來深
入臨洮總管陀滿胡土門不能禦完顏國家奴副使完顏明
失來救臨洮大敗于渭源堡城破胡失來被執十一月夏
兵敗于克戎寨復敗于熟羊寨宰相入賀宣宗曰此忠賢
之力也夏兵進圍臨洮陀滿胡土門破之四月夏詔
俄族總管汪三郎率衆來降進羊千口詔納之優給其直
來遠鎮獲諜人言宋夏相結來攻陝西行省備之夏於
來羌城界河起折橋元帥右都監完顏賽不焚之斬馘甚

報六月鄜延路奏夏人襍報用彼國光定年號詔封還其

襍閏月慶陽總管慶山奴伐夏出環州陝西行省請中分

其軍令慶山奴出第三將懷安寨環州刺史完顏胡盞出

環州宣宗曰聞夏人移軍備其王城尚恐詐我勿墮其計

中也提控完顏胡盞合喜揚斡烈解定石盞合喜揚斡烈

慶壽敗夏兵于車兒堡十一月左監軍烏古論

擊夏兵于阿彌灣狗兒抵蘭州西關堡招得舊部曲九人掩

川復破之于十二月丙寅宣宗與皇太子議代夏左監軍陀滿

胡土門延安總管古里甲石倫攻鹽宥夏州慶陽總管慶

山奴知平凉府務刺各不也攻威靈安會等州興定元年

正月夏兵三萬自鄜州遶慶山奴以兵邀擊敗之詔河東

行省晉鼎遣兵三萬五千付陀滿胡土門代夏鼎馳奏不

可遂止語在鼎傳右都監完顏仲元請試兵代夏鼎奏不

意必養全勝兵威既振國力益完詔下尚書省樞密院議

夏人福山以俘戶來降除同知澤州軍州事五月夏兵入

大比念都統統石烈猪狗掩擊敗之宣宗欲與夏議和右

都監慶山奴屯延安奏曰夏國決和戒將士無犯西鄙而

獲謀者言違項閭大金將約和戒諭將士無犯西鄙亦不宜躬

奏曰就令如此違備亦不宜躬宣宗以為然右都監完顏

間山敗夏兵于黃鶴岔夏人圍羊狠寨都統黨世昌與戰

完顏狗兒遺都統夾谷瑞夜斫夏營遂解其圍猶駐近地

左都監白撒發定西銳兵龐谷副統包養成緋翮翅軍合

擊走之八月安定堡馬家平總押李公直敗夏兵三千九

月都統羅世暉都統夾谷瑞趙防敗之追至賀孤堡三年

慶山奴奏夏人有乞和意保安綏德所敢專者朝

市以尋舊盟以臣觀之此出於違項非過吏所敢專者

延不以為然五月夏人入葭州慶山奴破之于馬吉峰七

月犯龐谷夾谷瑞提控納合買住擊敗之自葭蘆川遯去華州元

破通泰寨提控納合買住擊敗之自葭蘆川遯去華州元

師完顏合達出安寨堡至隆州敗其兵二千進攻隆州克

其西南會暮乃還十二月詔有司移文夏國四年二月夏

人犯鎮戎金師敗績夏人公移語不遜詔詞臣草檄折之

四月夏兵犯遠元帥石盞合喜遇于鹿兒原提控元帥慶

世顯以偏師敗之都統王定復破其衆于新泉城元帥慶

山奴攻宥州圍神堆府究其城士卒有登者後至擊走

之斬首二千俘百餘人獲雜畜三千餘八月夏人陷會州

去是月詔有司移文議和事竟不克夏人三萬自高峯鎮

刺史烏古論世顯降復犯龐谷夾谷瑞連戰敗之夏人乃

圍定西剌史愛中阿失剌提控烏古論長壽溫敗求昌擊

走之九月夏人圍綏平寨安定堡來幾陷西
西烏古論長壽等郡之乃襲肇州石盂合喜逆戰一日十
餘戰乃解去五年正月詔摧斜院議夏事蔡曰夏人聚兵
境上欲由會州入巳道行省白撒伏兵險要以待之鄜延
元帥府伺便發兵以綴其後延以無應二月寧遠軍節度
使夾谷海壽破夏兵于搜覓堡三月後來荒城十月攻
僉龍谷白撒連敗之元光元年正月夏人陷大通城後取之神
三月提控李師林敗夏兵于永木嶺八月攻寧安寨神
林堡入質孫堡提控唐括防敗之二年遣頗恭幽之靈州遣人代將會
任來代德任諫曰彼兵勢尚強不若與之約和遣頗笑曰
是非爾所知也彼失蘭州竟不能復何強之有德任固諫
之陝西行省白撒合達以為不可乃止隴安軍節度使完
不從乞避太子位顥為僧遣項惚幽之靈州遣人代將會
天早不果是歲
大元兵間罪夏國延安府元帥府欲乘夏人之困興伐
顏阿鄰降日與將士宴欲不治軍事夏人乘之掠民五千餘
口牛羊雜畜數萬而去自天會議和八十餘年與夏人未
嘗有兵革之事及貞祐之初小有侵掠以至構難十年不
解一勝一負精餒皆盡而兩國俱弊是歲邊項傳位於子
德旺正大元年和議成自稱兄弟之國三年二月邊項死

七月德旺死嗣立者史失其名明年夏國亡先是夏使捋
方圓臣使王立之來聘未使命國巳亡詔於京兆安置充
宣差彌歷主管夏國降戶八年五月立之妻子三十餘口
至環州詔以歸立之賜以幣帛立之上言先世本中州人
乞不仕居申州詔如所請以本官居申州主管唐鄧申裕
等慶夏國降戶聽唐鄧總帥府節制給上田千畝牛具農
作云

贊曰夏之立國舊矣其臣羅世昌譜敘世次稱元魏衰微
居松州者因以舊姓為托跋氏按唐書党項八部有托跋
部自党項入居銀夏之間者號平夏部托跋思恭以破黃
巢功賜姓李氏兄弟相繼為節度使居夏州在河南繼遷
再立國元昊始大乃北渡河城興州而都之其地初有夏
綏銀宥靈鹽等州其後遂取武威張掖酒泉燉煌郡地南
界橫山東距西河土宜三種善水草宜畜牧所謂涼州畜
牧甲天下者是也土堅腴水清冽風氣廣其民俗強梗尚
氣重然諾敢戰鬪自漢唐以水利積穀食邊兵興州有漢
唐二渠甘涼亦各有灉洫土境雖小能以圖彊地勢然也
五代之際朝興夕替制度禮樂湮為灰燼唐節度使有鼓
吹故夏國聲樂清厲頓挫猶有鼓吹之遺音焉然能葺尚
儒術尊孔子以帝號其文章辭命有可觀者立國二百餘

年挑釁遼金宋三國儻鄉無常視三國之勢強弱以為異
同焉故近代學者記西北地理往往皆臆度言之
聖神有作天下會于一驛道往來視為東西州矣

開府儀同三司上柱國錄軍國重事新喜郡開國公食邑　　　國史院　經筵都總裁臣　脫脫奉

勒修

外國下

高麗

高麗國王楷其地鴨綠江以東曷懶路以南東南皆至
于海自邊時歲時遣使修貢事具遼史唐初其至
黑水兩部皆臣屬于高麗滅高麗粟末保東牟山漸疆
大號渤海大氏有文物禮樂至唐末稍衰自後不復
聞金伐遼渤海來歸蓋其遺裔也黑水靺鞨居古肅慎地
有山曰白山蓋長白山金國之所起焉女直雖舊屬為高麗
不復相通者矣及金滅遼高麗以事遼舊禮稱臣于金
初有醫者善治疾本高麗人不知其始自何而來亦不著
其姓名居女直之完顏部穆宗時歲屬有疾此人病愈則
之穆宗謂醫者曰汝能使此人病愈則吾遣人送汝歸汝
鄉國醫者曰諾其人疾果穆宗乃以初約歸之乙離骨
嶺僕散部胡石來勒董居高麗女直之兩間穆宗使族人
叟阿招之因使叟阿送醫者歸之高麗境上醫者歸至高
毅屢德高麗王開之乃通使于女直既而胡石來來歸遂
麗因謂高麗人女直居黑水部者族日上疆兵益精悍年

率乙離骨嶺東諸部皆內附穆宗十年癸未阿疎自遼使
其徒達紀來說曷懶甸人曷懶甸人執之穆宗以達紀送
高麗謂高麗王曰前此為亂於汝鄙者皆此輩也及破蕭
海里使斡魯宰徒高麗報捷高麗亦使使來賀來魏復使
斡魯與斡魯宰往聘高麗女直之族盡欲來附其禮
有加矣乃以一大銀盤為謝厭後曷懶甸人未行而
高麗聞之不欲使來附道中具知其事遂使斡魯往
斡葛懶甸人未行而穆宗浸康宗嗣遺石適歡以星顯穩
納曷懶甸人未行而穆宗益募兵趨活涅水狗地曷懶甸收
門之兵往至乙離骨嶺益募兵趨活涅水狗地曷懶甸收
叛乙七城高麗使人來告曰事有當議者曷懶甸官屬使
斜勒詳穩治剌保往石適歡亦使盃魯往高麗後
剌保等而遣盃魯曰無與爾事於是五水之民皆附於高
麗團練使陷者十四人二年甲申高麗來攻石適歡大破
之殺獲甚眾追入其境焚略其戍守而還四月高麗
攻石適歡以五百人禦於闢登水復大破之追入闢登水
逐其殘眾踰境於是高麗王曰告邊隙者皆官屬皆歸之
都里昔畢罕葦也十四團練六路使人在高麗者皆歸之
遣使來請和遂使斜葛經正疆界至乙離骨水曷懶甸活
禰水畾之兩月斜葛不能聽訟每一事報至枝葛民頗苦

之康宗召斜葛還而遣石適歡往
水其嘗陷與高麗往來爲亂階者即正其罪餘無所問康
宗以爲能四年丙戌高麗使使黑歡方石來賀嗣位康宗
使盃嘗報聘且尋前約取亡命之民高麗許之曰使使至
境上受之康宗以爲信然使完顏部阿聒烏林答部勝昆
往境上受之康宗遣人殺之而出兵曷懶甸築九城康宗歸報
至境上高麗遣人殺之而出兵曷懶甸乙隻村以待之阿聒勝昆
將兵伐之大破高麗兵六月高麗率來戰斡塞敗之進
豈止失曷懶懶甸諸部皆非吾有也康宗以爲然乃使斡魯
咸曰不可舉兵也恐遼人將以罪我太祖獨曰若不舉兵
國元年九月太祖已克黃龍府命加古撒喝攻保州保州
麗許歸七入之民罷九城之戍復所侵故地遂與之和高
圍其城七月高麗復請和康宗曰事若酌中則與之和
近高麗遂侵高麗置保州至是命撒合取之父不下撒喝
請濟師且言高麗王將遣使來太祖使納合烏蠢以百騎
益之詔曰撒喝曰高麗累破重敵多所得獲及閭胡沙
府聞遼主且至侯破大敵復益汝兵所言高麗遣使事未
知果否至則護送以來邊境之事慎之毋忽十一月係遼
女直麻懃太彎等十五人皆降攻開州取之盡降保州諸

（三　修政）

部女直太祖以撒喝爲保州路都統太祖已破走遼主軍
撒喝破合主順化二城復請濟師攻保州使斡魯以甲士
千人往二年閏月高麗遣使來賀捷且曰保州本吾舊地
願以見還太祖謂使者曰爾其自取之詔撒喝烏蠢等曰
若高麗來取保州益以胡剌古石顯等軍備之或欲合兵
無得輒往謹守邊境成及撒喝阿實賚等攻保州遼守將
避去而高麗兵已在城中既而高麗國王使蒲馬請保州
詔諭高麗王曰保州近爾邊境聽爾自取今乃勤我師徒
破敵城下且蒲馬止是口陳俟有表請即當別議天輔二
年十二月詔諭高麗國王曰朕始興師伐遼已嘗布告賴
皇天助順屢敗敵兵北自上京南至于海其間京府州縣
部族人民悉皆撫定今遣字童术字報謝仍賜馬一疋至
可領也三年高麗增築長城三尺邊吏發兵止之弗從報
曰修補舊城曷懶甸字董胡剌古字顯以聞詔曰汝等分列屯
軼生事但慎固營壘廣布耳目而已四年咸州路都統司
以兵分屯于保州畢里罕二城請益兵詔曰汝等可常屯
成以固封守甚善高麗累世臣事于遼或有交通可常道
人慎伺使習顯以獲遼國州郡諭高麗其國方誅亂者使
謂習顯曰此與先父國王之書習顯就館凡誅戮官僚七
十餘人即依舊禮接見而以表來賀并貢方物復以遼帝

（四　叙）

士入夏國報之高隨斜野華使高麗至境上接待之禮不
遣隨等不敢往太宗曰高麗世臣於遼當以事遼之禮事
我而我國有新衰統都統鶻實答奏高麗納叛亡增邊備必有
二年同知南路都統鶻實答奏高麗納叛亡增邊等備必有
異圖詔曰凡有通問毋遣常式或來侵略別整爾行列與
之從事敢先犯彼者雖遣使奉表稱藩優詔答之上使
高伯淑烏至忠使高麗凡遣使往來當盡循遼舊仍取保
州路及邊地人口在彼界者湏盡發還勒伯淑曰若一
一聽從即以保州地賜之高伯淑至高麗王楷附表謝一
依事遵舊制八年楷上表乞免索保州七入邊戶是歲高
麗十人捕魚大風飄其船抵海岸昌蘇館人獲之詔還其
國既而楷上表請不索保州七入高麗戶太宗從之自
是保州封域始定皇統二年詔加楷開府儀同三司上柱
國六年楷薨子睍嗣立大定四年詔為楷綠江堡戍頗被侵
越焚戰五年正月世宗因正旦使朝辭諭之曰使主亦當
不虞爾主使然邪疆吏爲之邪若果疆吏爲之爾主亦當
德戒之也初高麗使者別有私進禮物以爲常是歲萬春
即上以使者私進不應典禮詔罷之十年王睍弟翼陽公
晧廬睍自立十月賜生日使大宗正丞乩至界上高麗遼

更稱前王已讓位不肯受使者十一年三月王晧以讓國
來奏告詔婆速路勿受有司移文詳問高麗告曰前王又
病瘖耄不治以母弟晧權攝國事上曰讓國大事也何以
不先陳詔再詳問高麗乃王晧讓國表來大略
稱先臣楷遺訓傳位於弟又言其子有罪不可立之二
疑之以問宰執丞相之喜一也晧篡弒請於天子安可忍
今睍乃稱未敢奉受四也是晧篡弒請於天子安可忍
於睍乃稱未敢奉受四也是晧篡弒請於天子安可忍
生孫審有表自陳生孫之喜一也晧審作亂睍四之二也
右丞孟浩曰當詢彼國士民果皆推服即當遣使封冊
上曰封一國之君詢於民眾此與陳拜猛安謀克何異乃
却其使者而以詔書詳問王睍吏部侍郎靖為宣問王睍
使晧實纂國囚睍於海島靖至高麗晧稱王睍已避位出
居他所病加無損不能就位拜命往復取晧表附奏其言與前
表大異相同靖還上問大臣皆曰待晧祈請未晚也十二月晧遣
往靖竟不得見睍如此可遣封之丞
相良弼平章政事守道曰待十二年三月將盡未及遣使有司請至
其禮部侍郎張翼明等請封晧祈請未晚也十二月將
日在正月十九日是歲十二月遂賜封冊晧遣
來歲辜行爲十五年高麗西京留守趙位罷叛晧遣徐彥

寧等九十六人上表曰前王本非避讓大將軍鄭沖夫郎
將李義方實弒之臣請以慈悲嶺以西至鴨綠江四
十餘城內屬請兵助援上曰王晧已加封冊位寵輒敢稱
兵為亂且欲納土朕懷撫萬邦豈助叛臣為虐詔執徐彥
寧等送高麗頎之王晧定趙位罷之亂遣使奉表謝節等
之亂晧所遣生日田謝橫賜回謝賀正旦進奉萬春節等
次入朝十七年賀正旦禮物玉帶乃石似玉者有司請移
問上曰彼小國無能識者誤以為玉耳不必移問乃止十
二月有司奏高麗下節押馬官順成例外將帶申三過界
上以使人所坐罪重烜令發還本國而已二十三年晧母
任氏薨晧乞免賜生日及賀謝等事詔從之章宗即位詔
使至界上頎稽滯遞問高麗遂謝明昌三年下節詔
至平州撫寧縣歐死當驛人何添兒有司請凡人挺
還乞量設兵衛參知政事張萬公曰可於宿頓之地巡護
之上可其奏詔自今接送伴使副失關防者當坐故事貿
正旦使十二月二十九日入見明昌六年十二月已刻立
春詔於前二日入見云承安三年晧表自陳衰病以
國讓其弟暉暉權國事是歲晧薨暉嗣立泰和四年正月
乙丑朝高麗僚人以小佩刀割夐廉下巡廊奉職見而斜

之詔館伴官自今前期移文禁止是歲王暉薨子韺嗣立
泰和七年正月是時用兵代宋夏亦有故獨高麗遣正旦
使詔不賜曲宴及天壽節夏高麗使者皆在有司奏大定
初宋未請和而夏高麗使者賜曲宴今請依大定故事詔從
之至寧元年八月王韺薨嗣子韺未行起復九月宣宗即位
邊吏奏高麗牒稱韺嗣子韺未起復不可以凶服迎吉詔
可以草土名銜署表用權國事名銜俟高麗告哀使至闕然
後遣使致祭慰問及行封冊制可明年宣宗遷汴遼東道
路不通興定三年遼東行省奏高麗復有卑表朝貢之意
宰臣奏可令行省受其表章其朝貢之禮俟他日徐議宣
宗以為然乃遣使撫諭高麗終以道路不通未遑通問矣
行省且羈縻勿絕其好然自是不復通問矣
贊曰金人本出靺鞨之附于高麗者始通好為鄰國既而
為君臣貞祐以後道路不通僅一再見而已入
聖朝猶子孫相傳自為治故不復備論論其與金事相涉
者焉

列傳第七十三

金國語解

今文尚書辭多奇澀蓋亦當世之方言也金史所載本國
之語得諸重譯而可解者何可闕焉若其臣僚之小字或
以賤或以疾猶有古人尚質之風不可文也國姓為某漢
姓為某後魏孝文以來已有之矣存諸篇終以備考索

官稱

胡魯勃極烈統領官之稱

國論勃極烈尊禮優崇得自由者

諸版勃極烈官之尊且貴者

都勃極烈總治官名猶漢云冢宰

移賚勃極烈位第三曰移賚

阿買力極烈治城邑者

乙室勃極烈迎迓之官

札失哈勃極烈守官署之稱

昃勃極烈陰陽之官

迭勃極烈倅貳之職

猛安千夫長　謀克百夫長也

諸紀詳穩邊戍之官

諸移里董部落堡砦之首領詳穩移里董本遼語金人

因之而稍異同焉

人事

禿里掌部落詞訟察非違者

烏魯古牧圉之官

幹里朵官府治事之所

孛論出肝胎之名

阿胡迭長子　骨赧季子　蒲陽溫曰幼子

益都次第之通稱　第九曰烏也　十六曰女魯歡

山只昆舍人也

按答海客之通稱

散亦孛男子　撒答老人之稱也

什古乃瘠人　撒合輦駑駘黑之名也

保活里倢儒　阿里孫貌不揚也

阿徒罕採薪之子

答不也耘田者

阿土古善採捕者　阿里喜圍獵也

挼里速角骶戲者

阿鄰合懣唇鷹鸇者

胡剌剌戶長　阿合人奴也

兀朮曰頭　粘罕心也　畏可牙曰吾亦可

盤里合將指

三合人之屬也

牙吾塔瘍瘡也　蒲剌都目赤而昏也

石哥里澒疾

謾都訶癡騃之謂

謀良虎尢賴之名皆不羨之稱也

與人同受福曰忽都　以力助人曰阿息保

辭不失酒醒也　奴申和睦之義

訛出虎寬容之名也

賽里安樂　迪古乃來也　撒八迅速之義

吾里補蓄積之名

烏古出方言曰再休猶言再不復也

習失猶人云常川也　凡市物已得曰兀帶取以名子

者猶言貨取如物然也

凡事之先者曰石倫以物與人已然曰阿里白

物象

兀典明星

阿鄰山　太神高也

山之上銳者曰咶丹　坡陀曰阿懶　大而峻曰斜魯

忝鄰海也　沙忽帶舟也

生鐵曰斡論　盆曰闍母　刃曰斜烈　婆盧火者槌

也

金曰按春　銀朮可珠也

布囊曰蒲盧渾　盆曰阿里虎　罐曰活女

烏烈草廩也　汏剌衣襟也

活臘胡色之赤者也

胡剌寬突

物類

桓端松　阿虎里松子　靮葷蓮也

活離罕羔　合喜犬子　亂古乃犬之有文者

斜哥貌鼠　蒲阿里山　離謀罕烏卵也

姓氏

完顏漢姓曰王　烏古論曰商　乞石烈曰高

徒單曰杜　女奚烈曰郎　兀顏曰朱　蒲察曰李

顏盞曰張　溫迪罕曰溫　石抹曰蕭　奧屯曰曹

孛朮魯曰魯　移剌曰劉　斡勒曰石　納剌曰康

夾谷曰仝　裴滿曰麻　尼忙古曰魚　斡准曰趙

阿典曰雷　阿里侃曰何　溫敦曰空　吾魯曰惠

抹顏曰孟　都烈曰強　散答曰縣　呵不哈曰田

烏林答曰蔡　僕散曰林　朮虎曰董　古里甲曰汪

其後氏族或因人遷易難以徧舉姑載其可知者云

金跋
一

此金史一百三十五卷八十卷皆元刊本其書法圓潤
者為元代初刻凡八十卷其餘卷字較渡弱暨摹
刻拙劣者又黑闕口者皆元覆本凡五十五卷
用以補配按武英殿本卷三十三暨初版卷七
十六各闕一葉闕一葉卷五十六末闕五行又卷十四
葉卷一百一第六葉卷一百二十五第四葉各
第十七葉卷六十二第十九葉卷六十六第七
素號精審上列各條悉據元本訂補獨卷一百
有闕文此均完好無損烏程施國祁金史詳校
一第六葉一條漏未之及偶爾遺脫亦未可知
然吾以為諸本所見元本似猶在此數本之後
何以證之施氏例言余先讀南本次校北本及
諸本又從吳門蔣槐堂借校元本其間各本皆
譌者則曰某字當作某然卷二遺宗幹止之句
幹當作幹此正作幹卷五持环校句當作持杯
玆此正作杯惟校字仍誤卷七付烏古里石壘
部蓄收句收當作牧此正作牧卷九王尉當為尚
書右承句尉當作蔚此正作蔚卷十二丙午詔
策論進士句內當作戊此正作戊卷十三清倉
幹當作幹此正作幹卷餘轄石古乃丁句餘當作
被兵民戶句倉當作滄此正作滄華滿野句
華當作莘此正作莘餘轄石古乃丁句餘當作
鈐此正作鈐張承旨家于本句于當作手此正
作手卷十五敗夏人于質孤保句保當作堡此
正作堡卷二十一益二百二十二句二十當作
三十此正作三十卷二十五縣一百八句八當

金跋
二

作五此正作五斗山天齊淵句斗當作牛此正
作牛額袖店句袖當作神此正作神卷二十六
浜德烏偷安邊句浜當作濱此乃作洪卷二十
七於被災路分推排河耶句河當作何此正作
何水勢之溢句之當作泛此正作泛卷二十八
第一等內官句官當作二此正作二卷三十一
於故處句稷當作移此正作移卷三十四少稷
皇帝洗手記句洗當作悅此正作悅卷三十二
各奉冊寶句幣當作輅此正作輅各就西
此禱位句洗當作面此正作面卷三十七昇冊
寶床臣句稷當作匣此正作匣卷三十九
太呂宮昌寧之曲句太當作大此正作大太簇
角再奏句簇當作蔟此正作蔟卷四十二次一
人句一當作二此正作二卷四十三駕赤
句聽當作驪此正作驪卷四十五其六賞主句
賞當作償此正作償卷四十九北京宗錦之未
鹽句未當作償此正作末歲獲銀三十六萬一
千五百貫句銀當作錢此正作錢卷五十七毀
舊主簿曆句主當作注此正作注卷五十八詔
內司所後軍夫之半句後當作俸此正作俸卷
隨朝官承應人奉句奉當作俸此正作俸役減修
六十宿直將軍溫敦幹喝句幹當作幹此正作
幹卷六十一幷以兄暍喪求封句喪當作喪病此
乃作表卷六十六父胡八曾句曾當作魯此正
作魯以族改充司屬司將軍改當作次此正
作次其寬明大體句大當作有此正作有三國

潘輔句三當作王潘當作藩此正作王藩卷六
十九留守師句守當作京此正作京將兵往東
京句東當作南此正作南卷七十破遼師千萬
於鴨子河句句千當作十此正作十從都統泉取
中原句原當作京此正作京各膚所受地主也
主當作士此正作士卷七十一幹魯征伐之句
征當作往此正作往後張汝弼妻高陀韓嶽
句信當作仕此正作仕卷七十四其四月七
起句韓當作幹此正作幹卷七十
日兩書句日當作月此正作月句持當作睹此正作睹卷七
十五遺謀克辛援兵持刺句持當作睹此正作睹特
臺實連破宋與幹魯宗翰魯為之副句
卷七十六宗磐與幹魯宗翰

下魯字當作皆此正作皆本名幹本句幹當作
幹此正作幹卷七十七詔宗弼為太子斜哥句子當
作保此正作保卷八十九祈州刺史斜哥句祈
當作祁此正作祁移剌因修遼史句因當作固
此正作固卷九十年改中都路都轉運使句
十當作七此正作七卷九十六坐致宋敝句敝
當作幣此正作幣字叔和句句當作兀此正作
和叔卷九十八烏古孫乃旌賞句衍當作兀此
作兀卷一百一當不衍於旌賞句衍當作愆此
正作愆卷一百三進攻西和洲句洲當作州此
正作州卷一百四遙授彰德軍節度使句德當
作國此正作國卷一百八二年十一月出為彰
化軍節度使句二當作三此正作三以遺眾託

安石句眾當作表此正作表卷一百十三合喜
及楊幹烈等句烈當作幹此正作幹卷一百十
四華附奏人耕稼已廢句人當作今此正作今
卷一百十九因出入長大主家句長大當作大
長此正作大長卷一百二十一使省檄勾使句
作被此正作被卷一百二十六本屬唐和迪刺
部族句和當作括此正作括唐和迪刺
極當作程此正作程蘭州極陳僧等句
此正作官句及當作口句九疇當作官作務
乃正作安及知當句九疇此正作官大定三年句
作宗此正作宗卷一百三十四暴淯以環州降

暴淯當作慕淯此正作慕淯遣人伐將句伐當
作代此正作代卷一百三十五此與先文國王
之書句文當作父此正作父又例言各本互調
者以南本為主則曰某字元作某是此作某
或云南本某字元作某此正作某非然卷十六西面
節度使句把古咬住句元當作西西亦調此
西卷三十一後恐大豐句元作西此乃作平
乃作復恐太豐卷四十三大主長以只壹寸句
西卷三十一
四十四彼方之人句彼元作被非此却作彼不
作被卷五十一遂加以五品以上官句五元作
元作長尺一寸無以字是此乃作長尺二寸卷
王非此並不作王乃作王板木微損而五字元
勢尚存卷六十五獲甲矢萬餘句矢元作午非

此並不作午乃作二卷七十書室攏鋒力戰句
攏元作惟非此並不作惟乃作攏卷七十四文
召歟仙詰問句召元作名非此却不作名
又文當作聞聞下當加元之字此却作聞惟無之
字卷七十五進官汝州防禦使句汝元作女非
此並不作女乃作安卷八十二本欲殺汝句殺
元作授非此却作授卷八十八頃之世
宗曰句頃元作頃非此却作頃不作頃上曰筆
楚之下句上元作二非此却作上日日
十擬彦潛大榮皆進士第一句大元作天非此九
却作大不作天卷九十七有治劇材句材元作
林非此却作材不作林卷一百一足以取給句
給元作絡非此却作給不作絡頃之完顏匡軍

次白虎粒句頃元作須非此却作頃不作須又
例言各本俱脫者則日當加某字然卷五十六
率捧案攀句此下當加執字又例言
各本俱衍者則日某字當削然卷七十四札八詐
稱降句稱字當削此原無稱字卷八十與書
泥烈僧行句僧字當削此原作僧乃作偕由
此觀之是施氏所見吳門蔣氏元本微特非原
刊原印抑亦非初覆本矣書經翻刻必多錯誤
卷一百三十二烏帶傳諸本皆以言本名錢大
綴於上唐括辯傳尾而以烏帶二字提行錢大
昕廿二史攷異識為可笑之甚然若不見元刊
初印本實不知其致誤之由元本每行乃二十
字烏帶傳第一行乃二十六字第二行乃二十

五字均顯有剜改痕迹是必刊刻之時誤以此
傳與上唐括辯傳連綴為一嗣覺其誤乃剜改
提行而剜改之時又誤將言本名三字留於上
行其下適空七字與本傳第一二行所增字數
相合覆本已無剜改之迹然行字獨增亦尚可
追其致誤之由若南北監本及殿本則行字均
已改成一律遂泯然無縫矣雖元本訛字經後
來諸本校正者不多然新舊相較諸本與元本
終不可以同日語而元初刻本又遠勝於覆本
初覆本又遠勝於他覆本諸本之誤除上文所
指外可據是本以訂正而為施氏所未見者尚
復盈千累百殆難枚舉昔人言書貴初刻豈不
信歟海鹽張元濟

百衲本二十四史

金史 二冊

撰　者◆元·脫脫等
發行人◆王學哲
總編輯◆方鵬程
編印者◆本館古籍重印小組
承製者◆辰皓國際出版製作有限公司

出版發行：臺灣商務印書館股份有限公司
台北市重慶南路一段三十七號
電話：(02)2371-3712
讀者服務專線：0800056196
郵撥：0000165-1
網路書店：www.cptw.com.tw
E-mail：ecptw@cptw.com.tw
網址：www.cptw.com.tw

局版北市業字第 993 號
初版一刷：1937 年 01 月
臺一版一刷：1970 年 01 月
臺二版一刷：2010 年 11 月
定價：新台幣 2800 元

ISBN：978-957-05-2527-4
版權所有 翻印必究

金史 ／ 脫脫等撰. --臺二版. -- 臺北市 ： 臺
灣商務， 2010. 10
　　冊 ； 公分. --（百衲本二十四史）

　ISBN 978-957-05-2527-4（全套：精裝）

1. 金史

625. 601　　　　　　　　　　99015706